制造业质量检验员手册

第 3 版

梁国明 高洪军 魏 巍 编著

机械工业出版社

本手册首先简要介绍了制造业产品质量检验及其误差，然后详细介绍了尺寸、角度及锥度的检验、表面粗糙度的检验、几何误差的检验、材料的检验、模样的检验、铸造的检验、锻造和冲压件的检验、焊接的检验、铆接的检验、热处理的检验、表面处理的检验、螺纹和紧固件的检验、齿轮的检验、蜗轮蜗杆的检验、键和花键的检验、滚动轴承的检验、涂料的检验、电子元器件的检验、装配和成品的检验、AUDIT、抽样检验、离群值的检验、测量不确定度的评定、检验结果的判定、检验员的职权和应受的限制。本手册配有大量插图和表格，是一本图文并茂、形式新颖的工具书。

本手册还开发了一些数字资源，包括视频、可查询的表格、可计算的公式、标准全文链接等，读者可通过扫描手册中的二维码进行使用或观看，这大大提升了本手册的指导作用和实用价值。

本手册的内容比较全面，具有一定的先进性，针对检验员有很强的实用性和指导性，可供制造业质量检验员、质量工程师在工作中随时查用，也可作为大专院校制造类专业师生的参考书。

图书在版编目（CIP）数据

制造业质量检验员手册/梁国明，高洪军，魏巍编著. —3 版. —北京：机械工业出版社，2020.11（2024.10 重印）
ISBN 978-7-111-66459-8

Ⅰ.①制… Ⅱ.①梁… ②高… ③魏… Ⅲ.①制造工业-质量检验-手册 Ⅳ.①F407.4-62

中国版本图书馆 CIP 数据核字（2020）第 165819 号

机械工业出版社（北京市百万庄大街 22 号　邮政编码 100037）
策划编辑：李万宇　王春雨
责任编辑：李万宇　王春雨　李含杨　王彦青　高依楠
责任校对：樊钟英　封面设计：马精明
责任印制：单爱军
北京虎彩文化传播有限公司印刷
2024 年 10 月第 3 版第 5 次印刷
169mm×239mm・45 印张・2 插页・1008 千字
标准书号：ISBN 978-7-111-66459-8
定价：159.00 元

电话服务　　　　　　　　　　网络服务
客服电话：010-88361066　　　机　工　官　网：www.cmpbook.com
　　　　　010-88379833　　　机　工　官　博：weibo.com/cmp1952
　　　　　010-68326294　　　金　书　网：www.golden-book.com
封底无防伪标均为盗版　　　　机工教育服务网：www.cmpedu.com

数字化手册配套资源说明

本手册是机械工业出版社"数字化手册项目"中的一种。机械工业出版社（以下简称机工社）建社以来，立足工程科技，积累了丰富的手册类工具书资源，历经几十年的传承和迭代，机工社的手册类工具书具有专业、权威、系统、实用等突出特色，受到广大专业读者的一致好评。

随着互联网技术的发展，制造业企业正在或即将进行数字化转型，而数字化转型将在技术、管理、商业层面，在挖掘新价值层面，发挥出不可估量的作用，帮助企业应对未来的竞争和挑战。企业数字化转型带来的工作方式变化，必然给专业读者的阅读方式带来变化，特别是手册类工具书查询方式的变化。为此，机工社与时俱进，针对手册类工具书设立了"数字化手册项目"，通过数字化手册项目，我们期望为读者更好地提供以下6大服务价值：

1. 资料全面：系统、丰富、全面、实用。
2. 使用方便：查询快速准确、携带方便。
3. 效率提高：对于一些工程计算，提供合适的计算工具帮助读者提高工作效率。
4. 直观学习：提供一些视频供直观参考。
5. 步骤借鉴：尽量按照读者的工作内容进行编写，给读者提供可直接借鉴的操作步骤。
6. 思路参考：以优选、典型案例的形式提示读者尽快找到工作思路。

本数字化手册属于"纸数复合类"纸电融合产品，手册内容通过"纸质书 + 移动互联网"呈现给读者。除纸质内容外，本手册还提供了200余个二维码，作为数字化配套资源的入口，运用移动终端实现阅读、收听、观看、查询、计算等功能，只要有网络就可以使用，非常方便。

本手册实现了以下6大数字资源功能：

1. 电子表格，62个，读者扫码后可检索查询。
2. 电子公式，26个，读者扫码后可输入参数进行计算。
3. 视频资源，6个，所提供的是基础知识的学习类视频，读者可扫码观看。
4. 涉及标准，142个，对于本手册中我国已经公开的标准，读者扫描标准索引二维码，点击相应标准，即可查看国家标准网的标准全文，省去了您的上网搜索时间。
5. 数字内容，111个，便于读者随时在手机上查看，并压缩纸质手册的篇幅。这111处内容通过二维码放到网上，读者可以直接扫码阅读，也便于作者后期对这些内容进行及时更新、修订。

6. 知识体系，1个，我们把目录以知识体系的形式进行了呈现，目前是便于读者点击查看，后续希望可以逐步完善、扩充功能。

除了在纸质书相应内容处放置以上二维码外，为了便于读者使用，我们还制作了全部电子资源的电子入口二维码，便于读者检索查询。

标准的查询对专业读者来说很重要，所以针对拓展的142个标准全文，我们还单独制作了标准入口二维码。

数字化手册的制作是一项创新性的工作，我们愿意努力为读者提供更加优质、便捷的服务，后期我们还会持续生产数字化手册产品，期待各位读者提出您中肯、专业的完善意见，请加"数字化手册编读互动群"。

群名称：数字化手册编读互动群
群号：225663469

机械工业出版社
2021年5月

第3版前言

为了给广大质量检验员提供一部形式新颖、内容更加丰富、技术含量更高、使用更加方便、质量更高的工具书,对本手册第2版进行了全面修订更新,对其内容进行了提升,并且从形式上进行了创新。

内容提升 将本手册第2版中所用标准的现行版本的一些数据和检验方法收入第3版中。原来写作时,为了不把书写得太厚,标准中的一些数据和检验方法未收入,读者在使用时还要另外查找标准,很不方便,现在用二维码将这些数据和检验方法收入手册中。由于科技的进步、生产的发展,以及对产品质量要求越来越高,所以本手册第2版中许多已经修订的标准是等同采用或修改采用国际标准的,使得我国的标准与国际标准接轨,相应的技术水平较高。将这些修订后的标准的有关内容收入本手册第3版,因此第3版的内容比原来的更加丰富,技术含量比原来的高。此外,用一些新的技术和检验方法替换了过时的技术和检验方法,使得本手册第3版的内容与时俱进。

形式创新 本手册的1、2版是"纸质书",现在是"纸质书 + 移动互联网",这是一种全新的出版形式。

本手册属于"纸数复合类产品",二维码作为数字化配套资源的入口,运用移动终端实现阅读、收听、观看、查询、计算等功能,只要有网络就可以使用,非常方便。

2015年5月8日,国务院发布的《中国制造2025》指出,与世界先进水平相比,我国制造业仍然大而不强。以提质增效为中心,实现制造业由大变强的历史跨越。基本方针是:创新驱动、质量为先、绿色发展、结构优化、人才为本。

"质量为先"中的质量指微观质量和宏观质量。GB/T 19000—2016/ISO 9000:2015对这两种质量的定义是:

1)微观质量是客体的一组固有特性满足要求的程度。

2)宏观质量是一个关注质量的组织倡导一种通过满足顾客和其他有关相关方的需求和期望来实现其价值的文化,这种文化将反映在其行为、态度、活动和过程中。

由此可见,微观质量是产品质量,宏观质量是质量文化。

质量是一种竞争力,产品质量是硬实力,质量文化是软实力,这两种实力同等重要:硬实力不行,一打就败;软实力不行,不打自败。所以,硬实力和软实力要两手抓,而且两手都要硬。

本手册讲的是对产品质量的检验,而不是对质量文化的检验。检验质量文化应由企业的最高管理者进行。

产品质量检验是生产中的眼睛,这双眼睛由质量检验员担当。

质量检验员是执法者,他(她)代表国家、代表顾客、代表本企业在生产第一线依法对产品质量进行检验,质量检验员要"一夫当关,万夫莫开",把好产品质量关。

当前,我国制造业面临发达国家和其他发展中国家"双向挤压"的严峻挑战,必须放眼全球,加紧战略部署,着眼建设制造强国,固本培元,化挑战为机遇,抢占制造业新一轮的竞争制高点。

企业靠什么去抢占这个制高点?靠质量!抢占这个制高点是要"拼命"的。质量检验员是质量战线上的战士,责任重大,要冲锋在前。本手册为质量检验员在高质量发展冲锋中提供各种武器(各种检验方法),只要用好这些武器,就能胜利,就能为国家、为顾客、为本企业立功。

成功的企业各不相同,失败的企业都是一个模式,都与质量问题有关,所谓成王败寇:"成功是做对的结果,失败是做错的结果",而一切质量问题都是错的结果。GB/T 19001—2016中要求"采取措施防止人为错误",因此建议各个企业,特别是通过质量管理体系认证的企业要开展防错活动,把质量问题扼杀在摇篮里,不让它发生。可以说,GB/T 19001是一种防错体系标准,在高质量发展中要特别注意防错。

读者朋友们,在使用本手册前,请看本手册的第2版前言。

本次修订由梁国明、高洪军、魏巍执笔,第2版编著者还有范守训、师维汉、赵彪、毕月波、董禹阳、张振海、刘兴国、刘明军、巴连文、孙秀武、姚广伟、陶吉庆、李广田、孙洪武、李君来、田书凯、杨启岱、周玉华。

本书中二维码链接的资源由机械工业出版社制作。

由于水平所限,如有错误,敬请批评指正,以便再版时修改。

梁国明
2020年8月

第2版前言

本手册第 1 版自 2003 年 9 月出版发行至今,已经近 10 年了,每年平均卖出 1100 册。这样一本专业性很强的手册销售得这么好,而且长销不衰,说明广大读者喜爱它。读者之所以喜爱它,是认为它的内容系统、全面、准确,而且它针对性强、实用性强、操作性强、指导性强,对用它的人予以实实在在的帮助,成为他们的良师益友,是一本难得的好工具书。对此,作为作者的我们感到很欣慰。同时,感谢广大读者对它的厚爱。

为了使本手册的内容与时俱进,给制造业的广大质量检验员完成国家赋予的"严格质量检验和计量检测"的任务(见 2012 年 2 月 6 日国务院发布的《质量发展纲要(2011—2020 年)》)提供新"武器",我们决定对本手册的第 1 版进行修订。

这次修订的原则是:删去陈旧内容,补充新内容;保留经验数据;对计量单位、材料牌号进行核对;采用新的名词术语;修正原来不当之处;对标准进行核对,删去过时的,收入现行标准中有关的检验方法和检验中用到的数据。近年来,我国新制定和修订的标准中,有许多采用了国际标准或国外先进标准,我们将有关标准中的一些检验方法收入本手册,用这些方法不仅能提高检验技术水平,而且能使检验工作与国际接轨。

经过此次修订,本手册第 2 版的内容更加丰富、实用、新颖,而且反映了国际当前一些先进的质量检验技术水平。

近 10 年来,制造业发展很快,特别是生产技术突飞猛进,新技术、新工艺、"高、精、尖"的设备不断涌现,这种形势促进了质量检验的进步,产品试验和理化计量中出现了许多现代化仪器设备。但是,在生产现场的日常检验中,检验的基本原理、检验方式方法以及所用计量器具没有根本性的变化。这次修订,除了保持原来的特点,保持内容系统、全面、准确,更加突出针对性、实用性、可操作性、指导性,保留实用的检验原理、检验方式方法,增加了抽样检验、离群值的检验、测量不确定度的评定、检验结果的判定、检验员的职权和应受的限制的规定,第 8 章增加了冲压件检验。

通过这次修订,使得本手册的内容几乎包括了制造业,特别是机械产品制造现场中几乎所有质量检验原理、检验方式方法。"原理是金点子",只要正确和深刻领会本手册中的各种质量检验原理,并结合实际情况加以灵活应用,就可以设计出许多新的检验方法,加上手册中原有的检验方式方法,就可以解决机械产品制造现场中几乎所有的质量检验问题。

随着科学技术的不断进步,生产的不断发展和人们需求的不断提高,制造业产品的更新换代步伐越来越快，新产品越来越多，产品的技术含量越来越高，产品的质量要求越来越严格，生产节拍越来越快。在这种形势下，为了保证产品质量，建设质量强国，国家要求"严格质量检验"，这是国家赋予广大质量检验员的重任。为了完成这一重任，广大质量检验员要不断提升自己的质量检验技术水平，掌握先进的质量检验技术手段，掌握现代质量管理理念方法，代表国家、代表用户、代表本企业对产品质量进行严格检验，做到不合格的外购物品不准入厂、不合格的零部件不准流转、不合格的零部件不准装配、不合格产品不准出厂，把好质量关，为建设质量强国做出更大贡献。

修订后的本手册，为制造业质量检验员提供了大量的、经过曾经用过本手册第1版的广大质量检验员10年实际应用考验的成熟的质量检验原理、检验方式方法和一些现代质量管理理念方法，能为质量检验员完成国家赋予的"严格质量检验"这一重任助一臂之力。

制造业在不断发展，为了适应这种发展需要，国家不断推出新的行业标准和国家标准，对原有标准也时常进行修订使它们与时俱进。因此，在使用本手册时，凡涉及到标准中的数据请注意其现行标准，以现行有效版本的标准为准；没有注明出处的数据是经验数据，应用这些数据时要结合本厂的实际情况。

这次修订主要由梁国明执笔，由梁国明任主编、范守训任副主编，参加编写工作的还有：师维汉、赵彪、毕月波、董禹阳、张振海、刘兴国、刘明军、巴连文、孙秀武、姚广伟、陶吉庆、李广田、孙洪武、李君来、田书凯、杨启岱、周玉华。尽管我们尽心尽力，但可能仍有错误之处，敬请广大质量检验员指正，以便再版时修正。

梁国明

2013 年 3 月

第1版前言

本手册是专门为工作在制造业生产第一线的广大质量检验员写的一本工具书，供他们在工作中随时查用，以便提高工作质量，适应竞争的需要。

制造业是国民经济的基础，其产品质量是通过市场调研进行策划，由设计确定，在制造中得到保证和实现，经过检验来证实，到顾客（用户）使用中才显示出来的。可见，检验是产品质量形成过程中的一个重要环节。在这个环节中，质量检验员起着决定性的作用。他们的任务是代表国家、顾客和本组织（企业）的利益，凭着高度的责任心和高超的技术，依法对产品的质量实施检验、把关、报告、监督，做到不合格的产品不准往下流转（进入下道工序/市场），把好产品质量关。

我国加入WTO后，国内市场与国际市场逐渐融为一体，世界制造业中心向我国转移。在我国各组织面临更大发展机会的同时，也面临激烈的市场竞争，竞争的核心是产品质量。在这种形势下，对产品质量的把关者——检验员的素质提出了越来越高的要求，而且检验员也面临着岗位竞争。为了适应这种要求和保障自己的就业安全，许多检验员在工作中和业余时间加强学习，提高技术水平，把自己培养成一专多能的复合型人才。他们在学习中普遍感到目前市场上没有一本综合性、详细介绍质量检验方面的书，特别是实用性的工具书。

1993年我们编写的《机械工业质量检验员手册》经过十年的使用，证明该手册是一本实用性很强的书，得到广大读者好评。但是，现在看来，其中许多内容已过时，有些内容不经常用到。所以，不能原封不动地重印发行，而必须进行重新编写，使之满足现代制造业质量检验工作的要求。在重新编写本手册时，把过时的和不经常用到的内容删除；对保留的内容进行重新整理，使之更科学；又补充了一些新内容；写作方法也作了改变。本手册具有以下特色：

第一，针对性。针对制造业质量检验员在工作中的需要而写。

第二，实用性。介绍的各种检验方法均是有效的方法，有些方法虽然很古老，也很简单，但仍然有效，而且经济。

第三，指导性。用通俗的语言，采用白描的手法——介绍检验方法，读者只要正确地照着做就行了。当然，其中有不少方法只点到为止，起到提示作用，让读者在使用这些方法中有发挥和创新的余地。

第四，先进性。收入不少新内容，基本上反映了近年来出现的一些高新技术在质量检验中的应用情况。

第五，图文并茂。大量的插图，使复杂难懂的问题，变得简明易懂，也便于读者在使用中模仿。

由于行业标准、国家标准的修订、变化、取消，书中部分数据作为经验数据保留下来，仅供企业参考，使用时请根据本企业实际情况核对。

本手册由梁国明任主编、范守训任副主编，参加编写工作的有：梁国明、范守训、师维汉、赵彪、毕月波、董禹阳、张振海、刘兴国、刘明军、巴连文、孙秀武、姚广伟、陶吉庆、李广田、孙洪武、李君来、田书凯、杨启岱、周玉华。这些作者长期工作在质量检验工作的第一线，是质量检验的专家，具有丰富的经验。摆在您面前的这本手册，是他们多年工作实践经验的结晶，是一笔宝贵的财富，对您的工作肯定有所帮助，在竞争中会助您一臂之力。如果能做到这一点，他们会很高兴。借此机会，我们对他们表示感谢。

虽然各位作者都尽了最大努力，但由于水平所限，有错误处，敬请批评指正，以便再版时修正。

梁国明

2002 年 7 月

目　录

数字化手册配套资源说明
第3版前言
第2版前言
第1版前言

第一章　检验及其误差 …………… 1
第一节　检验的方式方法 …………… 1
一、检验的概念 ………… 1
二、检验方式 ………… 1
三、检验方法 ………… 2
四、检验员的任务 ………… 2
五、对检验员的要求 ………… 2
第二节　计量器具的选择 …………… 3
一、生产现场计量器具的选择 ………… 4
二、精密测量计量器具的选择 ………… 6
三、部分工作计量器具的不确定度和系统误差 ………… 10
四、选择计量器具应考虑的其他因素 ………… 13
五、新技术在检验中的应用 ………… 13
第三节　检验误差和数据处理 …………… 13
一、两类数据 ………… 13
二、检验误差的类型 ………… 14
三、系统误差及其发现、减少方法 … 15
四、随机误差及其发现、减少方法 … 16
五、数值的修约 ………… 19
六、检验数据出现异议的处理 …… 22

第二章　尺寸、角度及锥度的检验 … 23
第一节　尺寸检验的原则 …………… 23
一、基本原则 ………… 23
二、其他原则 ………… 23
第二节　检验对环境的要求 …………… 26
一、温度 ………… 26
二、湿度 ………… 27
三、清洁度 ………… 27
四、防振 ………… 27
五、其他 ………… 27
第三节　尺寸的检验 …………… 27
一、孔和轴的检验 ………… 27
二、样板尺寸的检验 ………… 32
三、尺寸的间接检验 ………… 32
四、大尺寸的检验 ………… 33
五、小尺寸的检验 ………… 34
六、长孔直径的检验 ………… 35
第四节　角度和锥度的检验 …………… 35
一、角度和锥度的概念 ………… 35
二、角度的检验 ………… 35
三、锥度的检验 ………… 37

第三章　表面粗糙度的检验 ………… 41
第一节　概述 …………… 41
一、零件表面结构 ………… 41
二、三类特性参数 ………… 41
三、四个常用参数 ………… 42
第二节　参数值 …………… 43
一、高度特性参数及其数值系列 … 43
二、附加的评定参数 ………… 44
三、表面结构符号、代号的含义、标注要求 ………… 45
第三节　检验方法与评定规则 …………… 45
一、检验程序 ………… 45
二、常用检验方法 ………… 47
三、检验的基本原则 ………… 49
四、比较测量法 ………… 50
五、印模法 ………… 52
六、接触测量法及触针式电动

轮廓仪 …………………………… 53
　七、测得值与公差极限值相比较的
　　规则 ……………………………… 55

第四章　几何误差的检验 …………… 56
第一节　几何误差项目、检测条件及基准 ……………………………… 56
　一、几何误差项目 ………………… 56
　二、检测常用符号 ………………… 57
　三、检测条件 ……………………… 58
　四、检测基准 ……………………… 58
　五、检测操作 ……………………… 58
　六、几何误差及其评定 …………… 58
　七、最小区域判别法 ……………… 58
第二节　几何误差的检验方案与生产现场检验方法 …………………… 59
　一、直线度误差的检验 …………… 60
　二、平面度误差的检验 …………… 65
　三、圆度误差的检验 ……………… 72
　四、圆柱度误差的检验 …………… 87
　五、线轮廓度误差的检验 ………… 91
　六、面轮廓度误差的检验 ………… 97
　七、平行度误差的检验 …………… 103
　八、垂直度误差的检验 …………… 104
　九、倾斜度误差的检验 …………… 108
　十、同轴度误差的检验 …………… 108
　十一、对称度误差的检验 ………… 109
　十二、位置度误差的检验 ………… 109
　十三、圆跳动的检验 ……………… 109
　十四、全跳动的检验 ……………… 113
第三节　几何误差检验系统 …………… 114
　一、XW—5 几何误差系统 ………… 114
　二、XW—250 几何误差测量仪 …… 115
　三、激光线扫描测量仪 …………… 116
　四、三坐标测量几何误差系统 …… 117

第五章　材料的检验 …………………… 119
第一节　概述 …………………………… 119
　一、常用金属材料的种类 ………… 119
　二、金属材料牌号 ………………… 120
第二节　金属材料入厂检验流程 ……… 120
　一、检验程序 ……………………… 120
　二、材料检验流程 ………………… 126
第三节　钢材入厂检验方法 …………… 126
　一、几何形状的检验 ……………… 126
　二、表面质量的检验 ……………… 130
　三、理化检验简介 ………………… 131
　四、钢的火花鉴别 ………………… 133
　五、检验示例 ……………………… 138
第四节　非金属材料的检验 …………… 143
　一、非金属材料的分类 …………… 143
　二、非金属材料的检验 …………… 143
　三、超期非金属材料的处置原则 … 144
第五节　金属材料入厂检验示例 ……… 144
　一、高碳铬轴承钢的检验 ………… 144
　二、优质碳素结构钢的检验 ……… 159
　三、热轧钢棒的检验 ……………… 159
　四、锻制钢棒的检验 ……………… 159
　五、冷拉型钢的检验 ……………… 159
　六、不锈钢棒的检验 ……………… 161
　七、铝及铝合金挤压棒材的检验 … 163
　八、冷拉钢丝的检验 ……………… 163
　九、优质碳素结构钢丝的检验 …… 163
　十、铜及铜合金线材的检验 ……… 163
　十一、结构用无缝钢管的检验 …… 164

第六章　模样的检验 …………………… 165
第一节　模样的种类及用途 …………… 165
　一、木模 …………………………… 165
　二、金属模 ………………………… 172
第二节　检验依据和检验方法 ………… 175
　一、检验依据 ……………………… 175
　二、检验常用量具 ………………… 175
　三、木模的检验方法 ……………… 175
　四、金属模的检验方法 …………… 179
　五、旧金属模的检验 ……………… 182
　六、铸件缺陷与模样缺陷的关系 … 183

第三节　铸件收缩量和加工量 …… 184
　一、铸件的收缩量 …… 184
　二、铸件的加工余量 …… 186
第四节　木模与铸造有关的工艺参数 …… 189
　一、工艺补正量 …… 189
　二、分型负数 …… 189
　三、夹头和切口 …… 189
　四、铸件的壁厚 …… 190
　五、泥芯头的长度、斜度和间隙 …… 192

第七章　铸造的检验 …… 196
第一节　铸造及铸件质量 …… 196
　一、铸造及其生产过程 …… 196
　二、铸件质量 …… 196
第二节　铸造过程的质量检验 …… 198
　一、原材料的检验 …… 198
　二、铸造工装的检验 …… 201
　三、型（芯）砂配制的检验 …… 204
　四、砂型（芯）制造过程的检验 …… 211
　五、砂型（芯）烘干的检验 …… 214
　六、合箱的检验 …… 216
　七、合金熔炼的检验 …… 217
　八、浇注的检验 …… 226
　九、落砂和清理的检验 …… 228
　十、铸件热处理的检验 …… 229
第三节　铸件的检验 …… 230
　一、外观质量的检验 …… 231
　二、尺寸精度的检验 …… 234
　三、铸件的几何公差 …… 240
　四、铸件的机械加工余量 …… 242
　五、内在质量的检验 …… 243
　六、铸件修补及检验 …… 250
第四节　铸铁件的检验示例 …… 253
　一、质量要求 …… 253
　二、检验方法 …… 253
　三、灰铸铁的硬度和抗拉强度之间的关系 …… 253
　四、灰铸铁件的抗拉强度、硬度和截面厚度的关系 …… 253

第八章　锻造和冲压件的检验 …… 254
第一节　锻造的分类 …… 254
　一、自由锻 …… 254
　二、胎模锻 …… 254
　三、模锻 …… 254
第二节　锻造的检验项目及方法 …… 255
　一、检验项目 …… 255
　二、工序检验 …… 255
　三、锻件成品的检验 …… 256
　四、验收规则 …… 263
第三节　中小型钢质模锻件的检验 …… 263
　一、几个主要因素 …… 263
　二、锻件的尺寸公差 …… 265
　三、锻件的几何公差 …… 271
　四、锻件的其他公差 …… 273
　五、锻件的机械加工余量 …… 275
第四节　金属冲压件的检验 …… 277
　一、冲压件的种类 …… 277
　二、冲压件的公差等级 …… 277
　三、冲压件尺寸公差等级选用方法 …… 278
　四、冲压件的检验 …… 279

第九章　焊接的检验 …… 280
第一节　焊接检验目的及金属焊接分类 …… 280
　一、焊接检验的目的 …… 280
　二、金属焊接分类 …… 280
　三、焊接方法的特点及应用范围 …… 281
第二节　焊接的常见缺欠 …… 281
　一、常见焊接缺欠的含义及分类 …… 281
　二、焊接缺欠的分类及说明 …… 282
　三、缺欠及限值 …… 283
　四、焊接方法与缺欠的关系 …… 284
第三节　焊接的检验 …… 284
　一、检验方法 …… 284

二、检验时机 …………………… 285
三、焊前检验 …………………… 286
四、焊接过程检验 ……………… 297
五、焊后检验 …………………… 298
第四节 无损检验及其他检验简介 … 300
一、射线检测 …………………… 300
二、超声波检测 ………………… 307
三、磁粉检测 …………………… 308
四、渗透检测 …………………… 308
五、其他检验方法 ……………… 308
六、质量报告 …………………… 309

第十章 铆接的检验 ………………… 310
第一节 铆接和铆钉的种类及选择 … 310
一、铆接的种类 ………………… 310
二、铆钉的规格、用途及选择 …… 311
第二节 铆钉缺陷和检验 …………… 314
一、铆钉常见缺陷及检验方法 …… 314
二、铆接常用加工符号及样板 …… 316
三、铆接检验项目及检验方法 …… 317
四、铆接常见的缺陷 …………… 318
第三节 几种抽芯铆钉的机械特性和
应用数据 ………………… 318
一、封闭型平圆头抽芯铆钉 …… 319
二、封闭型沉头抽芯铆钉 ……… 319
三、开口型沉头抽芯铆钉 ……… 319
第四节 铆钉的机械性能 …………… 319
第五节 盲铆钉的试验方法 ………… 323

第十一章 热处理的检验 …………… 324
第一节 硬度的检验 ………………… 324
一、仪器检验法 ………………… 324
二、锉刀检验法 ………………… 338
第二节 金相组织的检验 …………… 339
一、试样制备 …………………… 339
二、检验设备 …………………… 343
三、状态的检验 ………………… 344

第十二章 表面处理的检验 ………… 362
第一节 处理前对零件的要求 ……… 362

一、金属表面除锈 ……………… 362
二、金属表面除油 ……………… 363
第二节 金属覆盖层的检验 ………… 363
一、外观质量的检验 …………… 363
二、镀层厚度的检验 …………… 364
三、镀层附着强度的检验 ……… 372
四、孔隙率的检验 ……………… 374
五、镀层耐蚀性的检验 ………… 376
六、电镀覆盖层的耐磨性试验 … 382
第三节 镀层的特殊性能试验 ……… 383
一、抗硫性能检验 ……………… 383
二、氢脆性测试 ………………… 383
三、钎焊性测试 ………………… 383

第十三章 螺纹和紧固件的检验 … 385
第一节 螺纹及其尺寸公差 ………… 385
一、螺纹的种类 ………………… 385
二、螺纹公差和旋合长度 ……… 387
三、紧固件的表面缺陷 ………… 389
第二节 螺纹的检验 ………………… 390
一、综合检验 …………………… 390
二、单项检验 …………………… 399
三、螺母的试验 ………………… 415
四、螺栓、螺钉和螺柱的试验 … 415
第三节 丝杠的检验 ………………… 415
一、术语定义 …………………… 415
二、螺距和螺旋线的检验 ……… 416
三、中径和牙型半角的检验 …… 420
四、滚珠丝杠副的检验 ………… 421
五、现场经验 …………………… 421
第四节 紧固件的检验 ……………… 422
一、紧固件生产和检验特点 …… 422
二、尺寸特性及 AQL 值 ………… 422
三、尺寸特性以外特性及
AQL 值 ………………… 424
四、紧固件的检验方法 ………… 425
五、免检 ………………………… 430

第十四章 齿轮的检验 ……………… 433

第一节 齿轮及其检验项目 ………… 433
　一、圆柱齿轮和齿轮副的分类 …… 433
　二、锥齿轮和齿轮副的分类 ……… 434
　三、圆柱齿轮的检验项目 ………… 434
　四、参数和术语及偏差项目 ……… 436
　五、偏差值 ………………………… 436
第二节 圆柱齿轮的单项检验 ……… 447
　一、注意事项 ……………………… 447
　二、符号和术语 …………………… 447
　三、齿轮坯的检验 ………………… 447
　四、齿圈径向圆跳动的检验 ……… 448
　五、齿距的检验 …………………… 449
　六、公法线的检验 ………………… 457
　七、齿形的检验 …………………… 462
　八、基节的检验 …………………… 466
　九、齿向的检验 …………………… 468
　十、齿厚的检验 …………………… 471
　十一、齿轮坯的检验 ……………… 477
　十二、表面粗糙度波纹度和波度的
　　　　检验 ………………………… 482
　十三、齿距偏差的检验 …………… 488
　十四、齿廓偏差的检验 …………… 492
　十五、螺旋线偏差的检验 ………… 494
　十六、切向综合偏差的检验 ……… 497
　十七、侧隙的测量 ………………… 505
　十八、径向综合偏差的测量 ……… 507
　十九、径向跳动的测量、偏心量的
　　　　确定 ………………………… 510
　二十、接触斑点的检验 …………… 515
第三节 圆柱齿轮的综合检验 ……… 521
　一、单面啮合综合检验 …………… 521
　二、双面啮合综合检验 …………… 523
　三、整体误差检验 ………………… 525
　四、单项和综合检验一次完成 …… 525
第四节 锥齿轮的检验 ……………… 527
　一、精度等级和检验组 …………… 527
　二、锥齿轮的单项检验 …………… 527

　三、锥齿轮的综合检验 …………… 528
　四、整体误差的检验 ……………… 529
第五节 用三坐标测量机检验
　　　　齿轮 ………………………… 529
　一、圆柱齿轮的检验 ……………… 530
　二、锥齿轮的检验 ………………… 530

第十五章 蜗轮蜗杆的检验 ……… 531
第一节 蜗轮蜗杆传动 ……………… 531
　一、蜗杆传动 ……………………… 531
　二、蜗杆的种类 …………………… 531
　三、精度等级及公差组 …………… 532
　四、评定准则 ……………………… 532
第二节 蜗轮的检验 ………………… 532
　一、切向综合误差的检验 ………… 532
　二、径向综合误差的检验 ………… 532
　三、齿距的检验 …………………… 532
　四、齿圈径向跳动的检验 ………… 533
　五、齿形的检验 …………………… 533
　六、齿厚的检验 …………………… 533
第三节 圆柱蜗杆的检验 …………… 535
　一、螺旋线的检验 ………………… 535
　二、轴向齿距的检验 ……………… 536
　三、齿形的检验 …………………… 536
　四、齿槽径向跳动的检验 ………… 537
　五、齿厚的检验 …………………… 537
第四节 蜗杆副的检验 ……………… 539
　一、切向综合误差的检验 ………… 539
　二、接触斑点的检验 ……………… 540
　三、侧隙的检验 …………………… 541

第十六章 键和花键的检验 ……… 542
第一节 键的检验 …………………… 542
　一、键和键槽的检验 ……………… 542
　二、键的验收检查 ………………… 544
第二节 花键的检验 ………………… 545
　一、矩形花键的检验 ……………… 545
　二、圆柱直齿渐开线花键的
　　　检验 …………………………… 546

三、圆锥直齿渐开线花键的
    检验 …………………… 554
第十七章 滚动轴承的检验 …… 555
第一节 简介 ………………………… 555
    一、滚动轴承的分类 ………… 555
    二、常用滚动轴承代号 ……… 556
    三、滚动轴承向心轴承公差 … 558
第二节 滚动轴承的检验数量 …… 558
    一、轴承成品的检验项目
        及 AQL ……………………… 558
    二、商品零件的检验项目
        及 AQL ……………………… 560
    三、检验水平和关键项目 …… 562
    四、批的处置 ………………… 563
第三节 滚动轴承的检验 ………… 563
    一、检验基础知识 …………… 563
    二、外观质量检验 …………… 568
    三、残磁检验 ………………… 568
    四、尺寸的检验 ……………… 568
    五、旋转精度的检验 ………… 586
    六、径向游隙的检验 ………… 591
    七、注意事项 ………………… 594
第十八章 涂料的检验 …………… 595
第一节 涂料及其成膜后的质量
        指标 ………………………… 595
    一、涂料及有关名词术语 …… 595
    二、涂料及其成膜后的质量
        指标 ………………………… 597
第二节 检验 ………………………… 597
    一、涂料质量的检验 ………… 597
    二、涂料施工的检验 ………… 601
    三、涂膜的检验 ……………… 603
第十九章 电子元器件的检验 …… 623
第一节 元器件的概念及分类 …… 623
    一、元器件的概念 …………… 623
    二、元器件的分类 …………… 623
第二节 元器件的检验及失效

分析 ……………………… 624
    一、包装的检验 ……………… 624
    二、外观质量的检验 ………… 625
    三、识别引出端 ……………… 625
    四、电参数的检验 …………… 625
    五、其他检验 ………………… 625
    六、失效分析 ………………… 626
第二十章 装配和成品的检验 …… 628
第一节 部装的检验 ……………… 629
    一、零件外观和场地的检验 … 629
    二、装配过程的检查 ………… 629
第二节 总装的检验 ……………… 629
    一、检验依据 ………………… 630
    二、检验内容 ………………… 630
第三节 成品的检验 ……………… 631
    一、型式检验和出厂检验的
        目的 ………………………… 631
    二、成品检验的内容 ………… 631
第二十一章 AUDIT …………… 638
第一节 AUDIT 的由来及适用
        范围 ………………………… 638
    一、AUDIT 的由来 …………… 638
    二、AUDIT 的适用范围 ……… 638
第二节 AUDIT 与检验的不同及其
        特点 ………………………… 639
    一、AUDIT 与质量检验的主要
        不同点 ……………………… 639
    二、AUDIT 的主要特点 ……… 639
第三节 实施 AUDIT 的步骤 …… 640
    一、设置专职 AUDIT 组 …… 640
    二、设置专职 AUDIT 员 …… 640
    三、制订标准 ………………… 640
    四、编制作业指导书 ………… 643
    五、编制作业记录表 ………… 643
    六、确定审查周期 …………… 643
    七、确定抽样原则 …………… 643
    八、确定审查场地 …………… 644

九、实施 AUDIT ……………… 644
十、评定质量等级 ……………… 645
十一、编写公报 ……………… 647
十二、发布 AUDIT 公报 ……………… 647
十三、AUDIT 的后续工作 ……………… 649

第二十二章 抽样检验 ……………… 650
第一节 概述 ……………… 650
一、抽样检验的分类及其概念 ……………… 650
二、抽样检验的必要性 ……………… 652
三、抽样检验的优缺点 ……………… 652
四、抽样检验标准 ……………… 652
五、随机抽样的一般程序及抽样工具 ……………… 652
六、抽样方案及判定准则 ……………… 652
七、应用抽样检验应具备的条件 ……………… 656
第二节 GB/T 2828.1 的应用 ……………… 656
一、用途 ……………… 656
二、应用步骤 ……………… 656
第三节 GB/T 2828.2 的应用 ……………… 660
一、用途 ……………… 660
二、应用步骤 ……………… 660
三、注意事项 ……………… 663
第四节 汽车生产件的零缺陷抽样方案 ……………… 663
一、用 GB/T 2828.1 的抽样表设计抽样方案 ……………… 663
二、用 GB/T 2828.2 的抽样表设计抽样方案 ……………… 663
三、用 GB/T 13264 的抽样表设计抽样方案 ……………… 664
第五节 GB/T 2829 的应用 ……………… 664
一、用途 ……………… 664
二、应用步骤 ……………… 664
三、注意事项 ……………… 665

第二十三章 离群值的检验 ……………… 666
第一节 概述 ……………… 666
一、离群值及其分类 ……………… 666
二、检验离群值的目的 ……………… 666
第二节 离群值的检验方法 ……………… 667
一、离群值的三种情形 ……………… 667
二、奈尔（Nair）检验法 ……………… 667
三、格拉布斯（Grubbs）检验法 ……………… 670
四、狄克逊（Dixon）检验法 ……………… 671
五、截割均值检验法 ……………… 675
第三节 离群值的处理 ……………… 676
一、处理方式 ……………… 676
二、处理规则 ……………… 676

第二十四章 测量不确定度的评定 ……………… 677
第一节 概述 ……………… 677
一、测量结果的表述 ……………… 677
二、两种表述的应用场合 ……………… 678
三、为什么要给出测量不确定度 ……………… 678
四、不确定度的用途 ……………… 679
第二节 测量不确定度的评定 ……………… 679
一、测量不确定度的概念 ……………… 679
二、测量不确定度的评定方法 ……………… 681
三、测量不确定度的表述 ……………… 681
第三节 误差与不确定度 ……………… 682
一、误差与不确定度的区别 ……………… 682
二、误差与测量不确定度的来源 ……………… 682
三、千分尺校准的校准溯源等级流程图 ……………… 682
四、局部直径测量 ……………… 683

第二十五章 检验结果的判定 ……………… 689
第一节 确保测量准确度 ……………… 689
一、准确度、正确度和精密度的概念 ……………… 689
二、提高测量准确度的方法 ……………… 690
第二节 按 GB/T 3177 判定 ……………… 690

一、验收极限 …………………… 690
二、判定规则 …………………… 691
第三节　按 GB/T 18779.1 判定 …… 691
一、有关术语 …………………… 691
二、按规范检验合格的判定
规则 ………………………… 693
三、按规范检验不合格的判定
规则 ………………………… 694
四、在不确定区的判定规则 ……… 694
五、注意事项 …………………… 694
第四节　按 GB/T 8170 判定 ………… 695
一、极限数值的表示方法 ………… 695
二、极限数值的判定方法 ………… 696
三、特性值的望性 ……………… 698

**附录　检验员的职权和应受的
限制** ………………………… 700

参考文献……………………………… 701

第一章 检验及其误差

第一节 检验的方式方法

一、检验的概念

对产品（含原材料、半成品、装配件、成品等）的一个或多个特性进行测量、检查、试验或度量，并将结果与规定要求进行比较以确定每项合格情况的活动，称为质量检验，简称检验。或者说，检验是通过观察和判断，适当时结合测量、试验所进行的符合性评价。

检验的目的：判定产品质量合格与否，监督工序质量，获得质量信息，仲裁质量纠纷。

检验的任务：鉴别、把关、报告、监督。

检验的过程：了解被检验对象的用途及被检验特性，明确检验依据，熟悉计量器具，正确选择计量器具，制订检验计划，实施检验活动，参与实施对不合格品的控制和质量信息反馈。

二、检验方式

检验方式是对不同的检验对象，在不同的条件和要求下所采取的不同的检验方法。对制造业而言，检验方式可进行如下划分：

- 按生产流程划分：进货检验、过程检验、最终检验。
- 按检验目的划分：生产检验、验收检验、复查检验、仲裁检验。
- 按检验地点划分：固定检验、巡回检验、派出检验、就地检验。
- 按检验人员划分：自我检验、互相检验、专职检验、兼职检验。
- 按检验数量划分：全数检验、抽样检验、免检。
- 按检验后果性质划分：非破坏性检验、破坏性检验。

1）进货检验：对进厂外购物品所进行的检验。
2）过程检验：为判定半成品或产品能否由上道工序流转入下道工序所进行的检验。
3）最终检验：产品制造、返修或调试完成后所进行的检验。
4）生产检验：对半成品、装配件、产品等在整个生产过程中的检验。
5）验收检验：需方为了得到质量合格的物品对入厂物品质量所进行的检验。

6）复查检验：对检验员检验过的产品进行随机抽查检验或全数检验。

7）仲裁检验：当检验员与生产工人或供需双方对产品质量发生争议时，由第三方进行的检验。

8）固定检验：在固定地点设置检验站（点、组），生产工人将自己加工完毕并经自检合格的产品送到检验站由专职检验员所进行的检验。

9）巡回检验：检验员在生产过程中按规定所进行流动性地来回检验。

10）派出检验：将检验员派到供方或使用方对产品质量所进行的检验。

11）就地检验：在生产线上设置检验点，由检验员就地对产品质量所进行的检验。

12）自我检验（自检）：生产工人对自己生产出的产品质量所进行的检验。

13）互相检验（互检）：工序之间的生产工人对产品质量互相进行检验。

14）专职检验（专检）：由专职检验员对产品质量所进行的检验。

15）兼职检验（兼检）：既是生产工人又是检验员的人员对产品质量所进行的检验。

16）全数检验：对一批产品的每一个产品的质量逐一进行检验。

17）抽样检验：根据事先制定的抽样方案，从一批产品中随机抽取一部分作为样品，以这部分样品的检验结果，对整批产品质量合格与否做出判定的检验。

18）免检：免除检验。

19）非破坏性检验：在检验过程中被检验产品不受到破坏的检验。

20）破坏性检验：在检验过程中被检验产品受到破坏的检验。

三、检验方法

检验方法是指检验时所采用的检验原理、检验程序、检验手段和检验条件的总称。常用检验方法的分类如图1-1所示。

四、检验员的任务

检验员代表国家、顾客（用户）和本组织的利益，依法对产品质量进行严格检验，完成鉴别、把关、报告、监督任务。

1）鉴别任务。根据检验依据，采用科学的方法对产品的质量进行检验，根据检验结果判定产品质量为合格或不合格。

2）把关任务。在检验中发现不合格品则立即进行隔离并做标识，不允许不合格品流转，把好质量关。

3）报告任务。在检验中发现重大质量问题或（和）系统性、批量性的问题时，应及时向检验机构负责人报告。

4）监督任务。对被判定为不合格品的产品去向进行监督。

五、对检验员的要求

诚信、科学、认真、公正，把住产品质量关。

第一章 检验及其误差

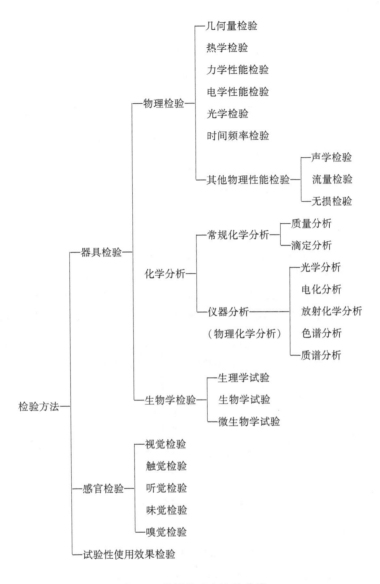

图 1-1　常用检验方法的分类

第二节　计量器具的选择

计量器具是检验员的"武器",每个检验员都要了解和熟悉所用计量器具的功能,会正确选择、使用和保养计量器具。这样,不仅能保证检验结果的准确度,而且能提高检验工作效率,降低检验成本。

一、生产现场计量器具的选择

1. 选择原则

在制造业的生产现场,目前仍大量使用通用计量器具,如游标卡尺、千分尺及车间使用的比较仪、投影仪等量仪。这种情况下,应按照 GB/T 3177—2009《产品几何技术规范(GPS) 光滑工件尺寸的检验》规定的原则选择计量器具。该标准规定了公称尺寸至 500mm 的公差等级为 IT6~IT18 的光滑工件的公差值 T 及其相应的安全裕度 A 与计量器具所引起的测量不确定度的允许值 u_1。选择计量器具的原则是:所选用的计量器具的不确定度 u 的数值等于或小于允许的 u_1 值,即 $u \leq u_1$。

标准将 u_1 值分为:IT6~IT11 的 u_1 分为 Ⅰ、Ⅱ、Ⅲ 档;IT12~IT18 的 u_1 分为 Ⅰ、Ⅱ 档。应优先选用 Ⅰ 档,其次选用 Ⅱ 档,最后选用 Ⅲ 档。

2. 验收极限

为了保证检验验收质量,GB/T 3177 规定了验收极限,它是判断检验尺寸合格与否的界限。检验验收时,只接收验收极限内的工件尺寸,拒收位于验收极限外的工件尺寸。验收极限有两种形式:

1)第一种形式:验收极限是从规定的最大实体尺寸(MMS)和最小实体尺寸(LMS)分别向工件公差带内移动一个安全裕度(A)来确定,$A \neq 0$,如图 1-2 所示。

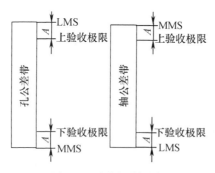

图 1-2 验收极限示意

孔尺寸的验收极限:

$$上验收极限 = 最小实体尺寸(LMS) - 安全裕度(A)$$
$$下验收极限 = 最大实体尺寸(MMS) + 安全裕度(A)$$

轴尺寸的验收极限:

$$上验收极限 = 最大实体尺寸(MMS) - 安全裕度(A)$$
$$下验收极限 = 最小实体尺寸(LMS) + 安全裕度(A)$$

2)第二种形式:验收极限等于规定的最大实体尺寸(MMS)和最小实体尺寸(LMS),即安全裕度 $A = 0$。

3. 验收极限的选择

1)对于遵循包容要求的工件尺寸、公差等级高的工件尺寸,应选用第一种形式的验收极限。

2) 对偏正态分布的尺寸，其验收极限可以仅对尺寸偏向的一边，应选择第一种形式的验收极限。

3) 当工序能力指数 $C_p \geq 1$ 时，或者对非配合尺寸的工件和一般公差的尺寸，可以选择第二种形式的验收极限。

T、A、u_1 见表 1-1，千分尺和游标卡尺、指示表、比较仪的 u 见表 1-2～表 1-4。

表 1-1　安全裕度（A）与计量器具的测量不确定度允许值（u_1）
（GB/T 3177—2009）　　　　　　　　　　（单位：μm）

公差等级		6					7				
公称尺寸 /mm		T	A	u_1			T	A	u_1		
大于	至			Ⅰ	Ⅱ	Ⅲ			Ⅰ	Ⅱ	Ⅲ
—	3	6	0.6	0.5	0.9	1.4	10	1.0	0.9	1.5	2.3
3	6	8	0.8	0.7	1.2	1.8	12	1.2	1.1	1.8	2.7
6	10	9	0.9	0.8	1.4	2.0	15	1.5	1.4	2.3	3.4

表 1-2　千分尺和游标卡尺的测量不确定度 u　　　　（单位：mm）

尺寸范围	计量器具类型			
	分度值为 0.01 的外径千分尺	分度值为 0.01 的内径千分尺	分度值为 0.02 的游标卡尺	分度值为 0.05 的游标卡尺
	测量不确定度 u			
0～50	0.004	0.008	0.020	0.050
50～100	0.005	0.008	0.020	0.050
100～150	0.006	0.008	0.020	0.050
150～200	0.007	0.008	0.020	0.050
200～250	0.008	0.013	0.020	0.050
250～300	0.009	0.013	0.020	0.050
300～350	0.010	0.020	0.020	0.050
350～400	0.011	0.020	0.020	0.050
400～450	0.012	0.020	0.020	0.050
450～500	0.013	0.025	0.020	0.100
500～600	—	0.025	—	0.100
600～700	—	0.030	—	0.100
700～800	—	0.030	—	0.100
800～900	—	0.030	—	0.100
900～1000	—	0.030	—	0.150

注：当采用比较测量方法时，千分尺的不确定度可小于本表规定的数值。

表1-3　指示表的测量不确定度 u　　　　　　　（单位：mm）

尺寸范围	分度值为0.001的千分表（0级在全程范围内，1级在0.2mm内）；分度值为0.002的千分表（在1转范围内）	分度值为0.001，0.002，0.005的千分表（1级在全程范围内）；分度值为0.01的百分表（0级在任意1mm内）	分度值为0.01的百分表（0级在全程范围内，1级在任意1mm内）	分度值为0.01的百分表（1级在全程范围内）
	测量不确定度 u			
25	0.005	0.010	0.018	0.030
25~40	0.005	0.010	0.018	0.030
40~65	0.005	0.010	0.018	0.030
65~90	0.005	0.010	0.018	0.030
90~115	0.005	0.010	0.018	0.030
115~165	0.006	0.010	0.018	0.030
165~215	0.006	0.010	0.018	0.030
215~265	0.006	0.010	0.018	0.030
265~315	0.006	0.010	0.018	0.030

注：测量时，使用的标准器由4块1级（或4等）量块组成。

表1-4　比较仪的测量不确定度 u　　　　　　　（单位：mm）

尺寸范围	分度值为0.0005（相当于放大倍数2000倍）的比较仪	分度值为0.001（相当于放大倍数1000倍）的比较仪	分度值为0.002（相当于放大倍数500倍）的比较仪	分度值为0.005（相当于放大倍数250倍）的比较仪
	测量不确定度 u			
25	0.0006	0.0010	0.0017	0.0030
25~40	0.0007	0.0010	0.0017	0.0030
40~65	0.0008	0.0011	0.0018	0.0030
65~90	0.0008	0.0011	0.0018	0.0030
90~115	0.0009	0.0012	0.0019	0.0030
115~165	0.0010	0.0013	0.0019	0.0030
165~215	0.0012	0.0014	0.0020	0.0030
215~265	0.0014	0.0016	0.0021	0.0035
265~315	0.0016	0.0017	0.0022	0.0035

注：测量时，使用的标准器由4块1级（或4等）量块组成。

二、精密测量计量器具的选择

选择原则：所用的计量器具的测量不确定度 u 等于或小于被测件的公差值 T 乘以因数 k，即 $u \leq kT$。式中，k 为测量不确定度因数。选择 k 有两种方法：查表法和经验法。

检验轴的尺寸并选择计量器具的两个例子

第一章 检验及其误差

1. 用查表法取 k（见表1-5）

表1-5 测量不确定度因数 k 选择表

公差等级	IT5以下	IT5	IT6	IT7	IT8	IT9	IT10	IT11~IT16
k	0.50	0.33	0.30	0.28	0.25	0.20	0.15	0.10

2. 用经验法取 k

一般精度的工件取 $k=1/5$ 左右；较高精度的工件取 $k=1/3$ 左右；特别高精度的工件取 $k=1/2$ 左右；精度低的工件取 $k=1/10$ 左右。

部分常用计量器具测量不确定度 u 值及适用公差范围见表1-6~表1-8。

表1-6 部分常用计量器具测量不确定度 u（一）

量具名称		分度值/mm	用途	所用量块		被测工件的尺寸范围/mm						
						1~10	>10~50	>50~80	>80~120	>120~180	>180~260	>260~360	>360~500
				等别	级别	测量不确定度/±μm							
游标卡尺		0.02	测外尺寸			40	40	45	45	45	50	60	70
			测内尺寸			—	50	60	60	65	70	80	90
		0.05	测外尺寸			80	80	90	100	100	100	110	110
			测内尺寸			—	100	130	130	150	150	150	150
游标	深度尺	0.02	测深度	绝对测量		60	60	60	60	60	60	70	80
	高度尺	0.05	测高度			100	100	150	150	150	150	150	150
0级千分尺		0.01	测外尺寸			4.5	5.5	6	7	8	10	12	15
1级千分尺						7	8	9	10	12	15	20	25
2级千分尺						12	13	14	15	18	20	25	30
1级深度千分尺		0.01	测深度			14	16	18	20	—	—	—	—
2级深度千分尺						22	25	30	35	—	—	—	—
1级内径千分尺		0.01	测内尺寸			—	18	20	22	25	30	35	—
2级内径千分尺						—	20	25	30	35	40	45	—
杠杆千分尺		0.002	测外尺寸			3	4	—	—	—	—	—	—
1级公法线千分尺		0.01	测外尺寸			10	11	12	13	—	—	—	—
2级公法线千分尺						15	16	17	18	—	—	—	—
公法线杠杆千分尺		0.001	测外尺寸			8	8	—	—	—	—	—	—
0级齿轮式百分表		0.01	在任意1转内	5	3	10	10	10	11	11	12	12	13
1级齿轮式百分表			在标准段内	5	3	8	8	9	9	9	10	10	11
			在任意0.1mm内			15	15	15	15	15	16	16	16
2级齿轮式百分表			在任意1转内	5	4	20	20	20	20	22	22	22	22

（续）

量具名称	分度值/mm	用途	所用量块		被测工件的尺寸范围/mm						
					1~10	>10~50	>50~80	>80~120	>120~180	>180~260	>260~360	>360~500
			等别	级别	测量不确定度/±μm						
1级杠杆百分表	0.01	在任意0.1mm内	5	3	8	8	9	9	9	10	10	11
		在全部范围内			15	15	15	15	15	16	16	16
2级杠杆百分表	0.01	在任意0.1mm内	5	4	10	10	10	11	11	12	12	13
		在全部范围内			30	30	30	30	35	35	35	35
0级内径百分表	0.01	在任意1转内	5	3	11	11	12	12	13	14	14	15
1级内径百分表		在指针转动范围内			16	16	17	17	18	19	19	20
杠杆式卡规	0.002	测外尺寸	5	2	3	3	3.5	3.5	—	—	—	—
			5	3	3	3.5	4	4.5	—	—	—	—
千分表	0.001	在标准段内	3	0	0.5	0.7	0.8	0.9	1.0	1.2	1.5	1.8
			4	1	0.6	0.8	1.0	1.2	1.4	2.0	2.5	3.0
			5	2	0.7	1.0	1.4	1.8	2.0	2.5	3.5	4.5
	0.002		5	2	1.2	1.5	1.8	2.0	2.5	3.0	4.0	5.0
机械式测微计、测微表	0.001	测外尺寸	3	0	0.5	0.7	0.8	0.9	1.0	1.2	1.5	1.8
			4	1	0.6	0.8	1.0	1.2	1.4	2.0	2.5	3
			5	2	0.7	1.0	1.4	1.8	2.0	2.5	3.0	3.5
	0.002		4	1	1.0	1.2	1.5	1.6	2.2	3.0	3.5	
			5	2	1.2	1.5	1.8	2.0	2.5	3.0	4.0	5.0
			5	3	1.4	1.8	2.5	3.0	5.0	6.5	8.0	
	0.005		5	2	2.0	2.2	2.5	3.0	3.5	4.0	5.0	
			5	3	2.2	2.5	3.0	3.5	4.0	5.0	6.5	8.5

注：表中所列计量器具的测量不确定度适用于量具与被测件的线膨胀系数之差不超过 3×10^{-6} ℃$^{-1}$ 的情况。测量时的环境温度与标准温度（20℃）之差不大于下表：

使用的量具	被测工件的尺寸范围/mm			
	1~18	18~50	50~120	120~500
	温度偏差/±℃			
游标卡尺类量具	8	8	6	5
千分尺类量具	8	6	4	3
指示表类量具	6	4	2	1

表 1-7 部分常用计量器具测量不确定度 u（二）

计量器具名称（用途）	分度值 /mm	所用量块 等别	所用量块 级别	被测工件的尺寸范围/mm 1~10	10~50	50~80	80~120	120~180	180~260	260~360	360~500
				测量不确定度/±μm							
接触式干涉仪				$\Delta \leq 0.1 \mu m$							
立式卧式光学计（测外尺寸）	0.001	4	1	0.4	0.6	0.8	1.0	1.2	1.8	2.5	3.0
		5	2	0.7	1.0	1.3	1.6	1.8	2.5	3.5	4.5
立式卧式测长仪（测外尺寸）	0.001	绝对测量		1.1	1.5	1.9	2.0	2.3	2.3	3.0	3.5
卧式测长仪（测内尺寸）	0.001	绝对测量		2.5	3.0	3.3	3.5	3.8	4.2	4.8	—
测长机	0.001	绝对测量		1.0	1.3	1.6	2.0	2.5	4.0	5.0	6.0
万能工具显微镜	0.001	绝对测量		1.5	2	2.5	2.5	3	3.5	—	—
大型工具显微镜	0.01	绝对测量		5	5	—	—	—	—	—	—

表 1-8 部分常用计量器具适用公差范围

计量器具名称	分度值/mm	放大倍数	适用公差范围/mm
扭簧比较仪	0.0005	1600~2000	>0.009~0.013
小型比较仪	0.001	900~1000	>0.013~0.032
扭簧比较仪	0.001	750~1000	
杠杆齿轮比较仪	0.001	1000	
杠杆式测微计	0.001	100	
蔡司测微计	0.001	1100	
奥托比较仪	0.001	900	
指针测微计	0.001	600	
杠杆齿轮测微计	0.002	400	>0.032~0.058
测微计 小型比较仪	0.005	—	>0.058~0.100
大行程千分表	0.002	—	>0.100~0.580
百分表 杠杆百分表	0.01		>0.580~3.200

例 1-3 测量 $\phi 8^{+0.002}_{-0.001}$ mm 轴的尺寸，请选用计量器具。

解：这是较高精度的工件，取 $k=1/3$。

被测件的公差值 $T = 0.002\text{mm} - (-0.001\text{mm}) = 0.003\text{mm}$，故 $kT = \frac{1}{3} \times 0.003\text{mm} = 0.001\text{mm} = 1\mu m$。

查表1-6知,用分度值为0.001mm的千分表与5等量块比较测量1~10mm尺寸的测量不确定度u为±0.7μm,可见$u = 0.7$μm $< kT = 1$μm。故可用分度值为0.001mm的千分表与5等量块比较测量$\phi 8^{+0.002}_{-0.001}$mm轴,但要注意两点:一是使用千分表的标准段;二是测量时的环境温度与20℃之差不得大于6℃。

 游标卡尺的测量与读数方法

 千分尺的结构、测量原理与使用方法

 正弦规的测量原理与使用方法

三、部分工作计量器具的不确定度和系统误差

检验员要掌握一些常用工作计量器具的不确定度和系统误差,这对选择量具和使用量具很有益处。下面是部分工作计量器具的不确定度和系统误差。它们的符号含义如下:

$\delta(u)$——不确定度(绝对误差),置信度为99.97%;

δ_0——不确定度(相对误差),置信度为99.97%;

Δ——系统误差、示值误差;

Δ_0——以零为起点的最大分度间隔误差。

1. 表面粗糙度工作计量器具

1)干涉显微式测量仪:Rz值为0.1~1.0μm的$\Delta = \pm(22~5)\%$。

2)光切式测量仪:Rz值为0.8~80μm的$\Delta = \pm(24~5)\%$。

3)触针式表面粗糙度测量仪:Rz值为0.2~80μm的$\Delta = \pm4\%$;Ra值为0.1~10μm的$\Delta = \pm23\%$。

4)表面粗糙度比较样块(或标准件):Rz值为0.1~80μm和Ra值为0.05~20μm的$\Delta = 29\%$。

2. 平面度工作计量器具

1)$\phi150$mm、1级平晶的$\Delta = \pm0.05$μm。

2)$\phi150$mm、2级平晶的$\Delta = \pm0.1$μm。

3)$\phi30~\phi150$mm、1级平晶的$\Delta = \pm(0.03~0.05)$μm。

4)$\phi30~\phi150$mm、2级平晶的$\Delta = \pm0.1$μm(平行平晶)。

5)$\phi200~\phi300$mm、平晶平面的$\Delta = \pm(0.08~0.14)$μm。

3. 平面角工作计量器具

1)角度规:$\alpha = 320°$的$\Delta \geq 2'$。

2)倾斜仪:$\alpha = \pm120°$、$\pm180°$的$\Delta \geq 5''$。

3)圆分度器具:$\alpha = 360°$的$\Delta \geq 2''$。

4)分度头、分度台、测角仪、测角装置:$\alpha = 360°$的$\Delta \geq 2''$。

5)水准器、水平仪:$\alpha = \pm(0.16~1.2)$mm/m的$\Delta \geq 10\%$。

6)合像水平仪:$\alpha = 20$mm/m的$\Delta \geq 0.02$mm/m。

7)电子水平仪:$\alpha = \pm0.5$mm/m的$\Delta_0 \geq 0.002$mm/m。

8)自准直仪:$\alpha = \pm1000''$的$\Delta_0 = 0.25''$,1级自准直仪:$\alpha = \pm10''$的$\Delta_0 = 0.1''$。

9)经纬仪:$\alpha = 360°$ 的 $u \geq 0.5''$。

10)测角比较仪:$\alpha = 1'$、$60'$ 的 $\Delta = 1''$、$6''$。

11)正多面棱体:$\alpha = 360°$ 的 $\Delta \geq 10''$。

4. 打硬度工作计量器具

1)金属洛氏硬度计:A、B、C、D、E、F、G、H、K 标尺的 $\Delta = \pm(1.0 \sim 4.5)$HR。

2)金属表面洛氏硬度计:15N、30N、45N,15T、30T、45T 标尺的 $\Delta = \pm(1.2 \sim 2.5)$HRN(T)。

3)塑料洛氏硬度计:E、L、M、R 标尺的 $\Delta = \pm(1.2 \sim 2.2)$HRE(L,M,R)。

4)肖氏硬度计:$5 \sim 105$HSD 的 $\Delta \leq \pm 2.5$HSD。

5)布氏硬度计的 $\Delta \leq \pm 3.0\%$ HB。

6)显微硬度计:$5 \sim 1000$HV。

试验力	示值允许误差
9.8067N	$\pm\Delta = \pm 3.0\%$
4.9034N	$\pm\Delta = \pm 3.0\%$
1.9614N	$\pm\Delta = \pm 4.0\%$
0.9807N	$\pm\Delta = \pm 4.0\%$
0.4903N	$\pm\Delta = \pm 5.0\%$

7)维氏硬度计:$5 \sim 1000$HV。

测量范围	总不确定度
≤ 225HV	4.0%(3σ)
$>225 \sim 400$HV	3.2%(3σ)
>400HV	3.5%(3σ)

不同硬度规格的不确定度

5HV、10HV、20HV 的 $\Delta = \pm 3.0\%$

30HV、50HV、100HV 的 $\Delta = \pm 2.0\%$

8)塑料球压痕硬度计:H5/30、H13.5/30、H36.5/30、H98/30 标尺的 $\Delta = \pm 8.0$H36.5/30。

9)袖珍式橡胶国际硬度计。

测量范围	$30 \sim 90$IRHD
总不确定度	2.0IRHD(2σ)
示值误差	± 2.0IRHD

10)定负荷橡胶国际硬度计。

测量范围	$10 \sim 100$IRHD
总不确定度	1.0IRHD(2σ)
示值误差	± 1.2IRHD

5. 热电偶工作计量器具

1)1级铂铑 10—铂热电偶 $0 \sim 1600$℃ 和 1级铂铑 13—铂热电偶 $0 \sim 1600$℃ 的 $\Delta =$

1℃或 $[1+0.003(t-1100)]$℃；t 为测量端温度，下同。

2）1级镍铬10—镍硅热电偶 $-40 \sim 1000$℃、1级镍铬—铜镍热电偶 $-40 \sim 800$℃和1级铁—铜镍热电偶 $-40 \sim 750$℃的 $\Delta = 1.5$℃或 $0.004t$。

3）2级铂铑10—铂热电偶 $0 \sim 1600$℃、2级铂铑13—铂热电偶 $0 \sim 1600$℃的 $\Delta = 1.5$℃或 $0.0025t$。

4）2级镍铬—镍硅热电偶 $-40 \sim 1200$℃、2级镍铬—铜镍热电偶 $-40 \sim 900$℃和2级铁—铜镍热电偶 $-40 \sim 750$℃的 $\Delta = 2.5$℃或 $0.0075t$。

6. 辐射测温仪工作计量器具

1）隐丝式光学高温计：$800 \sim 3200$℃的 $\Delta = (0.6 \sim 2.5)\%$。

2）光电测温仪：$100 \sim 3000$℃的 $\Delta = (0.5 \sim 2.0)\%$。

3）比色测温仪：$100 \sim 3000$℃的 $\Delta = (1.0 \sim 2.5)\%$。

4）线外测温仪：$-50 \sim 2500$℃的 $\Delta = (0.5 \sim 2.0)\%$。

5）辐射感温仪：$400 \sim 2000$℃的 $\Delta = 16 \sim 20$℃。

7. 压力工作计量器具

1）弹性元件压力表：-100kPa ~ 250MPa 的 $\Delta = \pm(1 \sim 4)\%$。

2）液体压力计：-100kPa ~ 0.3MPa 的 $\Delta = \pm(1 \sim 4)\%$。

3）压力传感器：-100kPa ~ 250MPa 的 $\Delta = \pm(1 \sim 4)\%$。

8. 光亮度工作计量器具

1）1级光亮度计：$1 \times 10^{-2} \sim 2 \times 10^{4}$cd/m² 的 $\Delta = 5\%$。

2）2级光亮度计：$1 \times 10^{-2} \sim 2 \times 10^{4}$cd/m² 的 $\Delta = 10\%$。

9. 质量工作计量器具

1）专用砝码。

2）各种非自动衡量仪器：Ⅰ Ⅱ Ⅲ Ⅳ。

3）各种自动衡量仪器：0.2级、0.5级、1.0级、2.0级、5.0级、10.0级。

4）各工作用砝码：E_1 等级 $\sim M_3$ 等级。

10. 交流电流工作计量器具

1）交流电流表的 $\delta = (1 \sim 5) \times 10^{-3}$（$\delta$ 为不确定度，因子 $k = 3$）。

2）交流变送器的 $\delta = (1 \sim 5) \times 10^{-3}$。

11. 交流电压工作计量器具

1）交流电压表的 $\delta = (1 \sim 5) \times 10^{-3}$。

2）交流数字电压表和测量变送器的 $\delta = (1 \sim 5) \times 10^{-3}$。

12. 交流功率工作计量器具

1）交流功率表的 $\delta = (1 \sim 5) \times 10^{-3}$。

2）交流功率变送器等测量仪器的 $\delta = (1 \sim 5) \times 10^{-3}$。

13. 电容工作计量器具

1）测量电容器和电容箱：10^{-4}pF ~ 1F，$20 \sim 10^{5}$Hz 的 $\delta = 1 \times 10^{-4} \sim 2 \times 10^{-2}$。

2）电容电桥：10^{-4}pF ~ 1F，$20 \sim 10^{5}$Hz 的 $u_3 = 1 \times 10^{-4} \sim 5 \times 10^{-3}$（$u_3$ 为置信概率

为 σ 和 3σ 时的不确定度)。

14. 电感工作计量器具

1) 测量电感器电感箱:$1\mu H \sim 10^4 H$、$20 \sim 10^5 Hz$ 的 $\delta = 2 \times 10^{-2} \sim 1 \times 10^{-4}$。

2) 电感电桥:$1\mu H \sim 10^4 H$、$20 \sim 10^5 Hz$ 的 $u_3 = 5 \times 10^{-3} \sim 1 \times 10^{-4}$。

四、选择计量器具应考虑的其他因素
五、新技术在检验中的应用

四、 五、

第三节 检验误差和数据处理

检验结果的质量应从两方面去评价,一是看检验结果数据的准确性,二是看检验结果数据的可信性。数据准确性取决于检验误差,数据可信性取决于测量不确定度。在日常检验工作中,当生产处于稳定状态,检验系统处于受控状态,特别是检验员所用的计量器具经过检定合格并在检定周期内,而且检验员按检验作业指导书进行认真操作时,对检验结果不进行误差分析,也不进行测量不确定度评定,按验收极限判定验收工件即可。而在检定计量器具、新产品鉴定检验、新工艺分析检验、制订新标准试验、进出口商品检验、仲裁检验、精密测试时,应进行检验误差分析和测量不确定度评定,并给出报告。

一、两类数据

在质量检验中,常遇到两类数据:计量数据和计数数据。

1. 计量数据

用计量器具能具体测量出小数点以下数值的这类数据,称为计量数据。这类数据的特点是可以连续取值。如长度、质量、硬度、温度、压力、湿度数值,化验化学成分等所得的数据,都属于计量数据,在测量中可得到小数点以下的数。例如,用千分尺测量工件的尺寸,可以读到很多数,如 1.1mm、1.2mm、1.3mm 等,而在 1.1~1.2mm 之间还可以连续测出 1.11mm、1.12mm……1.2mm。

2. 计数数据

用计量器具具体测量不出小数点以下数值的这类数据,称为计数数据。这类数据的特点是不能连续取值,只能得到 0 或 1、2、3……自然数。例如,铸件上的砂眼、气孔,不合格品数等。计数数据还可以细分为计件数据和计点数据,计件数据是按件计数的数据,如不合格品数;计点数据是按缺陷点(项)计数的数据,如砂眼数。

当数据用百分率表示时,要判断它属于哪类数据,这取决于计算百分比公式的分子。当分子是计量数据时,则算出的百分率数据为计量数据;当分子是计数数据时,即使得到的百分率不是整数,它也属于计数数据。例如,检验 150 台发动机的功率,有 5

台不合格，其不合格率为

$$\frac{5台}{150台} \times 100\% = 0.0333\cdots \times 100\% \approx 3.33\%$$

从3.33%看，它虽然有小数点以下的数值0.33，但因计算公式中分子为5台是计数数据，所以3.33%是计数数据。

二、检验误差的类型

在检验结果中，通常包含各种不同类型的误差。按它们在检验中出现的规律，误差可分为系统误差、随机误差、漂移和粗差，如图1-3所示。

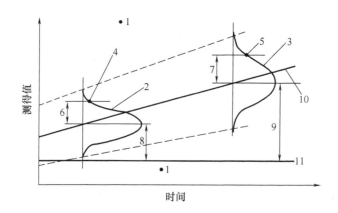

图1-3 测量结果的误差类型（GB/T 18779.2—2004）
1—粗差 2—分散性1 3—分散性2 4—测量结果1 5—测量结果2 6—随机误差1
7—随机误差2 8—系统误差1 9—系统误差2 10—漂移 11—真值

所有的误差从本质上说都是系统性的。如果发现某一误差是非系统性的，则主要是因为产生误差的原因没有找到，或是对误差的分辨能力不够所致。系统误差可以用其数值大小和符号来表示（+或-）。

随机误差是由不受控的随机影响量所引起的系统误差。由随机效应引入的不确定度可以用标准偏差及分布类型来表示。多次测量结果的平均值常常作为估计系统误差的基础。

漂移是由不受控影响量的系统影响而引起的。漂移常常是一种时间效应或磨损效应，它们可以用单位时间内的变化或使用一定次数后的变化来表示。

粗差是由测量过程中不可重复的突发事件所引起的。电子噪声或机械噪声可以引起粗差。产生粗差的常见原因是操作人员在读数和书写方面的疏忽，以及错误地使用测量设备。粗差是不可能进一步描述的。

检验过程的误差或不确定度是由许多已知或未知误差所引起的，它们源自大量的误差来源或误差贡献因素（见第二十四章）。

为了减少漂移，在测量过程中动作要"稳、准、快"，不要把量具和被测件长时间拿在手里，以防止时间过长因体温而引起漂移。

三、系统误差及其发现、减少方法

1. 系统误差的概念

在一定的测量条件下,对同一被测量进行无限多次测量所得结果的平均值与被测量真值之差,称为系统误差。

2. 系统误差的分类

1）定值系统误差：分为已定系统误差和未定系统误差。

2）变值系统误差：分为累积性系统误差、周期性系统误差和按复杂规律变化系统误差。

已定系统误差是误差值和符号已确定的误差。

未定系统误差是误差值和符号没有固定或无法确定的误差。

累积性系统误差是误差值逐渐增大或逐渐减小的误差。

周期性系统误差是误差值的大小和符号呈周期性变化的误差。

按复杂规律变化系统误差是误差值和符号变化复杂的误差。

系统误差对检验结果的影响规律：其值大于零,则检验结果值变大；其值小于零,则检验结果值变小。

3. 发现系统误差的方法

（1）发现定值系统误差的方法

方法1：如果一组测量是在两种条件下测得的,在第一种条件下的残差基本上保持同一种符号,而在第二种条件下的残差改变符号,则可认为在测量结果中存在定值系统误差。表1-9是用两把量具测量的结果,其中前5个数值是用一把量具,后5个数值是用另一把量具。

表1-9 两把量具测量结果

量具	序号	测量结果 x_i/mm	平均值 $\bar{x}$/mm	残差 $V = x_i - \bar{x}$/mm
量具1	1	25.885		-0.004
	2	25.887		-0.002
	3	25.884		-0.005
	4	25.886		-0.003
	5	25.885	25.889	-0.004
量具2	6	25.896		+0.007
	7	25.893		+0.004
	8	25.892		+0.003
	9	25.891		+0.002
	10	25.892		+0.003

从表中可知,这两把量具中至少有一把的示值超差或零位失准。

方法2：若对同一个被测量在不同条件下测量得两个值 Y_1、Y_2,设 u_1 和 u_2 为测量方法的测量不确定度,如果 $|Y_1 - Y_2| > u_1 + u_2$,则可认为两次测量结果之间存在定值

系统误差。

例如，在测长仪上对一个工件进行测量，由两个检验员分别读数，甲检验员读得 $Y_1 = 0.0123$mm，乙检验员读得 $Y_2 = 0.0126$mm，请检查他们的读数之间是否存在定值系统误差？

有经验的检验员估读的测量不确定度为0.1刻度，故 $u_1 = u_2 = 0.001$mm × 0.1 = 0.0001mm（0.001mm是测长仪的分度值）。$u_1 + u_2 = 0.0002$mm，而 $|Y_1 - Y_2| = |0.0123 - 0.0126|$mm $= 0.0003$mm，结果是 $|Y_1 - Y_2| > u_1 + u_2$，故认为他们的测量结果之间存在定值系统误差。

（2）发现变值系统误差的方法

进行多次测量后依次求出数列的残差，如果无系统误差，则残差的符号大体上是正负相间；如果残差的符号有规律地变化，如出现（＋＋＋＋－－－－）或（－－－－＋＋＋＋）情形，则可认为存在累积性系统误差；若符号有规律地由负逐渐趋正，再由正逐渐趋负，循环重复变化，则可认为存在周期性系统误差。

4. 减少系统误差的方法

1）修正法。取与误差值相等而符号相反的修正值对测量结果的数值进行修正，即得到不含有系统误差的检验结果。一些计量器具附有修正值表，供使用时修正。

2）抵消法。通过适当安排两次测量，使它们出现的误差值大小相等而符号相反，取其平均值可消除系统误差。

3）替代法。测量后不改变测量装置的状态，以已知量代替被测量再次进行测量，使两次测量的示值相同，从而用已知量的大小确定被测量的大小。例如，在天平上称重，由于天平的误差而影响到秤的结果。为了消除这一误差，可先用重量 M 与被测量 Y 准确平衡天平，然后将 Y 取下，选一个砝码 Q 放在天平上 Y 的位置使天平准确平衡，则 $Y = Q$。

4）半周期法。如果有周期性系统误差存在，则对任何一个位置而言，在与之相隔半个周期的位置再进行读数，取两次读数的平均值可消除系统误差。

四、随机误差及其发现、减少方法

1. 随机误差的概念

测量结果与重复条件下对同一量进行无限多次测量结果的算术平均值之差，称为随机误差。

随机误差的产生大抵上是由于影响随机时空变化的因素。

2. 随机误差的特点

随机时空变化的因素很多，变化很复杂，它们对误差影响有时小、有时大，有时符号为正、有时符号为负，其发生和变化是随机的。但是，在重复条件下，对同一量进行无限多次测量，其随机误差值的分布规律服从正态分布规律，即随机误差的特点服从正态分布（见图1-4），其分布密度函数为

$$f(x) = \frac{1}{\sigma\sqrt{2\pi}} e^{-\frac{(x-\mu)^2}{2\sigma^2}}, \quad -\infty < x < +\infty$$

式中　e——自然对数的底，e = 2.71828…；
　　　π——圆周率，π = 3.14159…；
　　　μ——正态总体的平均值；
　　　σ——正态总体的标准偏差；
　　　x——正态总体中随机抽取的样本值。

其特点是：

1) 对称性。曲线以 μ = x 直线为轴左右对称，即正偏差出现的次数和负偏差出现的次数相等。

2) 抵偿性。对 μ 的正负偏差出现的概率相等，故随机误差的平均值趋于零。由于这一特点，在检验中多测量几次后取其算术平均值，可减少随机误差对检验结果的影响。

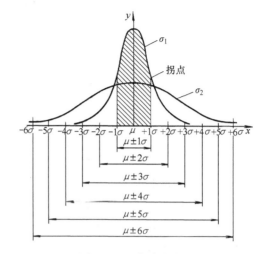

图 1-4　正态分布曲线

3) 单峰性。靠近 μ 的偏差出现的概率大，远离 μ 的偏差出现的概率小，即绝对值小的随机误差比绝对值大的随机误差出现的概率大。

4) 有界性。正态曲线与 x 轴围成的面积为 1，随机误差超出这一界限的概率极小。随机误差落入：

$\mu \pm 1\sigma$ 界限内的概率为 68.27%，只有 31.73% 概率超出界外；

$\mu \pm 2\sigma$ 界限内的概率为 95.45%，只有 4.55% 概率超出界外；

$\mu \pm 3\sigma$ 界限内的概率为 99.73%，只有 0.27% 概率超出界外；

$\mu \pm 4\sigma$ 界限内的概率为 99.9937%，只有 0.0063% 概率超出界外；

$\mu \pm 5\sigma$ 界限内的概率为 99.99995%，只有 0.00005% 概率超出界外；

$\mu \pm 6\sigma$ 界限内的概率为 99.9999998%，只有 0.0000002% 概率超出界外。

3. 减少随机误差的方法

在检验中多测量几次并取算术平均值是减少随机误差的有效方法。

4. σ 与不合格品率的关系

由图 1-4 可见，σ（西格玛）是正态分布的一个参数，它的大小决定了正态分布曲线的高、矮、胖、瘦。σ 值越小则曲线越高越瘦，σ 值越大则曲线越矮越胖。图 1-4 中 $\sigma_1 < \sigma_2$。

正态分布曲线与 x 轴永远不相交，它们互相逼近，围成的面积近似于 1，一般取为 1。图 1-4 是把正态分布曲线 2 划分为 $\mu \pm 1\sigma$、$\mu \pm 2\sigma$……$\mu \pm 6\sigma$ 的情况。将 $\mu \pm k\sigma$ 内（图 1-4 中的剖面线部分为 $\mu \pm 1\sigma$）的面积当成产品的合格品率，$\mu \pm k\sigma$ 外的面积当成产品的不合格品率，利用"正态分布函数表"和相关公式算得 $\mu \pm k\sigma$ 的内部和外部面积，即合格品率和不合格品率，汇总于表 1-10。

表 1-10 $\mu \pm k\sigma$ 与合格品率 p 和不合格品率的关系

$\mu \pm k\sigma$	合格品率 p	无波动不合格品率 $\bar{p}_1$	有波动不合格品率 $\bar{p}_2/10^{-6}$	过程能力指数 C_p 值
$\mu \pm 1\sigma$	68.27%	31.73% (317300×10^{-6})	690000	0.33
$\mu \pm 2\sigma$	95.45%	4.55% (45500×10^{-6})	308537	0.67
$\mu \pm 3\sigma$	99.73%	0.27% (2700×10^{-6})	66807	1.00
$\mu \pm 4\sigma$	99.9937%	0.0063% (63.00×10^{-6})	6210	1.33
$\mu \pm 5\sigma$	99.99995%	0.00005% (0.500×10^{-6})	233	1.67
$\mu \pm 6\sigma$	99.9999998%	0.0000002% (0.002×10^{-6})	3.4	2.00

生产过程总是波动的，波动的正态分布曲线与标准的正态分布曲线两者的中心不重合，即 $\mu \neq M$。当波动的正态分布曲线的中心偏离标准正态分布曲线的中心为 $\pm 1.5\sigma$ 时，则 $\mu \pm 1.5\sigma$（见图 1-5）的不合格品率即是表 1-10 中的"有波动不合格品率"。从表中可知，$\mu \pm 6\sigma$ 时的有波动不合格品率为 3.4×10^{-6} = 3.4ppm（ppm 是百万分之一的代号）因此，6σ 管理是把产品的不合格品率控制在百万分之三点四以内的一种管理方法，即生产一百万个产品最多允许出现 3.4 个不合格品。表 1-11 是将有波动不合格品率 $\bar{p}_2$ 进一步细分的情况。

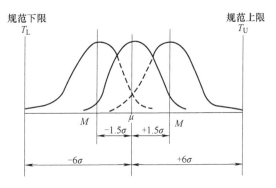

图 1-5 $\mu \neq M$ 的正态分布曲线

表 1-11 $k(\sigma)$ 与有波动不合格品率 $\bar{p}_2$ 的关系

$k(\sigma)$	$\bar{p}_2/10^{-6}$	$k(\sigma)$	$\bar{p}_2/10^{-6}$	$k(\sigma)$	$\bar{p}_2/10^{-6}$
1.5	539828	3.1	54799	4.7	687
1.6	460172	3.2	44565	4.8	483
1.7	420740	3.3	35930	4.9	337
1.8	382088	3.4	28717	5.0	233
1.9	344578	3.5	22750	5.1	159
2.0	308537	3.6	17865	5.2	108
2.1	274253	3.7	13904	5.3	72
2.2	241964	3.8	10700	5.4	48
2.3	211856	3.9	8198	5.5	32
2.4	184060	4.0	6210	5.6	21
2.5	158655	4.1	4661	5.7	13
2.6	135666	4.2	3467	5.8	8.6
2.7	115070	4.3	2555	5.9	5.5
2.8	96800	4.4	1866	6.0	3.4
2.9	80757	4.5	1350	—	—
3.0	66807	4.6	968	—	—

从表 1-11 知，当有波动且波动后的分布中心偏离标准中心为 $\pm 1.5\sigma$ 时，k 值越小，则不合格品率 $\bar{p}_2$ 越大；k 值越大，则 $\bar{p}_2$ 越小；当 k 达到 $\pm 7\sigma$ 时，$\bar{p}_2 = 0$。

实现 6σ 管理可以极大地降低质量损失，给企业带来巨大的经济效益，因此近年来国内外许多优秀企业都在积极推行 6σ 管理。不同 σ 的管理水平差距还是很大的，如 $\pm 3\sigma$ 与 $\pm 6\sigma$ 的管理水平差距为 $66807 \div 3.4 \approx 19649$（倍）。

为实现 6σ 管理可以采用各种手段，可以"八仙过海，各显神通"。但是，无论采用什么手段，核心问题都是一个项目一个项目地进行改进，巩固改进成果，使问题不重复发生。图 1-6 所示为 6σ 管理的过程。其中，测量、分析、改进和控制是四个关键过程，这四个过程中的每一个都要用到统计技术。可以说，6σ 管理是不断运用统计技术进行分析、不断进行改进的一项活动过程，见表 1-12。

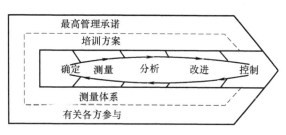

图 1-6 6σ 管理过程

表 1-12 6σ 管理中应用统计技术的情况

过程名称	统 计 技 术	过程名称	统 计 技 术
确定	因果图 排列图	分析	多变量图 点估计 相关分析 回归分析 方差分析
测量	测量分析 流程图 检查表 因果图 排列图 散布图 控制图 过程能力分析 正态概率纸	改进	质量功能展开 正交试验 试验设计 展开操作 响应曲面方法
分析	头脑风暴法 排列图 流程图 直方图 假设检验	控制	控制图 流程图 统计过程控制 过程能力分析 标准操作程序 防señalar障程序 过程文件控制

五、数值的修约

在处理数据过程中，确定应该用几位数字来表示质量检验结果是非常重要的。位数不同，数字的有效性含义也就不同。在测量时，由于计量器具的不同和感官读数有人为因素等原因，检验数据中的数字位数往往不尽相同。然而，测量准确度的高低，并非与数字位数的多少成正比。因此，在数据处理计算中得到的各种数值，除另有规定外，都应按 GB/T 8170—2008《数值修约规则与极限数值的表示和判定》进行修约。数值修约，应在确定数值有效位数或修约间隔后进行。

1. 有效位数

有效位数是表示有效数值的位数，其有关规定如下：

1) 对没有小数位且以若干个零结尾的数值，从非零数字最左一位向右数得的位数减去无效零（即仅为定位用的零）的个数就是有效位数。

例如，数值 47000，若有两个无效零，则为三位有效位数，应写成 470×10^2；若有三个无效零，则为两位有效位数，应写成 47×10^3，而 4700×10^1 则表示四位有效位数。

2) 对其他十进位数，从非零数字最左一位向右数得到的位数，就是有效位数。

例如，4.7、0.47、0.047、0.0047、0.00047 均为两位有效位数，0.04700 为四位有效位数，而 47.400 则为五位有效位数。

对于制造行业而言，测量值或其计算值的修约，其保留数值所标识的数位应与产品标准规定的指标或参数数值所标识的数位一致。换句话说，对于几何量的测量值，修约时保留的有效位数主要取决于被测参数极限尺寸（或数值）所标明的位数。

例如，$\phi 30^{+0.03}_{+0.01}$ mm 的极限尺寸为 30.01mm 和 30.03mm，所以其测量值经数据处理后得到的计算值，都应修约到四位有效位数。

如果是化学成分分析，所得元素的实测数值经修约后，应使其数值所标识的位数与相应产品标准规定的化学成分数值所标识的数位一致。

2. 修约间隔

修约间隔是修约值的最小数值单位。修约间隔的数值一经确定，修约值即为该数值的整数倍。

例如，指定修约间隔为 0.1，修约值即在 0.1 的整数倍中选取，相当于将数值修约到一位小数；如果指定修约间隔为 0.01，修约值应在 0.01 的整倍数中选取，相当于将数值修约到二位小数；如果指定修约间隔为 10，修约值应在 10 的整倍数中选取，相当于将数值修约到十位数。其余，以此类推。

3. 确定修约间隔

1) 指定修约间隔为 10^{-n}（n 为正整数，$n = 1, 2, 3, \cdots$），或者指明将数值修约到 n 位小数。

2) 指定修约间隔为 1，或者指明将数值修约到"个"位数。

3) 指定修约间隔为 10^n，指明将数值修约到 10^n 数位，或者指明将数值修约到"十""百""千""万"……数位。

4. 进舍规则

1) 拟舍弃数字的最左一位数字小于 5，则舍去，保留其余各位数字不变。

例如，将47.2481修约到个数位，得47；若将其修约到三位小数，得47.248；若将其修约成两位有效位数，得47。

2) 拟舍弃数字的最左一位数字大于5或等于5且其后有非全部为零的数字时，则进一，即保留数字的末位数加1。

例如，将4768修约到"百"数位，得48×10^2，特定时，如日常检验时，可写成4800；将47.686503修约到三位小数，得47.687。

3) 拟舍弃数字的最左一位数字为5且其后无数字或皆为零时，若所保留的末位数字为奇数（1、3、5、7、9）则进一位，即保留数字的末位数字加1；若所保留的末位数字为偶数（2、4、6、8、0）则舍弃。

例如，修约间隔为0.1（或10^{-1}）

拟修约数值　　　　修约值
1.050　　　　　　1.0
0.350　　　　　　0.4
1.250　　　　　　1.2

又如，将下列数字修约成两位有效位数

拟修约数值　　　　修约值
0.475　　　　　　0.48
32500　　　　　　32×10^3（特定时，如日常检验时，可写为32000）

4) 负数修约时，先将它的绝对值按上述1)、2)、3)的规定进行修约，然后在所得修约值前加上负号。

例如，将下列数字修约到"十"数位

拟修约数值　　　　修约值
-355　　　　　　→｜-355｜→355→36×10→（-36×10）
-325　　　　　　→｜-325｜→325→32×10→（-32×10）

5. 不许连续修约

1) 拟修约数字应在确定修约间隔或指定修约数位后一次修约获得结果，不许多次连续修约。

例如，修约15.4546，修约间隔为1。

正确的做法：15.4546→15

不正确的做法：15.4546→15.455→15.46→15.5→16

由上示例可见，不正确的修约将得到错误的结果。

2) 为了避免发生连续修约的错误，应按下述步骤进行修约。

① 报出数值最右的非零数字为5时，应在数值右上角加"+"或加"-"或不加符号，分别表明已进行过舍、进或未舍未进。

例如，16.50^+表示实际值大于16.50，经修约舍弃成为16.50；16.50^-表示实际值小于16.50，经修约进一为16.50。

② 如对报出数值需进行修约，当拟舍弃数字的最左一位数字为5且其后无数字或

皆为零时，数值右上角有"+"者进一，有"-"者舍去。

例：将下列数字修约到个数位（报出值多留一位至一位小数）。

实测值	报出值	修约值
15.4546	15.5⁻	15
-15.4546	-15.5⁻	-15
16.5203	16.5⁺	17
-16.5203	-16.5⁺	-17
17.5000	17.5	18

6. 运算中有效位数的取舍方法

如果遇到小数计算，应参考表 1-13 进行修约。

表 1-13 运算中有效位数的取舍

运算方法	有效位数取舍方法	举例		运算结果
		原运算式	取舍后运算式	
加、减运算	各数值所保留的小数点后的位数，应比小数点位数最少者多取一位，运算结果位数应与各数值中小数位数最少者相同	10.6 + 20.153 + 5.538 20.046 - 3.142 - 0.5	10.6 + 20.15 + 5.54 = 36.29 20.05 - 3.14 - 0.5 = 16.41	36.3 16.4
乘、除运算	各数值中有效位数较多者应比有效位数最少者多取一位，而与小数点位置无关，运算结果位数应与有效位数最少者相同	0.015 × 20.79 0.025 ÷ 2.004	0.015 × 20.8 = 0.312 0.025 ÷ 2.00 = 0.0125	0.31 0.012
乘方与开方	运算结果的效数字位数应与原数值的有效位数相同	3.142^2 $\sqrt{9.872}$	$3.142^2 = 9.872164$ $\sqrt{9.872} \approx 3.1419739$	9.872 3.142

数值修约在检验测量中是经常遇到的，因为在测量读数时往往在计量器具分度值允许读数精度的基础上再多估读一位小数，例如用千分尺测量时，读数可估读到 μm 值，以便在数据处理时进行合理的修约。所以检验员要熟练掌握上述修约规则，克服"四舍五入"的习惯，使最终得到的检验结果更为准确。

7. 极限数值的表示和判定（表 1-14 ~ 表 1-16）

六、检验数据出现异议的处理

在生产过程中，如果加工工人对检验员的判定提出异议，则有必要对检验数据进行复核、校验或仲裁。

对有争议的检验数据可做如下处理：

7.

第二章

尺寸、角度及锥度的检验

第一节 尺寸检验的原则

一、基本原则

所用验收方法应只接收位于规定的尺寸验收极限之内的工件。

1) 对于有配合要求的工件,其尺寸检验应符合泰勒原则,孔或轴的作用尺寸不允许超过最大实体尺寸,即对于孔,其作用尺寸应不小于最小实体尺寸;对于轴,应不大于最大实体尺寸。

在任何位置上的实际尺寸不允许超过最小实体尺寸,即对于孔,其实际尺寸应不大于最大实体尺寸;对于轴,应不小于最小实体尺寸。

2) 符合泰勒原则的极限量规(GB/T 1957—2006《光滑极限量规 技术条件》)。符合泰勒原则的极限量规如下所述:

- 通规的测量面应是与孔或轴形状对应的完整表面(通常称为全形规),其尺寸等于工件的最大实体尺寸且长度等于配合长度。
- 止规的测量面应是点状的,两测量面之间的尺寸等于工件的最小实体尺寸。
- 符合泰勒原则的量规,如在某些场合下应用不方便或有困难时,可在保证检验工件的形状误差不致影响配合性质的条件下,使用偏离泰勒原则的量规。

3) 虽然使用上述极限量规是最理想的检验方法,但实际工作中又不得不经常使用普通计量器具(千分尺、卡尺和百分表等),这是因为:

① 单件小批生产,使用量规不经济。

② 极限量规只适于加工完成后(终结尺寸)检验,加工过程中的检测用普通计量器具较方便,可读出实际尺寸,便于掌握加工余量。

③ 有时受工艺条件限制,如在顶尖间加工轴,用全形量规(环、套状,符合泰勒原则)显然不便,只好用普通计量器具或卡规(不符合泰勒原则)。

二、其他原则

1. 阿贝原则

零件上测量线应处在计量器具基准线上或其延长线上,称为阿贝原则。

(1) 符合阿贝原则时(见图2-1)

当仪器测头由 O' 点移至 A' 点时,由于测头滑座与导轨之间存在间隙及导轨不直等原因，滑座会产生倾斜，导致测量线 $O'B$ 与基准线方向 $O'A'$ 之间出现夹角 $\Delta\varphi$，造成的误差 Δ 为

$$\Delta = L - L\cos\Delta\varphi = L(1 - \cos\Delta\varphi) \tag{2-1}$$

$\cos\Delta\varphi = 1 - \dfrac{\Delta\varphi^2}{2!} + \dfrac{\Delta\varphi^4}{4!} + \cdots$，当 $\Delta\varphi$ 很小时，可略去高阶项，得 $\cos\Delta\varphi \approx 1 - \dfrac{\Delta\varphi^2}{2!}$，代入上式得 $\Delta \approx \dfrac{1}{2}\Delta\varphi^2$，因为 $\Delta\varphi$ 很小，又是二次误差，所以 Δ 值是很小的。

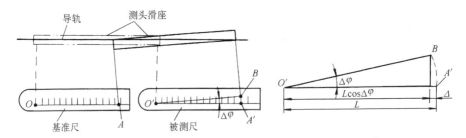

图 2-1　符合阿贝原则的线纹检测示意

（2）不符合阿贝原则时（见图 2-2）

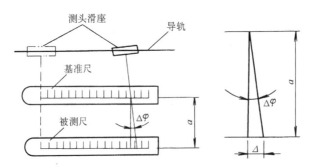

图 2-2　不符合阿贝原则的线纹检测示意

当测头同样倾斜 $\Delta\varphi$ 时造成的误差为

$$\Delta = a\tan\Delta\varphi \approx a\Delta\varphi \text{（弧度）} \tag{2-2}$$

因为是一次误差，所以 Δ 值要比符合阿贝原则时大得多。

量仪是否符合阿贝原则，是由其设计结构已决定了的，但在使用中可以设法减小阿贝误差。例如，卡尺不符合阿贝原则，使用时应尽量使工件被测部位靠近主尺（基准线），以减小阿贝误差。

2. 最小变形原则及白塞尔点与艾利点

（1）最小变形原则

在测量过程中，由于重力、内应力以及热膨胀等因素的影响，会使被测件和仪器的零部件产生变形，从而影响测量准确度。为了保证测量结果的准确可靠，应尽量使由于各种因素的影响而产生的变形为最小，这就是最小变形原则。

计量器具在设计制造时,均已采取了相应的措施,使其变形最小,检验员只需按照计量器具的操作规程进行操作即可。但对于工件自重而引起的弯曲、变形等,将直接影响测量的准确度,检验员应考虑选择合适的支承点,使其变形为最小。特别是在测量大型轴类、板类零件时,选择合理支承点尤为重要。

(2)白塞尔点与艾利点

图 2-3 所示为长度为 L 的工件支承情况。由弹性力学理论知:当 $a = 0.2203L$[可简化为 $a = (2/9)L$]时,工件中心轴线上的长度变形最小,该支承点称为白塞尔点。一般在用线纹尺测量时,采用此种支承。当 $a = 0.2113L$[可简化为 $a = (1/5)L$]时,工件两端面平行度变形最小,该支承点称为艾利点。一般在用大量块测量时采取此种支承。当 $a = 0.2232L$ 时,全长挠曲量最小;当 $a = 0.2386L$ 时,两支承点间挠曲量为零。

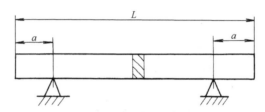

图 2-3 工件支承情况

3. 最短测量链原则

(1)测量系统的测量变换器和测量链

测量过程中,被测参数的微量变化需借助计量器具变换为可观察的测量信号才能实现测量。把测量系统中提供与输入量有给定关系的输出量的部件,称为测量变换器(或计量器具的变换单元)。构成测量信号从输入到输出量值通道的一系列变换单元所组成的完整部分,称为测量链。测量信号的每一变换单元称为测量链的环节。

(2)最短测量链原则的定义

由于测量链的各环节不可避免地会引入测量不确定度,而且环节越多,测量不确定度因素就越多,这对减小测量不确定度很不利。因此,为保证一定的测量不确定度,测量链的环节应减到最少,即测量链应最短,这就是最短测量链原则。

4. 封闭原则

(1)圆分度的封闭特性

在圆分度中,起始刻线(0°)与最末刻线(360°)总是重合的,即圆分度是封闭的,这就是圆分度的封闭特性。图 2-4 所示为将圆周分为 12 等份,在无分度误差的情况下,每一等份的间隔应为 30°,但在实际中分度误差总是存在的。

(2)封闭原则

在测量中,如能满足封闭条件,则其间隔偏差的总和为零,即是封闭原则。封闭原则为许多测量特别是角

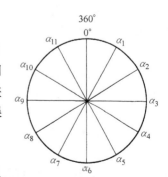

图 2-4 圆分度的封闭特性

度测量带来了方便。例如，在检定多面棱体时，利用封闭原则，可无须高精度标准，实现自我检定；在万能测齿仪上测量齿轮周节累积误差时，利用封闭原则，比绝对测量方便而且简单。

5. 基准统一原则

测量基准应与设计基准、工艺基准保持一致，称为基准统一原则。

作为基准的各种点、线、面，都存在尺寸与形状误差，基准不统一，势必要转换基准或换算，难免增加误差。

有时受量仪结构和安装定位方式的限制，无法实现基准统一。例如，丝杠、齿轮都以轴心线为设计和工艺基准，而检验时有时以外圆定位。所以，检验员应向工艺人员提出建议，对用作检验基准的部位应适当提高精度，以减少定位误差。

6. 其他规定

1) 应对尺寸测量的结果和形状误差的测量结果综合考虑，确定工件是否合格。

2) 考虑到在车间实际情况下，对计量器具的误差、工件形状误差（通常依靠加工过程控制），以及温度和压陷效应等引起的误差均不进行修正，一般只按一次测量判断合格与否。

3) 关于仲裁的规定。当测量结果有争议时，可按第一章的第三节中"检验数据出现异议的处理"的方法解决。

当使用计量器具与使用量规发生争议时，用符合 GB/T 1957 标准规定的下述量规仲裁：

① 通规应等于或接近于工件的最大实体尺寸。

② 止规应等于或接近于工件的最小实体尺寸。

4) 关于进出口商品检验的规定。对进口和出口商品的检验应予以高度重视，应按现行有效版本的《中华人民共和国进出口商品检验法实施细则》进行。法定检验的出口商品未经检验或经检验不合格的，不准出口。

第二节　检验对环境的要求

检验对环境条件的要求，与所要求的检测准确度和所使用计量器具的原理及特性有关。最基本的要求是温度、湿度、清洁度、防振等。其他如对电源、气源、气流、防腐蚀以及照明等也有不同的要求。

一、温度

钢铁等金属材料的温度对其尺寸检验影响最为明显，包括温度对标准温度 20℃ 的偏离，以及温度随时间和空间的变化程度（或称温度梯度）。

1. 温度偏离 20℃ 而造成的尺寸误差

按下式计算：

$$\Delta L = L[(t_{量} - 20℃)\alpha_{量} - (t_{工} - 20℃)\alpha_{工}] \tag{2-3}$$

式中　L——被测尺寸（可用公称尺寸代替）（mm）；

　　　$t_{量}$——量具实际温度（℃）；

第二章　尺寸、角度及锥度的检验

$t_工$——被测工件实际温度（℃）；
$α_量$——量具材料线膨胀系数；
$α_工$——被测工件材料线膨胀系数。
ΔL 的单位与 L 相同。

从式（2-3）可看出：当 $t_量 = t_工 = 20℃$ 时，$\Delta L = 0$，即在标准温度下检测时，由温度引起的尺寸误差为零。

当 $t_量 = t_工$，$α_量 = α_工$ 时，$\Delta L = 0$，即当量具与工件材料相同且两者温度平衡时，温度引起的误差也为零。

由此可见，减少或消除温度引起的误差有如下途径：
1）在标准温度 20℃ 下检测。
2）使量具与工件材料一致，温度平衡。

第一个条件受客观环境限制，很难完全实现，只能尽可能接近，一般应力争实现第二个条件。制造业中，量具材料一般与工件材料一致或相近，所以主要应设法使量具与工件温度平衡。这点对大型工件的测量尤为重要。

2. 温度平衡

将工件和量具在同一环境（温度应均匀、稳定）下放置一定时间，使其温度趋于一致。

检验时的温度平衡，温度变化、平衡时间、温度差等参数表格（表 2-1 ~ 表 2-5）

二、湿度

湿度过高（一般指相对湿度 >75%）容易导致量具生锈、光学仪器镜头发霉等。所以，湿度高时，可用除湿机除水，或者在量具箱中放置干燥剂。检验员休息、吃饭、喝水时应与量具隔离。

三、清洁度

保证清洁度包括要防尘、防腐蚀等。检验工作场地应远离磨床等尘源。防止腐蚀性气体，如远离化验、酸洗等工作场地。

四、防振

检验工作台要稳固，远离铁道及大型机加工设备等振源。

五、其他

如电动、气动量仪的电源、气源要稳压等，要按照量仪的特性要求予以保证。

第三节　尺寸的检验

一、孔和轴的检验

1. 用量规检验孔和轴

用符合泰勒原则的光滑极限量规检验 GB/T 1800.1—1997 至 GB/T 1800.4—1997⊖

⊖ GB/T 1800.1—1997 至 GB/T 1800.4—1997 已经更新，在引用时应予以注意。

《极限与配合》规定的基本尺寸至500mm、公差等级IT6级~IT16级的孔与轴,既方便又可靠,因此当产品质量稳定、批量较大时,应优先选用量规。

(1) 量规的种类

具有以下孔或轴的最大极限尺寸和最小极限尺寸为公称尺寸的标准测量面,能反映控制被检孔或轴边界条件的无刻线长度测量器具,称为量规。

1) 塞规:用于孔径检验的光滑极限量规,其测量面为外圆柱面。其中,圆柱直径具有被检孔径最小极限尺寸的为孔用通规,具有被检孔径最大极限尺寸的为孔用止规。

2) 环规:用于轴径检验的光滑极限量规,其测量面为内圆环面。其中,圆环直径具有被检轴径最大极限尺寸的为轴用通规,具有被检轴径最小极限尺寸的为轴用止规。

(2) 量规的符号及说明(见表2-6)

表2-6 量规的符号及说明

符号	说明
T_1	工作量规尺寸公差
Z_1	通端工作量规尺寸公差带的中心线至工件最大实体尺寸之间的距离
T_p	用于工作环规的校对塞规的尺寸公差

(3) 量规的代号和使用规则(见表2-7)

表2-7 量规的代号和使用规则

名称	代号	使用规则
通端工作环规	T	通端工作环规应通过轴的全长
"校通-通"塞规	TT	"校通-通"塞规的整个长度都应进入新制的通端工作环规孔内,而且应在孔的全长上进行检验
"校通-损"塞规	TS	"校通-损"塞规不应进入完全磨损的校对工作环规孔内,如有可能,应在孔的两端进行检验
止端工作环规	Z	止端工作环规应沿着和环绕不少于四个位置上进行检验
"校止-通"塞规	ZT	"校止-通"塞规的整个长度都应进入制造的通端工作环规孔内,而且应在孔的全长上进行检验
通端工作塞规	T	通端工作塞规的整个长度都应进入孔内,而且应在孔的全长上进行检验
止端工作塞规	Z	止端工作塞规不能通过孔内,如有可能,应在孔的两端进行检验

量规尺寸公差带及其位置如图2-5所示。

(4) 量规的要求

1) 量规的测量面不应有锈蚀、毛刺、黑斑、划痕等明显影响外观使用质量的缺陷。其他表面不应有锈蚀和裂纹。

2) 塞规的测头与手柄的联结应牢固可靠,在使用过程中不应松动。

3) 量规宜采用合金工具钢、碳素工具钢、渗碳钢及其他耐磨材料制造。

4) 钢制量规测量面的硬度不应小于700HV(或60HRC)。

第二章 尺寸、角度及锥度的检验

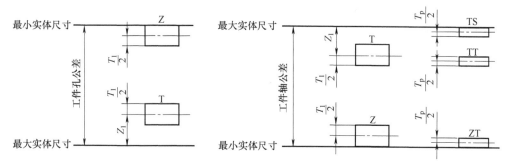

图 2-5 量规尺寸公差带及其位置

5) 量规测量面的表面粗糙度 Ra 值不应大于表 2-8 的规定。

表 2-8 量规测量面的表面粗糙度 Ra 值

工作量规	工作量规的基本尺寸/mm		
	≤120	>120~315	>315~500
	工作量规测量面的表面粗糙度 Ra 值/μm		
IT6 级孔用工作塞规	0.05	0.10	0.20
IT7 级~IT9 级孔用工作塞规	0.10	0.20	0.40
IT10 级~IT12 级孔用工作塞规	0.20	0.40	0.80
IT13 级~IT16 级孔用工作塞规	0.40	0.80	
IT6 级~IT9 级轴用工作环规	0.10	0.20	0.40
IT10 级~IT12 级轴用工作环规	0.20	0.40	0.80
IT13 级~IT16 级轴用工作环规	0.40	0.80	

6) 量规应经过稳定性处理。
7) 工作量规的型式和应用尺寸范围见表 2-9。

表 2-9 工作量规的型式和应用尺寸范围

用途	推荐顺序	量规的工作尺寸/mm			
		≤18	>18~100	>100~315	>315~500
工件孔用的通端量规型式	1	全形塞规		不全形塞规	球端杆规
	2	—	不全形塞规或片形塞规	片形塞规	—
工件孔用的止端量规型式	1	全形塞规	全形或片形塞规		球端杆规
	2	—	不全形塞规		
工件轴用的通端量规型式	1	环规		卡规	
	2	卡规		—	
工件轴用的止端量规型式	1	卡规			
	2	环规		—	

(5) 量规使用前的检查

1) 检查塞规测头端面和其他量规的非工作面上的标志,包括:

a) 制造厂厂名或注册商标。

b) 被检工件的基本尺寸和公差代号。

c) 量规的用途代号。

d) 出厂年号。

注:1. 工作尺寸小于14mm的塞规,a)~d)的要求允许标志在手柄上或使用标牌。

2. 单头双极限量规不宜标志用途代号。

2) 检查产品包装盒上的标志,包括:

a) 制造厂厂名或注册商标。

b) 产品名称。

c) 被检工件的基本尺寸和公差代号。

3) 量规在包装前应经防锈处理,并妥善包装。

4) 量规经检定符合本标准规定的,应附有产品合格证。产品合格证上应标有本标准的标准号和出厂日期。

(6) 校对塞规

1) 校对塞规尺寸公差为被校对轴用工作量规尺寸公差的1/2;校对塞规的尺寸公差中包含形状误差。

2) 校对塞规的表面外观、测头与手柄的联结程度、制造材料、测量面硬度及处理,应符合本小节(4)1)~4)、6)的规定。

3) 校对塞规测量面的表面粗糙度 Ra 值不应大于表2-10的规定。

表2-10 校对塞规测量面的表面粗糙度 Ra 值

校对塞规	校对塞规的基本尺寸/mm		
	≤120	>120~315	>315~500
	校对塞规测量面的表面粗糙度 Ra 值/μm		
IT6级~IT9级轴用工作环规的校对塞规	0.05	0.10	0.20
IT10级~IT12级轴用工作环规的校对塞规	0.10	0.20	0.40
IT13级~IT16级轴用工作环规的校对塞规	0.20	0.40	

(7) 使用量规检验工件合格与不合格的判定

1) 符合极限尺寸判断原则(即泰勒原则)的量规如下:

① 通规的测量面应是与孔或轴形状相对应的完整表面(通常称为全形量规),其尺寸等于工件的最大实体尺寸,且长度等于配合长度。

② 止规的测量面应是点状的,两测量面之间的尺寸等于工件的最小实体尺寸。

③ 符合泰勒原则的量规,如在某些场合下应用不方便或有困难时,可在保证被检验工件的形状误差不致影响配合性质的条件下,使用偏离泰勒原则的量规。

第二章 尺寸、角度及锥度的检验

2）用符合 GB/T 1957—2006 的量规检验工件，如通规能通过，止规不能通过，则该工件应为合格品。

3）制造厂对工件进行检验时，操作者应该使用新的或磨损较少的通规；检验部门应该使用与操作者相同型式的且已磨损较多的通规。

用户代表在用量规验收工件时，通规应接近工件的最大实体尺寸，止规应接近工件的最小实体尺寸。

4）用符合 GB/T 1957—2006 的量规检验工件，如判断有争议，应该使用下述尺寸的量规解决：

① 通规应等于或接近工件的最大实体尺寸。

② 止规应等于或接近工件的最小实体尺寸。

（8）使用量规应注意的事项（图 2-6、表 2-11、表 2-12）

(8)、2. 用普通计量器具检验孔和轴

3. 用精密仪器检验孔和轴

各种类型的测长机、测长仪、光学计、投影仪、光波干涉仪、万能工具显微镜等，都有检测轴径和孔径的功能。但这些仪器大都安放在计量室，并且受仪器结构、工作台承重以及平衡温度时间等方面的限制，只能检测少数重要工件，或者在调整设备、验证工艺工装时检测样件。但检验员如能熟悉了解这些仪器的功能，可通过检测首件，得到工件的实际尺寸，在工作中比对，也可取得好的效果。

4. 用电动、气动量仪检验孔和轴

各种电动、气动量仪虽然也属精密仪器，但与上述测长机、测长仪等不同的是，它们更适合于现场检测。其特点是：

圆柱孔径和轴径常用测量方法的比较见表 2-13 和表 2-14

1）仪器结构简单，易操作，易维护，价格便宜。

2）可根据检测对象的不同，选购或自制不同的测头，一台仪器可测很多种尺寸。

3）测头可通过导线、导管远离仪器主体工作，便于在机床旁、生产线上检测，易于实现自动测量或连续、动态测量。

4）仪器量程大。可根据工件公差方便地变换量程和分度值，适应性强。

5）测头与工件不接触或测力很小，磨损小，寿命长，经济性好。

因此，气、电量仪是解决生产现场检测手段不足的重要途径。

5. 用三坐标测量机检验孔和轴

三坐标测量机是根据绝对测量，采用触发式、扫描式等形式的传感器，随 X、Y、Z 三个相互垂直的导轨相对移动或转动，并与固定于工作台上的被测件接触或非
三坐标测量仪的结构与使用方法

接触发讯、采样、计算机处理数据、显示、绘图、打印测量结果，用于空间坐标尺寸测量、形位误差测量、定位等的测量仪器，它是机-光-电-计算机技术为一体的产物。其结构型式有悬臂式、坐标镗式、桥式和龙门式四种。配以各种附件和机械接触式测头、电气接触式测头、光学测头、电视扫描测头，根据需要编制测量程序文件（软件），三坐标测量机可以测量一维空间、二维空间和三维空间的尺寸，可以测量平面、曲面、

圆、椭圆、圆柱、圆锥、球等的形状尺寸，还可以测量位置误差，也可以测量齿轮、螺纹等等。能否充分发挥三坐标测量机的作用，关键在于其软件的开发和正确、熟练而巧妙地使用操作技术。三坐标测量机的应用示例见第四章图 4-114。

我国制造业使用的三坐标测量机型号很多，有进口的，也有国产的，而且还在不断发展。但是，不管如何发展，它们的基本原理和结构型式都变化不大，只是在提高测量效率和扩展功能上下功夫。它们的共同特点是：

1）基座安放在气垫上，抗冲击，抗振动。
2）机体、工作台采用大理石，对温度不敏感。
3）采用气浮导轨，移动灵活，阻力小，磨损小。
4）测力小（多为 0.1N），工件不必卡紧；可自动换算（转换）基准，对工件的安装定位要求不高。
5）一次安装，通过电子计算机采集数据后，可根据需要计算出尺寸、形状、位置多种数据，检测效率高；可显示、绘图、打印输出测量结果。

二、样板尺寸的检验

在制造业中，样板应用很广。它的特点是长度尺寸与角度、圆弧等组合在一起。有的角度的交点、圆弧的圆心在样板以外，给检测增加了难度。

检测样板尺寸理想的方法是用工具显微镜，特别是各种万能工具显微镜。它的各个坐标方向测量范围较大（可达 200~500mm）；工作台运动轻便灵活；检测准确度较高；具有旋转目镜和圆分度工作台，测量角度很方便；具有各种附件，可在顶尖间、V 形架上或玻璃工作台上检测各种尺寸和角度；可以透射、反射或利用灵敏杠杆接触测量。

在生产现场，若没有工具显微镜，也可以用普通计量器具辅以各种圆棒、钢球、方箱、直角尺和检验平板等巧妙组合，进行样板和各种零部件的测量。这种方法称为平台（万能）测量。它可以解决很多难以解决的测量问题，但对操作技术要求很高。

1. 检测程序

1）板状样板，总有一个平面是工艺和检验基准。所以，首先要用刀口尺检验基准面的平面度，并用细油石试研基准面有无伤痕、凸起点。
2）检查各工作面的平面度、表面粗糙度和对基准面的垂直度。
3）用角度样块或角度校对样板及万能角度尺检查样板上的各种角度；用半径样板或校对板检验各种圆弧半径的正确性。
4）用刀口尺、直角尺、量块及普通计量器具检测各部尺寸。
5）在合适位置做合格标识或编号。

2. 检测示例

样板尺寸检测示例：V 形尺寸检验，燕尾尺寸的检验，用量块、刀口尺、角度块等测样板尺寸，用样板检验圆弧半径（图 2-7~图 2-14、表 2-15）

三、尺寸的间接检验

1. 有的工件因为结构特殊，无法直接检验，或者因缺乏适合的计量器具，不得不借助一些辅助工具，如圆棒、钢球等与计量器具组合进行万能测量，通过计算得到所需要的尺寸。这时应注意：

第二章 尺寸、角度及锥度的检验

1）所有辅助工具，特别是用作安装定位基准的平台、方箱、V 形架等都应经过检验，保持良好状态，有的器具应有较准确的实际尺寸。

2）间接测量，往往是以量棒、钢球与工件进行点、线接触，或者以局部（如一段圆弧）推算整体（直径），所以受工件形状位置误差影响较大，一定要进行必要的控制。包括考核机床设备、验证工艺装备（镗模、钻模等）、控制精加工刀具（如精铰刀），使形位误差受控。

2. 示例

四、大尺寸的检验

1. 一般将大于 500mm 的尺寸称为大尺寸。大尺寸的加工和检验具有如下特点：

尺寸的间接检验示例：测内圆弧半径、用两钢球测内凹孔直径、用一对圆锥棒检测孔径、用量块附件测孔径、用量块与圆棒测孔径、用弓高弦长法测轴径（图 2-15～图 2-21）

1）随着尺寸的增大，环境温度和形位误差等因素对尺寸检验的影响显著增大。

2）尺寸和重量的增大使计量器具的操作困难增大，难以调整到最佳位置。

3）尺寸大，量具和工件均易变形，安装定位困难，测量基准面的重要性大大增加。

4）温度影响，特别是量具与工件之间的温差对检验影响显著，平衡温度的时间延长，常达十几甚至几十小时，成为检验工作应考虑的重要问题。

5）计量器具本身的误差在整个测量误差中所占比例相对减小。

6）大尺寸工件往往是单件或小批生产且多为关键工件，工序复杂、生产周期长。为减少废品降低成本，常常配制，互换性的要求相对降低。为保证配合的性质，常需按先加工的偶件确定工件应达到的尺寸，并需要比较测量。

7）公差配合与常用尺寸段有所不同。

8）市场上供应的测量大尺寸通用量具较少，往往需要自行设计制作专用量具，或者利用多种量具与辅具组合检验。

由于上述特征，在大尺寸检验中，前面提到的检验原则、方法需酌情灵活应用。例如，安全裕度、验收极限等，可按装配要求或与用户洽商，制订检测和验收方法。检验大尺寸常用方法见表 2-16。

表 2-16　检验大尺寸常用方法

分　类	方法名称	使用的量检具
直接检验法	通用量具法	卡尺、千分尺、量杆、π 尺、大型三坐标测量机等
	相位法	测距仪
	干涉法	激光干涉仪
间接检验法	对滚法	直径为 d 的精密滚轮（自制）
	绕测法	钢卷尺、π 尺、钢围尺
	弓高弦长法	大型卡尺、鞍形检具、专用检具
	经纬仪法	经纬仪
	辅助基面法	通用量检具

2. 示例

3. 大尺寸检测注意事项

1) 工件与量仪均较大、较重，操作中保证人身及设备安全成为突出问题，所以应当：

大尺寸检验示例：用激光干涉系统检验大尺寸、用 π 尺检测大直径、用专用检具检验较大尺寸的内外径、用对滚法检验轴径、经纬仪法检验大轴径（图2-22～图2-27）

① 事先了解工件重量是否在仪器承重范围内。

② 基准面、支承面是否清洁，有无伤痕。

③ 若需用起重设备，吊具是否合适（是否会损坏工件精加工面）。

④ 支承点是否合理，是否会造成不允许的变形。对细长工件的支承点可参见图2-3。

2) 大件检测费时较多，应控制检测环境温度不得剧变，并监控零位的漂移。

3) 检测结束，在未经计算、分析确认检测结果前，不得变动工件与量仪的工作状态，以备必要时重测或复核。

4) 所有以上事项，应事先制订简要的程序，画出安装定位示意图，明确人员分工及对精密仪器的安全保护措施。

五、小尺寸的检验

一般将小于18mm的尺寸称为小尺寸。检测小尺寸的常用方法见表2-17。

表2-17 检测小尺寸的常用方法

方法分类	方法名称	使用的量检具
接触测量法	通用量具法	卡尺、千分尺、三坐标测量机等
	计量仪器法	光学计、电感比较仪、测量仪等
非接触测量法	投影法	投影仪、各种万能工具显微镜
	衍射法	各种万能工具显微镜
	其他方法	干涉仪、全息显微镜

实际上，只有小孔径的测量比较困难，特别是可测1mm及以下的量仪（见表2-18）更少。

表2-18 测量小孔径常用量仪

量仪名称	型号	测量范围/mm	分度值/μm	备注
孔径测量仪	37J	$\phi 0.1 \sim \phi 25$	1	—
	701A	$\phi 1 \sim \phi 50$	0.1	
小孔显微镜	ZEISS JENA	$\phi 0.05 \sim \phi 2$	1	用玻璃球形测头单触点测量
万能比长仪	莱茨200型	$\phi 0.1 \sim \phi 200$	0.5	象点瞄准
万能测长仪	JD5	$\phi 0.1 \sim \phi 200$	0.1～0.05	用电眼测量
	JDY-2	$\phi 1 \sim \phi 20$	1	
内孔比长仪	DMC-1	$\phi 1 \sim \phi 100$	0.1	与量块比较测量

第二章 尺寸、角度及锥度的检验

下面介绍两种有代表性的小孔径测量仪。

小尺寸检验示例：用小孔测量显微镜测量小孔径、用电动孔径测量仪测量小孔、用小孔径干涉测量仪测量小孔（图2-28～图2-31）

六、长孔直径的检验

长（深）孔直径尺寸的检验也是检验工作中的难题之一。兵器工业四四七区域计量站研制的SKJ-3型数字式深孔测径仪较好地解决了这一难题。

SKJ-3型数字式深孔测径仪的结构、参数与使用条件（图2-32）

第四节 角度和锥度的检验

一、角度和锥度的概念

1. 角度

角度是棱体角 β 的简称，它是由两相交棱面形成的二面角（平面角），如图2-33a～g所示。棱体是由两个相交平面与一定尺寸 L 所限定的几何体。

2. 锥度（C）

锥度是两个垂直圆锥轴线截面的圆锥直径 D 和 d 与该两截面之间的轴向距离 L 之比，即 $C=\dfrac{D-d}{L}$。式中，D 是最大圆锥直径，d 是最小圆锥直径，L 是圆锥长度（见图2-34）。

常见棱体和锥度示意图（图2-33、图2-34）

锥度 C 与圆锥角 α 的关系为：$C = 2\tan\dfrac{\alpha}{2} = 1:\dfrac{1}{2}\cot\dfrac{\alpha}{2} = \dfrac{D-d}{L}$

锥度一般用比例或分式形式表示。一般用途圆锥的锥度与锥角及量块尺寸见表2-19，特定用途的圆锥见表2-20。

一般用途圆锥的锥度与锥角及量块尺寸、特定用途的圆锥（表2-19、表2-20）

3. 棱体角（β）

两相交棱面间的夹角（见图2-33a），燕尾体、机床的导轨都是棱体角的具体应用。一般用途棱体的角度与斜度系列见表2-21，其推算值见表2-22，特定用途的棱体见表2-23。

二、角度的检验

检验角度的计量器具种类很多，在生产现场用于检验角度的有角度块（Ⅰ型角度块和Ⅱ型角度块）、90°角尺、万能角度尺、正弦

一般用途棱体的角度与斜度系列见表2-21，其推算值见表2-22，特定用途的棱体见表2-23

尺、水平仪、自准直仪、光学倾斜仪、平晶和光学样板等；在计量室，用于测量角度的有测角装置、圆分度检验仪、小角度测量仪、光学角规和多面棱体等。平面度和垂直度检验属于角度检验。

1. 用角度块或角度样板检验角度

对于等于或大小10°的角,可以用角度块检验;对于小于10°的角,可以用专门制作的角度样板或用仪器检验。角度块有94块一套,36块一套、19块一套、7块一套和5块一套共五套,在一套中可以单块使用,也可以两块组合使用,要根据被检验角的大小来选择相应的角度块进行检验,如图2-35a所示。检验时,凭光隙判断被检验角度的大小。图2-35a中所示为被检验角度$\beta < 108°$,因为角度块的下部与工件之间有光隙。反之,如果角度块的上部与工件之间有光隙,则$\beta > 108°$。图2-35b是角度样板检验示图。

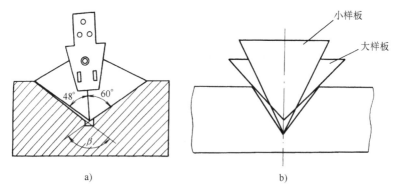

图2-35 用角度块或角度样板检验角度

2. 用90°角尺检验角度(见图2-36)

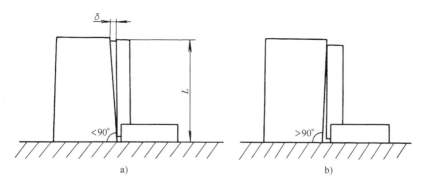

图2-36 用90°角尺检验角度

选用90°角尺应注意:
1) 00级的90°角尺作为基准用,应在000级平板上使用,一般保存在计量室内。
2) 0级的90°角尺用于精密检验,应在00级平板上使用。
3) 1级的90°角尺用于一般精度的检验,应在0级平板上使用。
4) 2级的90°角尺用于画线。
5) 经过检定合格的90°角尺,在其上均标有精度级别标志,选用时要注意查看。

用90°角尺、角度块和样板检验角度属于比较测量,被检验角度合格与否凭量具的测量面与被检角的侧面间的光隙大小来判断,判断精度与检验员的操作技术水平和判断经验有关。

当检验工作量大时,可以按被检验件角度公差的大小制造两块极限角度专用样板,分别用它们去检验。当被测角度比大角度样板小,而比小角度样板大时才为合格,否则被测角度为不合格,如图 2-35b 所示。

用 90°角尺检验中可能出现下述四种情况:①90°角尺测量面与被检验面之间无光隙,②有很少不均匀的光隙,③90°角尺的上端有光隙,④下端有光隙。出现第一种情况,说明 90°角尺的测量面与被检验面处处接触,故被检验件的垂直度合格,而且被检验面平直。出现第二种情况,说明被检验面不平直。出现第三种和第四种情况,说明被检验件有垂直度误差。

如果间隙很小,可以根据光隙中光的色彩判定间隙的大小。如果间隙大,可以用塞尺测量出间隙的数值,然后计算出角度误差。

如图 2-36 所示,用塞规测得 $\delta = 0.015\text{mm}$,已知 90°角尺高 $L = 750\text{mm}$,故

$$\tan\alpha = \frac{\delta}{L} = \frac{0.015}{750} = 0.00002$$

所以 $\qquad \alpha = 0.00002 \times 2 \times 10^5 \ (")\ = 4"$

即 $\qquad \angle DAC = 90° - 4" = 89°59'56"$

由此可以得出规律:在 90°角尺的上端出现光隙时,$\beta < 90°$;下端出现光隙时,$\beta > 90°$;中间出现光隙时,$\beta = 90°$,但被检验面不平直。

3. 用万能角度尺检验

图 2-37 所示为 I 型万能角度尺检验角度示例。这种角度尺能检验 0°~320°范围内的任何角度值,关键在组合各种附件(见表 2-24)。所以,要根据被检验角度灵活组合角尺的附件进行检验。这种角度尺的游标分度值有 2′和 5′两种。

利用平板、量块、圆柱、圆球等的不同组合测量出棱体角有关的线值尺寸,然后通过计算求出棱体角 β 的方法,称为间接检验角度法,如图 2-39 所示。已知两个圆柱的直径为 $D_1 = D_2$,并用量块测量得尺寸 h,则 $\beta = \arcsin hD$。灵活应用这种测量方法可以测量很多角度。

用万能角度尺检验示例:用 I 型万能角度尺检验、用 II 型万能角度尺检验(图 2-37、图 2-38、表 2-24)

对于角度块、角度样板等角度值精度要求高的,或者用上述各种方法不能检验的工件的角度,应送计量室用万能工具显微镜或角度测量仪器进行测量。

三、锥度的检验

1. 间接检验锥度

(1) 用正弦规检验锥度(见图 2-40)

测量前,首先要知道被测锥体的圆锥角 α,据此计算所需的量块高度 h:$h = L\sin\alpha$。其中,L 为正弦规两个圆柱中心距(mm)。为了免去计算工作量,对检验一般用途的锥度,可查表 2-19,找出所需 h 值(如果表中无 h 值,则自己计算),按 h 值组合量块,然后按图 2-40 所示安装正弦规和被测圆锥体进行测量。指示表(用千分表)测量圆锥

体素线上相距为 l 的 a、b 两点（测点距锥体端面 $2\sim5\mathrm{mm}$），它们的读数差为 δ，则锥度偏差 ΔC（rad）为

$$\Delta C = \frac{\delta}{l} \tag{2-23}$$

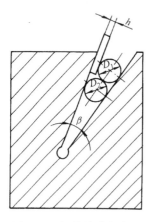

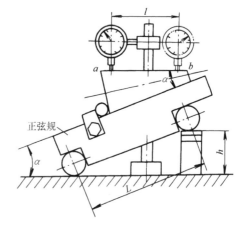

图 2-39　间接检验角度法　　　　图 2-40　用正弦规检验锥度

计算出的 ΔC 单位为弧度，1 弧度（$1\mathrm{rad}$）$= 206265'' \approx (2\times10^5)''$。故锥度偏差 ΔC 换算成角度值为

$$\Delta\alpha = \Delta C \times (2\times10^5)'' = \frac{\delta}{l} \times (2\times10^5)'' \tag{2-24}$$

例如：$l=100\mathrm{mm}$，$\delta=0.05\mathrm{mm}$，求 $\Delta\alpha$。

解：$\Delta\alpha = \dfrac{\delta}{l} \times (2\times10^5)'' = \dfrac{0.05}{100} \times (2\times10^5)''$

　　　$= 100''$

（2）用仪器检验锥度

最常用的是在万能工具显微镜上测量，如图 2-41 所示。

将被检验件安装在顶尖架上，使之在两顶尖之间定位，用影像法测量，在轴向距离为 L 处分别测量得两个剖面的锥体直径 d_1 和 d_2，则锥体的圆锥角 α 为

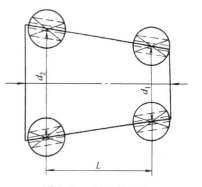

图 2-41　用万能工具
显微镜测量锥度

$$\alpha = 2\arctan\frac{d_2-d_1}{2L}，\quad 锥度\ C = 2\tan\frac{\alpha}{2} = \frac{d_2-d_1}{L} \tag{2-25}$$

为了减小测量不确定度，L 应尽可能大一些。

（3）用万能测量法检验锥度

用正弦规和仪器检验内圆锥体的锥度较困难，而用万能测量法既能检验外圆锥体的锥角，也能检验内圆锥体的锥角，检验用具主要是平板、圆柱、钢球、量块和量具等。

外圆锥锥角的检验如图 2-42 所示。

将被检验圆锥体小端朝下立在测量平板上，用两个直径已知（D）且相等的圆柱放在平板上与圆锥体接触，用千分尺测出尺寸 a；然后将两个圆柱移去后，用两组等高的量块（尺寸为 h）放在原来圆柱所在的位置且上部与圆锥体接触后，将两个圆柱分别放在量块上端且与圆锥体接触，测出尺寸 b，则可计算出圆锥角 α 为

$$\tan\frac{\alpha}{2} = \frac{\frac{b-a}{2}}{h} = \frac{b-a}{2h} \tag{2-26}$$

并可计算出圆锥体小端的直径 d 为

$$d = a - d_1\left[1 + \cot\left(45° - \frac{\alpha}{4}\right)\right] \tag{2-27}$$

内圆锥锥角的检验如图 2-43 所示。

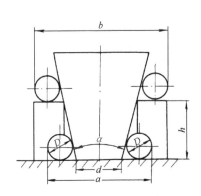

图 2-42 外圆锥锥角的检验

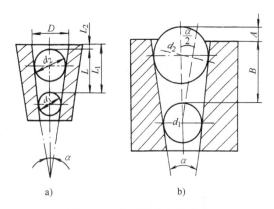

图 2-43 内圆锥锥角的检验

用一个小钢球和一个大钢球，且已知它们的直径尺寸分别为 d_1 和 d_2。测量时把被检验圆锥体立在平板上，先放入小钢球，测出尺寸 L_1；然后把小钢球倒出来，放入大钢球，测出尺寸 L_2（见图 2-43a）。则可计算出内圆锥锥角 α 为

$$\sin\frac{\alpha}{2} = \frac{d_2 - d_1}{2(L_1 - L_2) + d_1 - d_2} = \frac{d_2 - d_1}{2L + d_1 - d_2} \tag{2-28}$$

并可计算出圆锥大端的直径尺寸 D 为

$$D = \left[d_2\left(1 + \frac{1}{\sin\frac{\alpha}{2}}\right) + 2L_2\right]\tan\frac{\alpha}{2} \tag{2-29}$$

如果大钢球选得不恰当，则会出现大钢球的最高点露出锥孔之外的情况，如图 2-42b 所示。这种情况的测量方法同上，分别测出尺寸 A 和 B 后，按式（2-30）计算内圆锥锥角 α：

$$\sin\frac{\alpha}{2} = \frac{d_2 - d_1}{2A + 2B + d_1 - d_2} \tag{2-30}$$

用万能测量法检验锥度的过程并不复杂,所用器具也简单,但要求检验员具有较高的数学推导和计算能力。如果这方面的能力较差,则平时多从各方面收集用万能测量法检验锥度的案例,汇编起来,供工作中参照使用。

2. 综合检验锥度

这种方法主要是用圆锥量规检验圆锥角。圆锥量规分为带扁尾和不带扁尾两种结构型式。

(1) 外圆锥的检验

用不带扁尾圆锥环规的检验方法:将环规的工作面和被检验圆锥的锥面擦净后,把被检验圆锥1塞入环规孔内加力使它们密合。当圆锥体的测量面2在环规端面3和4之间(见图2-44a),则被检验圆锥合格,否则不合格。

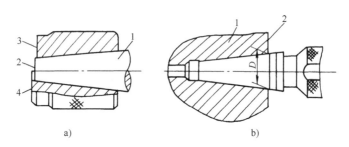

图2-44 综合检验圆锥示例

a) 外圆锥的检验 b) 内圆锥的检验

1—被检验圆锥 2—测量面 3、4—环规端面

(2) 内圆锥的检验

用不带扁尾圆锥塞规检验,其操作过程与外圆锥的检验方法相同。如果被检验件的测量面在塞规的第一条环线左边,说明被检验的锥孔的最大直径 D 小;反之,如果测量面在第二条环线右边,说明被检验的锥孔的最大直径 D 大。只有测量面2位于两条环线之间,才能判定直径 D 是合格的(见图2-44b)。图2-44b说明,被检验内圆锥的直径 D 小,不合格。直径 D 合格而锥角不一定合格。判断被检验锥孔的圆锥角是否合格,可以用涂色法和晃动法检验。

1) 涂色法:彻底清洁被检验锥孔和塞规的工作面后,用红丹粉在塞规的工作面上沿轴线方向均匀地涂三条线,每两条线之间的夹角为120°,涂层厚度不大于$2\mu m$;然后轻轻地把塞规塞入被检验锥孔内,使它们密合后,正反转动塞规3~5次,每次转角为30°左右;最后轻轻抽出塞规,根据其接触情况判定被检验锥孔的锥角是否合格。如果塞规的大端的接触面积大,则说明锥孔的锥角小;小端的接触面积大,则锥孔的锥角大。

2) 晃动法:不用涂红丹粉。当塞规与被检验锥孔密合后,用手轻轻上下晃动塞规的柄部,凭手感判断锥孔的锥角:如果感到塞规的大端晃动,说明孔的锥角大;塞规的小端晃动,说明孔的锥角小。检验外圆的锥角,也可以用这种检验法。

第三章

表面粗糙度的检验

第一节 概 述

一、零件表面结构

在机械加工过程中,由于刀具与工件的摩擦、切削的痕迹、切屑分离时塑性变形及工艺系统的误差和振动等各种因素的影响,零件的表面结构是由宏观的、微观的和介于两者之间的波纹度以及峰谷间距所组成(见表3-1)。

表3-1 零件的表面结构

工件表面结构	表面特征图形	主要产生原因
工件表面		各种类型的表面结构偏差叠加在一起而构成的复杂表面
表面粗糙度		主要是由刀具切削过程中,刀具刃口在工件表面留下的加工痕迹,如剪切、摩擦、裂屑、积屑的产生和脱落等
表面波纹度		主要是由加工机床系统振动在工件表面形成具有一定周期起伏的表面
形状误差		主要是由加工机床的几何误差、工件的安装误差及加工应力的变形等因素产生

零件表面上具有较小峰谷和间距所组成的微观几何形状特性,称为表面粗糙度。它是表面质量的重要内容之一,因此检验表面粗糙度工作越来越受到关注。

二、三类特性参数

表面粗糙度的评定参数分为三类。

1)高度特性参数。用以表示微观轮廓表面波峰和波谷高度特性的一组粗糙度参数,如轮廓的算术平均偏差 Ra、轮廓的最大高度 Rz 等。

2)间距参数。用以表示微观轮廓表面特性的一组粗糙度参数,如轮廓单元的平均宽度 Rsm 等。

3）形状特性参数。用以表示微观表面轮廓形状的一组粗糙度参数，如轮廓的支承长度率 $Rmr(c)$、轮廓的偏斜度 S_k、轮廓的均方根斜率 Δ_q 等。

标注和评价表面粗糙度时，同一表面可以选择一个或几个粗糙度参数，如同时选择 Ra、$Rmr(c)$ 等。

三、四个常用参数

目前最常用的参数主要有 Ra、Rz、Rsm 和 $Rmr(c)$ 四个参数。到底选择一个或几个参数来表达表面的微观几何形状特征，完全取决于对零件的性能要求和是否便于测量等方面的因素。对于检验员来说，一定要分清楚各个参数的含义、区别、评价条件和应用范围，才能正确选择测量方法和出具客观真实的表面粗糙度测量结果。

1. Ra（轮廓的算术平均偏差）

定义：在一个取样长度内，纵坐标值 $Z(x)$ 绝对值的算术平均值，称为轮廓的算术平均偏差，用 Ra 表示。

Ra 按式（3-1）计算：

$$Ra = \frac{1}{l}\int_0^l |Z(x)| \, \mathrm{d}x \tag{3-1}$$

2. Rz（轮廓的最大高度）

定义：在一个取样长度内，最大轮廓峰高与最大轮廓谷深之和，称为轮廓的最大高度，用 Rz 表示，如图 3-1 所示。

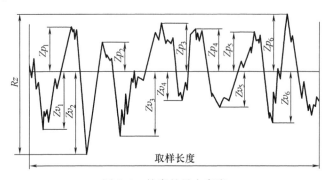

图 3-1 轮廓的最大高度

3. Rsm（轮廓单元的平均宽度）

定义：在一个取样长度内，轮廓单元宽度 Xs 的平均值，称为轮廓单元的平均宽度，用 Rsm 表示（见图 3-2）。

Rsm 按式（3-2）计算：

$$Rsm = \frac{1}{m}\sum_{i=1}^{m} Xs_i \tag{3-2}$$

4. $Rmr(c)$（轮廓的支承长度率）

定义：在给定水平截面高度 c 上轮廓的实体材料长度 $Ml(c)$ 与评定长度的比率，称为轮廓的支承长度率，用 $Rmr(c)$ 表示。

第三章 表面粗糙度的检验

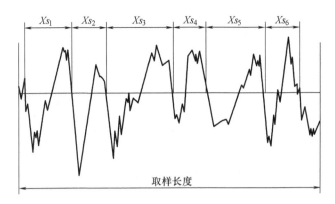

图 3-2 轮廓单元的平均宽度

$Rmr(c)$ 按式 (3-3) 计算:

$$Rmr(c) = \frac{Ml(c)}{l_n} \tag{3-3}$$

式中 l_n——取样长度。

第二节 参 数 值

一、高度特性参数及其数值系列

在常用的参数值范围内（Ra 为 $0.025 \sim 6.3\mu m$，Rz 为 $0.1 \sim 25\mu m$）推荐优先选用 Ra。

1. Ra 的数值

表面粗糙度 Ra 的数值见表 3-2，Ra 的补充系列值见表 3-3。

表 3-2 Ra 的数值（GB/T 1031—2009） （单位：μm）

	0.012	0.2	3.2	50
Ra	0.025	0.4	6.3	100
	0.05	0.8	12.5	—
	0.1	1.6	25	—

表 3-3 Ra 的补充系列值（GB/T 1031—2009） （单位：μm）

	0.008	0.080	1.00	10.0
	0.010	0.125	1.25	16.0
	0.016	0.160	2.0	20
Ra	0.020	0.25	2.5	32
	0.032	0.32	4.0	40
	0.040	0.50	5.0	63
	0.063	0.63	8.0	80

2. Rz 的数值

表面粗糙度 Rz 的数值见表3-4，Rz 的补充系列值见表3-5。

表 3-4　Rz 的数值（GB/T 1031—2009）　　　　（单位：μm）

Rz				
0.025	0.4	6.3	100	1600
0.05	0.8	12.5	200	—
0.1	1.6	25	400	—
0.2	3.2	50	800	—

表 3-5　Rz 的补充系列值（GB/T 1031—2009）　　　　（单位：μm）

Rz				
0.032	0.50	8.0	125
0.040	0.63	10.0	160
0.063	1.00	16.0	250
0.080	1.25	20	320
0.125	2.0	32	500
0.160	2.5	40	630
0.25	4.0	63	1000
0.32	5.0	80	1250

二、附加的评定参数

根据表面功能的需要，除表面粗糙度高度参数（Ra、Rz）外，可选用下列附加的评定参数。

1. Rsm 的数值

轮廓单元的平均宽度 Rsm 是反映表面微观不平度横向间距细密度的参数，当高度参数不能足够控制表面功能时，可根据需要选用 Rsm 补充控制，这就构成了对表面粗糙度的二维控制。其数值见表3-6，一般优先选用系列值。Rsm 的补充系列值见表3-7。

表 3-6　Rsm 的数值（GB/T 1031—2009）　　　　（单位：mm）

Rsm			
0.006	0.1	1.6
0.0125	0.2	3.2
0.025	0.4	6.3
0.05	0.8	12.5

表 3-7　Rsm 的补充系列值（GB/T 1031—2009）　　　　（单位：mm）

Rsm			
0.002	0.020	0.25	2.5
0.003	0.023	0.32	4.0
0.004	0.040	0.50	5.0
0.005	0.063	0.63	8.0
0.008	0.086	1.00	10.0
0.010	0.125	1.25	—
0.016	0.160	2.0	—

2. $Rmr(c)$ 的数值

轮廓的支承长度率 $Rmr(c)$ 是表征形状特性的参数,是耐磨性的度量指标。其数值见表 3-8。

表 3-8 轮廓的支承长度率 $Rmr(c)$ 的数值(GB/T 1031—2009)

$Rmr(c)$(%)	10	15	20	25	30	40	50	60	70	80	90

选用轮廓的支承长度率参数时,应同时给出轮廓截面高度 c 值,它可用微米或 Rz 的百分数表示,其数值见表 3-9。

表 3-9 Rz 的百分数系列数值(GB/T 1031—2009)

Rz(%)	5	10	15	20	25	30
	40	50	60	70	80	90

三、表面结构符号、代号的含义、标注要求

表面粗糙度是表面结构的内容之一,检验员要熟知表面结构符号、代号及各种标注要求,见表 3-10~表 3-15,摘自 GB/T 131—2006《产品几何技术规范(GPS) 技术产品文件中表面结构的表示方法》。

表面结构符号、代号的含义、标注要求(表 3-10~表 3-15、图 3-3~图 3-6)

第三节 检验方法与评定规则

一、检验程序

表面粗糙度的检验方法分为比较法、接触法、非接触法和印模法。各种检验方法都有其优点和局限性,具体选用哪种方法,取决于检验手段(人员、仪器、环境等)、测量不确定度和检验对象(工件)。表面粗糙度的检验程序见表 3-16。

表 3-16 表面粗糙度的检验程序

程序	检验方法	检验程序说明
1	目测法	工件表面粗糙度比规定的粗糙度明显要好,不需用更精确的方法检验时,可用目测法检验判定 工件表面粗糙度比规定的粗糙度明显地不好,不需用更精确的方法检验时,用目测法检验判定即可 工件表面存在着明显影响表面功能的表面缺陷,选择目测法检验判定
2	比较法	如果用目测法不能做出判定,可采用粗糙度比较样块用视觉和触觉法及比较显微镜比较法判定
3	仪器测量	1)测量部位 如果用粗糙度比较样块比较法不能做出判定,应采用仪器测量,其测量部位: 被检验工件各个部位的表面结构可能呈现均匀一致状况,也可能差别很大,这点通过目测表面就能看出。在表面结构看来均匀的情况下,应采用整体表面上测得的参数值与图样上或技术文件中的规定值相比较

（续）

程序	检验方法	检验程序说明
3	仪器测量	如果个别区域的表面结构有明显差异，应将每个区域上测定的参数值分别与图样上或技术文件中的规定值相比较 当参数的规定值为上限值时，应在几个测量区域中选择可能会出现最大参数值的区域测量 2）测量方向 没有指定测量方向时，工件的安放应使其测量截面方向与得到粗糙度参数（Ra、Rz）最大值的测量方向相一致，该方向垂直于被测表面的加工纹理，对无方向性的表面，测量截面的方向可以是任意的 为了确定粗糙度轮廓的参数值，应首先观察表面并判断粗糙度轮廓是周期性的还是非周期性的。若没有其他规定，应以这一判断为基础，按周期性粗糙度轮廓的测量程序或非周期性粗糙度的测量程序中的规定程序执行。如果采用特殊的测量程序，必须在技术文件和测量记录中加以说明

1. 非周期性粗糙度轮廓的测量程序

对于具有非周期性粗糙度轮廓的表面，应采用下述步骤进行测量。

1）用目测法、粗糙度比较样块比较等方法估计被测表面的粗糙度 Ra、Rz、$Rz_1 \max$ 或 Rsm 的数值。

2）利用第1）步估计得到的 Ra、Rz、$Rz_1 \max$ 或 Rsm 的数值，按表3-17、表3-18 或表3-19 预选取样长度。

表3-17　测量非周期性轮廓（如磨削轮廓）的 Ra、Rq、Rsk、Rku、$R\Delta q$ 值及曲线和相关参数的粗糙度取样长度

$Ra/\mu m$	粗糙度取样长度 lr/mm	粗糙度评定长度 ln/mm
$(0.006) < Ra \leq 0.02$	0.08	0.4
$0.02 < Ra \leq 0.1$	0.25	1.25
$0.1 < Ra \leq 2$	0.8	4
$2 < Ra \leq 10$	2.5	12.5
$10 < Ra \leq 80$	8	40

表3-18　测量非周期性轮廓（如磨削轮廓）的 Rz、Rv、Rp、Rc、Rt 值的粗糙度取样长度

Rz[①]、$Rz_1 \max$[②]$/\mu m$	粗糙度取样长度 lr/mm	粗糙度评定长度 ln/mm
$(0.025) < Rz$、$Rz_1 \max \leq 0.1$	0.08	0.4
$0.1 < Rz$、$Rz_1 \max \leq 0.5$	0.25	1.25
$0.5 < Rz$、$Rz_1 \max \leq 10$	0.8	4
$10 < Rz$、$Rz_1 \max \leq 50$	2.5	12.5
$50 < Rz$、$Rz_1 \max \leq 200$	8	40

① Rz 是在测量 Rz、Rv、Rp、Rc 和 Rt 时使用。
② $Rz_1 \max$ 仅在测量 $Rz_1 \max$、$Rp_1 \max$、$Rv_1 \max$ 和 $Rc_1 \max$ 时使用。

表 3-19 测量周期性轮廓的 R 参数及周期性和非周期性轮廓的 Rsm 值的粗糙度取样长度

Rsm/mm	粗糙度取样长度 lr/mm	粗糙度评定长度 ln/mm
$0.013 < Rsm \leqslant 0.04$	0.08	0.4
$0.04 < Rsm \leqslant 0.13$	0.25	1.25
$0.13 < Rsm \leqslant 0.4$	0.8	4
$0.4 < Rsm \leqslant 1.3$	2.5	12.5
$1.3 < Rsm \leqslant 4$	8	40

注：表 3-17 ~ 表 3-19 摘自 GB/T 10610—2009（ISO 4288：1996）《产品几何技术规范（GPS） 表面结构 轮廓法 评定表面结构的规则和方法》。

3）用测量仪器按预选取样长度完成 Ra、Rz、$Rz_1 \max$ 或 Rsm 的一次预测量。

4）将测量得的 Ra、Rz、$Rz_1 \max$ 或 Rsm 的数值，与表 3-17、表 3-18 或表 3-19 中预选取样长度所对应的 Ra、Rz、$Rz_1 \max$ 或 Rsm 的数值范围进行比较，如果测得值超出了预选取样长度对应的数值范围，则应按测得值对应的取样长度来设定，即把测量仪器调整至相应的较高或较低的取样长度；然后，应用这一调整后的取样长度测得一组参数值，并再次与表 3-17、表 3-18 或表 3-19 中的数值比较。此时，测得值应达到表 3-17、表 3-18 或表 3-19 建议的测得值和取样长度的组合。

5）如果第 4）步评定时没有采用过更短的取样长度，则把取样长度调至更短些，获得一组 Ra、Rz、$Rz_1 \max$ 或 Rsm 的数值，检查所测得的这些数值和取样长度的组合是否满足表 3-17、表 3-18 或表 3-19 的规定。

6）只要第 4）步中最后的设定与表 3-17、表 3-18 或表 3-19 相符合，则设定的取样长度和 Ra、Rz、$Rz_1 \max$ 或 Rsm 的数值两者是正确的。如果第 5）步也产生一个满足表 3-17、表 3-18 或表 3-19 规定的组合，则这个较短的取样长度设定值和相对应的 Ra、Rz、$Rz_1 \max$ 或 Rsm 的数值是最佳的。

7）用上述步骤中预选出的截止波长（取样长度）完成一次所需参数的测量。

2. 周期性粗糙度轮廓的测量程序

对于具有周期性（如磨削加工）粗糙度轮廓的表面，应采用下述步骤进行测量：

1）评估 Rsm 的数值。

2）按评估得的 Rsm 的数值由表 3-19 确定推荐的取样长度作为截止波长值。

3）必要时，如在有争议的情况下，利用第 2）步选定的截止波长值测量 Rsm 值。

4）如果按照第 3）步测得的 Rsm 值由表 3-19 查出的取样长度比第 2）步确定的取样长度较小或较大，则应采用较小或较大的取样长度值作为截止波长值。

5）用上述步骤确定的截止波长（取样长度）完成一次所需参数的测量。

二、常用检验方法

检验表面粗糙度常用方法见表 3-20。

表 3-20　检验表面粗糙度常用方法

序号	检验方法	适用参数及范围/μm	说明
1	样块比较法	Ra 0.2~320	以表面粗糙度比较样块工作面上的粗糙度值为标准,用视觉法和触觉法与被测表面进行比较,来判定被测表面的粗糙度值是否符合规定。用样块进行比较检验时,样块和被测表面的材质、加工方法应一致。样块比较法适用于生产现场
2	显微镜比较法	Ra 0.2~20	将被测表面与表面粗糙度比较样块靠近在一起,用比较显微镜观察两者放大的表面,以样块工作面上的粗糙度值为标准,观察比较被测表面的粗糙度值是否达到相应样块的表面粗糙度值,从而判定被测表面粗糙度值是否符合规定
3	电动轮廓仪测量法	Ra 0.025~6.3	电动轮廓仪是触针式仪器。测量时,仪器触针尖端在被测表面上垂直于加工纹理方向的截面上做水平移动测量,从指示表直接得出一个测量行程的 Ra 值。这是 Ra 值测量最常用的方法,或者用仪器的记录装置,描绘粗糙度轮廓曲线的放大图,再计算 Ra 或 Rz 值。此类仪器适用在计量室,但便携式电动轮廓仪可在生产现场使用
4	光切显微镜测量法	Rz 0.8~100	光切显微镜(双管显微镜)是利用光切原理测量表面粗糙度的方法。从目镜观察表面粗糙度轮廓图像,用测微装置测量 Rz 值和 Ry 值,也可通过测量描绘出轮廓图像,再计算 Ra 值。因其方法较烦琐而不常使用,必要时可将粗糙度轮廓图像拍照下来评定。光切显微镜适用于计量室
5	干涉显微镜测量法	Rz 0.05~0.8	干涉显微镜是利用光波干涉原理,以光波波长为基准来测量表面粗糙度的。被测表面有一定的粗糙度就呈现出凸凹不平的峰谷状干涉条纹,通过目镜观察,利用测微装置测量这些干涉条纹的数目和峰谷的弯曲程度,即可计算出表面粗糙度的 Rz 值。必要时还可将干涉条纹的峰谷拍照下来评定。干涉法适用于精密加工的表面粗糙度测量,适合在计量室使用
6	激光测微仪测量法	Ra 0.01~0.32	1) 激光图谱比较法 用激光测微仪的高度相干的激光束,以一定的角度照射在被测表面上,用其中心反射光和散射光形成的激光图谱与表面粗糙度比较样块的激光图谱相比较,来判定被测表面粗糙度值是否符合规定 2) 激光光强比较法 利用光电转换原理,将激光中心反射光和散射光的光能转换为电能,一定粗糙度的表面,其激光中心反射光和散射光的能量比值是一定的。当光能转换为电能时,输入比较电路通过电表显示出比较结果,其比值越大表面粗糙度越好,反之越差。这种方法测量前需用表面粗糙度比较样块定标仪器,也是一种比较测量法

第三章 表面粗糙度的检验

（续）

序号	检验方法	适用参数及范围/μm	说明
7	印模法	Rz 0.4~320	印模法是仪器间接测量法，是用凝固快、渗透力强、收缩小、可塑性好的材料，用浇铸或贴压在被测表面上，复制出被测表面的粗糙度轮廓的印模，然后用仪器（常用光切显微镜）进行测量，以判定被测表面粗糙度值是否符合规定（评定时要考虑各种印模材料的修正系数）。印模法适用于不便于直接测量的复杂表面，如深孔和齿形面等

三、检验的基本原则

1. 测量方向

规定测量方向的目的是因为加工表面上的加工纹理具有方向性，在不同的方向上，微小峰谷的高低、峰谷间距的长短是不一致的，因此在同一评定长度内，所获得的表面粗糙度值也不一样。如图 3-7 所示，被测表面的加工痕迹相互平行，分别在 a、b、c 三个方向上测量，方向 a 垂直于表面的加工痕迹，方向 b 与加工痕迹成一定的夹角，方向 c 与加工纹理平行。不难看出，测量方向 a 上测得的表面粗糙度值能真实地反映被测表面的粗糙度。换言之，在未规定表面粗糙度的测量方向时，应在垂直于表面加工痕迹的法向截面内测量，如图 3-7 中的 a 方向。

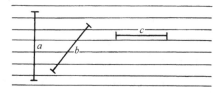

图 3-7 表面粗糙度的测量方向

对于加工痕迹不明显或不规则的表面，如研磨、喷研、电火花、腐蚀等加工的表面，应选择多个测量方向测量表面粗糙度，比较测量结果，取其中最大值作为评定被测表面的粗糙度值。

2. 测量部位

被测量的表面轮廓可以看成是一个随机轮廓，因而同一被测表面，在不同部位所测得的表面粗糙度值是不一样的。为了使测得的表面粗糙度值能比较客观地反映出整个被测表面，应选择几个具有代表性的部位进行测量。选取有代表性的测量部位时，应注意以下几点：

1) 表面缺陷。气孔、锈蚀、碰伤、划痕和毛刺等表面缺陷不应计入表面粗糙度的评定，除非图样或技术文件中明确规定表面粗糙度包括表面缺陷。选择有代表性的测量部位时，应尽可能避开具有表面缺陷的部位。当不能避开表面缺陷时，应从表面粗糙度测量结果中去除表面缺陷的贡献值。必要时，应单独规定表面缺陷的要求。

2) 根据被测表面加工痕迹的均匀性选择测量部位。当被测表面的加工痕迹比较均匀时，选择一个最好和最差的测量部位测量表面粗糙度，取测量结果的平均值作为表面粗糙度的测量结果。当表面加工痕迹的均匀性较差时，应选择多个测量部位进行测量，并分别给出各个部位的测量结果，或者取测量结果的算术平均值作为表面粗糙度的测量结果。

3）根据被测表面的使用特性选取测量部位。评价表面粗糙度时，应在工件的实际工作区域内选取测量部位。

3. 取样长度和评定长度的选择

工件表面的轮廓是一个随机轮廓，要得到正确的表面粗糙度测量结果，必须按图样和技术文件中规定的取样长度和评定长度测量表面粗糙度。当未作明确规定时，应根据被测表面的规定粗糙度值按表3-17～表3-19中选择正确的取样长度和评定长度。

对于微观不平度间距特性较大的面铣、滚铣及其他大进给走刀量的加工表面，应选取较大的取样长度。由于加工表面的不均匀性，在评定表面粗糙度时，其评定长度应根据不同的加工方法和相应的取样长度来确定。如被测表面均匀性较好，测量时可选用小于$5lr$的评定长度值；均匀性较差时，可选用大于$5lr$的评定长度。同一被测表面，取样长度不一样，所获得的表面轮廓也不一样。

四、比较测量法

1. 概述

比较测量表面粗糙度是生产中常用的方法，它是用表面粗糙度比较样块与被测表面比较，以判断被测表面的粗糙度数值。尽管这种方法不够严谨，但由于它具有测量方便、成本低、对环境条件要求不高等特点，所以被广泛用于生产现场检验一般表面的粗糙度。

表面粗糙度比较样块是采用特定合金材料和加工方法，具有不同的表面粗糙度值，通过触觉和视觉与同其所表征的材质和加工方法相同的被测件表面进行比较，以确定被测表面粗糙度值的比较测量器具。

用比较法测量表面粗糙度时，主要依靠人的触觉和视觉。触觉就是用手指触摸或划过被测表面和表面粗糙度比较样块，根据手的感觉判断被测表面与表面粗糙度比较样块在峰谷高度和间距上的差别，并判断被测表面粗糙度值是否合格。

视觉比较就是用人的眼睛反复观察比较被测表面和表面粗糙度比较样块间的加工痕迹异同、反光强弱、色彩差异，以判定被测表面的粗糙度值是否符合要求，必要时可借助比较显微镜、放大镜进行比较。应该注意的是，反光强弱与被测表面的形状和材料有关，反光强，表面粗糙度不一定就好；反光弱，表面粗糙度不一定就差。检验时，最好是将视觉法和触觉法结合使用，即又看又摸。

表面粗糙度比较样块分为铸造、车、磨、镗、铣、插、刨、电火花、抛（喷）丸、喷砂、研磨、锉、抛光加工表面，表3-21列出了铸造表面粗糙度比较样块的分类及表面粗糙度参数值。

表3-21 铸造表面粗糙度比较样块的分类及表面粗糙度参数值（GB/T 6060.1—2018）

合金种类	铸造方法	表面粗糙度参数 Ra 标称值/μm										
		0.2	0.4	0.8	1.6	3.2	6.3	12.5	25	50	100	200	400
铸钢	砂型铸造	—	—	—	—	—	—	△	△	○	○	○	○
	壳型铸造	—	—	—	△	△	○	○	○	○	—	—	—
	熔模铸造	—	—	△	○	○	○	○	—	—	—	—	—

第三章 表面粗糙度的检验

（续）

合金种类	铸造方法	表面粗糙度参数 Ra 标称值/μm										
		0.2	0.4	0.8	1.6	3.2	6.3	12.5	25	50	100	200	400
铸铁	砂型铸造	—	—	—	—	△	△	○	○	○	○	○	—
	壳型铸造	—	—	—	△	△	○	○	○	○	—	—	—
	熔模铸造	—	—	△	○	○	○	○	○	—	—	—	—
	金属型铸造	—	—	—	—	—	○	○	○	—	—	—	—
铸造铜合金	砂型铸造	—	—	—	—	△	△	○	○	○	○	○	—
	熔模铸造	—	—	△	△	○	○	○	○	—	—	—	—
	金属型铸造	—	—	—	—	△	○	○	○	○	○	—	—
	压力铸造	—	—	—	△	○	○	○	—	—	—	—	—
铸造铝合金	砂型铸造	—	—	—	—	△	○	○	○	○	○	—	—
	熔模铸造	—	—	—	△	△	○	○	○	○	—	—	—
	金属型铸造	—	—	—	△	△	△	○	○	○	—	—	—
	压力铸造	—	△	△	○	○	○	○	—	—	—	—	—
铸造镁合金	砂型铸造	—	—	—	—	—	—	△	○	○	○	—	—
	熔模铸造	—	—	—	—	△	○	○	○	—	—	—	—
	压力铸造	△	△	○	○	○	○	—	—	—	—	—	—
铸造锌合金	砂型铸造	—	—	—	—	△	○	○	○	○	—	—	—
	压力铸造	△	△	○	○	○	○	—	—	—	—	—	—
铸造钛合金	石墨型铸造	—	—	—	—	—	△	○	○	○	—	—	—
	熔模铸造	—	—	—	—	—	—	○	○	—	—	—	—

注：1. △表示需采取特殊措施才能达到的表面粗糙度。

2. ○表示可以达到的表面粗糙度。

3. —表示不适用或无此项。

2. 注意事项

1）被测表面与表面粗糙度比较样块应具有相同的材质。不同材质表面的反光特性和手感的粗糙程度不一样，如果用一个钢质的表面粗糙度比较样块与一个铜材的加工表面相比较，将会导致误差较大的比较结果。

2）被测表面与表面粗糙度比较样块应具有相同的加工方法。不同的加工方法所获得的加工痕迹是不一样的，如车削加工的表面粗糙度绝对不能用一个磨削加工的表面粗糙度比较样块去比较并得出比较结果。

3）用与被测工件要求的表面粗糙度值一致或接近的表面粗糙度比较样块进行比较，在比较时应保持温度、照明方式等环境条件相同。

为了获得误差比较小的比较结果或没有表面粗糙度比较样块时，一种较好的方法是将生产过程中的工件用表面粗糙度测量仪测量，选用一件或几件经仪器测量合格的工件作为被测表面的粗糙度比较样件，用比较样件来判定批量生产的工件表面粗糙度值是否合格。

比较法测量表面粗糙度的优点是操作方便，能较快地定性检验表面粗糙度，而且成本低，对环境和仪器的要求不高，适合于生产现场检验表面粗糙度。这种方法的缺点是判别误差大，判别表面粗糙度的参数少（仅限于 Ra 和 Rz），不能给出准确的表面粗糙度数值，不能作为仲裁方法，它完全取决于检验者的经验和技术水平。

由于不同的操作者对同一被测表面会得出不同的比较结果。就是同一个操作者在不同时间也会得出不同的比较结果。因此，对于要求给出准确表面粗糙度数值的情况，应使用表面粗糙度测量仪测量表面粗糙度值。

五、印模法

印模法是用仪器进行间接测量的方法。对某些工件的内表面，当无法用比较法或仪器进行测量评定时，应用具有凝固快、渗透力强、收缩量小、可塑性好的某些材料，铸造或贴压在被检表面上，复制出被检表面的粗糙度轮廓的印模，然后用仪器（常用光切显微镜）进行测量，以评定被检表面粗糙度值是否符合规定。由于各种印模的材料有一定的收缩率，评定时要考虑各种印模材料的修正系数，具体数值可通过试验确定。印模材料还应有一定的强度和硬度，同时对被检表面不应有腐蚀和损伤。常用印模材料和印制方法及修正系数见表3-22。

表3-22　常用印模材料和印制方法及修正系数

印模材料	印制方法	适用范围/μm	修正系数
赛璐珞（醋酸纤维）或有机玻璃	取10mm×40mm×2mm的赛璐珞片，放入丙酮中浸2~3min，软化后取出贴在被检表面上，并加适当压力，待干燥后（约30min）取下测量	Rz 为 0.2~20 （▽12~▽5）	1.04~1.08
石蜡或川蜡	将石蜡加热至80~100℃，溶解成半流体状，浇铸到被检验表面上，待凝固后取下测量	Rz > 0.8 （▽10以下）	1.06
硫黄粉与石墨混合料	硫黄粉65%（质量分数），石墨35%，加热至120~130℃后，冷却到100℃，倒在被检验表面上，待凝固后取下测量	Rz > 0.8 （▽10以下）	1.04~1.08
聚苯乙烯塑料	用10mL甲苯溶液和1.5~2g聚苯乙烯调制成均匀的液体，放10min后涂在被检验表面上，厚约0.2~3mm，待干燥后取下测量	Rz 为 0.4~6.3 （▽10~▽7）	1.03~1.07
甲苯丙烯酸甲酯聚合树脂	将聚合树脂与乙醇或丙酮溶液混合调成糊状，迅速浇铸在被检验表面上，厚约0.2~0.3mm，待凝固后取下测量	Rz 为 0.4~6.3 （▽10~▽7）	1.03~1.05

注：▽—原表面光洁度符号，▽1最低，▽14最高。

六、接触测量法及触针式电动轮廓仪

1. 工作原理

根据接触测量法,采用相应的触针式传感器,以触针沿被测表面做匀速直线或曲线滑行随机测取其表面微观轮廓值,经运算处理后由指示装置或打印机得到系统的表面粗糙度参数值和微观轮廓图的测量仪器,称为触针式电动轮廓仪,其工作原理如图3-8所示。便携式触针电动轮廓仪的功能较单一,测量精度适中;台式触针电动轮廓仪的功能较齐全,测量精度较高。

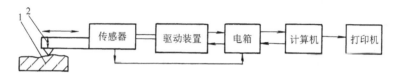

图3-8 电动轮廓仪的工作原理

1—被测件 2—触针

2. 电动轮廓仪的组成

典型的电动轮廓仪由传感器、电箱、线性驱动装置、转台驱动装置、轮廓仪、形貌图Z向驱动工作台、计算机、打印机、绘图机等组成,如图3-9所示。

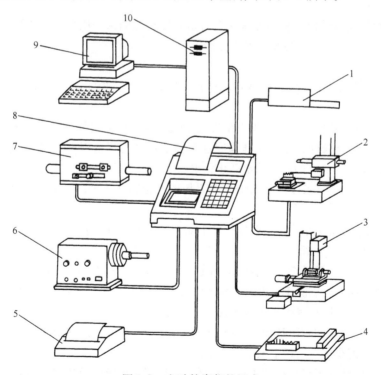

图3-9 电动轮廓仪的组成

1—传感器 2—轮廓仪 3—形貌图Z向驱动工作台 4—绘图机 5—打印机
6—转台驱动装置 7—线性驱动装置 8—电箱 9—计算机 10—电源箱

3. 接触法测量的判别方法

接触法测量表面粗糙度时,一个评定长度只能反映轮廓表面上的一条线段上的表面粗糙度值,要完整地反映被测表面的表面粗糙度,往往需要选择多个测量部位进行测量,测量的结果将在一定的范围内波动,这个波动范围可能满足被测表面的表面粗糙度规定值,也可能不满足规定值。为此,可采用下述近似统计方法,判别测得的表面粗糙值是否合格。

1) 在所标注的参数符号后面没有注明最大值"max"的要求时,若出现下述情况,被测工件是合格的并停止检测,否则,工件应判定为废品(简称判废)。

① 第 1 个测得值不超过图样上规定值的 70%。
② 最初的 3 个测得值不超过规定值。
③ 最初的 6 个测得值中只有 1 个值超过规定值。
④ 最初的 12 个测得值中只有 2 个值超过规定值。

对重要零件判废前,有时可做多于 12 次的测量,如测量 25 次,允许有 4 个测得值超过规定值。

2) 在标注的参数符号后面有尾标"max"时,一般在表面可能出现最大值处(如有明显可见的深槽处)应至少进行 3 次测量;如果表面呈均匀痕迹,则可在均匀分布的三个部位测量。

利用测量仪器测量能获得可靠的表面粗糙度检验结果。因此,对于要求严格的零件,一开始就应直接使用测量仪器进行检验。

请注意:

1) 当图样或技术文件中已规定取样长度时,截止波长 λ_c 应与规定的取样长度值相同。

2) 若在图样或技术文件中没有出现表面粗糙度的技术规范或给出的表面粗糙度规范中没有规定取样长度,可由"非周期性粗糙度轮廓的测量程序"或"周期性粗糙度轮廓的测量程序"给出的方法选定截止波长。

3) 当取 5 个取样长度(缺省值)测量粗糙度轮廓参数时,不需要在参数符号后面做出标记。

4) 如果参数值不是在 5 个取样长度上测得,则必须在参数符号后面标记取样长度的个数,如 Rz_1、Rz_2、Rz_3。

5) 被检验表面是否符合技术要求判定的可靠性,以及由同一表面获得的表面结构参数平均值的精度,取决于获得表面参数的评定长度内取样长度的个数,而且也取决于评定长度的个数,即在表面的测量次数。

6) 为了判定工件表面是否符合技术要求,必须采用表面结构参数的一组测量值,其中的每组数值是在一个评定长度上测定的。

7) 为了验证是否符合技术要求,将测得参数值和规定公差极限进行比较,把测量不确定度考虑进去。在将测量结果与上限值或下限值进行比较时,估算测量不确定度不必考虑表面的不均匀性,因为这在允许 16% 超差中已计及。

4. 接触法测量的优缺点

(1) 接触法测量表面粗糙度的优点

1) 可以测量出各种表面粗糙度参数,可以灵活编制程序,根据需要测出所需的表面粗糙度参数、统计参数和轮廓曲线。

2) 可以实现表面粗糙度的三维测量(形貌图),全面分析轮廓表面的质量。

3) 既可以测量内表面,又可以测量外表面,还可测量某些复杂表面的粗糙度(如球面、齿面、挖槽面等)。

4) 使用方便,测量效率高,可以自动测量。

(2) 接触法测量表面粗糙度的缺点

1) 受传感器金刚石触针圆弧半径的限制,难以测到被测轮廓的实际谷底,影响测量精度。

2) 由于接触测量测力的影响,触针易划伤被测表面。

3) 不能测量磁体表面的粗糙度。

目前,我国使用的轮廓仪型号众多,其中有进口的,也有国产的,而且能测量多种参数。例如,国产的 2205 型表面粗糙度测量仪可以测量平面、斜面、外圆柱面、内孔表面、深槽表面及轴承滚道表面的粗糙度。

描述工件表面微观几何形状的项目很多,在没有标注符号或明示的情况,凡说表面粗糙度值,均指 Ra 值。

七、测得值与公差极限值相比较的规则(GB/T 10610—2009、图 3-10)

第四章

几何误差的检验

第一节 几何误差项目、检测条件及基准

一、几何误差项目

几何误差包括形状误差、方向误差、位置误差和跳动误差，其所对应的几何公差项目及符号见表4-1。

表4-1 几何公差项目及符号（GB/T 1958—2017）

公差类型	几何特征	符 号
形状公差	直线度	—
	平面度	▱
	圆度	○
	圆柱度	⌭
	线轮廓度	⌒
	面轮廓度	⌓
方向公差	平行度	∥
	垂直度	⊥
	倾斜度	∠
	线轮廓度	⌒
	面轮廓度	⌓
位置公差	位置度	⌖
	同心度（用于中心点）	◎
	同轴度（用于轴线）	◎

第四章 几何误差的检验

（续）

公差类型	几何特征	符号
位置公差	对称度	≡
位置公差	线轮廓度	⌒
位置公差	面轮廓度	⌓
跳动公差	圆跳动	↗
跳动公差	全跳动	⌰

二、检测常用符号

检测几何误差时常用的符号及其说明见表 4-2 和表 4-3。

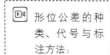 形位公差的种类、代号与标注方法：

表 4-2　几何误差检测常用的符号及其说明（GB/T 1958—2017）

序号	符号	说明	序号	符号	说明
1		平板、平台（或测量基准）	8		间断转动（不超过一周）
2		固定支承	9		旋转
3		可调支承	10		指示计
4		连续直线移动	11		带有测量表具的测量架（测量架的符号，根据测量设备的用途，可画成其他式样）
5		间断直线移动	11		带有测量表具的测量架（测量架的符号，根据测量设备的用途，可画成其他式样）
6		沿几个方向直线移动	11		带有测量表具的测量架（测量架的符号，根据测量设备的用途，可画成其他式样）
7		连续转动（不超过一周）	11		带有测量表具的测量架（测量架的符号，根据测量设备的用途，可画成其他式样）

表 4-3　附加符号（GB/T 1182—2018）

说明	符号	说明	符号
被测要素		基准目标	⌀2/A1
被测要素		理论正确尺寸（TED）	50
基准要素标识		延伸公差带	Ⓟ

（续）

说　　明	符　　号	说　　明	符　　号
最大实体要求	Ⓜ	组合公差带	CZ
最小实体要求	Ⓛ	小径	LD
		大径	MD
自由状态条件 （非刚性零件）	Ⓕ	中径、节径	PD
全周（轮廓）	↻	线素	LE
		不凸起	NC
包容要求	Ⓔ	任意横截面	ACS

注：1. GB/T 1182—2018《产品几何技术规范（GPS）几何公差 形状、方向、位置和跳动公差标注》。

2. GB/T 1182—1996 中规定的基准符号为 ▽ 。

3. 如需标注可逆要求，可采用符号Ⓡ，见 GB/T 16671。

三、检测条件

检测几何误差要在一定条件下进行，不满足这些条件，不得进行检测，这些条件主要是：

1）检测条件应在检测与验证规范中规定。实际操作中，所有偏离规定条件并可能影响测量结果的因素均应在测量不确定度评估时考虑。

2）几何误差检测与验证时缺省的检测条件为：

- 标准温度为20℃。
- 标准测量力为0N。

3）如果测量环境的洁净度、湿度、被测件的重力等因素影响测量结果，应在测量不确定度评估时考虑。

4）几何误差检测与验证时，除非另有规定，表面粗糙度、划痕、擦伤、塌边等外观缺陷的影响应排除在外。

四、检测基准

检测几何误差时首先要建立检测基准。

几何误差检测时的检测基准（图 4-1 ~ 图 4-16、表 4-4、表 4-5）

五、检测操作
六、几何误差及其评定
七、最小区域判别法

在检测中要找到最佳状态，即找到最小区域。GB/T 1958——2017 给出了最小区域判别法,现摘录如下。

五、几何误差的检测操作(图4-17、表4-6、表4-7)

六、几何误差及其评定(图4-18~图4-25)

七、几何误差检测的最小区域判别法(图4-26~图4-42)

第二节　几何误差的检验方案与生产现场检验方法

实际检验前,应注意以下事项。

1) 本节是根据所要检测的几何公差项目及其公差带的特点而拟定的检测与验证方案。

2) 本节给出的检测与验证方案图例以几何公差带的定义为基础,每一个图例可能存在多种合理的检测与验证方案,本节提供的仅是其中的一部分。

3) 本节检测与验证方案中的检验操作集指应用有关测量设备,在一定条件下的检验操作的有序集合。所给出的检验操作集可能不是规范操作集的理想模拟(即可能不是理想检验操作集),由此会产生测量不确定度,测量不确定度的评估可按照 GB/T 1958—2017 及相关标准进行。

4) 各种检测与验证方案采用图例或附加一些必要的说明来表示,所有的图例只是示意性质的。

5) 各检测与验证方案示例中,仅示例给出了所用测量装置的类型,并不涉及测量装置的型号和精度等,具体可以根据实际的检测要求和条件按相关规范选择。

6) 在检测与验证前,应对有关几何要素进行的"调直""调平""调同轴"等操作(如对直线的调直指调整被测要素使其相距最远两点读数相等,对平面的最远三点调平指调整平面使其相距最远三点的读数调为等值等),目的是为了使测量结果能接近评定条件,或者便于简化数据处理。

7) 常用符号及其说明见 GB/T 1958—2017 附录表 C.1。

8) 涉及的几何误差的检测与验证方案及示例见 GB/T 1958—2017 附录表 C.2~表 C.15。其中,表中的图例是以 GB/T 1958—2004 附录 A 中的图例为基础,经必要的筛选、更新、补充、调整形成的。

9) 测量几何误差时,表面粗糙度、划痕、擦伤和塌边等其他外观缺陷应排除在外。

10) 测量几何误差时的标准条件:

a) 标准温度为 20℃;标准测量力为零。

b) 由于偏离标准条件而引起较大测量误差时,应进行测量误差估算。

c) 测量误差估算:在测量得到的几何误差值 f 中,应消除了系统误差和剔除离群值后的测得值。由几种误差综合形成总的测量不确定度,按随机误差合成规则用式(4-1)表示:

$$u = \pm \sqrt{K_1^2 u_1^2 + K_2^2 u_2^2 + \cdots + K_n^2 u_n^2} = \pm \sqrt{\sum_{i=1}^{n} K_i^2 u_i^2} \qquad (4\text{-}1)$$

式中　u——总的测量不确定度；

　　　K_i——误差传递比；

　　　u_i——某种因素形成的测量不确定度。

总的测量不确定度 u 与总体标准偏差 σ 的关系为

$$u = z\sigma \qquad (4\text{-}2)$$

式中　z——与置信概率有关的系数，一般取 $z=3$。

在测量得到的几何误差值 f 中，总是包含着不确定的测量误差成分，因此测量得到的结果可表示为 $f\pm u$。总的测量不确定度 u 是评判检测精度高低的参数。

被测要素的合格条件，应满足测得的几何误差值 f 不大于给出的几何公差值 t，而且总的测量不确定度 u 不大于检测对象允许的总的测量不确定度 u_0，用式（4-3）表示：

$$\text{被测要素合格条件} \begin{cases} f \leq t \\ u \leq u_0 \end{cases} \qquad (4\text{-}3)$$

11）测量不确定度的规定：测量不确定度直接影响产品的质量和经济性。测量不确定度过小，增加不必要的生产成本；测量不确定度过大，不能正确反映产品的质量。测量不确定度的要求应与几何精度的设计要求相适应。几何精度的设计要求，由给出的几何公差值 t 反映。测量不确定度与设计精度间的关系通常为

$$\frac{u_0}{t} = 10\% \sim 33\% \qquad (4\text{-}4)$$

几何公差等级较高时取较大的百分数；几何公差等级较低时取较小的百分数。

按几何公差等级，建议按表4-8所列的关系选定测量不确定度允许值 u_0。

表4-8　几何公差等级与测量不确定度的关系

几何公差等级	0, 1, 2	3, 4	5, 6	7, 8	9, 10	11, 12
u_0	33%t	25%t	20%t	16%t	12.5%t	10%t

注：t—几何公差值。

GB/T 1958—2017《产品几何技术规范（GPS）几何公差　检测与验证》给出了直线度、平面度、圆柱度误差等的检测与验证方案，本节除了介绍这些方案外，还介绍了在生产现场中检验这些几何误差的方法和/或示例。

一、直线度误差的检验

1. 直线度误差的检测与验证方案（见表4-9）

表4-9　直线度误差的检测与验证方案（GB/T 1958—2017）

2. 生产现场检验直线度的方法

1）直接方法。直接方法包括间隙法、指示表法、干涉法、光轴法和钢丝法，这种方法一般是首先确定一条测量基线，然后通过测量得到实际被测直线上各点相对测量基线的偏差，再按规定进行数据处理得到直线度误差值。

① 间隙法。

检测设备：刀口尺、平尺、塞尺、平板、平台、光源。

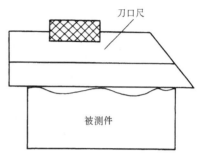

图 4-43　用刀口尺检验直线度误差

用刀口尺检验短小工件时，将刀口尺刃口放在被测件表面上，如图 4-43 所示。当刀口尺刃口与被测直线贴紧时，便符合最小条件。此时刀口尺刃口与被测直线之间所产生的最大间隙，就是被测直线的直线度误差值。

当间隙较大时，可用塞尺直接测出最大间隙值，即为被测件的直线度误差值；当间隙较小时，可按标准光隙估计其间隙大小。间隙较小时，将根据大小不同呈现不同的颜色，可根据颜色判断间隙大小的数值。间隙 > 2.5μm 时呈白光，间隙为 1.25～1.75μm 时呈红光，间隙为 0.8μm 时呈蓝光，间隙小于 0.5μm 时则不透光。

用平尺、塞尺检验一圆柱体直线度误差时，可先将工件放在平台上，如图 4-44 所示。将平尺与被测素线直接接触，并使两者之间的最大间隙为最小，此时的最大间隙即为该条被测素线的直线度误差值，误差值的大小可用塞尺测量，也可看光隙。

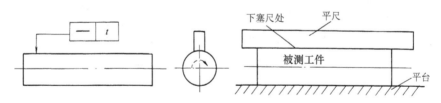

图 4-44　用平尺检验直线度误差

按上述方法测量若干条素线，取其中最大的误差值作为被测工件的直线度误差值。

② 指示表法。此方法是通过指示表在测量基准上沿被测直线移动（或指示表固定、被测工件在测量基准上移动），并以测量基准的表面体现被测直线的理想直线，按选定的布点读取由指示表示值反映出的测量数据，再经过数据处理评定误差值的方法。

用指示表法检验直线度误差示例 1 如图 4-45 所示，以导轨作为测量基准，并将被测直线的两端调整至等高且平行测量基线。测量时，将被测直线 2 等分为若干段，指示表 1 在导轨上沿被测直线方向（x）等距间断移动，指示表的示值为测点相对于测量基准的 x 坐标值。此方法在生产中常用来测量中、小型工件的直线度。

如将图 4-45 中的指示器换成传感器，并配上微型计算机等，则可形成微型计算机测量系统。

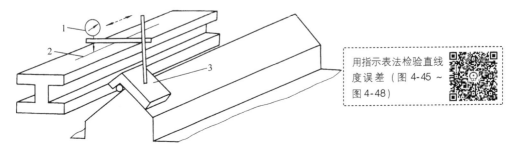

用指示表法检验直线度误差（图 4-45 ~ 图 4-48）

图 4-45　用指示表法检验直线度误差示例 1
1—指示表　2—被测直线　3—特制表座

③ 干涉法。此法利用光波干涉原理，根据干涉条纹的形状或干涉带条数来评定直线度误差。如图 4-49 所示，测量时将平晶工作面与被测面接触使之出现干涉带，当干涉带是均匀弯曲的时，按式（4-6）计算直线度误差的近似值 f'：

$$f' = \frac{v}{w} \cdot \frac{\lambda}{2} \tag{4-6}$$

式中　w——干涉带间距；
　　　λ——光波波长；
　　　v——干涉带弯曲量。

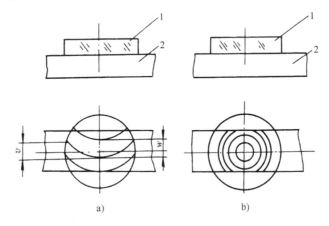

图 4-49　用干涉法检验直线度误差
a）非对称环形的干涉条纹　b）对称环形的干涉条纹
1—平晶　2—被测工件

当干涉带是环形时，按式（4-7）计算直线度误差的近似值 f'：

$$f' = \frac{\lambda}{2} \cdot n \tag{4-7}$$

式中 n——环形干涉带数量。

测量时，应尽量采用单色光，否则应取与环心带纹色彩相同的干涉带数。

干涉法适用于精研表面的直线度误差测量。

④ 光轴法。此法以准直望远镜发出的一条几何光轴体现被测直线的理想直线并作为测量基线，测出被测直线相对该基线的偏移量，进而评定直线度误差。

如图 4-50 所示，测量时将准直望远镜 1 安放在被测工件 2 外面的固定位置上，瞄准靶 3 放置在被测孔中，用瞄准靶的中心体现被测横向截面轮廓的中心。先把被测轴线的两端点连线（瞄准靶分别置于被测轴线的两端）与仪器光轴调整到大致平行，然后沿被测轴线的长度方向（x 坐标轴）等距地逐段移动瞄准靶，读取各测点（被测横截面的轮廓中心）相对于测量基线在水平、左右和铅垂方向的偏离量（x 坐标值和 y 坐标值和 z 坐标值），同时记录这些测点的直角坐标值（x_i，y_i，z_i），再对它们进行数据处理，即可得出直线度误差值。

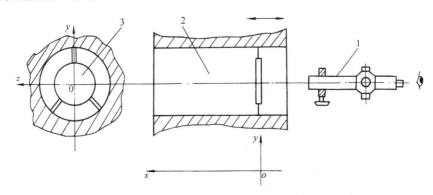

图 4-50 用光轴法检验直线度误差
1—准直望远镜 2—被测工件 3—瞄准靶

光轴法适用于测量大型孔或轴的直线度误差，也可用于测量大、中型平面上给定方向的直线度误差。

⑤ 钢丝法。此法用张紧的优质钢丝作为测量基线，测出被测直线相对测量基线的偏离量，进而评定直线度误差。

钢丝法主要用于测量长导轨的直线度误差，并且是在水平面内方向的直线度误差，如图 4-51 所示为钢丝的挠度。

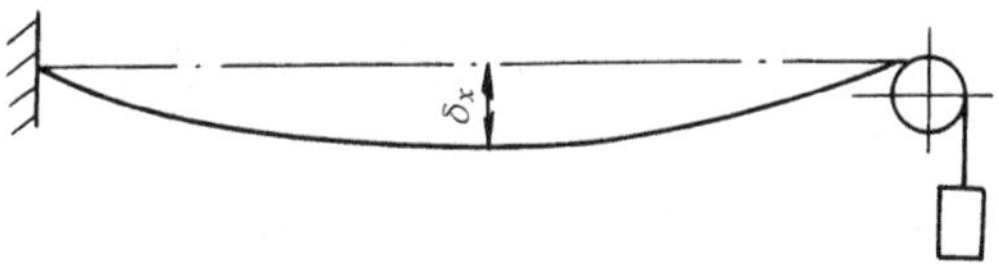

图 4-51 钢丝的挠度

用钢丝法检验直线度误差如图 4-52 所示。

检测设备：钢丝、测量显微镜和附件。

调整钢丝的两端，使两端的示值相等。测量显微镜在被测线的全长内等距测量，同时记录示值。

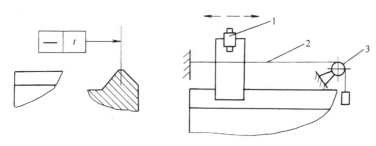

图 4-52　用钢丝法检验直线度误差
1—测量显微镜　2—钢丝　3—附件

根据记录的示值，用计算法（或图解法）按最小条件（也可按两端点连线法）计算直线度误差值。

数据处理方法（钢丝法）：今测得如下七个数据（每隔 250mm）为 25、22、21、23、24、26、29（示值每格为 0.01mm）。

简化数据，各减去最小数据（21）得如下新数据：4、1、0、2、3、5、8。

根据此数据作误差曲线图，包容线 SS 和 $S'S'$ 之间的坐标距离 f，就是被测导轨在水平面内的直线度误差值：$f=0.053$mm，如图 4-53 所示。

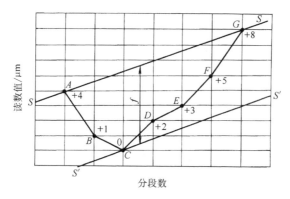

图 4-53　用图解法求直线度误差值

2）间接方法。间接方法包括水平仪法、自准直仪法、跨步仪法、表桥法和平晶法，这种方法指通过测量不能直接获得被测直线上各点的坐标值，需要首先将各点的测得值转化为坐标值后，再按一定规则进行数据处理。在此仅介绍水平仪法和自准直仪法。

① 水平仪法。此法以水平面作为测量基准，用水平仪测出被测直线各相邻两点连线相对水平面（或其垂直）的倾斜角，进而通过数据处理求出直线度误差值。

用水平仪法检验直线度误差（图 4-54、图 4-55、表 4-10）

② 自准直仪法。此法应用自准直原理进行测量，以光线体现被测直线的理想直线

（也是测量基准）。测量时，将准直仪反射镜放在（根据被测长度选定的适当跨距）桥板上，像用水平仪一样，用"步距法"使首尾相接地移动桥板分段进行测量，即使前一次桥板的末点与后一次桥板的始点重合，由自准仪读出每个测量位置的示值，这个示值是后一点相对于前一点的测量值。在桥板移动过程中，反射镜不得有相对于桥板的移动。

用自准直仪法检验直线度误差（图 5-56、图 4-57、表 4-11）

二、平面度误差的检验

1. 平面度误差的检测与验证方案（见表 4-12）

表 4-12　平面度误差的检测与验证方案（GB/T 1958—2017）

2. 生产现场检验平面度的方法

平面度是平面的特性。

平面度误差是被测平面对理想平面的允许变动量。

平面度误差（值）：实际平面对其理想平面的变动量，理想平面的位置符合最小条件。即用平面度最小包容区域的宽度 f 表示的数值，称为平面度误差值。

局部平面度偏差：平面度表面上某一点与评定基面的垂直距离，如图 4-58 所示。

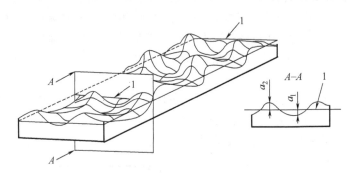

图 4-58　局部平面度偏差

a_1—负局部平面度偏差　a_2—正局部平面度偏差　1—评定基面

如果点的位置相对于评定基面偏向实体内，则该偏差为负局部平面度偏差。

评定方法：平面度误差的评定方法有：最小包容区域法、最小二乘法、对角线平面法和三远点平面法。

检验平面度误差的方法与检验直线度的方法大致相同。

1）直接方法

① 间隙法。将被测平面内的任一直线与由刀口尺或平尺、平板（或平台）体现的测量基线间形成的光隙与标准光隙相比较，并测量不同方向的若干个截面中的直线度误差，取其中最大值作为平面度误差的近似值，如图 4-59 所示。

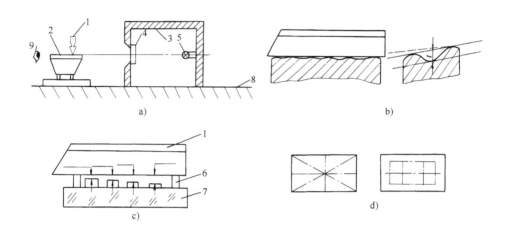

图 4-59 用刀口尺检验平面度误差
a) 测量原理　b) 使最大光隙为最小　c) 标准光隙　d) 测量不同截面
1—样板直尺　2—被测工件　3—灯光箱　4—毛玻璃　5—光源
6—量块　7—平晶　8—平板（或平台）　9—眼睛

用刀口尺检验平面度误差如图 4-59 所示。测量时，将由刀口尺刃口或平尺等体现的测量基准与被测直线直接接触，且置于光源和眼睛之间的适当位置（见图 4-59a），随后调整刀口尺使最大光隙尽可能最小（见图 4-59b），再与标准光隙相比较（见图 4-59c），估读单个截面的直线度误差值。依此根据被测平面的形状沿多个方向进行测量（见图 4-59d）后，取其中的最大值作为被测平面的平面度误差的近似值。

在检验过程中，标准光隙可由刀口尺、量块和平晶组合产生。测量时应注意观察标准光隙和被测工件的光隙应在相同条件下进行。

以上方法适用于磨削或研磨等精密加工的小平面的平面度测量。

用平尺检验平面度误差如图 4-60 所示。

测量时，将平尺类量具体现的测量基线置于被测直线上，用塞尺直接检测，最大塞入量即是该被测直线上的平面度误差近似值。依此方法检测被测平面的多个方向的最大值，就是被测工件的平面度误差的近似值。

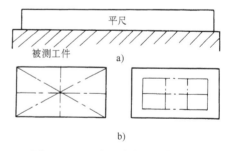

图 4-60 用平尺检验平面度误差

对于中小型盖、板类工件平面度误差的检测，由于这些工件大都是精刨、精铣、精磨、钳工刮研等加工出来的，在检测时将工件上的铁屑等污物除掉，轻拿轻放，防止划伤平台和工件，再把被测面置于平台上，轻微手动工件一下，使工件稳定地不受外力的影响完全靠自重与平台接触，用塞尺测工件四周，测得的最大距离，就是被测工件的平面度误差近似值。

这种方法用在生产现场，非常简单、实用。

② 指示表法。此法通过精密平台等建立测量基面，再用带有指示表的测量装置或坐标测量仪测出被测平面相对测量基面的偏离值，通过数据处理评定平面度误差值，如图 4-61。

测量时，先将被测工件用支承的方式置于平台上，按一定方法调整被测平面（若按被测平面上相距最远的三点进行调整，使其相对于平台等高，则评定基面为三远点平面；若按四个角点进行调整（图 4-61b 中 AC 和 BD），分别使对角线相对于平面等高，则评定基面为对角线平面，再按一定布点形式（为便于数据处理，最好采用等距分布的形式）逐点移动测量装置，同时记录各点示值 h_{ij}，即可获得各测量点相对测量（评定）基面的坐标值 $z_{ij} = h_{ij}$。

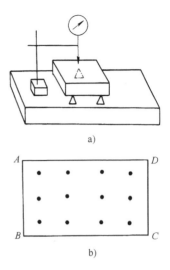

图 4-61　用指示表法
检验平面度误差
a）支承　b）四个角点调整

若调整被测平面是以三远点平面为评定基面，则平面度误差值为

$$f_{TP} = h_{max} - h_{min}$$

若调整被测平面是以对角线平面为评定基面，则平面度误差值为

$$f_{DL} = h_{max} - h_{min}$$

此方法主要适用于中、小平面的平面度误差检测。

用指示表法检验平面度误差如图 4-62 所示。

检测设备：平台、带指示器的测量架、回转台。

测量时，将被测工件放在回转台台面上，手动回转台台面，使其回转，移动指示表进行检测，指示表的最大与最小示值差就是被测工件的平面度误差近似值。

也可按如下方法检查，首先精调回转台台面，使其与平台等高（调整螺钉 5 即可），检测时可移动带指示表的测量架 3，在被测工件的各个方向部位检测，得出最大与最小示值差就是被测工件的平面度误差近似值。

这种检测方法，在生产现场颇为适用、方便、省时，尤其是环形工件，如垫圈、法兰盘、小型盖板及奇形工件等，有平面度技术要求的用这种方法检验最方便。

③ 光轴法。此法采用准直类仪器（如自准直望远镜等），以其光轴经转向棱镜扫描的平面作为测量基面，测出被测平面相对测量基面的偏离量，进而评定平面度误差值，如图 4-63 所示。

测量时，先按一定方法调整被测平面（方法同指示表法），再按一定的布点形式将瞄准靶逐点移动到选定的点进行测量，同时记录各测点示值 h_{ij}，即可获得各测点相对于测量基面的坐标值 $z_{ij} = h_{ij}$。

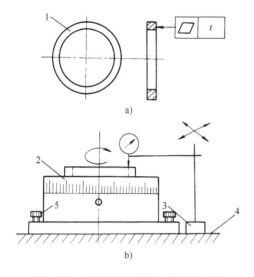

图 4-62 用指示表法检验平面度误差
1—被测工件 2—回转台 3—带指示表的测量架 4—平台 5—调整螺钉

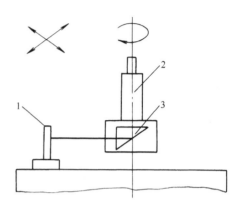

图 4-63 用光轴法检验平面度误差
1—瞄准靶 2—准直望远镜 3—转向棱镜

若调整被测平面是以三远点平面为评定基面，则平面度误差值为

$$f_{TP} = h_{\max} - h_{\min}$$

若调整被测平面是以对角线平面为评定基面，则平面度误差值为

$$f_{DL} = h_{\max} - h_{\min}$$

此方法适用于一般精度的大平面的平面度误差测量。

④ 干涉法。此法与干涉法测量直线度误差类似，用平晶的工作面体现测量基面，利用光波干涉原理，根据平晶与被测平面贴合后出现的干涉条纹的形状和条数来确定平面度误差值，如图 4-64 所示。

测量时，将平晶工作面以微小角度逐渐与被测面相贴合，若被测平面凹或凸，则会出现环形干涉带（见图 4-64a），应调整平晶的位置，使干涉带数为最少，则平面度误差的近似值为

$$f = \frac{\lambda}{2} \cdot n$$

读取时应以环形的带纹色泽为准，读取色泽相同的带纹数 n；λ 为光波波长。

若出现一个方向弯曲的干涉条纹（见图 4-64b），则应调整平晶位置，使之出现 3~5 条干涉带，则平面度误差的近似值为

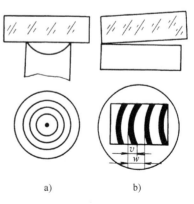

图 4-64 用平晶检验平面度误差

第四章 几何误差的检验

$$f = \frac{v}{w} \cdot \frac{\lambda}{2}$$

式中　v——干涉带弯曲量；
　　　w——干涉带间距。

已知 $\dfrac{v}{w} = \dfrac{1}{5} = 0.2$（$\dfrac{v}{w}$ 是靠目力估计的），$\lambda = 0.6\mu m$（自然白光波长）

则

$$f = \frac{\lambda}{2} \times \frac{v}{w} = \left(\frac{0.6}{2} \times \frac{1}{5}\right)\mu m = 0.06\mu m$$

此方法适用于经过精研的小平面（平晶所能覆盖的平面）工件的平面度误差测量。

2）间接方法。此类方法不能直接测量获得被测平面上各点的坐标值，需将各点的测量值转化为坐标值后再按规定进行数据处理。

① 布点形式。平面度误差是三维空间形态。大型平面的测量很复杂。根据被测平面的形状、测量不确定度要求和测量方法等正确选用布点形式，是正确测量必不可少的内容，并应使数据处理尽可能简化。

② 水平仪法。

③ 自准直仪法。

间接方法检验平面度误差的布点形式（图4-65～图4-73）

用水平仪法检验平面度误差（图4-74～图4-76、表4-13～表4-17）

自准直仪法检验平面度误差（图4-77～图4-80、表4-18）

3）圆平面和圆环平面的平面度误差测量方法。测量圆平面和圆环平面的平面度误差，除可以采用测量矩形平面所用的各种仪表和方法外，还可以采用回转法测量。

① 被测工件回转。如图4-81所示，测量前将被测工件2放置在回转工作台1上，指示表3安装在位置固定的立柱5上，并可沿横梁4移动。测量时，先将被测圆平面大致调整至水平，然后转动工作台并移动指示表，即可测取被测圆平面上各测点相对于测量基面的示值。对于大型立式车床、铣床的圆工作台可将指示表安装在刀架上来测量，但应尽量减少机床本身的误差对测量结果的影响。

② 仪器的测量部分回转。如图4-82所示，测量时将由底座4、立柱3、可绕立柱回转的支架2和指示表1组成的仪器安放在被测圆平面5的正中位置上，用底座上的三个可调螺钉来调整仪器的水平位置，使指示表在被测圆平面的任意三远点上测得的示值大致相等；然后转动支架，由指示表测取被测圆平面上各测点相对于所选测量基面的示值。

4）其他检测平面度误差的方法。根据生产现场需要和被测工件的形状、大小和工艺要求，可自制检具按工艺规定检测。

① 自制检具。自制检具必须经工艺部门同意且其精度高于被测工件。

a）沉割端面平面度检测（见图4-83）。检测时用塞尺在检具各圆弧缺口处检测，取进入缺口的最大尺寸塞尺的厚度尺寸作为该被测工件的平面度误差值。

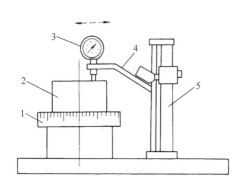 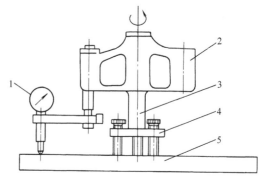

图 4-81　检验圆平面的平面度误差
1—回转工作台　2—被测工件　3—指示表
4—横梁　5—立柱

图 4-82　用回转法测量圆平面的平面度误差
1—指示表　2—支架　3—立柱
4—底座　5—被测圆平面

b）框形工件平面度的检测。检测时，在自制检具与被测平面接合处各处进行检测（见图 4-84），取进入塞尺的厚度尺寸最大值作为该被测工件的平面度误差值。

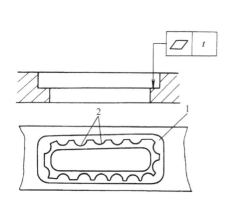 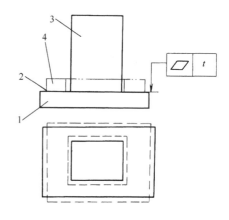

图 4-83　沉割端面平面度检测
1—自制检具　2—下塞尺处

图 4-84　框形工件平面度的检测
1—框型检具　2—下塞尺处
3—被测件　4—辅助检具

② 按工艺规定检测方法。

a）斑点法。斑点法是用一块标准平板检测工件平面度的方法。这种方法常用于被测面是用钳工刮研方法加工的工件。检测时先在被测工件表面上均匀地涂上一薄层显示剂（如红丹粉），将其扣在平板上（如果被测工件大且重时，可将平板的工作面扣在被测工件被测面上），然后平稳地前、后、左、右往复移动 5~8 次，则被测表面上的凸点成为亮点（又称为斑点）。根据表面上一定面积内的斑点数（多采用 25mm×25mm 之内有多少斑点）及其分布情况（均匀度）来评定平面度。斑点越多、越细密、均匀，则被测表面越平，平面度越高。

b) 工艺规定法。在生产现场，尤其是大型工件，很难用常规的方法检测其平面度，如图4-85所示，被测工件长度为5000mm、质量为2000kg，被测表面经过精铣后，最后是刮研，达到工艺要求的平面度标准。在检测时，首先清理平板和被测表面上的污物，用平板检测，平板上端由起重机吊住，由加工者和起重机配合，按照F_1和F_2方向用力推动平板，使其与被测表面研合，保持上、下、左、右用力均匀平稳地推动平板做往复运动5~8次，然后将平板吊开，用25mm×25mm方框检具观测在其内斑点数（亮点），确定合格与否。

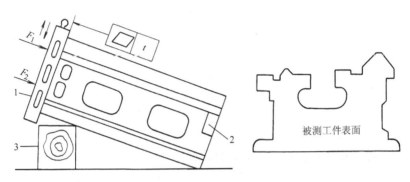

图4-85　按工艺要求检验平面度误差
1—平板　2—被测工件　3—方木

在大件加工车间和装配车间生产现场，经常遇到许多检测方面的问题，设计、工艺、加工、检验部门就得共同研究措施方案加以解决，做到既不降低产品质量，又适应生产需求，这些实际情况应当引起注意和重视。

总的来说，用水平仪和自准直仪检测平面度的操作过程很简单，但是数据处理的工作量很大，稍不注意就会产生差错。如果将电子水平仪、自准直仪与电子计算机结合用于检测平面度，通过电子计算机来采集、处理数据就方便多了。目前已有这种测量系统。

例： 用分度值 $\tau=0.001\text{mm/m}$ SDS-11型电子水平仪配电子计算机检测系统，按对角线法检定一块800mm×500mm零级平板，检定截面及检定点如图4-86所示，使用的桥板跨距 $L_1=188\text{mm}$，$L_2=160\text{mm}$，$L_3=100\text{mm}$。

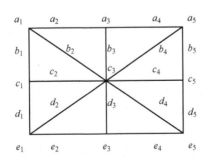

电子水平仪配电子计算机检测系统检测平面度示例（图4-86~图4-88）

图4-86　检定截面及检定点

三、圆度误差的检验

1. 圆度误差的检测与验证方案（见表 4-19）
2. 生产现场检验圆度的方法

圆度是圆的特性。

表 4-19　圆度误差的检测与验证方案（GB/T 1958—2017）

圆度误差：包容同一横剖面实际轮廓且半径差为最小的两同心圆间的距离 f。

圆度公差：同一横剖面上实际圆的形状所允许的变动全量 t。

测量圆度有半径测量法、坐标测量法和两点、三点测量法等。

1）半径测量法。半径测量法是确定被测圆要素半径变化量的方法，是根据"与拟合要素比较原则"拟定的一种检测方案。由半径测量法获得的被测横向截面轮廓信息，可按要求评定所需的圆度误差。

用半径测量法测量圆度时，常用的测量仪器是圆度仪。

圆度仪有两种类型：一种为转轴式圆度仪，另一种为转台式圆度仪。图 4-89a 所示为转轴式圆度仪的工作原理。用该种仪器测量时，测量过程中被测工件固定不动，仪器的主轴带着传感器和测头一起回转。假设仪器主轴回转一周，则仪器测头端点所形成的轨迹为一圆。当测头与被测工件的某一横向截面轮廓相接触时，随着轮廓半径的变化，在主轴回转中测头做径向变动，传感器获得的信息，即为实际轮廓的半径变动量。如果将上述测量过程看作一种在极坐标测量系统中的检测过程，则传感器获得的信息即是实际轮廓向量半径的变化量。该种仪器工作时，被测工件被固定于工作台上不动，故可以测量直径较大的工件。

图 4-89b 所示为转台式圆度仪的工作原理。该种仪器工作时，传感器和测头的位置固定不动，而被测工件放置于回转工作台上，随回转工作台一起回转。测量中的理想圆可假设为回转工作台上某点线轴回转所形成的轨迹。当仪器的测头与被测工件的某一横向截面轮廓相接触后，轮廓在回转过程中使传感器获得的信息，即是被测轮廓的半径变化量。

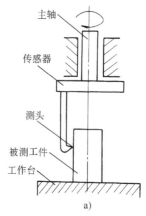

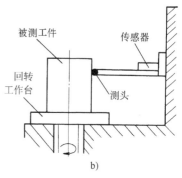

图 4-89　用圆度仪检验圆度误差

同理，用该种仪器测量，也相当于在极坐标系统中检测圆度。转台式圆度仪常常制作成结构小巧的台式仪器，工作过程中被测工件随回转工作台一起回转，受回转工作台承载能力的限制，该类仪器常用于测量小型工件。

圆度仪可运用测得的信号输出特性，将被测轮廓的半径变化量放大后同步自动记录下来，获得轮廓误差的放大图形，可按放大图形评定圆度误差；也可经仪器附带的电子计算装置的运算，将圆度误差值数字显示并打印。

2）坐标测量法。用坐标测量法测量圆度，是根据检测原则2，即测量坐标值原则提出的一种检测方法。将被测工件放置在设定的坐标系中，用相应的测量器具，测取被测工件横向截面轮廓上各点的坐标值，然后按要求，用相应的方法来评定圆度误差值。

① 极坐标测量法。在极坐标系中测量圆度，需要有精密回转轴系的分度装置，如分度台和分度头。对于长度与直径之比较小的被测工件，可在分度台上测量；对于长度与直径之比较大的工件，常在分度头及其配套的顶尖座间进行测量（见图4-90）。

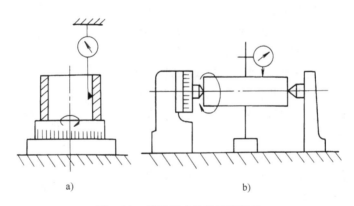

图4-90 用指示表检验圆度误差

被测轮廓的信息需要由具有足够精度的指示表来反映。测量时，通常指示表的位置固定不动，由被测工件回转来完成对被测轮廓测取所需的信息。

测量前，按需要对被测轮廓拟定适量的采样点数。采样点数少，测量和运算都方便，但影响采样准确度，往往减小了客观存在的圆度误差值；采样点数过多，测量和运算都比较费时。合理地拟定采样点数是保证测量不确定度的一个重要方面。被测轮廓的形状误差具有谐波特性。如果为一次谐波，只要采样点数不少于10点，则采样精度可达90%以上；当采样点数为24时，采样精度则为99%以上。一次谐波是由正圆的偏心所形成的，对于轮廓形状误差，谐波次数最少为2；低次谐波性质的轮廓形状误差通常是指谐波次数在2~24之间。因此，为了保证采样精度，拟定采样点数时应考虑谐波次数。当要求采样精度不低于90%时，采样点数应是谐波次数的10倍。

测量时，将被测工件安装到测量装置上，适当地调整安装位置，避免过大的径向偏心。用具有固定位置的指示表，对各采样点逐一进行采样，取得的示值反映了各采样点

处的半径变化量 ΔR。被测横向截面轮廓的极坐标值为 $M_i(\theta_i,\Delta R_i)$。这些极坐标值是评定圆度误差的原始数据。

由测得的原始数据，可以在极坐标系中描绘出经放大后的被测轮廓误差曲线。

在分度台上测量一工件横向截面轮廓（见图4-90a），在圆周上按等分取12个采样点，相对于测量时参考圆的半径变化量见表4-20。

表4-20 采样点顺序和半径变化量

采样点顺序	1	2	3	4	5	6	7	8	9	10	11	12
半径变化量 $\Delta R/\mu m$	0	-1	-2	-3	-1	+1	+1.5	-1	-1.5	+2	+1	-1

12个采样点在被测横向截面轮廓上作等中心角分布，两相邻采样点所对应的中心角为30°。按测得的半径变化量 ΔR，在极坐标系中作轮廓误差曲线图。可取一适当的参考圆半径，并将 ΔR 以适当的倍率放大后，在坐标系中顺次逐一描点。注意，测量内表面轮廓时，具有正号的 ΔR 的采样点描在参考圆内侧；具有负号的 ΔR 的采样点描在参考圆外侧，如图4-91所示。测量外表面轮廓时，按 ΔR 的正、负号，采样点应描在上述的相反位置。为了直观，如果把描出的采样点连接起来，即为误差值经放大后的轮廓误差曲线。

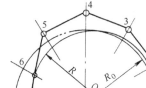

图4-91 圆度误差曲线图
R_0—参考圆半径

② 角坐标测量法。在直角坐标系中也可测量回转表面横向截面轮廓的圆度误差。测量时，应用直角坐标测量装置，对被测轮廓上的采样点测取直角坐标值 $M_i(x_i,y_i)$，如图4-92所示。测得的各采样点的直角坐标值即是评定圆度误差的原始数据。

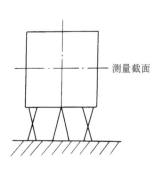
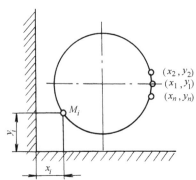

图4-92 圆度误差检验截面

设测得各采样点坐标值为 $(x_1,y_1),(x_2,y_2),\cdots,(x_n,y_n)$，评定圆度误差的某种理想圆的圆心坐标为 $O(x_0,y_0)$（见图4-93），则各采样点至圆心 O 的距离 R_i 用

式 (4-22) 求得：

$$R_i = \sqrt{(x_i - x_0)^2 + (y_i - y_0)^2}, \quad i = 1, 2, \cdots, n \quad (4\text{-}22)$$

于是，被测轮廓的圆度误差值就是 R_i 中的最大值 R_{max} 与最小值 R_{min} 之差。

如果缺少半径测量法的条件，如仪器装备、工件结构特点等，则坐标测量法是一种颇有实用价值的圆度测量方法。

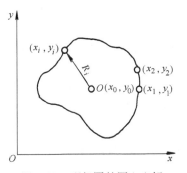

图 4-93　理想圆的圆心坐标

3) 两点、三点测量法。应用两点、三点法测量圆度误差，所用测量设备简单，测量过程简便，尤其对于大型工件不能在圆度仪上用半径测量法检测时，该法更显示出其特有的优点。同时，两点、三点法也便于在车间条件下测量圆度误差。

两点、三点法常常受被测轮廓的几何特征所制约，如果应用不当，会有很大的测量不确定度，甚至完全不能反映轮廓的形状误差，造成误收，影响产品质量；有时也会夸大圆度误差而造成误废。因此，必须掌握两点、三点法的特点及其使用条件，才能取得良好的效果。

① 两点、三点法的基础。

a. 棱圆几何特性。被测轮廓具有正弦波动的几何特征，是应用两点、三点法测量圆度的理论基础。这样正弦波动反映在工件的轮廓上是呈"弧边形"，习惯上称其为"棱圆"。棱圆的弧边数或凸出点数称为棱圆的棱数。如图 4-94 所示，分别为二棱、三棱、四棱和五棱的棱圆。二棱具有两个正弦波数，三棱具有三个正弦波数，以此类推。两点、三点测量法中常用棱数表示正弦波数。

从几何学概念来说，棱圆是封闭曲线中的一种，确定棱圆几何特性的参数有棱数 n 和包容棱圆的同心外接圆与内接圆之间的距离 f，以及棱圆的直径 D。如果棱数 n 趋于无穷大或趋于零，则轮廓成为正圆。

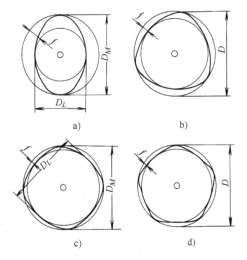

图 4-94　棱圆的棱数
a) 二棱　b) 三棱　c) 四棱　d) 五棱

在一个棱圆上，与外接圆相切处称为棱圆的"顶"；与内接圆相切处称为棱圆的"底"。每一个棱圆顶数和底数相等，且顶数或底数总是大于 1 的整数。如果用两个具有相互平行的平面测头测量棱圆时，在任意方向具有相同的距离 D，则该种棱圆可称为等径棱圆，这时的 D 就是等径棱圆的直径。等径棱圆必具有奇数棱，即顶和底为奇数。当一个棱圆的

棱数 n 为偶数时，用两个具有相互平行的平面测头进行测量，就有最大距离 D_M 和最小距离 D_L，以 D_M 和 D_L 的平均值为偶数棱圆的直径 D，即 $D=(D_M+D_L)/2$。

圆柱面的横向截面轮廓形成棱圆的原因在于工艺过程中产生了谐振荡。例如，一盘形工件在磨削过程中，以角速度为 ω 做旋转运动，但回转中心在水平方向有往复移动，且其轨迹为一椭圆。这样，由砂轮磨削的工件上就形成了一个谐波棱圆的轮廓。

b. 测量装置型式。两点测量装置是由在同一直线上的一个固定支承（或称固定测头）和一个可移动测头构成。两点法测量即在两点测量装置上进行的测量。图 4-95a、b 所示为分别对外表面和内表面进行两点法测量。在被测工件回转一周中取指示表的最大示值与最小示值之差，作为评定圆度误差的原始数据。

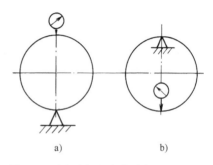

三点测量装置由两个固定支承和一个可沿测量方向移动的测头构成。三点法测量即是在该种装置上进行的测量。按可移动测头所在位置的不同，三点测量装置分为顶式测量装置和鞍式测量装置两类。顶式测量装置的可移动测头位于两固定支承的夹角之外；

图 4-95 用两点法检验圆度误差（一）

鞍式测量装置的可移动测头位于两固定支承夹角之内。顶式测量装置还可分为对称式和非对称式两种。如图 4-96 所示，其中，图 4-96a 为顶式对称装置；图 4-96b 为顶式非对称装置；图 4-96c 为鞍式装置。在三点测量装置上测量圆度时，被测工件回转一周中以指示表的最大示值与最小示值之差，作为评定圆度误差的原始数据。

c. 反映系数。用两点、三点法测量时，指示表所指示的示值与被测轮廓的半径变化量不是简单的直接关系。令 f 为圆度误差，Δ 为被测工件回转一周中指示表示值的最大差。于是有：

$$\frac{\Delta}{f}=F \text{ 或 } f=\frac{\Delta}{F}, \text{ 或 } \Delta=fF \tag{4-23}$$

式中的 F 称为反映系数，是修正测得值的系数，它反映了测得值对真实圆度误差值的放大或缩小程度。在两点、三点法测量中的指示表示值最大差 Δ 是被测轮廓的圆度误差 f 与反映系数 F 的乘积。当 $F>1$ 时，被测轮廓的圆度误差由测量装置放大后做出反映；当 $F<1$ 时，则圆度误差缩小后做出反映；如果 $F=0$，则该种测量装置上就未能反映出被测轮廓的圆度误差。

反映系数 F 与被测轮廓的棱数 n、测量装置两固定支承间夹角 α 和测量角 β 有关。参数 α 与 β 见图 4-96。其表示式为 $F=\Psi(n,\alpha,\beta)$，即

$$F=\sqrt{1+C_1^2\cos^2\beta+C_2^2\sin^2\beta+2(-1)^n(C_1D_1+C_2D_2)} \tag{4-24}$$

式中 $C_1=\dfrac{\cos n\dfrac{(180°-\alpha)}{2}}{\sin\dfrac{\alpha}{2}}$；$C_2=\dfrac{\sin n\dfrac{(180°-\alpha)}{2}}{\cos\dfrac{\alpha}{2}}$；$D_1=\cos n\beta\cos\beta$；$D_2=\sin n\beta\sin\beta$。

第四章　几何误差的检验

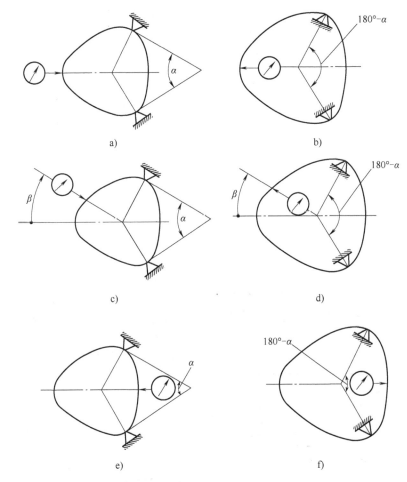

图 4-96　用三点法检验圆度误差
α—固定测量支承夹角（一般即 V 形支承的角度）
β—测量角。该角为测量方向与固定测量支承夹角平分线之间的角度

式（4-24）由图 4-96b 顶式非对称测量装置推导而得，因为顶式非对称测量装置是两点、三点测量装置的基本形式，故上式是计算反映系数 F 的一般式。

对某一轮廓测量时，棱数 n 为一定值，这时需要选择合适的测量装置及其两固定支承间的夹角 α，如果盲目应用测量装置，往往不能获得准确的测量结果。可是，在还未进行测量时，被测轮廓的棱数 n 常常是一未知数，这样，对正确选定测量装置和使用反映系数应存在困难。这是在进行两点、三点法测量时必须解决的问题。

d. 测量条件。运用两点、三点法测量时，应注意静态测量力的大小、可移动测头的形状和尺寸，以及固定支承的正确体现。

a）静态测量力。对于接触式测量，为了避免测头对被测表面施加静态测量力而引起变形，影响测量结果的准确性，故静态测量力不可过大，但必须保证在测量过程中测头与被测表面能连续接触。选定静态测量力的原则是在保证连续接触的前提下,应尽量减小静态测量力。通常选用的静态测量力应小于1N。

b）测头。在两点、三点法测量中所用的测头有各种形状（见表4-21）。

表4-21　测头的尺寸和形状（GB/T 4380—2004）　　　（单位：mm）

被测表面形状	被测表面直径	测头的半径和形状
轴类外表面	所有直径	R2.5　球
外刃口边缘		R2.5　圆柱
孔类内表面	<20	R0.5　球
	≥20	R2.5　球
内刃口边缘	<20	R0.5　圆柱
	≥20	R2.5　圆柱

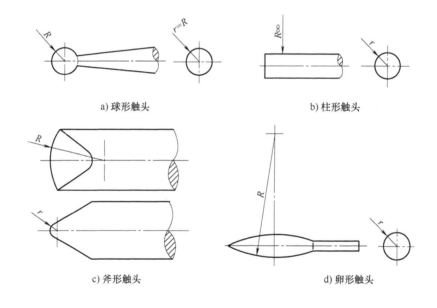

a) 球形触头　　　　　　　　　b) 柱形触头

c) 斧形触头　　　　　　　　　d) 卵形触头

注：1. 被测表面为轴类外表面或外刃口边缘,也可选用平面测头。
　　2. 测头尺寸和形状如有特殊要求时,应在专门文件中规定。

被测表面特征是选择触头型式的首要条件,触头尺寸r或R应按下列数值选取：0.25mm、0.8mm、2.5mm、25mm。

注：为满足特定要求,允许制造和使用其他适宜形状和尺寸的触头。

测头的尺寸和形状应根据被测表面的形状和尺寸按表4-21选取。

c）固定测量支承。固定测量支承与被测轮廓接触时,应是点接触或线接触的形式。对于轴类外表面的测量,用较小半径的球或短圆柱支承,也可用工作面较窄的V形架支承。对于孔类内表面的测量,用较小半径的球形支承。

当采用球形和短圆柱支承时，应根据被测工件的直径、所用支承的直径和两固定支承间所定的夹角，确定两固定支承间的中心距，如图 4-97 所示。对于测量轴类外表面的两固定支承间的中心距 $L_{外}$ 为

$$L_{外} = (D + d)\cos\frac{\alpha}{2} \quad (4-25)$$

测量孔类内表面的两固定支承间的中心距 $L_{内}$ 为

$$L_{内} = (D - d)\cos\frac{\alpha}{2} \quad (4-26)$$

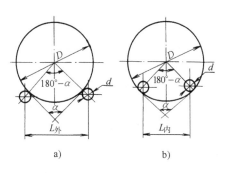

图 4-97　固定支承间的中心距
a) 外表面　b) 内表面

式中　D——被测表面直径；

　　　d——球形或短圆柱支承的直径；

　　　α——两固定支承间的夹角。

② 两点测量法。两点测量法也称直径测量法。该法是在直径上对置的一个固定测量支承和一个可在测量方向移动的测头之间所进行的测量，如图 4-95 所示。另外，如图 4-98 所示，其中图 a、图 b 是被广泛采用的接触式测量；图 c、图 d 为非接触测量（如气动测量）。图中的可调支承，在测量时可以起到快速对准的作用。

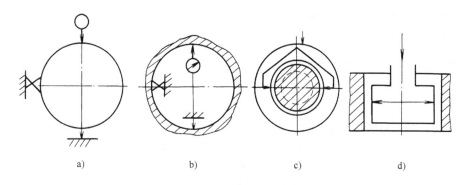

图 4-98　用两点法检验圆度误差（二）
a) 接触式测量外表面　b) 接触式测量内表面
c) 非接触式测量外表面　d) 非接触式测量内表面

两点测量法的特点是只能反映被测轮廓具有偶数棱的圆度误差。对于奇数棱的被测轮廓，因具有等径性的几何特性，不能用直径的变化来反映被测轮廓的圆度误差，故该法失效。因此，运用两点法测量时，必须已确知被测轮廓具有偶数棱的特征，才能获得准确的测量结果。倘若盲目运用该法测量，获得的结果往往不可靠。

当已知被测轮廓具有偶数棱特征后，设由该法在不同方向上测得的直径最大差为 Δ，则圆度误差值 f 用式（4-27）求得：

$$f = \frac{\Delta}{2} \tag{4-27}$$

即圆度误差值是被测轮廓直径最大差之半。

两点测量法用代号"2"表示。

③ 三点测量法。三点测量法分顶式测量法和鞍式测量法。三点测量法是在两个固定测量支承和一个可在测量方向上移动的测头之间所进行的测量，如图 4-96 所示。

a) 顶式三点测量：测头位于固定测量支承夹角（α 或 $180° - \alpha$）之外进行的三点测量，如图 4-96a、b、c、d 所示。

b) 鞍式三点测量：测头位于固定测量支承夹角（α 或 $180° - \alpha$）之内进行的三点测量，如图 4-96e、f。

c) 对称三点测量：测量方向与两固定测量支承的夹角平分线重合时所进行的三点测量，如图 4-96a、b、e。

d) 非对称三点测量：测量方向与两固定测量支承的夹角平分线不重合时所进行的三点测量，如图 4-96c、d。

其中，顶式三点测量法应用较多；鞍式测量法常用于测量大直径工件。三点法的测量装置可以采用接触式或非接触式（参看图 4-96）。

三点测量法用代号"3"表示；顶式用"S"表示；鞍式用"R"表示。将代号和固定支承角 α、指示表安装位置的测量角 β 写在一起，三点测量装置的代号为

$3S\alpha$——对称顶式三点测量法。

$3R\alpha$——对称鞍式三点测量法。

$3S\dfrac{\alpha}{\beta}$——非对称式三点测量法。

固定支承角 α 有 $60°$、$72°$、$90°$、$108°$、$120°$；$\dfrac{\alpha}{\beta}$ 有 $\dfrac{120°}{60°}$、$\dfrac{60°}{30°}$。

这样，三点测量装置有以下几种。

对称顶式三点测量装置：$3S60°$、$3S72°$、$3S90°$、$3S108°$、$3S120°$。

非对称式三点测量装置：$3S\dfrac{120°}{60°}$、$3S\dfrac{60°}{30°}$。

对称鞍式三点测量装置：$3R60°$、$3R72°$、$3R90°$、$3R108°$、$3R120°$。

测量时，被测工件在两固定支承上均匀回转一周，取指示表示值的最大差 Δ，则被测轮廓的圆度误差值 f 为

$$f = \frac{\Delta}{F} \tag{4-28}$$

式中 f——实际圆度误差值；

Δ——测得值，即指示表最大示值差值；

F——反映系数。

棱数 n 是在被测工件的截面轮廓上重复的正弦波数目。测量方法与被测工件的棱数是否已知直接有关：

第四章 几何误差的检验

- 当被测工件的棱数 n 已知，直接在表4-22和表4-23中选用反映系数下较大的测量装置。
- 当被测工件的棱数 n 未知、一次测量不能正确得出工件的圆度误差时，应采用两点法和三点法进行组合测量，组合方式采用表4-24、表4-25的组合方案，应取各测量装置测得值中的最大值，用相应的平均反映系数按式（4-29）计算出实际圆度误差值：

$$f = \frac{\Delta_{max}}{F_{av}} \tag{4-29}$$

式中 f——实际圆度误差值；

Δ_{max}——各次测得值中的最大值；

F_{av}——平均反映系数。

表4-22 顶式测量的反映系数 F（GB/T 4380—2004）

棱数 n	两点法	三点法						
		对称安置					非对称安置	
		3S72°	3S108°	3S90°	3S120°	3S60°	3S120°/60°	3S60°/30°
2	2	0.47	1.38	1.00	1.58	—	2.38	1.41
3	—	2.62	1.38	2.00	1.00	3	2.00	2.00
4	2	0.38	—	0.41	0.42	—	1.01	1.41
5	—	1.00	2.24	2.00	2.00	—	2.00	2.00
6	2	2.38	—	1.00	0.16	3	0.42	0.73
7	—	0.62	1.38	—	2.00	—	2.00	2.00
8	2	1.53	1.38	2.41	0.42	—	1.01	1.41
9	—	2.00	—	—	1.00	3	2.00	2.00
10	2	0.70	2.24	1.00	1.58	—	2.38	1.41
11	—	—	2.00	—	2.00	—	—	—
12	2	1.53	1.38	0.41	2.16	3	1.58	2.73
13	—	0.62	1.38	2.00	—	—	—	—
14	2	2.38	—	1.00	1.58	—	2.38	1.41
15	—	1.00	2.24	—	1.00	3	2.00	2.00
16	2	0.38	—	2.41	0.42	—	1.01	1.41
17	—	2.62	1.38	—	2.00	—	2.00	2.00
18	2	0.47	1.38	1.00	0.16	3	0.42	0.73
19	—	—	—	2.00	2.00	—	2.00	2.00
20	2	2.70	2.24	0.41	0.42	—	1.01	1.41
21	—	—	—	2.00	1.00	3	2.00	2.00
22	2	0.47	1.38	1.00	1.58	—	2.38	1.41

注："—"表示该种测量装置对于这些棱数的轮廓不能反映圆度误差，下同。

表 4-23 鞍式测量的反映系数 F （GB/T 4380—2004）

棱数 n	两点法	三点法				
		对称安置				
		3R72°	3R108°	3R90°	3R120°	3R60°
2	2	1.53	0.62	1.00	0.42	2
3	—	2.62	1.38	2.00	1.00	3
4	2	2.38	2.00	2.41	1.58	2
5	—	1.00	2.24	2.00	2.00	—
6	2	0.38	2.00	1.00	2.16	1
7	—	0.62	1.38	—	2.00	—
8	2	0.47	0.62	0.41	1.58	2
9	—	2.00	—	—	1.00	3
10	2	2.70	0.24	1.00	0.42	2
11	—	2.00	—	2.00	—	—
12	2	0.47	0.62	2.41	0.16	1
13	—	0.62	1.38	2.00	—	—
14	2	0.38	2.00	1.00	0.42	2
15	—	1.00	2.24	—	1.00	3
16	2	2.38	2.00	0.41	1.58	2
17	—	2.62	1.38	—	2.00	—
18	2	1.53	0.62	1.00	2.16	1
19	—	—	—	2.00	2.00	—
20	2	0.70	0.24	2.41	1.58	2
21	—	—	—	—	1.00	3
22	2	1.53	0.62	1.00	0.42	2

示例 测量一圆柱孔，已知棱数 $n=3$，圆度公差 $t=7\mu m$，选用 3S60°测量装置，测得指示表示值的最大差 $\Delta=18\mu m$。求圆度误差值 f 并判断圆度是否合格。

解：由棱数 $n=3$ 已知，查表 4-22 得 3S60°的反映系数 $F=3$，则圆度误差 $f=\dfrac{\Delta}{F}=\dfrac{18}{3}\mu m=6\mu m$。

判断圆度是否合格：圆度误差值 $f=6\mu m$ 小于给出的圆度公差值 $t=7\mu m$，故圆度合格。也可按下式判断：

$$\Delta \begin{cases} \leq tF & 工件合格 \\ > tF & 工件不合格 \end{cases}$$

$tF=7\times3\mu m=21\mu m$；$\Delta=18\mu m$，$\Delta<tF$，故圆度合格。

第四章 几何误差的检验

表 4-24 对称安置组合测量的反映系数（GB/T 4380—2004）

棱数 n	组合方案							
	2+3S90°+3S120°	2+3R90°+3R120°	3S90°+3S120°	3R90°+3R120°	2+3S72°+3S108°	2+3R72°+3R108°	3S72°+3S108°	3R72°+3R108°
	反映系数 F							
n 未知, $2 \leq n \leq 22$	最大 2.41 平均(F_{av}) 1.95 最小 1.00	最大 2.41 平均(F_{av}) 1.98 最小 1.00	2	—	最大 2.62 平均(F_{av}) 2.09 最小 1.38	最大 2.70 平均(F_{av}) 2.11 最小 1.38	—	—
n 为未知的偶数, $2 \leq n \leq 22$	—	—	2.00	—	—	—	—	—
n 为未知的奇数, $3 \leq n \leq 21$	—	—	—	最大 2.00 平均(F_{av}) 1.80 最小 1.00	—	—	最大 2.62 平均(F_{av}) 2.06 最小 1.38	最大 2.62 平均(F_{av}) 2.06 最小 1.38

表 4-25 非对称安置组合测量的反映系数（GB/T 4380—2004）

棱数 n	组合方案								
	2+3S60°/30°	2+3S90°+3S60°/30°	2+3S120°/60°	2+3S90°+3S120°/60°	2	3S60°/30°	3S120°/60°	3S90°+3S60°/30°	3S90°+3S120°/60°
	反映系数 F								
n 未知, $2 \leq n \leq 10$	2.00	—	—	—	—	—	—	—	—
n 未知, $2 \leq n \leq 22$	—	最大 2.73 平均(F_{av}) 2.07 最小 2.00	最大 2.38 平均(F_{av}) 2.08 最小 2.00	最大 2.41 平均(F_{av}) 2.11 最小 2.00	—	—	—	—	—
n 为未知的偶数, $2 \leq n \leq 22$	—	—	—	—	2	2.00	—	—	—
n 为未知的奇数, $3 \leq n \leq 9$	—	—	—	—	—	—	2.00	—	—
n 为未知的奇数, $3 \leq n \leq 21$	—	—	—	—	—	—	—	2.00	2.00

从表 4-22 可以看出，无论哪一种测量装置，在某些棱数的情况下反映系数较小，有的还不能反映圆度误差。一般情况下，测量前被测轮廓的棱数常为未知，故确定反映系数 F 就有困难。这是三点式测量装置在单独使用上的局限性。为了能够在未知棱数 n 的情况下，真实地反映圆度误差，采用两点法和三点法测量装置进行组合测量，能够取得良好效果。

④ 两点、三点组合测量法。用两点、三点法进行组合测量，可有三种方案：一个两点和两个三点法组合；一个两点和一个三点法组合；两个三点法组合。例如，$2+3S90°+3S120°$；$2+3S60°/30°$；$3S90°+3S120°$。

用某一组合方案进行测量时，需要用该组合中每一个测量装置分别对同一被测轮廓进行测量。由各个测量装置测得的指示表示值的最大差 Δ，一般并不相同，取其中最大者 Δ_{max}。相应地，反映系数 F 也取所用测量装置中的最大者。于是，圆度误差值 f 为

$$f = \Delta_{max}/F \tag{4-30}$$

下面进行一些组合法典型测量方案分析。

a) $2+3S90°+3S120°$ 方案。此方案是由一个两点法和 α 为 $90°$ 及 $120°$ 的两个三点法组合。三个测量装置的反映系数 F 大小不同，在同一棱数的情况下，取三个反映系数中的最大者。于是，棱数由 $2\sim22$ 的最大反映系数见表 4-26。

表 4-26 反映系数表

棱数 n	2	3	4	5	6	7	8	9	10	11	12	13	14	15	16	17	18	19	20	21	22
最大反映系数 F	2	2	2	2	2	2	2.41	1	2	2	2	2	2	1	2.41	2	2	2	2	2	2

从表 4-26 中可知，棱数从 $2\sim22$，除了 n 为 8 与 16 的 $F=2.41$，以及 n 为 9 与 15 的 $F=1$ 外，其余棱数所对应的反映系数都为 $F=2$。因此，如果棱数未知，用该方案测量时若取 $F=2$，则只有对于 $n=8$、9、15、16 所求得的圆度误差不准确外，对其余大多数棱数都是适合的。这样，圆度误差值 f 可用下式求得：

$$f = \Delta_{max}/2$$

如果在测量中发现三个测量装置测得的 Δ 为 $\Delta_{(120°)} < \Delta_{(2)} < \Delta_{(90°)}$ 时，则 $n=8$ 或 16，由表 4-26 可知，这时应取 $F=2$，故圆度误差值为

$$f = \Delta_{max}/2$$

如果在测得的 Δ 中，$\Delta_{(2)} \approx 0$，$\Delta_{(90°)} \approx 0$，即测量时两点式及 $\alpha=90°$ 的三点式测量均无反映或反映甚小，但 $\Delta_{(120°)}$ 却有较大值，则说明 $n=9$ 或 15。当 $n=7$ 或 17 时也有类似反映。从表 4-22 可知，$n=9$ 或 15 时 $F=1$，而 $n=7$ 或 17 时 $F=2$。当尚未区分开 $n=9$ 或 15 还是 7 或 17 之前，就很难决定反映系数的取值。为此宜作另行鉴别，采用 $3S60°$ 进行测量，可以区分棱数情况。若 $\Delta_{(60°)} \approx 0$，则必为 $n=7$ 或 17；若 $\Delta_{(60°)}$ 值较大，则 $n=9$ 或 15。当棱数确知后，就可选用相应的反映系数，从而求得圆度误差值。例如，确知 $n=9$ 或 15，则圆度误差 f 为

$$f = \Delta_{(60°)}/3$$

在表 4-24 中对 2 + 3S90° + 3S120°，最大的反映系数 $F_{max} = 2.41$，最小的反映系数 $F_{min} = 1.00$，反映系数的平均值 $F_{av} \approx 1.96$。为了方便起见，在未知棱数的情况下，常用反映系数平均值 F_{av} 计算圆度误差值 f，即

$$f = \Delta_{max}/F_{av} = \Delta_{max}/1.96$$

b) 2 + 3R90° + 3R120° 方案。仿照上述分析方法，此方案的分析结果如下：

反映系数 F 的特点见表 4-27。

表 4-27 2 + 3R90° + 3R120° 反映系数 F 的特点

棱数 n	2	3	4	5	6	7	8	9	10	11	12	13	14	15	16	17	18	19	20	21	22
最大反映系数 F	2	2	2.41	2	2	2	2	1	2	2	2.41	2	2	1	2	2	2	2	2.41	2	2

$$F_{max} = 2.41, \quad F_{min} = 1.00, \quad F_{av} = 1.98$$

除棱数 $n = 4$、9、12、15、20 外，其余棱数反映系数均为 2，则圆度误差值 f 为

$$f = \Delta_{max}/2$$

当测得 $\Delta_{(90°)} > \Delta_{(2)} > \Delta_{(120°)}$ 时，$n = 4$、12、20，于是取 $F = 2.41$，则圆度误差值 f 为

$$f = \Delta_{max}/2.41$$

当测得 $\Delta_{(2)} \approx 0$、$\Delta_{(90°)} \approx 0$，$\Delta_{(120°)}$ 有较大值时，$n = 7$、9、15、17。欲区分这四种棱数情况，需用 3S60° 鉴别，当 $\Delta_{(60°)} \approx 0$ 时，$n = 7$ 或 17；$\Delta_{(60°)}$ 具有较大值时，$n = 9$ 或 15。

c) 2 + 3S120°/60° 方案。反映系数 F 的特点见表 4-28。

表 4-28 2 + 3S120°/60° 反映系数 F 的特点

棱数 n	2	3	4	5	6	7	8	9	10	11	12	13	14	15	16	17	18	19	20	21	22
最大反映系数 F	2.38	2	2	2	2	2	2	2	2.38	—	2	—	2.38	2	2	2	2	2	2	2	2.38

$F_{max} = 2.38$，$F_{min} = 2$，$F_{av} = 2.08$，$n = 11$、13 无反映。

除了 $n = 2$、10、14、22 外，其余都取 $F = 2$，故通常按下式计算圆度误差值 f

$$f = \Delta_{max}/2$$

当 $\Delta_{(120°/60°)} > \Delta_{(2)}$ 时，$n = 2$、10、14、22，应取 $F = 2.38$，圆度误差值 f 为

$$f = \Delta_{(120°/60°)}/2.38$$

若 $\Delta_{(2)} \approx 0$、$\Delta_{(120°/60°)} \approx 0$，则可能 $n = 11$ 或 13，也有可能被测轮廓的圆度误差确实极小。欲区别这两种情况，可应用 3S90° 鉴别。当 (90°) 有较大值时，说明 $n = 11$ 或 13，应取 $F = 2$，故圆度误差值 f 为

$$f = \Delta_{(90°)}/2$$

d) 2 + 3S60°/30° 方案。反映系数 F 的特点见表 4-29。

表 4-29 2 + 3S60°/30° 反映系数 F 的特点

棱数 n	2	3	4	5	6	7	8	9	10	11	12	13	14	15	16	17	18	19	20	21	22
最大反映系数 F	2	2	2	2	2	2	2	2	2	—	2.73	—	2	2	2	2	2	2	2	2	2

除 $n=11$, 13 无反映和 $n=12$ 外，其余棱数的 $F=2$，故圆度误差值 f 通常按下式计算：

$$f = \Delta_{\max}/2$$

当 $\Delta_{(2)} \approx 0$，$\Delta_{(60°/30°)} \approx 0$ 时，可能 $n=11$ 或 13，也有可能被测轮廓的圆度误差值确实极小。欲区别这两种情况，应采用 3S90° 鉴别。若 $\Delta_{(90°)}$ 值较大，说明 $n=11$ 或 13，取 $F=2$，故圆度误差值 f 为

$$f = \Delta_{(90°)}/2$$

⑤ 应用示例。

示例 1：测量一车削加工后轴的圆度误差，被测轮廓的棱数未知，给出的公差值 $t=25\mu m$。选用 $2+3S90°+3S120°$ 方案组合测量。测得的指示表示值的最大差分别为 $\Delta_{(2)}=2\mu m$，$\Delta_{(90°)}=30\mu m$，$\Delta_{(120°)}=27\mu m$。求圆度误差值 f 并判圆度是否合格。

解：由测得值知：$\Delta_{\max}=30\mu m$，按平均反映系数求解，查表 4-24 得平均反映系数 $F_{av}=1.95$，故圆度误差值为

$$f = \Delta_{\max}/F_{av} = (30/1.95)\mu m = 15.38\mu m$$

按测得值的特征分析求解，$\Delta_{(2)}$ 相对于 $\Delta_{(90°)}$ 和 $\Delta_{(120°)}$ 而言，其值甚小，可判断为被测轮廓具有奇数棱；又 $\Delta_{(90°)} \approx \Delta_{(120°)}$，由表 4-26 可知，当棱数 $n=5$ 或 19 时，反映系数 F 都为 2，故可以判断被测轮廓的棱数为 5 或 19，故圆度误差值 f 为

$$f = \Delta_{\max}/F = 30/2 = 15\mu m$$

判断圆度是否合格：

圆度误差值 $f=15.38$（或 15）μm，小于圆度公差值 $t=25\mu m$，故圆度合格。或者按 $\Delta_{\max} \leq F_{av}t$ 判断，$F_{av}t=1.95\times25=48.75\mu m$，因 $\Delta_{\max}=30<48.75$，故被测轮廓的圆度合格。

示例 2：测量一无心磨削工件的圆度，棱数为未知的奇数，且 $3 \leq n \leq 21$，给定的圆度公差 t 为 $4\mu m$。测量方法选用 $3S60°/30°+3S90°$（或 $3S120°/60°+3S90°$）测得值 Δ 为

测量方法	3S60°/30°	3S90°
测得值 Δ	$4.5\mu m$	$5.2\mu m$

解：圆度误差的计算：由表 4-23 可查得非对称安置组合测量反映系数，当 $3 \leq n \leq 21$ 时，$3S60°/30°+3S90°$（或 $3S120°/60°+3S90°$）的平均反映系数为：$F_{av}=2$

故该工件的圆度误差为

$$f = \frac{\Delta_{\max}}{F_{av}} = \frac{5.2}{2} = 2.6\mu m$$

判定：$\Delta_{\max} \begin{cases} \leq tF_{av} & 工件合格 \\ > tF_{av} & 工件不合格 \end{cases}$

$\therefore \quad tF_{av} = 4\times2 = 8\mu m$

$\Delta_{\max} = 5.2\mu m$

∴ 判该工件合格

4）用自制测量装置检验内表面圆度误差。在生产现场很少使用圆度仪，为了提高检测效率和减小测量不确定度，可用图4-99所示的自制检具对孔类零件的圆度误差进行检验。其检验方法如下：

把被测工件置于圆形平板4上并粗找工件与检验棒轴线8保持同轴，再用上下调心装置9、10精确调整检验棒（看指示表），使被测工件在 $a—b$、$c—d$ 面上指示表示值最大差值在 $3\mu m$ 以内。

移动指示表6，在被测内表面几个截面内进行检测，取指示表的最大示值与最小示值之差之半作为被测工件的圆度误差值。

在生产现场，检验轴类和套孔类工件的圆度误差，最常见的方法是两点测量法，也称直径法。检验时，在测量平面内沿多个方向测量直径的变化情况，测出其中最大值和最小值，取其差之半作为被测工件的圆度误差值，通常使用的量具为百分表、内径表、内径千分尺、外径千分尺等。

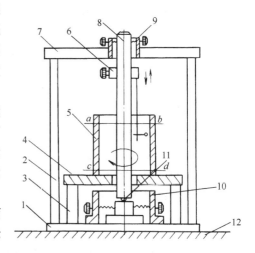

图4-99 用自制检具检验圆度误差
1—底座 2—立柱 3—等高垫铁 4—圆形平板
5—被测工件 6—指示表 7—横梁
8—检验棒轴线 9—调心装置（上） 10—调心装置（下） 11—钢球 12—平台

四、圆柱度误差的检验

测量圆柱度误差的方法有半径测量法、坐标测量法、两点测量法、三点测量法和分解测量法等。这些测量方法是分别按与拟合要素比较原则、测量坐标值原则和测量特征参数原则等拟定的。

1. 圆柱度误差的检测与验证方案（见表4-30）

表4-30 圆柱度误差的检测与验证方案（GB/T 1958—2017）

2. 生产现场检验圆柱度的方法

1）半径测量法。半径测量法是确定被测圆柱面相对于测量基准——同转轴线半径变化量的一种测量方法。它是按与拟合要素比较原则拟定的检测方案。在测量时，以测头相对于被测圆柱面移动的轨迹模拟理想圆柱面。半径变化量为实际圆柱面上的采样点相对于理想圆柱面的偏离量。该法也可看作为在圆柱坐标系中按测量坐标值原则，对被测圆柱面测取采样点的坐标值。

① 测量截面布置。圆柱面是连续的表面，不便于测遍整个表面，只能在被测表面

上进行离散的布点采样。为满足测量和数据处理上的需要，应对被测表面布置测量截面，再沿测量截面与被测表面的交线布置适当数量的采样点。从采样点获得的信息，反映被测表面的特征，并进而评定圆柱度误差。测量截面有以下三种类型。

a）横向截面。横向截面是指垂直于被测圆柱面轴线的截面。图4-100所示为横向测量截面的布置方案。其中，图4-100a为多个测量截面的布置方案，各个测量截面间等间距布置，间距大小随被测圆柱面的长度和测量不确定度要求设定；图4-100b只在接近被测圆柱面的两端各布置一个测量截面。

b）螺旋形截面。按适当大小的螺旋角，对被测圆柱面布置螺旋形测量截面，该截面与圆柱面的截交线为螺旋线，在螺旋线上布点采样。图4-101所示为螺旋形测量截面的布置方案。其中，图4-101a布置了一个螺旋形测量截面；图4-101b布置了两个螺旋形测量截面。

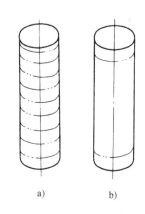

图4-100　横向测量截面的布置方案

c）横向与螺旋形截面相结合。在被测圆柱面上，以螺旋形测量截面为主，并辅以两个横向测量截面，如图4-102所示。其中，图4-102a为单螺旋形测量截面与两个横向测量截面；图4-102b为双螺旋形测量截面与两个横向测量截面。

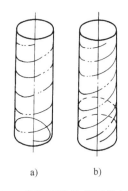

图4-101　螺旋形测量截面的布置方案

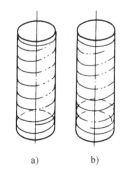

图4-102　横向与螺旋形测量截面相结合

② 测量装置。

a）用圆柱度仪测量。圆柱度仪是用半径测量法测量圆柱度误差的专用仪器。这种仪器由一个精密的回转轴系和一个平行于回转轴线的直线导向件联合构成。这种装置也可看作为一个圆柱坐标测量系统。

b）用圆度仪测量。圆度仪具有精密的回转轴系，转台式圆度仪还具有支承测量架的垂直导轨，测量架可沿导轨上下移动；转轴式圆度仪的主轴也可在一定范围内上下移动。

2）坐标测量法。应用坐标测量法测量圆柱度误差，可采用直角坐标测量系统或圆柱坐标测量系统，测得被测圆柱表面的坐标值后评定圆柱度误差。

① 直角坐标测量法。直角坐标测量法是在三维坐标测量系统中进行测量，如图 4-103 所示。

对被测圆柱面拟定若干等间距横向测量截面，并由坐标 z 确定各测量截面的位置。在各测量截面内拟定一定数量的采样点数，由 $x—x$，$y—y$ 坐标测量系统逐点进行采样，并记录其坐标值 $M_{ij}(x_{ij}, y_{ij}, z_j)$，$i$ 为采样点序号（$i=1, 2, \cdots, n$），j 为测量截面序号（$j=1, 2, \cdots, m$）。

在测量全过程中，被测工件和测头安装一次，以免由于多次安装而带来测量误差。

② 圆柱坐标测量法。在圆柱坐标系内测量圆柱度误差时，需要有一个回转分度装置，如分度头或分度台，还需有一个直线导向刻度装置，如图 4-104 所示。

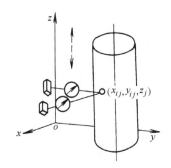

图 4-103　直角坐标测量法

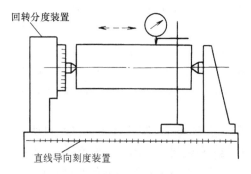

图 4-104　圆柱坐标测量法

用回转分度装置指示被测工件在测量中回转的角度（极角），直线导向刻度装置体现轴线方向和指示测量截面的位置，由指示表指示被测轮廓的径向变化量。

测量时，先对被测圆柱表面拟定若干个等间距横向测量截面，并在各测量截面内拟定一定数量的采样点；然后，在每一测量截面内依次逐点采样，并记录坐标值 $M_{ij}(r_{ij}, \theta_{ij}, z_j)$，$z_j$ 表示测量截面的位置；r_{ij} 为采样点相对于回转中心的向量半径；θ_{ij} 为极角。

根据各截面内测得的采样点圆柱坐标值，就可按需要求得圆柱度误差值。

由坐标测量法测得直角坐标值或圆柱坐标值评定圆柱度误差的方法，可根据最小条件，按不同的评定方法求出被测工件的圆柱度误差值。

3）两点、三点测量法。在圆柱度测量中，两点、三点测量法是根据检测原则 3——测量特征参数原则确定的检测方案。该种检测方案可以综合反映被测圆柱表面在横向截面内的圆度误差、轴向截面内的素线相对于轴线的平行度误差以及素线的直线度误差。

① 两点测量法。圆柱度两点测量法采用 L 形架测量装置，如图 4-105 所示。L 形架的长度应不短于被测圆柱面的长度，其垂直面是为了测量方便而设置，反映被测圆柱表面的形状

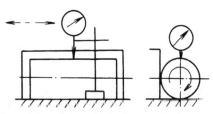

图 4-105　圆柱度的两点测量法

误差,是由水平方向的工作面与指示表来实现的。

测量时,被测工件安放在 L 形架上,并靠紧其垂直面。拟定若干个横向测量截面后,用指示表在横向测量截面内进行测量。在每一个测量截面内进行测量时,被测工件在 L 形架上回转一周,并记录指示表的最大值 $M_{i(\max)}$ 和最小值 $M_{i(\min)}$。当在各测量截面内测量完毕后,在记录下的一系列指示表的最大示值与最小示值中,必有最大者 $M_{\max}$ 与最小者 $M_{\min}$,于是,被测圆柱表面的圆柱度误差值 f 可用式(4-31)计算:

$$f = (M_{\max} - M_{\min})/2 \tag{4-31}$$

即取测量全过程中指示表指示的最大示值与最小示值差之半作为圆柱度误差值。

必须注意,两点测量法只适用于被测圆柱表面具有偶数棱的误差特征,对于奇数棱的被测对象,该法失效。不过,对于素线的平行度误差、直线度误差尚能有所反映。

两点测量法的特点是以直径差来反映被测圆柱面的形状误差。由于横向截面内的圆度误差和轴向截面内的素线平行度误差,都是由被测圆柱表面的半径变化量所形成的,故由测得的最大示值与最小示值差之半作为圆柱度误差值。

② 三点测量法。圆柱度的三点测量法采用 V 形架测量装置,如图 4-106 所示。V 形架的长度应不短于被测圆柱表面的长度。这样,

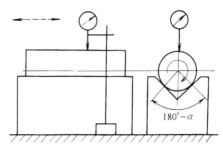

图 4-106 圆柱度的三点测量法

可以综合反映横向截面内的圆度误差和轴向截面内的素线平行度误差。

测量时,通常运用具有不同夹角的两个 V 形架进行组合测量。被测工件由 V 形架支承后,在被测圆柱表面的若干横向截面内进行测量。被测工件回转一周中,记录该横向截面内指示表指示的最大示值 $M_{i(\max)}$ 和最小示值 $M_{i(\min)}$。在各截面内测量完毕后,取 $M_{i(\max)}$ 中的最大值 $M_{\max}$ 和 $M_{i(\min)}$ 中的最小值 $M_{\min}$,则圆柱度误差值 f 由式(4-32)计算:

$$f = (M_{\max} - M_{\min})/2 \tag{4-32}$$

因在两个不同夹角的 V 形架上分别进行测量,故将获得不同的圆柱度误差值 f_1 和 f_2,取两者中数值较大者为被测圆柱表面的圆柱度误差值。

两个 V 形架的夹角 α 分别采用 90°和 120°,并建议应用于被测表面具有奇数棱的圆柱度误差测量。由表 4-31 可知,在 3S90° + 3S120°的组合测量中,对于奇数棱,除了棱数 $n = 9$ 或 15 反映系数 $F = 1$ 外,其余奇数棱的反映系数都是 $F = 2$,故通常取反映数为 2 来计算圆柱度误差值。

在测量前,被测圆柱表面为奇数棱还是偶数棱常常并不知道,对选用两点测量法还是三点测量法也就难于确定。判断被测表面的奇、偶棱数,可在 V 形架上进行。被测工件在 V 形架上回转,于某一横向测量截面内用指示表寻找最高点,再转过 180°,若指示表的示值与在最高点处相同或很接近,则一般为偶数棱;反之,在转过 180°处指示表的示值相对于最高处偏小,则一般为奇数棱。

第四章 几何误差的检验

表 4-31 3S90°+3S120°反映系数 F 的特点

类别	指示表反映情况		被测圆柱表面棱数 n	反映系数 F	
	90°V 形架	120°V 形架		偶数棱	奇 数 棱
1	无	明显	7、15、9、17	—	(7,17)F=2；(15,9)F=1
2	明显	无	6、11、13、18	1	2
3	无	无	圆柱度误差甚小	—	—
4	明显相似	明显相似	4、5、19、20	0.42	2
5	较大	较小	3、8、16、21(11、13)	2.41	2
6	较小	较大	2、10、12、14、22(7、9、17)	1.58	按类别1

如果用夹角 α 为 90°和 120°两个 V 形架进行比较，则可观察指示表示值的反映情况，可按表 4-31 所列判断被测圆柱表面的棱数 n。

两点、三点测量法所用测量设备简单，方法也简便易行，尤其在生产车间进行测量更有实用价值。但该种测量方法受 L 形架和 V 形架功能上的限制，故只适用于测量外表面的圆柱度。

4）分解测量法。分解测量法是按圆柱度误差的构成分别进行测量的方法，即分别测量横向截面内轮廓的圆度误差、轴向截面内的素线对轴线的平行度误差和素线的直线度误差，然后将分项的误差进行叠加，从而获得被测表面的圆柱度误差。

分解测量法包括外表面分解测量法和内表面分解测量法，该法因检验程序烦琐费时，不适应生产现场的节拍。目前，生产现场最常用的检验方法就是用外径千分尺、内径千分尺、内径表及各种由构件和指示表组合的测量装置，这些方法都是以测得被测工件直径尺寸的变化来评定被测工件的圆柱度误差。这些方法虽然不符合理论根据，也很不规范，但它适用，符合生产实际需要。

五、线轮廓度误差的检验

1. 线轮廓度误差的检测与验证方案（见表 4-32）

表 4-32 线轮廓度误差的检测与验证方案（GB/T 1958—2017）

2. 生产现场检验线轮廓度的方法

线轮廓度是表示工件被测实际轮廓线的要素对理想轮廓线相差的程度。

线轮廓度误差：包容实际轮廓线且距离为最小，并与理想轮廓线等距的两包容实际轮廓线间的距离 f。

线轮廓度公差：实际线的轮廓形状所允许的变动全量 t。

轮廓度可以是形状精度，也可以是位置精度。

线轮廓度误差的检验方法有样板检验法、仿形检测法、投影比较法和坐标测量等。

1）样板检验法。样板检验法属于与拟合要素比较原则的一种检测方案。用样板的轮廓体现被测要素的理想轮廓或其轮廓度公差的边界。将实际轮廓与样板轮廓进行比较，按实际轮廓对样板轮廓的偏离量来评定轮廓度误差。

样板检验法可分为对合检验法和叠合检验法。

① 对合检验法。应用对合检验法时，对合样板轮廓的形状与被检验工件轮廓的公差带边界的形状相反。如图4-107所示，被检验工件的轮廓形状呈凸形，而对合样板轮廓则呈凹形。检验时，将对合样板轮廓与被检验工件轮廓对合在一起，根据两轮廓之间的光隙大小来判断轮廓度误差值。

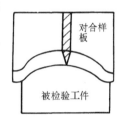

图 4-107 对合检验法

若被测轮廓为单一要素，在进行对合检验时，应尽量使两轮廓间的最大间隙为最小，该最大间隙即为被检验工件轮廓的轮廓度误差值。此法的优点是简单易行，宜于在边加工边检测的生产场合使用；其缺点是凭光隙来评估轮廓度误差，准确性欠佳，尤其当工件表面有局部干涉时，该法往往得出错误的结论。

若被检验工件轮廓为关联要素，在检验时，对合样板轮廓与被检验工件轮廓间需要保持正确的位置关系。例如，检验图4-108a所示凸轮的轮廓度误差，凸轮的理想轮廓由基准 A、B 和 C 定位。这时，可用对合样板来模拟体现理想轮廓和基准，如图4-108b所示。其准 A 由样板的平面体现；基准 B 和 C 分别由轴销和四棱柱销体现。为了能够准确地判断实际被测轮廓是否满足设计精度的要求，特采用极限塞规。因此，轮廓样板改成为理想轮廓的等距轮廓。检验时，将被测工件正确定位在样板上，用极限塞规来判断实际轮廓与样板轮廓之间的距离是否满足设计要求。极限塞规的通端能插入，止端不能插入实际轮廓与样板轮廓构成之槽，则被测轮廓的精度符合设计要求。

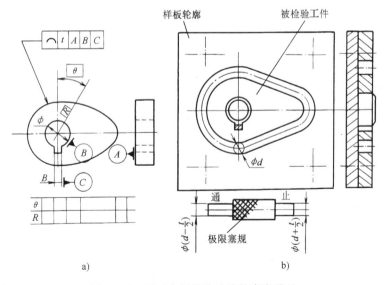

图 4-108 用对合样板检验线轮廓度误差

样板轮廓与理想轮廓之间的法向距离为 $d/2$，即样板轮廓的尺寸为理论正确尺寸 L 与 $d/2$ 之和，d 是极限塞规结构上需要的公称尺寸。极限塞规通端的公称尺寸为 $d - \dfrac{t}{2}$，止端为 $d + \dfrac{t}{2}$，t 是被测要素的轮廓度公差值。

② 叠合检验法。采用叠合检验法时，样板轮廓的形状与被测要素的理想轮廓相同。此种检验法常用于检验关联要素的轮廓度。如图 4-109 所示，用叠合检验法检验图 4-108a 所示的凸轮轮廓，所用样板的轮廓就是被检验凸轮的理想轮廓，基准 A、B 和 C 分别由样板的侧平面、样板上的圆柱形销和四棱柱销模拟体现。

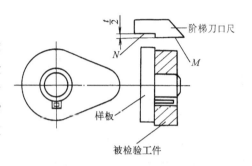

图 4-109　用叠合检验法

检验时，将被检验工件正确定位在样板上，使其实际轮廓与样板轮廓处于相比较的状态。为了能够准确地判断被检验工件轮廓与样板轮廓是否一致，应用特制的阶梯刀口尺进行检验。当被检验工件轮廓的位置低于样板轮廓时，刀口尺的刃口 M 将与被检验工件轮廓贴合，且样板轮廓与刀口尺的另一刃口 N 之间应具有光隙恰巧贴合时，表示被检验工件轮廓的轮廓度合格；若被检验工件轮廓高出于样板轮廓，刀口尺的刃口 M 应与样板轮廓贴合，且被检验工件轮廓与刀口尺的刃口 N 之间应有光隙或恰巧贴合时为合格。

刀口尺的阶梯两刃口间的距离是被检验工件轮廓度公差值之半。

上述的样板检验法，通过检验只能判断被检验工件轮廓是否合格，而不能获得轮廓度的误差值。

2）仿形检测法。根据叠合检验法的原理，当需要获得被检验工件轮廓与样板轮廓进行比较后的轮廓度误差值时，则可采用仿形检测法。

仿形检测法是按与拟合要素比较原则建立的一种检测方案。进行仿形检测，需要应用仿形检测装置，该种装置主要由直线导向可移动工作台、带有仿形测杆和指示表的仿形测量架，以及具有被测要素理想轮廓的仿形样板等组成。

如图 4-110 所示，被测工件和仿形样板以串联的形式，成一直线地放置在直线导向可移动工作台上，并按被测工件轮廓与仿形样板轮廓的对应点调整好两者的相对位置，应使仿形测头与仿形样板轮廓的接触点，以及指示表测头与被测工件轮廓的接触点相互对应。仿形测架可上下运动，检测时移动工

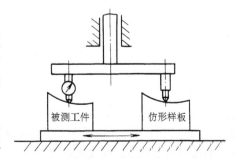

图 4-110　用仿形法检验线轮廓度误差

作台，就可实现被测工件轮廓与仿形样板轮廓逐点比较。当被测工件轮廓存在误差时，由指示表反映出来。根据获得的被测工件轮廓误差信息，再评定其轮廓度误差值。如果只需判断被测工件轮廓的精度是否合格，则可将指示表反映的最大示值与轮廓度公差值之半进行比较，当指示表的最大示值小于轮廓度公差值之半时，可判断轮廓度合格。按轮廓度误差定义，应按轮廓的法向计量误差值，而指示表所反映的示值不是轮廓的法向误差，故按上述方法判断轮廓度合格与否要求较为严格。

进行仿形检测时，仿形测杆与指示表应采用具有相同形状和尺寸的测头。准确调整被测工件与仿形样板间的相对位置关系更为重要，否则将会带来过大的测量误差。

仿形检测法常用于检测非封闭形轮廓，对于封闭形轮廓的检测，此法难于实现。此外，被检测的非封闭形轮廓，其斜率变化不大时，仿形检测法效率较高；当被测轮廓斜率变化较大时，由于测量方向上的原因，指示表所反映的示值与轮廓度的法向误差之间差别很大，如果直接以测量方向上的误差来判断轮廓的精度，将会失之过严。

3）投影比较法。应用投影比较法检测线轮廓度，也是符合检测原则1的一种检测方案。检测时，用两个极限轮廓模拟被测轮廓的公差带，判断被测轮廓的投影能否被两极限轮廓所包容，如图4-111所示。若被测轮廓的投影，全部被两极限轮廓所包容，则表示被测的轮廓度合格。

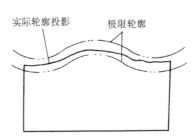

图4-111 用投影比较法检验线轮廓度误差

投影比较法常在投影仪上进行，运用透视光将被测轮廓投影到仪器屏幕上，由实际轮廓投影与两极限轮廓进行比较。极限轮廓间的法向宽度代表轮廓度公差值，其实际宽度是随投影仪所采用的放大倍数而定。

投影比较法受投影仪测量范围的限制，只能检测较小的工件的轮廓，而且是薄型的工件，否则不能获得完整而清晰的轮廓投影，影响合格性的准确判断。该法一般用于单一要素的轮廓度检测，在进行投影比较时，可适当变换极限轮廓的位置，使其处在便于包容实际轮廓投影的位置，如果经过位置调整仍不能包容实际轮廓投影，则说明被测轮廓已超越其公差带而轮廓度不合格。

4）坐标测量法。坐标测量是检测轮廓度的基本方法，有直角坐标测量法和极坐标测量法。直角坐标测量法常用于检测非封闭形轮廓；极坐标测量法通常用于检测封闭形轮廓。应用坐标测量法获得被测轮廓上采样点的坐标值后，据此评定轮廓度误差。

① 线轮廓度误差评定

a）单一要素的线轮廓度误差评定。评定线轮廓度误差时，应用最小包容区域的形状误差评定原则。线轮廓度的最小包容区域是相对于理想轮廓的双向等距区域，由包容实际轮廓且距离为最小的两双向等距线构成，如图4-112所示。最小包容区域的法向宽度f为被测轮廓的线轮廓度误差值。

构成最小包容区域的条件是双向等距区域与实际轮廓接触时，包容区域的一边界线应至少有两点接触,另一边界线应至少有一点接触,而且该三点成相间接触,即边界线上的一个接触点应位于另一边界线的两个接触点之间。

由于单一要素的理想轮廓没有方位上的约束条件限制,故可以浮动(平移或旋转),在评定线轮廓度误差时,应注意这一特点。因此,可以反复调整双向等距包容区域的方位,从而达到最小包容状态,获得最小的线轮廓度误差值。

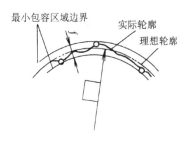

图 4-112 单一要素的线轮廓度误差的评定

b) 关联要素的线轮廓度误差评定。关联要素的线轮廓度的理想轮廓由基准和理论正确尺寸定位。相应地,评定关联要素线轮廓度误差的双向等距区域,相对于基准也有唯一确定的位置。因此,该种包容区域是定位的最小包容区域,如图 4-113 所示。定位最小包容区域的法向宽度 f 为关联要素的线轮廓度误差值。

由于关联要素的理想轮廓有确定的位置,所以只要实际轮廓与双向等距包容区域的两条边界线中的一条有一点接触,该区域的大小就被确定,其法向宽度即为实际轮廓的线轮廓度误差值。

根据理想轮廓具有位置要求的特点,在评定线轮廓度误差时,往往可以将测得的实际值与其理论正确尺寸进行比较,需要注

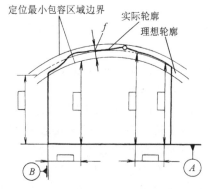

图 4-113 关联要素的线轮廓度误差评定

意,轮廓度公差带及最小包容区域都是沿理想轮廓双向等距分布,实际轮廓相对于理论正确尺寸或理想轮廓的偏离量,是轮廓度误差值 f 之半。当偏离量与轮廓度公差值比较时,应与公差值之半进行比较。

c) 单向配置公差带的线轮廓度误差评定。由于结构或功能上的需要,并联要素的线轮廓度公差带沿理想轮廓单向分布。评定线轮廓度误差的定位最小包容区域相应地也单向分布。这时,构成最小包容区域的一条边界线即为被测要素的理想轮廓。最小包容区域的法向宽度 f 即为线轮廓度的误差值,如图 4-114 所示。

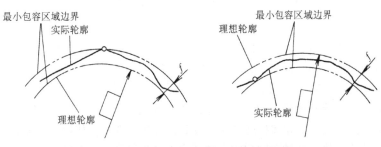

图 4-114 单向配置公差带的线轮廓度误差评定(一)

当封闭形状和关联要素的轮廓度公差带单向分布时，若需要将图样上规定的单向公差带转化为双向公差带，则只需要将给出的理论正确尺寸减去或加上（视给出的公差带分布方向而定）给出的公差值之半，并将所得尺寸作为参考理论正确尺寸。由该尺寸确定的理想轮廓称为过渡轮廓，如图 4-115 所示。于是，定位最小包容区域成为沿过渡轮廓双向分布的形式，其法向宽度 f 即为被测轮廓的线轮廓度误差值。判别轮廓度是否合格，仍可将评定的轮廓度误差值与原来给出的公差值直接进行比较。

图 4-115　单向配置公差带的线轮廓度误差评定（二）

② 直角坐标测量法。用直角坐标测量法测量线轮廓度误差时，需要应用直角坐标测量装置。直角坐标测量法可用于单一要素和关联要素的轮廓度检测。对被测工件轮廓进行坐标采样时，可根据被测工件轮廓的结构特点选用非接触式瞄准采样或接触式采样。

a. 非接触式瞄准采样。

a）检测单一要素线轮廓度误差。对于小型的平面形工件，可在万能工具显微镜上进行非接触式瞄准采样。如图 4-116 所示，检测圆弧的线轮廓度时，将被测工件直接放置在仪器的透明玻璃工作台上，运用透射光获得被测轮廓的影像，对该影像进行非接触瞄准（见图 4-116）逐点进行采样，测取各采样点的坐标值 $M_i(x_i, y_i)$，$i=1,2,\cdots,n$。根据测得的坐标值评定轮廓度误差。

评定时，如果确定了各采样点相对于同一参考点（圆弧的圆心）的实际曲率半径 R_i，则各采样点相对于理想轮廓的径向偏离量 ΔR_i 为

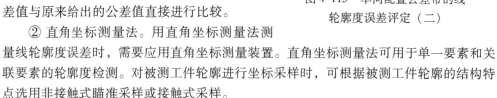

图 4-116　检测单一要素的线轮廓度误差

$$\Delta R_i = R_i - \boxed{R} \tag{4-33}$$

式中　$\boxed{R}$——圆弧半径的理论正确尺寸。

设圆弧的圆心坐标为 $C(x_C, y_C)$，测各采样点的曲率半径 R_i 为

$$R_i = \sqrt{(x_i - x_C)^2 + (y_i - y_C)^2}$$

圆弧的圆心 C 即参考点，可由被测轮廓上的首、末及其中点三个采样点来确定。由三点的坐标值求圆心的坐标（用解析几何学的方法）。

由径向偏离量 ΔR_i 求线轮廓度误差值 f，可按下述进行。

在 ΔR_i 中找出绝对值最大的两点（最凸出点和最凹入点），并在它们两侧找出绝对值为次大值点点；按三点相间接触条件对 ΔR_i 进行坐标变换，使初步拟定的接触于同一最小包容区域边界线上的最大值与次大值两点的 ΔR 相等，其余的 ΔR 按比例增减，再

判断是否符合三点相间接触条件。若符合，则线轮廓度误值 f 为
$$f = \Delta R_{\max} - \Delta R_{\min}$$

若不符合，则重复上述步骤，直至满足三点相间接触条件为止。

上述求解方法，如果采样点数不多，人工计算也较方便；若采样点数多，则计算工作量较大，宜用电子计算机运算。

b) 检测关联要素线轮廓度误差。关联要素的线轮廓度误差，也可在万能工具显微镜上采用非接触瞄准采样。例如，检测图 4-117 所示的线轮廓度，被测工件的理想轮廓由相对于基准 A 和基准 B 的理论正确尺寸给出。检测时，将被测工件放置在仪器工作台上，并调整其位置，使基准 A 和基准 B 的影像与直角坐标测量系统的运动方向一致（见图 4-117），瞄准轮廓的影像，按图样上标注出的各理论正确尺寸 x_i 定位，逐一测量各点的纵坐标 y_i，即被测轮廓上各采样点实际位置的坐标值为 $M_i(x_i, y_i)$。

b. 接触式瞄准采样。检测线轮廓度误差可在万能工具显微镜上用光学灵敏杠杆进行接触瞄准采样，也可在三坐标测量机上进行接触瞄准采样。接触采样与非接

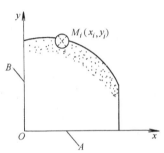

图 4-117 检测关联要素的线轮廓度误差

触瞄准采样，从测量原理来说是相同的，只是对采样点的瞄准手段不同而已。一般地说，接触式瞄准采样检测轮廓度应用更为广泛。

③ 极坐标测量法。对于封闭形轮廓平面曲线的轮廓度误差，常用极坐标测量法检测。

用极坐标法检测线轮廓度误差时，需要有分度检测装置，如分度头、分度台等，还需要反映向量半径的线值测量装置。在万能工具显微镜、三坐标测量机上都能进行极坐标测量，也有专用仪器进行极坐标测量，如用凸轮检查仪检测凸轮的轮廓度误差。在生产现场，被测的凸轮和有曲线、有线轮廓度要求的工件，都送到计量室进行检测。

六、面轮廓度误差的检验

1. 面轮廓度误差的检测与验证方案（见表 4-33）

表 4-33 面轮廓度误差的检测与验证方案（GB/T 1958—2017）

2. 生产现场检验面轮廓度的方法

面轮廓度是表示工件实际轮廓面要素对于理想轮廓面相差的程度。

面轮廓度误差：包容实际轮廓面且距离为最小，并与理想轮廓面等距的两包容面间的距离 f。

面轮廓度公差：实际面的轮廓所允许的变动全量 t。

1) 截形检测法。

① 截形样板检验法。截形检测法是按测量特征参数原则拟定的检测方案，有截形样板检验法、投影比较法和光学跟踪比较法等。其中，截形样板检验法是常用的面轮廓度检测方法。

截形样板检验法是由样板轮廓与面轮廓的截形用对合法进行比较，如图 4-118

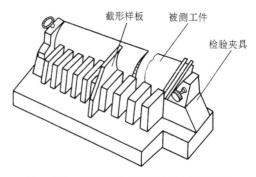

图 4-118　用截形样板检验面轮廓度误差

所示。在被测面轮廓的不同位置截面内，其截面轮廓的形状各有不同，因此需要根据截面所在位置截形的理想轮廓，制作成组的截形样板，对号进行检验。为了保证检验位置的准确性，通常还需要制作定位检验夹具，便于用截形样板按序对号进行对合检验。

在检验时，根据样板轮廓与被检验截面轮廓间光隙的大小，判断截形的轮廓度是否符合要求。这种检验方法常用于面轮廓加工过程中的检测。

② 投影比较法。对于面轮廓，无法用透射光投影，只能采用截面反射投影法，如图 4-119 所示。由仪器发出的一束光线将被测面轮廓的某一截面照亮，形成光束截形，经过反射，将光束截形投射到仪器的屏幕上。在屏幕上附有按截形轮廓度公差带放大的极限轮廓。将光束截形与极限轮廓进行比较，只要极限轮廓能够全部包容光束截形，表示被检测截形的轮廓度已经满足设计要求。

受投影仪功能的限制，投影比较法常用于检测比较小型工件的面轮廓度。

③ 光学跟踪比较法。光学跟踪比较法是用测头的移动轨迹模拟被测的截面轮廓形状，并与被测截形的理想轮廓进行比较，在比较过程中判别被测截面轮廓是否符合设计要求。

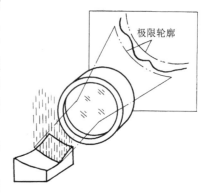

图 4-119　用投影比较法检验面轮廓度误差

图 4-120 所示为光学跟踪比较法的工作原理。将被测截面内的理想轮廓绘在可上下、左右平移的透明玻璃平板上，经过仪器的光学放大系统，可把理想轮廓投影到仪器的屏幕上。仪器的测头与绘有理想轮廓的玻璃平板连为一体。检测时，被测工件放置在仪器的工作台上固定。仪器的测头与被测表面接触并在测量截面内移动，这时与测头连在一起的玻璃平板随着测头的移动做仿形移动，屏幕上的截形理想轮廓投影也做相应平移运动。

检测过程是测头沿被测截面轮廓移动来反映该截面轮廓的实际形状。由于在屏幕上的理想轮廓投影在检测过程中做平移运动，根据测头与被测轮廓的相对关系，在屏幕上可以将测头模拟出来。通常所用测头为球形，则在屏幕上可用按比较放大的一个圆模拟测头形状。在检测过程中，屏幕上出现的情况是模拟测头位置固定不动，截形的理想轮廓投影平移，相当于检测中测头在被测表面的截面内移动。两者的运动情况相反，但从两者的相对运动关系来说却是相同的。

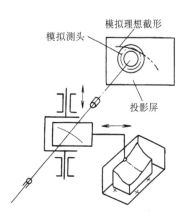

检测过程中，仪器测头与实际的截形轮廓始终保持接触，如果实际的截形轮廓是一理想轮廓，与屏幕上的理想轮廓投影相一致，则该轮廓投影应与屏幕上的模拟测头始终保持相切，只是切点位置不同。当被测的实际截形轮廓存在误差时，由测头传至屏幕上理

图 4-120　光学跟踪比较法的工作原理

想轮廓投影的平移，使理想轮廓的投影偏离模拟测头而不能保持相切的状态，出现有时分离有时切入的现象。按被测轮廓的公差带来限制这种分离与切入的程度，相当于限制被测截形的轮廓度误差。因此，只要在屏幕上作出与模拟测头同心的两个同心圆，该两同心圆的半径差为按比例放大后的被测轮廓度的公差值。两同心圆间的区域即为截形理想轮廓投影允许分离与切入的范围。这样在检测过程中，仪器测头在被测截面内移动，只需观察屏幕上理想轮廓的投影是否超越两同心圆构成的区域，即可判断被测截形的轮廓度是否合格。若检测过程中始终未出现截形理想轮廓超越两同心圆区域的现象，则表示轮廓度符合设计要求。

光学跟踪比较法与前述的截形样板检验法和投影比较法相比，有检验方便、反映准确、检测效率较高等优点，不过需要专门制造光学跟踪投影测量仪。

2）仿形检测法。面轮廓度误差的仿形检测法与线轮廓度的仿形检测法类似，前者是在三维空间进行检测，而后者是在二维平面内检测。图 4-121 所示为仿形检测法的工作原理。

检测面轮廓度误差的仿形检测装置由两大部分组成，其一为具有上下运动功能的仿形测量架，在上面安装仿形测杆和指示表；其二为具有横向和纵向移动功能的载物工作台。检测时，被测工件和仿形样板一起放置在载物工作台上，并保持仿形头与指示表测头间相对应的位置关系，即仿形测头与仿形样板的接触点是指示表测头与被测轮廓的接触点互为对应点

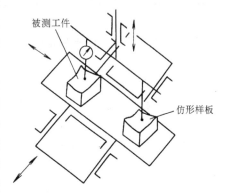

图 4-121　仿形检测法的工作原理

的关系。对被测轮廓可适当布量测量截面和采样点，只要移动载物工作台，就可以对各采样点逐一进行采样。指示表所反映的示值是被测轮廓相对其理想轮廓沿测量方向的偏

离量。如果最大偏离量的两倍小于轮廓度的公差值，则被测面轮廓度就可判为合格。若需要按轮廓度误差的定义评定其误差值时，则需将沿测量方向的偏离量转化为法向偏离量，其转化方法可参照前述线轮廓度误差坐标测量法中的法向偏离量求法。由法向偏离量按定义评定面轮廓度误差。

在应用仿形检测法时，需要注意仿形测头与指示表测头应具有相同的形状和尺寸。

3）坐标测量法。坐标测量法是需要获得面轮廓度误差值的基本检测方法。在三维坐标测量系统中对被测轮廓进行检测，获得各采样点的坐标值后，可以求得面轮廓度误差值。

① 面轮廓度误差评定。平面是曲面的一种特殊形式。若一张面在两个方向上的切向矢量处处相等，则该面就是一张平面。因此，对于单一要素，可仿照平面度误差评定其面轮廓度误差；对于关联要素的面轮廓度，则可仿照平面要素的位置度误差来评定其面轮廓度误差。

a）单一要素面轮廓度误差评定。单一要素的面轮廓度误差应按最小条件用最小包容区域来评定。

面轮廓度的最小包容区域是相对于理想轮廓成双向等距分布的区域，该区域由包容实际被测轮廓面且距离为最小的两双向等距曲面构成，其法向宽度（距离）f为面轮廓度的误差值，如图4-122所示。

构成最小包容区域的条件是双向等距区域的两边界曲面与实际轮廓面至少有四点接触。接触形式有两种，其一为实际轮廓面与某一边界曲面有三点接触，与另一边界曲面有一点接触，且该接触点的投影能落在由三个接触点连成的三角形内；其二为实际轮廓面与两边界曲面各有两点接触，且由两点连成的两条直线的投影相互交叉。

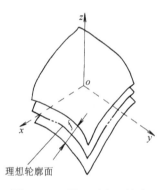

图4-122　单一要素面轮廓度误差评定

单一要素面轮廓度的理想轮廓没有方位上的约束，故可作平移或旋转，使包容区域达到上述两种接触形式之一，即获得最小包容区域，从而获得面轮廓度误差值。

b）关联要素面轮廓度误差评定。评定关联要素面轮廓度误差时，因其理想轮廓面由理论正确尺寸和基准定位，故相应地双向等距的定位最小包容区域相对于基准有唯一的确定位置。于是，定位最小包容区域的两边界曲面只需与实际轮廓面有一点接触于某一边界曲面，就已具备了定位最小包容区域的构成条件，其法向宽度f为面轮廓度误差值。

例如，图4-123a所示的回转曲面，其理想轮廓面的位置由理论正确尺寸 $\boxed{Z}$ 和基准A、B确定。回转曲面的轴线垂直于基准平面A，且与直径为ϕD孔的轴线同轴。相应地，定位最小包容区域由沿理想回转轮廓面进行等距双向分布的两同轴回转曲面构成，只要其中有一回转曲面与实际面轮廓有一点接触（见图4-123），则两双向等距回转曲面间的法向距离f即为被测回转面的轮廓度误差值。

② 关联要素面轮廓度误差检测。

a) 理想轮廓由理论正确尺寸给出。面轮廓度误差需要在三维坐标测量系统中进行检测。图4-124所示为对实际轮廓面用坐标测量法进行采样示意。设被测轮廓面上各采样点的位置由理论正确尺寸 X、Y 和 Z 列表给出。检测时，由坐标测量装置按理论正确尺寸 X 和 Y 确定采样的位置，然后沿坐标轴 z 的方向测取坐标值 z。如前所述，由于实际被测轮廓面与其理想轮廓面不一致，当采用球形测头进行接触式采样时，相对理论正确尺寸 X 和 Y，测头与实际轮廓面将提前或滞后接触，即接触点位置与理论采样的位置有所不同。

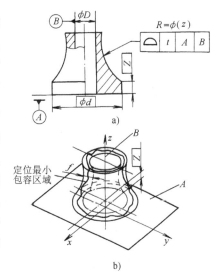

图4-123 旋转面的面轮廓度误差值

设对实际轮廓面上某采样点 P_{ij} 进行坐标测量，球形测头中心点位置的坐标为 $(x_{ij}、y_{ij}、z_{ij})$，其理论采样点的坐标为 $(x_{ij}、y_{ij}、z_{ij})$，则实际采样点相对于理论采样点的偏离量 ΔP_{ij} 按式 (4-34) 计算：

$$\Delta P_{ij} = \sqrt{(x_{ij} - X_{ij})^2 + (y_{ij} - Y_{ij})^2 + (z_{ij} - Z_{ij})^2} - r \qquad (4-34)$$

式中 i——沿 x 方向采样点序号（$i = 1, 2, \cdots, n$）；

j——沿 r 方向采样点序号（$j = 1, 2, \cdots, m$）；

r——球形测头半径。

在 ΔP_{ij} 中取绝对值最大者 $\Delta P_{\max}$，该采样点即是与定位最小包容区的一边界曲面相接触之点，故实际被测轮廓面的轮廓度误差值 f 为

$$f = 2\Delta P_{ij\max} \qquad (4-35)$$

b) 理想轮廓由函数式给出。图4-123a 所示的回转曲面轮廓度，其回转面是由一条曲线 $R = \phi(z)$ 为母线围绕轴线旋转所形成的轨迹。检测该回转曲面的面轮廓度时，建立一个三维坐标系，过回转轴线和测头中心点，可以确定一个射平面，该平面与回转曲面的交线，即是形成回转曲面的母线 $R = \phi(z)$，如图4-125所示。

设测头中心点坐标 $P_{ij}(x_{ij}, y_{ij}, z_{ij})$，将其改写成：$P_{ij}(z_{ij}, R_{ij})$，$R_{ij} = \sqrt{x_{ij}^2 + y_{ij}^2}$。于是，采样点相对于理想轮廓面的径向偏离量 ΔR_{ij} 用式 (4-36) 求得：

$$\Delta R_{ij} = R_{ij} - R - r\sec\alpha \qquad (4-36)$$

式中 R_{ij}——在某一采样点处测头中心至回转轴线的距离；

R——理想回转曲面在横向测量截面内的半径；

r——球形测头半径；

α——在 $\phi(z)$ 上采样点处的倾斜角。

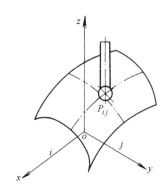
图 4-124 用坐标测量法进行采样示意

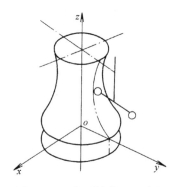
图 4-125 在回转曲面上采点

求倾斜角 α，可对 $\phi(z)$ 求一阶导数 $\phi'(z)$，因 $\phi'(z) = \tan\alpha$，故有

$$\alpha = \arctan\phi'(z)$$

实际采样点相对于理想轮廓面的法向偏离量 ΔR_n 为

$$\Delta R_n = \Delta R_{ij}\cos\alpha = (R_{ij} - R)\cos\alpha - r$$

按上述方法将被测轮廓面简化为平面轮廓线，在拟定的射平面内逐一检测，经过计算求得各采样点的法向偏离量 ΔR_n，其中必有最大值 $\Delta R_{n(\max)}$。按定位最小包容区域要求，被测轮廓面的面轮廓度误差值 f 为最大法向偏离量的两倍，即

$$f = 2\Delta R_{n(\max)}$$

③ 单一要素面轮廓度误差检测。图 4-126 所示为检测一局部球面的面轮廓度误差示意。根据球面的几何特性，对被测轮廓面给出了用理论正确尺寸表示的理想球面半径 $\boxed{SR}$。检测时，建立一空间直角坐标系，并对被测轮廓面用三维坐标测量装置布点采样。设测得各采样点 P_{ij} 的坐标值为 $(x_{ij}、y_{ij}、z_{ij})$，i 与 j 分别为沿 x 与 y 坐标轴方向的采样点序号，其中 $i = 1, 2, \cdots, n$；$j = 1, 2, \cdots, m$。

令被测要素的理想轮廓面的球心坐标为 $C(x_C, y_C, z_C)$。所采用的球形测头半径为 r。于是，各采样点至球心 C 的距离 R_{ij} 可用下式计算：

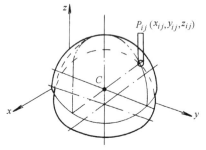
图 4-126 检测一局部球面的面轮廓度误差示意

$$R_{ij} = \sqrt{(x_{ij} - x_C)^2 + (y_{ij} - y_C)^2 + (z_{ij} - z_C)^2} - r$$

若被测轮廓面属单一要素，在评定面轮廓度误差时，允许其理想轮廓面浮动。因此，在检测时可对球心 C 先行设定。例如，可分别取平行于 $x-z$、$y-z$ 坐标平面且过轴线的截平面内某一对轮廓上对应点的中点为 x_C 和 y_C，如对应点为 x_A，x_B；y'_A，y'_B，则中点为 $x_C = \frac{1}{2}(x_A + x_B)$；$y_C = \frac{1}{2}(y'_A + y'_B)$。再取距离被测轮廓顶点为理论正确尺寸 $\boxed{SR}$ 的 z 轴方向坐标值 z_C，设顶点沿 z 轴方向的坐标为 z_S，则 $z_C = z_S - \boxed{SR}$。

如果将坐标系的原点移至设定的球心 $C(x_C, y_C, z_C)$，即 $x_C = y_C = z_C = 0$，则各采样点至该球心的距离 R_{ij} 为

$$R_{ij} = \sqrt{x_{ij}^2 + y_{ij}^2 + z_{ij}^2} - r$$

被测轮廓面上各采样点对理想轮廓面的法向偏离量 ΔR_{ij} 为

$$\Delta R_{ij} = R_{ij} - \boxed{SR}$$

由各采样点的偏离量 ΔR_{ij} 求面轮廓度误差值 f，可按下列步骤进行：

a. 适当改变理想轮廓面的方位，使 ΔR_{ij} 中的最大值及次大值（最小值及次小值）相等，其余的 ΔR 值按比例相应改变。

b. 在经过变换后的 $\Delta R'_{ij}$ 中求出最大值与最小值之差 f_1，即

$$f_1 = \Delta R'_{\max} - \Delta R'_{\min}$$

c. 将理想轮廓面的方位再次进行适当改变，使 $\Delta R'_{ij}$ 中的次大值（或次小值）与最大值（或最小值）相等，其余的 $\Delta R'$ 也按比例进行相应改变，则有 $\Delta R''_{ij}$。在 $\Delta R''_{ij}$ 中求出最大值与最小值之差 f_2，即 $f_2 = \Delta R''_{\max} - \Delta R''_{\min}$。

d. 比较 f_1 与 f_2，若 $f_2 < f_1$，并且符合最小包容区域的构成条件，则 f_2 即为所求的面轮廓误差值 f。若 $f_2 > f_1$，则可改用最小包容区域构成条件，对理想轮廓面的方位再进行适当改变，使 $\Delta R''_{ij}$ 中的最大值与次大值相等，最小值与次小值相等，若已符合构成最小包容区域的条件，则最大值与最小值之差即为所求的面轮廓度误差值 f。

综上所述，通过不断改变理想轮廓面的方位，从而获得面轮廓度误差值的方法，与按最小包容区域评定平面度误差的方法类似。

七、平行度误差的检验

1. 平行度误差的检测与验证方案（见表 4-34）

表 4-34　平行度误差的检测与验证方案（GB/T 1958—2017）

2. 生产现场检验平行度的方法及示例

检验平行度误差的方法主要有直接比较法、坐标测量法、水平基准法、光轴基准法、尺寸差法、干涉法和量规检验法等。根据被测对象的几何特征、结构特点、精度要求等因素，应选用适宜的检测方法。

生产现场平行度误差检验示例

1）如图 4-127 所示，把被测工件置于正弦尺上，并调整基准面 A 与平台平行（使被测工件的 α 角与正弦规的 α 角相等）。检测被测面，取指示表的最大与最小示值之差，就是该被测工件的平行度误差值。

2）如图 4-128 所示，Ⅰ、Ⅱ检棒是被测轴线的模拟体现。如果依Ⅰ轴为测量基准，检测时，把 L 形平板检具置于Ⅰ、Ⅱ检棒之上，如果Ⅰ、Ⅱ轴线在 y 方向上平行，则检

具的基准面与Ⅰ、Ⅱ轴线检棒相接触（切点）在 L 长度内无间隙；如果有一处有间隙，则Ⅰ、Ⅱ两轴线不平行，这时可以用塞尺检测平行度的实测误差数据。

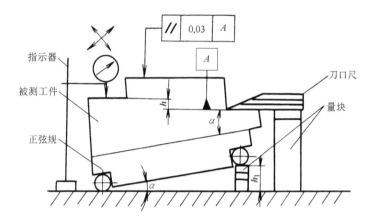

图 4-127　用万能法检验平行度误差

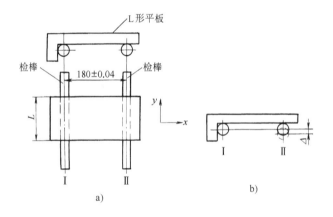

图 4-128　用检棒检验平行度误差

八、垂直度误差的检验

垂直度是指工件上的被测要素（面或线）相对基准要素（面或线）不垂直的程度。垂直度根据产品的结构和功能要求，分为面对面垂直度、面对线垂直度、线对面垂直度和线对线垂直度 4 种情况。

垂直度误差：包容被测实际要素（表面、直线或轴线）并垂直于基准要素（平面、直线或轴线），且距离为最小两平行平面之间的距离 f。

任意方向上，线对面垂直度误差为包容被测轴线并垂直于基准平面，且直径为最小的圆柱面的直径 ϕf。

垂直度公差：实际要素（表面、直线或轴线）相对于基准要素（平面、直线或轴线）在垂直方向上所允许的变动全量 t。

1. 垂直度误差的检测与验证方案（见表4-35）

表 4-35　垂直度误差的检测与验证方案（GB/T 1958—2017）

2. 生产现场检验垂直度的方法及示例

检验垂直度误差的方法有直接比较法、坐标测量法、水平基准法、光轴基准法和量规检验法等。在垂直度检验中，常常将被测要素相对于基准的垂直方向关系，经过直角转换，使被测要素平行于测量基准。

生产现场垂直度误差检验示例。

示例 1：图 4-129 所示为一刀架体燕尾导轨对 A 面的垂直度误差的检测示例。检测时，用千斤顶把被测工件的 K 面和 A 面分别调整到垂直于平台（用塞尺检验），然后把检棒放入上燕尾导轨中，在 L_2 长度的 M_1、M_2 两处检测得示值 M_1 和 M_2，则被测工件的垂直度误差值为

$$f = \frac{L_1}{L_2} | M_1 - M_2 | \tag{4-37}$$

式中　L_1——被测燕尾导轨的长度。

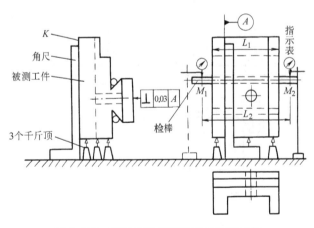

图 4-129　燕尾导轨垂直度误差检测示例

示例 2：上例被测工件的垂直度也可用专用检具检测，如图 4-130 所示。检测时，将被测工件放置在专用检具上（检具的 C 面与 B 面必须保证良好的垂直度要求），使被测工件 A 面（基准面）与检具的 C 面靠紧（用塞尺检查），然后按图 4-130 中所示，指示表沿检棒在 L_2 长度内测得两处 M_1 和 M_2 示值，则被测工件的垂直度误差值为

$$f = \frac{L_1}{L_2} | M_1 - M_2 |$$

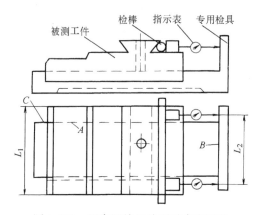

图 4-130 用专用检具检测垂直度误差

示例 3：特制专用直角检具检测示例。如图 4-131 所示，将特制专用 90°角尺放在被测工件的 A 面上（回字形平面）。在给定长度内，90°角尺与被测面 D 相靠，用塞尺检测，在被测 D 面 L 长度内，取其最大值（最大塞尺塞入量），即为被测工件的垂直度误差值。

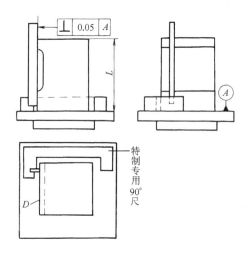

图 4-131 用特制专用直角检具检测垂直度误差

示例 4：图 4-132 所示为一刀架体孔轴线对燕尾平面的垂直度误差检测示例。检测时，将桥式专用检具 3 放置在两燕尾平面上，再把检棒 1 放入被测孔内（保持无间隙不松动），用 90°角尺靠贴检棒，在任意方向检验，取其最大塞尺塞入量，则被测工件的垂直度误差值为

$$f = \frac{L_1}{L_2} Q \quad (4\text{-}38)$$

式中　Q——最大塞尺塞入量。

第四章 几何误差的检验

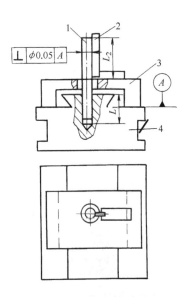

图 4-132 轴线对平面的垂直度误差检测示例
1—检棒 2—直角尺 3—专用检具 4—被测工件

示例 5：图 4-133 所示为一箱体孔 K 孔轴线对基准孔中心轴线的垂直度误差检测示例。检测时，将检套、检棒、专用检具分别装入 K 轴和 A 轴各孔内（见图示），把专用检具 H 面与 A 轴检具相靠，如果有一端在给定长度内（L_2 即检具宽度）有间隙，可用塞尺检测（图中 P 向视图），测得最大的塞尺量值 Q，则该箱体垂直度误差值为

$$f = \frac{L_1}{L_2} Q \tag{4-39}$$

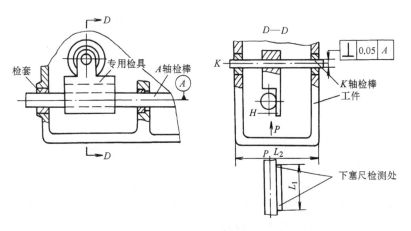

图 4-133 轴线与轴线的垂直度误差检测示例

九、倾斜度误差的检验

倾斜度误差的检测与验证方案见表4-36。

表4-36　倾斜度误差的检测与验证方案（GB/T 1958—2017）

十、同轴度误差的检验

1. 同轴度误差的检测与验证方案（见表4-37）
2. 生产现场同轴度误差检验示例

用偏摆仪检测锥柄同轴度

表4-37　同轴度误差的检测与验证方案（GB/T 1958—2017）

示例1：如图4-134所示，将被测箱体立于平台之上，用4个等高垫铁支承，并安装上下孔专用检套、检棒、钢球、表夹、指示表等（见图4-134b）。

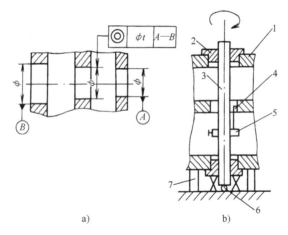

图4-134　检验同轴度误差示例1
a）箱体　b）检测原理
1—箱体　2—上下专用检套　3—检棒　4—指示表　5—表夹　6—钢球　7—4个等高垫铁

转动检棒，检测中间被测孔内表面（各处均可），取指示表最大示值差，即为该箱体被测孔的同轴度误差值。

示例2：如图4-135所示，检测时，把箱体置于平台的4个等高垫铁之上，并把上下调心检测装置调整好。用指示表置于上孔A和下孔B中的内表面处进行调整检测，使检棒与上下孔同轴度在0.003mm以内。

这时，检测中间孔，转动检验棒，指示表最大示值差值，即为被测箱体的中间孔的同轴度误差值。

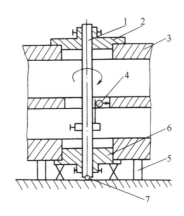

图 4-135　检验同轴度误差示例 2
1—检棒　2、6—调心检测装置　3—被测箱体　4—指示表
5—4 个等高垫铁　7—钢球

十一、对称度误差的检验

对称度误差的检测与验证方案见表 4-38。

表 4-38　对称度误差的检测与验证方案（GB/T 1958—2017）

十二、位置度误差的检验

位置度误差的检测与验证方案见表 4-39。

表 4-39　位置度误差的检测与验证方案（GB/T 1958—2017）

十三、圆跳动的检验

1. 圆跳动的检测与验证方案（见表 4-40）

表 4-40　圆跳动的检测与验证方案（GB/T 1958—2017）

2. 生产现场圆跳动检验的方法

圆跳动有径向圆跳动、端面（轴向）圆跳动和斜向圆跳动三种。检测径向圆跳动时，指示表的给定方向与基准轴线垂直，在垂直于基准轴线的被测要素的横向截面内沿径向测量；检测端面（轴向）圆跳动时，指示表的给定方向与基准轴线平行，在被测要素的圆柱形截面内沿轴向测量；检测斜向圆跳动时，指示表的给定方向除圆样上有特殊规定外均为被测面素线的法线方向，在被测件的圆锥形截面内沿素线方向测量。在被测件回转一周中，指示表示值的最大与最小值之差即为测得的某一截面内的圆跳动值。

为了能比较客观地评定被测表面的圆跳动，除有特殊规定外，通常应在同一被测表面的若干个测量截面内测量。取所测得的各截面圆跳动中的最大者为该被测表面的圆跳动值。

测量圆跳动时，需要使被测实际要素绕其基准轴线做无轴向移动回转。根据基准轴线的体现方法和圆跳动的测量方法可以分为顶尖法、V形架法、套筒法、基准找正法和基准分析法。

1）顶尖法。用顶尖法检测圆跳动，特别适合于设计图样上指定以工件上两顶尖孔的公共轴线为基准轴线的场合，其支承方式如图4-136a所示。对带孔的盘套类工件，当能以标准心轴的两顶尖孔的公共轴线来模拟被测工件的基准轴线时，也可用顶尖法检测其圆跳动，其支承方式如图4-136b所示。对设计图样上规定以一个轴颈的轴线或两个轴颈的公共轴线为基准轴线的跳动公差，若以两顶尖连线来模拟基准轴线，其模拟基准轴线能够满足测量不确定度要求时，也可以用顶尖法来检测。如果模拟基准轴线达不到测量不确定度要求，则仍可以顶尖法支承，通过对基准实际要素及被测要素的测量，采用基准分析法确定圆跳动值。

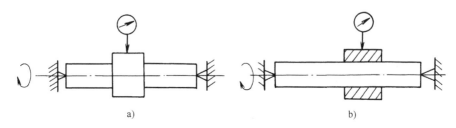

图4-136　用顶尖法检测圆跳动

用顶尖法检测圆跳动时，当两顶尖的同轴度控制得当，两顶尖的圆度又较高时，其轴线的径向及轴向回转精度均可达到很高的精度，故用顶尖法可以测量高精度的圆跳动。又由于顶尖法测量简便（工厂常用检具），可以选用的测试仪器种类较多，如各式偏摆仪、光学分度头和万能测量显微镜等，因此这种方法应用很广。

2）V形架法。用V形架法检测圆跳动，其支承方式如图4-137a所示。将被测工件的两基准要素（圆柱面）放在两等高的V形架内，并对工件做轴向定位。

V形架法检测跳动测量简便，但应用这种方法的关键问题是模拟基准轴线是否很好地体现了跳动的基准轴线。V形架法的模拟基准轴线由于受到基准要素圆柱度误差、两轴颈同轴度误差、V形架角度及指示表安置方法的综合影响，其作为模拟基准轴线的回转轴线存在径向及角运动误差，这将影响跳动的检测不确定度。为了减少这些不确定度，可以将V形架支承部位做成刃口形，如图4-137b所示。这样可以将轴颈圆柱度误差和同轴度误差的影响减小为只有支承部位两截面圆度误差的影响，而这一圆度误差对回转轴线回转精度的影响，还与V形架角度 α 以及指示表安置方向与V型架对称中心面的夹角 β 有关。根据分析，当选用 $\alpha=90°$、$\beta=45°$；$\alpha=120°$、$\beta=0°$ 或 $\alpha=60°$、$\beta=30°$ 时，其检测方向上回转轴线径向回转误差的极限值均等于支承截面的圆度误差值。这样的结果虽不理想，但对于这种方法，已实难避免，而且与其他检测方案相比，其支承截面圆度误差对回转轴线径向回转精度的影响还是较小的。

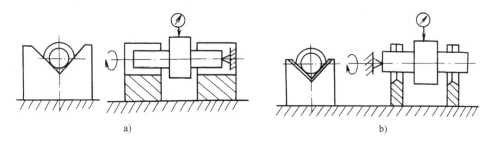

图4-137 用V形架法检测圆跳动

用V形架法检测圆跳动，应对被测工件做可靠的轴向定位。通常采用轴端定位法或轴肩定位法。

采用轴端定位，当被测工件有顶尖孔时，可在顶尖孔内放一较高精度的钢球，如图4-138a所示。钢球与固定挡板接触定位，触点恰好处于被测工件的轴线上，这种定位方式的定位精度较高。当被测工件轴端为平面时，可用圆头销顶在被测工件的轴线处定位，如图4-138b所示。当轴端为大孔时，可用大于轴端面的挡板进行轴向定位，如图4-138c所示。此时该挡板与被测工件轴端接触的工作面应有较高的平面度，需要调整挡板使其工作面垂直于被测工件的回转轴线。

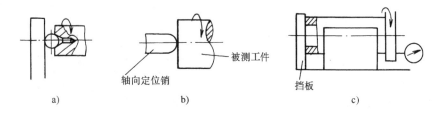

图4-138 采用轴端定位检测端面跳动

采用轴肩定位，如图4-139所示，轴向定位销与被测工件轴肩接触于 A 处，由于被测端面存在端面跳动，当被测工件旋转180°后，指示表所反映的最大差为该圆柱截面处端面跳动 f 的两倍。这是由于这种定位方式的模拟基准轴线的轴向回转误差恒等于定位接触处圆柱截面内的端面跳动。显然这种轴肩定位法的轴向定位误差是比较大的。采用这种方法时，应分析其轴向定位误差是否在圆跳动测量不确定度许可的范围内，若在该范围内可以采用,若轴向定位误差超过了测量不确定度所许可的范围,则应改选其他轴向定位方法。

3)套筒法。套筒法检测圆跳动,其支承方式如图 4-140 所示。将被测工件的两基准要素（圆柱面）放在两同轴的圆柱套筒内,并对工件做轴向定位。

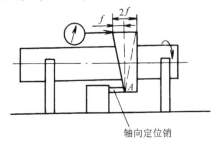

图 4-139　采用轴肩定位检测端面跳动

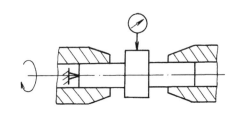

图 4-140　套筒法检验圆跳动的支承方式

当工件基准轴线为单一基准时,套筒法的模拟基准轴线用与单个基准轴颈最小外接的圆柱套筒轴线模拟,如图 4-141a 所示。基准轴线为两轴颈的公共轴线时,用包容两基准轴颈的两同轴最小外接圆柱套筒轴线模拟,如图 4-141b 所示。测量时所用的套筒,如能达到上述理想状况,则模拟基准轴线对按定义确定的基准轴线十分接近,工件回转比较稳定且径向回转误差较小。但在实际应用时,定位套筒与基准轴颈之间总是存在一定的间隙,此间隙的大小当选用一种定位套筒尺寸时,至少是在零至轴颈尺寸公差值之间变化。由于间隙的存在,工件模拟基准轴线在回转时就不稳定,其径向回转误差与配合间隙的大小有关。要保证和提高套筒法检测跳动的精度,关键在于减小套筒与基准轴颈的配合间隙,这一点较难做到,而且也是套筒法未能广泛使用的一个重要原因。套筒法对工件的轴向定位方法与 V 形架法相同。

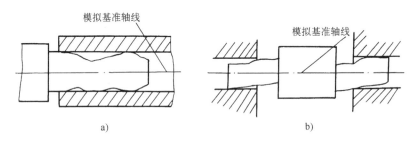

图 4-141　套筒法的模拟基准轴线

4)基准找正法。基准找正法检测圆跳动,是将被测工件基准要素上的两个相距较远的横向截面中心调整到测量仪器的回转轴线上。此时的仪器轴线正好是按两横向截面轮廓中心连线体现的基准轴线;然后仪器回转,测出被测工件的圆跳动。

用基准找正法检测圆跳动通常在圆度仪、圆柱度仪上进行。由于这类仪器的回转精度很高，因此跳动的测量不确定度也很小，只是在这类仪器上测量时，找正较费时间，所用仪器价值昂贵，只宜在跳动检测不确定度要求很小而又无其他方法检测时采用。

5）基准分析法。基准分析法检测圆跳动，是将被测工件支承安放在有足够回转精度的仪器设备上，以回转轴线为测量基准，在被测工件的基准要素和被测要素上布点测量，通过数据处理确定基准轴线的位置（具体的计算处理方法与同轴度确定基准轴线的方法完全相同）。根据计算确定基准轴线在坐标系中的方法，将测得的被测要素上各点的坐标值转换为相对于基准轴线的坐标值，转换后的坐标值的最大值与最小值之差即为所测截面处的圆跳动值。

用基准分析法检测圆跳动，适用于各类结构的工件及各种检测跳动仪器设备。这种方法的最大特点是可以求得符合定义的基准轴线位置，使跳动检测更加准确。不过这种方法数据处理比较复杂，不适于人工计算处理，适于配有计算机处理数据的计量测试系统。此外，采用基准分析法还须注意在被测要素各截面上的布点不宜太少，否则会带来一定的布点误差。

3. 生产现场检验圆跳动示例

生产现场检验圆跳动示例：在 V 形架上检验圆跳动、用万能法检验圆跳动、用心轴检验端面跳动、用检棒检验端面跳动（图 4-142～图 4-146）

十四、全跳动的检验

1. 全跳动的检测与验证方案（见表 4-41）

表 4-41　全跳动的检测与验证方案（GB/T 1958—2017）

2. 生产现场全跳动检验的方法

全跳动有径向全跳动和端面（轴向）全跳动两种。检测径向全跳动时，指示表的给定方向与基准轴线垂直，测量过程中指示表沿着平行于基准轴线的理想素线方向移动，如图 4-147a 所示。检测端面（轴向）全跳动时，指示表的给定方向与基准轴线平行，测量过程中指示表沿着垂直于基准轴线的理想素线方向移动，如图 4-147b 及图 4-148 所示。检测全跳动，无论是径向全跳动还是端面全跳动，指示表通常采用等距的间断方式或按螺线式移动。在对被测工件表面进行测量的整个过程中，指示表的最大与最小示值之差即为全跳动值。

检测全跳动时，基准轴线的体现方法、被测工件的轴向定位方式与检测圆跳动时相同，所用检测仪器、设备也基本相同，只是在检测径向全跳动的仪器设备上必须有平行于基准轴线的测量基准；在检测端面全跳动的仪器设备上必须有垂直于基准轴线的测量基准。而且这些测量基准应有足够的精度，以确保全跳动的检测不确定度。

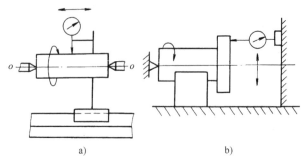

图 4-147 检验全跳动之一

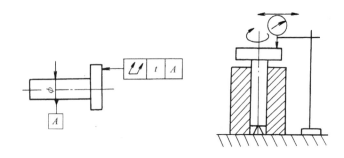

图 4-148 检验全跳动之二

第三节　几何误差检验系统

一、XW—5 几何误差系统

北京工业大学研制成功的适合在微机上运行的"XW—5 几何误差测量数据采集及处理系统",既可独立使用,也可与多种测量仪器配合使用,完成多项形位误差项目测量数据的采集与处理。系统软件运行界面十分友好,测量数据输入既可用键盘输入,也可自动输入(当用数据采集器时)。输入数据后,经计算机计算评定,在屏幕上显示,也可以打印输出检测结果。该系统适配的测量仪器及功用:

1) 与 XW—250 几何误差测量仪及电感测微仪配用。半自动采集数据,测量轴类及盘套类工件的圆度、圆柱度、同轴度、轴线直线度、素线直线度、素线平行度、圆跳动(径向、端面和斜向)和径向全跳动。

2) 与机体主轴承孔几何误差测量仪、电感测微仪及光电编码器配用。全自动采集数据,测量大、中型内燃机机体主轴承孔的圆度、圆柱度和同轴度。

3) 与 SDS11 电子水平仪(合像水平仪、框式水平仪)配用。半自动采集数据,测量工件的直线度、平面度、平行度(线对线、面对面)和垂直度(线对线)。

4) 与 ZY1 自准直仪和电感测微仪配用。半自动采集数据,测量工件的直线度、平面度、平行度(线对线)和垂直度(线对线)。

5) 配用多功能便携式形位数据采集器。实现测量时数据的半自动、全自动采集。

数据采集器接受电感测微仪、电子水平仪的模拟量输入并进行模数转换。可设定采集截面数1~99个，采集测点数1~999个。

6）存储测量数据的IC卡。在完成采集各测点数据之后，除可以采用现场实时通信传送将该组测量数据传送至计算机外，还可以将该组数据存入IC卡中备用。在全部完成测量工作之后，将数据采集器和IC卡拿到计算机存放处，再把数据传送到计算机中进行处理。

7）几何误差数据处理软件。系统中共有11个常用几何项目软件，为圆度、圆柱度、直线度、平面度、同轴度、空间线直线度、线对线的平行度、面对面的平行度、线对线的垂直度、圆跳动和全跳动。

二、XW—250几何误差测量仪

该仪器由泊头市华宇量仪厂与北京工业大学联合生产，其结构如图4-149所示。

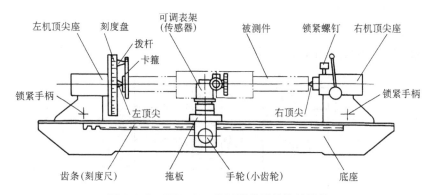

图4-149　XW—250几何误差测量仪的结构

1. 主要特点

1）以顶尖支承定位，配用数据采集及处理设备，可半自动或全自动测量轴类及盘套类工件的圆度、圆柱度、同轴度、轴线直线度、素线直线度、素线平行度、圆跳动（径向、端面、斜向）和径向全跳动八项几何误差。

2）用便携式数据采集器可半自动采集各几何误差项目的测量数据，并实时传送至计算机中计算处理。计算评定软件计算速度快，计算结果准确，计算软件还可以分离导轨对两顶尖轴线的平行度误差。

2. 主要技术参数

1）径向回转精度　　　　　　　0.4μm

2）侧导轨直线度　　　　　　　5μm（Ⅰ型）、6μm（Ⅱ型）、2μm/100mm

3）侧导轨对两顶尖轴线的平行度　7μm（Ⅰ型）、8μm（Ⅱ型）、3.5μm/100mm

4）被测工件最大直径　　　　　250mm

5）被测工件最大长度　　　　　500mm（Ⅰ型）、800mm（Ⅱ型）

3. 仪器的配用设备

1）DGB-5B电感测微仪及DGC-8ZG/C轴向测头或扭簧仪。

2) XW—5 几何误差测量数据采集及处理系统中本仪器所用的八个测量项目的软件（用户可按需要从中任意选配 1~8 个）和计算机。

3) 多功能便携式数据采集器（当采用半自动采集数据时选配，若采用键输入测量数据则不选用）。

三、激光线扫描测量仪

海信集团公司研制成功的 LACUS 系列激光线扫描测量仪采用三角测量法原理，通过激光光刀对物体表面进行扫描，然后利用 CCD 摄像机采集被测物体表面的光刀曲线，送入计算机对信号进行处理，最终得到物体表面准确的三维坐标数据。

这种仪器用于检测诸如飞机机翼的形状、汽轮机叶片、水轮机叶片、各种复杂轮廓的模样、模具、高级小轿车的外形、摩托车的外形等复杂型面是很有效的；快速测绘机械零件；快速原形制做文物古董、人像、艺术品；人体形状测量；造型设计、立体动画、多媒体虚拟环境等，也是很有效的。

1. 工作原理

激光线扫描测量仪的整体结构框图如图 4-150。

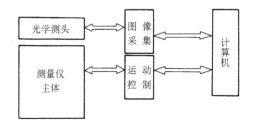

图 4-150　整体结构框图

其外形像桥式三坐标测量机，X、Y、Z 三个轴的运动均采用步进电动机驱动，精密丝杆螺母传动。激光测头安装在 Z 轴下端，通过 X、Y、Z 三个轴的移动可实现对物体表面的扫描。

激光测头的基本结构如图 4-151 所示。测头内部包含了三个主要器件，激光器发出的光照射物体上，两个 CCD 接收由物体漫反射和半漫反射的光信号。在测量过程中，CCD 根据测头距物体的高度和与激光器成的三角关系确定被测物体的三维坐标。

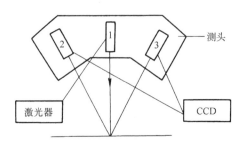

图 4-151　激光测头的基本结构

2. 系统的组成

LACUS 系列激光线扫描测量仪属于非接触式测量仪器，它主要由个人计算机、运动控制器、CCD 光学测头、测量仪主体和测量软件组成。

1）个人计算机主机

    操作系统 Windows 98
    内 存 64M 以上
    硬 盘 20G

2）运动控制器 型号 Hisense laser scanner controller

3）CCD 光学测头 激光器

    型 式 半导体
    能 量 8mW
    波 长 650nm
    CCD 型式 面阵式
    CCD 像素 795×596
    CCD 数目 2 个
    测量速度 1500Dots/s
    测量景深 25mm
    测量不确定度 ±0.04mm

4）测量仪主体 测量范围 Lasus 150A 400×300×300mm
        Lasus 150B 700×600×400mm
    定位精度 ±0.01mm
    运动方式 X、Y、Z 三轴平移，一轴旋转

5）测量软件 版 本 Hiscanner V1.0

3. 系统的特点

1）非接触式测量，不损伤物体表面，对质地柔软或珍贵的物体测量同样有效。

2）高分辨率、高精度测量。

3）高速度、高效率测量。

4）整个系统的扫描驱动，位移值获取，图像信号采集，信号处理，系统标定全部采用计算机控制。

5）四轴自动测量，旋转轴中心自动定位，实现全自动化测量。

6）能进行平面测量和平面多角度测量两种测量方式，能对复杂曲面进行测量，在很大的程度上避免了死角。

四、三坐标测量几何误差系统

用三坐标测量机测量大型件的几何误差是很有效的，图 4-152 所示为用三坐标测量机测量汽车壳体外形示意图。

几何误差检验系统还有许多种，由于篇幅所限，我们只列出上述四种。有些几何误差项目，如大型平面的平面度、圆柱度等，用人工检测时工作量很大，而且很烦琐，而

用几何误差检验系统进行检测,则是一种轻松、愉快和高效的工作。

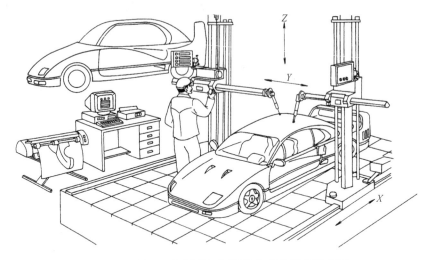

图 4-152　用三坐标测量机测量汽车壳体外形示意图

第五章 材料的检验

第一节 概 述

制造业常用的材料包括金属材料和非金属材料两大类。其中金属材料用得最多，金属材料中又以钢铁为主；非金属材料的应用日益受到关注，而且用途越来越广，如过去飞机的油箱用金属材料制成，而现在用凯夫纤维进行强化制成，减轻了重量。

一、常用金属材料的种类

随着科学技术的进步，生产的发展，材料的种类越来越多。作为材料检验员来说，掌握本企业常用的材料的种类及其牌号，以及它们的技术和质量要求，到检验时按它们的标准规定进行即可。图 5-1 是常用金属材料的种类及对应的标准代号。

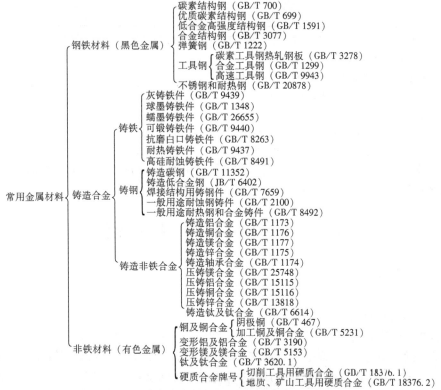

图 5-1 常用金属材料的种类及对应的标准代号

二、金属材料牌号

每个材料检验员对本厂所用的金属材料的牌号要非常熟悉,要熟知牌号内包含的意义。

近年来,我国金属材料牌号的编制方法逐渐与国际接轨,用数字代号和材料的力学性能来表示牌号,逐渐淘汰按照化学成分编排材料牌号的传统做法。

例如,碳素结构钢新旧标准牌号对比见表5-1。

表5-1 碳素结构钢新旧标准牌号对比

GB/T 700—2006		GB/T 700—1988
牌 号	统一数字代号①	牌 号
Q195	U11952	Q195
Q215	U12152	Q215
	U12155	
Q235	U12352	Q235
	U12355	
	U12358	
	U12359	
Q275②	U12752	Q255③
	U12755	
	U12758	Q275③
	U12759	

① 表中为镇静钢、特殊镇静钢牌号的统一数字代号,沸腾钢牌号的统一数字代号如下:
Q195F——U11950;
Q215AF——U12150,Q215BF——U12153;
Q235AF——U12350,Q235BF——U12353;
Q275AF——U12750。

② Q275牌号由ISO630:1995中E275牌号改得。

③ Q255、Q275牌号在GB/T 700—2006中取消。

牌号相当于金属材料的姓名,统一数字代号相当于它的身份证号码。当检验员对材料的牌号有疑问时,可查对它的数字代号加以核对。

第二节 金属材料入厂检验流程

一、检验程序

1. 核对文件和准备标准

(1) 核对来料文件

材料入厂后应先放入仓库待检区内,采购部门应及时填写原材料报检单,连同到货通知单、供货合同、质量保证书一起交材料检验员。检验员必须认真核对合同及质量证明书,大致目测货物品种、批次并认定物据相符后方同意开展验收工作。按厂规定登记编号后,重要材料应连同质量证明书交材料工程师审核。当质量证明书上的炉号能与实

第五章 材料的检验

物相符，但质量证明书的内容不完整时；原则上可拒收，在特殊情况下，如制造厂同意也可对所缺项目（一般不多于两项）进行补做，合格后再进行入厂检验。

（2）准备检验标准

检验离不开标准，标准对产品质量、规格、品种、检验规则及检验方法都做了规定，是企业进行生产活动的基本依据。因此，检验员必须收集、了解、掌握工厂常用材料的各类现行标准。

一旦同意开展验收工作，首先应从各类标准中查找到所用现行标准。

工厂标准化室都制定有原材料入厂验收标准，它是在对供应厂家生产和产品质量多年了解，针对制造加工过程中常出现的质量问题，以及对产品寿命跟踪的基础上严于国标（行标）制定的，检验员可根据厂标规定验收项目开展验收工作。

对于要求具有某些特殊性能（如耐蚀）要求的材料，检验员还需掌握相应专业标准。

进口材料的检验项目及合格标准以供货方国家标准或进货合同要求进行入厂检验和判断。因此，检验员必须熟悉标准（包括材料标准和产品技术要求中的材料要求），然后才能确定应该检验项目及如何进行检验。

检验员在执行标准中还应注意来料质量保证书中所标标准的变化情况，及时更换标准。

2. 外观的检验

1）标志检查。每种材料都应该在规定的位置上有材料牌号、规格、技术标准的标志，若标志不清或无任何标志，原则上可拒收。特殊情况下，可增加抽验数量或逐件进行化学分析和力学性能及微观检验。

2）表面质量检查。表面质量包括表面加工状态（热轧和涂镀等）及表面缺陷，前者由合同明示，后者是检查项目，主要包括气泡、裂缝、结疤、折叠和夹杂。

按标准检查表面缺陷的状况，如规定钢板表面不得有裂纹、气泡、夹杂、结疤、折叠和较大的划痕，又规定表面缺陷允许清理，检验员要按标准检查清理后能否保证规定的厚度偏差。

3. 尺寸和外形的检验

材料的尺寸允许偏差和几何形状允许偏差范围均有标准，检验员可按标准检测。

对尺寸测量位置、检测要求及抽检数量，许多企业都有规定，如无规定可参考表5-2执行。

表5-2 尺寸测量位置及抽检数量（供参考）

类　　别	测　量　位　置
钢板厚度	热轧钢板厚度应在距边缘不小于40mm处测量 热轧钢带的厚度、宽度、表面质量应在距钢带两端不小于250mm处测量和检查 冷轧钢带： 宽度大于20mm的切边钢带，应在距边缘不小于5mm处测量 不切边钢带应距边缘不小于10mm处测量 宽度不大于20mm的钢带，应在距边缘不小于3mm处测量 可用量具在有效长度任何部位测量出钢带厚度

(续)

类　别	测　量　位　置
纯铜板和铝青铜板厚度	多数重有色板均要求：在距顶角不小于100mm，距边部不小于10mm处测量，测量范围以外的厚度超差不作报废依据
型钢、管材和线材等规格	如技术条件有规定应按规定位置测量，一般应在距离端部500mm处测量；管材端部有丝扣等则在距丝扣末端300mm处测量

类　别	检　测　要　求
圆钢直径（管材）	应按垂直方向各测一次，测量结果均在允许偏差范围内算合格
六角（八角）钢	应各测二组对边距离值，测量结果均在允许偏差范围内算合格
钢丝直径	至少在钢丝任意位置（有效长度）测两处直径，测量结果均在允许偏差范围内算合格

类　别	抽　检　数　量
钢材、重有色金属	应按企业原材料抽检标准执行，如无标准，一般每批钢材可抽查1%~2%或每捆1~2件，如发现不合格，可适当扩大抽检比例

将表面质量、尺寸和外形的抽检结果认真填好记录表，并按标准做出合格与否的判定。

尺寸检验常用的检测工具有钢卷尺、游标卡尺、千分尺等。

4. 内在质量的检验

通过对试样的化学、金相、力学性能试验结果按技术标准规定来判定材料的质量，称为内在质量检验。钢材的质量应由供应厂家的质量管理体系予以保证。对于一般材料，凡材料质量证明书齐全，且与实物相符、标志清楚、表面质量及尺寸公差、理化性能均符合有关标准要求时，可不进行入厂复检，而作为合格材料入库。

对于需要复验的材料，检验员应按如下程序进行。

（1）确定理化检验项目

一般工厂都规定有详细的不同材料入厂时需进行理化检验的项目，检验员按厂标执行即可。如果未规定，可按本企业需求对材料某些项目和指标有重点地进行检验的原则，由材料技术人员会同设计人员、理化技术员共同商议确定理化检验项目，供检验员执行。

（2）力学性能试验取样方法

能否取到能代表总体的样本，是力学性能试验和化学分析中很关键的一步，检验员务必认真做好取样工作。

1）钢产品力学性能试验的取样。

① 试验单元：根据产品标准和合同要求，以在抽样产品上进行试验所得数据为准，一次接收和拒收产品的件数或吨数称为试验单元。

例如，钢材验收中，应以批为单位。一批由同一炉号、同一品种、同一尺寸、同一轧制规范、同一热处理硬度的钢材组成。这一批即是一个试验单元。

② 抽样产品：检查、试验时在试验单元中随机抽取的产品。

③ 试料：为制备一个或几个试样，从抽取的产品中切取足够量的材料。

④ 样坯：为制备试样经过机械处理或所需热处理后的试料。

⑤ 试样：经机械加工或未经机械加工、具有合格尺寸、能满足试验要求状态的样坯（在某些状态下，试样可以是试料或样坯）。

⑥ 标准状态：试料、样坯或试样经热处理后以代表最终产品的状态。

综上所述，试样制备的一般流程为：试验单元→抽样→试料→样坯→试样。

2）试样取样数量和部位。

① 抽样材料必须是检验员认定来料文件及外观合格的材料。

② 材料必须以批为单位，以保证试样对试验单元（批）的可代表性。

③ 试样取样数量（抽样）和部位均由技术标准规定。

3）制备样坯的一般要求。

① 按不同位置取样所得力学性能值有差异，应按 GB/T 2975 规定位置取样。

② 应在外观及尺寸合格的钢产品上取样，试料应有足够的尺寸，以保证机械加工出足够的试样，进行规定的试验和复检。

③ 取样时应对抽样产品、试料、样坯和试样做出标志，以保证始终能识别取样的位置及方向。

④ 取样时应防止过热、加工硬化而影响力学性能，用冷剪法取样所留加工余量可参考表 5-12。

⑤ 取样的方向应由产品标准或供需双方协议规定。

4）取样位置的一般要求。

① 型钢、条钢、钢板、钢管的拉伸、冲击和弯曲试验的取样位置应在钢产品表面切取弯曲样坯。

② 弯曲试样应至少保留一个表面，当机械加工和试验机能力允许时，应制备全截面或全厚度弯曲试样。

③ 当要求取一个以上试样时，可在规定位置相邻处取样。

5）样坯切取位置及方向规定。

6）样坯加工余量的选择。用烧割法切取样坯时，从样坯切割线至试样边缘必须留有足够的加工余量，一般应不小于钢产品的厚度或直径，但最少不得小于 20mm。对于厚度或直径大于 60mm 的钢产品，其加工余量可根据供需双方协议适当减少；冷剪法样坯所留加工余量按表 5-3 选取。

材料的样坯切取位置及方向规定（图5-2～图5-16）

表 5-3　冷剪法样坯所留加工余量　　　　　　（单位：mm）

直径或厚度	加工余量	直径或厚度	加工余量
≤4	4	>20～35	15
>4～10	厚度或直径	>35	20
>10～20	10	—	—

7) 试样状态。试样取样状态可分为交货状态和标准状态。在交货状态下取样时，产品成形和热处理完成之后取样；如果在热处理前取样，试样应在与交货产品相同条件下进行热处理。当需要矫直试样时，应在冷状态下进行。

如果在标准状态下取样，应按产品标准或订货合同规定的生产阶段取样。

8) 制备样坯和试样。检验员在取样前应该用火花鉴别或其他快速成分分析的方法对钢材进行大致检查，以防混料、错料。供应部门应严格按检验员规定的取样数量、取样部位、取样方向、取样尺寸、取样方法进行取样。有条件的检验员可在现场监督取样过程，取好试样样坯后，检验员开具材料试验委托单，送试样加工组进行加工。

制备试样时应注意：

① 制备试样时应避免由于机械加工使钢表面硬化及过热而改变其力学性能，机械加工最终工序应使试样的表面质量、外形、尺寸满足相应试验方法标准的要求。

② 当要求标准状态热处理时，应保证试样的热处理硬度与样坯相同。

(3) 化学分析用样屑取样方法

1) 大断面钢材的取样。

① 对初轧坯、方坯、圆钢、方钢、锻钢件，它们的样屑应从钢材整个横断面或半个横断面上刨取，或者从钢材横断面中心至边缘的中间部位（或对角线 1/4 处）平行于轴线钻取；也可以从钢材侧面垂直于轴线钻取，此时钻孔深度应达钢材或钢坯轴心处。

② 中心锻件或管件。从壁厚由外表面的中心部位钻取或在端头整个断面上刨取。

2) 小断面钢材的取样。

① 对圆钢、方钢、扁钢、工字钢、槽钢、角钢、复杂断面型钢、钢管、盘条、钢带和钢丝等（不适用大断面钢材规定取样时），应从钢材的整个横断面上刨取（焊接钢管应避开焊缝）；或者从横断面上沿轧制方向钻取，钻孔应对称均匀分布；也可以从钢材外侧面的中间部位垂直于轧制方向用钻通的方法钻取。

② 对钢带、钢丝（当按上面规定不可能时），应从折叠或捆扎成束的样块横断面上刨取，或者从不同根钢丝、钢带上截取。

3) 钢板的取样。

① 纵轧钢板。当钢板宽度小于 1m 时，沿钢板宽度剪切一条宽 50mm 的试样；当钢板宽度大于或等于 1m 时，沿钢板宽度从边缘至中心剪切一条宽 50mm 的试样；然后将试样两端对齐，折叠 1~2 次或多次，并压紧弯折处，在其长度的中间沿剪切的内边刨取或自表面用钻通的方法钻取。

② 横轧钢板。应从钢板端部与中央之间，沿板边剪切一条宽度为 50mm、长度为 50mm 的试料。将两端对齐，折叠 1~2 次或多次，并压紧弯折处；然后在其长度的中间，沿剪切的内边刨取或自表面用钻通的方法钻取。

③ 厚钢板（不能折叠的）。按上述相应的位置钻取或刨取，然后将等量样屑混合均匀。

两点说明：

● 沸腾钢无特殊规定不做成分分析。

第五章　材料的检验

● 当成分分析用样屑不能按上述方法采取时，由供需双方协商解决。

（4）钢材低倍组织及缺陷酸蚀试验试样的制备

1）取样可用剪、锯、切割等方法，试面距切割面的参考尺寸：热切取时不小于钢材（坯）直径或厚度的 1/2，大于 150mm 的钢材（坯）除外；冷切取时不小于钢材（坯）直径或厚度的 1.5 倍，烧割时不小于 40mm。

2）横向试样的厚度一般为 20mm，试面应垂直钢材（坯）的延伸方向。

3）纵向试样的长度一般为边长或直径的 1.5 倍，试面一般应通过钢材（坯）的纵轴。

试面最后一次加工方向应垂直于钢材（坯）的延伸方向。

钢板试面的尺寸一般为 250mm，宽为板厚。

（5）理化检验

检验员负责将试样及填好实验项目的"委托试验单"送理化部门委托试验。

化验室、力学试验室和金相室专业人员分别按有关标准进行试验，试验完毕，开具试验报告。

（6）审核

检验部门主管材料技术人员应会同检验员对入厂材料抽样的理化试验报告单按有关技术标准和产品技术要求进行审核，从而对材料的实物质量做出判定。

1）审核合格。检验员开具合格材料使用通知单，并在材质上打好试验编号，同时通知采购部门将材料入库，还应做好入厂材料的存档记录。

2）审核报告发现有不合格项目时：

① 对不合格项目进行加倍复验。取样、加工和试验按上述方法进行。复验合格按上述方法处理。

② 对复验不合格的开具不合格材料通知单，通知采购部门将材料隔离，并在不合格材料上用红漆做出清晰标志，通知仓库保管员严格隔离不得混料。

3）材料代用。在审核过程中对有不影响产品质量的一些问题，如原材料的合格证项目不全；在通过热加工过程中可以排除而不影响产品质量；一般性外形和尺寸超差等，可由检验部门自行处理，无须办理其他手续。

因标准不符、交货状态不合格或冶金缺陷超出标准；尺寸或性能超差，对产品性能、寿命及互换性有一定影响的材质问题，均需由采购部门提出材料代用申请，填写材料代用单，经设计、工艺、检查技术组等部门审核会签。将办好的代用手续交检验员存档备查，再按企业材料代用制度在材质上做好代用标志，库房要专门放置。

（7）入库

在完成原材料复验合格后，材料仓库保管员就可办理入库手续，做好入库材料台账，加强仓库管理。

材料保管员应随时注意观察，当发现因锈蚀致使标志脱落模糊时，应及时补做标志。仓库保管员应建立收、发料台账。入库材料的数量、吨位、材质、规格要与入库单相符，确保账、卡、物一致。发料时，材料检验员必须在场监督发料过程，确保所发材料正确无误，并在领料单上签名及注上材质试验编号。

整理好入厂材料的存档记录，验收工作暂时结束。

二、材料检验流程

金属材料入厂检验流程如图 5-17 所示。

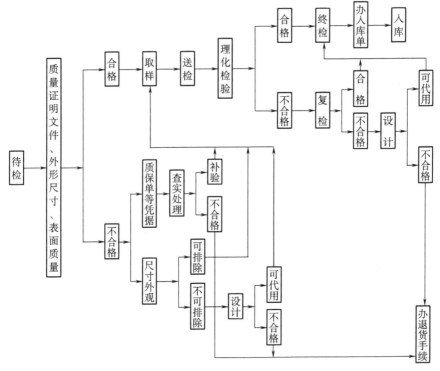

图 5-17　金属材料入厂检验流程

第三节　钢材入厂检验方法

一、几何形状的检验

1. 平面度

将钢板自由地放在平台上，除钢板的本身重量外，不施加任何压力，测量钢板下表面与平台间的最大距离，如图 5-18 所示。

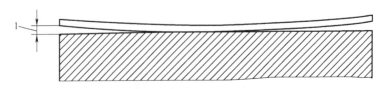

图 5-18　平面度的测量
1—平面度

第五章　材料的检验

如受检测平台长度的限制，对于长度大于2000mm的钢板，可任意截取2000mm进行平面度的测量来替代全长平面度的测量。

对于钢带，平面度的测量应在距钢带头部或尾部5000mm以外部位测量。

当单一被测要素处于距离小于或等于给定公差值的两平面之间时，其平面度是合格的。这两平面的方向取决于它们之间的最大距离为尽可能小的值，如图5-19所示。

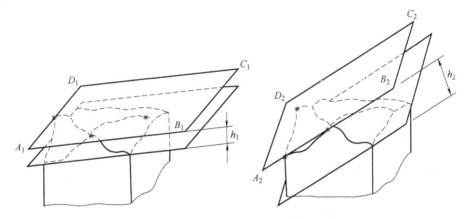

图5-19　平面度值的取值

平面可能的方向：A_1—B_1—C_1—D_1，A_2—B_2—C_2—D_2；

相应距离：h_1，h_2；

在图5-19情况下，$h_1 < h_2$。

由此，两平面恰当的方向应该是A_1—B_1—C_1—D_1。距离h_1应该不大于给定的公差值。

2. 镰刀弯

钢板及钢带的镰刀弯是指侧边与连接测量部分两端点直线之间的最大距离，在产品呈凹形的一侧测量，如图5-20所示。

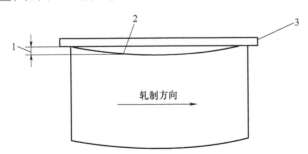

图5-20　镰刀弯的测量
1—镰刀弯　2—凹形侧边　3—直尺（线）

3. 脱方度

钢板的脱方度采用以下两种方法之一测量：

a) 投影法：钢板的横边在纵边的垂直投影长度，如图 5-21 所示。

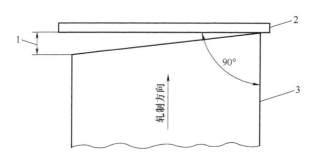

图 5-21　脱方度的测量（投影法）
1—脱方度　2—直尺（线）　3—侧边

b) 对角线法：钢板的两个对角线长度（图中的 X_1、X_2）差值（绝对值）的 1/2，如图 5-22 所示。

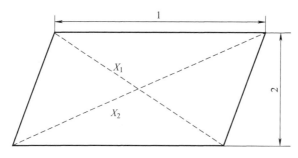

图 5-22　脱方度的测量（对角线法）
1—钢板长度　2—钢板宽度　X_1、X_2—对角线长度

4. 外缘斜度

槽钢为腿扩或腿并，工字钢也有同样称呼。

外缘斜度的测量如图 5-23 所示。用样板测量 P 和 Q、M 和 N 之间的绝对值，即为外缘斜度。

5. 直线度

当单一被测要素处于距离小于或等于给定公差值的两直线之间时，其直线度是合格的。这两直线的方向取决于它们之间的最大距离为尽可能小的值。图 5-24 给出了某个给定截面上直线度的示例。

直线可能的方向：A_1—B_1　A_2—B_2　A_3—B_3；

相应距离：h_1　h_2　h_3；

在图 5-24 情况下，$h_1 < h_2 < h_3$。

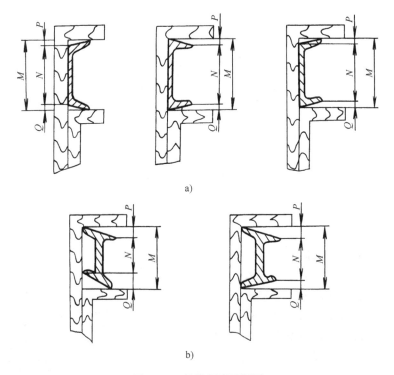

图 5-23 外缘斜度的测量
a）槽钢 b）工字钢

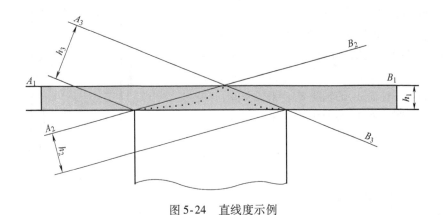

图 5-24 直线度示例

由此，两直线恰当的方向应该是 A_1—B_1。距离 h_1 应该不大于给定的公差值。

6. 圆度

当单一被测要素处于半径差小于或等于给定公差值的两同心圆之间时，其圆度是合格的。这两圆的圆心位置和半径值取决于它们的半径差为尽可能小的值。图 5-25 给出了某个横截面上圆度的示例。

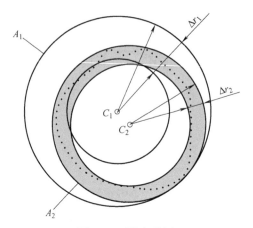

图 5-25 圆度示例

两同心圆圆心的可能位置和它们的最小半径差:

两同心圆 A_1 的圆心 C_1,半径差 Δr_1;

两同心圆 A_2 的圆心 C_2,半径差 Δr_2;

在图 5-25 情况下,$\Delta r_2 < \Delta r_1$。

由此,两同心圆的确切位置应该选定 A_2。半径差 Δr_2 应该不大于给定的公差值。

7. 圆柱度

当单一被测要素处于半径差小于或等于给定公差值的两同轴圆柱面之间时,其圆柱度是合格的。这两个圆柱面的轴线位置和半径值取决于它们的半径差为尽可能的最小值。如图 5-26 所示。

两同轴圆柱面轴线的可能位置和它们的最小半径差:

两同轴圆柱面 A_1 的轴线 Z_1,半径差 Δr_1,

两同轴圆柱面 A_2 的轴线 Z_2,半径差 Δr_2,

在图 5-26 情况下,$\Delta r_2 < \Delta r_1$。

因此,两同轴圆柱面的确切位置应该选定 A_2。半径差 Δr_2 应该不大于给定的公差值。

二、表面质量的检验

钢材以不同交货状态(冷热轧、锻制等)进厂时,其质量标准和检验方法均不同。现以优质碳素结构钢材进厂为例,说明表面质量及尺寸和外形的检验方法。

表面质量检验主要指表面缺陷的检验。表面缺陷主要包括气泡、裂缝、结疤、折叠和夹

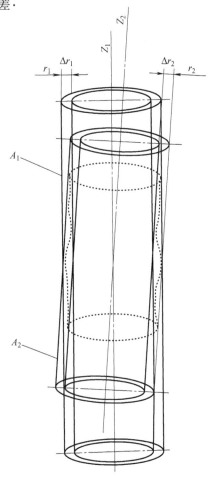

图 5-26 圆柱度示例

杂等。

优质碳素结构钢材的表面质量要求：

（1）压力加工用钢材表面质量

不得有肉眼可见的裂纹、结疤、折叠及夹杂，上述缺陷必须清理，清理浓度从钢材实际尺寸算起应符合表5-4规定。

允许缺陷清理宽度不小于浓度的5倍，对直径或边长大于140mm的钢材，同一截面清理不多于2处。

允许从实际尺寸算起不超过尺寸公差一半的个别细小划痕、压痕、麻点及深度不超过0.2mm的小裂纹存在。

表5-4 压力加工用钢材表面质量　　　　　　　　（单位：mm）

钢材公称尺寸（直径或厚度）	缺陷清理允许深度	钢材公称尺寸（直径或厚度）	缺陷清理允许深度
<80	钢材尺寸公差的50%	>140~200	钢材尺寸的5%
80~140	钢材尺寸公差	>200	钢材尺寸的6%

（2）切削加工用钢材表面质量

1）钢材公称尺寸<100mm时，局部缺陷允许深度不大于钢材公称尺寸的负偏差。

2）钢材公称尺寸≥100mm时，局部缺陷允许深度不大于钢材公称尺寸的公差。

从上述规定中看到，压力加工用钢材表面肉眼可见的裂纹等缺陷是有害缺陷（压力加工中裂纹会扩大，易在夹杂物处形成裂纹等），必须按标准要求进行铲磨。

三、理化检验简介

理化检验主要由专职理化人员负责，这里仅进行简单介绍。

1. 化学成分分析

化学成分分析可分为定性和定量分析两大类，一般以定量分析为主。入厂材料常用的化学成分分析方法有化学分析法，光谱分析法和火花鉴别法。

化学分析法能测定金属材料各元素含量，是一种定量的分析方法，也是工厂必备的检验手段。

光谱分析法是根据物质的光谱测定物质组成的分析方法。它具有分析速度快，容易掌握，分析灵敏度高，对样品破坏性小，能同时测定多种元素等优点。适于料库、热处理、锻造现场进行材料牌号的定性和半定量分析。

火花鉴别是一种简便的鉴别钢铁材料牌号的方法。能在现场（进料和热处理等）对钢材的成分进行大致的定性或半定量分析。

2. 金相分析

金相分析是鉴别金属及其合金的组织结构的方法，常用宏观检验和显微检验二种。

宏观检验（低倍检验）是用目视或在低倍放大镜（不大于10倍的放大镜）下检查金属材料表面或断面以确定其宏观组织的方法。它可观察分析金属内晶粒大小、形状和分布，显现金属中的纤维结构，检查金属内的各种缺陷，如疏松、裂纹、缩孔、气孔、偏析、白点以及钢中硫、磷的不均匀分布等。显现低倍组织缺陷的方法很多，常用方法有如下几种：

1) 硫印试验，检查钢的硫的分布情况。

2) 断口检验，确定钢材折断后的断面有无白点、收缩疏松、气泡、层状、白斑和内裂等缺陷。

3) 酸蚀试验，用以暴露金属低倍组织缺陷。

4) 发纹试验，确定塔形试样上的发纹数量和长度等。

显微检验（高倍检验）是在光学显微镜下观察、辨认和分析金属的微观组织（显微组织）的金相检验方法。显微分析法可测定晶粒的形状和尺寸，鉴别金属的组织结构，显现金属内部的各种缺陷，如夹杂物、微小裂纹和组织不均匀及气孔、脱碳等。

3. 性能试验

(1) 力学性能试验

金属材料抵抗外力作用的能力称为力学性能。力学性能试验有硬度试验、拉伸试验、冲击试验、疲劳试验、高温蠕变及其他试验等。入厂材料力学性能试验主要有硬度、抗拉强度、屈服点、伸长率、断面收缩率和冲击值等，表5-5列出了力学性能汇总情况。对高温合金，主要检查高温瞬时性能和持久强度。

表5-5 力学性能汇总表

力学性能	性能指标			含 义
	符号	名称	单位	
强度	R_m	抗拉强度	Pa	材料在拉断前所承受的最大应力
	R_{eL}	下屈服强度	Pa	在屈服期间，不计初始瞬时效应时的最低应力值
	R_{eH}	上屈服强度	Pa	试样发生屈服而力首次下降前的最高应力值
塑性	A	伸长率	(%)	原始标距的伸长与原标距长度之比的百分率
	Z	断面收缩率	(%)	断裂后试样横截面积的最大缩减量与原始横截面积之比的百分率
硬度	HBW	布氏硬度	N/mm²	材料抵抗通过硬质合金球压头施加试验力所产生永久压痕变形的度量单位
	HRC HRB HRA	洛氏硬度	—	材料抵抗通过硬质合金或钢球压头，或对应某一标尺的金刚石圆锥体压头施加试验力所产生永久压痕变形的度量单位
	HV	维氏硬度	N/mm²	材料抵抗金刚石正四棱锥体压头施加试验力所产生永久压痕变形的度量单位
韧性	实际吸收能量	KV 或 KU	J	通过摆锤冲击试验机试验折断试样时所需要的总能量
疲劳极限	—	疲劳极限	Pa	应力振幅的极限值，在这个值下，被测试能承受无限次的应力周期变化

(2) 工艺性能试验

评定金属材料适应机械加工难易程度的特性，称为金属材料的工艺性能。工艺性能试验即测定金属及其合金铸造时的流动性和收缩性，以及塑性、焊接性、热处理能力和切削加工能力。工艺性能试验种类很多，主要有弯曲、反复弯曲、扭转、缠绕、顶锻、扩口、卷边以及淬透性试验和焊接性试验等。

(3) 物理性能试验

金属的物理性能包括光泽、颜色、密度、熔点、导电性、导热性、热膨胀和磁性。入厂材料的物理性能试验有电阻率测定、磁学性能的测定等。

(4) 化学性能试验

化学性能试验主要检验金属及其合金与其他物质相互作用时的化学稳定性。晶间腐蚀是不锈钢的主要被蚀形式。因此，对奥氏体型和奥氏体—铁素体型的不锈耐酸钢和耐热钢需测定晶间腐蚀倾向。

4. 无损检验

无损检验是不损坏原有材料检查其表面和内部缺陷的方法。

1) 磁粉检验。用于检验铁磁性金属及其合金表面层的微小缺陷，如裂纹、折叠、夹杂等。

2) 超声波探伤。用于检验大型锻件或棒材的内部缺陷，如裂纹、大块或大片密集的夹杂、缩孔、气孔和白点等。

3) 渗透检验。用于检验金属表面的微小缺陷，如裂纹等。

4) 涡流探伤。用于测定材料的电导率、磁导率、薄壁管管壁厚度和材料缺陷。

四、钢的火花鉴别

火花鉴别是把钢铁材料放在砂轮上磨削，由发出的火花特征（流线、火花和节点等）来判断它的成分。但此方法也存在一些局限性，钢中某些合金元素（镍、铬和锰等）含量较低时对碳素钢火花的影响不明显。硫、磷、铜、铝和钛等元素尚不能用火花鉴别。

1. 火花各部分的名称

钢与旋转的砂轮接触时所发生的全部火花，称为火束。火束分成三个主要部分，如图 5-27 所示。

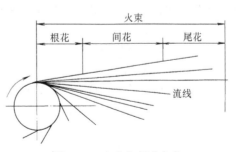

图 5-27 火束各部分名称

根花：靠近砂轮部分的火花。

间花：火束中央部分、火花最密集的一段。

尾花：火束末端接近消失的一部分。

组成火束的线条和花又有以下名称：

1) 流线：钢的粉末从暗室中高速飞过时会发出光。光的轨迹成线条形状称为流线。因为钢的成分不同，流线的宽窄、颜色和疏密等也就不同。流线形状分为直线状、断线状、波纹状三种。碳素钢火束的流线呈直线状，镍铬钢或合金工具钢的火束呈断线状,高速钢的火束呈波纹状。

2)节点:芒线和节花流线中途爆裂的地方称为节点。爆裂当时发射出来的流线称为芒线(见图5-28)。

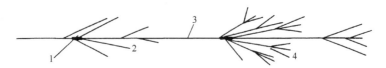

图5-28 节点、芒线和节花
1—节点 2—芒线 3—流线 4—节花

芒线在中途又生节点并射出芒线。这样形成的花称为节花。芒线由于发射出来的次数不同又分有一次芒线、二次芒线和三次芒线,因而节花也就有一次节花、二次节花和三次节花(见图5-29)。

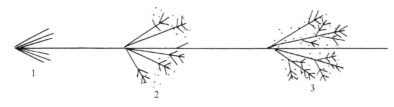

图5-29 节花
1——次节花 2—二次节花 3—三次节花

流线上第一次发射出来的花称为一次节花。一般在碳的质量分数为0.25%的碳素钢中产生。在一次节花的芒线上再爆裂,所发生的火花称为二次节花,如中碳钢火花。三次节花中有许多点状花芯称为花粉。

在第二次节花的芒线上再爆裂、所发生的火花称为三次节花,这是高碳钢的特征。碳含量越多,三次节花就越多,越光亮,火束越短。如果碳的质量分数超过了0.85%,火束虽然更短,但是光辉和花数却反而减少了。

2. 火花的鉴别

鉴别火花应按下列步骤进行:

(1)流线的鉴别

颜色:亮白色的多是碳素钢;橙色和红色多是合金钢或生铁。

形状:直线状流线多为碳素钢,如果另外夹有断续或波纹状流线的,多是镍铬钢或高速钢。

长短:按同一压力比较流线的长短,碳素钢碳含量越多,流线就越短,生铁铸件和高速钢的流线常比碳素钢流线更短。

(2)节花的鉴别

有无:碳素钢有节花,可以根据节花次数和分岔多少来判断碳含量的多少。高速钢一般没有节花。

形状：节花是星形而夹有绒球的是含锰碳钢；节花是苞状的则是镍钢。

(3) 尾花的鉴别（见图 5-30）

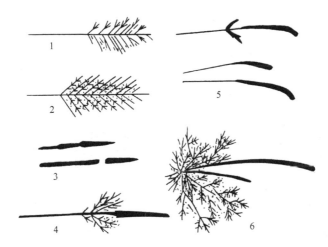

图 5-30 尾花名称

1—羽尾花　2—直羽尾花　3—竹叶尾花　4—苞尾花　5—狐尾花　6—菊尾花

羽尾花：表示生铁铸件，流线细而短，呈橙红或暗红色。

直羽尾花：表示硅含量很少的碳素钢，芒线成直线形状，色亮白，稍带橙色。

竹叶尾花：表示是含钼的钢，钼含量越多，竹叶和流线脱离得越远。流线呈橙红色，尖端呈竹叶形状。

苞尾花：表示是铬钼钢和高锰钢，形状像喇叭花，色黄，是橙红色。

狐尾花：表示是钨钢和高速钢。

菊尾花：表示是铬钢，流线末端裂成菊花形状，芒线和节花分岔极多，花粉密，分岔上有小花，橙黄色。

尾花形状的名称尚未标准化，学会区别特征即可。

3. 常用钢材的火花图

(1) 20 钢

流线多，带红色，火束长，芒线稍短，花量稍多，多根分叉爆裂，色泽呈草黄色，如图 5-31 所示。

图 5-31 20 钢火花图

(2) 20Cr 钢

火束白亮，流线稍粗而长，量也较多，一次多叉爆花，花型较大，芒线粗而稀，爆花核心有明亮节点,如图 5-32 所示。

与 20 钢比较:色泽白亮,爆花大而整齐,流线挺长,量也较多,有明亮节点。

(3) 45 钢

流线多而稍细,火束短,发光大,爆裂为多根分叉三次花,花量占整个火花面积的 3/5 以上,有小花及花粉,如图 5-33 所示。

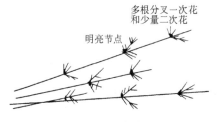

图 5-32 20Cr 钢火花图

图 5-33 45 钢火花图

(4) 40Cr 钢

火束呈白亮,流线稍粗量多,二次多根分叉爆花,爆花附近有明亮节点,芒线较长,明晰可分,花型较大,如图 5-34 所示。

(5) T10 钢

流线多而细,多根分叉,三次花占整个火花面积的 5/6 以上,爆花稍弱带红色爆裂,碎花及小花极多,如图 5-35 所示。

图 5-34 40Cr 钢火花图

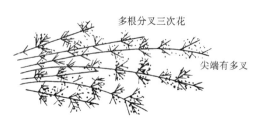

图 5-35 T10 钢火花图

(6) GCr15 钢

火束粗而短,发光适中,整个火束呈橙黄色,芒线多而细,附有很多花粉及碎花,多根分叉,三次花占整个火花面积 5/6 以上,尾部细而长,如图 5-36 所示。

与 T10 相比,由于碳含量相当,因而火束也基本相似。只是 Cr 元素使枝芒爆发量减少,而 T10 枝芒爆花起始于流线发光处。

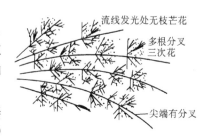

图 5-36 GCr15 钢火花图

(7) Cr12 钢

火束细而极短,流线细,呈暗红色,时有晦暗断续流线,爆花为多根分叉三次花,量多而密,附有非常多的碎花及花粉,整个花束呈明橙色,如图 5-37 所示。

(8) Cr12Mo 钢

流线细而短促,量不多,中间杂有断续流线,色晦暗,尾部有不明显枪尖尾花,芒线细碎而短,量多而密,爆花为多根分叉三次花,整个火束呈橙而带微赤色,如图 5-38 所示。

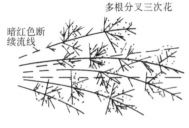 

图 5-37　Cr12 钢火花钢　　　　　图 5-38　Cr12Mo 钢火花图

(9) CrWMn 钢

火束细而稍长,发光稍暗,流线细而呈深红色,根部有断续流线产生,尾部有狐尾花,爆花为多根分叉二次花,如图 5-39 所示。

(10) 3Cr2W8V 钢

火束长而细,发光暗弱,流线呈暗红色,根部有断续流线,尾部有点状狐尾尾花及短而粗芒线,如图 5-40 所示。

图 5-39　CrWMn 钢火花图　　　　　图 5-40　3Cr2W8V 钢火花图

(11) 9SiCr 钢

火束细长,多量三次花,多根分叉,爆花分布在尾部附近,尾部流线稍有膨胀呈狐尾花,整个火束呈橙黄色,如图 5-41 所示。

(12) 5CrNiMo 钢

火束较粗而明亮,发光适中,爆为三次花,多根分叉,为橙黄色,尾部有明显枪尖尾火,如图 5-42 所示。

图 5-41　9SiCr 钢火花图

(13) 60Si2Mn 钢

火束呈橙红色,微暗,流线粗而短,量多,出现多根分叉二次花,芒线粗短而少,如图 5-43 所示。

(14) 55SiMnVB 钢

火束细长，流线呈老黄色，根部流线细，尾部流线粗大而长，多根分叉，有花粉，花芯有白亮点，花状如喇叭花，如图 5-44 所示。

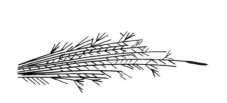

图 5-42　5CrNiMo 钢火花图

图 5-43　60Si2Mn 钢火花图

(15) W18Cr4V 钢

火束细长，整个火束呈极暗红色，无火花爆裂，仅在尾部略有三、四根分叉爆花，芒线长而尖端秃，中部和根部为断续流线，有时呈波浪流线，尾部膨胀而下垂成点状狐尾尾花，如图 5-45 所示。

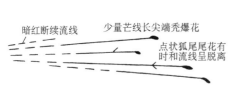

图 5-44　55SiMnVB 钢火花图

图 5-45　W18Cr4V 钢火花图

材料检验员要非常熟悉、熟练掌握本厂常用金属材料的火花图检验技术，以便在选料、混料及加工工序中错料的鉴别。为此，要经常进行火花鉴别的练习，在了解火花图结构的基础上，可用自制标块对比练习，熟能生巧，以掌握这门技术，提高检验质量。

五、检验示例

由于用途不同，对每种金属材料的技术和质量的要求也不同，因此检验它们的具体方法不同。在每种金属材料的标准中，一般均给出了检验规则和检验方法，检验员要严格按这些规则和方法执行。以下通过碳素结构钢的检验介绍检验金属材料的过程。

检验工作过程如下：

第一步，查找现行标准。碳素结构钢的现行标准是 GB/T 700—2006，如果手头没该标准，则向标准化室借该标准。

第二步，查找有关标准。GB/T 700—2006 在检验钢材的包装等项目中，要求符合 GB/T 247 和 GB/T 2101，如果是检验钢板和钢带，则按 GB/T 247；如果检验型钢，则按 GB/T 2101。

第三步，研究标准。GB/T 700—2006 中与检验有关的有如下内容：

4　尺寸、外形、重量及允许偏差

5　技术要求（其中要用的是 5.1 牌号和化学成分、5.3 交货状态、5.4 力学性能、5.5 表面质量）

6　试验方法

7　检验规则

8　包装、标志、质量证明书

第四步，实施检验。

第一，验证购来的货进库房待验区，材料检验员接到检验申请后，首先检查"质量证明书"。型钢的质量证明书式样和要求如下（见 GB/T 2101—2017）：

1）供方名称或商标。

2）需方名称。

3）质量证明书签发日期或发货日期。

4）产品标准号。

5）牌号。

6）炉（批）号、交货状态、重量、根数或件数。

7）品种名称、尺寸（型号或规格）和级别。

8）产品标准和合同中所规定的各项试验结果。

9）供方质量监督部门印记。

如果有合同，检验员应详细核对合同；若合同内容不全，应拒绝检验。订货合同或订货单内应包括下列内容（见 GB/T 1527—2017《铜及铜合金拉制管》）：

1）产品名称。

2）牌号。

3）状态。

4）规格。

5）尺寸允许偏差（有特殊要求时或高精级）。

6）重量或根（盘）数。

7）硬度（有要求时）。

8）工艺性能（有要求时）。

9）涡流探伤（有要求时）。

10）晶粒度（有要求时）。

11）残余应力（有要求时）。

12）耐脱锌腐蚀（有要求时）。

13）本标准编号。

14）其他。

钢材应成批验收，每批由同一牌号、同一炉号、同一质量等级、同一品种、同一尺寸、同一交货状态的钢材组成。每批质量不大于60t。

每批交货应附有证明该批货符合标准要求和订货合同的质量证明书。

质量证明书应字迹清楚。

第二，查标志。

第三，查包装。

第四，检验尺寸、外形、重量和表面质量。

第五，进行化学分析（取样送理化室）。

第六，进行力学试验（取样送力学试验室）。

每批钢材的检验项目、取样数量、取样方法和试验方法见表5-6。

表5-6 碳素结构钢的理化项目（GB/T 700—2006）

序 号	检验项目	取样数量/个	取样方法	试验方法
1	化学分析	1（每炉）	GB/T 20066	GB/T 223 系列标准、GB/T 4336
2	拉伸	1	GB/T 2975	GB/T 228
3	冷弯			GB/T 232
4	冲击	3		GB/T 229

注：1. 拉伸和冷弯试验，钢板、钢带试样的纵向轴线应垂直于轧制方向；型钢、钢棒和受宽度限制的窄钢带试样的纵向轴线应平行于轧制方向。

2. 冲击试样的纵向轴线应平行轧制方向。冲击试样可以保留一个轧制面。

第七，判定批合格与否。

对以上各步，只有前一步检验合格后才能进行下一步。

判定过程要依据标准判定。

1）钢材的尺寸、外形、重量及允许偏差应分别符合相应标准的规定，如符合GB/T 2101—2017《型钢验收、包装、标志及质量证明书的一般规定》的规定。

2）化学分析的判定。化学分析结果应符合表5-7的规定方判为合格。

表5-7 碳素结构钢的牌号和化学成分（GB/T 700—2006）

牌号	统一数字代号[①]	等级	厚度（或直径）/mm	脱氧方法	化学成分（质量分数）(%)，不大于				
					C	Si	Mn	P	S
Q195	U11952	—	—	F、Z	0.12	0.30	0.50	0.035	0.040
Q215	U12152	A	—	F、Z	0.15	0.35	1.20	0.045	0.050
	U12155	B							0.045
Q235	U12352	A	—	F、Z	0.22	0.35	1.40	0.045	0.050
	U12355	B			0.20[②]				0.045
	U12358	C		Z	0.17			0.040	0.040
	U12359	D		TZ				0.035	0.035

(续)

牌号	统一数字代号①	等级	厚度（或直径）/mm	脱氧方法	化学成分（质量分数）(%)，不大于				
					C	Si	Mn	P	S
Q275	U12752	A	—	F、Z	0.24	0.35	1.50	0.045	0.050
	U12755	B	≤40	Z	0.21			0.045	0.045
			>40		0.22				
	U12758	C	—	Z	0.20			0.040	0.040
	U12759	D		TZ				0.035	0.035

① 表中为镇静钢、特殊镇静钢牌号的统一数字，沸腾钢牌号的统一数字代号如下：

Q195F——U11950；

Q215AF——U12150，Q215BF——U12153；

Q235AF——U12350，Q235BF——U12353；

Q275AF——U12750。

② 经需方同意，Q235B 的碳含量可不大于 0.22%（质量分数）。

① D 级钢应有足够细化晶粒的元素，并在质量证明书中注明细化晶粒元素的含量。当采用铝脱氧时，钢中酸溶铝的质量分数应不小于 0.015% 或总铝的质量分数应不小于 0.020%。

② 钢中残余元素铬、镍、铜的质量分数应各不大于 0.30%，氮的质量分数应不大于 0.008%。如供方能保证，均可不做分析。

a）氮含量允许超过钢中残余元素铬、镍、铜含量应各不大于 0.03%，氮的质量分数应不大于 0.008% 的规定，但氮的质量分数每增加 0.001%，磷的最大的质量分数应减少 0.005%，熔炼分析氮的最大的质量分数应不大于 0.012%；如果钢中的酸溶铝的质量分数不小于 0.015% 或总铝的质量分数不小于 0.020%，氮的质量分数的上限值可以不受限制。固定氮的元素应在质量证明书中注明。

b）经需方同意，A 级钢的铜的质量分数可不大于 0.35%。此时，供方应做铜含量的分析，并在质量证明书中注明其含量。

c）钢中砷的质量分数应不大于 0.080%。用含砷矿冶炼生铁所冶炼的钢，砷含量由供需双方协议规定。如原料中不含砷，可不做砷的分析。

3）力学性能试验的判定。

① 钢材的拉伸和冲击试验结果应符合表 5-8 的规定才判为合格。

② 钢材的冷弯试验结果应符合表 5-9 的规定方判为合格。

a）用 Q195 和 Q235B 级沸腾钢轧制的钢材，其厚度（或直径）不大于 25mm。

b）做拉伸和冷弯试验时，型钢和钢棒取纵向试样；钢板、钢带取横向试样，断后伸长率允许比表 5-8 降低 2%（绝对值）。窄钢带取横向试样如果受宽度限制时，可以取纵向试样。

c）如供方能保证冷弯试验符合表 5-9 的规定，可不做检验。A 级钢冷弯试验合格时，抗拉强度上限可以不作为交货条件。

表 5-8 碳素结构钢的拉伸和冲击试验判定依据（摘自 GB/T 700—2006）

牌号	等级	屈服强度[1] R_{eH}/MPa，不小于						抗拉强度[2] R_m/MPa	断后伸长率 A/%，不小于					冲击试验（V 型缺口）	
		厚度（或直径）/mm							厚度（或直径）/mm					温度/℃	冲击吸收能量（纵向）/J 不小于
		≤16	>16~40	>40~60	>60~100	>100~150	>150~200		≤40	>40~60	>60~100	>100~150	>150~200		
Q195	—	195	185	—	—	—	—	315~430	33	—	—	—	—	—	—
Q215	A	215	205	195	185	175	165	335~450	31	30	29	27	26	—	—
	B													+20	27
Q235	A	235	225	215	215	195	185	370~500	26	25	24	22	21	—	27[3]
	B													+20	
	C													0	
	D													−20	
Q275	A	275	265	255	245	225	215	410~540	22	21	20	18	17	—	—
	B													+20	27
	C													0	
	D													−20	

[1] Q195 的屈服强度值仅供参考，不作交货条件。
[2] 厚度大于 100mm 的钢材，抗拉强度下限允许降低 20MPa。宽带钢（包括剪切钢板）抗拉强度上限不作交货条件。
[3] 厚度小于 25mm 的 Q235B 级钢材，如供方能保证冲击吸收能量值合格，经需方同意，可不做检验。

表 5-9 碳素结构钢的冷弯试验判定依据（GB/T 700—2006）

牌号	试样方向	冷弯试验 180° $B=2a$[1]		牌号	试样方向	冷弯试验 180° $B=2a$[1]	
		钢材厚度（或直径）[2]/mm				钢材厚度（或直径）[2]/mm	
		≤60	>60~100			≤60	>60~100
		弯心直径 d				弯心直径 d	
Q195	纵	0	—	Q235	纵	a	$2a$
	横	$0.5a$			横	$1.5a$	$2.5a$
Q215	纵	$0.5a$	$1.5a$	Q275	纵	$1.5a$	$2.5a$
	横	a	$2a$		横	$2a$	$3a$

[1] B 为试样宽度，a 为试样厚度（或直径）。
[2] 钢材厚度（或直径）大于 100mm 时，弯曲试验由双方协商确定。

d) 厚度不小于 12mm 或直径不小于 16mm 的钢材应做冲击试验，试样尺寸为 10mm×10mm×55mm。经供需双方协议，厚度为 6~12mm 或直径为 12~16mm 的钢材可以做冲击试验，试样尺寸为 10mm×7.5mm×55mm 或 10mm×5mm×55mm 或 10mm×产品厚度×55mm。在 GB/T 700—2006 附录 A 中给出规定的冲击吸收能量值，如当采用 10mm×5mm×55mm 试样时，其试验结果应不小于规定值的 50%。

e）夏比（V 型缺口）冲击吸收能量值按一组 3 个试样单值的算术平均值计算，允许其中 1 个试样的单个值低于规定值，但不得低于规定值的 70%。

如果没有满足上述条件，可从同一抽样产品上再取 3 个试样进行试验，先后 6 个试样的平均值不得低于规定值，允许有两个试样低于规定值，但其中低于规定值 70% 的试样只允许 1 个。

当钢材的夏比（V 型缺口）冲击试验结果不符合规定时，抽样产品应报废，再从该检验批的剩余部分取两个抽样产品，在每个抽样产品上各选取新的一组 3 个试样，这两组试样的复验结果均应合格，否则该批产品不得交货。

第四节　非金属材料的检验

一、非金属材料的分类

非金属材料一般分为塑料及其制品类、橡胶及其制品类、胶黏剂类、涂料类、油料类、纺织品类、其他类等。

1. 塑料及其制品类

按受热后性能不同分为热固性塑料，如酚醛塑料、氨基塑料、环氧塑料等；热塑性塑料，如聚乙烯、聚氯乙烯、氟塑料等。

按应用和性能特点分为通用塑料、工程塑料和特种塑料。

2. 橡胶及其制品类

按橡胶的来源分为天然橡胶和合成橡胶两类，合成橡胶主要有异戊橡胶、丁基橡胶等。

按橡胶的物理状态分为生橡胶、熟橡胶、再生胶、硬橡胶、液体橡胶等。

按橡胶的用途分为通用橡胶和特种橡胶。

橡胶制品有橡胶管、橡胶板、橡胶布等。

3. 胶黏剂类

胶黏剂分为合成胶黏剂、天然胶黏剂和天然粘接剂三类。

4. 涂料类

涂料类分为清漆、磁漆、底漆、腻子。

5. 油料类

主要指石油产品，有石油燃料、润滑油等 14 大类。

6. 纺织品类

主要分为植物纤维制品、动物纤维制品和合成纤维制品三类。

二、非金属材料的检验

1. 检验依据

非金属材料品种繁多，常用的均有国家标准、行业标准或企业标准，这些标准中的质量要求是检验的依据。

2. 检验程序

审查质量证明文件→外观→标志→尺寸→工艺性能试验→理化性能检验。

3. 检验方法

1）质量证明文件（《合格证明》《质保书》《保单》《质量证明书》）是证实材料质量合格与否的原始凭证，每批非金属材料均应有供方填发的这种文件，没有这种文件则视为不合批，可拒收。质量证明文件内容包括材料的名称、牌号和规格，供应状态，材料的标准号（或技术协议号），各项理化性能检测结果数据，材料的批号、数量、生产日期、保质期等。如上述内容齐全且有检验员印章，则可免检或抽样检验。

2）外观检查。用目测，如光泽、颜色、分层、裂纹等，也可用手模检查。若某些项目用目测有困难时，可借助25倍以下的放大镜进行观测，也可送到理化室去检验。

3）标志检查。检查是否有标志以及标志是否清晰。

4）尺寸检验：根据被检验非金属材料的特点选择计量器具进行检验，如检验人造棉垫的厚度尺寸，应选用 $1g/cm^2$ 的针式厚度计测量。

5）工艺性能检验。有工艺性能要求的非金属材料，应按标准要求进行检验。

6）理化性能检验。这是检验非金属材料的组织成分的内在质量，应根据技术条件规定的方法由理化室进行检验。

检验非金属材料与检验金属材料一样，要严格按标准的规定进行。例如，检验硫化橡胶的拉伸应力，应按 GB/T 528—2009（ISO 37：2005）《硫化橡胶或热塑性橡胶拉伸应力应变性能的测定》进行。

三、超期非金属材料的处置原则

凡有保质期规定的超过保质期后原则上不能使用。如果因生产急需，应由有关部门对材料进行适应性判定。判定时应考虑以下几方面：

1）该材料用在何处，使用者是谁？

2）使用该材料时，是否对人身安全和健康造成危害？

3）该产品对企业和社会的经济影响如何？

4）出售该产品是否会影响企业的信誉及影响程度如何？

5）有无可能触犯有关法律法规？

第五节　金属材料入厂检验示例

凡用于生产的金属材料，采购回来后先检查，检查合格后进行入厂检验，检验合格后办理入库手续并向金属材料的生产厂付款。材料入库后要妥善保管。大型的制造企业采购的金属材料的种类很多，本节仅通过几个例子予以说明。

一、高碳铬轴承钢的检验

1. 分类与代号

（1）按冶金质量分类

1）优质钢。

第五章 材料的检验

2）高级优质钢（牌号后加"A"）。

3）特级优质钢（牌号后加"E"）。

（2）按浇铸工艺分类

1）模铸钢。

2）连铸钢。

（3）按使用加工方法分类

1）压力加工用钢 UP。

2）切削加工用钢 UC。

（4）按最终用途分类

1）套圈用 T。

2）滚动体用 G。

2. 质量要求

（1）钢材的直径及其允许偏差（见表 5-10）

表 5-10 钢材的直径及其允许偏差（GB/T 18254—2016）

钢材种类	冶金质量	直径及其允许偏差
热轧圆钢	优质钢和高级优质钢	GB/T 702—2008 表 1 中第 2 组
	特级优质钢	GB/T 702—2008 表 1 中第 1 组
锻制圆钢	—	GB/T 908—2008 中第 1 组
冷拉圆钢	—	GB/T 905—1994 中 h11 级[①]
圆盘条	优质钢和高级优质钢	GB/T 14981—2009 中 B 级精度
	特级优质钢	GB/T 14981—2009 中 C 级精度

① 经供需双方协商并在合同中注明，也可按其他级别规定交货。

（2）钢材的长度

1）钢材的通常长度应符合下列规定：

a）热轧圆钢的长度为 3000~8000mm。

b）锻制圆钢的长度为 2000~6000mm。

c）冷拉圆钢的长度为 3000~6000mm。

2）钢材应在规定长度范围内以齐尺长度交货，每捆中最长与最短钢材的长度差应不大于 1000mm。

3）按定尺或倍尺交货的钢材，其长度允许偏差应不超过 $^{+50}_{0}$mm。

（3）外形及其允许偏差

1）钢材的圆度应符合表 5-11 的规定。

2）钢材的弯曲度应符合表 5-12 的规定。

3）钢材不应有显著扭转。

4）端头形状

a）钢材端头应锯切或剪切整齐，不应有飞边、毛刺及影响使用的切斜和压扁。

表 5-11　钢材的圆度（GB/T 18254—2016）

钢材种类	冶金质量	圆度要求
热轧圆钢	—	符合 GB/T 702—2008 的规定
锻制圆钢	—	符合 GB/T 908—2008 的规定
冷拉圆钢	—	符合 GB/T 905—1994 的规定
圆盘条	优质钢和高级优质钢	符合 GB/T 14981—2009 中 B 级精度
圆盘条	特级优质钢	符合 GB/T 14981—2009 中 C 级精度

表 5-12　钢材的弯曲度（GB/T 18254—2016）　　　　（单位：mm）

钢材种类		弯曲度　不大于	
		每米弯曲度	总弯曲度
热轧圆钢		3.0	0.3% × 钢材长度
热轧退火圆钢		3.0	0.3% × 钢材长度
锻制圆钢		5.0	0.5% × 钢材长度
冷拉圆钢	直径≤25	2.0	0.2% × 钢材长度
冷拉圆钢	直径>25	1.5	0.15% × 钢材长度

注：经供需双方协商并在合同中注明，钢材的弯曲度也可按其他规定交货。

b）钢材一般不允许气割。在个别情况下（主要指取样时）允许每批中不多于 6 支钢材的一端用气割。

c）特级优质钢材的一端应倒角。优质钢和高级优质钢材若需倒角，则应在合同中注明。

(4) 重量

钢材按实际重量交货。圆盘条的盘重应符合 GB/T 14981—2009《热轧圆盘条尺寸、外形、重量及允许偏差》的规定。

(5) 牌号和化学成分

1）钢的牌号及化学成分（熔炼分析）应符合表 5-13 的规定，其残余元素含量应符合表 5-14 的规定。

2）除非得到用户同意，生产厂不得有意加入钙及其合金脱氧或控制非金属夹杂物形态。

表 5-13　牌号及化学成分（GB/T 18254—2016）

统一数字代号	牌号	化学成分（质量分数，%）				
		C	Si	Mn	Cr	Mo
B00151	G8Cr15	0.75~0.85	0.15~0.35	0.20~0.40	1.30~1.65	≤0.10
B00150	GCr15	0.95~1.05	0.15~0.35	0.25~0.45	1.40~1.65	≤0.10
B01150	GCr15SiMn	0.95~1.05	0.45~0.75	0.95~1.25	1.40~1.65	≤0.10
B03150	GCr15SiMo	0.95~1.05	0.65~0.85	0.20~0.40	1.40~1.70	0.30~0.40
B02180	GCr18Mo	0.95~1.05	0.20~0.40	0.25~0.40	1.65~1.95	0.15~0.25

第五章 材料的检验

表 5-14 钢中残余元素含量（GB/T 18254—2016）

冶金质量	化学成分（质量分数，%）										
	Ni	Cu	P	S	Ca	O①	Ti②	Al	As	As+Sn+Sb	Pb
	不大于										
优质钢	0.25	0.25	0.025	0.020	—	0.0012	0.0050	0.050	0.04	0.075	0.002
高级优质钢	0.25	0.25	0.020	0.020	0.0010	0.0009	0.0030	0.050	0.04	0.075	0.002
特级优质钢	0.25	0.25	0.015	0.015	0.0010	0.0006	0.0015	0.050	0.04	0.075	0.002

① 氧含量在钢坯或钢材上测定。
② 牌号 GCr15SiMn、GCr15SiMo、GCr18Mo 允许在三个等级基础上增加 0.0005%。

3）成品钢材（或钢坯）的化学成分允许偏差应符合表 5-15 的规定。

表 5-15 成品钢材化学成分允许偏差（GB/T 18254—2016）

元素	化学成分（质量分数，%）										
	C	Si	Mn	Cr	P	S	Ni	Cu	Ti	Al	Mo
允许偏差	±0.03	±0.02	±0.03	±0.05	+0.0050	+0.0050	+0.030	+0.020	+0.00050	+0.0100	≤0.10时，±0.01；>0.10时，±0.02

4）钢材应逐支用火花法或看谱镜检验。供方若能保证，可以不检验。

（6）交货状态

钢应采用真空脱气处理。钢材的交货状态应符合表 5-16 的规定。

表 5-16 钢材的交货状态（GB/T 18254—2016）

钢材种类	交货状态	代号
热轧圆钢	热轧不退火	WHR（或 AR）
	热轧软化退火	WHR+SA
	热轧软化退火剥皮	WHR+SA+SF
	热轧球化退火	WHR+G
	热轧球化退火剥皮	WHR+G+SF
锻制圆钢	热锻不退火	WHF
	热锻软化退火	WHF+SA
	热锻软化退火剥皮	WHF+SA+SF
冷拉圆钢	冷拉	WCD
	冷拉磨光	WCD+SP
圆盘条	热轧不退火	WHR（或 AR）
	热轧球化退火	WHR+G

(7) 硬度

1) 球化退火或软化退火钢材的布氏硬度应符合表 5-17 规定。

表 5-17　钢材硬度 (GB/T 18254—2016)

统一数字代号	牌号	球化退火硬度 HBW	软化退火硬度 HBW，不大于
B00151	G8Cr15	179~207	245
B00150	GCr15	179~207	
B01150	GCr15SiMn	179~217	
B03150	GCr15SiMo	179~217	
B02180	GCr18Mo	179~207	

2) 根据需方要求，可提供其他交货状态钢材的硬度，具体指标由供需双方协商并在合同中注明。

(8) 顶锻

1) 供镦锻和冲压用的热轧、锻制不退火钢及冷拉圆钢应进行顶锻试验，顶锻后试样侧面以目视观察不应有裂纹、扯破、折叠或气泡，具体要求应符合按下列规定：

① 公称直径不大于 60mm 的热轧、锻制钢材进行热顶锻试验；

② 公称直径不大于 30mm 的冷拉圆钢进行冷顶锻试验。

2) 供方若能保证时，可不进行顶锻试验。

(9) 低倍

钢材应进行酸浸低倍检验，其横向酸浸试样上不应有残余缩孔、裂纹、皮下气泡、过烧、白点等有害缺陷。中心疏松、一般疏松、锭型偏析、中心偏析的合格级别应符合表 5-18 规定。

表 5-18　低倍缺陷的合格要求 (GB/T 18254—2016)

缺陷类型	附录 A 中评级图	合格级别/级，不大于			
		优质钢、高级优质钢		特级优质钢	
		模铸	连铸	模铸	连铸
中心疏松	第 1 评级图	1.0	1.5	1.0	1.0
一般疏松	第 2 评级图	1.0	1.0	1.0	1.0
锭型偏析	第 3 评级图	1.0	1.0	1.0	1.0
中心偏析①	第 4 评级图	—	2.0	—	1.0

注：公称直径大于 150mm 的钢材，由供需双方协议。

① 适用于制作滚动体用的连铸钢材。

(10) 断口

1) 退火断口。

① 公称直径不大于 30mm 的热轧球化和软化退火钢材及冷拉圆钢应进行退火断口

检验，其退火断口应晶粒细致、无缩孔、裂纹和过热现象。

② 供方若能保证退火断口合格，可不进行检验。

2）发蓝断口。特级优质钢应进行发蓝断口检验，其检验结果应不大于 2.5mm/dm²，单条最大长度应不大于 3mm。

（11）非金属夹杂物

钢材应具有高的纯洁度，即非金属夹杂物含量应尽量少。生产厂应对每炉钢进行非金属夹杂物检验，按 8.3.4 规定取样、制样，按 GB/T 10561—2005《钢中非金属夹杂物含量的测定　标准评级图显微检验法》中的 A 法进行评级，其检验结果应符合下列规定：

① 对于 A 类、B 类、C 类、D 类的非金属类夹杂物，模注钢所有试样 2/3 和每个钢锭至少有一个试样以及所有试样的平均值应不超过表 10 规定；连铸钢所有试样 2/3 和所有试样的平均值应不超过表 5-19 规定。

② 对于 DS 类的非金属夹杂物，其最大值应不超过表 5-19 的规定。

③ 对于氮化钛：牌号 G8Cr15、GCr15 钢材应按形貌分别并入 B 类，D 类，DS 类评级，其他牌号的钢材由供需双方协商评级。

表 5-19　非金属夹杂物的合格级别（GB/T 18254—2016）

冶金质量	A		B		C		D		DS
	细系	粗系	细系	粗系	细系	粗系	细系	粗系	
	合格级别/级，不大于								
优质钢	2.5	1.5	2.0	1.0	0.5	0.5	1.0	1.0	2.0
高级优质钢	2.5	1.5	2.0	1.0	0	0	1.0	0.5	1.5
特级优质钢	2.0	1.5	1.5	0.5	0	0	1.0	0.5	1.0

（12）脱碳层

钢材表面每边总脱碳层深度应符合表 5-20 的规定。

表 5-20　脱碳层的要求（GB/T 18254—2016）　　　　（单位：mm）

钢材种类	公称直径	每边总脱碳层深度，不大于
热轧圆钢 锻制圆钢 圆盘条	≤10	0.10
	>10～150	公称直径的 1%
	>150	协商
冷拉圆钢	—	公称直径的 1%

注：剥皮、磨光或车光交货的钢材不允许有脱碳。

（13）显微组织

球化退火钢材的显微组织应为细小、均匀、完全球化的珠光体组织，其合格级别应符合表 5-21 的规定。

表 5-21 显微组织的合格级别（GB/T 18254—2016）

交货状态	公称直径/mm	合格级别/级	附录 A 中评级图
球化退火	≤60	2.0~4.0	第 5 评级图
	>60	协议	

（14）碳化物不均匀性

钢材不应有严重的碳化物偏析，具体要求应符合下列规定：

① 碳化物网状的合格级别应符合表 5-22 的规定。

② 碳化物带状的合格级别应符合表 5-23 的规定。

③ 碳化物液析的合格级别应符合表 5-24 的规定。

表 5-22 碳化物网状的合格级别（GB/T 18254—2016）

交货状态	公称直径/mm	合格级别/级	附录 A 中评级图
球化退火	≤60	≤2.5	第 6 评级图
	>60	协议	
软化退火	—	不超过第 7 评级图	第 7 评级图
热轧或锻制	—		

表 5-23 碳化物带状的合格级别（GB/T 18254—2016）

交货状态	公称直径/mm	优质钢、高级优质钢	特级优质钢	附录 A 中评级图
		合格级别/级，不大于		
热轧或锻制球化退火 热轧或锻制软化退火	≤30	2.0	1.5	第 8 评级图
	>30~60	2.5	2.0	
	>60~150	3.0	2.5	
热轧或锻制①	≤80	3.0	2.5	
	>80~150	3.5	3.0	
冷拉	—	2.0	1.5	

注：公称直径大于 150mm 的钢材，由供需双方协议。

① 在退火状态的试样上按 GB/T 18254—2016 中的 7.10.2 和 7.14 处理后检查，其级别应符合表中规定。供方若能保证在退火状态试样上检查碳化物带状合格，可在不退火试样上检查。

（15）显微孔隙

钢材的显微孔隙应符合表 5-25 的规定。

（16）表面质量

1）钢材应加工良好，表面不应有裂纹、折叠、拉裂、结疤和夹杂等其他使用有害的缺陷。冷拉圆钢表面应洁净、无锈蚀。如有上述缺陷，供方应清除，清除深度应符合表 5-26 的规定。

第五章 材料的检验

表 5-24 碳化物液析的合格级别（GB/T 18254—2016）

交货状态	公称直径/mm	优质钢、高级优质钢	特级优质钢	附录 A 中评级图
		合格级别/级，不大于		
热轧或锻制球化退火 热轧或锻制软化退火	≤30	0.5	0.5	第 9 评级图
	>30~60	1.0	1.0	
	>60~150	2.0	1.5	
热轧或锻制	≤60	2.0	1.5	
	>60~150	2.5	2.0	
冷拉	—	0.5	0.5	

注：公称直径大于 150mm 的钢材，由供需双方协议。

表 5-25 显微孔隙的合格级别（GB/T 18254—2016）

冶金质量	公称直径/mm	显微孔隙的要求	附录 A 中评级图
优质钢	≤60	不允许	第 10 评级图
高级优质钢	>60	不超过第 10 评级图的规定	
特级优质钢	—	不允许	

表 5-26 表面有害缺陷清除深度的要求（GB/T 18254—2016）（单位：mm）

钢材的加工用途	公称直径	表面有害缺陷允许清除深度
压力加工用钢材	≤80	从实际尺寸算起不超过公称尺寸公差之半
	>80	从实际尺寸算起不超过公称尺寸公差
切削加工用钢材	≤80	从公称尺寸算起不超过公称尺寸公差之半
	>80	从公称尺寸算起不超过公称尺寸公差

2）剥皮、磨光或经车光的钢材，表面不应有缺陷。

(17) 特殊要求

根据需方要求，经供需双方协商，并在合同中注明，可提出下列特殊要求：

① 做淬火断口检验。

② 做高频超声检测。

③ 加严表面质量。

④ 其他特殊要求。

3. 检查

1）钢材的质量由供方质量技术监督部门进行出厂检验。需方有权按标准规定进行检查与验收，验收后进行入厂检验，经过检验合格办理入库手续。

2）根据用户需要，可随时向钢厂派遣检验人员。钢厂应为用户检验人员的工作提供必要方便，以使其确认交货的钢材符合标准的要求。用户检验人员不应无故影响钢厂的生产操作。

3）钢材应按批进行检查和验收，每批应由同一炉号、同一牌号、同一尺寸、同一交货状态和同一热处理炉批的钢材组成。

4）检查、包装、标志和质量证明书。每捆或每根钢材应于端面或端部 100～150mm 处按表 5-27 规定以油漆涂上色条或挂带标牌或标签。

表 5-27 标志（GB/T 18254—2016）

牌 号	颜 色
C8Cr15	绿色一条
GCr15	蓝色一条
GCr15SiMn	绿色一条 + 蓝色一条
GCr15SiMo	白色一条 + 黄色一条
GCr18SiMo	绿色二条

钢材的包装和质量证明书按 GB/T 2101—2017《型钢验收、包装、标志及质量证明书的一般规定》的规定。

每批钢材各检验项目的取样数量和取样部位按表 5-28 的规定。

4. 检验方法

（1）尺寸、外形

钢材尺寸测量，采用能保证必要准确度的卡尺或样板进行。

（2）化学成分

1）化学分析用试样取样按 GB/T 20066《钢和铁 化学成分测定用试样的取样和制样方法》规定进行，氧含量在钢坯或钢材上测定，其取样部位：公称直径不小于 20mm，在钢材半径 1/2 处；直径小于 20mm，在钢材中心处。

2）低倍、发蓝断口、淬火断口检验的取样部位按如下规定：

a）模铸钢：生产厂应对每炉钢从浇注开始、中间和最后一个锭盘的任意钢锭的头部和尾部各取 1 个，共 6 个试样；若一炉钢只浇两个锭盘时，则从第一个锭盘中任取一支钢锭，从第二个锭盘中任取两支钢锭，共三支钢锭，在其头部和尾部各取 1 个试样；若一炉钢只浇一个锭盘时，则任取三个钢锭，在其头部和尾部各取一个试样，试样应从成材前的轧（锻）坯或材上相应部位切取。

b）连铸钢：若在钢材上进行检验，则从任意 6 支钢材的任意端各取 1 个试样。

3）化学分析方法按 GB/T 223.5、GB/T 223.9 等进行。

4）氧含量试样应充分去除脱碳层后检验，其分析方法按 GB/T 11261 进行。

5）钛含量分析方法由供需双方协商确定。

6）牌号和化学成分分析采用火花法或看谱镜检验。

第五章 材料的检验

表 5-28　钢材的检验项目表（GB/T 18254—2016）

序号	检验项目	取样数量①	取样部位	要求的章条号④	试验方法的章条号④
1	尺寸、外形	逐支	整支钢材	5.1、5.2	7.1
2	化学成分	1 个	见 8.3.2④	6.1	7.2
3	氧含量				
4	火花法	逐支	钢材的端部		
5	退火硬度	3~5 个②	不同支钢材的端部	6.4	7.3
6	顶锻	3 个	不同支钢材的端部	6.5	7.4
7	低倍	6 个	见 8.3.3④	6.6	7.5
8	退火断口	2~6 个③	不同支钢材的端部	6.7	7.6
9	发蓝断口	6 个	见 8.3.3④	6.7	
10	淬火断口	6 个		6.14	
11	非金属夹杂物	6 个	见 8.3.4④	6.8	7.7
12	脱碳层	3~5 个②	不同支钢材的端部	6.9	7.8
13	显微组织		见 8.3.5④	6.10	7.9
14	碳化物网状			6.11	7.10
15	碳化物带状		见 8.3.6④		
16	碳化物液析				
17	显微孔隙			6.12	7.11
18	表面质量	逐支	整支钢材	6.13	7.12
19	高频超声检测	协商	协商	6.14	7.13

① 取样数量达不到规定时，应逐支取样。
② 公称直径不大于 60mm，取 5 个，公称直径大于 60mm 时，取 3 个。
③ 热轧球化退火和软化退火材，取 2 个；冷拉圆钢，取 6 个。
④ 为 GB/T 18254—2016 中相应的章条号。

（3）硬度

布氏硬度试验方法按 GB/T 231.1—2018《金属材料　布氏硬度试验　第 1 部分：试验方法》的规定。

（4）顶锻

顶锻检验试验方法按 YB/T 5293—2014《金属材料　顶锻试验法》的规定。

（5）低倍

低倍酸浸试验方法按 GB/T 226—2015《钢的低倍组织及缺陷酸蚀试验法》的规定进行，评定方法及评级图按 GB/T 1979—2001《结构钢低倍组织缺陷评级图》。

（6）断口

1）退火断口和淬火断口检验试样的制备及检验方法按 GB/T 1814—1979《钢材断口试验法》的规定进行。

2）发蓝断口的检验方法适用于锻造或轧制产品，也可适用于其他产品。这种检验方法一般是在半成品上使用的，或熔检直径或边长为 80～120mm（锻）坯（材）上相应部位切取试样。

① 原理。经过发蓝回火处理的断口表面上可见的非金属夹杂物总数量和分布情况。发蓝断口是在产品的纵向上，夹杂物通常呈白色条状。

② 采样。试样采用热锯或冷锯，或者用火焰切割法切取。试样是片状，片的厚度取决于产品的尺寸（如在 5～20mm 之间），一般建议采用 10mm 的厚度。试样厚度是平行于纵向测量的。

注：当用火焰切割时，宜注意保证断口在热影响区以外。

③ 制备。在试样厚度（垂直于产品长度方向）的中间开一个槽，槽的形状不定，其深度应使剩余的片的厚度满足上面的规定。

④ 检验发蓝断口的方法

a）经过正火处理后，如果需要，试样可进行下列处理：

在空气中加热，使当开始试验的瞬间金属处于蓝脆温度（300～350℃）；或者在常温下拉断之后，将两个试样加热，使断口发蓝。

b）在某些情况下，经双方协商，试样可进行淬火，再紧接着回火处理。

c）在试样两个断开部分的一个断口上，用目视或放大倍数不大于 10 倍的放大镜进行观测。

注：需注意不要与碳化物条状混淆。

(7) 非金属夹杂物

1）非金属夹杂物试样按试样热处理制度［见本小节（14）］进行淬火回火后放大 100 倍观察，评定方法及评级图按 GB/T 10561—2005《钢中非金属夹杂物含量的测定 标准评级图显微检验法》中 A 法进行。

2）非金属夹杂物检验的取样部位按如下规定：

a）模铸钢：生产厂应对每炉钢从浇注开始、中间和最后一个锭盘的任意钢锭的头部和尾部各取 1 个，共 6 个试样；若一炉钢只浇两个锭盘时，则从第一个锭盘中任取一支钢锭，从第二个锭盘中任取两支钢锭，共三支钢锭，在其头部和尾部各取 1 个试样；若一炉钢只浇一个锭盘时，则任取三支钢锭，在其头部和尾部各取 1 个试样；试样应从成材前的轧（锻）坯或材上相应部位切取。

b）连铸钢：若在钢材上检验，则从任意 6 支钢材的任意端各取 1 个试样；

c）试样从直径或边长为 100mm 的轧（锻）坯或材上于中心到外表面中间部位切取，也可在直径或边长为 80～120mm（锻）坯或材上相应部位切取。经供需双方协议，试样也可在更大或更小的截面上切取；试样尺寸为 10mm×20mm，抛光面应与轧制方向平行。

(8) 脱碳层

钢板表面脱碳层测量按 GB/T 224—2019《钢的脱碳层深度测定法》中的金相法进行。

第五章 材料的检验

(9) 显微组织

显微组织检验取横向试样,抛光面用2%硝酸酒精溶液浸蚀后,放大500倍或1000倍观察(仲裁时以1000倍为准),按 GB/T 18254—2016 附录 A 中第5 评级图进行评级。

显微组织检验的取样方法见表5-29。

表 5-29 显微组织检验的取样部位 (GB/T 18254—2016)

钢材直径/mm	滚 动 体 用	套 圈 用
≤25		
>25~40		
>40~60		

（续）

钢材直径/mm	滚动体用	套圈用
>60		

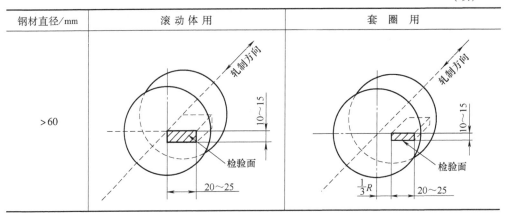

注：试样厚度 10~15mm，R 为钢材半径。

（10）碳化物不均匀性

1）碳化物网状检验取横向试样按试样热处理制度［见本小节（14）］进行淬火回火处理，抛光后用4%硝酸酒精溶液浸蚀，球化退火钢材放大500倍，按附录A中第6评级图评定；热轧（锻）、软化退火钢材放大200倍，按GB/T 18254—2016附录A中第7评级图评定。供方也可在纵向试样上评定碳化物网状，但以横向为准。

2）碳化物带状检验取纵向试样按试样热处理制度［见本小节（14）］进行淬火回火处理，抛光后用4%硝酸酒精溶液浸蚀，采用放大100倍和500倍结合，按GB/T 18254—2016附录A中第8评级图评定碳化物聚集程度、大小和形状。

3）碳化物液析检验取纵向试样按试样热处理制度［见本小节（14）］进行淬火回火处理，抛光后用4%硝酸酒精溶液浸蚀后放大100倍，按GB/T 18254—2016第9评级图评定。

碳化物不均匀性检验的取样部位见表5-30。

表5-30 **碳化物不均匀性和显微孔隙检验的取样部位**（GB/T 18254—2016）

钢材直径/mm	碳化物网状	
	滚动体用	套圈用
≤40		

第五章 材料的检验

（续）

钢材直径/mm	碳化物网状	
	滚动体用	套圈用
>40~60	（图示：检验面，轧制方向）	（图示：$\frac{1}{3}R$，检验面，轧制方向）
>60	（图示：检验面，轧制方向，10~15，20~25）	（图示：检验面，轧制方向，10~15，$\frac{1}{3}R$，20~25）

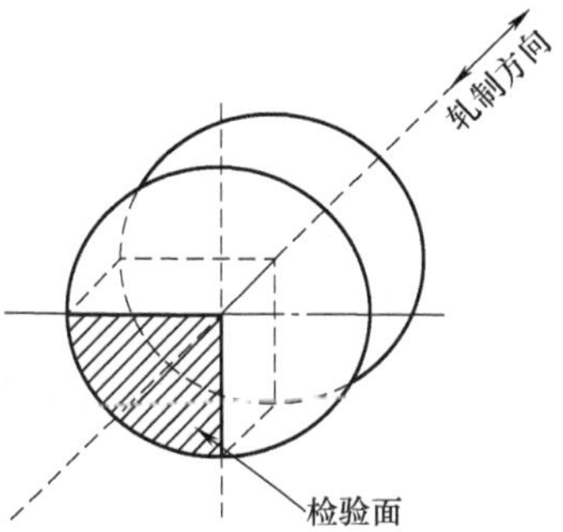

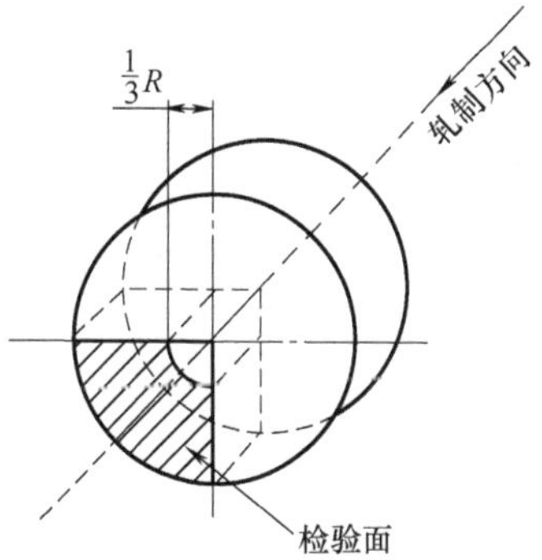

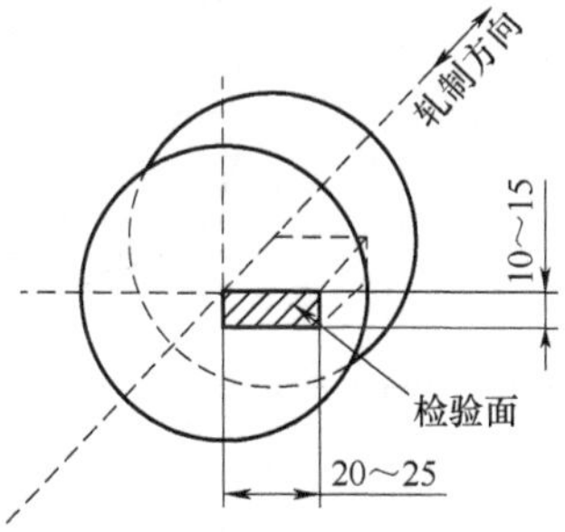

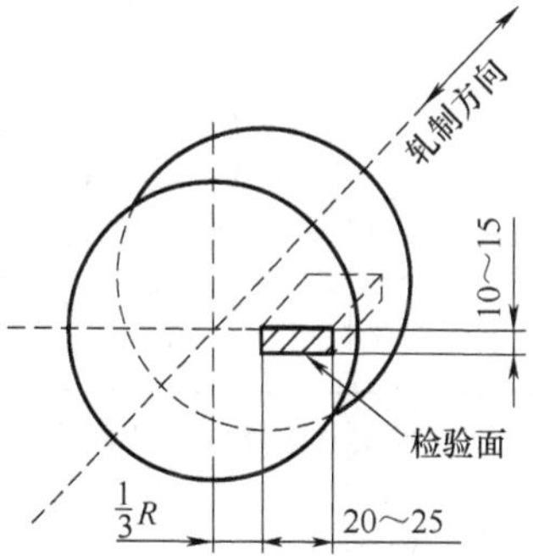

钢材直径/mm	碳化物带状、碳化物液析、显微孔隙	
	滚动体用	套圈用
≤40	（图示：检验面，轧制方向）	（图示：检验面，轧制方向，$\frac{1}{3}R$，$\frac{1}{3}R$）

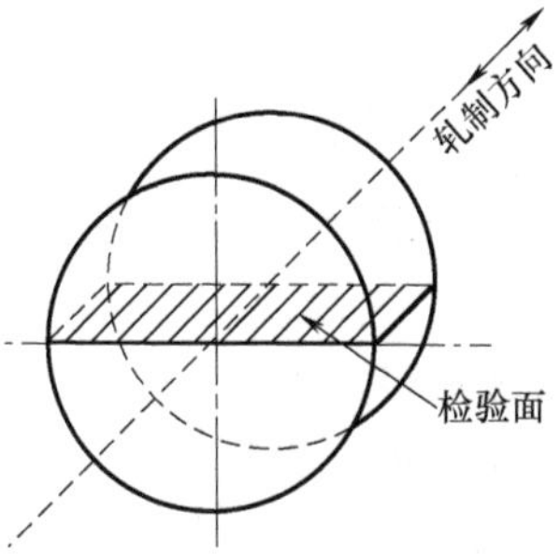

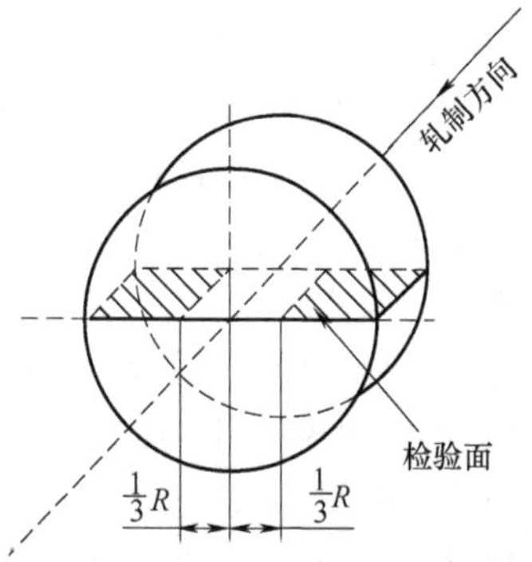

（续）

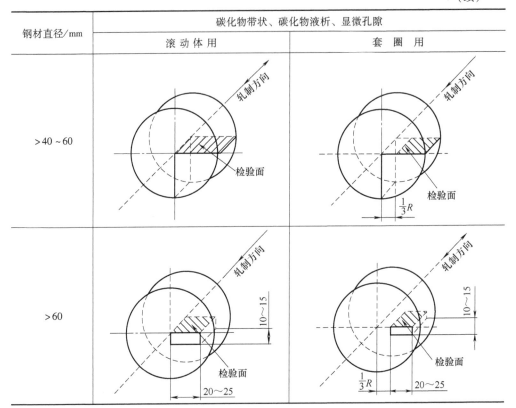

注：试样厚度10~15mm，R为钢材半径。

(11) 显微孔隙

检验取纵向试样按试样热处理制度［见本小节（14）］进行淬火回火后放大100倍，按 GB/T 18254—2016 附录 A 中第10评级图评定。显微孔隙的取样部位见表5-30。

(12) 表面质量

钢材表面质量用目视或其他有效方法检查，特级优质钢表面应逐支探伤。

(13) 高频超声检测

高频超声检测由供需双方协商确定。

(14) 试样热处理制度

检验非金属夹杂物、碳化物网状、碳化物带状、碳化物液析、显微孔隙的试样需按下列规定进行处理：

1) 淬火加热温度：820~850℃（含钼钢为840~880℃）。
2) 淬火加热时间：按试样直径或厚度每1mm保温1.5min。
3) 冷却剂：油。
4) 回火温度：150℃左右。
5) 回火时间：1~2h。

第五章 材料的检验

(15) 评级原则

所有检验项目均在试样检验面上以最严重的视场和区域作为评级依据。

5. 复验与判定规则

1) 若检验项目中有任一检验项目不合格时（白点、非金属夹杂物除外），可重新取样对不合格项目进行复验，取样数量与初验相同（氧含量除外）。复验合格则该批钢材判定合格；复验仍不合格，则该批钢材应判为不合格。

2) 氧含量不合格时，可在不同钢材（坯）上任意取 3 个试样进行复验，其检验结果的平均值应不大于标准的规定值，其中允许有 1 个试样超过标准规定值，但不应超过标准值加 0.0003%。

3) 若初验不合格的试样超过检验试样的一半时，说明该批钢质量较差，则不允许复验，以确保交货钢材的质量，但供方可以重新处理和组批，作为新的一批检查和验收。

4) 对同一炉钢材的低倍、发蓝断口和非金属夹杂物，允许以坯代材，以大代小。

二、优质碳素结构钢的检验

三、热轧钢棒的检验

二、优质碳素结构钢的检验（表 5-31 ~ 表 5-37）

三、热轧钢棒的检验（图 5-46 ~ 图 5-49、表 5-38 ~ 表 5-55）

表 5-38　热轧圆钢和方钢的尺寸及理论重量（GB/T 702—2017）

四、锻制钢棒的检验

五、冷拉型钢的检验

本例介绍尺寸为 3 ~ 80mm 的冷拉圆钢、方钢和六角钢的质量要求和检验方法。

四、锻制钢棒的检验（图 5-50、图 5-51、表 5-56 ~ 表 5-62）

1. 质量要求

(1) 钢材的尺寸、截面面积及理论重量（见表 5-63）经供需双方协议，可以供应中间尺寸的钢材。

表 5-63　钢材的尺寸、截面面积及理论重量（GB/T 905—1994）

尺寸/mm	圆 钢		方 钢		六 角 钢	
	截面面积 /mm²	理论重量 /(kg/m)	截面面积 /mm²	理论重量 /(kg/m)	截面面积 /mm²	理论重量 /(kg/m)
3.0	7.069	0.0555	9.000	0.0706		
3.2	8.042	0.0631	10.24	0.0804		
3.5	9.621	0.0755	12.25	0.0962		

(2) 钢材尺寸允许偏差

1) 钢材尺寸的允许偏差应符合表 5-64 的规定,其级别应在合同中注明。

2) 根据供需双方协议,可以供应表 5-64 规定允许偏差以外的钢材。

表 5-64 钢材尺寸的允许偏差 (GB/T 905—1994)　　　(单位:mm)

尺寸	允许偏差级别					
	8	9	10	11	12	13
	h8	h9	h10	h11	h12	h13
	允许偏差					
3	0 -0.014	0 -0.025	0 -0.040	0 -0.060	0 -0.15	0 -0.14
>3~6	0 -0.018	0 -0.030	0 -0.048	0 -0.075	0 -0.12	0 -0.18
>6~10	0 -0.022	0 -0.036	0 -0.058	0 -0.090	0 -0.15	0 -0.22
>10~18	0 -0.027	0 -0.043	0 -0.070	0 -0.110	0 -0.18	0 -0.27
>18~30	0 -0.033	0 -0.052	0 -0.084	0 -0.130	0 -0.21	0 -0.33
>30~50	0 -0.039	0 -0.062	0 -0.100	0 -0.160	0 -0.25	0 -0.39
>50~80	0 -0.046	0 -0.074	0 -0.120	0 -0.190	0 -0.30	0 -0.46

3) 钢材尺寸允许偏差级别适用范围按表 5-65。

表 5-65 钢材尺寸允许偏差级别适用范围 (GB/T 905—1994)

截面形状	圆钢	方钢	六角钢
适用级别	8、9、10、11、12	10、11、12、13	10、11、12、13

(3) 钢材长度及允许偏差

1) 通常长度。

a) 钢材通常长度为 2000~6000mm。允许交付长度不小于 1500mm 的钢材,其重量不得超过该批总重量的 10%;但高合金钢允许交付不小于 1000mm 的钢材,其重量不得超过该批总重量的 10%。

b) 经供需双方协议,可以供应长度大于 6000mm 的钢材。

2) 定尺、倍尺长度。

a) 按定尺、倍尺长度交货的钢材,并在合同中注明,其长度的允许偏差不大

于 $^{+50}_{0}$mm。

b)经供需双方协议,按定尺或倍尺交货的钢材允许交付不超过该批总重量10%的非定尺钢材。

(4)外形

1)钢材以直条交货。

2)经供需双方协议,钢材可以成盘交货,其盘径和盘重由双方商定。

3)根据需方要求,可以供应不圆度不大于直径公差50%的圆钢。

4)钢材不应有显著扭转,方钢不得有显著脱方。

5)对方钢、六角钢的顶角圆弧半径和对角线有特殊要求时,由供需双方协议。

6)钢材的端头不应有切弯和影响使用的剪切变形。

7)弯曲度。

a)尺寸大于或等于7mm直条交货的钢材,弯曲度应符合表5-66的规定。

表5-66 弯曲度(GB/T 905—1994)

级别	弯曲度/(mm/m),不大于			总弯曲度/mm,不大于
	尺寸/mm			
	7~25	>25~50	>50~80	7~80
8~9(h8~h9)级	1	0.75	0.50	总长度与每米允许弯曲度的乘积
10~11(h10~h11)级	3	2	1	
12~13(h12~h13)级	4	3	2	
供自动切削用圆钢	2	2	1	

注:供自动切削用圆钢应在合同中注明。

b)经供需双方协议,供自动切削用直条交货的六角钢,尺寸为7~25mm时,每米弯曲度不大于2mm;尺寸大于25mm时,每米弯曲度不大于1mm。

c)尺寸小于7mm直条交货的钢材,其每米弯曲度不得大于4mm。

(5)标记示例

用40Cr钢制造,尺寸允许偏差为11级,直径、边长、对边距离为20mm的冷拉钢材各标记如下:冷拉圆钢$\frac{11\text{-}20\text{-}GB/T\ 905—94}{40Cr\text{-}GB/T\ 3078—94}$

冷拉方钢$\frac{11\text{-}20\text{-}GB/T\ 905—94}{40Cr\text{-}GB/T\ 3078—94}$

冷拉六角钢$\frac{11\text{-}20\text{-}GB/T\ 905—94}{40Cr\text{-}GB/T\ 3078—94}$

2.检验方法

钢材的截面面积及重量采用测量和称重法检验,尺寸和形状采用长度计量器具检验。

六、不锈钢棒的检验

不锈钢棒的检验
(表5-67~表5-87)

表 5-67 奥氏体型不锈钢的化学成分（GB/T 1220—2007）

GB/T 20878 中序号	统一数字代号	新牌号	旧牌号	化学成分（质量分数，%）									
				C	Si	Mn	P	S	Ni	Cr	Mo	Cu	N	其他元素
1	S35350	12Cr17Mn6Ni5N	1Cr17Mn6Ni5N	0.15	1.00	5.50~7.50	0.050	0.030	3.50~5.50	16.00~18.00	—	—	0.05~0.25	—
3	S35450	12Cr18Mn9Ni5N	1Cr18Mn8Ni5N	0.15	1.00	7.50~10.00	0.050	0.030	4.00~6.00	17.00~19.00	—	—	0.05~0.25	—
9	S30110	12Cr17Ni7	1Cr17Ni7	0.15	1.00	2.00	0.045	0.030	6.00~8.00	16.00~18.00	—	—	0.10	—

表 5-72 奥氏体型不锈钢棒或试样的典型热处理制度（GB/T 1220—2007）

GB/T 20878 中序号	统一数字代号	新牌号	旧牌号	固溶处理/℃
1	S35350	12Cr17Mn6Ni5N	1Cr17Mn6Ni5N	
3	S35450	12Cr18Mn9Ni5N	1Cr18Mn8Ni5N	
9	S30110	12Cr17Ni7	1Cr17Ni7	

七、铝及铝合金挤压棒材的检验

铝及铝合金挤压棒材的检验（图 5-52～图 5-54、表 5-88～表 5-101）

表 5-95　棒材的室温纵向拉伸力学性能（GB/T 3191—2019）

牌号	供应状态[2][3]	试样状态	圆棒直径/mm	方棒或六角棒厚度/mm	抗拉强度 R_m	规定塑性延伸强度 $R_{p0.2}$	断后伸长率[1] A	A_{50mm}	布氏硬度参考值[3] HBW
					MPa		%		
1035	O	O	≤150.00	≤150.00	60～120	—	≥25	—	
	H112	H112	≤150.00	≤150.00	≥60	—	≥25	—	
1060	O	O	≤150.00	≤150.00	60～95	≥15			
	H112	H112	≤150.00	≤150.00	≥60	≥15			
1050A	O	O	≤150.00	≤150.00	60～95	≥20			
	H112	H112	≤150.00	≤150.00	≥60	≥20			

八、冷拉钢丝的检验

冷拉钢丝的检验（图 5-55～图 5-58、表 5-102～表 5-107）

表 5-102　钢丝公称尺寸、截面面积及理论重量（GB/T 342—2017）

公称尺寸[1]/mm	圆形		方形		六角形	
	截面面积/mm²	理论重量[2]/(kg/1000m)	截面面积/mm²	理论重量[2]/(kg/1000m)	截面面积/mm²	理论重量[2]/(kg/1000m)
0.050	0.0020	0.016	—	—		
0.053	0.0024	0.019	—	—		
0.063	0.0031	0.024	—	—		

九、优质碳素结构钢丝的检验
十、铜及铜合金线材的检验

九、优质碳素结构钢丝的检验（表 5-108～表 5-111）

十、铜及铜合金线材的检验（图 5-59、表 5-112～表 5-118）

表5-112　产品的牌号、状态、规格（GB/T 21652—2017）

分类	牌号	代号	状态	直径（对边距）/mm
无氧铜	TU0	T10130	软（O60），硬（H04）	0.05～8.0
	TU1	T10150		
	TU2	T10180		
纯铜	T2	T11050	软（O60），1/2硬（H02），硬（H04）	
	T3	T11090		
镉铜	TCd1	C16200	软（O60），硬（H04）	

表5-115　线材抗拉强度和断后伸长率（GB/T 21652—2017）

牌号	状态	直径（或对边距）/mm	抗拉强度 R_m /MPa	断后伸长率（%）	
				A_{100mm}	A
TU0 TU1 TU2	O60	0.05～8.0	195～255		
	H04	0.05～4.0	≥345		
		>4.0～8.0	≥310		

十一、结构用无缝钢管的检验

结构用无缝钢管的检验
（表5-119～表5-132）

第六章 模样的检验

第一节 模样的种类及用途

模样（模型）是用来形成砂型型腔的铸造工艺装备。模样产品质量好坏直接影响铸件的质量。为了检验模样，检验员必须熟知各种模样的结构、用途及其制造方法和技术要求，以及制模所用材料，还必须熟悉铸造用的各种金属材料及其性能。模样的种类很多，表6-1是常用的砂型铸造用模样的特点及应用范围。

表6-1 常用的砂型铸造用模样的特点及应用范围（供参考）

名 称	特 点	应用范围
木模	质轻、易加工、价廉，但强度低、易吸潮变形和损伤、尺寸精度低	用于单件、小批量或成批生产的各种模样
铝合金模	质轻、易加工、表面光滑、耐蚀，但强度较低、不耐磨	用于成批和大量生产的中、小铸件
铜合金模	易加工、表面光滑、耐蚀、耐磨，但成本高	用于制造精度要求较高的薄、小铸件模样及肋板活块等
铸铁模	加工后表面光滑，强度高、硬度高、耐用且价廉，但密度大、易锈且不易加工	用于中大型且大量生产的模样
塑料模	质轻、制造工艺简单、表面光滑、强度及硬度较高、耐蚀、易复制、成本低，但较脆、不能加热且原材料有毒	用于成批、大量生产的各种铸件模样，特别适用于形状复杂、难于加工的模样
菱苦土模	表面光洁、易加工、变形小、不吸潮、硬度较高、成本低，但质量大、冲击韧性差	用于中、大型件的小批量生产，尤其是曲面结构模样更为适用，但目前很少使用
泡沫塑料模	质轻、制作简便，但较贵、表面不光滑、压力下不变形，只能用一次	用于制造单件小批生产的各种模样，制造用普通铸造难于生产的铸件，特别是不易起模的部分
组合模	用两种材料组合而成，例如为避免局部磨损过快，而用耐磨金属镶在模样上，或为起模方便用更光滑的材料镶在难于起模处	用于有局部要求的模样

一、木模

制模用木材应结合制模厂所在地的资源和供应情况，并参照不低于表6-2规定的等级选用。

表 6-2　木材等级选用 (JB/T 7699—1995)

模样和芯盒等级	工作表面用材料	结构用材料
一级	一至二级	二至三级
二级	二至三级	三级
三级	三级	任意

注：凡模样和芯盒与型砂的接触面为工作表面材料，其余均为结构用材料。

对于木材有如下注意事项：
① 制造模样和芯盒用木材经干燥处理后，存放期应不少于20天。
② 木材的含水率宜在8%～16%范围内，各地区可以根据本地区情况进行适当控制。
③ 树心材料按树心剖开，但用于浇冒口时除外。

1. 模样和芯盒的等级

根据模样和芯盒使用次数及对铸件精度的要求不同，JB/T 7699—1995《铸造用木制模样和芯盒技术要求》将木制模样和芯盒分为如下三级。

（1）一级模样和芯盒

适用于下列情况之一：
① 铸件的尺寸精度和表面质量要求较高的，并且是长期使用的模样和芯盒。
② 树脂砂用模样和芯盒，铸件产量在5件以上的。

（2）二级模样和芯盒

适用于下列情况之一：
① 铸件的尺寸精度和表面质量有一定要求或尺寸精度和表面质量要求不高，但均是多次使用的模样和芯盒。
② 铸件的尺寸精度和表面质量要求较高，但使用次数不多的模样和芯盒。
③ 树脂砂用模样和芯盒，铸件产量不多于5件的。

（3）三级模样和芯盒

① 适用于铸件的尺寸精度和表面质量要求不高，单次或少量生产后无继续保存价值的模样和芯盒。
② 浇冒口系统及样板尺寸公差应按模样和芯盒的同一等级制造。
③ 模样和芯盒的等级应在铸造工艺图或技术文件中规定，未规定者由承制单位根据实际情况决定。
④ 凡有特殊要求者，模样和芯盒的等级可由供需双方协商决定。

2. 模样和芯盒的技术条件

（1）一级模样和芯盒的技术条件

① 板材宽度应不大于150mm。
② 采用叠辋结构时，每层板材厚度不大于30mm，叠辋高度一般不大于300mm。
③ 采用筒体结构时，筒体直径在250～500mm时，筒板宽应小于90mm；直径大于

500mm 时，筒板宽应小于 100mm，而板厚为 30~50mm。

④ 骨架撑框的纵横间距应不大于 500mm。

⑤ 矩形芯盒长度大于 800mm，高度大于 300mm，板厚为 35~50mm 时，侧板外部必须加框加固；当长度大于 1500mm，板厚大于 50mm 时，应在侧板中部钻孔，用贯穿螺栓加固。

⑥ 容易损坏或磨损的部分，应镶上保护板或金属镶片。

⑦ 活块与主体的连接，应采用燕尾榫连接，其材料应采用硬质木材或金属材料制成。

⑧ 模样和芯盒上的内圆角都应做出，并采用厚口铲出。

（2）二级模样和芯盒的技术条件

① 板材宽度应不大于 200mm。

② 采用叠辋结构时，每层板材厚度不大于 40mm，叠辋高度一般不大于 400mm。

③ 采用筒体结构时，筒体直径在 250~500mm 时，筒板宽应小于 100mm；直径大于 500mm 时，筒板宽应小于 120mm，而板厚为 30~50mm。

④ 骨架撑框的纵横间距应不大于 600mm。

⑤ 矩形芯盒长度大于 1000mm，高度大于 300mm，板厚为 35~50mm 时，侧板外部必须加框加固；当长度大于 1500mm，板厚大于 50mm 时，应在侧板中部钻孔，用贯穿螺栓加固。

⑥ 活块与主体的连接，应采用燕尾榫连接。

⑦ 多次使用的模样和芯盒，其内圆角均须做出，而使用次数不多的模样和芯盒（树脂砂的模样和芯盒除外），小于或等于 $R10$ 的内圆角可以不做出，但需用腻子补出，大于 $R10$ 的内圆角均须做出。

（3）三级模样和芯盒的技术条件

① 活块和主体的连接，可采用燕尾榫或销钉方法连接。

② 小于或等于 $R15$ 的内圆角可以不做出，但需用腻子补出，或者注出圆角大小，而大于 $R15$ 的内圆角均须做出。

3. 尺寸公差

木制模样和芯盒的中心距公差、配合尺寸公差、重合尺寸公差、其他尺寸公差、工艺装备尺寸公差应符合表 6-3 的规定。壁厚尺寸公差应符合表 6-4 的规定。

表 6-3 中心距、配合、重合、其他尺寸及工艺装备尺寸公差 （JB/T 7699—1995）

（单位：mm）

测量尺寸	中心距、配合、重合尺寸公差			其他尺寸公差			工艺装备尺寸公差
	等级			等级			等级
	一级	二级	三级	一级	二级	三级	一、二、三级
≤63	0.4	0.4	0.6	0.6	0.8	1.0	1.2
>63~100	0.4	0.6	0.8	0.8	1.0	1.2	1.4

（续）

测量尺寸	中心距、配合、重合尺寸公差 等级			其他尺寸公差 等级			工艺装备尺寸公差 等级
	一级	二级	三级	一级	二级	三级	一、二、三级
>100~160	0.6	0.8	1.0	1.0	1.2	1.4	1.8
>160~250	0.8	1.0	1.2	1.2	1.4	1.8	2.2
>250~400	0.8	1.2	1.4	1.4	1.8	2.2	2.6
>400~630	1.0	1.4	1.8	1.8	2.2	2.5	3.2
>630~1000	1.4	1.8	2.2	2.2	2.6	3.2	4.0
>1000~1600	1.6	2.0	2.8	2.6	3.2	3.8	5.0
>1600~2500	2.0	2.6	3.4	3.2	4.0	4.8	6.0
>2500~4000	2.6	3.0	4.4	4.0	4.8	5.8	7.4
>4000	3.0	4.0	5.4	5	6	7	9

注：1. 当一个方向上有若干个连续的中心距或位置间距时，其相加后总尺寸的公差仍需符合表6-3的规定。
2. 配合尺寸（包括芯头和芯座的配合尺寸）、重合尺寸，其偏差应取同方向。
3. 凡分段型芯拼成整芯时，则几个分段型芯芯盒所形成的整芯长度尺寸公差，需符合表6-3的规定。
4. 由角度换算成线性尺寸时，其公差不超过表6-3的规定。
5. 借用样板制作的曲面，其尺寸公差允许适当增大。

表6-4 壁厚尺寸公差（JB/T 7699—1995） （单位：mm）

测量尺寸		≤10	>10~16	>16~25	>25~40	>40~63	>63
等级	一级	0.4	0.4	0.6	0.8	1.2	1.4
	二级	0.4	0.6	0.8	1.0	1.4	1.6
	三级	0.6	0.8	1.0	1.2	1.6	2.0

注：受压件的壁厚只允许采用公差的正偏差。

尺寸公差超差时，如该尺寸是铸件加工面，则允许有下列超差：一级模样和芯盒不超铸件加工余量的±4%；二级模样和芯盒不超铸件加工余量的±6%；三级模样和芯盒不超铸件加工余量的±8%。

公差对称分布，即公差的一半取正值，另一半取负值。如有特殊要求时，也可采用非对称设置，并应在图样上注明或在技术文件中规定。

木模施放加工余量除按木模工艺标准制作外，同时应注意尺寸偏差：一级木模不超过铸件加工余量的±5%；二级木模不超过铸件加工余量的±10%；三级木模不超过铸件加工余量的±15%。

4. 起模斜度（见表6-5~表6-7）

表中α为斜度，a为宽度。

第六章 模样的检验

表 6-5 黏土砂造型时,模样外表面的起模斜度 (JB/T 5105—1991)

测量面高度 H /mm	起模斜度 ≤			
	金属模样、塑料模样		木 模 样	
	α	a/mm	α	a/mm
≤10	2°20′	0.4	2°55′	0.6
>10~40	1°10′	0.8	1°25′	1.0
>40~100	0°30′	1.0	0°40′	1.2
>100~160	0°25′	1.2	0°30′	1.4
>160~250	0°20′	1.6	0°25′	1.8
>250~400	0°20′	2.4	0°25′	3.0
>400~630	0°20′	3.8	0°20′	3.8
>630~1000	0°15′	4.4	0°20′	5.8
>1000~1600	—	—	0°20′	9.2
>1600~2500	—	—	0°15′	11.0
>2500	—	—	0°15′	—

表 6-6 黏土砂造型时,模样凹处内表面的起模斜度 (JB/T 5105—1991)

测量面高度 h /mm	起模斜度 ≤			
	金属模样、塑料模样		木 模 样	
	α	a/mm	α	a/mm
≤10	4°35′	0.8	5°45′	1.0
>10~40	2°20′	1.6	2°50′	2.0
>40~100	1°05′	2.0	1°15′	2.2
>100~160	0°45′	2.2	0°55′	2.6
>160~250	0°40′	3.0	0°45′	3.4
>250~400	0°40′	4.6	0°45′	5.2
>400~630	0°35′	6.4	0°40′	7.4
>630~1000	0°30′	8.8	0°35′	10.2
>1000	—	—	0°35′	—

注: 1. JB/T 5105—1991《铸件模样 起模斜度》。
  2. JB/T 7699—1995《铸造用木制模样和芯盒技术条件》。

表 6-7 自硬砂造型时,模样外表面的起模斜度 (JB/T 5105—1991)

测量面高度 H /mm	起模斜度 ≤			
	金属模样、塑料模样		木 模 样	
	α	a/mm	α	a/mm
≤10	3°30′	0.6	4°00′	0.8
>10~40	1°50′	1.4	2°05′	1.6
>40~100	0°50′	1.6	0°55′	1.6
>100~160	0°35′	1.6	0°40′	2.0
>160~250	0°30′	2.2	0°35′	2.6

(续)

测量面高度 H /mm	起模斜度≤			
	金属模样、塑料模样		木模样	
	α	a/mm	α	a/mm
>250~400	0°30′	3.6	0°35′	4.2
>400~630	0°25′	4.6	0°30′	5.6
>630~1000	0°20′	5.8	0°25′	7.4
>1000~1600	—	—	0°25′	11.6
>1600~2500	—	—	0°25′	18.2
>2500	—	—	0°25′	—

注意:
1) 对于起模困难的模样，允许采用较大的起模斜度，但不得超过表中数值的一倍。
2) 芯盒的起模斜度可参照表6-5～表6-7。
3) 当造型机工作比压在700kPa以上，允许将表6-5～表6-7列出的起模斜度值增加，但不得超过50%。

5. 表面质量

（1）平面度

黏土砂用模样和芯盒的平面度公差应符合表6-8的规定，树脂砂用模样和芯盒的平面度公差应符合表6-9的规定。

表6-8 黏土砂用模样和芯盒的平面度公差（JB/T 7699—1995）

（单位：mm）（±）

测量尺寸	≤400			>400~630			>630~1000			>1000~1600			>1600~2500			>2500~4000			>4000		
	一级	二级	三级	一级	二级	三级	一级	二级	三级	一级	二级	三级	一级	二级	三级	一级	二级	三级	一级	二级	三级
≤400	0.2	0.3	0.4	—	—	—	—	—	—	—	—	—	—	—	—	—	—	—	—	—	—
>400~630	0.3	0.4	0.5	0.4	0.5	0.6	—	—	—	—	—	—	—	—	—	—	—	—	—	—	—
>630~1000	0.4	0.5	0.6	0.5	0.7	0.9	0.7	0.9	1.1	—	—	—	—	—	—	—	—	—	—	—	—
>1000~1600	0.5	0.7	0.9	0.7	0.9	1.1	1.0	1.2	1.5	1.4	1.6	1.9	—	—	—	—	—	—	—	—	—
>1600~2500	0.7	0.9	1.1	1.0	1.2	1.5	1.4	1.6	1.9	2.0	2.2	2.4	2.2	2.4	2.7	—	—	—	—	—	—
>2500~4000	1.0	1.2	1.5	1.4	1.6	1.9	2.0	2.2	2.4	2.2	2.4	2.7	2.5	2.7	2.9	2.8	3.0	3.2	—	—	—
>4000~6300	1.4	1.6	1.9	2.0	2.2	2.4	2.2	2.4	2.7	2.5	2.7	2.9	2.8	3.0	3.2	3.0	3.2	3.6	3.4	3.6	4.0
>6300	2.0	2.2	2.4	2.2	2.4	2.7	2.5	2.7	2.9	2.8	3.0	3.2	3.0	3.3	3.6	3.4	3.6	3.8	4.0	4.4	—

表6-9 树脂砂用模样和芯盒的平面度公差（JB/T 7699—1995）

（单位：mm）（±）

测量尺寸	≤400		>400~630		>630~1000		>1000~1600		>1600~2500		>2500~4000		>4000	
	一级	二级	一级	二级	一级	二级	一级	二级	一级	二级	一级	二级	一级	二级
≤400	0.2	0.3	—	—	—	—	—	—	—	—	—	—	—	—
>400~630	0.3	0.4	0.4	0.5	—	—	—	—	—	—	—	—	—	—
>630~1000	0.4	0.5	0.5	0.6	0.6	0.8	—	—	—	—	—	—	—	—

第六章 模样的检验

（续）

测量尺寸	≤400		>400~630		>630~1000		>1000~1600		>1600~2500		>2500~4000		>4000	
	一级	二级	一级	二级	一级	二级	一级	二级	一级	二级	一级	二级	一级	二级
>1000~1600	0.5	0.6	0.6	0.8	0.8	1.0	1.2	1.4	—	—	—	—	—	—
>1600~2500	0.6	0.8	0.8	1.0	1.2	1.4	1.5	1.8	1.7	2.0	—	—	—	—
>2500~4000	0.8	1.0	1.2	1.4	1.5	1.8	1.7	2.0	1.9	2.3	2.0	2.5	—	—
>4000~6300	1.2	1.4	1.5	1.8	1.7	2.0	1.9	2.3	2.0	2.5	2.4	2.8	2.7	3.2
>6300	1.5	1.8	1.7	2.0	1.9	2.3	2.0	2.5	2.4	2.8	2.7	3.2	3.0	3.6

注：和起模方向垂直而有加工余量的平面，其平面度公差在保证有加工余量的前提下可适当放大。

（2）表面粗糙度

在未涂装之前的模样和芯盒工作表面的表面粗糙度应符合表6-10的规定。

表6-10 模样和芯盒工作表面粗糙度（JB/T 7699—1995）（单位：μm）

名称	粗糙度参数值 Ra		
	等级		
	一级	二级	三级
机器造型用模样	3.2	3.2~6.3	—
树脂砂用模样和芯盒	3.2~6.3	6.3	—
黏土砂用模样和芯盒	6.3	6.3~12.5	12.5
模样和芯盒型芯头部分	6.3	12.5	12.5

6. 涂装

1）模样和芯盒工作表面的缺陷必须用腻子填平修光，然后再涂装。

2）涂装必须均匀、平滑、色泽一致，不得存在杂质、起泡、漏涂、流挂、刷痕、桔皮、脱落等缺陷。

3）所有活动部分不得相互粘结，并应保证活动部分脱落灵活。

4）涂装层颜色由承制单位决定，有特殊要求或三级模样和芯盒需要涂装者，应在技术文件或订货合同中规定。

7. 木模的编号和油漆

1）编号：木模的编号是按照铸造摆芯先后顺序而编制的。木模检验员必须按图样铸造工艺编制的序号要在明显部位写清产品名称、图号、芯盒号码、浇冒口等附件的数量。

2）木模易于装反或错位的砂芯，芯头应做成特殊形状和定位。

3）标记要明确、完全。

外模应标明型号、名称以及活块、冒口数量、制造日期。

芯盒应标明型号、名称以及砂、芯编号、下芯方向、出气方向、应修出的圆角位置等。

4）木模的外模与芯盒在检验合格后再进行涂装，涂装必须平滑，不得有气泡、杂质、流挂与其他明显缺陷。

木模的油漆是对木模一种修饰和保护，增加木模光滑美观，易于铸造脱模，增加木模使用寿命，降低铸件成本。

5）木模的油漆一般用漆清（虫胶、酒精、松香混合液体）、调合漆、硝基磁漆等。

二、金属模

1. 金属模常用材料（见表6-11）

表6-11 金属模常用材料

材料种类		规格牌号	应用情况
铝合金		ZL101 ZL102 等	各种模型、铸模板等
铜合金	黄铜	HSi80-3 等	各种筋条、活块、细薄镶片和叶轮叶片等
	锡青铜	ZCuSn5Pb5Zn5 ZCuSn10Pb1 等	
灰铸铁 球墨铸铁		HT100 和 HT150 等 QT400-18 等	尺寸较大整铸模板、模样
铸钢 钢材		ZG230-450 和 ZG270-500 等 Q235B、35 和 45 等	出气冒口、通气针小搭子等

2. 制造金属模的一般规定

1）做金属模考虑加工方便、成本低、周期短、保证质量，对不便加工的坯模可分段制作。

2）模型对口处如需镶制保护时，应在工件上划出所镶保护板的宽度和厚度，特殊情况用文字说明。

3）金木合制模型时，镶金属部位应由木型工铲出沟槽后送交金工镶制。

4）金属模在制作过程中，不得因卡、压、锤击而造成表面上裂损和凹痕。

5）金属模的内外圆角用 R 规测量。

6）对件数较多及几何形状复杂的部件划线可用样板进行。样板必须经检验员检查合格后方可使用。

7）对于复杂不能画线的曲面形状，须按形线样板铲出标线，经检验员检查合格后才能进行下一道工序加工。

8）对开芯盒和外模开边型腔或外模轮廓线相同部分的画线应一次画出，保证配合一致。

9）外模或芯盒的活块间隙应接合严密，也应脱落自由。

10）金属模因故镶补时，其镶块厚度不得小于3mm，但厚度不得超过壁厚的一半。补块应与模体严密吻合，无松动现象。

11）保护板和钢挡板应与金属模的毛坯形状相符，紧固前应校平，保护板应根据工艺要求，不得随意更换。

12) 金属模定位销打入后，其在表面上的凸出部分应修平，并且不得损伤模的表面。

13) 由于钻孔或攻螺纹而引起错位时，应重新更换定位销孔的位置，不得修孔。

14) 定位销选择的位置、大小应适当，不得有松动现象。

15) 金属模应采用薄壁结构，凡是能制造空心和薄壁的部分都必须采取薄壳结构，壁厚一般 8~12mm 为宜。

16) 金属模起模斜度见表 6-5~表 6-7。

① 金属模壁厚 <10mm 时，增加斜度。

② 金属模壁厚 11~12mm 时，加或减斜度。

③ 金属模壁厚 >25mm 时，减斜度。

④ 零部件配合部位不得加和减斜度。

17) 金属模装配前，应按图样验收全部零件，并认明方向后，再划线组装。若采用组装机械化和手工造型模板时，中心线和定位线应延长到模型位置以外，以便检验和校正。

18) 金属模装配检验合格后，应在模板或金属外模、芯盒明显部位上用扁铲和字头打印产品图号、名称、芯盒、冷铁数量和制造年月日。

检验人员在检验金属母模时应注意伸尺大小和各部件的机加方法及外模、芯盒组装结构的加工余量大小。

母模伸尺必须加放双重收缩余量。例如：铸件材质为铸铁（HT150）时，采用铝模铸造，铸铁的收缩率定为 1%，铝合金收缩率为 1.5%，这样母模的收缩率为两者收缩率之和，即 1% +1.5% =2.5%。

母模按 2.5% 缩尺制造。

3. 金属模的精度

1) 工作腔的尺寸精度不应低于 5 级。

2) 配合部位的尺寸精度不应低于 4 级。

3) 非配合面的尺寸精度不应低于 8 级。

4) 各部位的表面粗糙度、芯盒尺寸公差、水平芯头间隙和尺寸公差、垂直芯头间隙和尺寸公差、分型面与模板间隙、模芯盒主体材料及应用范围、芯盒加强筋的布置分别见表 6-12~表 6-18。

表 6-12 金属模表面粗糙度　　　　　　（单位：μm）

名　称	表　面　部　位	Ra
外模	金属模表面	3.2
	金属模与浇注系统和底板的接触面	12.5
	螺钉通过的非螺孔与铆钉孔	25
	活动块的滑移表面	3.2
	金属模在底板上的定位销孔	3.2
	直浇口插在横浇口上的销孔	25

(续)

名　　称	表　面　部　位	Ra
砂芯盒	内壁工作面	3.2
	左右芯盒配合面	3.2
	芯盒与活块的接触面	3.2
	芯盒所有的接触面	3.2~12.5
	芯盒与护板的接触面	12.5
	非工作表面：平常接触的表面	25~100
底板	底板工作表面	6.3
	底板周围的表面	2.5
	底板定位销孔	3.2

表6-13　金属模芯盒尺寸公差　　　（单位：mm）

测 量 尺 寸	模 样 部 位		
	凸体 I	凹体 II	基准中心线
<300	+0.2 -0.1	-0.2 +0.1	±0.1
300~500	+0.25 -0.1	-0.25 +0.1	±0.1
500~800	+0.3 -0.1	-0.3 +0.1	±0.1
>800	+0.4 -0.2	-0.4 +0.2	±0.1

表6-14　金属模芯盒的水平芯头间隙和尺寸公差　　（单位：mm）

铸孔 公称尺寸	间　隙	公　差	配合尺寸举例	
			模样尺寸	芯盒尺寸
10~25	0.1	0.1	$20.2^{+0.1}$	$20^{-0.2}$
25~50	0.2	0.1	$40.3^{+0.1}$	$40^{-0.1}$
50~100	0.3	0.15	$80.4^{+0.15}$	$80^{-0.15}$
100~150	0.4	0.2	$120.5^{+0.2}$	$120^{-0.2}$
>150	0.5	0.2	$160.5^{+0.2}$	$160^{-0.2}$

表6-15　金属模芯盒的垂直芯头间隙和尺寸公差　　（单位：mm）

铸孔 公称尺寸	间　隙	公　差	配合尺寸举例	
			模样尺寸	芯盒尺寸
10~25	0.2	0.1	$20.2^{+0.1}$	$20^{-0.1}$
25~50	0.3	0.1	$40.3^{+0.1}$	$40^{-0.1}$
50~100	0.4	0.15	$80.4^{+0.15}$	$80^{-0.15}$
100~150	0.5	0.2	$120.5^{+0.2}$	$120^{-0.2}$
>150	0.6	0.2	$160.5^{+0.2}$	$160^{-0.2}$

第六章 模样的检验

表 6-16　金属模分型面与模板间隙　　　（单位：mm）

分型面最大轮廓尺寸	<300	300~500	>500
间　隙	0.1	0.15	0.2

表 6-17　金属模芯盒主体材料及应用范围

合金代号	自由线收缩率（%）	特　点	应用范围
ZL101	0.9~1.2	不生锈，表面粗糙度值小，易切削，质量小，易脱模	用于制造中小型外模及芯盒
ZL102	0.8~1.1		
ZL104	0.9~1.1		
ZL201	1.25~1.3		
HT150	0.8~1.0	强度、硬度高，材料易得，耐磨性好	用于制造大型外模及芯盒
HT200	0.8~1.0		

表 6-18　芯盒加强筋的布置

芯盒平均轮廓尺寸 $\frac{长+宽}{2}$ /mm	长:宽=1~1.5 长宽方向筋条数各/条	长:宽=1.5~2 长宽方向筋条数各/条	长:宽>2 长向筋数/条	长:宽>2 宽向筋数/条	筋高最小值/mm
100~300	2~3	1~2	1~2	1	5
300~500	3~4	2~3	2~3	1~2	5
500~800	4~5	3~4	3~4	2~3	10
800~1200	5~7	4~5	4~5	3~4	15

第二节　检验依据和检验方法

在木模生产、检验过程中都要进行复杂的计算和放大样，求得各部尺寸。因此检验员必须有较高的技术素质：即要求具备较高的识图能力；纯熟的几何画法；运用自如地进行各种计算或查表得出所需数据。如三角函数表（许多电子计算器内有各种三角函数值）、弓高弦长计算法、各种齿轮的画法等。这样才能加快木模检验速度和保证检验质量。

一、检验依据

模样的产品图样、制模工艺规程、木模技术要求等标准及铸造工艺要求等。

二、检验常用量具

木模检验常用量具有铸物尺（8‰、10‰、15‰、20‰、25‰等）、钢板尺、三角板、游标卡尺、方箱、划线盘、划规等。

金属模检验常用量具有铸物尺、钢卷尺、游标卡尺、千分尺、量块、直角尺、高度尺、量角器、平板、方箱、量棒、样板、斜度板以及划线工具等。

三、木模的检验方法

1. 制模检验

检验木模所用的主料、辅料是否合格。

2. 中间检验

木模检验员应对伸样、选料、拼接坯料、切削加工和组装等过程进行监督检查，以保证制模过程的质量（见表6-19、表6-20）。

表6-19 木模制造过程的检验

序号	项 目	工 艺 要 求
1	木材	模样所用木材必须经过人工干燥和自然干燥，其含水率在8%~12%范围内
2	木板胶合	两层以上木板胶合用钉子或木螺钉紧固时，钉入下层的深度不得少于该板厚的2/3，但不得钉透；用木螺钉紧固时必须拧入不得钉入 胶合木料时，必须将胶合面刨平，然后均匀涂胶，来往推动直至全部吻合溢出余胶为止。木材的纹理必须交错使用
3	钉子钉入	离模坯边缘25mm以下紧固的钉子，如长度超过75mm时，必须选用钉钻钻孔，然后钉入。钻孔不允许超过钉子直径的2/3，深度不允许超过钉子长度的2/3。平面上的钉子应交错分布，钉子之间距离不能超过下表规定（木材纵向钉距） （单位：mm） 	木模长度	纵向钉距	横向钉距
≤500	<150	70~120
>500~1000	<200	当板宽小于50时可钉一个钉
>1000~2000	<250	70~120
>2000	<300	当板宽小于50时可钉一个钉 | 木模表面需钉加固钉时，钉帽必须砸偏，钉帽应顺木纹方向钉入，钉孔必须用腻子填平
4	定位合销	金属及塑料定位合销规格如下（见图） （单位：mm） | 编号	D	D_1	D_2	D_3	H	h	h_1	h_2	R	材料	孔数
---	---	---	---	---	---	---	---	---	---	---	---
1	7	7	25	3	8	4	3	1.5	3	塑料	2
2	12	12	40	3	13	5	4	2	4	塑料	3
3	20	20	60	4	22	7	6	2	7	塑料	3
4	25	25	80	4	6	10	9	3	10	钢	4
5	30	30	120	5	30	14	13	4	13	钢	4	 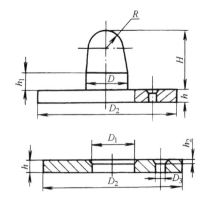 定位合销如用于圆形，一般用二个，但定位中心必须距中心不等距，防止木模或连接部分可能装反和颠倒。特殊情况定位销应有三个木模上的各活动连接部分，必须刻上各种不同的明显标记，以防安错丢失

第六章 模样的检验

(续)

序号	项目	工艺要求
5	中心线、皮线和定位芯头	交检的木模外型和芯盒必须划出主要中心线；在外模对口或平面上应画出铸件皮线（壁厚和肉厚）及其他有关搭子、芯盒和芯头等，皮线用篮笔涂画，加工余量用红笔涂画，外模芯头用黑笔涂刷 在砂型装配时，为了避免装反或泥芯错位，其芯头必须做出特殊形状（亦称标准定位芯头）
6	起模斜度	造型起模或从芯盒中取出砂芯时，容易损坏砂、型和泥芯，因此模样和芯盒都应合理做出起模斜度，一般除应在工艺图上标注或工艺文件说明外，应按表6-5～表6-7选用 产品图样未标斜度的不加工面应按上表进行检验和制作，如有的零件图样有特殊技术要求，应按图样和工艺要求处理 机械加工表面斜度按图样或工艺要求处理，无要求的均按上表进行处理 选择起模斜度有三种方法。选择的时候要根据铸件表面性质（加工面或不加工面）、工作条件（与其他相关件的配合）、铸件尺寸精度等因素而决定。起模斜度的形式与应用见下表：

起模斜度的形式与应用　　　　　　（单位：mm）

形式	增加铸件厚度Ⅰ	加减铸件厚度Ⅱ	减少铸件厚度Ⅲ
简图			
非加工面的厚度	<10	10～25	>25
测量面高度 H h	≤200 ≤120	≤800 ≤500	—
应用场合	用于所有的加工面	用于毛坯孔、铸件侧面需加工的和 $H>500$ 的可减20%	用于毛坯孔或不允许加厚时

表6-20　木模坯料接合的检验

结构种类	结构形式		
	一级木模	二级木模	三级木模
角的拼接			

(续)

结构种类	结构形式		
	一级木模	二级木模	三级木模
外圆角拼接			
内圆角拼接			
法兰盘圆角拼接			

圆环形模胎的接合，每圆圈的块数是根据直径大小而定。木料层数是根据模胎高度和木板厚度而定。每层最厚不得大于30mm（特大直径圆除外）。木模均按表6-21和表6-22制作和检验。

表6-21 圆环形料层块数的规定

直径 D /mm	每圈块数 不少于	高度 H /mm	层 数	直径 D /mm	每圈块数 不少于	高度 H /mm	层 数
300以下	4	20以下	2	1201以上	8～12	121～180	5～7
301～800	4～6	20～80	3	特　大	16～20	181～500	7～20
801～1200	6～8	81～120	4～5	—	—	—	—

表6-22 圆盘形料层块数的规定

直径 D/mm	一级每圈块数		二级每圈块数	
300以下	4		4	
301～500	4～6		4～6	
501～800	6～8		6	
801～120	8～10		8	
厚度 H/mm	一级		二级	
	h/mm	层数	h/mm	层数
20～75	10～25	2～3	10～25	2～3
76～120	19～24	4～5	25	4～5
121～180	20～25	6～8	不限	—
181以上	25	6以上	—	—

第六章　模样的检验

木模中间检验时检验员经常与木模制造工人互相配合研究或解决图样上的一些疑难问题。如果解决不了则请有关工程技术人员来共同磋商解决。

3. 木模成品的检验

木模成品的检验（包括芯盒）应由专职检验员或经验丰富的木模工检验。

检验应根据产品图样和铸件工艺图等技术要求检验。检验的主要内容及方法按表6-23规定。

表6-23　木模成品的检验内容及方法

检验项目	检验内容	检验方法	注意问题
形状和尺寸	主体的中心位置、轮廓尺寸、芯头位置、各部分距离、加工余量、收缩量、起模斜度、圆角、平面度和表面粗糙度等	采用钢卷尺、钢板尺、画规、铸物尺、专用样板等工具进行测量或采用平台划线检验	检验中应注意模板、模样、芯盒三者之间的相应尺寸关系，避免不允许的偏差和错误
木模装配	分型面和分模面的位置和方向，分型面的凸凹不平或翘曲，定位和活动部分的连接松紧程度，起、敲吊装置的合理牢固等	目视和采用一般量具进行测量	检验时依据模样与芯盒的装配图样进行检验
木模结构	木模的木材、木材的拼接、木材的强度、钉结及胶结等是否紧密牢固	感官检验	依据企业制定的模样与芯盒的结构图样检验（检验结构板块的拼接和纹理方向）
标志与涂装	木模和芯盒件号的标记，芯盒填砂方向、通气方向、吊芯方向及各部位的标记，表面涂装厂标、铸字等	感官检验	一级木模只允许少数地方用腻子填补，涂装三次以上；二级木模允许用腻子填补，须用干性油打底，涂装二次以上；三级木模允许腻子填补，涂装一次

注：木模的各部分尺寸与形状应按木模等级尺寸偏差标准检验。

四、金属模的检验方法（见表6-24~表6-33）

表6-24　金属模成品的检验内容及方法

检验项目	工装名称	检验内容	检验方法
外观缺陷	模样与芯盒	工作面不允许有裂纹、疏松、气孔等缺陷。非工作面上的缺陷在不影响强度及几何形状的前提下，允许修补　工作面允许有<0.2mm的少量气孔、针孔	目视或借助于放大镜观察，也可进行着色检验；精密的模样可进行简单的无损检测
	烘干器（板）	允许存在不影响强度的缺陷，缺陷不允许采用铆接修补。放在钻模上不得有摆动，在平面上允许有微动	目视或借助放大镜检验，工作表面涂色检验，修刮接触点为1点/cm²

(续)

检验项目	工装名称	检验内容	检验方法
外观缺陷	铸铁模底板	存在影响强度的缺陷须修补，侧面和底面允许有铸造缺陷	目视或借助放大镜
	砂箱	影响强度的缺陷允许修补，侧面允许有铸造缺陷，箱把、吊环、吊轴应与箱体接牢固，有影响强度的缺陷不允许修补。箱把、吊环、吊轴与箱体接触的根部不得有缺陷，以保证安全	目视或借助敲击工具
表面粗糙度	模样与芯盒	模样、芯盒的工作面，芯盒的活块、槽穴，芯盒盖板的上表面，模样的配合面，修正模样的基面，车制样柱的工作表面，芯盒的分盒面、底面，芯盒盖板的结合面等	用表面粗糙度比较样块对照检查
	烘干器（板）	型芯烘干托板的工作面、底面，烘芯器的工作表面及未注明的工作面	
	模板底销套浇注系统的零件	模底板的上下平面，定位销套、钻套内外表面、浇注系统的零件表面等	
	砂箱	分箱面平面，填砂方向平面，砂箱与定位销配合面，定位销孔，锁紧销孔，槽及其他	
尺寸	模样与芯盒	模样与芯盒的工作面尺寸偏差，分模面的平面度允差，对开芯盒内腔重合性尺寸偏差，芯盒定位销尺寸偏差（见表6-26～表6-29）	轮廓尺寸、中心线尺寸及空间位置采用划线方法，曲线及球形表面使用专用样板
	烘干器（板）	烘芯器垂直壁与砂芯间隙、凸台的高度、壁厚偏差、销孔直径与芯盒销子直径、烘干板工作表面平面度（见表6-30）	采用游标卡尺、塞尺，借助平台进行测量
	模底板	尺寸偏差与形位公差，顶面和模板面与模底板组合后高度差、间隙，模底板厚度偏差，外框与中部的厚度差，上下面的平行度，整铸模板非形成铸件部分的凸台尺寸偏差等（见表6-31）	用千分尺、游标卡尺、塞尺或划线检验
	浇冒口模样	尺寸偏差、上下浇冒口模样相应部分重合时，对模底板装配偏差（见表6-32）	采用千分尺和游标卡尺测量
	砂箱	分型面平面度允差，填砂面与分箱面平行度允差，定位孔中心距允差，定位销与分箱面垂直度允差（见表6-33）	平台画线或借助量具测量

第六章 模样的检验

表6-25 砂箱表面粗糙度 Ra 值　　　　（单位：μm）

砂箱工作面	手工造型用砂箱	机械造型用砂箱	高压射压造型用砂箱
分箱面平面	12.5 (∇_3)	6.3 (∇_4)	1.6～6.3 (∇_4～∇_6)
填砂面平面	12.5 或不加工 (∇_3 或不加工)	12.5 (∇_3)	6.3 (∇_4)
定位销孔	1.6 (有套用∇_6)	1.6 (∇_6)	1.6 (∇_6)
砂箱与定位销配合面	—	0.8～1.6 (∇_6～∇_7)	0.8～1.6 (∇_6～∇_7)
锁紧销孔及槽		6.3 (∇_4)	1.6～6.3 (∇_4～∇_6)
其他	(∽)	(∽)	1.6～6.3 (∇_4～∇_6)

表6-26 模样及芯盒工作面尺寸偏差　　　　（单位：mm）

名称	工作面尺寸			
	≤300	301～500	501～1000	>1000
模样	+0.2 / -0.1	+0.25 / -0.1	+0.3 / -0.12	+0.4 / -0.15
芯盒	-0.2 / +0.1	-0.25 / +0.1	-0.3 / +0.12	-0.4 / +0.15

表6-27 模样及芯盒分模面平面度允差　　　　（单位：mm）

名称	分模面轮廓尺寸			
	≤300	301～500	501～1000	>1000
模样及芯盒	<0.05	<0.1	<0.12	<0.15

表6-28 模样在模底板上的位置偏差　　　　（单位：mm）

底板种类	双面模板	单面模板	备注
尺寸偏差	0.5	0.7	数值是指上下模样向同一方向位移的偏差

表6-29 芯盒定位销位置尺寸偏差　　　　（单位：mm）

芯盒特征	用烘干器	不用烘干器	备注
尺寸偏差	≤0.1	<0.5	须保证上下芯盒重合

表6-30 烘干板工作表面的平面度允差　　　　（单位：mm）

最大长度	≤400	401～600	>600	备注
平面度	<0.3	<0.5	<0.7	烘芯器板垂直壁与砂芯的间隙1.3、凸台高度≥2、壁厚偏差≤0.5

表 6-31　铸铁模底板尺寸偏差及形位公差　（单位：mm）

模底板轮廓平均尺寸	定位销中心距偏差		B、C面平面度允差		B、C面平行度允差		销子轴线与B面的垂直度允差	
	高射压	其他	高射压	其他	高射压	其他	高射压	其他
≤1000	±0.05~±0.1	±0.1~±0.2	≤0.06	0.1~0.25	0.1	0.25	0.01/100	0.02/100~0.05/100
1001~2000	±0.1~±0.2	±0.2~±0.5	≤0.1	0.25~0.4	0.16	0.25~0.4	0.01/100	0.05/100~0.1/100
>2000	—	±0.5	—	0.4~0.6	—	0.4~0.6	—	0.1/100

表 6-32　浇冒口模样尺寸偏差　（单位：mm）

造型方法	内浇口尺寸偏差	其余部位尺寸偏差	造型方法	内浇口尺寸偏差	其余部位尺寸偏差
有箱	±0.3	±0.7	无箱	±0.15	±0.5

表 6-33　砂箱的尺寸偏差及形位公差　（单位：mm）

砂箱内框平均尺寸		≤500	501~1000	1001~1500	1501~2000	2001~2500	>2500
分箱面平面度允差	手工或一般机器造型用	0.1~0.3	0.3~0.5	0.5~0.8	0.8~1.0	1.0~1.5	2.0
	高压射压造型线用	<0.1	<0.15	<0.2	—	—	—
填砂面与分箱面平行度允差	翻台转台造型机用	≤0.3	≤0.5	≤0.8	—	—	—
	高压、射压造型线用	≤0.1	≤0.15	≤0.2	—	—	—
定位孔中心距允差	手工造型用	±0.5	±0.5~±0.8	±0.8~±1.2	±1.2~±1.5	≤±1.5	<±2.0
	机器造型用	≤±0.05~±0.1	±0.1~±0.2	±0.2~±0.3	±0.3~±0.4	±0.4~±0.5	≤±0.5
定位销与分箱面垂直度允差	一般机器造型用每100≤	0.03~0.05			0.05~0.1		0.1~0.15
	高压射压造型线用每100≤	0.015			—		—

注：射压、高压造型用砂箱的定位孔中心距允许取低值。

五、旧金属模的检验

1) 金属模磨损极限偏差见表 6-34 和表 6-35。

表 6-34　铸件加工部位磨损极限偏差　（单位：mm）

铸件部位		一般加工面	加工基准面
极限偏差加工量（%）	CT9	20	15
	CT12	25	20

表 6-35　铸件非加工部位磨损极限偏差　（单位：mm）

铸件壁厚	6	>6~10	>10~18	>18~30
CT9	0.25	0.35	0.5	0.65
CT12	0.35	0.5	0.65	0.8

注：芯头处的磨损极限偏差≤芯头间隙40%。

2）金属芯盒磨损极限偏差及变形量见表6-36和表6-37。

表6-36　分盒面的极限偏差　　　　　　　　　　　（单位：mm）

内腔最大深度	≤100	>100~200	>200~300	>300	备注
CT9	0.2	0.3	0.35	0.4	铸件非加工面和加工面的磨损极限偏差同模样
CT12	0.3	0.4	0.45	0.5	

表6-37　手工芯盒分盒面的变形量　　　　　　　　（单位：mm）

分盒面平均轮廓尺寸	≤300	>300	备注
平面度	<0.3	0.5	芯头磨损极限≤芯头间隙的40%

3）烘干器（板）的变形量见表6-38。

表6-38　烘干器（板）的变形量　　　　　　　　　（单位：mm）

工作面平均轮廓尺寸	≤300	>300~600	>600
平面度	0.5	0.8	1.0

4）模底板及定位零件的磨损极限偏差见表6-39。

表6-39　模底板及定位零件的磨损极限偏差

模底板与砂箱接触处	≤0.5mm
定位销直径或宽度	≤制造公差（下偏差）的2倍
定位套孔直径或宽度	≤制造公差（上偏差）的2倍

5）砂箱的磨损极限偏差及变形量见表6-40。

表6-40　砂箱的磨损极限偏差及变形量　　　　　　（单位：mm）

变形部位	偏差或变形量
壁厚、箱带、定位销、合箱销、定位套孔	局部平面度≤1.5mm，四角的最大摇摆量≤1mm，极限偏差≤名义尺寸的40%

六、铸件缺陷与模样缺陷的关系

铸件缺陷与模样缺陷的关系见表6-41。

表6-41　铸件缺陷与模样缺陷的关系

铸件缺陷	模样缺陷原因分析
铸件披缝：披缝是铸件表面上过大或厚薄不均金属突起物，常出现在铸件分型面和芯头部位	因外模芯头与相应芯盒芯头间隙过大。一般潮模造型芯头间隙要对零。干模干芯严格按工艺要求制作
掉砂：铸件表面上的块状金属突起物，其外型与掉落的砂块相似。在铸件其他部位往往出现砂眼或残缺	起模斜度不够（特别是深的凹槽部位） 模样表面不光滑 模样活动部分松紧不适宜

（续）

铸件缺陷	模样缺陷原因分析
尺寸和重量差：铸件的部分尺寸或全部尺寸与图样不符	制造模样时，确定铸物尺寸与铸件所需材质不相符。模样制作时尺寸超差或没看懂图样。模样长期使用磨损、变形、松动造成质量不合格。制模工人责任心不强、技术水平低造成模样制作反方向、缺少筋、搭子及各种活块和补贴
变形：铸件两端翘起或一端翘起、中间凸起或扭曲变形，形状与图样不符	木模结构不合理 木材含水率高（高于12%） 木模存放环境潮湿 木模存放着力点不合理或上部有重物施压 铸件设计不合理或工艺编制不合理
错型（错箱）：铸件的一部分与另一部分在分型面处相互错开	对开模样定位销松动或尺寸超差；模样固定在模板上松动或尺寸超差；芯头和芯座之间的间隙过大；外模芯头起模斜度过小，起模时敲击模样过度，使芯座尺寸增大
错芯：铸件孔腔的一半，一面多肉，另一面则缺肉，不符合图样的要求	制芯过程中，两半芯盒没有对准或尺寸超差 芯盒定位销和定位孔的间隙太大
偏芯：铸件内腔形状不变，铸件一面的壁厚减薄或穿透，另一面则加厚	芯头和芯座之间的间隙过大；外模芯头起模斜度小，起模时敲击模样过度，使芯座尺寸增大 两半芯盒的分型面磨损
春移：在分型面附近铸件局部增厚，往往发生在容易产生春紧过度的部位上。春移与错型容易混淆，错型一边凸起另一边凹进，而春移是单边凸起	模样上活块紧固不良，在造型紧实后期活块移动

第三节　铸件收缩量和加工量

木模检验员在检验木模时首先看图样上标的铸件是什么材质，然后确定铸物缩尺，方能度量尺寸。防止因没看懂材质而任意拿铸物缩尺度量，造成铸件因收缩余量不等尺寸超差而报废。

一、铸件的收缩量

铸件的收缩量见表6-42～表6-45。

表6-42　铸铁件的铸铁线收缩率

铸铁种类			线收缩率$\varepsilon_{线}$（%）	
			阻碍收缩	自由收缩
灰铸铁	中小型铸件		0.8～1.0	0.9～1.1
	大中型铸件		0.7～0.9	0.8～1.0
	特大型铸件		0.6～0.8	0.7～0.9
	圆筒形铸件	长度方向	0.7～0.9	0.8～1.0
		直径方向	0.5	0.6～0.8

第六章 模样的检验

(续)

铸铁种类		线收缩率 $\varepsilon_{线}$（%）	
		阻碍收缩	自由收缩
孕育铸铁	HT100、HT200	0.7~0.9	0.9~1.1
	HT250	1.0	1.5
球墨铸铁	珠光体组织	0.6~0.8	0.9~1.1
	铁素体组织	0.4~0.6	0.8~1.0
黑心可锻铸铁	壁厚>25mm	0.5~0.6	0.6~0.8
	壁厚<25mm	0.6~0.8	0.8~1.0
白口可锻铸铁		1.5	1.75
白口铁		1.5	1.75

表 6-43 铸钢湿型机器造型收缩率

模型长度/mm	收缩形式	收缩率（%）	模型长度/mm	收缩形式	收缩率（%）
≤650	自由收缩	2.0	500~1200	阻碍收缩	1.5
>650~1850	自由收缩	1.5	1250~1700	阻碍收缩	1.25
>1850	自由收缩	1.25	>1750	阻碍收缩	1.0
≤450	阻碍收缩	2.0	—	—	—

表 6-44 铸造铜合金收缩率

合金种类	收缩率（%）		合金种类	收缩率（%）	
	砂型	金属型		砂型	金属型
纯铜	1.2~1.7	1.2~1.7	铝青铜	1.5~2.0	1.6~2.2
锡青铜	1.0~1.2	1.2~1.5	黄铜	1.2~1.5	1.2~1.7
磷青铜	1.0~1.2	1.2~1.5	特殊黄铜	1.4~1.8	1.5~1.8
铅青铜	1.0~1.2	1.2~1.5	硅青铜	1.0~1.5	1.2~1.7

表 6-45 砂型铸造铝合金收缩率

铸件最大尺寸/mm	自由收缩（%）	阻碍收缩（%）	铸件最大尺寸/mm	自由收缩（%）	阻碍收缩（%）
<1500	1.0~1.2	0.5~1.0	>1500	0.7~1.0	0.5~0.8

注：简单而厚实的铸件收缩可近似地认为是自由收缩，除此视为阻碍收缩。

铸件的收缩余量：为了保证铸件冷却（收缩）后尺寸能符合图样要求，在制作木模时应施放一定的余量，叫作收缩余量。收缩余量根据铸件材质线收缩率确定。

线收缩率一般称为收缩率。

收缩余量的计算：

$$收缩余量 = 铸件尺寸 \times 收缩率 \qquad (6-1)$$

$$木模尺寸 = 铸件尺寸 + 收缩余量 \qquad (6-2)$$

市场上出售"铸物缩尺"有以下规格：长1000mm和长600mm，有 $\frac{8}{1000}$，$\frac{10}{1000}$，$\frac{15}{1000}$，$\frac{20}{1000}$，$\frac{25}{1000}$。

总之，在正常情况下，在黑色金属材料中，铸铁的收缩率是0.8%～1.0%；铸钢的收缩率是1.8%～2.0%；有色金属中铝铸件收缩率是1.3%～1.5%；青铜和黄铜铸件收缩率是1.2%～1.7%。

二、铸件的加工余量

铸件加工余量是指机械加工时切削去掉的金属厚度（余量）。这个厚度是制模样时，根据图样要求的加工精度、零件大小、材料和浇注位置等条件施放的，铸件加工余量和尺寸公差见表6-46，图6-1是加工余量的标注方法。

机械加工余量有10个等级，由粗到精为A、B、C、D、E、F、G、H、J、K。

推荐用于各种铸造合金及铸造方法的RMA等级列于表6-47中。

表6-46 毛坯铸件曲型的机械加工余量等级（GB/T 6414—1999）

方法	要求的机械加工余量等级								
	铸件材料								
	钢	灰铸铁	球墨铸铁	可锻铸铁	铜合金	锌合金	轻金属合金	镍基合金	钴基合金
砂型铸造 手工造型	G～K	F～H	F～H	F～H	F～H	F～H	F～H	G～K	G～K
砂型铸造机器造型和壳型	F～H	E～G	E～G	E～G	E～G	E～G	E～G	F～H	F～H
金属型（重力铸造和低压铸造）	—	D～F	D～F	D～F	D～F	D～F	D～F	—	—
压力铸造	—	—	—	—	B～D	B～D	B～D	—	—
熔模铸造	E	E	E	—	E	—	E	E	E

注：GB/T 6414标准还适用于本表未列出的由铸造厂和采购方之间协议商定的工艺和材料。

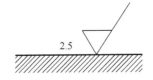

图6-1 要求的机械加工余量在特定表面上的标注

表6-47 要求的铸件机械加工余量（RMA）（GB/T 6414—1999）

（单位：mm）

最大尺寸[①]		要求的机械加工余量等级								
大于	至	A[②]	B[②]	C	D	E	F	G	H	J	K
—	40	0.1	0.1	0.2	0.3	0.4	0.5	0.5	0.7	1	1.4
40	63	0.1	0.2	0.3	0.3	0.4	0.5	0.7	1	1.4	2
63	100	0.2	0.3	0.4	0.5	0.7	1	1.4	2	2.8	4

(续)

最大尺寸[1]		要求的机械加工余量等级									
大于	至	A[2]	B[2]	C	D	E	F	G	H	J	K
100	160	0.3	0.4	0.5	0.8	1.1	1.5	2.2	3	4	6
160	250	0.3	0.5	0.7	1	1.4	2	2.8	4	5.5	8
250	400	0.4	0.7	0.9	1.3	1.4	2.5	3.5	5	7	10
400	630	0.5	0.8	1.1	1.5	2.2	3	4	6	9	12
630	1000	0.6	0.9	1.2	1.8	2.5	3.5	5	7	10	14
1000	1600	0.7	1	1.4	2	2.8	4	5.5	8	11	16
1600	2500	0.8	1.1	1.6	2.2	3.2	4.5	6	9	14	18
2500	4000	0.9	1.3	1.8	2.5	3.5	5	7	10	14	20
4000	6300	1	1.4	2	2.8	4	5.5	8	11	16	22
6300	10000	1.1	1.5	2.2	3	4.5	6	9	12	17	24

注：GB/T 6414—1999（ISO 8062：1994）《铸件 尺寸公差与机械加工余量》
[1] 最终机械加工后铸件的最大轮廓尺寸。
[2] 等级 A 和 B 仅用于特殊场合，例如，在采购方与铸造厂已就夹持面和基准面或基准目标商定模样装备、铸造工艺和机械加工工艺的成批生产情况下。

1. 施放加工余量的原则
1）铸件尺寸大的，加工余量施放大。
2）铸钢加工余量大于铸铁，铸铁大于有色铸件。
3）铸件单件加工余量大于成批生产。
4）按铸件铸造位置：上面大于侧面和下面。
5）木模的加工余量大于金属模和塑料模。
6）手工造型大于机械造型。

铝合金和铜合金铸件加工余量见表6-48、表6-49。

表6-48 铝合金铸件加工余量 （单位：mm）

铸件最大尺寸		≤100	101~200	201~300	301~500	501~800	801~1200	1201~1800	1801~2500	>2500
大量生产	简单件	1.5	1.5	2	3	3	4	4	5	—
	复杂件	2	2	3	3	4	5	5	6	—
成批生产	简单件	2	2	3	3	4	5	5	6	7
	复杂件	2.5	3	4	4	5	5	6	7	8
单件生产	简单件	2.5	3	4	5	6	7	7	8	9
	复杂件	3	4	5	6	7	8	9	10	13

表6-49 铜合金铸件加工余量 （单位：mm）

铸件最大尺寸	大量生产		成批生产		单件生产	
	简单件	复杂件	简单件	复杂件	简单件	复杂件
≤100	2	2.5	2	3	2	3
101~200	2	2.5	2	3	3	4
201~300	2	2.5	2	4	4	5

（续）

铸件最大尺寸	大量生产		成批生产		单件生产	
	简单件	复杂件	简单件	复杂件	简单件	复杂件
301~500	3	3	3	5	5	6
501~800	3	4	4	5	5	7
801~1200	4	5	5	6	6	8
1201~1800	4	5	5	7	7	9
1801~2600	5	6	6	8	8	10
2601~3800	—	—	7	9	9	11
3801~5400	—	—	8	10	10	13
>5400	—	—	9	12	12	15

2. 施放加工余量位置

1）凡是图样标有 ▽ 位置应施放加工余量。

2）凡是图样标有形位公差、配合公差和代号应施放加工余量。如 $\phi 100 D_4$ 和 $\phi 100^{-0.2}$ 等。

3）凡是图样标有各种螺纹符号的如 $M100 \times 4$ 和 $Tr130 \times 16$ 等应施放加工余量。

4）凡是图样没标有加工位置，但是技术要求文字中有说明要加工位置应施放加工余量。

5）凡是图样标有 50/ ~ 25/ 往往不施放加工余量。但是有时设计和工艺要求施放加工余量，那么必须施放加工余量。

3. 铸造孔槽的加工余量

在铸造生产中，凡能铸出来的孔槽都应铸出来，以减轻毛坯重量和减轻机械加工的负担。

高锰钢铸件不易机械加工，所以凡是不加工的孔和槽可一律铸出。

碳钢和低合金钢最小铸孔见表6-50，并注意以下几点：

1）不穿透的圆孔（不通孔）直径大于表中数值的20%。

2）对矩形或方形的穿透孔，要大于表中数值的20%；不穿透孔要大于40%。

3）对铸件上穿透和不穿透的槽上放冒口，而且冒口盖住整条槽时，应将槽铸死。

表6-50 铸钢件铸孔的尺寸 （单位：mm）

孔的深度 H	铸件孔壁厚 δ																
	≤25		26~50		51~75		76~100		101~150		151~200		201~300		>300	
	铸孔最小直径 d																
	加工	不加工	加工	不加工	加工	不加工	加工	不加工	加工	不加工	加工	不加工	加工	不加工	加工	不加工
≤100	80	60	80	60	90	70	100	80	120	100	140	120	160	140	180	160
101~200	80	60	90	70	100	80	110	90	140	120	160	140	180	160	210	190
201~400	105	80	115	90	125	100	135	110	165	140	195	170	215	190	255	230
401~600	125	100	135	110	145	120	165	140	195	170	225	200	255	230	295	270
601~1000	150	120	160	130	180	150	200	170	230	200	260	230	300	270	340	300
>1000	180	140	190	160	200	170	230	200	260	230	290	260	330	300	360	330

注：碳钢和低合金钢的最小不穿透的圆孔直径或矩形方形穿透孔的对角线要大于表中数值的20%。

第四节　木模与铸造有关的工艺参数

一、工艺补正量

铸件往往由于阻碍收缩或其他铸造因素引起变形。因此，在制作木模时，应预先从工艺上考虑，施放一定余量，使其不致因变形尺寸超差而报废。这种工艺要求起补正作用的余量部分，称为工艺补正量或保证余量。

工艺补正量可以用增大加工余量来实现。若铸件该部位不要求加工，则在做木模时人为地减少收缩率或向变形的相反方向施放补正量或预变形量，见表6-51、图6-2。

表6-51　法兰的工艺补正量　　　　　　　　　　　　　（单位：mm）

法兰件距离 L	补正量 a		法兰件距离 L	补正量 a	
	铸铁件	铸钢件		铸铁件	铸钢件
101~160	1	1	2501~4000	5	6~7
161~400	2	2	4001~6500	6	7~9
401~650	2	2~3	6501~8000	6	9~12
651~1000	3	3	8001~10000	8	10~13
1001~1600	4	4~5	10001~12000	9~10	12~15
1601~2500	4	5~6	—	—	—

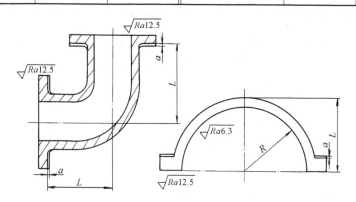

图6-2　法兰补正部分示意图

二、分型负数

在铸造生产中，由于造型起模及合箱等操作原因，常常使铸件某些尺寸增大，其中，关键在于分型面处。这种增大部分，可在制作木模时预先减去。所减去部分在铸造工艺上称为分型负数，也称为负余量（见表6-52）。

三、夹头和切口

为使本来不便于在加工机床上装夹的零件做到可以装夹，在制作木模时应预先留有加工夹头，其长度见表6-53，在加工工艺上称为夹头坞或工艺搭子。在一定情况下，留有加工夹头可以省去加工专用胎模。

表 6-52 分型负数　　　　　　　　　　　（单位：mm）

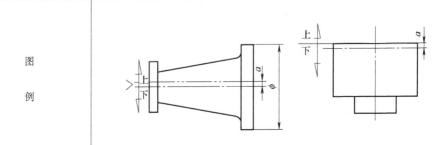

木模高度	分型负数 a	
	干型	半干型
<1000	2	1
1001~2000	3	2
2001~3500	4	3
3501~5000	5	4
>5000	6	6

表 6-53 机械加工的夹头长度　　　　　　（单位：mm）

工件直径	工 件 长 度							
	20~50	51~100	101~200	201~300	301~500	501~800	801~1000	>1000
	夹 头 长 度							
20~50	7	8	10	12	12	15	15	20
51~100	8	10	12	15	15	20	20	20
101~200	10	12	15	20	20	25	25	25
201~300	15	15	20	20	25	25	30	30
301~500	—	20		25	25	30	35	40
501~800	—				30	35	40	50

零件铸成一体，待机械加工完成后再切割掉，这需要事先在切断处留有切口余量（见表6-54）。

表 6-54 机械加工的切口余量　　　　　　（单位：mm）

切断深度	5	10	15	20	25	30	50	100	200	250	300
切口宽度	3	3	4	5	6	8	10	15	20	25	30

四、铸件的壁厚

1. 非加工壁厚的负余量

手工造型会使型腔尺寸扩大。为保证铸件尺寸正确和避免超重，可在制作木模时将其壁厚减薄,使其小于图样公称尺寸。这里所减小的尺寸,称为非加工壁厚负余量。

手工造型非加工壁厚负余量可参考表6-55所列数值。

表6-55 非加工壁厚的负余量 （单位：mm）

铸件质量/kg	铸件壁厚									
	≤7	8~10	11~15	16~20	21~30	31~40	41~50	51~60	61~80	81~100
≤50	0.5	0.5	0.5	1	1.5	—	—	—	—	—
51~100	1	1	1	1	1.5	2	—	—	—	—
101~250	—	1	1.5	1.5	2	2	2.5	—	—	—
251~500	—	—	1.5	1.5	2	2.5	2.5	3	—	—
501~1000	—	—	—	—	2.5	2.5	3	3.5	4	4.5
1001~3000	—	—	—	—	2.5	3	3.5	4	4.5	4.5
3001~5000	—	—	—	—	3	3	3.5	4	4.5	5
5001~10000	—	—	—	—	3	3.5	4	4.5	5	5.5
>10000	—	—	—	—	—	4	4.5	5	5.5	6

注：应用本表时,可根据情况增减。

2. 铸件的壁厚

铸件的壁厚如果不合理,将给铸造带来困难,影响铸件质量。因此壁厚要加以控制(见表6-56~表6-58)。

表6-56 砂型铸铁件的最小壁厚 （单位：mm）

铸件最大外型尺寸	允许最小壁厚			铸件最大外型尺寸	允许最小壁厚		
	灰铸铁	球墨铸铁	可锻铸铁		灰铸铁	球墨铸铁	可锻铸铁
<200	5~6	6	4~5	>500	15~20	—	—
201~500	6~10	12	5~8	—	—	—	—

注：1. 如有特殊需要,在改善铸造条件下,灰铸铁最小壁厚可为≤3mm。
2. 结构复杂的铸件或铸铁牌号越高时,其数据可偏大些。

表6-57 砂型铸钢件的最小壁厚 （单位：mm）

铸件尺寸	≤200×200	200×200~500×500	>500×500
最小壁厚	6~8	10~12	>15

表6-58 砂型铸铝件的最小壁厚 （单位：mm）

铸件最大外型尺寸	允许最小壁厚	铸件最大外型尺寸	允许最小壁厚
<250	3	1001~1500	6
251~500	4	>1500	7
501~1000	5	—	—

铸件的壁厚与铸造合金、铸型种类、铸件尺寸以及铸件结构特点有关。

关于铸件的壁厚,除考虑零件原设计值外,铸造工艺设计时可参考壁厚补正量的规定提供的数据确定。

五、泥芯头的长度、斜度和间隙

为了使泥芯在砂型中定位和固定,木模的外模和芯盒应分别做出泥芯座和泥芯头部分。而且在相互间有一定的长度和间隙。

1. 泥芯头的长度

泥芯分直立式、卧式、复合式和悬挂式四种。泥芯头也随之分为四种。

1) 立式芯头。用来固定垂直放置的芯头。它又分为单头和双头两种(见图6-3)。

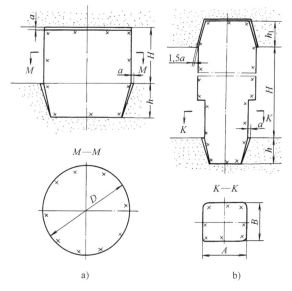

图 6-3 立式泥芯
a) 单头泥芯　b) 双头泥芯

单头泥芯头用于泥芯直径 $D \geqslant 500$mm 或 $H/D \leqslant 2.5$(H = 泥芯头高度)的情况下。当超过上述范围,宜采用双头芯头,以防止泥芯倾斜。立式泥芯头的高度见表6-59。

表 6-59 立式泥芯头的高度　　　　(单位:mm)

芯头直径 D 或 $\dfrac{A+B}{2}$	泥芯头位置	泥芯高度 H							
		≤50	51~120	121~260	261~500	501~800	801~1250	1251~3150	3151~5000
		泥芯头高度							
20~50	h_1	—	20	25	35	—	—	—	—
	h	20	30	40	60	—	—	—	—
51~120	h_1	—	—	25	35	50	60	—	—
	h	20	30	40	60	80	100	—	—
121~260	h_1	—	—	—	35	40	55	85	—
	h	—	30	40	60	70	90	140	—

(续)

芯头直径 D 或 $\frac{A+B}{2}$	泥芯头位置	泥芯高度 H							
		≤50	51~120	121~260	261~500	501~800	801~1250	1251~3150	3151~5000
		泥芯头高度							
261~500	h_1	—	—	—	—	—	50	70	100
	h	—	30~40	40	50	60	80	120	160
501~1250	h	—	—	40~50	50	60	70	100	140
1251~3150	h	—	—	—	40~60	50~60	60	90	110
3151~5000	h	—	—	—	—	50~80	60~80	90	110

注：泥芯头的各部尺寸符号如图 6-3 所示。

2）卧式泥芯头。用于固定水平放置的泥芯，分为单头和双头两种。双头泥芯头（见图 6-4）用于固定通孔泥芯，单头用于固定不通孔泥芯。采取单头泥芯（见图 6-5），一般要适当加长泥芯头，使泥芯在悬挂情况下不至于移位。必要时，还要放置泥芯撑辅助支承。卧式泥芯头长度见表 6-60 和表 6-61。

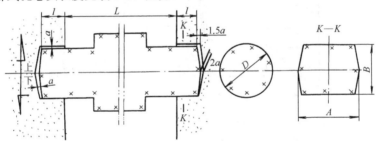

图 6-4 双头卧式泥芯

表 6-60 双头卧式泥芯头的长度 （单位：mm）

泥芯直径 D 或 $\frac{A+B}{2}$	泥芯长度 （L 或 L_1, L_2）							
	≤50	51~120	121~260	261~500	501~800	801~1250	1251~2000	2001~3150
	泥芯头长度（l 或 l_1, l_2）							
20~50	15	20	30	40	—	—	—	—
51~120	20	30	40	50	60	80	—	—
121~260	—	40	50	60	80	100	120	—
261~500	—	—	60	80	100	120	140	160
501~800	—	—	—	80	100	120	150	180
801~1250	—	—	—	—	120	140	160	180
1251~2000	—	—	—	—	—	160	180	200

注：泥芯各部尺寸符号如图 6-4 所示。

3)复合式泥芯头。当铸件泥芯头形状是立式和卧式相结合时,称为复合式泥芯头(见图 6-6)。其泥芯头的长度可适当减小。

4)悬挂式泥芯头。又称为吊芯头。当泥芯采用悬挂的形式放置时,一般在上部做出芯头、芯座。这种泥芯称为悬挂泥芯,如图 6-7 所示。泥芯的高度应按表 6-59 数值。

补砂泥芯头可视为悬挂泥芯头,但其高度需升至分型面。

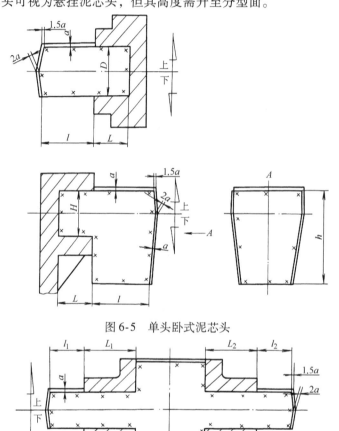

图 6-5 单头卧式泥芯头

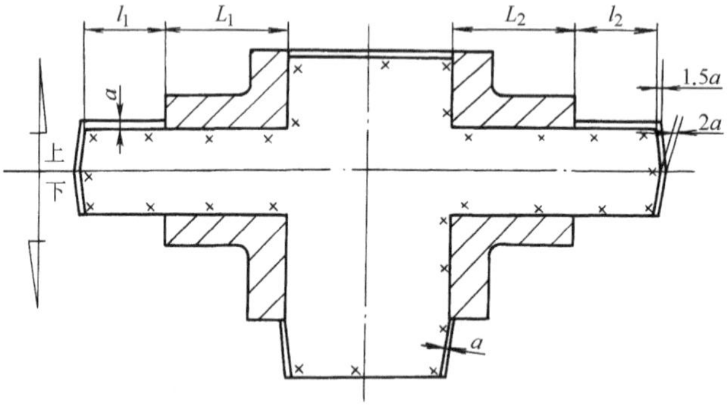

图 6-6 复合式泥芯头

表 6-61 单头卧式泥芯头的长度

泥芯直径 D 或高度 H	泥芯头长度 l	泥芯头高度 h
<150mm	1.25L	D 或 H
>150mm	7L	(1.5~1.8) D 或 H

第六章 模样的检验

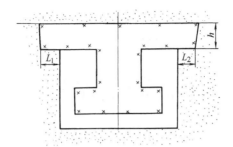

图 6-7 悬挂式泥芯

2. 泥芯头的斜度

泥芯头的斜度见表 6-62。

表 6-62 泥芯头的斜度

泥芯头形式	泥芯直径 /mm		泥芯头位置			
			上箱		下箱	
			泥芯头高度/mm			
			≤25	>25	≤40	>40
立式	≤50	木型	1:5	1:10	1:10	1:15
		金属型	8°	5°	5°	3°
	>50	木型	1:5	1:5	1:10	1:10
		金属型	8°	8°	5°	5°
卧式	≤30	木型	1:5		1:10	
		金属型	8°		8°	
	>30~60	木型	1:5		1:5	
		金属型	8°		5°	
	>60	木型	1:10		1:20	
		金属型	5°		3°	

3. 泥芯头的间隙

泥芯头的间隙见表 6-63。

表 6-63 泥芯头的间隙　　　　　　　　　　（单位：mm）

铸件最大尺寸	泥芯头尺寸 $\left(D \text{ 或 } \dfrac{A+B}{2}\right)$									
	≤50	51~120	121~260	261~500	501~800	801~1250	1251~2000	2001~3150	3151~5000	
	泥芯头间隙（a）									
≤120	0.5	0.5	—	—	—	—	—	—	—	
121~260	0.5	1	1	—	—	—	—	—	—	
261~500	1	1	1.5	1.5	—	—	—	—	—	
501~1250	1.5	1.5	2	2	2.5	2.5	—	—	—	
1251~3150	2	2	2.5	2.5	3	3	4	4	—	
3151~5000	—	2.5	2.5	2.5	3	4	4	5	6	
>5000	—	3	3	3	4	5	5	6	7	

注：两泥芯交接间隙 0.5a。

第七章 铸造的检验

第一节 铸造及铸件质量

一、铸造及其生产过程

1. 铸造生产的一般过程

铸造是将熔化的金属注入铸型内,经过冷却凝固后,获得一定形状铸件毛坯的工艺过程。

铸造生产是一个比较复杂的过程,图7-1所示是以砂型铸造为例的铸造生产的一般过程的简要说明,其中包括许多小过程。为了保证质量,许多过程需要检验。

2. 铸造方法的种类

3. 铸铁的种类

铸铁的种类很多,归纳起来主要有八种。

铸造方法与铸铁的种类
[图7-1:砂型铸造工艺过程(铸铁件)]

二、铸件质量

1. 铸件质量的概念

铸件质量是指铸件本身满足明确和隐含需要能力的特性总和,也就是铸件本身能够满足质量标准要求的程度。它包括外观质量、尺寸公差、几何形状和内在质量。

2. 影响铸件质量的主要因素

影响铸件质量的因素较多,概括起来主要有四个方面:

1) 零件毛坯的设计质量。零件毛坯的生产是零件加工的第一道工序,其结构设计质量是生产合格零件毛坯的基础。

2) 铸造工艺的设计质量。一般包括铸造工艺图样、铸造工艺卡、铸造工艺规程、铸型装配图、铸件图等。这些铸造工艺过程的指导性技术文件的质量是生产合格铸件毛坯的前提。

3) 铸造工装设计及制造质量。铸造工装设计一般包括模样图、总合图、模板图、砂箱图、托芯板图、卡具图等。铸造工装设计及制造属产前技术准备,其质量是生产合格铸件毛坯的关键。

4) 铸造工艺生产过程的质量。从原材料进厂到合格铸件出厂铸造全过程的质量。它包括铸造过程中的每个环节的质量,如型芯砂配制的质量、造型及造芯质量、熔炼的铁液质量、浇注的质量、清理的质量、热处理的质量等,是生产合格毛坯的保证。

3. 铸件的质量考核与分级

根据JB/T 7528—1994《铸件质量评定方法》,成品铸件分为优等品、一等品、合格品三个质量等级。铸件尺寸公差分 16 级 DCTG1 ~ DCTG16。

铸件的质量考核与分级见表 7-1。

表 7-1 铸件的质量考核与分级

考核项目	铸件种类		质量分级	铸件质量范围/kg			
				≤50	>50 ~ 100	>100 ~ 1000	>1000
表面粗糙度 Ra /μm	铸钢		优等品	≤25	≤25	≤25	≤50
			一等品	≤25	≤25	≤50	≤100
			合格品	≤50	≤50	≤100	≤800
	铸铁		优等品	≤12.5	≤12.5	≤12.5	≤25
			一等品	≤12.5	≤12.5	≤25	≤50
			合格品	≤25	≤25	≤50	≤100
	铜合金		优等品	≤3.2	≤6.3	≤12.5	≤12.5
			一等品	≤6.3	≤12.5	≤12.5	≤12.5
			合格品	≤12.5	≤25	≤50	≤50
	铝合金		优等品	≤1.6	≤3.2	≤6.3	—
			一等品	≤1.6	≤3.2	≤6.3	—
			合格品	≤3.2	≤6.3	≤12.5	—

				铸件尺寸公差分级（DCTG）						
				成批和大量生产					单件和小批量生产	
	铸件种类		质量分级	砂型手工造型 ≤	砂型机器造型壳型 ≤	金属型 ≤	低压铸造 ≤	压力铸造 ≤	熔模铸造 ≤	干湿砂型 ≤	自硬砂型 ≤
尺寸公差	铸钢件		优等品	DCTG10	DCTG8	—	—	—	DCTG4	DCTG12	DCTG12
			一等品	DCTG11	DCTG9	—	—	—	DCTG6	DCTG13	DCTG13
			合格品	DCTG13	DCTG10	—	—	—	DCTG7	DCTG15	DCTG14
	铸铁件	灰铸铁	优等品	DCTG10	DCTG8	DCTG7	DCTG7	—	DCTG5	DCTG12	DCTG11
			一等品	DCTG11	DCTG9	DCTG8	DCTG8	—	DCTG6	DCTG13	DCTG12
			合格品	DCTG13	DCTG10	DCTG9	DCTG9	—	DCTG7	DCTG15	DCTG13
		球墨铸铁	优等品	DCTG10	DCTG8	DCTG7	DCTG7	—	DCTG5	DCTG12	DCTG11
			一等品	DCTG11	DCTG9	DCTG8	DCTG8	—	DCTG6	DCTG13	DCTG12
			合格品	DCTG13	DCTG10	DCTG9	DCTG9	—	DCTG7	DCTG15	DCTG13
		可锻铸件	优等品	DCTG10	DCTG8	DCTG7	DCTG7	—	—	DCTG12	DCTG11
			一等品	DCTG11	DCTG9	DCTG8	DCTG8	—	—	DCTG13	DCTG12
			合格品	DCTG13	DCTG10	DCTG9	DCTG9	—	—	DCTG15	DCTG13
	有色金属铸件	铜合金	优等品	DCTG9	DCTG8	DCTG7	DCTG7	DCTG6	DCTG4	DCTG12	DCTG10
			一等品	DCTG10	DCTG9	DCTG8	DCTG8	DCTG7	DCTG5	DCTG13	DCTG11
			合格品	DCTG12	DCTG10	DCTG9	DCTG9	DCTG8	DCTG6	DCTG15	DCTG12
		铜合金	优等品	DCTG8	DCTG6	DCTG6	DCTG6	DCTG4	DCTG4	DCTG11	DCTG10
			一等品	DCTG9	DCTG7	DCTG7	DCTG7	DCTG5	DCTG5	DCTG12	DCTG11
			合格品	DCTG11	DCTG9	DCTG8	DCTG8	DCTG7	DCTG6	DCTG13	DCTG12

(续)

	铸件种类	力学性能考核标准
力学性能	灰铸铁件	符合 GB/T 9439—2010《灰铸铁件》的规定
	可锻铸铁件	符合 GB/T 9440—2010《可锻铸铁件》的规定
	球墨铸铁件	符合 GB/T 1348—2019《球墨铸铁件》的规定
化学成分	铸件的化学成分应分别符合各种铸铁的相应标准规定	
铸件补焊	除一等品中的重要铸铁件不允许补焊外，其他均允许补焊 重要铸件系指承受高压、重载荷和高速旋转等工作条件复杂，用于关键部位的铸件	
重量偏差	应符合 GB/T 11351—2017《铸件重量公差》的规定。铸件重量公差等级共分 16 级，MT1 至 MT16	

4. 铸造检验方式的种类

企业可根据实际生产条件选择铸造检验方式。

第二节　铸造过程的质量检验

铸造生产过程中，各工序的质量是否稳定将直接影响铸件的质量。因此，严格控制各工序的质量保证条件十分重要。

一、原材料的检验

原材料的质量是保证铸件质量的先决条件。据不完全统计，约有半数以上的铸造废品与造型材料的质量和熔炼材料的质量有关。因此，必须按标准的规定，严格对原材料进行检验，做到不合格的原材料不投产，以保证铸件的质量。

1. 原材料的种类

砂型铸铁件用的原材料，一般分为造型原材料和熔炼原材料等。造型原材料通常又分为造型主料和造型辅料。熔炼原材料又分为金属炉料、燃料、熔剂和修炉材料等。

砂型铸铁件原材料的分类如图 7-2 所示。

第七章 铸造的检验

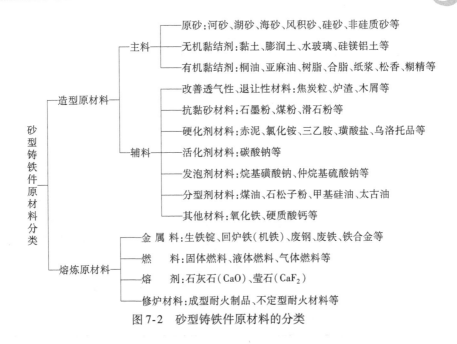

图 7-2 砂型铸铁件原材料的分类

2. 原材料的检验项目及方法

原材料进厂及出库质量检验的主要项目大体上有五个方面，检验方法通常分为两种，见表 7-2。

表 7-2 材料检验的项目及方法

序号	检验项目	检验方法	检验要求	注意事项
1	质量合格证的认定	感官检验（目视）	材料进厂须有质量合格证，检查员要对照标准核对合格证各项数据是否符合要求，无合格证者拒收	合格证须有检验员印章和企业印章，否则无效
2	包装质量	感官检验（目视）	对要求包装的粉状、液体材料和铁合金等，要对照标准检查包装质量看其有无散漏、潮湿或变质现象；包装的表面有无牌号或批号的标识等	有不合格项时，应立即隔离、标识并及时反馈采购部处理
3	外观质量	感官检验或借助简单量具	检查外观质量，如颜色、气味、规格、重量、锈蚀等。通过目视、触摸、嗅感，或借助简单的量具、仪器检验，如钢卷尺、钢板尺、放大镜、衡器等	

（续）

序号	检验项目	检验方法	检验要求	注意事项
4	存放及保管质量	感官检验（目视）	检查员要经常深入原材料库房进行抽查，看材料是否严格分类堆放，有无明显标识，有无混料或变质现象，严格控制不合格材料出库投入使用	按规定的时间和方法进行抽查，并有详细记录
5	技术指标参数	物理或化学分析检验	技术指标参数是判定原材料合格与否的主要依据，对于复验的材料，由检查员负责按抽样标准取样，并对样品编号、填写化验委托单，连同样品一起送理化实验室检验，以化验结果报告单作为验收和发料的依据。不合格料若使用或代用时，由采购部门填写不合格材料评审单或代用单，经技术部门批准后，方可使用	不合格材料评审使用或代用，必须有技术部门签署的保证产品质量的技术措施，无具体措施的评审单或代用单无效 报废的材料要督促采购部门换货或退货，并做好标识，以防混淆

3. 原材料复验的抽样方法及验收依据

原材料进厂复验时，检验员应按原材料抽样标准规定抽取样品。抽样正确与否，直接影响到理化检验结果的准确性。因此，要求抽样工作必须十分认真仔细。

原材料进厂的质量验收，除检查质量合格证、外观质量和包装质量等外，主要以标准规定的各项技术指标作为验收依据。

砂型铸铁件铸造用主要原材料的抽样方法及验收依据见表7-3。

表7-3 铸造用主要原材料的抽样方法及验收依据

种类	抽样方法	验收依据	注意事项
原砂	各种粒度、种类的原砂，以30t为一个取样单位（不足30t也可作为一个取样单位） 在砂堆取样时，应在砂堆的中间部位、离表面300mm深处分别在三点取样 在车厢内（火车、汽车）取样时，在离车皮300mm远处、离表面300mm深处分别在三点取样，样品质量不得少于1kg，再用"四分法"缩分至0.5kg送检。"四分法"是将样品堆聚成圆锥体、沿直径方向切成四个相等的部分，去掉两个相对的部分，将剩下的两部分混合后再重复进行，直到获得试验所需要的质量为止	原砂进厂除检查按批号分类堆放外，主要以二氧化硅的含量、含泥量、烧结点和粒度为验收依据 各项指标的检验，均在理化室的专用设备或仪器上进行 检验员要按标准进行判定，例如GB/T 9442—2010《铸造用硅砂》对硅砂的各项质量要求作了详细规定	

第七章 铸造的检验

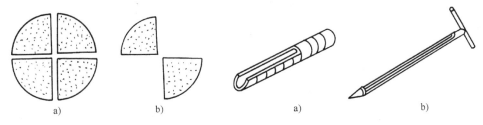

图 7-3 砂样取法
a) 分成四等份 b) 取相对的两份

图 7-4 取样器
a) 原砂取样器 b) 粉状材料取样器

4. 质量要求

铸造用砂的质量对铸件的质量有影响，下面介绍铸造用硅砂的检验。

> 铸造用硅砂的检验
> （表 7-4 ~ 表 7-12）

二、铸造工装的检验

铸造工装质量的优劣，直接影响铸件毛坯的质量，它是生产合格铸件毛坯的关键。铸造工装的检验项目主要包括：外观质量、几何形状及尺寸精度、表面粗糙度、装配关系等。

1. 新制工装的检验

1）铸造工装外观缺陷的检验见表 7-13。

表 7-13　铸造工装外观缺陷的检验

工装名称	检验内容及方法	注意事项
型体及芯盒	工作表面的缺陷一般情况允许修补，但不得影响模样的强度及铸件的几何形状。铝合金模样一般允许有 <0.2mm 的气孔、针孔。目视或借助量具检验，如钢板尺、尖锤、卡钳、卡尺等	不允许存在缩松、裂纹缺陷
铸铁托芯板	一般允许有不影响强度的缺陷存在，影响强度的缺陷允许修补。目视检查	
铸铁模底板	底面和侧面一般允许有铸造缺陷，如果影响强度须修补。目视检查	
砂箱	外侧面允许有铸造缺陷，影响强度须修补。目视或借助锤子、放大镜检查箱把、吊轴、吊具进入箱体，部分与箱体连接是否牢固、有无影响强度的铸造缺陷，如对火、缩松、裂纹等	大量生产用标准箱应铸出砂箱长×宽×高的尺寸标识

2）尺寸精度及变形量的检验见表 7-14。

3）装配关系的检验见表 7-15。

4）铸造工装表面粗糙度的检验见表 7-16。

表 7-14　铸造工装尺寸及变形量的检验

工装名称	检验内容及方法	注意事项
金属型体及芯盒	1）型体及芯盒工作表面尺寸偏差 2）型体芯头部位尺寸偏差（负公差为零） 3）型体及芯盒分模面和平面度 4）对开芯盒内腔重合性尺寸偏差 5）芯盒活块与盒体配座的配合间隙 6）芯盒定位销位置尺寸偏差 7）热芯盒、壳芯盒工作表面尺寸偏差 8）对开热芯盒的合模间隙 使用游标卡尺、测深尺、刀口尺、塞尺、百分表等检验	尺寸偏差按工装图样和标准规定进行 量具和检具须经计量检定合格
托芯板	1）外轮廓尺寸偏差 2）厚度偏差 3）加强筋尺寸偏差 4）工作面平面度允差 5）吊把尺寸偏差 6）透气孔尺寸偏差 使用钢板尺、平尺、钢卷尺、游标卡尺等量具进行测量检验	
模底板	1）顶框或模板框与模底板组合后的高度差 2）模底板定位销与分型面的垂直度 3）双面模底板厚度偏差 4）整铸模板凸起部位的尺寸偏差 使用测高尺、90°角尺、平尺、游标卡尺测量，必要时划线检验	只允许模底板低于模板框或顶框
浇冒口模样	直浇口、横浇口、内浇口的尺寸偏差 钢卷尺、钢板尺、卡钳、游标卡尺测量检验	—
砂箱	1）砂箱外轮廓及内框尺寸偏差 2）分箱面平面度允差 3）壁厚及加强筋（箱吊）允差 4）填砂面与分箱面平行度允差 5）定位销孔中心距允差 6）定位销与分箱面垂直度允差 7）箱把、吊轴、吊环尺寸偏差 使用钢板尺、钢卷尺、游标卡尺、测高尺、90°角尺、平尺、塞尺等量具测量检验	注意检查砂箱四壁及四个角的扭曲变形

第七章 铸造的检验

表 7-15 铸造工装的装配关系的检验

工装名称	检验内容及方法	注意事项
型体与模底板	上、下型体装在模底板上的位置偏差（同心度偏差），划线及借助量具检验	为保证上、下型体在模底板上安装的同心度，最好采用上、下模板一次性定中心的方法
浇冒系统与模底板	浇冒系统装在模底板上的位置偏差，划线及借助量具检验	
对口芯盒	对开芯盒的相对位移偏差（同心度偏差），划线及量具检验	

表 7-16 铸造工装表面粗糙度的检验

加工面特征	一般要求 Ra 值/μm	检验方法	注意事项
模底板的上、下面、热芯盒的分盒面、定位销、套、钻套的内外面、工作台、射头的接触面	1.6	1）铸造表面粗糙度样块比较法、目视、触摸进行对比 2）表面粗糙度测试仪进行测定	应注意样块比对法检验的准确性，应将目视、触摸与样块比对的结果经常与仪器测试的结果进行对比验证，以保证目视、触摸检验结果接近准确 表面粗糙度测试仪的工作室内温度为 20℃ ± 3℃，冬季使用应注意温度低时，测量结果不准确
型体、整体模板、芯盒的工作面、芯盒活块及凹槽的表面、型体的配合面、芯盒盖板的上表面、标准砂箱的定位销及销孔表面	3.2		
标准砂箱的内表面、套箱的内表面、单件芯盒的分盒面、砂箱的分箱面、托芯板的工作面、浇注系统零件的表面	6.3		
标准砂箱的分箱面、锁紧销孔及槽的表面、高压或射压用砂箱的填砂面平面	12.5		
芯盒盖板结合面、芯盒底面、托芯板底面、手工砂箱的分箱面、填砂面的平面	25～50 或不加工		

2. 铸造工装的定期检验

定期检验的工装是指已经检验合格，且已投入生产的工艺装备。

工装定期检验的内容主要有以下三个方面：

1) 外观质量。是否完整无损，表面是否光滑、有无影响强度的缺陷。

2) 几何形状及尺寸精度。几何形状、变形量、磨损量是否在允许范围内。

3) 装配关系。紧固件是否完整无缺、紧固状态是否良好、间隙大小是否在允许范围内。

工装磨损、变形量的检验见表 7-17（铸件尺寸精度在 DCTG9～DCTG12 级时的参考数据）。

表 7-17 铸造工装的定期检验

序号	检 验 项 目	一般极限偏差要求 /mm	检 验 频 次
1	型体的磨损、变形量		
	1）产品的加工基准面	±0.2	1）在现场生产的型体每个月检验一次 2）下场入库时检验 3）在库内存放期限超过三个月，出库时须检验
	2）产品的一般加工部位	±0.4	
	3）产品的一般非加工部位	±0.3	
	4）芯头部位	±0.3	
2	芯盒的磨损、变形量		
	1）芯盒工作面的平面度	±0.2	1）在现场生产的铸铝芯盒每个月检验一次，铸铁芯盒两个月检验一次 2）下场入库时检验 3）在库内存放期限超过三个月，出库时须检验
	2）芯头部位磨损、变形量	±0.3	
	3）芯盒活块与盒体配合间隙	±0.3	
	4）芯盒定位销位置尺寸偏差	±0.2	
3	砂箱的磨损、变形量		
	1）砂箱定位孔中心距偏差	±0.2	在现场生产的砂箱每季度检验一次
	2）砂箱分箱面（箱口）不平度	±1.0	
	3）砂箱定位销孔、导向销孔磨损量	±0.2	
4	模底板的磨损、变形量		
	1）模底板工作面的平面度	±0.2	1）在现场生产的模底板两个月检验一次 2）下场入库时检验 3）在库内存放期限超过三个月，出库时须检验
	2）模底板定位（导向）销套孔磨损量	±0.2	
5	托芯板工作面的平面度	±0.3	半个月检验一次
6	砂箱定位销（套）、砂箱导向销（套）、合箱销、型极座销的磨损量	±0.2	每个月检验一次

注：1. 表中极限偏差值仅供参考。

2. 企业可根据实际情况修订检验频次。

3. 检验方法与新制工装的检验方法相同。

三、型（芯）砂配制的检验

1. 原砂性能的检验

原砂是砂型的骨干材料，其性能是否符合要求，直接影响铸件的质量。因此，对选砂及其性能的检验必须高度重视，要经常测定原砂的性能。原砂的主要性能指标及各项性能的测定原理和检验方法见表 7-18，原砂颗粒组成的分类见表 7-19。

表 7-18　原砂主要性能测定原理及检验方法

性能指标	测 定 原 理	检 验 方 法
含泥量	颗粒直径不同的砂子和泥分，在水中下沉速度不同，用冲洗的方法便可将砂子和泥分分开	在洗砂机上进行。称取烘干的原砂试样 $50g \pm 0.1g$ 置于洗砂杯中，加入 475mL 水和 25mL 质量分数为 1% 的氢氧化钠溶液。将洗砂杯装在托盘上，升高托盘，使快速搅拌机插入洗砂杯中，并紧固托盘。开动电动机，搅拌 15min，关闭电源，取下洗砂杯，加入清水至刻线，用玻璃棒搅拌。静置 10min，用虹吸管吸去上部混浊水，重复进行，直至水透明为止。但每次静置均为 5min。最后一次吸去杯中清水后，将剩下的砂粒进行过滤，之后将湿砂和滤纸一起放在烘砂盘上送至 105~200℃ 烘箱内烘干，冷却后称重（准确到 0.1g）。按下式计算含泥量： $$X = \frac{g - g_1}{g} \times 100\%$$ 式中　X—含泥量（%） 　　　g—冲洗前试样质量 　　　g_1—冲洗烘干后试样质量 洗砂杯及洗砂机如图 7-5 所示
粒度及颗粒形状	采用筛分法，即将经过含泥量试验除去含泥量的原砂放入一套标准筛内，将全套标准筛放在筛砂机上筛分，而后称量残留在每个筛上砂粒的重量并计算百分比	首先检查标准筛是否完好、干净，将筛子按照孔径大小顺序叠放（6 目在最上面，270 目和底盘在最下面）。将烘干的型砂试样倒入标准筛的最上一层，盖上顶盖，将全套标准筛放在筛砂机上固定，接通电源筛分 15min 后，停机，取下筛子，将每个筛子和底盘上余留的砂子分别倒在光滑纸上（清理干净）。用精度为 0.1g 的天平称量每个筛号上余留的砂量，并将结果乘 2，即得该筛上砂粒占试样总质量（50g）的百分率，摆动式筛砂机外形如图 7-6 所示 砂粒形状的观察可用普通放大镜（放大倍数小于 60 倍）。砂粒形状分圆形（○）、多角形（□）、尖角形（△）三种
耐火度	用烧结点来测定耐火度 将经过高温管式炉焙烧的试样，用小针刺画表面并同时用放大镜观察砂粒彼此是否已烧结不能分开	烧结点的测定可在温度达 1350℃ 的各种高温管式炉中进行。首先将炉温升到预定温度，然后将烘干的试料装在经过煅烧的小瓷舟中（试样约占瓷舟体积的一半）。开始试验的温度可从 1000℃ 起。将装有试样的小舟推入炉中，在试验温度下保持 5min，然后将瓷舟缓慢地从炉中推出，待试料冷却后，用小针刺画试料表面并同时用放大镜观察，如砂粒彼此已烧结不能分开，表面光亮，颗粒间已连接时，此试验温度即为砂粒的烧结点，否则应另换新样，提高炉温重新试验，直至试料烧结为止

表 7-19 原砂颗粒组成的分类

原砂名称	组别	主要组成部分的筛号	原砂名称	组别	主要组成部分的筛号
特粗砂	6/12、12/20	6、12、12、20	细粒砂	70/140	70、100、140
粗粒砂	12/30	12、20、30		100/200	100、140、200
	20/40	20、30、40			
	30/50	30、40、50	特细砂	140/270	140、200、270
中粒砂	40/70	40、50、70		200/270	200、270、底盘
	50/100	50、70、100			

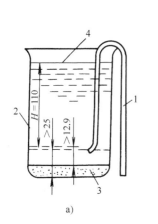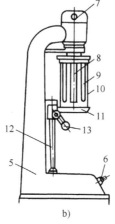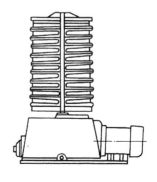

图 7-5 洗砂杯及洗砂机
a）洗砂杯 b）洗砂机
1—虹吸管 2、10—洗砂杯 3—砂 4—水面 5—机体
6—电源开关 7—电动机 8—搅拌轴 9—轴流棒
11—托盘 12—托盘升降装置 13—托盘锁紧扳手

图 7-6 摆动式筛砂机

2. 型（芯）砂配制过程的检验

型（芯）砂配制过程的检验项目，一般包括各种原料的配制比例、各种原料的加入顺序及碾压时间、配制好的型（芯）砂技术性能指标。

型（芯）砂配制过程的检验项目及检验方法见表 7-20 和表 7-21。铸铁件用型砂的配比比例及性能、加料顺序和碾压时间见表 7-22 和表 7-23。

表 7-20 型（芯）砂配制过程的检验项目及检验方法

序号	检验项目	检验内容	检验方法	注意事项
1	配制比例（%）	原砂、黏结剂、各种辅料及水的配制质量百分比	依据工艺规定、原料配制的比例采用定量装置、定量器或衡器称重进行检验	称重所用的衡器须经计量检定合格
2	配制过程	各种配制原料的加入顺序、碾压时间，以及水分、强度状况	目视检验加料顺序，用计时器控制碾压时间。用取样器随时取样手感经验法粗略判断砂子的水分、强度是否适宜	取样应从取样孔取出，注意安全 砂样在手中握成团，不散、不粘手，水分、强度为适宜

第七章　铸造的检验

（续）

序号	检验项目	检验内容	检验方法	注意事项
3	型（芯）砂配制完成	水分、透气性、强度等各项性能指标	按规定的取样数量取样送型砂化验室检验。型（芯）砂性能的测定原理及检验方法见表7-21	经化验不合格时，应调整配料重新碾压，重新取样化验，直至合格为止

表7-21　型（芯）砂性能测定原理及检验方法

性能	测定原理	检验方法
含水量	有标准法和快速法两种。依据试样烘干前后质量差计算含水量	快速法试验时，称取试料50g（精度0.1g）放入快速烘干器里，在105~200℃温度下烘干至质量不再减少为止。冷却后重新称重，按下式计算含水量 $$含水量 = \frac{g - g_1}{g} \times 100\%$$ 式中　g—烘干前试料质量（g） 　　　g_1—烘干后试料质量（g） 红外线烘干器如图7-7所示
透气性	有快速法和标准法两种，在透气性测定仪上，用一定数量的空气在一定压力下通过标准试样的方法进行	在透气性测定仪上进行（见图7-8），在盛有水的桶2中间有一根通气管，当提起钟罩1时，空气通过三通阀4进入罩内，当罩内空气达到2000cm³时关闭三通阀，放好标准试样后，转换三通阀，罩内空气被罩挤压从试样排出，如果样筒不能将筒中的空气排出，则形成的压力在压力计上表现出一个水柱差，水柱差越大，透气性越低 快速测定时，可利用图7-9的测定仪，通过水柱压力和透气性换算表求得透气性的数值
强度	试样的强度有湿态和干态两种，试样所受的载荷有压缩、剪切、弯曲和拉伸。湿试样和干试样在各种载荷下试验的示意图如图7-11所示，强度的测定原理如图7-12所示，利用杠杆、移动重锤Q对试样逐渐施力致使试样破坏求出试样单位面积所受的力，即为试样的强度	试样的制备：试样在冲样机上冲击三次制成，冲样机如图7-10所示，抗压、抗剪、抗弯、抗拉试样的形状，如图7-11所示 强度试验是在杠杆式强度试验机上进行，如图7-13所示 测定试样抗压强度时，将试验过透气后的试样，从样筒中顶出，放入抗压夹头内，转动手轮，通过丝杠使基本重锤移动。当重锤向远离试样方向慢慢移动时，通过杠杆使加在夹头试样的压力逐渐增加。当试样破坏时，根据指针所指的位置，可从杠杆的刻度尺上直接读出试样的强度。试验抗拉和抗剪强度与试验抗压强度相似，只是所用的试样、夹头和所加的载荷有些不同。当作抗拉和抗弯时，是借用抗剪刻度尺上的读数，但需乘上一个换算系数 即：抗拉强度 = 抗剪强度×40 　　抗弯强度 = 抗剪强度×400
发气性	在发气性能测定仪上进行。通过试料在高温下产生气体的量和发气的速度来表示	发气性能测定仪如图7-14所示，试验时将管式碳硅棒炉升温到1000℃，称取烘干并经粉碎的试料1g或2g准确至0.01g，装入预先经过干燥的瓷舟中，然后将玻璃刻度管中的水柱调到零位，关闭三通阀，将装有试料的瓷舟迅速推入瓷管中部，立即用橡皮塞塞紧瓷管，打开三通阀同时开动秒表，并分别在5s、10s、…、180s内读出玻璃刻度管内水柱下降的体积（直至恒定为止），即为试料的发气量，以mL/g表示。画出不同时间与发气量的曲线可看出试料的发气速度

(续)

性能	测定原理	检 验 方 法
溃散性	以试样在振动台上振动破碎的时间或振落质量所占砂样质量的百分比来表示	用焙烧后的试样模拟浇注后的砂样,放在振动台上,在规定的条件下振动破碎。以全部通过振动栅板落下所需时间为指标,时间长的溃散性差,时间短的溃散性好。也可规定振动时间以振落质量所占砂样质量的百分比来表示
紧实率	试样在锤击式制样机上,在一定的紧实力作用下,其体积变化的程度,以百分比来表示	紧实率的测定是将试样通过带有 6 目筛子的漏斗,落入有效高度为 120mm 的圆柱形标准试样筒内(筛底至标准试样筒的上端面距离应为 140mm),用刮刀刮去样筒上面多余的砂子。然后将装有试样的样筒在冲样机上冲击三次。试样体积压缩的程度即为紧实率,其数值可直接从制样机上读出,也可进行计算

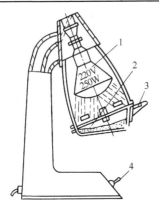

图 7-7 红外线烘干器
1—红外线灯泡 2—试料
3—烘干盘 4—电源开关

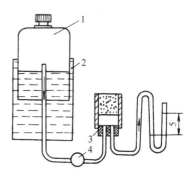

图 7-8 透气性测定仪工作原理
1—钟罩 2—盛水桶 3—试样座
4—三通阀 5—水柱差

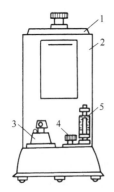

图 7-9 透气性测定仪
1—钟罩 2—盛水桶 3—试样座
4—三通阀 5—压力针

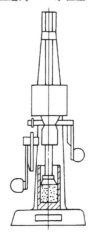

图 7-10 冲样机

第七章　铸造的检验

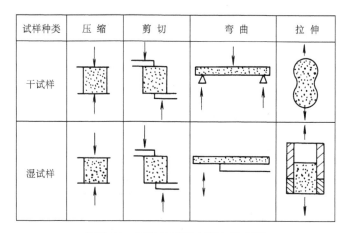

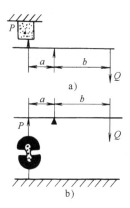

图 7-11　型砂各种强度测定示意图

图 7-12　强度测定原理图
a) 抗压试验　b) 抗拉试验

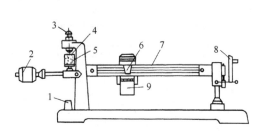

图 7-13　杠杆式强度试验机结构示意图
1—抗拉卡头　2—平衡重锤　3—螺钉
4—上夹盘　5—试样　6—指针
7—杠杆　8—手轮　9—重锤

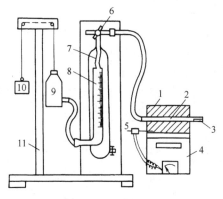

图 7-14　发气性能测定仪
1—管式碳硅棒炉　2—瓷管　3—瓷舟　4—自
偶变压器　5—热电偶　6—三通阀　7—冷
却套　8—玻璃刻度管　9—压力瓶
10—平衡重锤　11—支架

表 7-22　湿型砂的配比比例及性能（以造型黏土为黏结剂）

造型方法		配比（质量份）					性能			使用范围	碾压时间 /min	加料顺序
		新砂	旧砂	膨润土	煤粉	碳酸钠	重油	水分 (%)	湿透气性	湿压强度 /(N/cm²)			
机器造型	1	10~20	80~90	1.5~2.5	2~3	0~0.1	—	3.8~4.2	>80	10~12	高压造型	6~8	砂子→黏土及其他干性黏结剂→混匀→液体黏结剂和水
	2	10~20	80~90	1.0~1.5	2~3	—	—	4.0~5.0	>80	5~7	单一砂	6~8	
	3	40~50	50~60	3~4	3~5	0~0.15	1~1.5	4.5~5.5	>50	6~8	面砂	7~10	
	4	0~10	30~100	1~1.5	—	—	—	4.5~5.5	>80	6~8	背砂	3~4	

（续）

造型方法		配比（质量份）					性能			使用范围	碾压时间/min	加料顺序
		新砂	旧砂	膨润土	煤粉	碳酸钠	重油	水分(%)	湿透气性	湿压强度/(N/cm²)			
手工造型	1	10~20	80~90	2~3	2~3	0~0.1	0~1.0	4.0~5.0	>80	7~9	单一砂	6~8	同上
	2	40~50	50~60	4~5	4~5	0~0.2	1~1.5	4.5~5.5	>50	9~11	面砂	6~8	
	3	0~10	90~100	0~1.5	—	—	—	4.5~5.5	>80	6~8	背砂	3~4	

表 7-23 干型砂的配比及性能

序号	配比（质量份）							性能				使用范围	碾压时间/min	加料顺序
	新砂	旧砂	黏土	膨润土	乳化沥青	纸浆(糖浆)	焦炭粒	木屑	水分(%)	湿透气性	湿压强度/(N/cm²)	干剪强度/(N/cm²)			
N01	70	30	8~10	—	—	—	—	—	7~8	>200	5~7	>15	大件面砂	8~10	同湿型砂一样
N02	30	70	—	4~5	2	—	—	—	7~8	>100	5~6	>20	中件面砂	8~12	
N03	30	70	4~5	2	—	—	—	—	7~8	>100	4.5~6	>15	中件面砂	8~10	
N04	30	70	4~6	—	—	—	—	—	7~8	>100	4.5~6	>15	中小件面砂	8~10	
N05	55	20	10~12	—	—	—	25	—	7.5~8.5	>200	5~7	>15	大件芯砂	10~15	
N06	60	40	8~10	—	—	—	—	体积比15~20	7.5~8.5	>100	5~7	>15	中大件芯砂	10~12	
N07	60	40	5~7	—	—	2~3	—	—	7.5~8.5	>100	5~7	>20	中小件芯砂	8~10	

3. 型（芯）砂的试验仪器

造型材料检测仪器很多，现介绍一部分供参考，见表 7-24。

表 7-24 型砂试验仪器

型号	名称	应用范围
SBS	铸造用标准筛	测定原砂的粒度组成
SSZ	振摆式筛砂机	测定原砂的颗粒组成
SSD	电磁微振式筛砂机	测定原砂的颗粒组成
SXW	涡流式洗砂机	测定原砂及混合料的含泥量
SGH	双盘红外线烘干器	测定原砂及混合料的水分
SHN	辗轮式混砂机	制备混合料
SYC	锤击式制样机	制备强度、透气性标准试样及测定混合料紧实率
SQY	液压强度试验机	测定混合料的各种强度
STZ	直读式透气性测定仪	测定原砂及混合料的透气性

(续)

型号	名称	应用范围
SQL	杠杆摆锤式湿拉强度仪	测定型砂的湿拉强度
SQR	热湿拉强度试验仪	测定型砂的热湿拉强度
SWB	爆热试验仪	测定型砂在高温下抗夹砂能力及变形量的大小
SFQ	发气性能测定仪	测定型砂发气量及有效煤粉的含量
STD	电动透气性测定仪	测定混合料的透气性

四、砂型（芯）制造过程的检验

铸造生产中，砂型（芯）质量的好坏，直接影响铸件的质量，砂型（芯）质量不好会导致成批铸件毛坯超差，严重时报废。因此，对砂型（芯）严格进行质量检验是保证铸件毛坯质量的重要环节。砂型（芯）制造质量的检验项目见表7-25～表7-28。

表7-25 砂型制造质量的检验项目及方法

检验项目		检验内容	检验依据及方法	检验者	备注
制造前的准备	模样	有无出库合格证 形状和尺寸是否符合图样，活块及浇冒系统是否齐全完好 组合装配：活动部分是否准确、灵活好用 结构形式：分型面是否符合要求 钉接及起敲吊装置是否牢固、合理	依据工装使用制度、模具图和铸造工艺图，目视和借助通用量具进行测量检验		检验范围为每套模样
	砂箱	箱把有无脱落或裂纹，箱壁有无破裂 有无严重变形、翘曲或箱栅严重损坏和松动 箱口平面度是否超差，砂带是否妨碍浇冒口的正确位置 定位销（孔）磨损是否超差，吃砂量是否合适	依据工装标准，采用目视、手感和借助通用量具或专用检具（通止样板）进行检验		检验范围为每次或定期检验
砂型制造过程	造型	造型底板是否平直、放稳 砂箱、冷铁、浇冒口放置是否符合工艺要求 每次放入型砂厚度及春实均匀度是否合适 春砂的次序如何，有无春击模样和冷铁的现象 春好后砂型的气眼大小及数目、合箱用标志的准确性 敞箱后砂型的放平，模样周围的刷水、分型面的修整是否符合要求 起模时是否垂直找正、敲打模样用力是否均匀	依据造型工艺规程及铸造工艺图，采用目视和借助量具进行检验	操作者自检，检验员抽检	检验范围为每次
	修型	砂型的紧实度、损坏部分修理后的几何形状和尺寸是否符合要求 薄弱部位的加固措施 涂料涂刷是否均匀、光滑、不堆积、棱角清晰 技术上要求的铸字、厂标是否印出	依据修型工艺规程及铸造工艺，采用目视、量具、砂型硬度计进行检验		检验范围为每个砂型

表 7-26　砂芯制造质量检验项目及方法

检验项目		检验内容	检验依据及方法	检验者	备注
制造前的准备	芯盒	芯盒有无合格证 芯盒形状尺寸有无变化 芯盒组合装配的准确性 芯盒的结构形式，分盒面是否符合要求，活块是否完整无缺 芯盒钉接起模装置是否牢固	依据模具使用制度、芯盒图、铸件图，采用目视观察，检查试装或用量具进行检验	操作者和检验员	检验范围每套模型
	托芯板	托芯板工作面平面度有无裂纹或变形	依据图样采用目视观察或量具检验，如平尺、刀口尺、塞尺等		检验范围每个芯板
	芯骨	芯骨的形状及坚固性	依据制芯工艺目视观察检验		检验范围每种芯骨
	工具	制芯工具是否齐全完整	目视观察		各种工具
制造过程		砂芯外形及尺寸或组合结构 砂芯的紧实度 通气孔是否畅通 砂芯用涂料及涂料的涂刷是否符合要求，砂芯的棱角清晰度 砂芯的存放时间	依据制芯工艺操作规程、铸件图、砂芯图，采用目视观察、样板或量具、砂型硬度器等进行检验		检验范围每批或每种砂芯普检或抽检

表 7-27　手工砂型制造工艺规程（黏土砂干型）

程序	内容		
造型前的准备	熟悉零件图样和有关工艺文件，掌握技术工艺要点 准备好应用的标准件及工具 检查模样是否齐全，有无裂纹、碰伤、缺角、变形和尺寸不符等；活动部位、活块、销子、浇冒系统、起敲吊装置是否符合要求 检查造型底板是否平直、坚固，大小是否符合要求 检查砂箱尺寸及吃砂量，参考如下		
	砂箱尺寸/mm	模型至砂箱内壁尺寸/mm	浇冒口至砂箱内壁尺寸/mm
	>500~1000	60~100	≥60
	>1000~2000	100~150	≥100
	>2000~3000	150~200	≥120
	>3000	≥250	≥150

(续)

程序	内　容
造型前的准备	砂箱有下列情况不得使用： 箱把脱落或有裂纹；箱壁破裂未修补加固；箱栅损坏严重或箱栅松动；翘曲变形严重；锈皮严重或砂土未予清除；箱带距浇冒口最小吃砂量≥2.5mm；标准砂箱的定位销（套）偏差为±0.5mm；打箱后的砂箱温度过高 检查型砂是否符合要求
造型	造型底板应放平稳，并清理干净，非刨口的砂箱应垫平 冷铁按工艺规定放置，生锈、有油污的冷铁不得使用 撞砂前易脱落的砂箱内，要刷清水或白泥水 砂型的吊胎、凸起、棱角处要加固可插钉子，可下铁钩或绑吊，一般距模样15～30mm 铁液冲刷严重和放泥芯撑部位，必要时可先放入耐火砖 填砂时不准填入干湿不均或热的型砂，每次填砂厚度手工舂实为100～150mm，风动工具舂实为120～200mm，舂实度要均匀合适，舂砂时不允许舂击模样和冷铁，必须先舂周围后舂中心部分，砂型硬度一般为70～90单位 砂型舂好后应刮平，砂子不应高于箱带，要扎气眼，气眼不能扎透；距模样一般为30～50mm，直径为5～8mm，1～2个/200cm^2 无定位销的砂箱舂好后要打泥号，至少打三面，线条要细直，敞箱后的砂型要放在松软的砂层上，砂层留出通气孔道；模样周围应刷水、修整分型面，压出的披缝应平直、均匀，不宜过大，3～5mm，大件取上限，小件取下限 起模时不准用铁锤直接敲打模样，须垫木块，敲动应均匀，起模要找正，保证垂直平稳起出；完工收好模样，工具放在指定位置，以免损坏丢失
修型	起模后检查型腔各部紧实度，局部松软或缺角，须用同类砂修补不允许用修型工具往复多次压型 砂型大量损坏，须先松动该处型砂，稍刷白泥水，用同类砂修补并保持原来尺寸形状，芯头座不宜大修，按要求倒出铸造圆角 砂型的凸台、棱角处、沟槽、大平面、浇注系统等部位适当插钉加固 砂型应按工艺要求上涂料，并注意均匀、光滑、棱角清晰，不应有涂料堆积现象 应在砂型上的不加工部位印出图样上要求的铸字、厂标等

表7-28　手工砂芯制造工艺规程

程序	内　容
制芯前的准备	熟悉零件图样和制芯工艺文件，掌握制芯技术工艺要点 准备好应用的标准件及工具 检查芯盒的齐全性，形状尺寸有无变化，有无裂纹、缺角、变形、活块的数量，芯盒内腔表面粗糙度、梢子、卡紧装置、钉接及起模装置、分盒面、结构形式、组合装配的准确性 检查芯砂的质量、芯板的平直度、芯骨的形状及坚固性

(续)

程序	内　　容
制芯	造芯前将芯盒放平稳，大型芯盒要防止沉角变形并预先考虑翻转方法 填砂前将芯骨预先放入芯盒验好，各部的吃砂量控制在30~60mm 砂芯的凹陷、棱角等不易捣实部位，先用砂摔实培好，强度较低部位应预先插钉子、下铁筋 芯骨刷好泥浆水放入芯盒，上砂厚度可在80~150mm之间，撞砂紧实度要均匀合适 撞砂时注意不得撞击芯盒及活动部位，防止撞坏芯盒及活动部位发生松动偏移 大中型砂芯必要时可在芯撑处及铁水严重冲刷部位放入耐火砖、有冷铁的砂芯，按工艺要求，冷铁表面应平整清洁 砂芯要顺出气路、扎气眼，大中砂芯的肥厚部分应放入填充物，砂层厚度为60~120mm 填砂面为工作面时须修整，倒出圆角，活动吊块印料成型时，要保证位置正确，修好后刷涂料，用纸覆盖，砂芯有悬空处应用型砂填平塞实并随芯板一起翻转 芯板不平应辅垫松散均匀的砂层，芯板及吊耳有裂纹不得使用 拆卸芯盒时，不得直接敲击芯盒，应垫木块敲打，完工后装配好芯盒，妥善放置

五、砂型（芯）烘干的检验

砂型（芯）烘干的质量好坏是造成铸件产生气孔缺陷的重要原因之一。因此，型（芯）的烘干质量必须认真检验。

砂型（芯）烘干的检验项目及方法见表7-29，砂型（芯）烘干的工艺规程见表7-30，黏土砂型的烘干规范见表7-31，砂芯的烘干规范见表7-32。

表7-29　砂型（芯）烘干的检验项目及方法

检验项目	检验内容	检验依据及方法	检验者	备注
烘干前的准备	检查烘干设备、仪器仪表是否完好符合要求 型（芯）放置位置是否符合烘干工艺规定	依据设备或仪器使用制度、方法标准和工艺规程的规定，目视检查	操作者自检、检验员抽检	检验范围为每批砂型（芯）
烘干操作	检查升温速度、加热时间是否符合工艺规定 检查最终烘干温度和保温时间 检查型芯的烘干程度	依据烘干工艺规程规定，查看测温计、计时器或自动记录烘干曲线。无自动测试装置时应测温度和计时，烘干程度可观察型芯颜色或挖砂检查烘干深度。一般烘干深度为：砂型大于40~60mm，泥芯大于60~90mm，表干型（芯）大于15mm 还可采用图7-15所示的仪表检验。其方法是将两根金属棒插入砂型或泥芯中，金属棒间距为5~10mm，导线为1mm铜线，两根导线的一端接在金属棒上，导线间、导线与砂箱间、芯骨间保持一定距离，导线接上电流计，接通电源。随着砂型（芯）的逐渐干燥，电流也随着湿度的降低而减小。当电流计的指针指向0时，表示被测部位已烘干；若测不同深度的干燥程度时，可将金属棒插入所需要的深度即可	操作者自检、检验员抽检	检验范围每炉次

第七章 铸造的检验

表 7-30 砂型（芯）烘干的工艺规程

程序	内 容
烘干前的准备	检查炉体及有关部分是否完好，风机、通风管道、烟道是否完好畅通，各闸门是否正常 煤气炉应检查各管路及接头是否严密，阀门启闭情况 烘车各部分是否牢固，驱动机构是否可靠，润滑部位定期注油 掌握需烘干型芯的数量，外形特点，合理安排型芯装车位置 准备好有关的工具和足够的燃料
烘干操作	每炉装入的型芯须是烘干范围相近的，如有差异应按实际情况放在适当位置上 型芯排列的位置应避开火口，与炉顶及四壁留有适当的距离，相互间间距应保证气流畅通 吊运型芯要平稳，不得碰撞损伤，型芯板放平垫实，炉门关闭严密 点火前打开烟道闸门，开动风机，清除炉内灰尘 首先点燃引火管，逐步放开煤气闸门，待煤气管发火后送风 煤炉待引火燃烧完全均匀后，在闸门关闭状态下开动风机，逐步打开闸门，加大风量 定期测量炉温，观察燃烧状态，及时调整保证正常 严格遵守烘干规范，达到要求后，先关闭煤气阀，后停风 达到烘干规范出炉后，及时检查型芯烘干程度，未达到烘干要求的应进行第二次烘干 出炉的型芯要放在干燥处，场地要平整

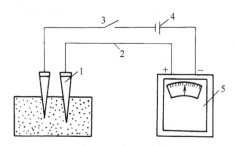

图 7-15 测定砂型干燥程度的装置
1—金属棒 2—导线 3—开关 4—电源 5—检流计

表 7-31 黏土砂型的烘干规范

砂箱内平均轮廓尺寸/mm	烘干工艺规范（图示）	砂箱内平均轮廓尺寸/mm	烘干工艺规范（图示）
≤1000	温度 300~400℃ 随炉冷却 200℃ 出炉 3~4h 3~4h	1001~2000	温度 350~400℃ 随炉冷却 200℃ 出炉 4~5h 4~6h

(续)

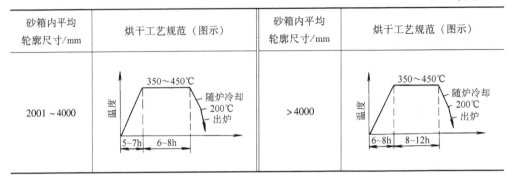

砂箱内平均轮廓尺寸/mm	烘干工艺规范（图示）	砂箱内平均轮廓尺寸/mm	烘干工艺规范（图示）
2001~4000	350~450℃，随炉冷却200℃出炉，5~7h，6~8h	>4000	350~450℃，随炉冷却200℃出炉，6~8h，8~12h

注：烘干层厚度一般不低于50~80mm。

表7-32 砂芯的烘干规范

种 类	砂芯体积/dm³	烘干温度/℃	烘干时间/h
黏土砂芯	≤10	260~300	2~4
	>10~100	300~350	4~6
	>100~500	300~400	6~8
	>500~1500	350~400	8~12
	>1500	350~400	12~14
有机黏结剂砂芯	≤10	160~240	1~1.5
	>10~50	160~240	1.5~2.5
	>50	160~240	2.5~3

六、合箱的检验

合箱是将已制好的型芯装配起来，等待浇注的一道工序，也称为砂型装配。合箱是至关重要的一道工序，往往合箱质量不好，导致铸件产生气孔、砂眼、尺寸差等缺陷，严重时使铸件报废。合箱的质量检验项目及方法见表7-33，合箱操作的工艺规程见表7-34。

表7-33 合箱的质量检验项目及方法

检验项目	检验内容	检验依据及方法	检验者	备注
合箱装配过程	检查型芯的尺寸形状、粗糙度、有无毛刺、错边、裂纹、凹凸不平 型芯烘干程度，有无过烧，通气孔道是否畅通，型芯是否返潮 检查型芯装配尺寸、间隙，装配件安放牢固程度，型芯是否装错 检查浇注系统、型腔内浮砂是否吹净，合箱定位标记是否准确 芯撑及冷铁安放是否符合要求	依据铸型装配图或铸造工艺图，合箱操作工艺规程，通过目视观察或借助钢卷尺、钢板尺、游标卡尺、刀口尺、塞尺等通用量具或样板等专用检具进行检验	操作者自检，检验员抽检	检验范围为每套型芯

(续)

检验项目	检验内容	检验依据及方法	检验者	备注
合箱装配后	合箱后,非刨口砂箱的箱口四角是否加铁垫,上下箱贴实情况 合箱后有无披缝,落砂现象有无防止跑火的措施 检查浇冒口杯及压铁安放或型箱紧固情况 检查合箱后距浇注停放的时间,合箱后是否标识零件号、铁液牌号等	依据合箱操作工艺规程,目视、手感、计时器检验	操作者自检,检验员抽检	检验范围为每个铸型

表7-34 合箱操作的工艺规程(干型)

程序	内容
合箱过程	按工艺要求检查型芯的干燥程度,干燥深度为:砂型大于40~60mm,砂芯大于60~90mm,表干型芯,大于15mm,过烧或强度不够的不准使用,局部裂纹不大于2mm的可用涂料膏泥修补 下箱应平稳地放在通风的干砂地面上,砂型的浮砂杂物应清理干净 型芯尺寸应符合图样要求,必要时可用样板下芯或泥弹演芯,以保证装配尺寸及间隙 砂型与砂芯的通气道必须相通,芯头间隙要用石棉绳或干原砂填塞,防止铁液钻入 用铁丝或螺栓吊芯时,要牢固可靠 合箱中,若型芯局部损坏,可刷白泥水,用同类砂修补后烘干 型芯烘干后需再上涂料时,型芯的温度不得使涂料脱皮,涂料不能自干时,应烘干 使用芯撑时,其表面不平、未镀锡、有油污的不准使用 型腔周围应压石棉绳、泥条或油泥,防止挤箱或跑火 泥号脱落的铸型必须验空箱,重新打号或划线,否则应予报废,合箱时应平稳、准确
合箱后	合箱后应备箱,防止型腔压坏,并要抹箱防止跑火 按工艺放置浇口杯、冒口圈,并用纸或铁板将浇冒口盖好 卡箱时紧固受力要均匀,压箱时不得偏重,不能影响浇注,压铁质量为铸件质量的3~5倍 铸型排列要有次序,并留一定的间隔距离,便于浇注 合箱后应在箱面上标清零件号和铁液牌号等 合箱后两天没浇注,应开箱进行第二次烘干处理

七、合金熔炼的检验

合金熔炼检验的内容主要分为熔炼前的备料和配料及熔炼过程两个方面。

1. 熔炼前备料和配料的检验

为保证熔炼工作的正常进行,熔炼前必须做好原材料的准备,同时,根据铸件的用途和结构特点不同,其材质要求也不同的情况,正确进行配料。配料就是将各种金属炉料进行合理的搭配,以熔制出化学成分和物理性能满足技术要求的合格铁液。正确的配料不仅减少废品，保证铸件质量，还可以降低炉料的消耗。备料和配料的检验项目及方法见表7-35。

表7-35 合金熔炼备料及配料检验

检验项目	检验内容	检验依据及方法	检验者	备注
备料	金属炉料、燃料、熔剂及其他辅助材料的表面质量、规格、数量、牌号、成分是否符合要求，有无出库质量合格证	依据原材料标准，理化检验报告单，目视观察检验	操作者和检验员	检验范围为每炉次
配料	配料的依据是否充分，如铸件要求的化学成分，各种原材料的化学成分，各种元素的增减率等 配料成分及百分比是否符合规定 炉料称重是否准确	依据合金熔炼配料方法的规定，配料单采用试算法，表格法或图线法复查配料单和参加称重或抽查称重		

2. 熔炼过程的检验

合金熔炼过程的质量检验主要内容有修炉检验、点火与烘炉检验、装料与熔化检验、炉前出铁质量检验和停风打炉检验。

（1）修炉检验

冲天炉每次熔化后，由于熔化带、过热带、风口、过桥、出铁口、出渣口和炉底等受到浸蚀和破坏，必须进行修补，以保证继续正常生产。修炉的质量检验项目及方法见表7-36。

表7-36 修炉质量检验项目及方法

检验项目	检验内容	检验依据及方法	检验者	备注
炉体内清理	检查炉膛、炉缸和炉底的清理情况，如棚料、挂铁、挂渣及焦块是否清理掉	依据操作工艺规程，借助手电筒、软线灯观察	操作者自检，检验员抽检	检验范围为每炉次
修补	修补用耐火材料的规格、配比 炉壁耐火砖的更换情况，耐火材料捣平情况 炉膛修补后的形状和尺寸，炉衬是否光滑平正 过桥、风口、出铁口、出渣口、炉底等修补后的位置、个数、大小、角度和形状是否合适 修补合格后，应进行自然干燥，不得马上点火开炉	依据工艺规定目视观察或借助量具进行检验		

第七章　铸造的检验

（2）点火与烘炉检验

冲天炉熔炼，从点火到开风的烘炉时间对熔化工作的正常进行，保证铁液质量有很大的影响。时间过短，炉体和前炉烘烤不干，将会影响铁液的温度，使铁液含气量增加，导致铸件气孔缺陷增加，严重时会造成出铁口冻结，使熔化工作停止；时间过长，将造成底焦烧损严重，影响熔化正常进行。其检验项目及方法见表7-37。

表7-37　点火与烘炉检验项目及方法

检验项目	检验内容	检验依据及方法	检验者	备注
点火	检查点火的时间，点火材料及底焦加入的次序，分批加入底焦的量，点火后是否打开风口的窥视孔，工作门是否用耐火材料封堵	依据操作工艺规程规定，目视观察检验	操作者自检，检验员抽检	检验范围为每炉次
烘炉	检查炉体、前炉、铁液包、过桥、出铁口、出渣口和出铁槽的烘干时间及烘干程度	依据操作工艺规程采用目视、计时器，探测干燥层等办法进行检验		

（3）装料与熔化检验

装料与熔化的检验项目及方法见表7-38。

表7-38　装料与熔化的检验项目及方法

检验项目	检验内容	检验方法	备注
装料	炉料块度、质量、尺寸、批料的配比、装料顺序、炉料的预热是否符合工艺规定的要求	目视检验、仪器检验或借助于钢卷尺等测量工具进行检验	操作者自检，检验员监督抽查
熔化	开炉前的准备工作是否就绪、故障是否排除、开炉后的风压、风量是否正常、料线高度是否稳定、风口是否畅通、铁液温度是否稳定熔化期间出铁、放渣是否正常	通过目视、计时器、测试仪器进行检验。观察炉内铁液及炉渣粗略判断风量：铁液表面氧化严重，炉渣呈黑色，一般情况是风量过大；也可通过观察风压、风量计判断。观察炉内铁液颜色，粗略判断铁液温度：铁液表面呈亮白色、温度高，可以使用光学高温计检验温度	测量风压常用的仪表是U形管压力计，测量风量的装置一般有流量孔板、毕托管等

（4）炉前的质量检验

炉前质量检验是浇注前的重要环节。通过炉前对熔化的金属液进行质量控制，能及时发现铁液质量是否能满足标准要求，以保证浇注的铸件质量。

1) 普通灰铸铁的炉前检验项目及方法见表 7-39。

表 7-39 普通灰铸铁的炉前检验项目及方法

检验项目	检验方法	检验者	检验频次
铁液温度	1) 观察铁液颜色：亮白色温度高、暗红色温度低	操作者	每包次或每炉次
	2) 使用光学高温计或热电偶等仪器测定温度	检验员	
铁液成分	1) 炉前浇注三角试片，观察白口宽度	操作者	每包次
	2) 炉前快速热分析仪检验铁液的碳、硅含量	检验员、控制员	每包次或每炉次
	3) 炉前快速分析检验金相组织	金相检验员	每炉次

① 光学高温计测定铁液温度。光学高温计是由光学系统和电器系统组成的。通过光学系统将被测物体的单色辐射的像反映到仪器内灯泡的灯丝平面上，通过电器系统改变灯丝的亮度，使之与被测物体的亮度相同，此时，灯丝的亮度温度就是被测物体的亮度温度。

② 热电偶测定铁液温度。热电偶是由两根不同的专用材料制成的导线组成。它们的一端相互焊合，构成热电偶的工作端（热端），另一端为自由端（冷端）。当工作端与自由端存在着温度差时，便有热电动势产生。热电动势的大小是工作端与自由端之间温度差的函数。根据热电动势的大小和自由端的温度便可知道工作温度。热电偶的种类很多，表 7-40 所列是生产现场常用的热电偶技术要求。

表 7-40 生产现场常用的热电偶技术要求

名 称	分度号	等级	使用温度 /℃	允许偏差 /℃	检定周期 /月
标准铂铑 10-铂	S	Ⅱ	300~1300	±0.9	12
检测镍铬-镍硅热电偶	K	Ⅰ	0~400	±1.6	3
			400~1100	±0.47%t	
铂铑 10-铂	S	Ⅰ	0~1100	±1	12
			1100~1600	±$[1+(t-1100)\times 0.003]$	
		Ⅱ	0~600	±1.5	
			600~1600	±0.25%t	
铂铑 30-铂铑 6	B	Ⅱ	600~1700	±0.25%t	6
		Ⅲ	800~1700	±0.5%t	
镍铬-镍硅	K	Ⅱ	0~400	±3.0	6
		Ⅲ	400~1100	±0.75%t	
铜-康铜	T	Ⅱ	-40~350	±1.0	6
		Ⅲ	-200~40	±1.0 或 ±1.5%t	

(续)

名 称	分度号	等级	使用温度/℃	允许偏差/℃	检定周期/月
镍铬-康铜	E	Ⅰ	-40~800	±1.5 或 ±0.4%t	6
		Ⅱ	-40~900	±2.5 或 ±0.75%t	

注：1. t 为测量温度，单位为℃。
    2. 允许按实际还需要缩短检定周期。

③ 三角试样检验铁液成分。三角试样检验法在灰铸铁炉前质量检验中应用较为广泛，它的工艺操作简便，检验比较迅速，能适应炉前及时判断的要求，检验结果较为准确。

为获得比较可靠的判断结果，必须正确掌握试样尺寸的选择、制样工艺和断口分析、判断等每个环节。三角试样的形状及尺寸见图7-16和表7-41。

试样制造工艺的规定条件见表7-42，试样宏观断口组织见表7-43。各种灰铸铁牌号的金相组织见表7-44，白口宽度与铸铁牌号的对应值见表7-45。

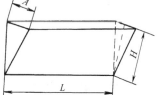

图 7-16 三角试样形状及尺寸

表 7-41 三角试样尺寸

类 别	序号	试样尺寸/mm			白口宽度极限值/mm
		A	H	L	
标准规定的三角试样尺寸	1	15	30	130	≈9
	2	25	50	150	≈13
	3	50	100	180	≈28
常用三角试样尺寸	1	12.5	25	130	6
	2	20	40	130	10
	3	25	50	150	12
	4	50	100	180	25

表 7-42 三角试样制造工艺的规定条件

项目	要 求 内 容
模样	三角试样的模型最好采用经久耐用、不易腐蚀、磨损和变形的材料制成，试样的夹角 R 经常保持在 0.8~1.0mm
铸型	浇注三角试样的铸型应采用与所检验的铸件相一致的铸型材料，一般采用干砂型的多，如采用湿砂型时，必须控制和检验造型材料的含水量
温度	试样的浇注温度、打箱取样温度、试样的下水温度和击断试样的温度，对试样断口组织和断口颜色都有不同的影响。因此，试样的浇注温度、打箱取样温度应尽可能控制在一定的范围内，不要时高时低，试样的下水温度一般控制在试样冷却至暗红色，约600℃较为合适。试样从水中取出后击断时的温度控制在100~200℃为好，应注意试样表面无水时再击断

表 7-43　三角试样宏观断口组织

试样断口	颜　色	组　织	
		高碳相	金属基体
	暗灰色	石墨	铁素体、铁素体+珠光体、珠光体
	灰中有白	石墨+渗碳体	珠光体
	亮白色	渗碳体	珠光体

表 7-44　各种灰铸铁牌号的相应金相组织

铸铁牌号	金　相　组　织	
	金属基体	石　墨
HT100	铁素体+珠光体	粗大的 A 型片状石墨
HT150	珠光体+铁素体	较粗大的 A 型片状石墨，少量 B 型石墨
HT200	珠光体	较小的 B 型片状石墨，有局部 D、E 型石墨
HT250、HT300	索氏体	较小的 A 型片状石墨
HT350	细小索氏体或托氏体	细小的 A 型片状石墨

表 7-45　白口宽度与铸铁牌号的对应值

试样断口	序　号	灰铸铁牌号	白口宽度/mm
	1	HT100	0~1
	2	HT150	1~3
	3	HT200	3~4
	4	HT250	4~5

④炉前快速热分析检验铁液成分。炉前快速测试碳硅含量的热分析仪，能在浇注试样后 20~30s 测出铁液的碳含量，在 2~3min 测出碳硅含量。

快速热分析仪的工作原理是将金属液浇入试样杯中，测得冷却曲线，根据曲线上的液相线温度和固相线温度，从铁碳平衡状态图上找出相应的合金成分。

⑤计算机热分析仪快速测定铁液性能。一般检验铸铁力学性能都是采用浇注一组试样或附铸试样，经理化检验来确定，这种方法不仅速度慢，而且也不够科学，因为铁液

第七章　铸造的检验

的温度、化学成分、冷却速度、孕育工艺等都在不断地发生变化，必然影响铸铁力学性能的变化。

计算机快速测定仪的工作原理是在合金冷却过程中发生的所有变化，都伴随着热量的释放或吸收，从而使铸件温度变化的连续性受到破坏，显示出奇异的温度特征值，依据合金的结晶理论，便能从热分析曲线的形状和温度特征值的变化来判断合金的组织和性能。对保证铸件质量、防止批量废品，做到以防为主，发挥了很重要的作用。

2）球墨铸铁的炉前检验。球墨铸铁的炉前检验比普通灰铸铁的炉前检验增加了一个球化处理的检验程序，这样就要求铁液的出炉温度要适当高些，以保证球化处理的质量及浇注的温度要求。

球墨铸铁炉前球化处理质量的检验方法见表7-46。

3）铜合金和铝合金的炉前检验。铜合金和铝合金的炉前检验项目及方法见表7-47和图7-17～图7-19。

表7-46　球墨铸铁炉前球化处理质量的检验方法

检验方法	试样规格及取样操作	方　　法	
三角试样	与灰铸铁的三角试样方法相同	断口晶粒细密，试样两侧向内凹入，表示球化情况良好；断口晶粒较粗呈灰色或暗灰色，表示球化不良或未球化 镁球墨铸铁试样中心有明显的缩松而稀土镁球墨铸铁则不明显 试样断口有电石臭味表示球化良好	
圆柱试样	经处理后的铁液浇注φ10～φ30mm的圆形试棒冷却至暗红色（600～700℃）淬水，打断后观察断口	断口晶粒粗大，呈灰色或暗灰色，表示球化不良或未球化	
观察铁液表面	处理后的铁液氧化，表面有氧化皮，铁液温度越低，氧化皮越明显，当铁液温度超过1380℃时，则难以判断	铁液表面平静，覆盖一层氧化皮，表示球化良好，铁液表面翻腾，氧化皮时断时续，表明球化不良，铁液表面翻腾严重（类似灰铸铁），氧化皮很少且集中在中心，则表明未球化	
观察火苗	处理后的铁液火苗大小，数量都有不同，通过观察来判断球化的优、良、劣	判断方法	图　　例
		大于40mm的大火苗三个以上，小火苗多而有力，表明球化优	铁液 优

（续）

检验方法	试样规格及取样操作	方法	
		判断方法	图例
观察火苗	处理后的铁液火苗大小、数量都有不同，通过观察来判断球化的优、良、劣	有一二个大火苗，夹有10个以上小火苗，表明球化良	 良
		小于15mm的小火苗，少而无力或无火苗，表明球化差或未球化	 球化差或未球化
炉前快速金相检验	浇注φ10～φ30mm的试棒，待凝固后淬水冷却，制成金相试片在显微镜下观察金相组织	依据稀土-镁球墨铸铁金相标准评级判断	—

表7-47 铜合金和铝合金的炉前检验项目及方法

检验项目		检验方法	试样规格及取样操作	判断方法	备注
铜合金	含气试验	观察试样表面	用预热过的取样勺自坩埚内盛取合金液注入干砂型中，撇去表面氧化膜及渣子，待试样凝固后观察表面收缩情况	收缩显著，缩穴呈较深洼洞则表明含气合格 收缩不显著，表面平坦或微凹及缩下后又凸出则表明含气不合格	干砂型的结构及尺寸如图7-17所示（示例：铸造铝黄铜）
	弯曲试验	测量试样的折断角	浇注后的试样，在型中凝固2～3min取出投入水中冷却后，夹在虎钳上打击击断，测量折断角	按不同合金的折断角规定数值评估检验，如ZCuSn10Pb1折断角30°～60°为合格	试样用金属型结构及尺寸如图7-18所示
	断口检验	观察试样断口	由做完弯曲试验后所得到的断口观察有无偏析、氧化夹渣，以及晶粒大小及断口颜色等	结晶细致，成色均匀，无夹渣或气孔则表明合格，粗晶、柱状晶、成色不均、夹渣则表明不合格	—

第七章　铸造的检验

（续）

检验项目		检验方法	试样规格及取样操作	判　断　方　法	备注
铝合金	液体温度	用镍铬-镍铝或镍铬-镍硅浸入式热电偶配以相应的仪表测试	与铸铁或铸钢炉前检验方法相同	与铸铁或铸钢的温度判断方法相同	—
	化学成分	对试样快速光谱分析	与铸钢取样方法相同	按快速光谱分析方法依据合金牌号标准规定判断	—
	含气试验	工艺试样法	将试样的铸型预热至300～400℃后，注入铝液在凝固前用干净的薄铁片或木片扒去表面氧化皮，观察金属表面气泡的多少	金属表面冒出的气泡少或基本不冒气泡，则表明含气量少，反之，则表明含气量多	试样结构及尺寸如图7-19所示
		真空凝固试验法	取出在真空凝固试验仪上凝固的试样，沿垂直面将试样切成两半，将一半制成宏观磨片，用以测定气泡的数量、尺寸及截面上的分布情况	求出气泡所占面积，以气泡面积与总面积之比表示铸件的孔隙度，根据孔隙度的不同，制定出等级标准，用以判定含气量	—
	变质效果	观察试样断口	合金经变质处理后，浇注棒状试样，冷却后打断，观察断口形貌来加以判断	晶粒细小，几乎看不到亮点呈银白色丝绒状，则变质良好；晶粒粗大发亮的硅晶粒明显可见、断口呈暗灰色则表明变质不足；晶粒粗大，呈青灰色则表明变质过度	—
		观察试样表面	未变质处理的合金，凝固后的自由表面银白光亮。经变质处理后所浇注的试样自由表面在凝固前会显出花纹	花纹越粗、分枝越发达则表明变质越完全，反之，则表明变质不完全	—

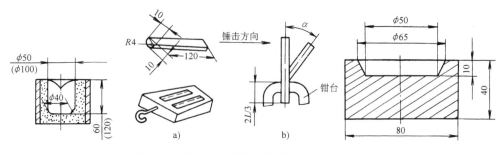

图 7-17 铜合金含气检验用砂型　　图 7-18 铜合金弯曲检验及试样金属型
a) 铜合金弯曲检验用试样金属型　b) 弯曲检验
图 7-19 铝合金含气试验用的试样铸型

（5）停风打炉的检验

停风打炉的检验项目及方法见表 7-48。

表 7-48　停风打炉的检验项目及方法

检验项目	检验内容	检验依据及方法	检验者	备注
停风前	熔化任务完成后是否停止加料，是否加 1~2 批压炉铁	依据工艺操作规程的规定观察、检验	操作者和检验员	每炉次
停风后	停风后是否打开风口，前炉及后炉的铁液或熔渣是否出净，炉底地面是否干燥无水，灼热的炉料是否用水熄灭			

八、浇注的检验

浇注是一个技术性很强的工作，浇注工艺是否合理，浇注工作组织的好坏，都将直接影响铸件的质量。铸件产生的缺陷许多都与浇注工作的质量有关，如气孔、缩松、浇不足、夹渣、冷隔等。据一些工厂的不完全统计，由于浇注影响而报废的铸件占废品总数的 20%~30%。因此，必须加强对浇注质量的检验和控制。

浇注质量的检验项目及方法见表 7-49，木型与铸件重量的计算系数见表 7-50，常用合金的浇注温度见表 7-51。

表 7-49　浇注质量的检验项目及方法

检验项目		检验内容	检验方法	检验者	备注
浇注前的准备	浇包及工具	浇包是否符合要求，是否已烘干；浇注用工具是否齐全，撇渣棒是否已预热	观察、触摸、用探测干层的方法检验浇包烘干情况，按浇注计划重量计算压铁重量	操作者自检，检验员抽检	检验范围为每炉次

(续)

检验项目		检验内容	检验方法	检验者	备注
浇注前的准备	铸型	通气孔是否畅通，外浇口是否有灰砂和杂质，合箱是否合严卡紧及压铁重量是否合适，干铸型的引火纸张是否放好	观察、触摸、用探测表干层的方法检验浇包烘干情况，按浇注计划重量计算压铁重量	操作者自检，检验员抽检	压铁重量一般为铸件重量的5倍
	浇注材质及铁液重量	每个铸型的浇注材质及铁液重量是否清楚	按浇注计划和铸型的材质标识对照检验		木模和铸件重量的计算系数见表7-50
浇注操作	除渣	浇注前，是否将金属表面的熔渣完全除净，除渣时间越短越好	依据操作工艺规程进行观察检验		
	引火	引火的位置是否适当，是否将型腔内的气体及时引出			
	浇注	浇包嘴是否靠近浇口，是否使用撇渣棒挡渣，外浇口是否充满，浇流大小是否合适，有无断流现象，铸型充满后是否补浇，是否对浇冒口采取保温措施等			常用合金浇注温度见表7-51
	浇注温度	根据铸件壁厚的不同检查浇注温度是否符合工艺的规定	依据浇注工艺规定、目视观察或使用光学高温计进行测定	操作者和检验员	检验范围为每包铁液
	浇注速度	根据不同铸件的情况，检查浇注的速度是否符合铸件工艺卡的规定	依据铸件工艺卡的规定，采用计时器进行检验	检验员	检验范围为每个铸型

表7-50 木型与铸件重量的计算系数

木型的材料	铸铁	铸钢	铸铜	铸铝	备 注
杉木	17.4	18.8	20.7	6.2	用木型的重量（有泥芯的要减去泥芯部分及芯头部分的重量）乘以表中的系数，为铸件的重量，再加上浇冒口重量，即为所需金属液的重量；如果木型用不属表内木材制作，可用以下公式求系数：$$\frac{铸造金属密度}{铸模材料密度}=系数$$
柳木	16.6	18.1	19.9	5.9	
松木	12.5	13.6	14.9	4.5	
柏木	15.0	16.4	17.9	5.3	
核桃木	10.8	11.6	12.8	3.8	

表 7-51 常用合金的浇注温度

合金名称	熔 点/℃	浇 注 温 度/℃		
		壁厚 22mm 以下	壁厚 22~32mm	壁厚 32mm 以上
铸钢	1525~1550	1620	1580	1560
灰铸铁	1150	1360	1330	1250
可锻铸铁	1240	1460	1420	1380
青铜	1010~1060	1190	1100	1050
黄铜	1000	1140	1100	1050
纯铝	657	760	730	700
铝合金	570	740	720	680
铝硅合金	570	700	660	620
铝铜合金	630	730	710	690
镁合金	630	800	760	710
备 注	表中所列数字仅供参考，因同一合金由于成分不同而熔点和浇注温度都不同			

九、落砂和清理的检验

浇注冷却后的铸件，需经过落砂和清理才能转为机械加工或使用。其检验项目主要有落砂、去除浇冒口、清除泥芯及芯骨、表面清理、抛丸、防锈或涂油等。

落砂和清理质量的检验项目及方法见表 7-52，铸件在砂型中的停留时间见表 7-53。

表 7-52 落砂和清理质量的检验项目及方法

检验项目	检 验 内 容	检验方法	注 意 事 项
落砂	铸件在砂型中停留时间是否符合规定、落砂方法是否可靠、能否损伤铸件	查看浇注时间记录，目视检验	铸件在砂型中停留的时间见表 7-53，开箱后发现铸件发红，应用砂子盖上，继续冷却
去除浇冒口	浇冒口切割残余量是否符合要求、锤击去除浇冒口时，锤击方向是否符合规定、是否按牌号分类堆放	观察或借助量检具检验	锤击浇冒口打掉肉的应及时制止并记录
清除泥芯及芯骨	铸件内腔的芯砂、芯骨、飞边、毛刺、结疤是否清理干净	观察或借助量检具检验	规定应回用的芯骨损坏应制止和记录
表面清理	铸件内外表面的粘砂、结疤、分型面上的凸起和芯头处的披缝、飞边、毛刺是否铲磨清理掉，有无机械损伤和变形厂标、铸字是否清晰	目视检验	人为损伤应制止和记录，滚筒清理时，应加入填塞物，如木块、胶皮等，防止铸件的互相碰撞而损伤
抛丸	对铸件表面要求抛丸时，应检验钢丸的规格、抛丸的时间、表面抛丸后有无粘砂、结疤、机械损伤	观察和借助量检具、计时器进行检验	注意钢丸的规格，其与铸件尺寸的大小、结构和表面粗糙度 Ra 值的要求有关。钢丸的直径过大，易将铸件表面打成凹坑，造成表面粗糙度 Ra 不合格

第七章 铸造的检验

(续)

检验项目	检验内容	检验方法	注意事项
防锈或涂油	对铸件表面要求防锈或涂油时，有无未沾涂到的部位，沾涂是否均匀有效	观察检验	应注意防锈液或涂料的质量是否合格，必要时应查看入库检验合格证
废品件及浇冒系统的清砂	对未经清理已确定报废的铸件或浇注系统的表面粘砂，内腔芯骨是否清理干净	观察检验	一般采取滚筒清理，否则回炉后影响熔化质量

表 7-53　铸件在砂型中的停留时间　　　　　　　　（单位：h）

铸件质量 /kg	停留位置		铸件质量 /kg	停留位置	
	在运输带（车）或运输器上	在车间地面上		在运输带（车）或运输器上	在车间地面上
10~30	0.15~0.4	0.5~1.0	>500~1000	1.5~3.0	4.0~10
>30~50	0.25~0.5	1.0~2.0	>1000~2000	—	10~15
>50~100	0.3~0.6	1.5~3.0	>2000~3000	—	15~20
>100~250	0.5~1.0	2.0~4.0	>3000~5000	—	20~30
>250~500	0.8~2.1	3.0~6.0	—	—	—

十、铸件热处理的检验

铸件热处理是铸造生产过程的最后一道工序。铸件在凝固过程中，因各部分壁厚不同所产生的内应力会降低铸件强度，甚至会导致铸件变形或开裂。同时，由于铸件在砂型中的冷却速度不同，而其金相组织也不均匀，也会降低铸件的各种性能。为消除铸件的内应力和提高铸件的力学性能或改变其金相组织调整其力学性能，需对经检验合格的铸件进行热处理。

铸造常用的热处理方法为退火和正火-回火。铸件热处理的检验项目及方法见表7-54。

表 7-54　铸件热处理的检验项目及方法

检验项目	检验内容	检验依据及方法	检验者	备注
热处理前	炉温仪表及控制装置是否经鉴定合格，是否处于正常状态	依据高温仪表校检制度，观察检验	机电维护员和检验员	检验范围为每个班次
	铸件装炉（摆放位置、性能试样、数量等）是否符合有关规定的要求	依据工艺规定或操作规程观察检验	热处理工和检验员	检验范围为每炉次

(续)

检验项目	检验内容	检验依据及方法	检验者	备注
热处理操作	加热温度、保温时间是否符合规定；炉内各区温度分布情况、各区温度差不应超出 ±5℃	依据热处理工艺规定，使用测温仪表和计时器检验	热处理工检验员	检验范围为每炉次
热处理后	冷却方法及淬火温度（时效退火等）、冷却介质温度是否符合规定	依据热处理工艺规定，使用测温仪表进行检验	检验员	
	检查铸件冷却或经淬火后是否有裂纹变形等缺陷	依据标准和图样，用目视放大镜、着色或磁粉检测等方法观察检验	检验员	检验范围为每个铸件
	有硬度要求的铸件，应按规定检查铸件硬度	依据标准、图样或技术协议，用硬度计观察检验	检验员	检验范围为每炉次

第三节　铸件的检验

铸件质量的检验项目主要包括外观质量、尺寸精度和内在质量。不同材料铸件的检验项目不完全相同，表 7-55 所列是铸铁件质量检验项目。

表 7-55　铸铁件质量检验项目

检验项目		铸铁件合金类型						
		灰铸铁	球墨铸铁	蠕墨铸铁	可锻铸铁	抗磨铸铁	耐热铸铁	耐蚀铸铁
缺陷	非加工面上及铸件内部允许缺陷	○	○	○	○	○	○	○
	加工面上允许存在在加工余量范围内的表面缺陷	√	√	√	√	—	—	—
表面质量	表面清理质量	√	√	√	√	√	√	√
	内腔清洁度	√	√	√	√	√	√	√
	表面粗糙度	○	○	○	○	○	○	○
几何形状与尺寸公差	几何形状与尺寸	√	√	√	√	√	√	√
	尺寸公差	√	√	√	√	√	√	√
	直线度、弯曲度、平面度等	○	○	○	○	○	○	○
化学成分	五元素和合金元素	—	—	—	○	○	√	√
金相组织	基体组织	○	○	○	○	○	○	—
	石墨形状、大小、分布	○	○	○	○	○	○	○
	球化率、蠕化率[①]		√	√	—	—	—	—

第七章 铸造的检验

(续)

检验项目		铸铁件合金类型						
		灰铸铁	球墨铸铁	蠕墨铸铁	可锻铸铁	抗磨铸铁	耐热铸铁	耐蚀铸铁
力学性能	抗拉强度、伸长率②	√	√	√	√	○	√	—
	抗弯强度、挠度	—	—	—	—	—	—	○
	屈服强度、冲击韧度	—	○	○	○	—	—	—
	硬度	○	○	○	○	√	—	—
重量	重量偏差	—或○	—或○	—或○	—或○	—或○	—或○	—或○
使用性能	致密性	○	○	○	○	—	—	—
	耐磨性	—	—	—	—	○	—	—
	耐热性	—	—	—	—	—	√	—
	耐蚀性	—	—	—	—	—	—	○

注：1. "√"表示必须检验的项目；"○"表示仅供需双方商定才检验的项目；"—"表示不检验的项目。
  2. 如果已从铸件上切除试样检查了力学性能合格，允许不检查单铸试样的力学性能。
① 球墨铸铁只做球化率检验，蠕墨铸铁只做蠕化率检验。
② 灰铸铁、蠕墨铸铁、耐热铸铁可不做伸长度检验。

一、外观质量的检验

1. 铸件表面缺陷的检验

检验显露在铸件表面及表皮下的缺陷，如粘砂、气孔、砂眼、夹渣、冷隔、微裂纹等。

表面缺陷的检验要求见表7-56，表面缺陷的验收标准见表7-57，表面缺陷的检验方法见表7-58。

表7-56 铸件表面缺陷的检验要求

检验要求项目	检验要求的内容
铸件表面	不允许有裂纹、穿透孔、穿透性冷隔或缩松和夹渣等缺陷
非加工面	除上述要求外，毛刺、披缝、浇冒口和凸起等应清理与铸件表面同样平整
加工面	允许有不超过加工余量范围内的任何缺陷存在，但缩松、裂纹必须清除掉
基准面	变形的铸件应予校正，并检查校正后有无裂纹，铸件定位测量的基准面和作为加工的基准面必须平整
其他	铸件的非加工面及加工后的表面是否允许存在缺陷，应按图样及相应的标准规定执行

表7-57 铸件表面缺陷的验收标准

验收的标准种类	内容
通用标准	包括国际标准、国家标准和行业标准等
内控标准	企业内部制定的标准（往往严于国际、国家或行业标准）、质量承诺等
用户要求	包括图样上规定的特殊技术要求、技术协议和合同等

表 7-58　铸件表面缺陷的检验方法

检验方法	原 理	检 验 操 作	注 意 事 项
直观法	用目视和借助简单的工具检查显露在铸件表面及皮下的缺陷	目视观察或用放大镜；对直观观察不易发现的皮下缺陷或微小裂纹，可用尖嘴小锤敲击听声音判断	声音发空，皮下有孔洞类缺陷；敲击时发出杂音可能有微小裂纹
磁粉检测法	将铸件磁化，使磁力线穿透磁粉来观察铸件表面及皮下缺陷	将巨大电流或磁力线通入铸件，使铸件磁化，在铸件被测表面浇上磁粉悬浮油液，当磁力线遇到铸件中的缺陷时，产生很大磁阻，阻碍磁力线通过，使磁力线在缺陷处穿出铸件表面，将表面磁粉吸住形成与缺陷形状相似的图案	方法简便，但不能检测非磁性材料，不能发现内部较深的缺陷，铸件表面不需加工
荧光检测及着色检测法	渗透在铸件缺陷中的渗透液在毛细管的作用下，被洒在铸件表面上的显示粉吸出，通过观察缺陷处的颜色进行判定	先在铸件表面涂一层渗透液（荧光液），待液体渗入表面上的孔隙内清除表面多余油液然后洒上一薄层显示粉，这时渗入缺陷的油液因毛细管作用而被显示粉吸出，在荧光照射下，缺陷处呈亮白色；如在渗透液中掺入油溶性染料（苏丹 3 号）不需荧光，在亮灯下就可显示缺陷，称"着色检测"	荧光和着色检测可检查表面微裂纹、疏松等缺陷 荧光检测灵敏度高，但费时间，不能检查皮下缺陷 着色检测方法简便，不受场合限制，灵敏度略低
内窥镜观察法	纤维光学内窥镜是以光导体纤维代替传统的透镜、棱镜导光传像的一种新型的光学检测仪器	按使用说明书的规定开动操作手枪按钮，其头端部是能作多种方向弯曲的特殊结构，即可按着要求进入铸件内腔各部位，通过目镜可观察到铸件内腔表面的情况	具有体积小、成像清晰的特点，适用于各种铸件内腔表面的检查

2. 表面粗糙度的检验

铸件表面上在较小间距范围内，由峰谷所组成的微观不规则的几何形状特征，称为铸件的表面粗糙度。

铸件表面上的微小峰谷，可以通过肉眼直接观察出来。出现微小峰谷的主要原因是由于金属液的静压力和热作用下的渗透引起的，它与铸件表面的明显粘砂缺陷有根本的区别。采用不同铸造方法得到的表面粗糙度见表 7-59。

表 7-59　不同铸造方法得到的表面粗糙度 Ra、Rz 值　　（单位：μm）

表面粗糙度	金属型铸造	壳型铸造	离心铸造	高压铸造	普通砂型
Ra	6.3	12.5～6.3	25～3.2	25～6.3	100～25
Rz	25	50～25	100～12.5	100～25	400～100

(1) 影响铸件表面粗糙度的因素

铸件表面粗糙度与铸件的材质、铸造方法、清理方法等有关,见表7-60。

表7-60 影响铸件表面粗糙度的因素

影响因素	影响规律			
粘砂	铸件出现的机械粘砂是高温金属渗透的结果,它是影响铸件表面粗糙度的直接原因,金属渗透越严重、表面越粗糙			
材质	铸铁的种类、金相组织对铸件表面粗糙度的影响见下表			
	铸铁种类	石墨尺寸和形态(ASTM)	$Ra/\mu m$	说明
	钢锭模	1-A	0.2~0.5	石墨片粗大,表面粗糙;石墨片细小,表面光洁
	高强度铸铁	5-A、E	0.05~0.08	球墨铸铁的石墨球和可锻铸铁的团絮状石墨,通过金相砂纸的研磨和抛光,得到与表中左边相同的结果
	激冷铸铁	8-D	0.04~0.05	
	灰铸铁含磷较低时,一般磷质量分数为0.02%~0.05%易发生金属渗透,常造成铸件表面粗糙,因此,适当增加含磷量,可减少金属渗透的程度			
工艺	铸造方法的影响见表7-59;型砂和砂型质量的影响如下			
	因素	规律及控制		
	型砂粒度	用细砂可减少表面粗糙,一般潮模小型铸铁件多采用72/142砂		
	紧实度	紧实度小,则砂粒间隙大,金属渗入深度大,表面粗糙;中小件潮模砂型的硬度应控制在70~80单位(上砂型),80~90单位(下砂型)		
	黏结剂	钠基膨润土性能好,能改善铸件表面粗糙度,钙基膨润土应活化处理,使之转化为钠基膨润土		
	附加物	在湿砂型中加入质量分数为3%~8%的煤粉,可防止铸件机械粘砂,达到表面光滑,但不能过量,也可同时加入质量分数为1%~2%的重油,防止机械粘砂效果更好		

(2) 表面粗糙度对铸件质量的影响

表面粗糙度对铸件的质量有一定的影响,表面越粗糙,铸铁的疲劳强度越小,这是因为粗糙的表面会引起应力集中。因此,提高铸件表面粗糙度能提高铸铁的使用性能和寿命。

(3) 表面粗糙度的评定及检验方法

表面粗糙度的评定与检验方法一般有三种,即仪器测定法、样块对照法、封样比较法。样品或样块对照法应用比较普遍,既简便又迅速。

3. 重量偏差的检验

铸件重量偏差指铸件的实际重量与公称重量之差。铸件的实际重量可由下式表示:

铸件实际重量 = 铸件公称重量 + 铸件重量偏差　　　　　　　　　　　　　　　　(7-5)
　　　　　　 = 零件公称重量 + 机械加工余量及其他工艺余量所形成的重量 + 铸件重量偏差

（1）铸件重量的评定方法

铸件重量的公差依据 GB/T 11351—2017《铸件重量公差》进行评定。

影响铸件重量偏差的因素主要有两个：一是铸造工艺参数；二是尺寸精度，见表 7-61。

表 7-61　影响铸件重量偏差的因素

影响因素	影响的规律
铸造工艺参数	由于铸造工艺参数形成的重量部分是铸件公称重量的组成部分，因此，铸造工艺参数是否合理，将直接影响铸件的重量，其中起模斜度、工艺补正量和机械加工余量等选择得不当，往往是造成铸件超重的主要原因之一
铸件的尺寸精度	铸件的重量与铸件的尺寸密切相关，引起铸件尺寸增大或减小的因素（正常受阻、收缩情况例外）往往会引起铸件重量的增加或减少。因此，一般来说提高铸件的尺寸精度也相应地控制铸件的重量偏差，例如，树脂砂造型可使铸件重量减轻 3%～5%，高压造型可使铸件减轻重量 3%～7%

（2）铸件重量偏差的检验及验收方法

铸件重量的检验一般采用逐件称重检验或抽查称重检验。

铸件重量公差见表 7-62～表 7-64。

铸件的公称重量常以第一个合格铸件的实际重量或第一批合格铸件的平均重量为标准制定。

二、尺寸精度的检验

铸件尺寸精度指铸件的实际尺寸符合铸件图样上公称尺寸的程度。其表示方法是用铸件的尺寸偏差所达到的公差等级来表示。铸件尺寸公差常用术语的定义见表 7-65。

表 7-65　铸件尺寸公差常用术语的定义

常用术语	定义
公称尺寸	指设计图样所规定的公称计算尺寸，也就是图样上表示铸件大小的尺寸，如某铸件外径为 80mm，则 80mm 即是外径的公称尺寸
实际尺寸	指铸件铸造后实际形成的尺寸，一般用测量得到的尺寸表示
极限尺寸	指实际尺寸允许的变动范围，极限尺寸有两个：最大极限尺寸——在公差范围内铸件尺寸允许的最大值；最小极限尺寸——在公差范围内铸件尺寸允许的最小值
偏差	指极限尺寸与公称尺寸之差，由于极限尺寸有两个，所以偏差也有两个： 上偏差 = 最大极限尺寸 - 公称尺寸；下偏差 = 最小极限尺寸 - 公称尺寸
公差	指允许的偏差范围，也就是最大极限尺寸与最小极限尺寸的差值

1. 公差体系

铸件的尺寸公差体系主要包括铸件的尺寸公差、公差的选择、错型量、壁厚公差、公差带的设置和公差等。

1）铸件的尺寸公差。依据 GB/T 6414—2017《铸件 尺寸公差、几何公差与机械加工余量》标准，公差等级的代号为 DCTG，分为 16 级。各级公差数值见表 7-66。

2）公差的选择。铸铁件公差的选择可分为两种情况：一是成批大量生产；二是小批量或单件生产。

表 7-66 铸件尺寸公差等级（DCTG）及其相应的线性尺寸公差值（GB/T 6414—2017）

（单位：mm）

公称尺寸		铸件尺寸公差等级（DCTG）及相应的线性尺寸公差值															
大于	至	DCTG1	DCTG2	DCTG3	DCTG4	DCTG5	DCTG6	DCTG7	DCTG8	DCTG9	DCTG10	DCTG11	DCTG12	DCTG13	DCTG14	DCTG15	DCTG16
—	10	0.09	0.13	0.18	0.26	0.36	0.52	0.74	1	1.5	2	2.8	4.2	—	—	—	—
10	16	0.1	0.14	0.2	0.28	0.38	0.54	0.78	1.1	1.6	2.2	3	4.4	—	—	—	—
16	25	0.11	0.15	0.22	0.3	0.42	0.58	0.82	1.2	1.7	2.4	3.2	4.6	6	8	10	12
25	40	0.12	0.17	0.24	0.32	0.46	0.64	0.9	1.3	1.8	2.6	3.6	5	7	9	11	14
40	63	0.13	0.18	0.26	0.36	0.5	0.7	1	1.4	2	2.8	4	5.6	8	10	12	16
63	100	0.14	0.2	0.28	0.4	0.56	0.78	1.1	1.6	2.2	3.2	4.4	6	9	11	14	18
100	160	0.15	0.22	0.3	0.44	0.62	0.88	1.2	1.8	2.5	3.6	5	7	10	12	16	20
160	250	—	0.24	0.34	0.5	0.7	1	1.4	2	2.8	4	5.6	8	11	14	18	22
250	400	—	—	0.4	0.56	0.78	1.1	1.6	2.2	3.2	4.4	6.2	9	12	16	20	25
400	630	—	—	—	0.64	0.9	1.2	1.8	2.6	3.6	5	7	10	14	18	22	28
630	1000	—	—	—	0.72	1.0	1.4	2	2.8	4	6	8	11	16	20	25	32
1000	1600	—	—	—	0.80	1.1	1.6	2.2	3.2	4.6	7	9	13	18	23	29	37
1600	2500	—	—	—	—	—	—	2.6	3.8	5.4	8	10	15	21	26	33	42
2500	4000	—	—	—	—	—	—	4.4	6.2	9	12	17	24	30	38	49	
4000	6300	—	—	—	—	—	—	7	10	14	20	28	35	44	56		
6300	10000	—	—	—	—	—	—	—	11	16	23	32	40	50	64		

2. 毛坯铸件的尺寸公差等级（见表 7-67 和表 7-68）

1）铸件尺寸公差数据可构成一组光滑曲线。这些曲线采用的增量为：$\sqrt{2}$，用于等级 DCTG1～DCTG13；$\sqrt[3]{2}$，用于等级 DCTG13～DCTG16。

2）铸件的许多尺寸因受分型面和型芯的影响，需要增大尺寸公差。

表 7-67　大批量生产的毛坯铸件的尺寸公差等级

方法		铸件尺寸公差等级 DCTG								
		钢	灰铸铁	球墨铸铁	可锻铸铁	铜合金	锌合金	轻金属合金	镍基合金	钴基合金
砂型铸造 手工造型		11~13	11~13	11~13	11~13	10~13	10~13	9~12	11~14	11~14
砂型铸造 机器造型和壳型		8~12	8~12	8~12	8~12	8~10	8~10	7~9	8~12	8~12
金属型铸造（重力铸造或低压铸造）		—	8~10	8~10	8~10	8~10	7~9	7~9	—	—
压力铸造		—	—	—	—	6~8	4~6	4~7	—	—
熔模铸造	水玻璃	7~9	7~9	7~9	—	5~8	—	5~8	7~9	7~9
	硅溶胶	4~6	4~6	4~6	—	4~6	—	4~6	4~6	4~6

注：表中所列出的尺寸公差等级是在大批量生产下铸件通常能够达到的尺寸公差等级。

表 7-68　小批量生产或单件生产的毛坯铸件的尺寸公差等级（GB/T 6414—2017）

方法	造型材料	铸件尺寸公差等级 DCTG							
		钢	灰铸铁	球墨铸铁	可锻铸铁	铜合金	轻金属合金	镍基合金	钴基合金
砂型铸造 手工造型	黏土砂	13~15	13~15	13~15	13~15	13~15	11~13	13~15	13~15
	化学黏结剂砂	12~14	11~13	11~13	11~13	10~12	10~12	12~14	12~14

注：1. 表中所列出的尺寸公差等级是砂型铸造小批量或单件时，铸件通常能够达到的尺寸公差等级。
2. 本表也适用于经供需双方商定的本表未列出的其他铸造工艺和铸件材料。

3. 铸件几何公差等级（见表 7-69）

表 7-68 中的数值一般适用于公称尺寸大于 25mm 的铸件。对于较小尺寸的铸件，通常能保证下列较精的尺寸公差：

1）公称尺寸≤10mm 的铸件精度等级提高三级。
2）10mm＜公称尺寸≤16mm 的铸件精度等级提高二级。
3）16mm＜公称尺寸≤25mm 的铸件精度等级提高一级。

表 7-69　铸件几何公差等级（GB/T 6414—2017）

方法	几何公差等级 GCTG								
	铸钢	灰铸铁	球墨铸铁	可锻铸铁	铜合金	锌合金	轻金属合金	镍基合金	钴基合金
砂型铸造 手工造型	6~8	5~7	5~7	5~7	5~7	5~7	5~7	6~8	6~8
砂型铸造 机器造型和壳型	5~7	4~6	4~6	4~6	4~6	4~6	4~6	5~7	5~7
金属型铸造（不包括压力铸造）	—	—	—	—	3~5	—	3~5	—	—
压力铸造	—	—	—	—	2~4	2~4	2~4	—	—
熔模铸造	—	3~5	3~5	3~5	3~5	2~4	3~5	—	—

4. 错型值

1) 除非另有规定,错型值应在表 7-66 所规定的公差范围内。

2) 对于没有起模斜度的铸件,也要控制错型。错型值应小于表 7-71 ~ 表 7-73 的直线度、平面度和圆度等形状公差。

5. 壁厚公差

没有特殊规定时,壁厚公差可比其他尺寸的一般公差粗一级选用。例如,图样上的一般尺寸公差为 DCTG12 级时,则壁厚公差可选用 DCTG13 级。图 7-20 所示为最大错型。

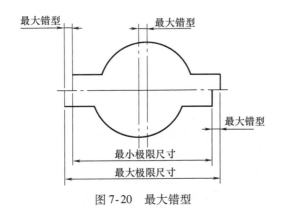

图 7-20 最大错型

6. 公差带的设置

除非另有规定,公差带应相对于公称尺寸对称分布(见图 7-21),即一半在公称尺寸之上,一半在公称尺寸之下。因特殊原因,供需双方协商同意,公差带也可以不对称分布。在这种情况下,公差应单独标注在公称尺寸的后面。

7. 铸造公差的标注

符合 GB/T 6414—2017 的铸造公差应按下列方式之一标注在图样上:

1) 用公差代号统一标注。

例如:GB/T 6414-DCTG12

2) 如果需要进一步限制错型。

例如:GB/T 6414-DCTG12-SMI ± 1.5

3) 如果需要在基本尺寸后面标注个别公差。

例如:95 ± 3 或 200^{+5}_{-3}

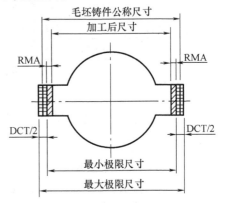

图 7-21 尺寸公差与极限尺寸

8. 验收标准

铸件尺寸精度的验收执行哪个标准,要根据铸件尺寸精度的要求而定。凡指定了精度等级的铸件,其尺寸偏差都应符合相应标准规定的要求。如果用户对有些部位尺寸偏差要求高于或低于相应标准时,供需双方应在协议或在图样上明确注出。

9. 检具

铸件尺寸检验常用的量检具见表7-70。

表7-70 铸件尺寸检验常用的量检具

种类	名称	主要用途
测量工具	钢直尺	度量长度的工具，有时可代替平尺使用
	钢卷尺	度量较长距离尺寸的量具
	高度尺	主要用于测量划线盘的针尖距离平台工作面的高度
	卡钳	用于度量壁厚、直径或用测量工具不易度量的部位，属于度量工具的辅助工具，经常与直尺、卷尺配合使用；有内卡钳、外卡钳、两用卡钳
	测厚仪	主要用于度量尺寸不均匀、形状不规则的壁厚或难于用其他工具测量的壁厚
	游标卡尺	主要用于测量公差要求比较严的尺寸
	样板	主要用于检验铸件的几何形状和尺寸精度；有临时性样板、永久性样板
装卡支承工具	平台	划线的基本工具分主平台和辅助平台两种
	方箱	普通方箱作直角板或垫铁用；附有卡紧装置的方箱，用于划各类小型铸件
	直角板	主要用于划中小铸件或薄板形铸件的第二和第三方面线，可不必翻转零件，提高划线的工效
	V形铁	用于支承轴套类铸件的划线
	垫铁	用于支承和垫平铸件
	千斤顶	用于支承铸件和调节高度
直接划线工具	划针	铸件表面划线的工具，有单尖和双尖两种
	划线盘	用于在平台上找正铸件和在其表面上划线
	划卡	用于铸件的内孔或外圆找中心
	角度尺	检查铸件的表面或表面上的直线是否与平台工作面垂直
	划规	用于划圆、圆弧或测绘距离
	平尺	用于划较长的直线
辅助工具	铅条	用于打入小型铸件的孔内，便于划圆和找中心点
	中心支架	用于对大型的空心铸件，确定中心点
	分度头	主要用于划轴类和圆形铸件的等分线或中心线

10. 检验方法

铸件尺寸精度的检验方法一般有五种方法：

1）一般测量法。对于铸件形状或结构比较简单易于直接测量的尺寸，使用钢卷尺、钢直尺、卡钳、游标卡尺、测深尺等测量工具进行测量检验。

2）样板检验法。对带有曲线、弧度、角度、斜面、多孔等形状比较复杂的铸件，可采用样板检测其尺寸或位置。

对于大型复杂铸件的空间尺寸，可以用三坐标测量机测量。

3）解剖检验法。在验证新投产的工艺装备及检验几何形状复杂、内腔窄小或双金

第七章　铸造的检验

属结合面的熔铸情况有困难时，采取对一定数量的铸件进行解剖检验，能够清楚地了解和测试铸件内部的形状和尺寸，此方法属于破坏性检验。

4）超声波检验法。用一般测量工具检验有困难或检验不准确的部位，如壁厚呈曲线或斜线不规则变化等，可采用超声波测厚仪进行检验。测试时，首先在被测表面涂一薄层耦合剂，然后将超声波探头与被测部位表面相接触，即可显示被测部位的厚度数值，此方法属于非破坏性检验。

5）平台划线检验法。划线是检验铸件尺寸精度的基本方法，检验结果准确；对于几何形状复杂的铸件用一般测量工具测量不准或有困难时，必须通过划线才能准确的判定铸件的尺寸是否合格。

关于毛坯件划线的特点、坯件的放置基准和划线顺序的选择、划线方法的种类及实例简述如下。

① 毛坯件的划线特点。是以不加工面作为找正、定位和划线的基准。因为加工面上所留余量不一定均匀，而且铸件的浇冒口也留在加工面上，还有飞边、毛刺，这样加工面就不那么平整规矩。而非加工面的尺寸和几何形状基本保持不变，因此，坯件的划线应从不加工面入手，但应注意有时因坯件存在各种缺陷，非加工面就不能完全作为基准，而只能作为找正、定位和划线的参考了。

② 坯件的放置基准和划线顺序的选择。在决定坯件的放置基准和划线顺序时，应掌握三个原则。

a. 以大面定小面。只要按大面找正后，其他较小各平行面、垂直面或斜面就必然处在各自应有的位置上。如果以小面定大面，则大面很可能超出允许的误差范围。所以划线的顺序只能是先划零件最大的一面，接着划较大的一面，最后划最小的一面。

b. 以复杂面定简单面，原因和以大面定小面相同。

c. 当坯件带有斜面时，划线的顺序要依据斜面的大小而定。如果斜面大于其他面，应先划斜面；如果斜面相当或小于其他面时，斜面最后划。一般在划线时，较小斜面不划出线来，只注意检查斜面所在的位置就可以了。

③ 坯件划线方法的种类及其划线举例：毛坯件的划线方法，概括起来有四种方法。

a. 直接翻转零件法：它的优点是能对坯件进行较全面的检查，并有可能在所有各面划线。此方法的缺点是工作效率低，劳动强度大，调整找正困难。

b. 直角板划线法：将划线盘靠在直角板上进行划线。优点是简化工件的划线。此方法能够提高划线工效，但因直角板不可能做的很大，只限于划零件的最大尺寸不超过1m的中小型工件。

c. 作辅助线法：坯件划完第一方面线以后不再翻转，通过在平台或在工件本身作出适当的辅助线，用各种划线工具配合划出各不同坐标方向的线。另外，还有一种在空间拉辅助线的方法叫作挂线法，此种方法是用尼龙线、线坠和直角尺相互配合将平台上任何一条直线引到空间某一高度上去作辅助线法，适合于大件划线。

d. 混合法划线：对于坯件形状特殊，单用作辅助线法很困难时，可考虑将工件再翻转一次，与作辅助线法结合起来完成全部划线。

现以图7-22所示的蜗杆箱体为例，说明直角板划线法的划线过程。

① 划第一面线：A面是最大的一个平面，形状也复杂，划线内容也多，应选作第一面先划。

将坯件支承在三个千斤顶上，按A面找好水平，将划线盘的划针调到直径为D_1的上下方向的中心。以这个中心高检查孔D_2的加工余量，同时检查另一端直径D_3的中心高和孔D_4的加工余量。此时按划针的高度，对好尺座上钢板尺的某一整数，然后将划针由这个中心高向下移至L_2，检查外圆直径为D_6两端的中心位置和两端D_5孔的加工余量。将划针由孔D_2的中心向下移至L_1，检查底面

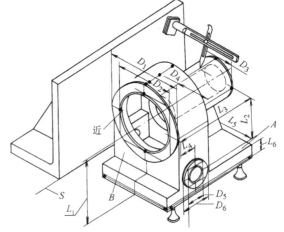

图7-22　蜗杆箱体直角板划线

的加工余量以及底面至A面的厚度L_6。当各部位均满足要求后，划出加工面各线和水平中心线。

② 划第二面线：纵向中心线所在的面，是坯件较大、较复杂的一面，所以应选作第二面划线。此时不再翻转零件，借助直角板划第二和第三面线。

先用直角尺靠在直角板上，将直角板调到与工件的B面垂直，然后用直角尺配合钢板尺检查孔D_5和外圆D_6两端的中心连线对直角板的垂直性。其方法是将直角尺靠在直角板上，放置B面外，其水平高度与孔D_5水平中心高相同，用钢板尺过直角尺分别对孔D_5的两端进行测量，如果两端中心到直角尺的距离一致，即说明它们的中心连线是与直角板垂直的。然后将划线盘靠在直角板上（见图7-22）划出直径为D_1的外圆中心，以此中心为基准检查孔D_2的加工余量。移动划线盘检查另一端孔D_4的加工余量和直径为D_3的外圆中心位置。最后检查孔D_5两个端面加工余量。当各部位均满足要求后，画出纵向中心线和孔D_5两端面加工线。

为划等三面线时找正、定位方便，用划针沿着直角板在平台上划出一条S线。

③ 划第三面线：将直角板转到B面一端，将直角尺平放在平台上，短直角边靠在直角板上，长直角边对S线，直到重合为止。此时，将划线盘靠在直角板上，按直径D_6的外圆中心调好划针位置，分别检查D_6的另一端中心是否一致；孔D_5两头的加工余量；距离为L_4和L_3两头端面的加工余量。待各部位均满足要求，画出孔D_5的中心线、距离为L_3的两端面加工线、各孔方框线。

三、铸件的几何公差

铸件的几何公差包括铸件的直线度、平面度、圆度、平行度、垂直度等，见表7-71～

表 7-74。

表 7-71 铸件直线度公差（GB/T 6414—2017） （单位：mm）

公称尺寸		铸件几何公差等级（GCTG）及相应的直线度公差						
大于	至	GCTG2	GCTG3	GCTG4	GCTG5	GCTG6	GCTG7	GCTG8
—	10	0.08	0.12	0.18	0.27	0.4	0.6	0.9
10	30	0.12	0.18	0.27	0.4	0.6	0.9	1.4
30	100	0.18	0.27	0.4	0.6	0.9	1.4	2
100	300	0.27	0.4	0.6	0.9	1.4	2	3
300	1000	0.4	0.6	0.9	1.4	2	3	4.5
1000	3000	—	—	—	3	4	6	9
3000	6000	—	—	—	6	8	12	18
6000	10000	—	—	—	12	16	24	36

表 7-72 铸件平面度公差（GB/T 6414—2017） （单位：mm）

公称尺寸		铸件几何公差等级（GCTG）及相应的平面度公差						
大于	至	GCTG2	GCTG3	GCTG4	GCTG5	GCTG6	GCTG7	GCTG8
—	10	0.12	0.18	0.27	0.4	0.6	0.9	1.4
10	30	0.18	0.27	0.4	0.6	0.9	1.4	2
30	100	0.27	0.4	0.6	0.9	1.4	2	3
100	300	0.4	0.6	0.9	1.4	2	3	4.5
300	1000	0.6	0.9	1.4	2	3	4.5	7
1000	3000	—	—	—	4	6	9	14
3000	6000	—	—	—	8	12	18	28
6000	10000	—	—	—	16	24	36	56

表 7-73 铸件圆度、平行度、垂直度和对称度公差（GB/T 6414—2017） （单位：mm）

公称尺寸		铸件几何公差等级（GCTG）及相应的公差						
大于	至	GCTG2	GCTG3	GCTG4	GCTG5	GCTG6	GCTG7	GCTG8
—	10	0.18	0.27	0.4	0.6	0.9	1.4	2
10	30	0.27	0.4	0.6	0.9	1.4	2	3
30	100	0.4	0.6	0.9	1.4	2	3	4.5
100	300	0.6	0.9	1.4	2	3	4.5	7

（续）

公称尺寸		铸件几何公差等级（GCTG）及相应的公差						
大于	至	GCTG2	GCTG3	GCTG4	GCTG5	GCTG6	GCTG7	GCTG8
300	1000	0.9	1.4	2	3	4.5	7	10
1000	3000	—	—	—	6	9	14	20
3000	6000	—	—	—	12	18	28	40
6000	10000	—	—	—	24	36	56	80

表 7-74　铸件同轴度公差　　　　　　　　（单位：mm）

公称尺寸		铸件几何公差等级（GCTG）及相应的同轴度公差						
大于	至	GCTG2	GCTG3	GCTG4	GCTG5	GCTG6	GCTG7	GCTG8
—	10	0.27	0.4	0.6	0.9	1.4	2	3
10	30	0.4	0.6	0.9	1.4	2	3	4.5
30	100	0.6	0.9	1.4	2	3	4.5	7
100	300	0.9	1.4	2	3	4.5	7	10
300	1000	1.4	2	3	4.5	7	10	15
1000	3000	—	—	—	9	14	20	30
3000	6000	—	—	—	18	28	40	60
6000	10000	—	—	—	36	56	80	120

四、铸件的机械加工余量

推荐用于各种铸造合金及铸造方法的机械加工余量等级见表 7-75。

表 7-75　铸件的机械加工余量等级（GB/T 6414—2017）

方　法	机械加工余量等级								
	钢	灰铸铁	球墨铸铁	可锻铸铁	铜合金	锌合金	轻金属合金	镍基合金	钴基合金
砂型铸造（手工铸造）	G~J	F~H	F~H	F~H	F~H	F~H	F~H	G~K	G~K
砂型铸造（机器造型和壳型）	F~H	E~G	E~G	E~G	E~G	E~G	E~G	F~H	F~H
金属型铸造（重力铸造和低压铸造）	—	D~F	D~F	D~F	D~F	D~F	D~F	—	—
压力铸造	—	—	—	—	B~D	B~D	B~D	—	—
熔模铸造	E	E	E	—	E	—	E	E	E

注：本表也适用于经供需双方商定的本表未列出的其他铸造工艺和铸件材料。

第七章 铸造的检验

铸件的机械加工余量等级分为10级,分别为 RMAG A ~ RMAG K(见表7-76)。

表7-76 机械加工余量(GB/T 6414—2017)　　　单位:mm

铸件公称尺寸		铸件的机械加工余量等级 RMAG 及对应的机械加工余量 RMA								
大于	至	A	B	C	D	E	F	G	H	J	K
—	40	0.1	0.1	0.2	0.3	0.4	0.5	0.5	0.7	1	1.4
40	63	0.1	0.2	0.3	0.3	0.4	0.5	0.7	1	1.4	2
63	100	0.2	0.3	0.4	0.5	0.7	1	1.4	2	2.8	4
100	160	0.3	0.4	0.5	0.8	1.1	1.5	2.2	3	4	6
160	250	0.3	0.5	0.7	1	1.4	2	2.8	4	5.5	8
250	400	0.4	0.7	0.9	1.3	1.8	2.5	3.5	5	7	10
400	630	0.5	0.8	1.1	1.5	2.2	3	4	6	9	12
630	1000	0.6	0.9	1.2	1.8	2.5	3.5	5	7	10	14
1000	1600	0.7	1.0	1.4	2	2.8	4	5.5	8	11	16
1600	2500	0.8	1.1	1.6	2.2	3.2	4.5	6	9	13	18
2500	4000	0.9	1.3	1.8	2.5	3.5	5	7	10	14	20
4000	6300	1	1.4	2	2.8	4	5.5	8	11	16	22
6300	10000	1.1	1.5	2.2	3	4.5	6	9	12	17	24

注:等级 A 和等级 B 只适用于特殊情况,如带有工装定位面、夹紧面和基准面的铸件。

五、内在质量的检验

铸件的内在质量包括铸造缺陷、强度及致密性、化学成分、力学性能、金相组织等。

1. 铸件内部缺陷的检验

检验铸件内部气孔、缩孔、缩松、裂纹等铸造缺陷是否符合验收标准的规定。内部缺陷的检验方法见表7-77。

表7-77 铸件内部缺陷的检验方法

检验方法	要求	注意事项
抛丸处理检验	此方法是发现表层下铸造缺陷的有效方法之一。经抛丸后,表层下的气孔、夹渣、裂纹、缩松等缺陷就会显露出来	钢丸的规格及抛丸时间须符合工艺规定要求,否则会影响表面粗糙度
腐蚀检验	将铸件浸泡在碱性或酸性溶液里腐蚀,可以发现铸件缩松或用肉眼观察不清的微裂纹	应注意严格按工艺进行,不得损伤铸件表面

（续）

检验方法	要求	注意事项
试车或解剖检验	抽查一定数量的铸件试车或解剖，可发现内部缺陷，如果试车时去除加工余量，缺陷仍在或解剖后深处存在缺陷，可按缺陷类别进行分析，找出产生原因，制订改进措施，提高内在质量	解剖属于破坏性检验，尽量少用
宏观金相检验	主要用肉眼或20倍以下的放大镜观察金属断口或经过加工并浸蚀过的切剖面，分析判断各种缺陷。此方法简便易行，观察区域大，但不能作定量分析，只是粗略判断。宏观检验分为断口检验和低倍检验两种： 断口检验。将铸件（试件）折断，用肉眼或放大镜观察断面有无孔洞、裂纹、夹渣物等缺陷。断口检验一般选择件的细薄处或粗厚处、粗细交接处、浇冒口根部、最大负荷截面等 低倍检验。在铸件指定部位切取试样后，表面加工到$Ra1.6\mu m$，用溶剂（汽油、酒精）清除表面油污后进行浸蚀（使磨光面上的晶粒露出来）后，变肉眼不易观察的缺陷为可见缺陷检验的部位，一般选取铸件的主要截面，尤其是铸件粗大部位及厚薄截面交界部分	部位选择要得当，它关系到结果的准确性 取断口时应注意断口不要变形，不要与水接触，因变形后的断口呈光滑面，失去结晶组织的真实性；浸水后的断口发暗，不易与显微疏松区别，断口的判断与处理见炉前质量检验部分
无损检测	原理、特点及检验范围 铸件内部缺陷常用的检测方法见下表	

	检测方法	磁粉检测	超声波检测	射线检测
	检测原理	磁性吸引作用	超声波脉冲反射	射线穿透感光
	检测部位	表面及近表面	表面及内部	表面及内部
	采用限制	奥氏体铸铁除外	组织粗大困难	限定检测厚度
无损检测	缺陷显示形式	磁粉在缺陷处堆积显示	示波管屏幕波形显示	底片黑度反差或荧光屏幕显示
	灵敏度	可发现几毫米长的裂纹	可发现1mm的缺陷（极限尺寸）	X射线可达厚度1%，γ射线可达厚度3%~5%
	易发现缺陷形状	与磁力线垂直的裂纹形缺陷	与超声波束方向垂直的扩展缺陷	在射线投射方向厚度较大的缺陷

(续)

检验方法			原理、特点及检验范围		
无损检测		检测方法	磁粉检测	超声波检测	射线检测
	发现缺陷的能力	裂纹	良	良	可
		缩孔	劣	良	优
		缩松	良	良	良
		气孔	可	可	优
		渣眼	可	可	优
		砂眼	可	可	优
	确定缺陷的能力	定性	良	可	优
		定位	良	优	可
		定量	可	可	良
	检测速度		快	快	慢
	检测成本		低	最低	高
	安全性		安全	安全	辐射检测

2. 试验强度及致密性的检验

一般采取加压试验来检验试验强度和致密性。加压试验是把一定压力的介质压入经密封的铸件内腔，当铸件内部有缺陷时，受压的介质就从缺陷处渗漏出来，便可粗略地确定缺陷的性质及位置。加压试验可检查铸件的强度、致密性、针孔、疏松、气孔和贯穿的裂纹等。根据加压介质的不同，试验方法分为两种，即液压试验和气压试验。

(1) 液压试验

其介质一般为水或油，比较严格的检验采用煤油，因煤油的黏度和表面张力小，易从铸件不致密处渗出，可在小压力或不加压的情况下进行，不腐蚀铸件。但生产中普遍采用的还是水，因为水廉价。用水加压检验时，压力一般为铸件工作压力的 1.5~2 倍。

(2) 气压试验

介质是各种气体，通气加压后，将铸件浸入水中或在铸件表面涂刷肥皂水，当有气体渗出时，就有水泡或肥皂泡冒起，便可确定出缺陷所在的位置。

对于不构成密封空腔的铸件，在不能加压的情况下，可采取渗透的方法，可把煤油注入铸件的内腔，在被渗透检验的部位背面涂刷白粉，以便看清渗漏的部位，确定缺陷的位置。

3. 化学成分的检验

铸件的化学成分是否作为质量验收的依据，应按质量验收标准或订货合同的要求而定。一般铸铁件常以力学性能为验收依据，化学成分只作参考。许多合金铸铁件则以化学成分和力学性能同时作为验收依据。冶金用钢锭模则以化学成分作为主要验收依据。

化学成分的检验方法主要有两种形式，即炉前控制性检验和浇注试棒检验。

(1) 炉前控制性检验

此种方法是一种以预防为主积极控制性的检验,便于及时调整熔化的铁液成分,使之波动在标准要求的范围内,以保证浇注的铸件符合化学成分标准的要求,其检验判定方法见炉前质量检验部分。

(2) 浇注试棒检验

此种方法是事后把关检验,对铸件的化学成分做最后的鉴定,看其是否符合标准规定要求。在目前铸铁熔炼的管理工作和预先检测手段还不够完善的情况下,对控制不合格品出厂有着十分重要的作用。

检验方法是由检验员从同一炉铁液所浇注的一组试棒上取样,通过理化试验仪器进行化学元素含量的分析,根据理化试验结果报告单对照标准进行判定,必要时在铸件本体上重新取样化验。

4. 力学性能的检验

力学性能是铸件质量验收的重要依据之一。因此,合理的制备力学性能检验用试样,精确地进行性能检测,准确地做好性能检测结果的评定与复验,十分重要。

(1) 铸铁性能检测用试样的要求

试样的制造与要求见表7-78。

表7-78 铸铁性能检测用的试样

铸铁种类	试 样 的 制 造 与 要 求
灰铸铁	一般没有特殊规定时,力学性能是以单铸试棒(或附铸试棒)的抗拉强度为验收依据。其拉力试样毛坯为圆柱形($d=30^{+2}_{\ 0}$mm)的试棒,在干砂型中(如供需双方同意),也可在湿砂型中浇注,注意必须与铸件同一批铁液浇注;同一铸型可同时浇注若干根试棒,试棒的自由间距不得 <50mm、长度 L 可根据试样和夹持装置的长度来确定 检查灰铸铁时,一般是用单铸试棒加工或拉力试样进行试验,如供需双方有协议,也可用辅助拉力试样 一般情况下很少采用附铸试棒(块)。试棒每炉次至少浇注一组三根
球墨铸铁	没有特殊规定时,力学性能以单铸试块(或附铸试块)的抗拉强度和伸长率为验收依据,试块采用干型或湿型浇注,试块应与铸件同一炉次铁液浇注,并在每包铁液的后期浇注。单件小批量生产时,每包铁液至少取一组试块(一组试块应能制成拉力试样三个,如需检验冲击值时,应再制成冲击试样六个),成批大量生产时,在原材料和生产工艺稳定的情况下,每批铸件至少做一次检验 单铸试块的形状和尺寸由供需双方商定、选取 当铸件质量等于或超过2000kg,且壁厚在 30~200mm 范围时,一般采用附铸试块,附铸试块在铸件上的位置,应由供需双方商定。以不影响铸件的使用性能、外观质量及试块的致密度为前提,附铸试块在热处理后从铸件上切取 试样均在单铸试块的剖面线部位或铸件本体上切取

(2) 力学性能的检测方法

一般灰铸铁的性能,没有特殊要求时,只检验抗拉强度和硬度。一般球墨铸铁的性能没有特殊要求时，只检验抗拉强度（或冲击韧度）、伸长率和硬度。力学性能的检测方法见表 7-79。

表 7-79 力学性能的检测方法

测试项目	测试方法	测试要求及操作
抗拉强度	强度试验机	依据标准及操作规程规定，将拉力试样夹持在试验机上，向试样连续施加载荷直至拉断，由测力度盘或拉伸曲线上读出最大负荷 F_b，抗拉强度 R_m（MPa）按下式计算： $$R_m = \frac{F_b}{A_0}$$ 式中　F_b——试样拉断前的最大负荷（N）； 　　　A_0——试样的原横截面枳（mm²）
伸长率	拉伸试验机	依据有关标准的规定，伸长率 $A(\%)$ 按下式计算： $$A = \frac{L_1 - L_0}{L_0} \times 100\%$$ 式中　L_1——试样拉断后标距部分的长度（mm）； 　　　L_0——试样的原标距长度（mm）
硬度	硬度试验机或手动硬度计	取样：试样取自拉力试样的端部，有规定要求时，也可在铸件本体某位置上进行。灰铸铁件当壁厚≥20mm 时，经供需双方同意也可用附铸硬度试块（包括球墨铸铁） 测试：按标准规定，在试验机上用一定的负荷 F，将淬硬的钢球压入金属表面，根据单位压痕球形面积上所承受的平均压力计算硬度值 在生产现场可用锤击式布氏硬度计检验，其测试原理如图 7-23 所示，即首先将需测部位的表面去除 1.5~2mm（深度），放上硬度计，用锤子打击硬度计的端部，打击力经冲轴 4、试块 6、钢球 3 传递到铸件上，在铸件和试块上各有一个压痕。比较两个压痕的直径通过查表 7-80，可求得硬度值。一般误差较大，约为 ±7%

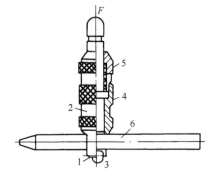

图 7-23 锤击式布氏硬度计

1—端头　2—仪器体　3—硬质合金压头　4—冲轴　5—上套　6—试块

表 7-80 锤击式布氏硬度计

在标准试块上钢球的压痕直径（标准试块布氏硬度值 197HBW）/mm	在试件上硬质合金																					
	1.3	1.4	1.5	1.6	1.7	1.8	1.9	2.0	2.1	2.2	2.3	2.4	2.5	2.6	2.7	2.8	2.9	3.0	3.1	3.2	3.3
1.5	280	237	203	176	153	134	119														
1.6	323	274	235	203	177	156	138	122													
1.7	369	314	269	233	203	179	158	141	126												
1.8	419	356	305	265	231	203	180	160	143	129											
1.9	473	402	345	299	261	230	203	181	162	146	132										
2.0	530	449	386	334	293	258	228	203	182	164	148	135	122								
2.1		501	430	373	326	287	255	227	203	183	165	150	137	125							
2.2		555	477	413	362	319	282	252	226	203	184	167	152	139	128						
2.3			526	455	399	352	312	278	250	225	203	185	169	154	142	130					
2.4			577	500	438	386	345	306	274	247	224	203	185	170	156	144	133				
2.5				548	480	423	375	335	301	271	246	223	203	186	171	157	145	135	125		
2.6					524	461	409	366	328	296	268	244	222	203	187	172	159	147	137	127	
2.7					568	502	445	397	357	321	291	265	242	222	203	187	173	160	149	139	129
2.8						544	482	430	386	349	316	287	263	241	221	203	188	174	162	150	140
2.9						587	522	466	418	377	342	311	284	260	239	220	203	188	174	162	151
3.0							560	500	448	405	367	334	305	280	257	237	219	203	188	175	164
3.1								538	483	435	394	360	328	301	277	255	236	218	203	189	176
3.2								576	518	467	423	386	352	322	297	274	253	235	218	203	189
3.3									554	500	463	412	377	346	318	293	271	252	234	218	203
3.4										534	484	441	403	369	339	313	290	269	250	233	217
3.5										568	516	470	430	394	363	334	309	287	267	249	232
3.6											550	500	457	419	386	356	329	305	284	264	247
3.7											583	531	485	445	409	378	350	324	302	281	262
3.8												562	516	472	434	400	371	344	320	298	278
3.9													546	501	460	425	393	365	339	316	295
4.0													576	530	487	449	416	386	359	334	312
4.1														558	514	474	439	407	379	353	330
4.2															542	500	463	430	400	373	348
4.3															571	528	488	453	421	392	367

第七章 铸造的检验

铸铁布氏硬度值

压头压痕直径/mm

3.4	3.5	3.6	3.7	3.8	3.9	4.0	4.1	4.2	4.3	4.4	4.5	4.6					
121																	
131	122																
142	132	124															
153	143	134	126														
165	154	145	136	128													
177	166	155	146	137	129												
190	178	167	157	148	139	131	124										
203	190	179	168	158	149	140	133	126									
217	203	191	179	169	159	150	142	134	127								
231	216	203	191	180	169	160	151	143	136	129							
246	230	216	203	191	180	170	161	152	144	137	130	124					
260	244	229	215	203	191	181	171	162	153	146	138	131	125				
276	259	243	229	215	203	192	181	172	163	154	147	140	133	127			
292	274	257	242	228	215	203	192	181	172	163	156	148	141	131	128	122	
309	289	272	256	241	227	215	203	192	182	173	164	157	149	142	135	129	124
326	305	289	270	254	240	227	214	203	192	183	174	165	157	150	143	137	131	125
343	322	302	284	268	253	239	226	214	203	192	183	174	166	158	151	144	138	132	126

(3) 检测结果的评定和复验

1) 抗拉强度（或冲击韧度）。先用一根抗拉试样（或一组三根冲击试样）进行试验，试验结果符合要求时，则该批铸件为合格；如果试验结果达不到要求，再用双倍同批试样进行重复试验，试验结果都能达到要求时，则该批铸件为合格；如果双倍重复试验中有 1/2 达不到要求时，则该批铸件不合格。

2) 硬度。先在一处测定 1 点硬度，如果达到要求，则该批铸件为合格；若测试结果达不到要求，可在测定点附近再测 2 点进行复验，复验结果 2 点都能达到要求时，则该批铸件仍为合格；如果其中有 1 点达不到要求时，则该批铸件为不合格。

5. 金相组织的检验

对金相组织有要求的铸件，应进行金相组织检验。

(1) 金相组织的检验项目

金相组织的检验项目主要有石墨的种类及其含量、石墨的大小及尺寸、石墨的等级、金属基体的组成及其含量。

(2) 金相组织的检验方法

准确的判定金相组织一般应采取微观检验法。微观检验是在铸件的指定部位截取一个试块，经过平整、磨削、抛光、洗涤、干燥做成合格的金相试样，将试样直接或经过浸蚀后，在显微镜下观察，将观察到的金相组织与标准金相图谱对比鉴定。微观检验分为金相显微镜观察和 X 射线衍射分析。

1) 金相显微镜观察法。放大倍数有 100～1000 倍。用电子显微镜时，可通过荧光屏观察金相组织，其放大倍数可达到 30 万～100 万倍。目前有的企业使用万象金相显微镜计算机上网，检验结果可直接输入计算机并打印出全部结果，准确可靠。

2) X 射线衍射分析。一般常用的是光学金相显微镜观察法。微观检验有很高的分辨率，能够准确地做出定量分析。

3) 检验结果的评定和复验。检验金相组织时，一般是从同一炉号铁液所浇注的铸件中，随机抽取一件进行检验，如果符合要求，则该批铸件金相组织即为合格；若检验结果达不到要求，则可从同一炉号铁液所浇注的铸件中再随机抽取两件进行复验，复验结果都能达到要求，则该批铸件在金相组织上仍为合格。若复验结果中仍有一件达不到要求，则该批铸件为不合格。

六、铸件修补及检验

1. 缺陷修补的原则

铸件缺陷修补的原则大体上有四个方面。

1) 缺陷修补的范围。缺陷的修补必须在不影响产品质量的前提下进行，不包括致命缺陷，如力学性能、金相组织、化学成分、裂纹等。

2) 缺陷修补的依据。对铸件表面上出现的缺陷是否允许修补，必须依据有关标准的规定，不允许任意修补。像有些重要的铸件，重要的部位出现缺陷是不允许修补的，如风机的叶片、轴孔、密封部位、加工表面要求表面粗糙度 Ra 值 $\leqslant 1.6\mu m$ 的部位、金属与金属摩擦工作面等。对既不允许缺陷存在，又不允许对缺陷进行修补的缺陷件，应予报废处理。

3）修补方式及鉴定。对铸件缺陷允许补焊时，可采用使铸件局部或整体预热到 200~700℃ 的热焊法，也可采用焊前不预热或加热到 250℃ 以下的冷焊法，还可以采用钎焊法。对铸件加工面上的缺陷允许修补时，必须采用与母材相同材质的材料修补。对受压容器类铸件出现局部渗漏时，应采用防渗液、冷焊、钎焊等有效措施修补，以保证承压后不渗漏。对于可以校正的变形铸件，须进行校形处理。对缺陷件的校正和补焊方法、尺寸、缺陷修正后的热处理及质量鉴定等，必须有明确的规定。

4）修补件的处理。按有关标准或协议规定修补的缺陷，修补后经检验合格，应按合格品对待。

2. 缺陷修补的方法

铸铁件缺陷的修补方法、特点及应用范围见表 7-81。

表 7-81　铸铁件缺陷的修补方法、特点及应用范围

修补方法	修 补 特 点	应用范围
电弧焊补焊法	冷焊：一般冷焊采用非铸铁焊条，加工性差、焊缝强度和颜色各不相同，有的可与母材接近。若采用大直径铸铁芯焊条及大电流时，严格执行冷焊工艺，则焊后可加工，强度和颜色与母材基本相同，但缺陷四周刚度大时，焊后易开裂。若用镍焊条焊后可加工，但费用较高 半热焊：铸件预热到 400℃ 左右，通常采用钢芯石墨化型铸铁焊条，焊后加工性不够稳定，强度与母材接近 热焊：铸件加热 500~700℃，通常采用铸铁芯铸铁焊条，焊后可加工，硬度、强度及颜色与母材基本相同，并且焊后不易开裂，即使缺陷四周刚度大也不易开裂	

3. 缺陷修补的检验

铸铁件缺陷修补的质量检验内容及方法见表 7-82。

表 7-82　铸铁件缺陷修补的质量检验内容及方法

缺陷修补方法	修 补 前 检 验	修 补 后 检 验
补焊	检查缺陷及其附近，确定缺陷的大小及性质 缺陷铲开后，检查缺陷内的夹杂物是否清除干净，以露出金属基体为准 检查坡口的开设是否合适，裂纹两端是否钻出截止孔 检查焊条材质与母体是否一致，焊矩（孔径）选用是否合适，需预热的缺陷铸件预热温度是否符合工艺规定，检查补焊过程的操作是否符合工艺操作规程的要求 采用目视观察和工具测量的方法进行检验	

4. 不合格铸件的处理

(1) 不合格铸件

一般包括废品、返工（修）品、让步接收品（回用品）。

1）废品。质量缺陷严重（致命缺陷），无法通过补救措施加以利用的不合格件。

2）返工品。对不合格铸件通过采取返工措施可以达到标准要求的铸件。

3）返修品。对不合格铸件，通过采取返修措施，虽然达不到原标准要求，但能使其满足预期使用要求的铸件。

4）让步接收品。铸件不合格，但其缺陷的程度对产品的使用性能、寿命、可靠性、安全性和互换性等没有明显影响，也不会引起用户提出疑义或申诉索赔的铸件。

(2) 不合格铸件的让步接收（回用）及处理方法

1）让步接收（回用）及处理的依据。不合格品的让步接收及处理，应以不影响产品使用性能为依据，才能确定是否可以让步接收。在确定不合格品是否可以让步接收时，要取慎重态度，要根据零件的工作条件、技术要求、缺陷的性质和程度综合分析，在对产品使用性能没有影响的前提下，经过分析，找出产生的原因，落实责任，订出纠正和预防措施后，原则上是可以让步接收的。

2）让步接收及处理的方法。企业一般采取"三级分析"处理，即班组（生产组或检验组）、车间（制造车间、设计科、技术科、检查科）和厂（厂长或总工程师）。

不合格品的让步接收，应由制造单位的技术部门填写《不合格品评审申请报告单》，按规定经过有关部门批准同意后让步接收（回用）。重点工程产品、重要件或关键件让步接收时，必须征得用户的同意方可回用。

5. 合格率和废品率

在我国的铸造行业中，经常有人习惯于用铸件的合格率或废品率来代表铸件质量，这种观念是不正确的。铸件的合格率或废品率只反映一个铸造企业或铸造单位的生产水平和管理水平，它是企业管理的综合反映。铸件质量是指铸件实物本身质量满足标准或使用要求的程度。铸件的合格率和废品率的含义及计算方法见表 7-83。

表 7-83 铸件合格率及废品率

工作质量指标	含 义 及 其 计 算
铸件合格率	在报告期内，铸件合格品数量占合格品数量加废品数量的百分比。它不是反映铸件实物的质量指标，而是反映铸造生产过程中工作质量的指标，按下式计算： $$铸件合格率 = \frac{合格品数量}{合格品数量 + 废品数量} \times 100\%$$ 合格品数量是指报告期内经检验合格入库的铸件产量，但应扣除同期内入库后在库内发生的废品数量（运输、保管等造成的废品） 废品数量是指报告期内发现的全部废品总量，其中包括内废、外废（料废），不包括加工工废

(续)

工作质量指标	含义及其计算
铸件废品率	综合废品率是在报告期内,铸件废品数量占合格品数量加废品数量的百分比。它不是反映铸件实物的质量指标,而是反映铸造技术水平和管理工作质量的指标,按下式计算: $$铸件综合废品率 = \frac{废品总数量}{合格品数量+废品数量} \times 100\%$$ $$铸件合格率(\%) = 1 - 铸件综合废品率(\%)$$

第四节 铸铁件的检验示例

铸铁件,特别是大型重要的铸铁件是"以销定产"的产品,供需双方除了应遵守国家和行业标准以外,需方在产品质量、技术要求、检验的方式方法以及服务方面有什么要求,应提出来与供方协商,经过双方充分协商后,签订合同。然后,供方按标准和合同生产,需方按标准和合同检验。

铸铁件的种类很多,下面以灰铸铁件为例,介绍检验的过程。灰铸铁件的国家标准是 GB/T 9439—2010《灰铸铁件》。

一、质量要求
二、检验方法

灰铸铁件的质量要求
(图 7-24 ~ 图 7-26、
表 7-84 ~ 表 7-88)

灰铸铁件的检验方法
(图 7-27、图 7-28、
表 7-89、表 7-90)

三、灰铸铁的硬度和抗拉强度之间的关系
四、灰铸铁件的抗拉强度、硬度和截面厚度的关系

灰铸铁的硬度和抗拉强度
之间的关系(图 7-29、
图 7-30)

灰铸铁件的抗拉强度、
硬度和截面厚度的关系
(图 7-31、图 7-32)

第八章

锻造和冲压件的检验

锻造是把金属加热到规定的温度后,在外力作用下利用金属的可锻性(可塑性),用模具或不用模具使金属获得需要的形状和尺寸,并改善金属的组织,提高力学性能的一种压力加工方法。

冲压是薄型板材在常温状态,在外力作用下利用板材的塑性,用模具使板材获得所需要的形状和尺寸的一种压力加工方法,其产品是冲压件。

第一节 锻造的分类

锻造分类,主要和常用的有三种:自由锻、胎模锻和模锻。

一、自由锻

自由锻是在锻压设备上,将钢锭或金属坯料直接置于平砧上或简单的型砧上进行塑性变形过程而获得所需锻件的一种工艺方法。

二、胎模锻

胎模锻是在自由锻设备上使用胎模生产模锻件的一种工艺方法,与自由锻相比,在提高锻件质量、节约金属材料和提高劳动生产率等方面都有很好的效果。

三、模锻

1. 锤上模锻

锤上模锻是在锤的冲击力作用下使金属在模样槽内逐步充满成形。

2. 热模锻压力机上模锻

热模锻压力机滑块行程一定,且速度慢,在一次行程中使金属坯料在模样槽中形成量大,要求毛坯形状和尺寸比较精确,可锻出精度较高的锻件。

3. 平锻机上模锻

能锻出两个不同方向上具有凹挡的锻件,模锻斜度小,可用棒料进行多件模锻。要求棒料精度高。

4. 摩擦压力机上、螺旋压力机上模锻

适用于精密模锻和长杆类的镦锻。

锻造还有冷锻、温锻、特种模锻等不常用和不广泛使用的锻造方法。

第二节　锻造的检验项目及方法

一、检验项目

锻造检验包括工序检验和锻件成品检验两方面。

1. 工序检验项目

1）钢锭或坯料检验。

2）钢锭或坯料加热检验。

3）锻造时的检验。

4）切边、冲孔的检验。

5）锻造冷却的检验。

6）锻后热处理的检验。

7）清理的检验。

2. 锻件成品检验项目

1）外观质量检验。

2）几何形状和尺寸检验。

3）内部质量检验。

4）理化性能检验。

二、工序检验

1. 钢锭或坯料检验内容与方法

1）验证钢锭或坯料的材质合格证，对照材料牌号、炉批号、规格、状态等是否符合标准、合同规定及锻造工艺要求。

2）检验钢锭或坯料表面质量及坯料下料切头等质量。

2. 加热检验的内容与方法

1）钢锭或坯料的加热数量及在炉中摆放位置是否符合加热规范的规定。

2）装炉温度、加热速度、均温、保温温度、加热时间等是否符合加热规范和加热工艺要求。

3. 锻造时的检验内容与方法

1）检验始锻温度是否符合锻造工艺要求。

2）锻造过程变形尺寸是否符合工艺变形尺寸要求，钢锭水、冒口切除量是否符合工艺规定。

3）检验终锻温度是否低于工艺规定的温度。

4）检验打印标记（主要包括炉批号、生产编号、锻件号、钢锭水、冒口位置等）是否符合规定的要求。

4. 切边、冲孔检验内容与方法

检验切边、冲孔尺寸及外观质量。

5. 冷却的检验内容与方法

1）检验冷却方法、冷却过程是否符合冷却规范要求。

2）冷却后锻件的外观质量。

6. 锻后热处理的检验内容与方法

1）检验锻件的数量和在炉中摆放的位置是否符合热处理工艺要求。

2）装炉温度、加热速度、均温、保温温度、加热时间、冷却方式是否符合热处理工艺规定。

3）检验锻件外观质量，检验锻件是否有表面裂纹，是否有弯曲、变形等质量问题。

7. 清理的检验内容与方法

1）清理后锻件表面质量。

2）锻件的数量。

三、锻件成品的检验

锻件成品的检验项目和检验方式方法与锻件的用途有关，下面以一般用途的大型碳素结构钢锻件为例，介绍锻件的检验过程。

1. 检验合格证书

锻件的供方应向需方提供合格证书，合格证书应包括以下内容：

1）合同号。

2）锻件图号。

3）标准号和材料牌号。

4）熔炼炉号和熔炼方法。

5）熔炼分析和成品分析结果。

6）锻件的实际锻造比。

7）力学性能检验报告。

8）无损检测报告。

9）其他检验和需方要求补充检验的结果。

10）交货锻件的实际尺寸和质量。

2. 检验标志和包装

1）供方应在每个锻件相当于钢锭下端部面打合同号、炉号、件号等标记，并用白漆圈上。

2）供方应对每个锻件的外表面进行适当保护，以防在运输和保管中损坏或腐蚀。

3. 检验外观质量

1）锻件成品的外观质量必须百分之百检查，不得采用抽查方法（钢球除外）检查。

2）用目视观察锻件表面有无裂纹、伤痕、重皮、端部的毛刺、表面不平整、形状不规则和过烧等缺陷。

3）对某些有局部缺陷的锻件可用冷铲或砂轮进行清理，但深度不得超过加工余量的75%，锻件非加工表面的缺陷应当清理干净并圆滑过渡，深度不得超过生产厂的锻件尺寸偏差。

4）对表面细微裂纹等缺陷，当用目测判定不准时，可用磁粉检测、着色检测等方法来检验。

4. 检验几何形状和尺寸

锻件的几何形状和尺寸,应按锻件图样和工艺要求进行检验,常用的方法如下:

(1) 划线检验

对于形状比较复杂且用常规量检具无法检验时,则需用划线方法来进行检测,如偏心轴、曲轴等。

划线操作的基本方法:

1) 在划线平台上用托辊、方箱、千斤顶等辅具将锻件托起找正。

2) 划出锻件基准线或中心线,然后按锻件图划此位置方向的各尺寸线。

3) 有些形状复杂锻件需要调换另一个或二个位置,则调好所需位置找正划基准线或中心线,然后划其他尺寸线。

(2) 样板检验

对于形状较复杂的锻件,用常规量检具无法检验的,可用样板进行检验,如吊钩、扳手等。

(3) 圆弧半径的检验

对于带有圆弧半径的锻件,可用半径止通样板检验圆弧半径,如图8-1所示。

(4) 高度与直径的检验

单件和小批量生产时,一般可用游标卡尺、高度尺、外卡钳、钢板尺等进行测量。当大批量生产时,可用极限卡板检验,如图8-2所示。

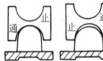
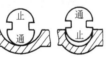

图 8-1 用样板检验圆弧

图 8-2 用卡板检验
a) 检验高度 b) 检验直径

(5) 壁厚的检验

壁厚一般可用游标卡尺等通用量检具检验。大批量生产时,可用有扇形刻度的外卡钳来测量,如图8-3所示。

(6) 错移的检验

对于杆类或轴类锻件有横向错移时,可用游标卡尺测量分模线处的直径误差,如图8-4所示,错移量 Δe 为

$$\Delta e = \frac{D_1 - D_2}{2} \tag{8-1}$$

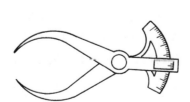
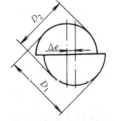

图 8-3 卡钳

图 8-4 圆柱形锻件错移的检验

(7) 偏心度的检验

用游标卡尺测量锻件偏心最大处同一直径两个方向上的尺寸 A 和 A'，如图 8-5 所示，其偏心度 e 为

$$e = \frac{A - A'}{2} \tag{8-2}$$

(8) 轴类锻件弯曲度检验

将轴类锻件放在平板上滚动检验，也可用 V 形垫铁将锻件两端架起来慢慢转动，用划线盘进行检验。

(9) 翘曲度的检验

测量时，将锻件的其中一个平面放在平板上，用游标高度尺测量另一个面翘曲的高度，如图 8-6 所示。

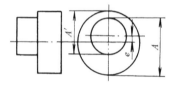

图 8-5 偏心度的检验

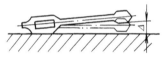

图 8-6 翘曲度的检验

(10) 垂直度的检验

将锻件放在两个 V 形垫铁上，用指示表测量其某一端面或凸缘，即可测出端面与中心线的垂直度误差，如图 8-7 所示。

5. 检验锻件内部质量

锻件内部质量缺陷常用检验方法主要有：低倍检验、高倍检验和无损检测三种。

(1) 低倍检验

低倍检验内容与方法：

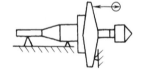

图 8-7 垂直度的检验

1) 用肉眼或借助于 10~30 倍的放大镜，检查锻件断面上的缺陷。

2) 对于流线、枝晶、缩孔痕迹、空洞、夹渣、裂纹等缺陷，一般用酸蚀法在其横向或纵向断面上检查。

3) 对于金属偏析，特别是硫分布不均匀等缺陷，可采用硫印法检验。

4) 对于过热、过烧、白点、分层、萘状、石状、层状、内裂、疏松、气泡、白斑、非金属夹杂物（肉眼可见的）及夹渣等缺陷，一般可用断口法检验。

5) 低倍检验所用试样，须取自容易出现缺陷的部位，一般留在钢锭的冒口端。

6) 低倍检验试样留取位置及长度。若图样或技术条件已明确规定试样的位置及尺寸时，以图样及技术条件为准。如果没有具体规定，则应该当锻件长度大于 3000mm 时，锻件两端均留试样。当锻件长度在 3000mm 以内时，在钢锭冒口端留一个试样；若一锭锻两件时，另一件在水口端留一个试样。

低倍试棒长度按以下公式计算：

对于轴类件：$l \geq \frac{1}{2}D + a + b$ (8-3)

对于方料件：$l \geq \frac{1}{2}A + a + b$ (8-4)

对于空心件：$l \geq \frac{1}{2}\left(\frac{D_2 - D_1}{2}\right) + a + b$ (8-5)

式中　l——低倍试棒长度（mm）；

　　　D——圆料的直径（mm）；

　　　D_2——空心料外圆直径（mm）；

　　　D_1——空心料内孔直径（mm）；

　　　A——方料的小边（mm）；

　　　a——切口（mm）；

　　　b——低倍试块的厚度（$b = 20 \sim 25$mm）。

（2）高倍检验（金相）

1）将金相试片（在被检锻件上截取）放在金相显微镜下检验非金属夹杂物、晶粒度组织。

2）需要时，可拍成照片，进行金相组织分析、判定。

（3）无损检测

锻件常用的无损检测方法有超声波检测和磁粉检测及着色检测。超声波检测可检查锻件内部质量，磁粉和着色检测可检查近表面质量缺陷。

锻件应无白点、裂纹、折叠、缩孔、严重的偏析和金属夹杂物聚集等影响使用性能和表面质量的缺陷。

6. 检验锻件理化性能

（1）化学成分分析

锻件的化学成分一般以熔炼分析为准，如需方提出要求，可在锻件上取样进行成分分析。圆盘件或其他实心件取自1/2半径至外径之间的任一点。空心件或环形件取自内、外表面之间的1/2处，也可以取自力学性能试样上。成品分析可以代替熔炼分析。分析结果应符合表8-1的规定，但允许有表8-2规定的偏差。

表8-1　化学成分（质量分数,%）（JB/T 6397—2006）

材料牌号	C	Si	Mn	P	S	Cr	Ni	Cu
				≤				
10	0.07 ~ 0.13	0.17 ~ 0.37	0.35 ~ 0.65	0.035	0.040	0.15	0.30	0.25
15	0.12 ~ 0.18	0.17 ~ 0.37	0.35 ~ 0.65	0.035	0.035	0.25	0.30	0.25
20	0.17 ~ 0.23	0.17 ~ 0.37	0.35 ~ 0.65	0.035	0.035	0.25	0.25	0.25
25	0.22 ~ 0.29	0.17 ~ 0.37	0.50 ~ 0.80	0.035	0.035	0.25	0.25	0.25
30	0.27 ~ 0.34	0.17 ~ 0.37	0.50 ~ 0.80	0.035	0.035	0.25	0.25	0.25

(续)

材料牌号	C	Si	Mn	P	S	Cr	Ni	Cu
				≤				
35	0.32~0.39	0.17~0.37	0.50~0.80	0.035	0.035	0.25	0.25	0.25
40	0.37~0.44	0.17~0.37	0.50~0.80	0.035	0.035	0.25	0.25	0.25
45	0.42~0.50	0.17~0.37	0.50~0.80	0.035	0.035	0.25	0.25	0.25
50	0.47~0.55	0.17~0.37	0.50~0.80	0.035	0.035	0.25	0.25	0.25
55	0.52~0.60	0.17~0.37	0.50~0.80	0.035	0.035	0.25	0.25	0.25
60	0.57~0.65	0.17~0.37	0.50~0.80	0.035	0.035	0.25	0.25	0.25
40Mn	0.37~0.44	0.17~0.37	0.70~1.00	0.035	0.035	0.25	0.25	0.25
50Mn	0.48~0.56	0.17~0.37	0.70~1.00	0.035	0.035	0.25	0.25	0.25
60Mn	0.57~0.65	0.17~0.37	0.70~1.00	0.035	0.035	0.25	0.25	0.25

注：1. 经需方认可10钢、15钢的化学成分分析结果可以不作验收依据。

2. 在保证工艺性能与力学性能时，钢中的残余元素Cr、Ni含量，也不作验收依据。

表8-2 成品化学成分的允许偏差值（质量分数，%）（JB/T 6397—2006）

元素	成分范围	截面面积[①]/cm²					
		≤650	>650~1300	>1300~2600	>2600~5200	>5200~10400	>10400
		允许成分上下限的偏差					
C	≤0.25	±0.02	±0.03	±0.03	±0.04	±0.05	±0.05
	>0.25~0.50	±0.03	±0.04	±0.04	±0.05	±0.06	±0.06
	≥0.50	±0.04	±0.05	±0.05	±0.06	±0.07	±0.07
Si	≤0.35	±0.02	±0.03	±0.03	±0.04	±0.07	±0.08
	>0.35	±0.05	±0.06	±0.06	±0.07	±0.07	±0.09
Mn	≤0.90	±0.03	±0.04	±0.05	±0.06	±0.07	±0.08
	>0.90	±0.06	±0.06	±0.07	±0.08	±0.08	±0.09
P	≤0.05	+0.008	+0.008	+0.010	+0.010	+0.015	+0.015
S	≤0.030	+0.005	+0.005	+0.005	+0.006	+0.006	+0.006
	>0.030	+0.008	+0.010	+0.010	+0.015	+0.015	+0.015

注：JB/T 6397—2006《大型碳素结构钢锻件 技术条件》。

① 横截面指粗加工锻件（不包括中心孔）的最大横截面积；锻件最大的横截面积；钢坯最大的横截面积。

（2）力学性能试验

1）检验项目和取样数量。锻件的力学性能检验项目和取样数量按需方选定的锻件组别确定，见表8-3。要求硬度时，对试验的锻件至少测定一处，每处测三点，如果锻件较长或形状复杂，则在锻件的头、尾、中间各测一处。

同一锻件的硬度偏差不超过40HBW，同一批锻件的硬度相对差不超过50HBW。但当锻件同时要求拉伸、冲击时，其硬度绝对值不作为验收依据。

第八章 锻造和冲压件的检验

表 8-3　锻件类别（JB/T 6397—2006）

锻件类别	检验项目	组批条件	力学性能	硬　度
Ⅰ	不试验	—	—	—
Ⅱ	硬度	同钢号、同热处理炉次、外形尺寸相同或相近的锻件	—	每批检验5%，但不少于5件
Ⅲ	硬度	单件	—	每件均受检验
Ⅳ	拉伸、冲击、硬度	同一熔炼炉号、相同热处理炉次、外形尺寸相同或相近的锻件	每批抽检数量2%，但不少于2件，同一锻件只取一组试样。需方有特殊要求时也可增加试样数量	每件均受检验（供参考）
Ⅴ	拉伸、冲击、硬度	单件	每件均受检验，取一组试样。需方有特殊要求时，可增加试样数量	每件均受检验（供参考）

2）取样位置。锻件在相当于钢锭冒口端有足够的加长、加高或加大部位取样，取样位置如图 8-8 所示。

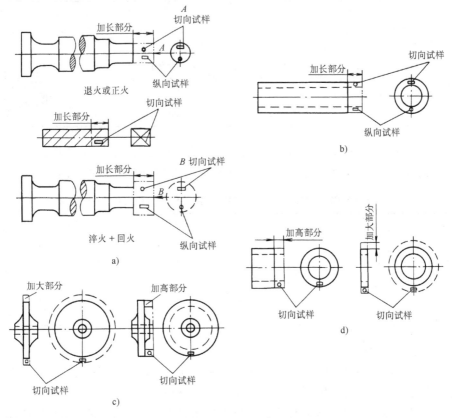

图 8-8　各类锻件的取样位置
a）轴或方形、长方形锻件　b）空心锻件　c）圆盘锻件　d）环形锻件

① 实心轴类锻件的试样在离表面 1/3 半径处取，对方形和长方形锻件，在截面对角线顶点到中心的 1/3 处取，如图 8-8a 所示。

② 空心锻件的试样应取自加长段的 1/2 壁厚上，如图 8-8b 所示。

③ 圆盘锻件当在外径加大部位取样时，试样应在加大部位的 1/2 高度上取；当在加高部取样时，试样取自外缘 1/3 半径处，如图 8-8c 所示。

④ 环形锻件在加大部位取样时，应在 1/2 高度上取；在加高部位取样，应在 1/2 壁厚处取，如图 8-8d 所示。

3）取样方向：

① 轴类、筒形和以拔长为主的锻件，其拉伸、冲击试样取轴向（纵向）。当取横向或切向时，其力学性能指标应按表 8-4 规定的百分数降低。

② 环类、盘类和以镦粗变形为主的锻件，其拉伸、冲击试样取切向。

锻件的力学性能应符合表 8-4 的规定。冲击试验一般只做 A_{KU} 检验，如果需方要求做 A_{KDVM} 检验时，由供方认可。

表 8-4　力学性能（JB/T 6397—2006）

材料牌号	热处理状态	级别	截面尺寸（直径或厚度）/mm	R_m /MPa	R_{eL} /MPa	A (%)	Z (%)	A_{KU} J	A_{KDVM} /J	硬度 HBW
						≥				
10	—	—	≤80	≥340	205	31	55		—	
			>80~250	≥320	195	30	52			
			>250~500	≥320	185	30	52			

轴类、筒体和以拔长变形为主的锻件，其拉伸、冲击试样方向应取轴向（纵向）。当规定取横向（切向或径向）时，其力学性能应比纵向（见表 8-4）规定值下降规定的百分数（见表 8-5）。

表 8-5　锻件横向、切向（径向）试样力学性能降低百分数（JB/T 6397—2006）

力学性能	试样方向	锻造比(%) ≤5	锻造比(%) >5	力学性能	试样方向	锻造比(%) ≤5	锻造比(%) >5
R_{eL}	切向	5	5	A	横向	25	40
	横向	5	5	Z	切向	20	40
R_m	切向	5	5		横向	20	40
	横向	5	5	A_K	切向	25	40
A	切向	25	40		横向	25	40

7. 力学性能复验

1）当力学性能试验时，如果试验的试样有缺陷，只要不是因裂纹和白点而使力学性能不符合要求，就允许重新取样试验，作为初次试验结果。

2）当某项力学性能初试结果不符合要求时，允许在靠近不合格试样的相邻位置取双倍试样进行该项的复试，复试结果应全部满足要求。复试后任何一项结果仍不合格时，锻件可以进行重新热处理，并重新取样试验。重新热处理的次数不得超过 2 次，回火次数不限。

四、验收规则

1)锻件应按需方的订货合同和图样上及工艺上写明的锻件采用的标准、锻件组别、材料牌号、相应的技术要求和检验项目及其他的附加说明进行检查验收。当锻件的化学成分、力学性能、外观、尺寸和几何形状均符合订货合同要求时,应予验收。

2)锻件工序检验和成品检验应有必须的检验记录和相关的各种理化试验报告、无损检测报告等。

3)锻件检验时应确认规定的打印标记(包括合同号、熔炼号、锻件号等)。

4)锻件检验合格后应给需方出具质量合格证书,内容包括:锻件名称、材料牌号、重量、数量、合同号、图号、锻件号、熔炼号及合同和图样、工艺中规定的各种检验和试验结果。

5)需方有权选择锻件的某些验收试验项目,在验收试验中或以后的加工或试验中发现锻件不符合 JB/T 6397—2006 标准和订货合同中的补充技术要求时,需方应及时通知供方,双方协商解决。

第三节 中小型钢质模锻件的检验

本节介绍质量小于或等于 500kg,长度(最大尺寸)小于或等于 2500mm 的锻件的检验。这些件是用模锻锤、热模锻压力机、螺旋压力机和平锻机等锻压设备生产的结构钢锻件。其他钢种的锻件也可参照检验。

一、几个主要因素

确定锻件公差和机械加工余量的几个主要因素(GB/T 12362—2016)如下所述。

1. 锻件质量 m_f

锻件质量的估算按下列程序进行:零件图基本尺寸→估计机械加工余量→绘制锻件图→估算锻件质量,并按此质量查表确定公差和机械加工余量。

2. 锻件形状复杂系数 S

锻件形状复杂系数是锻件质量 m_f 与相应的锻件外廓包容体质量 m_N 之比,见式(8-6)。

$$S = m_f / m_N \tag{8-6}$$

锻件外廓包容体质量 m_N 为以包容锻件最大轮廓的圆柱体或长方体作为实体的计算质量,按式(8-7)或式(8-8)计算。

(1)圆形锻件(见图 8-9)。

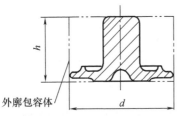
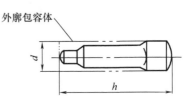

图 8-9 圆形锻件

$$m_N = 1/4 \pi d^2 h \rho \tag{8-7}$$

式中 ρ——钢材密度(7.85g/cm³)。

(2) 非圆形锻件（见图 8-10）

$$m_N = lbh\rho \tag{8-8}$$

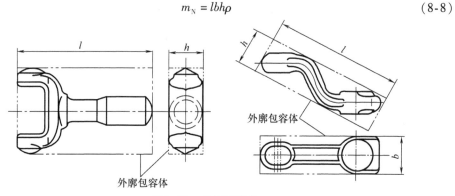

图 8-10 非圆形锻件

根据 S 值的大小，锻件形状复杂系数分为 4 级：

1) S_1 级（简单）：$0.63 < S \leq 1$。
2) S_2 级（一般）：$0.32 < S \leq 0.63$。
3) S_3 级（较复杂）：$0.16 < S \leq 0.32$。
4) S_4 级（复杂）：$0 < S \leq 0.16$。

(3) 特殊情况

1) 当锻件形状为薄形圆盘或法兰件（见图 8-11），且圆盘厚度和直径之比 $t/d \leq 0.2$ 时，采用 S_4 级；在选取公差时，锻件质量只考虑直径为 d、厚度为 t 的圆柱体部分的质量；如果此特殊规则选取的公差小于按一般规则选取的公差，则按一般规则选取公差。

2) 当平锻件 $t_1/d_1 \leq 0.2$ 或 $t_2/d_2 \geq 4$ 时，采用 S_4 级（见图 8-12）；在选取相关特征的尺寸公差时，锻件质量只考虑直径为 d_1、厚度为 t_1 的圆柱体部分的质量；如果此特殊规则选取的公差小于按一般规则选取的公差，则以一般规则选取的公差为准。

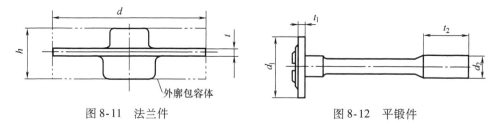

图 8-11 法兰件　　　　　　图 8-12 平锻件

3) 平锻件冲孔深度大于直径 1.5 倍时，形状复杂系数提高一级。

3. 锻件材质系数 M

锻件材质系数分为两级：M_1 和 M_2。

1) M_1 级：最高含碳质量分数小于 0.65% 的碳素钢或合金元素总质量分数小于 3% 的合金钢。

2) M_2 级：最高含碳质量分数大于或等于 0.65% 的碳素钢或合金元素总质量分数大于或等于 3% 的合金钢。

4. 锻件分模线形状

锻件分模线形状分为两类：

1）平直分模线或对称弯曲分模线（见图8-13a、b）。
2）不对称弯曲分模线（见图8-13c）。

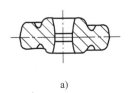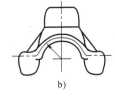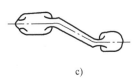

图 8-13　锻件分模线形状

a）平直分模线　b）对称弯曲分模线　c）不对称弯曲分模线

5. 零件表面粗糙度

零件表面粗糙度是确定锻件加工余量的重要参数。本标准按轮廓算术平均偏差 Ra 数值大小分为两类：

1）$Ra \geq 1.6 \mu m$。
2）$Ra < 1.6 \mu m$。

6. 锻件加热条件

本标准所指锻件加热条件为电、油或煤气（天然气）。

二、锻件的尺寸公差

1. 长度、宽度和高度尺寸公差

1）长度、宽度和高度尺寸公差是指在分模线一侧同一块模具上沿长度、宽度、高度方向上的尺寸公差（见图8-14）。此类公差根据锻件基本尺寸、重量、形状复杂系数以及材质系数查表确定。表8-6是普通级，表8-7是精密级。

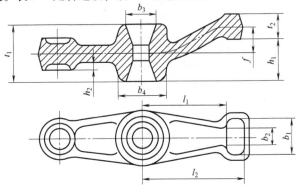

图 8-14　锻件尺寸表示方法

说明　l_1、l_2——长度方向尺寸；
　　　b_1、b_2、b_3、b_4——宽度方向尺寸；
　　　　　h_1、h_2——高度方向尺寸；
　　　　　　　f——落差尺寸；
　　　t_1、t_2——跨越分模线的厚度尺寸。

表 8-6 锻件的长度、宽度、高度及错差、残留飞边公差（普通级）

错差/mm	残留飞边公差/mm	分模线 平直或对称	分模线 非对称	锻件质量/kg 大于	锻件质量/kg 至	锻件材质系数 M_1 M_2	形状复杂系数 S_1 S_2 S_3 S_4	锻件基本尺寸/mm 公差值及极限偏差/mm 大于0 至30	30 80	80 120	120 180	180 315	315 500	500 800	800 1250	1250 2500
0.4	0.5			0	0.4			$1.1^{+0.8}_{-0.3}$	$1.2^{+0.9}_{-0.4}$	$1.4^{+0.9}_{-0.5}$	$1.6^{+1.1}_{-0.5}$	$1.8^{+1.2}_{-0.6}$	—	—	—	—
0.5	0.6			0.4	1.0			$1.2^{+0.8}_{-0.4}$	$1.4^{+0.9}_{-0.5}$	$1.6^{+1.1}_{-0.5}$	$1.8^{+1.2}_{-0.6}$	$2.0^{+1.3}_{-0.7}$	$2.2^{+1.5}_{-0.7}$	—	—	—
0.6	0.7			1.0	1.8			$1.4^{+0.9}_{-0.5}$	$1.6^{+1.1}_{-0.5}$	$1.8^{+1.2}_{-0.6}$	$2.0^{+1.3}_{-0.7}$	$2.2^{+1.5}_{-0.7}$	$2.5^{+1.7}_{-0.8}$	—	—	—
0.8	0.8			1.8	3.2			$1.6^{+1.1}_{-0.5}$	$1.8^{+1.2}_{-0.6}$	$2.0^{+1.3}_{-0.7}$	$2.2^{+1.5}_{-0.7}$	$2.5^{+1.7}_{-0.8}$	$2.8^{+1.9}_{-0.9}$	$2.8^{+1.9}_{-0.9}$	—	—
1.0	1.0			3.2	5.6			$1.8^{+1.2}_{-0.6}$	$2.0^{+1.3}_{-0.7}$	$2.2^{+1.5}_{-0.7}$	$2.5^{+1.7}_{-0.8}$	$2.8^{+1.9}_{-0.9}$	$3.2^{+2.1}_{-1.1}$	$3.2^{+2.1}_{-1.1}$	$3.6^{+2.4}_{-1.2}$	—
1.2	1.2			5.6	10.0			$2.0^{+1.3}_{-0.7}$	$2.2^{+1.5}_{-0.7}$	$2.5^{+1.7}_{-0.8}$	$2.8^{+1.9}_{-0.9}$	$3.2^{+2.1}_{-1.1}$	$3.6^{+2.4}_{-1.2}$	$3.6^{+2.4}_{-1.2}$	$4.0^{+2.7}_{-1.3}$	$4.5^{+3.0}_{-1.5}$
1.4	1.4			10.0	20.0			$2.2^{+1.5}_{-0.7}$	$2.5^{+1.7}_{-0.8}$	$2.8^{+1.9}_{-0.9}$	$3.2^{+2.1}_{-1.1}$	$3.6^{+2.4}_{-1.2}$	$4.0^{+2.7}_{-1.3}$	$4.5^{+3.0}_{-1.5}$	$4.5^{+3.0}_{-1.5}$	$5.0^{+3.3}_{-1.7}$
1.6	1.7			20.0	50.0			$2.5^{+1.7}_{-0.8}$	$2.8^{+1.9}_{-0.9}$	$3.2^{+2.1}_{-1.1}$	$3.6^{+2.4}_{-1.2}$	$4.0^{+2.7}_{-1.3}$	$4.5^{+3.0}_{-1.5}$	$5.0^{+3.3}_{-1.7}$	$5.6^{+3.7}_{-1.9}$	$5.6^{+3.7}_{-1.9}$
1.8	2.0			50.0	120.0			$2.8^{+1.9}_{-0.9}$	$3.2^{+2.1}_{-1.1}$	$3.6^{+2.4}_{-1.2}$	$4.0^{+2.7}_{-1.3}$	$4.5^{+3.0}_{-1.5}$	$5.0^{+3.3}_{-1.7}$	$5.6^{+3.7}_{-1.9}$	$6.3^{+4.2}_{-2.1}$	$6.3^{+4.2}_{-2.1}$
2.0	2.4			120.0	250.0			$3.2^{+2.1}_{-1.1}$	$3.6^{+2.4}_{-1.2}$	$4.0^{+2.7}_{-1.3}$	$4.5^{+3.0}_{-1.5}$	$5.0^{+3.3}_{-1.7}$	$5.6^{+3.7}_{-1.9}$	$6.3^{+4.2}_{-2.1}$	$7.0^{+4.7}_{-2.3}$	$7.0^{+4.7}_{-2.3}$
2.4	2.8			250.0	500.0			$3.6^{+2.4}_{-1.2}$	$4.0^{+2.7}_{-1.3}$	$4.5^{+3.0}_{-1.5}$	$5.0^{+3.3}_{-1.7}$	$5.6^{+3.7}_{-1.9}$	$6.3^{+4.2}_{-2.1}$	$7.0^{+4.7}_{-2.3}$	$8.0^{+5.3}_{-2.7}$	$8.0^{+5.3}_{-2.7}$
2.8	3.2							$4.0^{+2.7}_{-1.3}$	$4.5^{+3.0}_{-1.5}$	$5.0^{+3.3}_{-1.7}$	$5.6^{+3.7}_{-1.9}$	$6.3^{+4.2}_{-2.1}$	$7.0^{+4.7}_{-2.3}$	$8.0^{+5.3}_{-2.7}$	$9.0^{+6.0}_{-3.0}$	$9.0^{+6.0}_{-3.0}$
								—	$5.0^{+3.3}_{-1.7}$	$5.0^{+3.3}_{-1.7}$	$6.3^{+4.2}_{-2.1}$	$7.0^{+4.7}_{-2.3}$	$8.0^{+5.3}_{-2.7}$	$9.0^{+6.0}_{-3.0}$	$10.0^{+6.7}_{-3.3}$	$10.0^{+6.7}_{-3.3}$
								—	—	$6.3^{+4.2}_{-2.1}$	$7.0^{+4.7}_{-2.3}$	$8.0^{+5.3}_{-2.7}$	$9.0^{+6.0}_{-3.0}$	$10.0^{+6.7}_{-3.3}$	$11.0^{+7.3}_{-3.7}$	$11.0^{+7.3}_{-3.7}$
								—	—	—	$8.0^{+5.3}_{-2.7}$	$9.0^{+6.0}_{-3.0}$	$10.0^{+6.7}_{-3.3}$	$11.0^{+7.3}_{-3.7}$	$12.0^{+8.0}_{-4.0}$	$12.0^{+8.0}_{-4.0}$
								—	—	—	—	$10.0^{+6.7}_{-3.3}$	$11.0^{+7.3}_{-3.7}$	$12.0^{+8.0}_{-4.0}$	$13.0^{+8.7}_{-4.3}$	$13.0^{+8.7}_{-4.3}$
								—	—	—	—	—	$12.0^{+8.0}_{-4.0}$	$13.0^{+8.7}_{-4.3}$	$14.0^{+9.3}_{-4.7}$	$14.0^{+9.3}_{-4.7}$

注：1. 锻件的高度或合阶高度尺寸及中心到边缘尺寸公差按 $\pm 1/2$ 的比例分配，长度、宽度尺寸的上、下偏差按 $+2/3$、$-1/3$ 比例分配。
2. 内表面尺寸的允许偏差，其正负符号与表中相反。
3. 锻件质量 6kg，材质系数为 M_1，形状复杂系数为 S_2，尺寸为 160mm，平直分模线时各类公差查法。

第八章 锻造和冲压件的检验

表 8-7 锻件的长度、宽度、高度及错差、残留飞边公差（精密级）

错差 /mm	残留飞边公差 /mm	分模线 平直或对称	分模线 非对称	锻件质量 /kg 大于	锻件质量 /kg 至	锻件材质系数 M_1 M_2	形状复杂系数 S_1 S_2 S_3 S_4	锻件基本尺寸/mm 大于 0	至 30	30 / 80	80 / 120	120 / 180	180 / 315	315 / 500	500 / 800	800 / 1250	1250 / 2500
0.3	0.3			0	0.4			$0.7^{+0.5}_{-0.2}$	$0.8^{+0.5}_{-0.3}$	$0.9^{+0.6}_{-0.3}$	$1.0^{+0.7}_{-0.3}$	$1.2^{+0.8}_{-0.4}$	—	—	—	—
0.4	0.4			0.4	1.0			$0.8^{+0.5}_{-0.3}$	$0.9^{+0.6}_{-0.3}$	$1.0^{+0.7}_{-0.3}$	$1.2^{+0.8}_{-0.4}$	$1.4^{+0.9}_{-0.5}$	$1.6^{+1.1}_{-0.5}$	—	—	—
0.5	0.5			1.0	1.8			$0.9^{+0.6}_{-0.3}$	$1.0^{+0.7}_{-0.3}$	$1.2^{+0.8}_{-0.4}$	$1.4^{+0.9}_{-0.5}$	$1.6^{+1.1}_{-0.5}$	$1.8^{+1.2}_{-0.6}$	$2.0^{+1.3}_{-0.7}$	—	—
0.6	0.6			1.8	3.2			$1.0^{+0.7}_{-0.3}$	$1.2^{+0.8}_{-0.4}$	$1.4^{+0.9}_{-0.5}$	$1.6^{+1.1}_{-0.5}$	$1.8^{+1.2}_{-0.6}$	$2.0^{+1.3}_{-0.7}$	$2.2^{+1.5}_{-0.7}$	$2.5^{+1.7}_{-0.8}$	—
0.7	0.7			3.2	5.6			$1.2^{+0.8}_{-0.4}$	$1.4^{+0.9}_{-0.5}$	$1.6^{+1.1}_{-0.5}$	$1.8^{+1.2}_{-0.6}$	$2.0^{+1.3}_{-0.7}$	$2.2^{+1.5}_{-0.7}$	$2.5^{+1.7}_{-0.8}$	$2.8^{+1.9}_{-0.9}$	$3.2^{+2.1}_{-1.1}$
0.8	0.8			5.6	10.0			$1.4^{+0.9}_{-0.5}$	$1.6^{+1.1}_{-0.5}$	$1.8^{+1.2}_{-0.6}$	$2.0^{+1.3}_{-0.7}$	$2.2^{+1.5}_{-0.7}$	$2.5^{+1.7}_{-0.8}$	$2.8^{+1.9}_{-0.9}$	$3.2^{+2.1}_{-1.1}$	$3.6^{+2.4}_{-1.2}$
1.0	1.0			10.0	20.0			$1.6^{+1.1}_{-0.5}$	$1.8^{+1.2}_{-0.6}$	$2.0^{+1.3}_{-0.7}$	$2.2^{+1.5}_{-0.7}$	$2.5^{+1.7}_{-0.8}$	$2.8^{+1.9}_{-0.9}$	$3.2^{+2.1}_{-1.1}$	$3.6^{+2.4}_{-1.2}$	$4.0^{+2.7}_{-1.3}$
1.2	1.2			20.0	50.0			$1.8^{+1.2}_{-0.6}$	$2.0^{+1.3}_{-0.7}$	$2.2^{+1.5}_{-0.7}$	$2.5^{+1.7}_{-0.8}$	$2.8^{+1.9}_{-0.9}$	$3.2^{+2.1}_{-1.1}$	$3.6^{+2.4}_{-1.2}$	$4.0^{+2.7}_{-1.3}$	$4.5^{+3.0}_{-1.5}$
1.2	1.2			50.0	120.0			$2.0^{+1.3}_{-0.7}$	$2.2^{+1.5}_{-0.7}$	$2.5^{+1.7}_{-0.8}$	$2.8^{+1.9}_{-0.9}$	$3.2^{+2.1}_{-1.1}$	$3.6^{+2.4}_{-1.2}$	$4.0^{+2.7}_{-1.3}$	$4.5^{+3.0}_{-1.5}$	$5.0^{+3.3}_{-1.7}$
1.4	1.4			120.0	250.0			$2.2^{+1.5}_{-0.7}$	$2.5^{+1.7}_{-0.8}$	$2.8^{+1.9}_{-0.9}$	$3.2^{+2.1}_{-1.1}$	$3.6^{+2.4}_{-1.2}$	$4.0^{+2.7}_{-1.3}$	$4.5^{+3.0}_{-1.5}$	$5.0^{+3.3}_{-1.7}$	$5.6^{+3.7}_{-1.9}$
1.4	1.7			250.0	500.0			$2.5^{+1.7}_{-0.8}$	$2.8^{+1.9}_{-0.9}$	$3.2^{+2.1}_{-1.1}$	$3.6^{+2.4}_{-1.2}$	$4.0^{+2.7}_{-1.3}$	$4.5^{+3.0}_{-1.5}$	$5.0^{+3.3}_{-1.7}$	$5.6^{+3.7}_{-1.9}$	$6.3^{+4.2}_{-2.1}$
1.6	2.0							$2.8^{+1.9}_{-0.9}$	$3.2^{+2.1}_{-1.1}$	$3.6^{+2.4}_{-1.2}$	$4.0^{+2.7}_{-1.3}$	$4.5^{+3.0}_{-1.5}$	$5.0^{+3.3}_{-1.7}$	$5.6^{+3.7}_{-1.9}$	$6.3^{+4.2}_{-2.1}$	$7.0^{+4.7}_{-2.3}$
								$3.2^{+2.1}_{-1.1}$	$3.6^{+2.4}_{-1.2}$	$4.0^{+2.7}_{-1.3}$	$4.5^{+3.0}_{-1.5}$	$5.0^{+3.3}_{-1.7}$	$5.6^{+3.7}_{-1.9}$	$6.3^{+4.2}_{-2.1}$	$7.0^{+4.7}_{-2.3}$	$8.0^{+5.3}_{-2.7}$
								$3.6^{+2.4}_{-1.2}$	$4.0^{+2.7}_{-1.3}$	$4.5^{+3.0}_{-1.5}$	$5.0^{+3.3}_{-1.7}$	$5.6^{+3.7}_{-1.9}$	$6.3^{+4.2}_{-2.1}$	$7.0^{+4.7}_{-2.3}$	$8.0^{+5.3}_{-2.7}$	$9.0^{+6.0}_{-3.0}$
								—	$4.5^{+3.0}_{-1.5}$	$5.0^{+3.3}_{-1.7}$	$5.6^{+3.7}_{-1.9}$	$6.3^{+4.2}_{-2.1}$	$7.0^{+4.7}_{-2.3}$	$8.0^{+5.3}_{-2.7}$	$9.0^{+6.0}_{-3.0}$	$10.0^{+6.7}_{-3.3}$
								—	—	$5.6^{+3.7}_{-1.9}$	$6.3^{+4.2}_{-2.1}$	$7.0^{+4.7}_{-2.3}$	$8.0^{+5.3}_{-2.7}$	$9.0^{+6.0}_{-3.0}$	$10.0^{+6.7}_{-3.3}$	$11.0^{+7.3}_{-3.7}$

注：
1. 锻件的高度或台阶高度尺寸及中心到边缘尺寸公差按 ±1/2 的比例分配，长度、宽度尺寸的上、下偏差按 +2/3、−1/3 比例分配。
2. 内表面尺寸的允许偏差，其正负符号与表中相反。
3. 锻件质量 3kg，材质系数为 M_1，形状复杂系数为 S_3，尺寸为 120mm，平直分模线时各类公差查法。

2）落差（见图8-14中f）尺寸公差是高度尺寸公差的一种形式，其数值比相应高度尺寸公差放宽一档，上、下偏差值按±1/2比例分配。

3）孔径尺寸公差按孔径尺寸由表8-6或表8-7确定公差值。其上、下偏差按+1/4、-3/4比例分配。

2. 厚度尺寸公差

厚度尺寸公差指跨越分模线的厚度尺寸的公差（见图8-14中t_1、t_2）。

锻件所有厚度尺寸取同一公差，其数值按锻件最大厚度尺寸由表8-8或表8-9确定。

3. 顶料杆压痕公差

顶料杆压痕公差由表8-8或表8-9确定，凸出为正，凹进为负。但凹进深度不得超过表面缺陷深度公差。

4. 错差

错差是锻件在分模线上、下两部分对应点所偏移的距离（见图8-15），数值按式（8-9）计算：

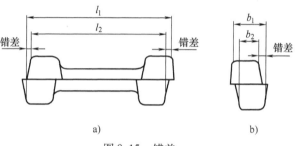

图8-15 错差

$$错差 = \frac{l_1 - l_2}{2} 或 \frac{b_1 - b_2}{2} \tag{8-9}$$

式中 l_1、b_1——平行于分模线最大投影长度、宽度；

l_2、b_2——平行于分模线最小投影长度、宽度。

错差由表8-6或表8-7确定，其应用与其他公差无关。

5. 横向残留飞边及切入锻件深度公差

锻件在切边后，其横向残留飞边公差由表8-6或表8-7确定，切入锻件深度公差和横向残留飞边公差数值相等，两者与其他公差无关（见图8-16）。

6. 公差表使用方法

由表8-6或表8-7确定锻件长

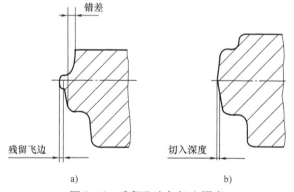

图8-16 残留飞边与切入深度
a）残留飞边 b）切入深度

度、宽度或高度尺寸公差时，应根据锻件质量选定相应范围，然后沿水平线向右移动。若材质系数为M_1，则沿同一水平线继续向右移动；若材质系数为M_2，则沿倾斜线向右下移动到与M_2垂线的交点。对于形状复杂系数S，用同样方法，沿水平或斜线移动到S_1或S_2、S_3、S_4格的位置，并继续向右移动，直到所需尺寸的垂直栏中，即可查得所需的公差值。

确定错差和横向残留飞边公差时，同样在锻件质量栏内选定范围，然后向左移动，根据分模线形状查得错差和残留飞边公差值。

表 8-8 模锻件厚度、顶料杆压痕公差及允许偏差（普通级）

顶料杆压痕/mm		锻件质量/kg		锻件材质系数 M_1 M_2	形状复杂系数 S_1, S_2, S_3, S_4	锻件基本尺寸/mm 公差值及极限偏差/mm						
+(凸)	-(凹)	大于	至			大于：0 至：18	18 / 30	30 / 50	50 / 80	80 / 120	120 / 180	180 / 315
0.8	0.4	0	0.4			$1.0^{+0.8}_{-0.2}$	$1.1^{+0.8}_{-0.3}$	$1.2^{+0.9}_{-0.3}$	$1.4^{+1.0}_{-0.4}$	$1.6^{+1.2}_{-0.4}$	$1.8^{+1.4}_{-0.4}$	$2.0^{+1.5}_{-0.5}$
1.0	0.5	0.4	1.0			$1.1^{+0.8}_{-0.3}$	$1.2^{+0.9}_{-0.3}$	$1.4^{+1.0}_{-0.4}$	$1.6^{+1.2}_{-0.4}$	$1.8^{+1.4}_{-0.4}$	$2.0^{+1.5}_{-0.5}$	$2.2^{+1.7}_{-0.5}$
1.2	0.6	1.0	1.8			$1.2^{+0.9}_{-0.3}$	$1.4^{+1.0}_{-0.4}$	$1.6^{+1.2}_{-0.4}$	$1.8^{+1.4}_{-0.4}$	$2.0^{+1.5}_{-0.5}$	$2.2^{+1.7}_{-0.5}$	$2.5^{+1.9}_{-0.6}$
1.5	0.8	1.8	3.2			$1.4^{+1.0}_{-0.4}$	$1.6^{+1.2}_{-0.4}$	$1.8^{+1.4}_{-0.4}$	$2.0^{+1.5}_{-0.5}$	$2.2^{+1.7}_{-0.5}$	$2.5^{+1.9}_{-0.6}$	$2.8^{+2.1}_{-0.7}$
1.8	0.9	3.2	5.6			$1.6^{+1.2}_{-0.4}$	$1.8^{+1.4}_{-0.4}$	$2.0^{+1.5}_{-0.5}$	$2.2^{+1.7}_{-0.5}$	$2.5^{+1.9}_{-0.6}$	$2.8^{+2.1}_{-0.7}$	$3.2^{+2.4}_{-0.8}$
2.2	1.2	5.6	10.0			$1.8^{+1.4}_{-0.4}$	$2.0^{+1.5}_{-0.5}$	$2.2^{+1.7}_{-0.5}$	$2.5^{+1.9}_{-0.6}$	$2.8^{+2.1}_{-0.7}$	$3.2^{+2.4}_{-0.8}$	$3.6^{+2.7}_{-0.9}$
2.8	1.5	10.0	20.0			$2.0^{+1.5}_{-0.5}$	$2.2^{+1.7}_{-0.5}$	$2.5^{+1.9}_{-0.6}$	$2.8^{+2.1}_{-0.7}$	$3.2^{+2.4}_{-0.8}$	$3.6^{+2.7}_{-0.9}$	$4.0^{+3.0}_{-1.0}$
3.5	2.0	20.0	50.0			$2.2^{+1.7}_{-0.5}$	$2.5^{+1.9}_{-0.6}$	$2.8^{+2.1}_{-0.7}$	$3.2^{+2.4}_{-0.8}$	$3.6^{+2.7}_{-0.9}$	$4.0^{+3.0}_{-1.0}$	$4.5^{+3.4}_{-1.1}$
4.5	2.5	50.0	120.0			$2.5^{+1.9}_{-0.6}$	$2.8^{+2.1}_{-0.7}$	$3.2^{+2.4}_{-0.8}$	$3.6^{+2.7}_{-0.9}$	$4.0^{+3.0}_{-1.0}$	$4.5^{+3.4}_{-1.1}$	$5.0^{+3.8}_{-1.2}$
6.0	3.0	120.0	250.0			$2.8^{+2.1}_{-0.7}$	$3.2^{+2.4}_{-0.8}$	$3.6^{+2.7}_{-0.9}$	$4.0^{+3.0}_{-1.0}$	$4.5^{+3.4}_{-1.1}$	$5.0^{+3.8}_{-1.2}$	$5.6^{+4.2}_{-1.4}$
8.0	3.6	250.0	500.0			$3.2^{+2.4}_{-0.8}$	$3.6^{+2.7}_{-0.9}$	$4.0^{+3.0}_{-1.0}$	$4.5^{+3.4}_{-1.1}$	$5.0^{+3.8}_{-1.2}$	$5.6^{+4.2}_{-1.4}$	$6.3^{+4.8}_{-1.5}$
						$5.6^{+4.2}_{-1.4}$	$6.3^{+4.8}_{-1.5}$	$7.0^{+5.3}_{-1.7}$	$8.0^{+6.0}_{-2.0}$	$9.0^{+6.8}_{-2.2}$	$10^{+7.5}_{-2.5}$	$11^{+8.3}_{-2.7}$

注：1. 上、下偏差按 +3/4、-1/4 比例分配，若有需要也可按 +2/3、-1/3 比例分配。
2. 锻件质量 3kg，材质系数为 M_1，形状复杂系数为 S_3，最大厚度尺寸为 45mm 时各类公差查法。

表 8-9 模锻件厚度、顶料杆压痕公差及允许偏差（精密级）

顶料杆压痕 /mm		锻件质量 /kg		锻件材质系数 M_1 M_2	形状复杂系数 S_1 S_2 S_3 S_4	锻件基本尺寸 /mm 公差值及极限偏差 /mm							
+（凸）	-（凹）	大于	至			大于 至	0 18	18 30	30 50	50 80	80 120	120 180	180 315
0.6	0.3	0	0.4				$0.6^{+0.5}_{-0.1}$	$0.8^{+0.6}_{-0.2}$	$0.9^{+0.7}_{-0.2}$	$1.0^{+0.8}_{-0.2}$	$1.2^{+0.9}_{-0.3}$	$1.4^{+1.0}_{-0.4}$	$1.6^{+1.2}_{-0.4}$
0.8	0.4	0.4	1.0				$0.8^{+0.6}_{-0.2}$	$0.9^{+0.7}_{-0.2}$	$1.0^{+0.8}_{-0.2}$	$1.2^{+0.9}_{-0.3}$	$1.4^{+1.0}_{-0.4}$	$1.6^{+1.2}_{-0.4}$	$1.8^{+1.4}_{-0.4}$
1.0	0.5	1.0	1.8				$0.9^{+0.7}_{-0.2}$	$1.0^{+0.8}_{-0.3}$	$1.2^{+0.9}_{-0.3}$	$1.4^{+1.0}_{-0.4}$	$1.6^{+1.2}_{-0.4}$	$1.8^{+1.4}_{-0.4}$	$2.0^{+1.5}_{-0.5}$
1.2	0.6	1.8	3.2				$1.0^{+0.8}_{-0.2}$	$1.2^{+0.9}_{-0.3}$	$1.4^{+1.0}_{-0.4}$	$1.6^{+1.2}_{-0.4}$	$1.8^{+1.4}_{-0.4}$	$2.0^{+1.5}_{-0.5}$	$2.2^{+1.7}_{-0.5}$
1.6	0.8	3.2	5.6				$1.2^{+0.9}_{-0.3}$	$1.4^{+1.0}_{-0.4}$	$1.6^{+1.2}_{-0.1}$	$1.8^{+1.4}_{-0.4}$	$2.0^{+1.5}_{-0.5}$	$2.2^{+1.7}_{-0.5}$	$2.5^{+1.9}_{-0.6}$
1.8	1.0	5.6	10.0				$1.4^{+1.0}_{-0.1}$	$1.6^{+1.2}_{-0.1}$	$1.8^{+1.4}_{-0.1}$	$2.0^{+1.5}_{-0.5}$	$2.2^{+1.7}_{-0.5}$	$2.5^{+1.9}_{-0.6}$	$2.8^{+2.1}_{-0.7}$
2.2	1.2	10.0	20.0				$1.6^{+1.2}_{-0.1}$	$1.8^{+1.4}_{-0.1}$	$2.0^{+1.5}_{-0.5}$	$2.2^{+1.7}_{-0.5}$	$2.5^{+1.9}_{-0.6}$	$2.8^{+2.1}_{-0.7}$	$3.2^{+2.4}_{-0.8}$
2.8	1.5	20.0	50.0				$1.8^{+1.4}_{-0.4}$	$2.0^{+1.5}_{-0.5}$	$2.2^{+1.7}_{-0.5}$	$2.5^{+1.9}_{-0.6}$	$2.8^{+2.1}_{-0.7}$	$3.2^{+2.4}_{-0.8}$	$3.6^{+2.7}_{-0.9}$
3.5	2.0	50.0	120.0				$2.0^{+1.5}_{-0.5}$	$2.2^{+1.7}_{-0.5}$	$2.5^{+1.9}_{-0.6}$	$2.8^{+2.1}_{-0.7}$	$3.2^{+2.4}_{-0.8}$	$3.6^{+2.7}_{-0.9}$	$4.0^{+3.0}_{-1.0}$
4.5	2.5	120.0	250.0				$2.2^{+1.7}_{-0.5}$	$2.5^{+1.9}_{-0.6}$	$2.8^{+2.1}_{-0.7}$	$3.2^{+2.4}_{-0.8}$	$3.6^{+2.7}_{-0.9}$	$4.0^{+3.0}_{-1.0}$	$4.5^{+3.4}_{-1.1}$
6.0	3.0	250.0	500.0				$2.8^{+2.1}_{-0.7}$	$2.8^{+2.1}_{-0.7}$	$3.2^{+2.4}_{-0.8}$	$3.6^{+2.7}_{-0.9}$	$4.0^{+3.0}_{-1.0}$	$4.5^{+3.4}_{-1.1}$	$5.0^{+3.8}_{-1.2}$
							$3.2^{+2.4}_{-0.8}$	$3.2^{+2.4}_{-0.8}$	$3.6^{+2.7}_{-0.9}$	$4.0^{+3.0}_{-1.0}$	$4.5^{+3.4}_{-1.1}$	$5.0^{+3.8}_{-1.2}$	$5.6^{+4.2}_{-1.4}$
							$3.6^{+2.7}_{-0.9}$	$3.6^{+2.7}_{-0.9}$	$4.0^{+3.0}_{-1.0}$	$4.5^{+3.4}_{-1.1}$	$5.0^{+3.8}_{-1.2}$	$5.6^{+4.2}_{-1.4}$	$6.3^{+4.8}_{-1.5}$
							$4.0^{+3.0}_{-1.0}$	$4.0^{+3.0}_{-1.0}$	$4.5^{+3.4}_{-1.1}$	$5.0^{+3.8}_{-1.2}$	$5.6^{+4.2}_{-1.4}$	$6.3^{+4.8}_{-1.5}$	$7.0^{+5.3}_{-1.7}$
							$4.5^{+3.4}_{-1.1}$	$4.5^{+3.4}_{-1.1}$	$5.0^{+3.8}_{-1.2}$	$5.6^{+4.2}_{-1.4}$	$6.3^{+4.8}_{-1.5}$	$7.0^{+5.3}_{-1.7}$	$8.0^{+6.0}_{-2.0}$
							$5.0^{+3.8}_{-1.2}$	$5.0^{+3.8}_{-1.2}$	$5.6^{+4.2}_{-1.4}$	$6.3^{+4.8}_{-1.5}$	$7.0^{+5.3}_{-1.7}$	$8.0^{+6.0}_{-2.0}$	$9.0^{+6.8}_{-2.2}$

注：1. 上、下偏差按 +3/4、-1/4 比例分配，若有需要也可按 +2/3、-1/3 比例分配。
2. 锻件质量 3kg，材质系数为 M_1，形状复杂系数为 S_3，最大厚度尺寸为 45mm 时各类公差查法。

示例:某锻件6kg,长度尺寸为160mm,材质系数 M_1,形状复杂系数 S_2,平直分模线,采用普通级公差,由表8-6查得极限偏差为 $^{+2.1}_{-1.1}$,横向残留飞边公差为1.2,错差为1.2,查表顺序按表8-6箭头所示。

其余公差使用方法依此类推。

三、锻件的几何公差

1. 平锻件同轴度公差

平锻件的同轴度公差是指凸模成形部分的轴线对凹模成形外径的轴线所允许的偏移值。

同轴度公差由表8-6确定,数值为错差的2倍。冲孔件同轴度公差(见图8-17)由表8-10确定,孔深小于或等于孔径的1.5倍时($h/d_1 \leq 1.5$),不采用同轴度公差。

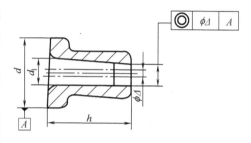

图8-17 同轴度

表8-10 平锻件冲孔同轴度公差(GB/T 12362—2016) (单位: mm)

相对孔深 h/d_1	公 差 值
>1.5~3.0	0.5~0.8
>3.0~5.0	0.8~1.2
>5.0	$0.24h/d_1$

在特殊情况下,不能应用本标准规定时,供需双方可协商确定,并在锻件图中注明。

2. 平锻件局部变形公差

锻件不成形杆部与镦锻部分相连处,允许局部变形呈圆锥形(见图8-18),其长度在 $l \leq 1.5d$ 且不大于100mm之内。局部变形公差由镦锻部分最大直径 D 确定。

3. 壁厚差公差

壁厚差是带孔锻件在同一横剖面内量得的壁厚最大尺寸和最小尺寸的差值(见图8-19),其公差为表8-6或表8-7中错差的2倍。

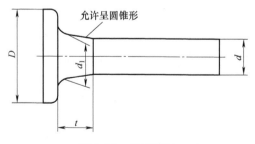

图8-18 局部变形

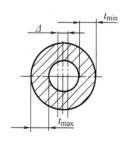

图8-19 壁厚差

4. 直线度和平面度公差

锻件非加工面的直线度公差由表8-11确定。

表8-11 锻件非加工面直线度公差（GB/T 12362—2016） （单位：mm）

锻件最大长度 l		公 差 值
大于	至	
0	120	0.7
120	250	1.1
250	400	1.4
400	630	1.8
630	1000	2.2
1000	—	0.22%l

锻件加工面的直线度和平面度公差由表8-12确定，但不得大于该表面机械加工余量的2/3。

表8-12 锻件加工表面直线度、平面度公差（GB/T 12362—2016） （单位：mm）

锻件外轮廓尺寸		大于	0	30	80	120	180	250	315	400	500	630	800	1000	1250	1600	2000
		至	30	80	120	180	250	315	400	500	630	800	1000	1250	1600	2000	2500
公差值	普通级		0.6	0.6	0.7	0.8	1.0	1.1	1.2	1.4	1.6	1.8	2.0	2.2	2.5	2.8	3.2
	精密级		0.4	0.4	0.5	0.6	0.7	0.7	0.8	0.9	1.0	1.1	1.2	1.4	1.6	1.8	2.0

注：当锻件长度为240mm，热处理为调质时，直线度和平面度公差值：普通级为1.2mm，精密级为0.8mm。

5. 中心距公差

对于平面直线分模且位于同一块模具内的中心距（见图8-20）公差由表8-13确定。

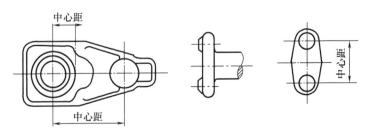

图8-20 平面直线分模中心距

表 8-13　锻件的中心距公差（GB/T 12362—2016）　（单位：mm）

中心距	大于	0	30	80	120	180	250	315	400	500	630	800	1000	1250	1600	2000
	至	30	80	120	180	250	315	400	500	630	800	1000	1250	1600	2000	2500
一般锻件 有一道校正或精压工序 同时有校正及精压工序																	
极限偏差	普通级	±0.3	±0.3	±0.4	±0.5	±0.6	±0.8	±1.0	±1.2	±1.6	±2.0	±2.5	±3.2	±4.0	±5.0	±6.0
	精密级	±0.25	±0.25	±0.3	±0.4	±0.5	±0.6	±0.8	±1.0	±1.2	±1.6	±2.0	±2.5	±3.2	±4.0	±5.0

注：当锻件中心距尺寸为 300mm，有一道校正或精压工序，查得中心距极限偏差为普通级 ±1.0mm，精密级 ±0.8。

弯曲轴线（见图 8-21）及其他类型锻件的中心距公差由供需双方商定。

中心距公差与其他公差无关。

6. 表面缺陷深度

表面缺陷深度是指锻件表面的凹陷、麻点、碰伤、折叠和裂纹的实际深度，其规定如下：

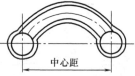
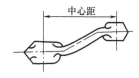

图 8-21　弯曲轴线中心距

1）加工表面：若锻件实际尺寸等于基本尺寸时，其深度为单边加工余量之半；若实际尺寸大于或小于基本尺寸时，其深度为单边加工余量之半加或减单边实际偏差值；对内表面尺寸取相反值。

2）非加工表面：其深度为厚度尺寸公差的 1/3。

四、锻件的其他公差

1. 内外圆角半径公差

一般情况下，不作要求和检查，需要时由表 8-14 确定。

表 8-14　锻件的内外圆角半径公差（GB/T 12362—2016）　（单位：mm）

基本尺寸		圆角半径	上偏差（+）	下偏差（-）
大于	至			
—	10	R	0.60R	0.30R
		r	0.40r	0.20r
10	50	R	0.50R	0.25R
		r	0.30r	0.15r
50	120	R	0.40R	0.20R
		r	0.25r	0.12r
120	180	R	0.30R	0.15R
		r	0.20r	0.10r
180	—	R	0.25R	0.12R
		r	0.20r	0.10r

注：r 为外圆角半径；R 为内圆角半径。

2. 模锻斜度公差

一般情况下，不作要求和检查，需要时由表 8-15 确定。

表 8-15 锻件的模锻斜度公差（GB/T 12362—2016）

锻件高度尺寸/mm		公差值		锻件高度尺寸/mm		公差值	
大 于	至	普通级	精密级	大 于	至	普通级	精密级
0	6	5°00′	3°00′	50	80	1°30′	1°00′
6	10	4°00′	2°30′	80	120	1°15′	0°50′
10	18	3°00′	2°00′	120	180	1°00′	0°40′
18	30	2°30′	1°30′	180	260	0°50′	0°30′
30	50	2°00′	1°15′	260	—	0°40′	0°30′

3. 角度公差

锻件各部分之间成一定角度时，其角度公差按夹角部分的短边长度 l_1 由表 8-16 确定。

表 8-16 锻件角度公差（GB/T 12362—2016）

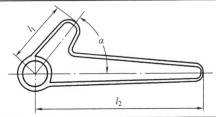

短边长度 l_1/mm		0~30	>30~50	>50~80	>80~120	>120~180	>180
极限偏差	普通级	±3°00′	±2°30′	±2°00′	±1°30′	±1°15′	±1°00′
	精密级	±2°00′	±1°30′	±1°15′	±1°00′	±0°45′	±0°30′

4. 纵向毛刺及冲孔变形公差

切边或冲孔后，需经加工的锻件边缘允许存在少量残留毛刺和冲孔变形，其公差根据锻件质量由表 8-17 确定，位置在锻件图中标明，其应用与其他公差无关

表 8-17 锻件切边冲孔纵向毛刺及局部变形公差（GB/T 12362—2016）

锻件质量/kg	纵向毛刺公差/mm		变形 c 公差/mm
	高度 h	宽度 b	
≤1	1.0	0.5	0.5
>1~5	1.6	0.8	0.8
>5~30	2.5	1.2	1.0
>30~55	3.0	2.0	1.5
>55	4.0	2.5	2.0

5. 冲孔偏移公差

冲孔偏移指在冲孔连皮处孔中心对理论中心的偏移，其公差由表 8-18 确定。

第八章 锻造和冲压件的检验

表 8-18　锻件冲孔偏移公差（GB/T 12362—2016）　　　（单位：mm）

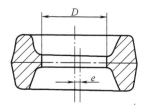

冲孔直径 D		0~30	>30~50	>50~80	>80~120	>120~180	>180
公差值	普通级	1.8	2.2	2.5	3.0	3.5	4.0
	精密级	1.0	1.2	1.5	1.8	2.2	2.8

6. 剪切端变形公差

坯料剪切时杆部产生局部变形，其公差由表 8-19 确定。

表 8-19　锻件剪切端变形公差（GB/T 12362—2016）　　　（单位：mm）

坯料尺寸 d	公差值	
	h	l
≤36	0.07d	1.0d
>36~70	0.05d	0.7d
>70	0.04d	0.6d
b<1.05d		

五、锻件的机械加工余量

锻件机械加工余量根据估算锻件质量、零件表面粗糙度及形状复杂系数由表 8-20 和表 8-21 确定。对于扁薄截面或锻件相邻部位截面变化较大的部分应适当增大局部余量。

在特殊情况下，不能应用表中余量或需要附加工序的锻件，其余量值由供需双方协商确定。

表 8-20　锻件内孔直径的单面机械加工余量（GB/T 12362—2016）　　　（单位：mm）

孔径		孔深				
大于	至	大于	0	63	100	140	200
		至	63	100	140	200	280
—	25	2.0	—	—	—	—
25	40	2.0	2.6	—	—	—
40	63	2.0	2.6	3.0	—	—
63	100	2.5	3.0	3.0	4.0	—
100	160	2.6	3.0	3.4	4.0	4.6
160	250	3.0	3.0	3.4	4.0	4.6
250	—	3.4	3.4	4.0	4.6	5.2

表 8-21 锻件内外表面加工余量（GB/T 12362—2016）

锻件质量/kg 大于	锻件质量/kg 至	零件表面粗糙度 Ra/μm ≥1.6	零件表面粗糙度 Ra/μm <1.6	形状复杂系数 $S_1 S_2 S_3 S_4$	单边余量/mm 厚度方向	水平方向 0~315	水平方向 315~400	水平方向 400~630	水平方向 630~800	水平方向 800~1250	水平方向 1250~1600	水平方向 1600~2500
0	0.4				1.0~1.5	1.0~1.5	1.5~2.0	2.0~2.5	—	—	—	—
0.4	1.0				1.5~2.0	1.5~2.0	1.5~2.0	2.0~2.5	—	—	—	—
1.0	1.8				1.5~2.0	1.5~2.0	1.5~2.0	2.0~2.5	2.0~3.0	—	—	—
1.8	3.2				1.7~2.2	1.7~2.2	2.0~2.5	2.0~2.7	2.0~3.0	—	—	—
3.2	5.6				1.7~2.2	1.7~2.2	2.0~2.5	2.0~2.7	2.5~3.5	2.5~4.0	—	—
5.6	10.0				2.0~2.5	2.0~2.5	2.0~2.5	2.3~3.0	2.5~3.5	2.7~4.0	3.0~4.5	—
10.0	20.0				2.0~2.5	2.0~2.5	2.3~3.0	2.5~3.0	2.7~3.5	2.7~4.0	3.0~4.5	—
20.0	50.0				2.3~3.0	2.3~3.0	2.5~3.0	2.5~3.2	2.7~4.0	3.0~4.5	3.5~4.5	4.0~5.5
50.0	120.0				2.5~3.2	2.5~3.5	2.7~3.5	3.0~3.5	3.0~4.0	3.0~4.5	3.5~4.5	4.0~5.5
120.0	250.0				3.0~4.0	2.7~4.0	3.0~4.0	3.0~4.5	3.5~4.5	3.5~5.0	4.0~5.0	4.5~6.0
250.0	500.0				3.5~4.5	3.0~4.0	3.0~4.5	3.5~4.5	3.5~5.0	4.0~5.0	4.5~5.5	4.5~6.0
					4.0~5.5	3.0~4.5	3.5~4.5	3.5~4.5	4.0~5.0	4.5~6.0	5.0~5.5	5.0~6.0
					4.5~6.5	3.5~4.5	3.0~4.5	4.0~5.0	4.0~5.0	4.5~6.0	5.0~6.5	5.0~6.5

注：当锻件质量3kg，零件表面粗糙度参数 $Ra=3.2$，形状复杂系数为 S_3，长度为480mm时，查出该锻件余量：厚度方向1.7~2.2mm，水平方向为2.0~2.7mm。

第四节 金属冲压件的检验

金属冲压件简称为冲压件。

冲压件用在许多地方,例如,有些锅、碗、瓢、盆等生活用品是冲压件,小轿车的覆盖件是冲压件,飞机的覆盖件也是冲压件,等等。

像锅、碗、瓢、盆这种冲压件的尺寸和形状合格与否不需要检验,大致看一看,没有影响外观质量的缺陷即可。对于汽车、飞机的覆盖件必须进行严格检验,工业上用的冲压件也要检验,不合格的不得使用。

一、冲压件的种类

冲压件一般分为两类:平冲压件和成形冲压件。

经平面冲裁工序加工而成的冲压件,称为平冲压件。

经弯曲、拉深及其他成形方法加工而成的冲压件,称为成形冲压件。

二、冲压件的公差等级

平冲压件尺寸公差分为11个等级:ST1~ST11,ST1精度最高,ST11精度最低,见表8-22,其尺寸代号见图8-22a。

表8-22 平冲压件尺寸公差(GB/T 13914—2013) (单位:mm)

公称尺寸 B、D、L		板材厚度		公差等级										
大于	至	大于	至	ST1	ST2	ST3	ST4	ST5	ST6	ST7	ST8	ST9	ST10	ST11
0.5	1	—	0.5	0.008	0.010	0.015	0.020	0.030	0.040	0.060	0.080			
		0.5	1	0.010	0.015	0.020	0.030	0.040	0.060	0.080	0.120			
		1	1.5	0.015	0.020	0.030	0.040	0.060	0.080	0.120	0.160			

成形冲压件尺寸公差分为10个等级:FT1~FT10,FT1精度最高,FT10精度最低,见表8-23,其尺寸代号如图8-22所示。

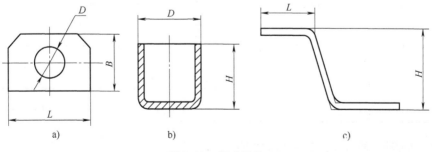

图8-22 尺寸代号

表8-23 成形冲压件尺寸公差（GB/T 13914—2013） （单位：mm）

公称尺寸 D、H、L		板材厚度		公差等级									
大于	至	大于	至	FT1	FT2	FT3	FT4	FT5	FT6	FT7	FT8	FT9	FT10
0.5	1	—	0.5	0.010	0.016	0.026	0.040	0.060	0.100	0.160			
		0.5	1	0.014	0.022	0.034	0.050	0.090	0.140	0.220			
		1	1.5	0.020	0.030	0.050	0.080	0.120	0.200	0.320			

平冲压件、成形冲压件尺寸的极限偏差按下述规定：

① 孔（内形）尺寸的极限偏差取表8-22、表8-23中给出的公差数值，冠以"＋"号作为上极限偏差，下偏差极限为0。

② 轴（外形）尺寸的极限偏差取表8-22、表8-23中给出的公差数值，冠以"－"号作为下极限偏差，上偏差极限为0。

③ 孔中心距、孔边距、弯曲、拉深及其他成形方法而成的长度、高度及未注尺寸公差的偏差数值，取表8-22、表8-23中给出的公差数值的一半，冠以"±"号分别作为上、下极限偏差。

三、冲压件尺寸公差等级选用方法

1. 平冲压件尺寸公差等级选用方法

按加工方法和尺寸类型选用平冲压件尺寸公差等级，见表8-24。

表8-24 平冲压件尺寸公差选用（GB/T 13914—2013）

加工方法	尺寸类型	公差等级										
		ST1	ST2	ST3	ST4	ST5	ST6	ST7	ST8	ST9	ST10	ST11
精密冲裁	外形											
	内形											
	孔中心距											
	孔边距											
普通平面冲裁	外形											
	内形											
	孔中心距											
	孔边距											
成形冲压冲裁	外形											
	内形											
	孔中心距											
	孔边距											

2. 成形冲压件尺寸公差等级选用方法

成形冲压件和平冲压件一样，也是按加工方法和尺寸类型选用尺寸公差等级，见

表 8-25。

表 8-25　成形冲压件尺寸公差选用（GB/T 13914—2013）

加工方法	尺寸类型	公差等级									
		FT1	FT2	FT3	FT4	FT5	FT6	FT7	FT8	FT9	FT10
拉深	直径										
	高度										
带凸缘拉深	直径										
	高度										
弯曲	长度										
其他成形方法	直径										
	高度										
	长度										

四、冲压件的检验

冲压件的生产效率特别高，100%检验往往不可能，也没有必要，除非进行科学研究需要。冲压件的尺寸和形状的符合性由冲模（上模和下模）保证，只要冲模的质量合格，加工工艺过程正确，冲出的冲压件的质量就有保证。

在稳定的生产状态下，只进行首件检验和末件检验即可。只有经过首件检验合格，才能投入批量生产，以防批量时质量不合格。末件检验合格，说明同批生产的件合格。对首、末件要进行全面检验。

1. 通用量具检验法

根据被检冲压件的公称尺寸大小和公差等级选择量具，例如用游标卡尺、千分尺、钢板尺、钢卷尺等进行检验。

2. 仪器检验法

对于公差等级高的冲压件，用游标卡尺等通用量具去检验满足不了要求，因此，要送到计量部门用仪器检测。例如，表 8-22 中的公称尺寸至 1mm，板材厚度至 0.5mm 的 ST1 平冲压件的公差值为 0.008mm，这种件用千分尺检验不了（用分度值为 0.001mm 的杠杆千分尺可测量，但件太小不易测），应到计量部门用投影仪将它放大，与它的放大图进行比较检验。

3. 样板检验法

例如轿车覆盖件的表面形状是否符合规定要求，事先应设计制造出其样板，然后用样板去检验冲压件，这时，样板是标准。有关用样板检验，第四章形位误差的检验给出了许多例子，请参考。

大型样板要注意保养，防止它变形。

4. 三坐标检验法

三坐标检验冲压件的形面状态的原理见第四章。

第九章 焊接的检验

第一节 焊接检验目的及金属焊接分类

一、焊接检验的目的

焊接接头质量的好坏直接影响结构的安全性。如果焊接接头质量不好，有可能造成破裂甚至爆炸事故，带来严重的伤亡和经济损失。焊接检验的目的，就是通过对焊接接头或整体结构的检验，发现焊缝及焊缝热影响区内的各种缺欠，做出相应处理，评价焊接产品质量、性能是否达到设计及标准和有关要求，确保产品安全可靠地运行。

二、金属焊接分类

焊接是通过加热或加压，或两者并用，并且用（或不用）填充材料，使工件达到结合的一种方法。金属焊接方法的种类很多，常见的焊接方法如图 9-1 所示。

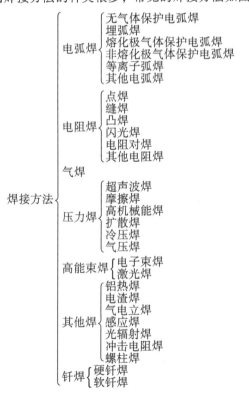

图 9-1 常见的焊接方法

三、焊接方法的特点及应用范围

1. 焊接方法的特点

1）焊接接头强度高。在适当的条件下，焊接接头的强度可达到其母材甚至高于母材的强度。

2）焊接接头气密性好、密封性好。特别是在高压、高温下能保持很好的密封性。

3）焊接结构设计灵活性大，其结构的几何形状不受限制。

4）焊前准备工作简单，一般不用机械加工就可焊接。

5）焊接结构不易出废品，可修复。

2. 焊接方法的应用范围

由于焊接有许多优点，因此具有广泛的用途，主要应用在机械、兵器、航天、船舶、核工业、电力、电子、航空、建筑、铁道、车辆行业，等等。过去由整锻、整铸方法生产的大型毛坯，现在已改成了焊接结构。目前，主要的工业发达国家焊接结构的重量占到钢产量的60%左右。

第二节　焊接的常见缺欠

一、常见焊接缺欠的含义及分类

在施焊过程中，由于焊接规范选择及在施焊前准备和操作方法等不恰当，会使焊缝、焊接接头产生各种焊接缺欠。常见的焊接缺欠及含义见表9-1。

表9-1　常见的焊接缺欠及含义

缺欠名称	含　　义
焊缝外形尺寸和形状不正确	焊缝的外形尺寸：宽度不均、焊缝余高不等、焊脚尺寸差过大、焊接接头不良、不符合图样要求
咬边	指焊接造成的焊趾（焊根）处的母材部位产生沟槽或凹陷
气孔	在焊缝金属内部或焊缝表面的孔穴
焊瘤	在施焊过程中，熔化金属流淌到焊缝外面未熔化母材上所形成的金属瘤
塌陷	单面熔化焊接时，过量焊接金属通过背面，使焊缝正面凹陷、背面凸起
烧穿	焊接时，熔化的金属自坡口背面流出而形成穿孔
凹坑	焊后在焊缝表面或焊缝背面形成的低于母材表面的局部低洼部分
裂纹	存在于焊缝或焊缝热影响区内部及表面的缝隙
未熔合	焊接时，焊道与母材之间，或焊道与焊道之间未完全熔合
未焊透	施焊时，接头根部未完全熔透
夹渣	焊后残留在焊缝中的焊渣

焊接缺欠可根据其性质、特征分为以下六类：
① 裂纹。
② 孔穴。
③ 固体夹杂。
④ 未熔合及未焊透。
⑤ 形状和尺寸不良。
⑥ 其他缺欠。

检验员应详细知道各种缺欠，为此建议学习 GB/T 6417.1—2005（ISO 6521—1：1998）《金属熔化焊接头缺欠分类及说明》和 GB/T 6417.2—2005（ISO 6521—2：1998）《金属压力焊接头缺欠分类及说明》两个标准。

二、焊接缺欠的分类及说明

1. 金属熔化焊接头缺欠的分类及说明（见表9-2）

表9-2　金属熔化焊接头缺欠的分类及说明（GB/T 6417.1—2005）

代号	名称及说明	示意图
第1类　裂纹		
100	裂纹 一种在固态下由局部断裂产生的缺欠，它可能源于冷却或应力效果	
1001	微观裂纹 在显微镜下才能观察到的裂纹	

2. 金属压力焊接头缺欠的分类及说明（见表9-3）

表9-3　金属压力焊接头缺欠的分类及说明（GB/T 6417.2—2005）

代号	名称及说明	示意图
第1类　裂纹		
P100	裂纹 一种在固态下由局部断裂产生的缺欠，通常源于冷却或应力	
P1001	微观裂纹 在显微镜下才能观察到的裂纹	

第九章　焊接的检验

3. 焊接裂纹的种类及说明（见表9-4）

表9-4　焊接裂纹的种类及说明（GB/T 6417.1—2005）

参照代码	名称及说明
E	焊接裂纹
	（在焊接过程中或焊后出现的裂纹）
Ea	——热裂纹
Eb	——凝固裂纹
Ec	——液化裂纹
Ed	——沉淀硬化裂纹
Ee	——时效硬化裂纹
Ef	——冷裂纹
Eg	——脆性裂纹
Eh	——收缩裂纹
Ei	——氢致裂纹
Ej	——层状撕裂
Ek	——焊趾裂纹
El	——时效裂纹（氢扩散裂纹）

三、缺欠及限值

为了便于使用，一般采用符号表示各种焊接缺欠，采用的符号如下：

ΔL——两缺欠（气孔、缩孔）之间的距离；

b——焊缝宽度；

d——缺欠（气孔、缩孔）的最大尺寸；

f——气孔或缩孔的投影面积比率；

g——偏离T形接头中心线的距离；

h——缺欠尺寸（高度、宽度）；

h_1、h_2——焊缝熔透偏差；

l——缺欠长度（从任何方向测量）；

L——焊缝受检长度；

L_c——受组合气孔影响的焊缝长度；

s——焊缝熔深；

s_1——T形接头焊缝熔深；

t——母材厚度。

一个焊接接头通常应针对各种缺欠类型分别进行评估。如果不同种类的缺欠出现在同一横截面上，需要做专门评估。

1. 钢焊接接头缺欠及限值（见表9-5）

表9-5 钢焊接接头缺欠及限值（GB/T 22085.1—2008）

序号	缺欠名称	GB/T 6417.1 代号	说明	缺欠质量等级限值		
				一般 D	中等 C	严格 B
1	裂纹	100	除微裂纹（裂纹长度和宽度均小于1mm）外的所有裂纹，弧坑裂纹参见序号2	不允许		
2	弧坑裂纹	104	—	允许局部弧坑裂纹		

2. 铝及铝合金焊接接头缺欠及限值（见表9-6）

表9-6 铝及铝合金焊接接头缺欠及限值（GB/T 22085.2—2008）

序号	缺欠名称	GB/T 6417.1 代号	说明	缺欠质量等级限值		
				一般 D	中等 C	严格 B
1	裂纹	100	除微裂纹（裂纹长度和宽度均小于1mm）外的所有裂纹，弧坑裂纹参见序号2	不允许		
2	弧坑裂纹	104	—	允许局部弧坑裂纹		

四、焊接方法与缺欠的关系

不同焊接方法可能产生的各种焊接缺欠见表9-7。

表9-7 各种焊接缺欠对应的焊接方法（GB/T 6417.2—2005）

ISO 4063	21	221	222	225	23	24	25	291	41	42	43	441	45	47	48	781	782	74
焊接方法	点焊	搭接缝焊	压平缝焊	薄膜对接缝焊	凸焊	闪光焊	电阻对焊	高频电阻焊	超声波焊	摩擦焊	锻焊	爆炸焊	扩散焊	气压焊	冷压焊	电弧螺柱焊	电阻螺柱焊	感应焊
缺欠代号								—										
P100																		
P1001	×	×	×	×	×	×	×	×	×	×	×	×	×	×	×	×		
P101																		

第三节 焊接的检验

一、检验方法

焊缝及焊接接头的质量检验，一般根据材料的性质、结构特点、使用条件和设计技术要求等选择适当的检验方法，以便更全面地评定焊接质量。主要的检验方法可分为无损检验（非破坏检验）和破坏性检验，具体如图 9-2 所示。

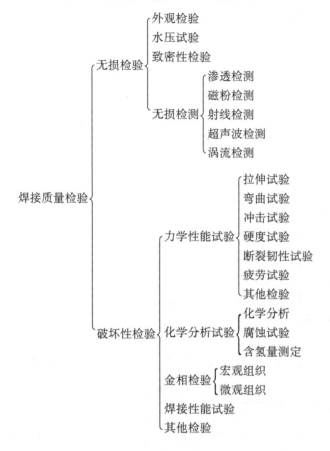

图 9-2　焊接质量检验

二、检验时机

焊接检验的时机分为焊前检验、焊中检验和焊后检验，它们的检验内容如下。

1. 焊前检验

在施焊之前，应做下列检验：

1）焊工和焊接操作工证书的适用性、有效性。
2）焊接工艺规程的适用性。
3）母材的标识。
4）焊接材料的标识。
5）焊接坡口（如形式及尺寸）。
6）组对、夹具及定位。
7）焊接工艺规程中的任何特殊要求（如防止变形）。
8）工作条件（包括环境）对焊接的适用性。

2. 焊中检验

在焊接过程中，应在适宜的间隔点或以连续监控的方式做下列检验：

1）主要焊接参数（如焊接电流、电弧电压及焊接速度）。

2）预热温度、道间温度。

3）焊道及焊层的清理与形状。

4）根部气刨。

5）焊接顺序。

6）焊接材料的正确使用及保管。

7）变形的控制。

8）所有的中间检查（如尺寸检查）。

3. 焊后检验

焊后应检验是否达到验收标准：

1）采用外观检查。

2）采用无损检测。

3）采用破坏性试验。

4）结构的形式、形状及尺寸。

5）焊后操作的结果及报告（如焊后热处理、时效）。

三、焊前检验

1. 焊接材料的检验

1）焊条质量要求见表9-8～表9-10。焊条应符合有关标准的要求。

表9-8　焊条质量要求

项　目	质　量　要　求
焊条药皮	应紧密均匀包覆在焊芯周围，且焊条药皮上不许有裂纹、气泡、杂质及剥落等缺陷
焊条露芯	药皮应有足够的强度，引弧端药皮应倒角，焊芯端面应露出，以保证易于引弧。焊条露芯应符合如下规定： 1）低氢型焊条，沿长度方向的露芯长度不应大于焊芯直径的1/2或1.6mm（两者的较小值） 2）其他型号焊条，沿长度方向的露芯长度不应大于焊芯直径的2/3或2.4mm（两者的较小值） 3）各种直径焊条沿圆周的露芯不应大于圆周的一半
焊条偏心度	1）直径≤2.5mm焊条，偏心度≤7% 2）直径为3.2mm和4.0mm焊条，偏心度不应大于5% 3）直径≥5.0mm焊条，偏心度不应大于4% 偏心度计算： $$焊条偏心度 = \frac{T_1 - T_2}{(T_1 + T_2)/2} \times 100\%$$ 式中　T_1—焊条断面药皮层最大厚度 + 焊芯直径 　　　T_2—同一断面药皮层最小厚度 + 焊芯直径

(续)

项　目	质　量　要　求
焊条包装	焊条按批号每2.5kg、5kg或10kg净重或相应的根数作一包装。这种包装应封口，并能保证焊条存放在干燥仓库中至少一年不致变质损坏 每包及每箱外面应标出下列内容：标准号、焊条型号及焊条牌号、制造厂名及商标、规格及净重或根数、批号及检验号 制造厂对每一批号焊条，根据实际检验结果出具质量证明书，以供需方查询。当用户提出要求时，制造厂应提供检验的副本
标记	在靠近焊条夹持端的药皮上至少印有一个焊条型号或牌号。字型应采用醒目的印刷体。字体颜色与药皮间应有较强的反差，以便在正常的焊接操作前后都清晰可辨

表 9-9　焊条尺寸　　　　　　　　（单位：mm）

焊条直径		焊条长度	
公称尺寸	极限偏差	公称尺寸	极限偏差
1.6	±0.05	200~250	±2.0
2.0		250~350	
2.5		250~350	
3.2		350~450	
4.0		350~450	
5.0		350~450	
5.6		450~700	
6.0		450~700	
6.4		450~700	
8.0		450~700	

表 9-10　夹持端长度　　　　　　（单位：mm）

焊条直径	夹持端长度	焊条直径	夹持端长度
≤4.0	10~30	≥5.0	15~35

允许制造直径2.4mm或2.6mm焊条代替2.5mm焊条，直径3.0mm焊条代替3.2mm焊条，直径4.8mm焊条代替5.0mm焊条，直径5.8mm焊条代替6.0mm焊条。根据需方要求，允许通过协议供应其他尺寸的焊条。

2）焊丝质量的检验。熔化焊用钢丝及气体保护焊用钢丝的化学成分应符合有关标准的规定。

对钢丝表面质量用目测检验，要求钢丝表面应光滑，不得有可见的裂纹、折叠、结疤、氧化铁皮和锈蚀等有害缺陷存在。对镀铜钢丝不得有裂纹、麻点、锈蚀和镀层脱落。

对熔化焊用钢丝直径及其允许偏差应符合表9-11的规定。

表 9-11　钢丝直径及其允许偏差　　　　　　　　（单位：mm）

公称直径	极限偏差	公称直径	极限偏差
1.6 2.0 2.5	0 -0.10	3.0 4.0 5.0 6.0	0 -0.12

对钢丝的捆（盘）应规整，不得散乱或呈"∞"字形。

3）焊剂的检验。焊剂一般用于碳素钢埋弧焊用焊剂。焊剂应符合有关标准的要求。

作各项检验用的焊剂要分散抽取。若焊剂散放时，每批焊剂抽样处不得少于6处，若焊剂装入包装袋中，每批焊剂从每10袋中的一袋内取一定数量的焊剂。从每批焊剂中所取焊剂的总量不得少于10kg。把抽取的焊剂混合，仔细搅拌均匀，然后用四分法取出5kg焊剂作为试焊焊剂，供焊接力学性能试板用，另取5kg作为检验焊剂，供检验其他项目用。

① 焊剂颗粒度检验方法。从检验焊剂中用四分法取出不少于100g的焊剂作为颗粒度检验。所用称样的天平感量不大于1mg。

检验普通颗粒度焊剂时，把通过8目筛网的焊剂与不能通过8目筛网的焊剂分别称量；检验细颗粒度焊剂时，把通过60目筛网的焊剂与不能通过14目筛网的焊剂分别称量。这些焊剂称为颗粒度超标焊剂。

按下式计算颗粒度超标焊剂的百分含量：

$$颗粒度超标焊剂（\%）=\frac{m}{m_0}\times 100\% \tag{9-1}$$

式中　m——颗粒度超标焊剂质量（g）；

　　　m_0——焊剂总质量（g）。

若第一次颗粒度检验不合格时，应按上述过程重复检验两次，只有这两次检验全部合格时，才认为此批焊剂的颗粒度合格。

颗粒度重复检验仍不合格的焊剂应重新筛分，然后按上述进行检验。

② 焊剂含水量检验方法。从检验焊剂中用四分法取出不少于100g的焊剂做含水量检验。所用称样天平感量不大于1mg。

把焊剂放在温度为150℃±10℃的炉中烘干2h，从炉中取出后立即放入干燥器中冷却至室温，按下式计算焊剂的含水量：

$$焊剂含水量（\%）=\frac{m_0-m}{m_0}\times 100\% \tag{9-2}$$

式中　m_0——烘干前焊剂质量（g）；

　　　m——烘干后焊剂质量（g）。

若第一次含水量检验不合格时，应按②方法重新进行检验。

③ 焊剂机械夹杂物检验方法。从检验焊剂中用四分法取出不少于1000g的焊剂作

机械夹杂物检验。所用称样天平感量不大于1mg。用目视法选出机械夹杂物,并称量。按下式计算机械夹杂物的百分含量。

$$机械夹杂物（\%）= \frac{m}{m_0} \times 100\% \qquad (9-3)$$

式中　m——机械夹杂物质量（g）；

　　　m_0——焊剂总质量（g）。

若第一次机械夹杂物检验不合格时,应按①重新进行。

④ 焊剂的焊接工艺性能检验方法。焊接力学性能试板时,同时检验焊剂的焊接工艺性能。逐道观察脱渣性能、焊道熔合、焊道成形及咬边情况。其中有一项不合格者,认为此批焊剂未通过焊接工艺性能检验。

⑤ 焊剂的硫、磷含量检验方法。从检验焊剂中用四分法取出不少于250g的焊剂作为化学分析的样品。

焊剂的硫、磷含量按JB/T 7948.11—2017《熔炼焊剂化学分析方法 燃烧—碘量法测定硫量》和 JB/T 7948.8—2017《焊剂化学分析方法 硫含量测定》进行测定。

⑥ 对保护气体的要求。氩气在空气中含量很少,按体积计算只占0.9325%,沸点-186℃。氩气是分馏液态空气制氧时的副产品,含有一定数量的氧、氮、二氧化碳和水分等杂质,这些杂质使焊缝金属氧化,氮化使焊缝变硬脆,产生气孔,破坏其致密性,降低焊缝质量。所以对氩气要求纯度越高,其保护作用就越好。

焊条的质量对焊接的质量影响很大,GB/T 5117—2012给出了焊条质量要求和检验方法,见表9-12和表9-13。

表9-12　焊接位置

代　号	药皮类型	焊接位置①	电流类型
03	钛型	全位置②	交流和直流正、反接
10	纤维素	全位置	直流反接
11	纤维素	全位置	交流和直流反接
12	金红石	全位置②	交流和直流正接
13	金红石	全位置	交流和直流正、反接
14	金红石+铁粉	全位置②	交流和直流正、反接
15	碱性	全位置	直流反接
16	碱性	全位置②	交流和直流反接
18	碱性+铁粉	全位置②	交流和直流反接
19	钛铁矿	全位置②	交流和直流正、反接
20	氧化铁	PA、PB	交流和直流正接
24	金红石+铁粉	PA、PB	交流和直流正、反接
27	氧化铁+铁粉	PA、PB	交流和直流正、反接
28	碱性+铁粉	PA、PB、PC	交流和直流反接

(续)

代 号	药皮类型	焊接位置①	电流类型
40	不做规定	由制造商确定	
45	碱性	全位置	直流反接
48	碱性	全位置	交流和直流反接

① 焊接位置见 GB/T 16672，其中 PA = 平焊、PB = 平角焊、PC = 横焊、PG = 向下立焊。
② 此处"全位置"并不一定包含向下立焊，由制造商确定。

表 9-13　熔敷金属化学成分分类代号

分类代号	主要化学成分的名义含量（质量分数,%）				
	Mn	Ni	Cr	Mo	Cu
无标记、-1、-P1、-P2	1.0	—	—	—	—
-1M3	—	—	—	0.5	—
-3M2	1.5	—	—	0.4	—
-3M3	1.5	—	—	0.5	—
-N1	—	0.5	—	—	—
-N2	—	1.0	—	—	—
-N3	—	1.5	—	—	—
-3N3	1.5	1.5	—	—	—
-N5	—	2.5	—	—	—
-N7	—	3.5	—	—	—
-N13	—	6.5	—	—	—
-N2M3	—	1.0	—	0.5	—
-NC	—	0.5	—	—	0.4
-CC	—	—	0.5	—	0.4
-NCC	—	0.2	0.6	—	0.5
-NCC1	—	0.6	0.6	—	0.5
-NCC2	—	0.3	0.2	—	0.5
-G	其他成分				

2. 焊工资格的检验

焊工操作技能水平高低是决定焊接质量的重要因素。所以对一些重要焊接结构件、锅炉、压力容器产品的焊接，必须经国家技术监督部门锅炉压力容器安全部门组织的专业培训考核，经考核考试合格后，持所承担的合格焊接钢种证书，在有效期内从事该钢种的施焊。无证或过期证不能从事锅炉、压力容器产品焊接，应重新考试合格才可上岗工作。

3. 施焊用的焊接设备及焊工所用工具的检验

焊接设备完好率对焊接质量有很大的影响，在电弧焊中焊接设备好坏是关键。对气

第九章　焊接的检验

焊应检验气体的纯度和压力大小。还要检验焊工所用工具，如面罩、焊钳与电缆线连接等，电缆线要求由柔软、轻便的多股细铜丝组成，外包橡胶绝缘层长度 10~20m 为好，不宜太长。

4. 焊接坡口及接头的装配的检验

（1）坡口尺寸及标注方法

坡口尺寸如图 9-3 所示。

坡口形式用图形表示，坡口的尺寸直接在图样上注明，如图 9-4 所示。坡口的尺寸标注法，常用于焊接结构零件图样，一目了然，便于坡口加工和检查。

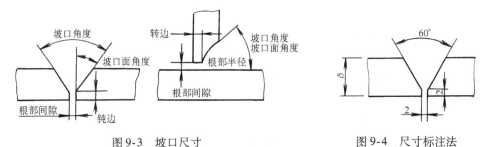

图 9-3　坡口尺寸　　　　　　　　图 9-4　尺寸标注法

（2）坡口的检验

检验坡口的加工质量，包括坡口形状、尺寸、表面粗糙度的质量。对坡口面的角度，钝边尺寸和根部半径可用焊工检测器来检测，对根部半径可用样板来测量，表面的粗糙度应符合要求，如图 9-5 所示。

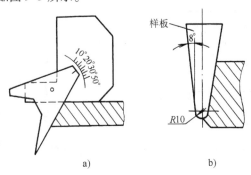

图 9-5　检验坡口的形状和尺寸
a）测量坡口角度（30°）　b）用样板测量坡口形状

坡口及附近周围应干净，无毛刺、油、锈等杂物。对坡口面检验有否裂纹，如有应及时处理。

检验焊缝大多用焊工检测器，它是由主尺、探尺及角度组成，可检测焊接接头的坡口角度、间隙、错位、焊缝高度、焊缝宽度及角焊缝高度、厚度等。

焊口检测器测量范围为：

1）角度样板：15°、30°、45°、60°、90°。

2）坡口角度：≤150°。

3）间隙：1~5mm。
4）钢尺：40mm。
5）错位：1~20mm。
6）焊缝高度：≤20mm。
7）焊缝宽度：≤45mm。
8）角焊缝高度：1~20mm。

焊口检测器如图9-6所示。

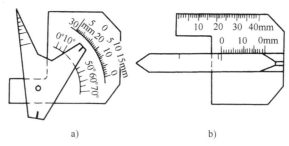

图9-6 焊口检测器
a）背面 b）正面

焊口检测器使用方便，用途广，具体应用方法如图9-7~图9-17所示。

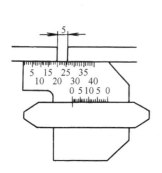

图9-7 作钢尺测量及对接校直

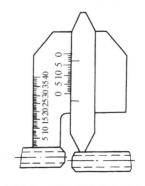

图9-8 测量管道错边尺寸

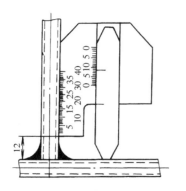

图9-9 测量角焊缝高度尺寸

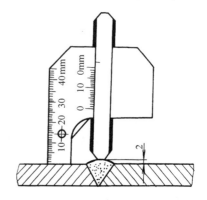

图9-10 测量焊缝高度

第九章　焊接的检验

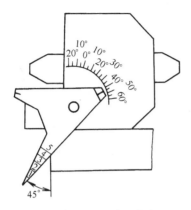

图 9-11　测量坡口角度

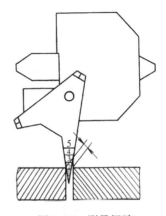

图 9-12　测量间隙

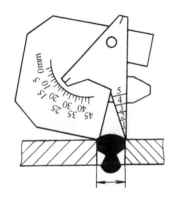

图 9-13　测量焊缝宽度

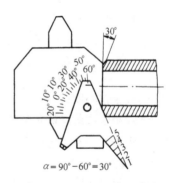

图 9-14　测量管道坡口角度

$\alpha = 90° - 60° = 30°$

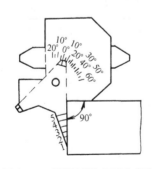

图 9-15　测量切割表面垂直度

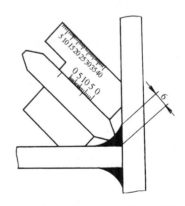

图 9-16　测量角焊缝厚度及 90°焊接角

5. 技术要求

（1）尺寸

焊条尺寸应符合 GB/T 25775 规定。

(2) 药皮

1) 焊条药皮应均匀、紧密地包覆在焊芯周围，焊条药皮上不应有影响焊接质量的裂纹、气泡、杂质及脱落等缺陷。

2) 焊条引弧端药皮应倒角，焊芯端面应露出。焊条沿圆周的露芯应不大于圆周的1/2。碱性药皮类型焊条长度方向上露芯长度应不大于焊芯直径的1/2或1.6mm两者的较小值。其他药皮类型焊条长度方向上露芯长度应不大于焊芯直径的2/3或2.4mm两者的较小值。

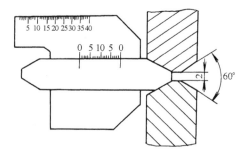

图9-17 测量对接组焊X形坡口角度

3) 焊条偏心度应符合如下规定：

① 直径不大于2.5mm的焊条，偏心度应不大于7%。
② 直径为3.2mm和4.0mm的焊条，偏心度应不大于5%。
③ 直径不小于5.0mm的焊条，偏心度应不大于4%。

偏心度计算方法见式（9-4）及图9-18。

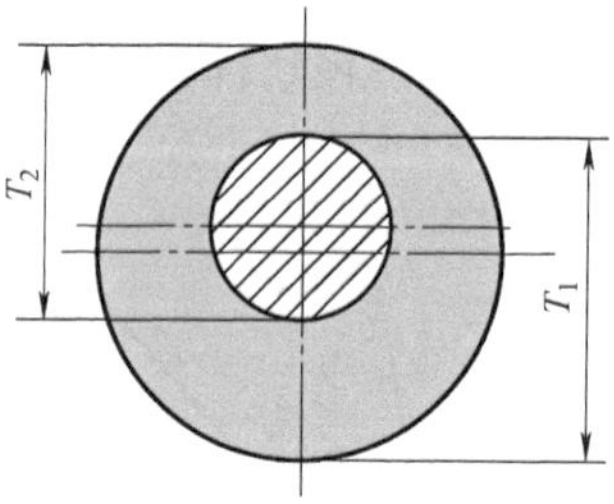

$$P = \frac{T_1 - T_2}{(T_1 + T_2)/2} \times 100\% \qquad (9-4)$$

图9-18 焊条偏心度测量示意图

式中 P——焊条偏心度；

T_1——焊条断面药皮最大厚度+焊芯直径；

T_2——焊条同一断面药皮最小厚度+焊芯直径。

(3) T形接头角焊缝

1) 角焊缝的试件检查按GB/T 25774.3规定。

2) 角焊缝的试验要求应符合表9-14规定。两焊脚长度差及凸度要求应符合表9-15规定。

表9-14 角焊缝试验要求（GB/T 5117—2012） （单位：mm）

药皮类型	电流类型	焊条尺寸①	焊接位置②	试板厚度 t	试板宽度 w	试板长度 l	焊脚尺寸
03	交流和直流反接	5.0	PF、PD	10或12	≥75	≥300	≤10.0
		6.0	PB			≥400	≥8.0
10	直流反接	5.0	PF、PD	10或12	≥75	≥300	≤8.0
		6.0	PB			≥400	≥6.0
11	交流和直流反接	5.0	PF、PD	10或12	≥75	≥300	≤8.0
		6.0	PB			≥400	≥6.0
12	交流和直流正接	5.0	PF、PD	10或12	≥75	≥300	≤10.0
		6.0	PB			≥400	≥8.0
13	交流和直流正、反接	5.0	PF、PD	10或12	≥75	≥300	≤10.0
		6.0	PB			≥400	≥8.0
14	交流和直流正、反接	4.0	PF、PD	10或12	≥75	≥300	≤8.0
		6.0	PB			≥400	≥8.0

(续)

药皮类型	电流类型	焊条尺寸①	焊接位置②	试板厚度 t	试板宽度 w	试板长度 l	焊脚尺寸
15	直流反接	4.0	PF、PD	10 或 12	≥75	≥300	≤8.0
		6.0	PB			≥400	≥8.0
16	交流和直流反接	4.0	PF、PD	10 或 12	≥75	≥300	≤8.0
		6.0	PB			≥400	≥8.0
18	交流和直流反接	4.0	PF、PD	10 或 12	≥75	≥300	≤8.0
		6.0	PB			≥400	≥8.0
19	交流和直流反接	5.0	PF、PD	10 或 12	≥75	≥300	≤10.0
		6.0	PB			≥400	≥8.0
20	交流和直流正接	6.0	PB	10 或 12	≥75	≥400	≥8.0
24	交流和直流正、反接	6.0	PB	10 或 12	≥75	≥400 或 ≥650③	≥8.0
27	交流和直流正接	6.0	PB	10 或 12	≥75	≥400 或 ≥650③	≥8.0
28	交流和直流反接	6.0	PB	10 或 12	≥75	≥400 或 ≥650③	≥8.0
40	供需双方协商			10 或 12	≥75	供需双方协商	
45	直流反接	4.0	PE、PG	10 或 12	≥75	≥300	≤8.0
		4.5	PE、PG				≥6.0
48	交流和直流反接	4.0	PD、PG	10 或 12	≥75	≥300	≤8.0
		5.0	PB、PG			≥300 或 ≥400④	≥6.5

① 当焊条尺寸小于规定尺寸时,应采用最大尺寸的焊条,并按比例调整要求。除非该焊条尺寸不要求试验。
② 焊接位置见 GB/T 16672—1996《焊接工作位置倾角和转角的定义》,其中 PB = 平角焊、PD = 仰角焊、PE = 仰焊、PF = 向上立焊、PG = 向下立焊。
③ 对于 450mm 长的焊条,试板长度 l 不小于 400mm;对于 700mm 长的焊条,试板长度 l 不小于 650mm。
④ 对于 350mm 长的焊条,试板长度 l 不小于 300mm;对于 450mm 或 460mm 长的焊条,试板长度 l 不小于 400mm。

表 9-15 两焊脚长度差及凸度要求 (GB/T 5117—2012) (单位:mm)

实测焊脚尺寸	两焊脚长度差	凸度
≤4.0	≤1.0	≤2.0
4.5	≤1.5	≤2.0
5.0、5.5	≤2.0	≤2.0
6.0、6.5	≤2.5	≤2.0
7.0、7.5、8.0	≤3.0	≤2.5
8.5	≤3.5	≤2.5
≥9.0	≤4.0	≤2.5

(4) 熔敷金属化学成分

焊条的熔敷金属化学成分应符合表9-16规定。

表9-16 熔敷金属化学成分（GB/T 5117—2012）

焊条型号	化学成分（质量分数,%）									
	C	Mn	Si	P	S	Ni	Cr	Mo	V	其他
E4303	0.20	1.20	1.00	0.040	0.035	0.30	0.20			
E4310	0.20	1.20	1.00	0.040	0.035	0.30	0.20			
E4311	0.20	1.20	1.00	0.040	0.035	0.30	0.20			

(5) 力学性能

1) 熔敷金属拉伸试验结果应符合表9-17规定。

表9-17 力学性能（GB/T 5117—2012）

焊条型号	抗拉强度 R_m/MPa	屈服强度①R_{eL}/MPa	断后伸长率 A（%）	冲击试验温度/℃
E4303	≥430	≥330	≥20	
E4310	≥430	≥330	≥20	
E4311	≥430	≥330	≥20	

2) 焊缝金属夏比V形缺口冲击试验温度按表9-17要求，测定五个冲击试样的冲击吸收能量。在计算五个冲击吸收能量的平均值时，应去掉一个最大值和一个最小值。余下的三个值中有两个应不小于27J，另一个允许小于27J，但应不小于20J，三个值的平均值应不小于27J。

3) 如果焊条型号中附加了可选择的代号"U"，焊缝金属夏比V形缺口冲击要求则按表9-17规定的温度，测定三个冲击试样的冲击吸收能量。三个值中仅有一个值允许小于47J，但应不小于32J，三个值的平均值应不小于47J。

(6) 焊缝射线探伤

药皮类型12焊条不要求焊缝射线探伤试验，药皮类型15、16、18、19、20、45和48焊条的焊缝射线探伤应符合GB/T 3323中的Ⅰ级规定，其他药皮类型焊条的焊缝射线探伤应符合GB/T 3323中的Ⅱ级规定。

(7) 熔敷金属扩散氢含量

熔敷金属扩散氢含量要求可由供需双方协商确定，扩散氢代号见表9-18。

表9-18 熔敷金属扩散氢含量（GB/T 5117—2012）

扩散氢代号	扩散氢含量/(mL/100g)
H15	≤15
H10	≤10
H5	≤5

6. 试验方法

7. 检验规则

成品焊条由制造厂质量检验部门按批检验。

（1）批量划分

每批焊条的批量划分按 GB/T 25778—2010《焊接材料采购指南》规定进行。

（2）取样方法

每批焊条检验时，按照需要数量至少在三个部位取有代表性的样品。

（3）验收

每批焊条按 GB/T 25778—2010《焊接材料采购指南》进行验收。

（4）复验

任何一项检验不合格时，该项检验应加倍复验。对于化学分析，仅复验那些不满足要求的元素。当复验拉伸试验时，抗拉强度、屈服强度及断后伸长率同时作为复验项目。其试样可在原试件上截取，也可在新焊制的试件上截取。加倍复验结果均应符合该项检验的规定。

8. 包装、标志和质量证明

（1）包装

1）焊条按批号每 1kg、2kg、2.5kg、5kg 净质量或按相应根数进行包装。包装应封口，保证焊条在正常的贮存条件下不致变质损坏。

2）若干包焊条应装箱，以保证在正常运输、搬运和贮存过程中不致破损。

（2）标志和质量证明

焊条的标志和质量证明按 GB/T 25775—2010《焊接材料供货技术条件 产品类型、尺寸、公差和标志》规定。

四、焊接过程检验

从焊接开始到焊接结束，即形成优良美观的焊接接头和焊后热处理的整个过程为焊接过程中的检验，检验的项目如下：

1. 焊接规范执行情况的检验

焊接规范是在焊接过程中的工艺参数，如焊接电压、焊接电流、焊接速度、焊条直径、焊接的顺序、焊接的层数和道数、使用电源的种类和极性等。只有执行正确规范才能有好的焊接质量。所以，在检验中检验员要在工作现场巡查，首先复核焊接方法、工艺规范和施焊记录。

2. 焊接材料的检验

对焊工领用焊材是否正确，焊条、焊剂烘干记录，现场是否使用焊条保温筒等都应认真核验。

3. 焊接的环境检验

焊接环境是否合适很重要，当焊接环境出现下述情况，需有可靠的防护措施才可进行焊接。

1）下雨、下雪。

2）手工焊时风速大于10m/s；气体保护焊时风速大于2m/s。对氩弧焊封底，风速应控制在以电弧稳定燃烧和不产生气孔等缺陷为佳。

3）相对湿度>90%。

4）当焊件温度低于0℃时，应在始焊处100mm左右范围内进行预热到15℃左右。

4. 对预热、后热温度的检查

焊前预热可以避免氢的聚集、淬硬组织的产生和应力的存在而导致冷裂。一般情况要求焊件的实际预热温度略高于规定的预热温度为好，使之能有足够散热余量，以保证焊接过程中工件不致冷到小于规定的预热温度。过高的预热会改变熔池金属的结晶过程。

工件焊后立即对焊件全部或局部加热和保温，使其缓冷的过程工艺措施为后热。因为后热可减缓焊接接头的冷却速度和加速氢的逸出，又可防止产生延迟裂缝，所以应及时测量预热、后热的温度，测点应距焊缝边缘100~300mm为宜。

5. 焊道表面质量的检验

在焊接过程中，注意观察焊道成形过程，检验焊道表面质量、焊道的波纹、焊道的宽度、焊道在焊层分布情况，要求焊道表面不应有裂纹、气孔、夹渣等焊接缺陷，便于在多道焊或多层焊中有利于焊道的连接，不产生缺陷的叠加。

6. 焊接试板的检验

因为焊接试板是近似产品或部件的制造条件，在焊制产品时随产品的焊缝连续焊接而成的试板、管板或管接头。在试件上取样坯做理化、金相、力学性能等破坏性试验，试件的质量代表了产品的质量，同时又反映了产品焊接质量，所以对锅炉、压力容器产品应按相关的安全技术监察规程去焊制试板。

7. 焊后热处理的检验

有些产品焊后需热处理消除应力的目的，所以应严格按热处理工艺规范要求执行。常规检验是依据工件几何形状尺寸、重量和重心分布，在装炉时应适当支撑，随炉的焊接试板应放好，尽量避免工件产生弯曲变形。检验和控制装炉温度和升温速度。如工件要求保持预热温度时，在装炉温度不得低于工件的最低预热温度。另外，还要注意加热温度、保温时间，在保温结束时间后还要控制降温速度和出炉温度。对热处曲线盘纸的记录应存档。

五、焊后检验

1. 焊缝表面检验

焊接表面质量要求，焊缝外形尺寸符合技术标准的规定和图样的要求。焊缝表面应美观，焊缝与母材应圆滑过渡。焊缝和热影响区不允许有裂纹、气孔、弧坑和夹渣等缺陷，焊缝上的熔渣和两侧飞溅物必须清除。

2. 焊缝咬边检验

局部咬边深度不大于0.5mm，连续长度不得超过100mm，两侧总长不得超过该焊缝总长的10%，用于标准抗拉强度 $R_m>540MPa$ 的钢材的 Cr—Mo 低合金钢和奥氏体型不锈钢制造的容器及焊缝系数取1的容器，其焊缝表面不得有咬边。如有咬边应修补磨光并做表面探伤检查。

3. 焊缝宽度检验

焊缝宽度均匀，最大宽度与最小宽度差小于 4mm，且覆盖坡口每侧边缘的宽度不小于 2~4mm。

4. 焊缝的余高检验

对接焊缝的余高（见图 9-19）按表 9-22 检查的规定，用目测或用焊缝焊口检测器检测。

表 9-22 焊缝余高 （单位：mm）

焊缝深度 $s(s_1)$	焊缝余高 $e(e_1)$	
	手工焊	自动焊
$s \leqslant 12$	0~1.5	0~4
$12 < s \leqslant 25$	0~2.5	0~4
$25 < s \leqslant 50$	0~3	0~4
$s > 50$	0~4	0~4

注：焊缝深度：对单面焊为母材厚度；对双面焊为坡口直边部分中点至母材表面的深度，两侧分别计算。

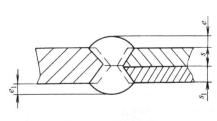

图 9-19 焊缝余高

5. 焊工印记检验

焊完的产品，特别是锅炉、压力容器的主要焊缝（包括筒体环缝、接管和人孔的焊缝）应在规定部位焊缝附近 50mm 处打上焊工代号钢印。对低温容器禁止打焊工钢印时，必须做绘图记录，并写入产品质量证明书提供给用户。

6. 焊缝的返修检验

当焊缝上发现有不允许的缺陷时，必须将缺陷清除干净，加以返修。返修必须由持合格证的焊工担任，并采用经评定验证的焊接工艺、返修工艺、返修工艺措施。同一部位的返修次数不许超过两次。对经过两次返修仍不合格的焊缝，如需要再次返修时，需经制造单位技术总负责人批准。返修后应将返修次数、部位和返修情况及无损检测结果都记入该产品质量证明书中。

对有焊后需热处理的压力容器，返修必须在热处理前完成，热处理后还需要返修时，则返修后再进行热处理。有抗晶间腐蚀要求的奥氏体型不锈钢容器，返修部位仍需要保证原有要求。压力试验后，一般不应进行焊缝返修。确需返修的，返修部位必须按原要求经无损检测合格。由于焊缝或接管泄漏而进行返修，或返修深度大于 1/2 壁厚的压力容器，还应重新做压力试验。

一般对焊缝外观检验常用的量具有平直尺、钢卷尺、专用万能量规和焊口检测器等工具。图 9-20 所示为万能量规及其对焊缝的测量示意图。

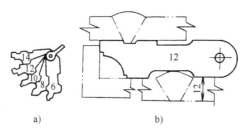

图 9-20 万能量规及其对焊缝的测量

第四节 无损检验及其他检验简介

无损检测是一种非破坏检验方法,即以物理方法在不损坏工件完整性和物理化学性质的条件下检测工件内部和表面缺陷。常用的无损检测方法有射线检测(RT)、超声波检测(UT)、磁粉检测(MT)、渗透检测(PT)、涡流检测(ET)和声发射检测(AE)。

一、射线检测

射线检测是将 X 射线管或 γ 射线源对准焊缝(工件),调好焦距,并将装有胶片的暗袋放在焊缝背面,然后接通电源(按曝光条件选好管电压),射线管就会发出 X 射线并使胶片感光。感光的胶片经暗室处理便显示出图像,从而可以判断缺陷类型、位置和大小。

根据国家有关规程的要求,锅炉、压力容器对接接头射线底片影像质量应符合 A 级或 B 级要求。A 级:普通级;B 级:优化级。

1. 检验方法

GB/T 3323—2005《金属熔化焊焊接接头射线照相》标准规定:焊缝中除不允许存在的缺欠外,允许存在气孔、点状夹渣等圆形缺欠或条状夹渣。该标准给出检验时 8 种透照布置方法。

(1) 纵缝单壁透照法

射线源位于工件前侧,胶片位于另一侧(见图 9-21)。

(2) 单壁外透法

射线源位于被检工件外侧,胶片位于内侧(见图 9-22~图 9-24)。

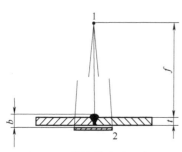

图 9-21 纵缝单壁透照布置
1—射线源 2—胶片

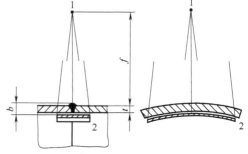

图 9-22 对接环焊缝单壁外透法的透照布置
1—射线源 2—胶片

第九章 焊接的检验

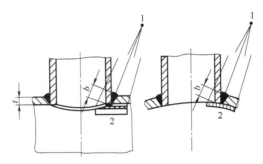

图 9-23 插入式管座焊缝单壁外透法的透照布置
1—射线源 2—胶片

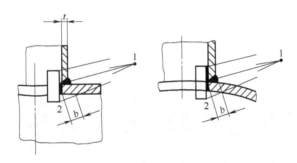

图 9-24 骑座式管座焊缝单壁外透法的透照布置
1—射线源 2—胶片

(3) 射线源中心法

射线源位于工件内侧中心处,胶片位于外侧(见图 9-25 ~ 图 9-27)。

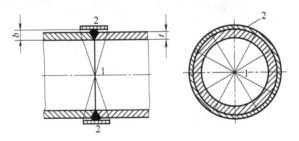

图 9-25 对接环焊缝周向曝光的透照布置
1—射线源 2—胶片

(4) 射线源偏心法

射线源位于被检工件内侧偏心处,胶片位于外侧(见图 9-28 ~ 图 9-30)。

(5) 椭圆透照法

射线源和胶片位于被检工件外侧,焊缝投影呈椭圆显示(见图 9-31)。

(6) 垂直透照法

射线源和胶片位于被检工件外侧,射线垂直入射(见图 9-32)。

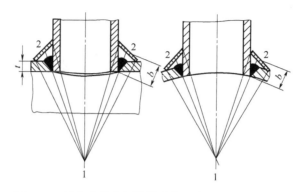

图 9-26 插入式管座焊缝单壁中心内透法的透照布置
1—射线源　2—胶片

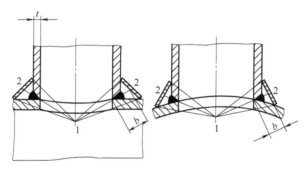

图 9-27 骑座式管座焊缝单壁中心内透法的透照布置
1—射线源　2—胶片

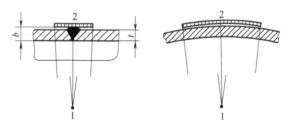

图 9-28 对接环焊缝单壁偏心内透法的透照布置
1—射线源　2—胶片

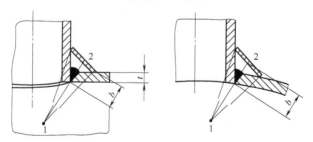

图 9-29 插入式管座焊缝单壁偏心内透法的透照布置
1—射线源　2—胶片

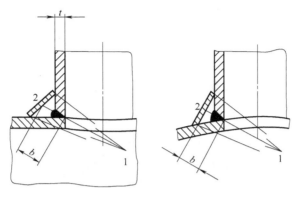

图 9-30　骑座式管座焊缝单壁偏心内透法的透照布置
1—射线源　2—胶片

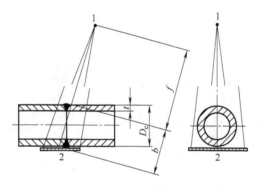

图 9-31　管对接环缝双壁双影椭圆透照布置
1—射线源　2—胶片

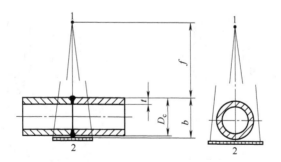

图 9-32　管对接环缝双壁双影垂直透照布置
1—射线源　2—胶片

（7）双壁单影法

射线源位于被检工件外侧，胶片位于另一侧（见图 9-33～图 9-38）。

（8）不等厚透照法

材料厚度差异较大，采用多张胶片透照（见图 9-39）。

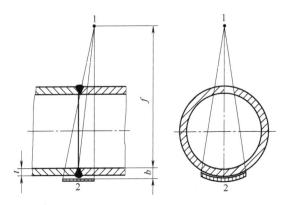

图 9-33 对接环焊缝双壁单影法的透照布置（像质计位于胶片侧）
1—射线源　2—胶片

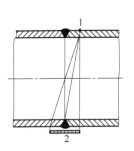 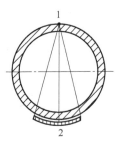 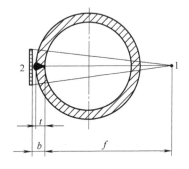

图 9-34　对接环焊缝双壁单影法的透照布置
1—射线源　2—胶片

图 9-35　纵缝双壁单影法的透照布置
1—射线源　2—胶片

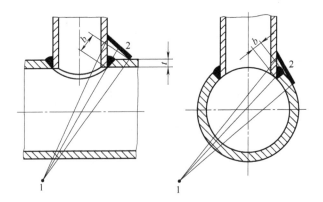

图 9-36　插入式支管连接焊缝双壁单影法的透照布置
1—射线源　2—胶片

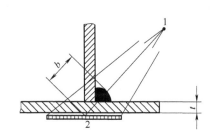

图9-37 角焊缝透照布置
1—射线源 2—胶片

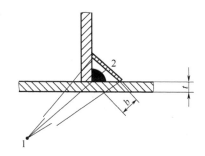

图9-38 角焊缝透照布置
1—射线源 2—胶片

应用上述方法时请注意：这些方法适用于金属材料板和管的熔化焊焊接头。

1）射线透照布置应采用以上规定。

2）外径 D_e 大于100mm，公称厚度 t 大于8mm和焊缝宽度大于 $D_e/4$ 的管对接焊缝，不适用于图9-31椭圆透照法（双壁双影）。外径 D_e 小于等于100mm，公称厚度 t 小于等于8mm的管对接焊缝，若 t/D_e 小于0.12，可采用椭圆透照，相隔90°透照二次，其椭圆影像最大间距处约为一个焊缝宽度；若 t/D_e 大于等于0.12或需要检测根

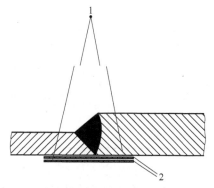

图9-39 不等厚对接焊缝的多胶片透照布置
1—射线源 2—胶片

部平面型缺陷及采用椭圆法有困难时，可按图9-32作垂直透照，相隔120°或60°透照三次。

3）采用图9-31、图9-33、图9-34透照布置时，射线入射角度应尽可能小一些，但要防止两侧焊缝影像重叠。

4）由于工件几何形状或材料厚度差等原因，经合同各方商定，也可采用其他透照技术。对截面厚度均匀的工件，不得用多胶片法来减少曝光时间。

2. 评级方法

（1）圆形缺欠评级

圆形缺欠是指长宽比小于等于3的缺欠，它可以是圆形、椭圆形、锥形或带尾巴形等不规则的形状，包括气孔、夹渣和夹钨。圆形缺欠用评定区进行评定。评定区大小根据板厚而定，见表9-23，圆形缺欠应将缺欠尺寸按表9-24换成缺欠点数。圆形缺欠的分级见表9-25，不计点数的缺欠见表9-26。

表9-23 缺欠评定区（GB/T 3323—2005） （单位：mm）

评定厚度 T	≤25	>25～100	>100
评定区尺寸	10×10	10×20	10×30

表 9-24 缺欠点数换算（GB/T 3323—2005）

缺欠长径/mm	≤1	>1~2	>2~3	>3~4	>4~6	>6~8	>8
点数	1	2	3	6	10	15	25

表 9-25 圆形缺欠的分级（GB/T 3323—2005）　　（单位：点）

评定区/(mm×mm)	10×10			10×20		10×30
评定厚度 T/mm	≤10	>10~15	>15~25	>25~50	>50~100	>100
Ⅰ	1	2	3	4	5	6
Ⅱ	3	6	9	12	15	18
Ⅲ	6	12	18	24	30	36
Ⅳ	缺欠点数大于Ⅲ级者					

注：表中的数字是允许缺欠点数的上限。

表 9-26 不计点数的缺欠尺寸（GB/T 3323—2005）　　（单位：mm）

母材厚度 T	缺欠长径	母材厚度 T	缺欠长径
≤25	≤0.5	>50	≤1.4%T
>25~50	≤0.7		

当圆形缺欠长径大于母材厚度一半时，评为Ⅳ级。Ⅰ级焊缝和母材厚度≤5mm 的Ⅱ级焊缝内不计点数的圆形缺欠，在评定区内不得多于 10 个。

（2）条形缺欠评级

长宽比大于 3 的气孔、夹渣和夹钨，称为条形缺欠，其分级见表 9-27。

表 9-27 条形缺欠的分级（GB/T 3323—2005）　　（单位：mm）

质量等级	评定厚度 T	单个条形缺欠长度	条形缺欠总长
Ⅱ	T≤12	4	在平行于焊缝轴线的任意直线上，相邻两缺欠间距均不超过 6L 的任何一组缺欠，其累计长度在 12T 焊缝长度内不超过 T
	12<T<60	$\frac{1}{3}T$	
	T≥60	20	
Ⅲ	T≤9	6	在平行于焊缝轴线的任意直线上，相邻两缺欠间距均不超过 3L 的任何一组缺欠，其累计长度在 6T 焊缝长度内不超过 T
	9<T<45	$\frac{2}{3}T$	
	T≥45	30	
Ⅳ	大于Ⅲ级者		

注：表中 L 为该组缺欠中最长者的长度。

（3）未焊透评级

1）不加垫板的单面焊中未焊透的允许长度，应按表 9-27 条形缺欠的Ⅲ级评定。

2）角焊缝的未焊透是指角焊缝的实际熔深未达到理论熔深值，应按表 9-27 条形缺欠的Ⅲ级评定。

3）设计焊缝系数小于等于 0.75 的钢管根部未焊透的分级见表 9-28。

表 9-28　未焊透的分级（GB/T 3323—2005）

质量等级	未焊透的深度		长度/mm
	占壁厚的百分数（%）	深度/mm	
Ⅱ	≤15	≤1.5	≤10%周长
Ⅲ	≤20	≤2.0	≤15%周长
Ⅳ	大于Ⅲ级者		

（4）根部内凹和根部咬边评级

钢管根部内凹缺欠和根部咬边缺欠的分级见表 9-29。

表 9-29　根部内凹和根部咬边缺欠的分级（GB/T 3323—2005）

质量等级	根部内凹的深度		长度/mm
	占壁厚的百分数（%）	深度/mm	
Ⅰ	≤10	≤1	不限
Ⅱ	≤20	≤2	
Ⅲ	≤25	≤3	
Ⅳ	大于Ⅲ级者		

（5）综合评级

在圆形缺欠评定区内，同时存在圆形缺欠和条形缺欠（或未焊透、根部内凹和根部咬边）时，应各自评级，将两种缺欠所评级别之和减 1（或三种缺欠所评级别之和减 2）作为最终级别。

X 射线和 γ 射线只能检测出被掩盖在钢和钛材料内部的裂纹。而飞机检查中最常用同位素铱 192 和钴 60，它们不仅可检查出金属材料的裂纹，而且能检查许多非金属制品内部的裂纹和缝隙。

此外还有热力和红外线探伤法。

二、超声波检测

超声波检测也是广泛应用的无损检测方法之一。它不仅可检测焊缝的内部质量，还可检测锻件、钢板及钢管等内部质量。超声波能够检测到其他方法难以到达的部位中最细微的裂痕、伤痕。

超声波检测方法按原理分为脉冲反射法、穿透法和共振法。

脉冲反射法，是以极短的持续时间发射脉冲超声波到工件内，根据反射波的图像来检测工件的缺欠方法。根据其回波性质还分为缺陷回波法、底面回波高度法和底面多次回波法。

声波方法和共振原理用来检查类如飞机机身板材结构各层之间是否发生剥离、大块合成材料（如飞机舱、副翼等）的缺欠十分有效。其基本方法是向被检查部位发出一种压力波，检查传递回来的共振或者反应波，来判断缺欠的情况。

三、磁粉检测

磁粉检测是用来检测铁磁性材料（如铁、钴、镍及其合金）表面或近表面缺欠的一种检测方法。这种方法只适用于磁性物体。给被检查的部位加上一个磁场，如果部件表面或者内部有缺欠，磁力线就会从这里泄漏出来，再向被检查部位上撒氧化铁微粒（粉），这些微粒就会被磁力线吸引，堆积在有缺欠的地方，并在汞蒸气灯光照射下显现出荧光。根据磁粒堆积的形状和大小，就可判断缺欠的情况。

对被检测工件表面粗糙度 Ra 值不大于 $12.5\mu m$。工件表面不得有油脂或其他黏附磁粉的物质。对检测工件上的孔隙在检测后难于清除磁粉时，则应在检测前用无害物质堵塞。工件表面和电极接触部分清除干净，以提高导电性能并防止电弧烧伤工件。

四、渗透检测

渗透检测是利用毛细管作用原理检查表面开口性缺陷的无损检测方法。其原理是将渗透性很强的液态物质（渗透剂）渗透到材料表面缺欠内，然后用一种特殊方法或介质（显像剂）再将其吸附到表面上来，以显示缺欠的形状和部位。渗透检测可检测非磁性材料，如奥氏体型不锈钢、铝、铜及塑料、陶瓷等各种表面的缺欠。可发现表面裂纹、分层、气孔等缺欠，不受缺欠形状和尺寸的影响，不受材料组织和化学成分的限制。如果用彩色渗透性液体，可以使缺欠一览无余。对关键的部位可以用荧光液体，在紫外线的作用下，能检查出最细微的伤痕和裂缝。

渗透检测也有一定的局限性，当零件表面太粗糙易造成假象，降低检测效果，对多孔材料不宜采用。渗透检测根据渗透所含染料成分可分为荧光法和着色法两大类。

渗透检测操作过程分为清洗、渗透、去除、干燥、显像、检验六个步骤。

五、其他检验方法

1. 力学性能试验

在焊接检验中，力学性能试验属于破坏性检验的一种测试检验。用来测定焊接材料、焊缝金属和焊接接头在各种条件下的强度、塑性和韧性数值。根据这些数值来确定焊接材料、焊缝金属和焊接接头是否满足设计和使用要求。又可根据这些数值来判断所选用的焊接工艺正确与否。

力学性能试验是使用材料试验机在物理试验室对试件进行拉伸、弯曲、冲击、硬度、剪切和疲劳试验等。力学性能试验的取样、试样加工、操作及评定方法可根据具体试验的需要而定。

2. 金相检验

金相检验是用来检验焊缝金属热影响区、熔合线和基本金属有无内部缺欠的试验方法。检验主要内容：①焊缝中心的结晶脆弱面、不平衡结晶组织和严重过热情况、金属树枝状偏析、层状偏析和区域偏析情况；②异种金属焊接接头熔合线两侧附近的组织和性能变化；③不锈钢焊缝中的铁素体含量。对焊接金相检验分宏观检验和微观检验两种。

3. 化学检验

化学检验一般是指化学分析、腐蚀试验、扩散氢测定三种。在对那些化学成分没有特殊要求的产品，只要焊接接头无损检测及力学性能合格，就不需要化学成分的分析。焊缝金属化学分析，是从焊缝金属中取样，常被分析的为碳、硅、锰、磷、硫五大元素。对不锈钢焊缝还有对压力容器焊接接头的超载试验。

1）水压试验：水压试验可用作焊接容器的致密性和强度检验。

2）气压试验：气压试验比水压试验更灵敏和迅速，在试验中的危险性比水压试验大。

六、质量报告

对一些重要构件焊接检验后，例如压力容器应给出质量报告，以便于质量追溯，质量报告的内容包括：

① 要求评审及技术评审报告。

② 材料材质证明。

③ 焊接材料质量证明。

④ 焊接工艺规程。

⑤ 焊接工艺评定报告。

⑥ 焊工或焊接操作者证书。

⑦ 无损检测人员证书。

⑧ 热处理工艺规程及报告。

⑨ 无损检测及破坏性试验规程及报告。

⑩ 尺寸报告。

⑪ 修复记录及其他不符合项的报告。

⑫ 要求的其他文件。

无任何特殊规定时，质量报告应至少保存5年。

第十章 铆接的检验

第一节 铆接和铆钉的种类及选择

利用铆钉把两个或两个以上具有薄壁特征（一般为板材或型材）的元件连接在一起不可拆卸的一种连接方式，称为铆接。

一、铆接的种类

1）按承受压力分。有坚固铆接、紧密铆接和固密铆接。
2）按连接形式分。有对接铆接、搭接铆接和角接连接铆接。
3）按铆钉温度分。有冷铆接和热铆接。

坚固铆接：要求能承受强大的压力，而对接缝处的严密不做过多的要求。一般应用在桥梁、车辆和起重机上的铆接构件。

紧密铆接：不能承受大的压力，只能承受均匀且小的压力，接缝处须保持紧密，防止发生泄漏。应用在气箱、水箱和油罐等结构件中。

固密铆接：用于承受较大的压力，又要求接缝处相当紧密的构件，例如压力容器、空气罐和锅炉及高压容器等。

冷铆：铆钉在常温状态下的铆接。在冷铆前要对铆钉进行退火处理。退火方法是把铆钉装入钢管内，在炉中加热至700℃后，在炉中冷却或埋入细质干燥的白灰中冷却。用铆钉枪铆接，其铆钉直径一般不超过10~13mm，用液压铆钉枪铆接时铆钉最大直径为25mm。

热铆：将铆钉加热再铆接。因为热铆钉冷却后，长度方向要收缩，在钉孔中产生应力，应力越大，连接件的摩擦力也越大，铆件连接强度也越高。铆钉加热温度高，钉杆应力小，使铆接强度低，所以铆钉加热温度不宜过高。用风动铆枪铆接时，铆钉加热温度为700~850℃，用液压铆钉枪时，铆钉加热温度应在640~670℃为宜。

对接：两块板料置于同一平面上，上面盖上盖板，用铆钉铆合起来的称为对接，如图10-1所示。

搭接：把一块板搭在另一块板上进行铆接，称为搭接，如图10-2所示。

角接连接：两块板料互相垂直成一定角度，并在接缝处用角板搭接的铆接，称为角接连接，如图10-3所示。

图 10-1 对接基本形式
a）单盖板对接 b）双盖板对接

第十章 铆接的检验

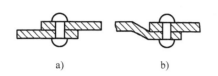

图 10-2 搭接基本形式
a) 平板搭接 b) 折板搭接

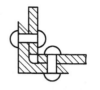

图 10-3 角接连接形式

二、铆钉的规格、用途及选择

1. 铆钉的规格和用途

常用铆钉的规格和用途见表 10-1。

表 10-1 常用铆钉的规格和用途

名称	形状	标准	规格/mm d	规格/mm l	用途
半圆头		GB/T 863.1—1986（粗制）	12~36	20~200	用于承受较大横向载荷的铆缝，应用最广
		GB/T 863.2—1986（粗制）	10~36	12~200	
		GB/T 867—1986	0.6~1.6	1~110	
平锥头		GB/T 864—1986（粗制）	12~36	20~200	因钉头较大，耐蚀性较强，常用在船壳、锅炉、水箱等腐蚀性较强的场合
		GB/T 868—1986	2~16	3~110	
沉头		GB/T 865—1986（粗制）	12~36	20~200	用于表面要求平滑，并且载荷不大的铆缝。承载能力比半圆头低
		GB/T 869—1986	1~16	2~100	
半沉头		GB/T 866—1986（粗制）	12~36	20~200	用于表面要求平滑，并且载荷不大的铆缝
		GB/T 870—1986	1~16	2~100	
120°沉头		GB/T 954—1986	1.2~8	1.5~50	用于表面要求平滑，并且载荷不大的铆缝
120°半沉头		GB/T 1012—1986	3~6	5~40	用于表面要求平滑，并且载荷不大的铆缝
平头		GB/T 109—1986	3~6	5~40	做强固接缝用铆缝
扁平头		GB/T 869—1986	3~6	5~40	用于金属薄板或非金属材料之间的铆缝

（续）

名称	形状	标准	规格/mm d	规格/mm l	用途
标牌铆钉		GB/T 827—1986	1.6~5	3~20	用于标牌的铆接
抽芯铆钉		GB/T 12617—2006	3~6	7~40	用于汽车车身覆盖件、支架等的单面铆接
		GB/T 12618—2006			
		GB/T 12615—2004		6~18	
		GB/T 12616—2004			

铆接的历史比焊接的历史悠久，但许多铆接被焊接替代。从表10-1中可看到，铆钉分两大类：一种是单体铆钉（如按1986年标准制造的一些铆钉）；另一种是组合式铆钉（如抽芯铆钉）。

另外，只接触工件的一面就可进行铆接安装的铆钉称为盲铆钉，包括抽芯铆钉和击芯铆钉两种，其结构如图10-4所示。

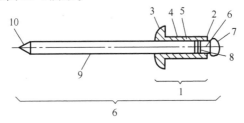

图 10-4　盲铆钉的结构示意图

1—钉体　2—钉体端　3—钉体头　4—钉体杆　5—钉体孔
6—钉芯　7—钉芯头　8—断裂槽　9—钉芯杆　10—钉芯端

抽芯铆钉的机械性能等级分为15级，见表10-2。

表10-2　抽芯铆钉的机械性能等级与材料组合（GB/T 3098.19—2004）

性能等级	钉体材料			钉芯材料	
	种类	材料牌号	标准编号	材料牌号	标准编号
06	铝	1035	GB/T 3190	7A03 5183	GB/T 3190
08	铝合金	5005、5A05	GB/T 3190	10、15、35、45	GB/T 699 YB/T 5303
10		5052、5A02			
11		5056、5A05			
12		5052、5A02		7A03 5183	GB/T 3190
15		5056、5A05		0Cr18Ni9 1Cr18Ni9	GB/T 4232

第十章 铆接的检验

（续）

性能等级	钉体材料			钉芯材料	
	种类	材料牌号	标准编号	材料牌号	标准编号
20	铜	T1 T2 T3	GB/T 21652	10、15、35、45	GB/T 699 YB/T 5303
21				青铜①	①
22				0Cr18Ni9 1Cr18Ni9	GB/T 4232
23	黄铜	①	①	①	①
30	碳素钢	08F、10	GB/T 699 GB/T 3206	10、15、35、45	GB/T 699 YB/T 5303
40	镍铜合金	28-2.5-1.5 镍铜合金 (NiCu28-2.5-1.5)	GB/T 5235		
41				0Cr18Ni9 2Cr13	GB/T 4232
50	不锈钢	0Cr18Ni9 1Cr18Ni9	GB/T 1220	10、15、35、45	GB/T 699 YB/T 5303
51				0Cr18Ni9 2Cr13	GB/T 4232

注：GB/T 3098.19—2004《紧固件机械性能 抽芯铆钉》。
① 数据待生产验证（含选用材料牌号）。

2. 铆钉的选择（见表10-3）

表10-3 单体铆钉的选择　　　　　　　　　　　　　（单位：mm）

选择项目	选择内容				
铆件厚度	9.5~12.5	13.5~18.5	19~24	24.5~28	28.5~31
铆钉直径	19	22	25	28	31
铆钉杆长度的确定	对半圆头铆钉 $L=(1.65\sim1.75)d+1.1t$ 半圆埋头铆钉 $L=1.1d+1.1t$ 对埋头铆钉 $L=0.8+1.1t$ 式中 L—铆杆全长；t—板厚（层板总和厚度）；d—铆钉杆直径				

铆钉直径和孔径的配合	铆钉直径和钻孔直径											
	铆钉直径	0.6	0.7	0.8	1	1.2	1.4	1.6	2	2.5	3	3.5	4	5
	钻孔直径 精装配	0.7	0.8	0.9	1.1	1.3	1.5	1.7	2.1	2.6	3.1	3.6	4.1	5.2
	粗装配	—	—	—	—	—	—	—	—	—	—	—	—	—
	铆钉直径	6	8	10	12	14	16	18	20	22	24	27	30	36
	钻孔直径 精装配	6.2	8.2	10.5	12.4	14.5	16.5	—	—	—	—	—	—	—
	粗装配	—	—	11	13	15	17	19	21.5	23.5	25.5	28.5	32	38

第二节 铆钉缺陷和检验

一、铆钉常见缺陷及检验方法

经铆接的工件,铆后需对铆钉的外观进行必要的检验,铆钉的外观一般要求钉头整齐、尺寸正确、表面美观,不许有歪斜、磕伤和裂纹等缺陷。铆钉常见缺陷及检验方法见表10-4。

表10-4 铆钉常见缺陷及检验方法

项目	示意图	偏差原因	检验方法
铆钉头的周围全部与被铆边不密贴		铆钉头和钉杆在连接处有凸起部分 铆钉头未顶紧	外观检查 用厚0.1mm塞尺检查
铆钉头部分周边与被铆板贴不密		顶把位置歪斜	外观检查 用厚0.1mm的塞尺检查
铆钉头磕伤		铆钉不良	外观检查
铆钉头裂纹		加热过度 铆钉钢材质量不良	外观检查
铆钉头偏心		铆接不良	外观检查
铆钉头过小		铆模过小	外观检查,或用样板检查
铆钉周围有压边		钉杆过长	外观检查

（续）

项　目	示意图	偏差原因	检验方法
铆钉头周围不完整		铆钉杆长度不够 铆钉头顶压不正	外观检查，并用样板检查
铆钉歪斜		扩孔不正	外观检查 测量相邻铆钉的中心距离
埋头不密贴		划边不准确 钉杆过短	外观检查
铆模磕伤钢材		铆接不良	外观检查
埋头凸出		钉杆过长	外观检查
埋头钉周围有部分缺边		钉杆过短 划边不准确	外观检查
埋头凹进		钉杆过短	外观检查
铆钉头表面不平		铆钉钢材质量不良 加热过度	外观检查

二、铆接常用加工符号及样板

铆接常用的加工符号及样板是铆接过程中不可缺少的辅助工具和检验工具。

1. 常用的加工符号（见表10-5）

表10-5　常用的加工符号

序号	名称	符号
1	板缝线	～
2	中心线	〈〉
3	尺曲线	▷——R曲——◁
4	切断线	／／／／／
5	余料切线（斜线面为余料）	／／／／／
6	弯曲线	～～
7	结构线	／／／／
8	刨边加工线	—∨—

2. 常用样板及用途

在铆接中，铆工常用样板来验证零件的形状，常用的样板见表10-6。

表10-6　铆工常用样板及用途

序号	样板名称	用途
1	平面样板	在板料和平面型材上，对料的平行进行上下检查
2	弧形样板	用来检查各种圆弧和圆的曲率大小
3	切口样板	用来画各种角钢、槽钢的切口煨弯的线
4	展开样板	用来展开各种板料和型材
5	覆盖样板	按照放样图上（或实物）的图形，用覆盖方法放出的实样，用于连接结构件
6	号孔样板	用来决定零件孔眼的号孔位置
7	弯曲样板	各种压型为型胎模零件的检查标准

三、铆接检验项目及检验方法

铆接检验项目及检验方法见表 10-7。

表 10-7　检验项目及检验方法

检 验 项 目	检 验 方 法
铆钉头偏心	用目测外观检查
铆钉头裂纹	用目测及外观检查
铆钉头磕伤	用目测及外观检查
铆钉头过小	用目测外观检查
铆钉头周围有压边	用目测外观检查
铆钉头部分周边不与铆接表面的密贴	依据图样规定用塞尺检查，目测外观检查
铆钉头四周边全部不与被铆接而密贴	用塞尺测量间隙大小是否符合图样要求 用目测外观检查
铆钉歪斜	目测外观检查
铆钉头表面不平	目测外观检查
被铆板材的检验	用目测被铆件的板材表面质量，表面不得有气泡、裂纹、结疤、拉裂和夹杂，不得有分层（GB/T 711—2017，GB/T 713—2014）。用钢直尺或卡尺检测板材的厚度，板材厚度偏差应符合标准的要求（GB/T 712—2011） 钢板厚度 t/mm　　　　　　允许负偏差/mm，不大于 ≤15　　　　　　　　　　　-0.4 >15~45　　　　　　　　　-(0.1+0.02t) >45　　　　　　　　　　　-0.1 钢板平面度规定（GB/T 712—2011） 厚度/mm　　　　　　　　每平方米平面度/mm <4　　　　　　　　　　　12 4~15　　　　　　　　　　10 >15　　　　　　　　　　　5
对被铆型材（铝材）	用目测型材表面质量不许有裂纹、裂边、腐蚀、穿通性气孔、硝盐痕和包覆层脱落，厚度大于 0.6mm 板材表面上不允许有扩散斑点。每平方米板材上气泡总面积不应超过 100mm^2。表面应清洁。用 1m 以上平尺测量型材直线度
坡口	坡口尺寸按图样要求进行检查，坡口表面应无氧化物、油污、分层、裂纹等
铆接质量	可用 300~400g 小钢锤轻轻击铆钉头，当发生细实的声音，说明铆接牢固，如发出粗哑的声音，说明铆接质量有松动现象

四、铆接常见的缺陷

铆接常见的缺陷见表10-8。

表10-8 铆接常见的缺陷

缺陷种类	缺陷形状	缺陷种类	缺陷形状
铆钉头与镦头不在同一轴线上	a) b)	铆钉头在镦头铆接处有裂纹	
		铆钉头周围有帽缘	
铆钉头四周与铆接件表面不严		铆钉头过小高度不够	
铆钉头有一部分和铆接件表面未严		铆钉头上有刻伤	
构件被铆钉胀开		铆钉圆头位置偏移	
铆钉形成突头刻伤板材		铆钉头不成圆	
铆钉杆在孔内弯曲			

第三节 几种抽芯铆钉的机械特性和应用数据

铆钉的种类很多,下面介绍其中三种抽芯铆钉的机械特性和应用数据。

第十章 铆接的检验

一、封闭型平圆头抽芯铆钉

二、封闭型沉头抽芯铆钉

三、开口型沉头抽芯铆钉

封闭型平圆头抽芯铆钉的机械特性和应用数据（图10-5、图10-6、表10-9~表10-12）

封闭型沉头抽芯铆钉的机械特性和应用数据（图10-7、图10-8、表10-13~表10-16）

开口型沉头抽芯铆钉（图10-9、图10-10、表10-17~表10-21）

第四节 铆钉的机械性能

抽芯铆钉的机械性能等级由两位数组成，表示不同的钉体与钉芯材料组合或机械性能。同一机械性能等级，不同的抽芯铆钉型式，其机械性能不同，选用时要注意。

铆钉的种类很多，本节仅介绍开口型和封闭型抽芯铆钉的机械性能以及机械性能等级与材料组合，这些是检验员应知的。

1. 开口型抽芯铆钉的最小剪切载荷和最小拉力载荷（见表10-22和表10-23）

表10-22 最小剪切载荷——开口型（GB/T 3098.9—2004）

钉体直径 d/mm	性能等级							
	0.6	0.8	10、12	11、15	20、21	30	40、41	50、51
	最小剪切载荷/N							
2.4	—	172	250	350	—	650	—	—
3.0	240	300	400	550	760	950	—	1800①
3.2	285	360	500	750	800	1100①	1400	1900①
4.0	450	540	850	1250	1500①	1700	2200	2700
4.8	660	935	1200	1850	2000	2900①	3300	4000
5.0	710	990	1400	2150	—	3100	—	4700
6.0	940	1170	2100	3200	—	4300	—	—
6.4	1070	1460	2200	3400	—	4900	5500	—

① 数据待生产验证（含选用材料牌号）。

表 10-23 最小拉力载荷——开口型（GB/T 3098.19—2004）

钉体直径 d/mm	性能等级							
	0.6	0.8	10 12	11 15	20 21	30	40 41	50 51
	最小拉力载荷/N							
2.4	—	258	350	550	—	700	—	—
3.0	310	380	550	850	950	1100	—	2200①
3.2	370	450	700	1100	1000	1200	1900	2500①
4.0	590	750	1200	1800	1800	2200	3000	3500
4.8	860	1050	1700	2600	2500	3100	3700	5000
5.0	920	1150	2000	3100	—	4000	—	5800
6.0	1250	1560	3000	4600	—	4800	—	—
6.4	1430	2050	3150	4850	—	5700	6800	—

① 数据待生产验证（含选用材料牌号）。

2. 封闭型抽芯铆钉的最小剪切载荷和最小拉力载荷（见表10-24和表10-25）

表 10-24 最小剪切载荷——封闭型（GB/T 3098.19—2004）

钉体直径 d/mm	性能等级				
	0.6	11 15	20 21	30	50 51
	最小剪切载荷/N				
3.0	—	930	—	—	—
3.2	460	1100	850	1150	2000
4.0	720	1600	1350	1700	3000
4.8	1000①	2200	1950	2400	4000
5.0	—	2420	—	—	—
6.0	—	3350	—	—	—
6.4	1220	3600①	—	3600	6000

① 数据待生产验证（含选用材料牌号）。

表 10-25 最小拉力载荷——封闭型（GB/T 3098.19—2004）

钉体直径 d/mm	性能等级				
	0.6	11 15	20 21	30	50 51
	最小拉力载荷/N				
3.0	—	1080	—	—	—
3.2	540	1450	1300	1300	2200

(续)

钉体直径 d/mm	性能等级				
	0.6	11 15	20 21	30	50 51
	最小拉力载荷/N				
4.0	760	2200	2000	1550	3500
4.8	1400①	3100	2800	2800	4400
5.0	—	3500	—	—	—
6.0	—	4285	—	—	—
6.4	1580	4900①	—	4000	8000

① 数据待生产验证（含选用材料牌号）。

3. 开口型抽芯铆钉钉头保持能力和钉芯断裂载荷以及封闭型钉芯断裂载荷（见表 10-26～表 10-28）

表 10-26 钉头保持能力——开口型（GB/T 3098.19—2004）

钉体直径 d/mm	性能等级	
	06、08、10、11、12、15 20、21、40、41	30、50、51
	钉头保持能力/N	
2.4	10	30
3.0	15	35
3.2	15	35
4.0	20	40
4.8	25	45
5.0	25	45
6.0	30	50
6.4	30	50

表 10-27 钉芯断裂载荷——开口型（GB/T 3098.19—2004）

钉体材料	铝	铝	铜	钢	镍铜合金	不锈钢
钉芯材料	铝	钢、不锈钢	钢、不锈钢	钢	钢、不锈钢	钢、不锈钢
钉体直径 d/mm	钉芯断裂载荷/N max					
2.4	1100	2000	—	2000	—	—
3.0	—	3000	3000	3200	—	4100
3.2	1800	3500	3000	4000	4500	4500

（续）

钉体材料	铝	铝	铜	钢	镍铜合金	不锈钢
钉芯材料	铝	钢、不锈钢	钢、不锈钢	钢	钢、不锈钢	钢、不锈钢
钉体直径 d/mm	钉芯断裂载荷/N max					
4.0	2700	5000	4500	5800	6500	6500
4.8	3700	6500	5000	7500	8500	8500
5.0	—	6500	—	8000	—	9000
6.0	—	9000	—	12500	—	—
6.4	6300	11000	—	13000	14700	—

表 10-28 钉芯断裂载荷——封闭型

钉体材料	铝	铝	钢	不锈钢
钉芯材料	铝	钢、不锈钢	钢	钢、不锈钢
钉体直径 d/mm	钉芯断裂载荷/N max			
3.2	1780	3500	4000	4500
4.0	2670	5000	5700	6500
4.8	3560	7000	7500	8500
5.0	4200	8000	8500	—
6.0	—	—	—	—
6.4	8000	10230	10500	16000

4. 抽芯铆钉的机械性能等级与材料组合（见表 10-29）

表 10-29 机械性能等级与材料组合（GB/T 3098.19—2004）

性能等级	钉体材料			钉芯材料	
	种 类	材料牌号	标准编号	材料牌号	标准编号
06	铝	1035	GB/T 3190	7A03 5183	GB/T 3190
08	铝合金	5005、5A05	GB/T 3190	10、15、35、45	GB/T 699 GB/T 3206
10	铝合金	5052、5A02	GB/T 3190	10、15、35、45	GB/T 699 GB/T 3206
11	铝合金	5056、5A05	GB/T 3190	10、15、35、45	GB/T 699 GB/T 3206
12	铝合金	5052、5A02	GB/T 3190	7A03 5183	GB/T 3190
15	铝合金	5056、5A05	GB/T 3190	0Cr18Ni9 1Cr18Ni9	GB/T 4232

(续)

性能等级	钉体材料			钉芯材料	
	种 类	材料牌号	标准编号	材料牌号	标准编号
20	铜	T1	GB/T 21652	10、15、35、45	GB/T 699 YB/T 5303
21		T2		青铜①	①
22		T3		0Cr18Ni9 1Cr18Ni9	GB/T 4232
23	黄铜	①	①	①	①
30	碳素钢	08F、10	GB/T 699 YB/T 5303	10、15、35、45	GB/T 699 YB/T 5303
40	镍铜合金	28-2.5-1.5 镍铜合金 (NiCu28-2.5-1.5)	GB/T 5235	0Cr18Ni9	GB/T 4232
41				2Cr13	
50	不锈钢	0Cr18Ni9 1Cr18Ni9	GB/T 1220	10、15、35、45	GB/T 699 YB/T 5303
51				0Cr18Ni9 2Cr13	GB/T 4232

① 数据待生产验证（含选用材料牌号）。

开口型和封闭型抽芯铆钉的材料牌号及技术条件仅推荐采用，铆钉制造者可根据实际条件和经验选用其他牌号及技术条件。

5. 试验方法

抽芯铆钉的试验方法按 GB/T 3098.18 规定。

第五节　盲铆钉的试验方法

盲铆钉的试验方法（图 10-11 ~ 图 10-15、表 10-30）

第十一章

热处理的检验

热处理是采用适当的方式对金属材料或工件进行加热、保温和冷却以获得预期的组织结构与性能的工艺。

热处理检验员应熟知各种热处理方法的原理、用途及其工艺过程，还要熟知常用金属材料经过热处理后其组织和性能的变化等有关知识。

第一节 硬度的检验

硬度是热处理件很重要的指标，热处理检验员应掌握检验硬度的各种仪器和方法，要根据不同的检验对象，选用不同的检测仪器进行硬度检测。

一、仪器检验法

仪器检验法是指用硬度计检测硬度的方法。

1. 硬度计的种类

硬度是固体坚硬的程度，就金属硬度测试而言，硬度的实质是材料抵抗另一较硬材料压入的能力，图11-1所示为金属布氏硬度测试原理：对一定直径的碳化钨合金球3施加力（F）压入试样表面2，经过规定保持时间后，卸除试验力，测量试样表面压痕4的直径，经过计算得到布氏硬度值。

由于硬度计的种类比较多，而且每种硬度计的使用方法不同，本节仅介绍硬度测试通则，具体测试时，按所选用硬度计的操作规程进行操作即可。

目前，有金属布氏硬度计等多种硬度计，表11-1是常用金属硬度计、硬度符号、测试原理及示例说明。

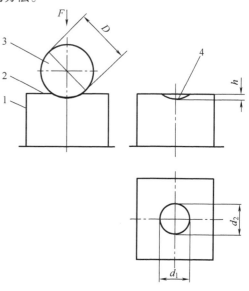

图11-1 布氏硬度测试原理
1—试样 2—试样表面 3—碳化钨合金球 4—压痕

表 11-1 硬度计硬度符号、硬度测试原理及示例说明

硬度计及硬度符号	硬度测试原理	示 例 说 明
金属布氏硬度计 HBW (GB/T 231.1—2018 金属材料 布氏硬度试验 第1部分：试验方法)	对一定直径 D 的碳化钨合金球施加试验力 F 压入试样表面，经规定保持时间后，卸除试验力，测量试样表面压痕的平均直径。 $$\text{布氏硬度} = 常数 \times \frac{试验力}{压痕表面积}$$ $$HBW = 0.102 \times \frac{2F}{\pi D(D-\sqrt{D^2-d^2})}$$ 式中 D——球直径（mm）； F——试验力（N）； d——压痕平均直径（mm）	600 HBW 1/30/20 — 布氏硬度值 — 硬度符号 — 球直径，单位为mm — 施加的试验力对应的kgf值，30kgf=294.2N — 试验力保持时间（20s），如果不在规定的时间范围（10～15s）
金属洛氏硬度计 HR (GB/T 230.1—2018 金属材料 洛氏硬度试验 第1部分：试验方法)	将压头（金刚石圆锥体、钢球或硬质合金球）按规定两个步骤压入试样表面，经规定保持时间后，卸除主试验力，测量在初始试验力下压痕残留的深度。 $$洛氏硬度 = N - \frac{h}{S}$$ 式中 N——给定标尺的全量程常数； h——压痕残留的深度（mm）； S——给定标尺的标尺常数（mm）	70 HR 30T W — 洛氏硬度值 — 洛氏硬度符号 — 洛氏标尺符号 — W—碳化钨合金 — 使用球形压头的类型

(续)

硬度计及硬度符号	硬度测试原理	示 例 说 明
金属维氏硬度计 HV（GB/T 4340.1—2009 金属材料 维氏硬度试验 第1部分：试验方法）	将顶部两相对面具有规定角度的正四棱锥金刚石压头用试验力压入试样表面，保持规定的时间后，卸除试验力，测量试样表面压痕对角线长度 维氏硬度 $=0.102\times\dfrac{2F\sin\dfrac{136°}{2}}{d^2}\approx 0.1891\times\dfrac{F}{d^2}$ 式中 F——试验力（N）； d——两压痕对角线长度 d_1 和 d_2 的算术平均值（mm）	640 HV 30 / 20 640——硬度值 HV——硬度符号 30——试验力（此处30kgf=294.2N） 20——试验力保持时间
金属肖氏硬度计 HS（GB/T 4341.1—2014 金属材料 肖氏硬度试验 第1部分：试验方法）	将规定形状的金刚石冲头从规定高度 h_0 自由下落在试样表面，冲头第一次回跳高度 h，用 h 与 h_0 的比值计算肖氏硬度值 $$HS = K\dfrac{h}{h_0}$$ 式中 HS——肖氏硬度； K——肖氏硬度系数； h——冲头第一次回跳高度（mm）； h_0——冲头落下高度（mm）	45HSC：表示用 C 型硬度计测定的肖氏硬度值为45 50HSD：表示用 D 型硬度计测定的肖氏硬度值为50

(续)

硬度计及硬度符号	硬度测试原理	示 例 说 明
金属里氏硬度计 HL (GB/T 17394.1—2014 金属材料 里氏硬度试验 第1部分：试验方法)	用规定质量的冲击体在弹力作用下以一定速度冲击试样表面，用冲头在距离试样表面1mm处的回弹速度与冲击速度的比值计算里氏硬度值。计算公式如下：$$HL = 1000 \times \frac{v_R}{v_A}$$ 式中 HL——里氏硬度； v_R——冲击体回弹速度（m/s）； v_A——冲击体冲击速度（m/s）	700HLD：表示用D型冲击装置测定的里氏硬度值为700 600HLDC：表示用DC型冲击装置测定的里氏硬度值为600 550HLG：表示用G型冲击装置测定的里氏硬度值为550
金属努氏硬度计 HK (GB/T 18449.1—2009 金属材料 努氏硬度试验 第1部分：试验方法)	将顶部两相对面具有规定角度的菱形棱锥体金刚石压头用试验力压入试样表面，经规定保持时间后卸除试验力，测量试样表面压痕对角线的长度。计算公式如下：$$努氏硬度 = 常数 \times \frac{试验力}{压痕投影面积}$$ $$= 0.102 \times \frac{F}{d^2} \cdot C$$ $$= 0.102 \times \frac{F}{0.07028 d^2}$$ $$= 1.451 \times \frac{F}{d^2}$$ 式中 F——试验力（N）； d——压痕对角线长度（mm）； C——压头常数	640 HK 0.1 / 20 640——努氏硬度值 HK——硬度符号 0.1——施加的试验力对应的kgf值，这里0.1kgf=0.9807N 20——试验力保持时间（20s），如果不在规定的时间范围（10～15s）

2. 硬度计的适用范围

在测试钢铁零件时，各种硬度计的适用范围见表 11-2。

表 11-2　各种硬度计的适用范围

硬度计	适 用 范 围
金属布氏硬度计	统一规定用不同直径的碳化钨合金球为测试用球，不再使用钢球为测试用球。布氏硬度测试上限值可达 650HBW，扩大了布氏硬度的适用范围 一般情况下适用于测试退火件、正火件及调质件的硬度值，特殊条件下也可测试钢铁零件其他热处理后的硬度值 对于铸铁件，碳化钨合金球直径一般为 2.5mm、5mm 和 10mm（现场测试可用携带式或锤击式硬度，计对成品件不宜采用布氏硬度测试方法）
金属洛氏硬度计	批量件、成品件及半成品件的硬度测试，有 A、B、C、D……N 多种标尺： A 标尺适用于测试高硬度淬火件、较小与较薄件的硬度，以及具有中等厚度硬化层零件的表面硬度 B 标尺适用于测试硬度较低的退火件、正火件及调质件 C 标尺适用于测试经淬火回火等热处理后零件的硬度，以及具有较厚硬化层零件的表面硬度 … N 标尺适用于测试薄件、小件的硬度以及具有浅或中等厚度硬化层零件的表面硬度 对晶粒粗大且组织不均的零件不宜采用
金属维氏硬度计	包括三种维氏硬度测试方法： 1. 维氏硬度测试试验力范围为 49.03～980.7N，主要适用于测试小件、薄件的硬度以及具有浅或中等厚度硬化层零件的表面硬度，现场测试可用超声硬度计 2. 小负荷维氏硬度测试力范围为 1.961～29.42N，适用于测量小件、薄件的硬度以及具有浅硬化层零件的表面硬度 3. 显微维氏硬度测试力范围为 0.09807～0.9807N，适用于测量微小件、极薄件和显微组织的硬度，以及具有极薄或极硬硬化层零件的表面硬度
金属肖氏硬度计	肖氏硬度测试范围为 5～105HS，主要适用于较高硬度和高硬度大件的表面硬度现场测试，也是各种辊类件专用的硬度测试方法
金属里氏硬度计	金属里氏硬度测试方法适用于大型金属产品及部件里氏硬度的测定 该试验方法具有多种测试冲击装置，也适用于钢铁零件热处理后现场的硬度测试
金属努氏硬度计	试验力一般不超过 9.807N，主要适用于测量微小件、极薄件的显微组织的硬度，以及具有极薄或极硬硬化层零件的表面硬度

3. 选择硬度计的原则

应根据以下几方面去选择硬度计：

第十一章 热处理的检验

1) 按被测钢铁零件技术要求的不同硬度值选用相应的金属硬度计,目前已有金属布氏硬度计等(见表11-1)。

2) 钢铁零件热处理后的硬度,在生产现场检验时,可选用锤击式布氏硬度计、携带式布氏硬度计、金属里氏硬度计和超声硬度计等。

3) 如果被测表面不是平面,应根据不同情况选用不同的硬度计。

4) 如果确定的硬度测试方法有几种试验力可供选择时,应选用测试条件允许的最大试验力进行测试。

5) 经过不同工艺热处理后的钢铁零件表面硬度测试方法及选用硬度计的原则见表11-3,其心部或基体硬度的测试一般用金属洛氏硬度计、金属布氏硬度计、金属维氏硬度计或金属里氏硬度计。

表11-3 选择硬度计的原则

热处理后的钢铁件	可选用的硬度计	选 用 原 则
正火件、退火件	金属洛氏硬度计 金属布氏硬度计 金属维氏硬度计 金属里氏硬度计	一般按金属布氏硬度试验方法进行测试
淬火件、调质件	金属洛氏硬度计 金属布氏硬度计 金属维氏硬度计 金属肖氏硬度计 轧辊肖氏硬度计 金属里氏硬度计	一般按金属洛氏硬度计(C标尺)进行测试 轧辊类钢铁件按轧辊肖氏硬度计进行测试 调质钢铁件按金属布氏硬度计进行测试 小件、薄件按金属洛氏硬度计(A标尺或15N标尺)或按金属维氏硬度计进行测试
表面淬火件	金属洛氏硬度计 金属维氏硬度计 金属肖氏硬度计 轧辊肖氏硬度计 金属里氏硬度计	一般按金属洛氏硬度计(C标尺)进行测试 硬化层较浅时,可用金属维氏硬度计或金属洛氏硬度计(15N标尺或30N标尺)进行测试
渗碳件、碳氮共渗件	金属洛氏硬度计 金属维氏硬度计 金属肖氏硬度计 金属里氏硬度计	一般按金属洛氏硬度计进行测试(有效硬化层深度>0.6mm时可用A标尺或C标尺) 硬化层深度较浅(<0.4mm)时,可选用金属维氏硬度计或金属洛氏硬度计(15N标尺或30N标尺)
渗氮件	金属洛氏硬度计 金属维氏硬度计 金属肖氏硬度计 金属努氏硬度计 金属里氏硬度计	一般按金属维氏硬度计(试验力一般选98.07N,如果渗氮层深度≤0.2mm,试验力一般不超过49.03N)进行测试 渗氮层深度>0.3mm时,可用金属洛氏硬度计(15N标尺)进行测试 化合物层硬度按金属维氏硬度计(试验力<1.96N)进行测试

（续）

热处理后的钢铁件	可选用的硬度计	选用原则
氮碳共渗件	金属洛氏硬度计 金属维氏硬度计 金属努氏硬度计 金属里氏硬度计	一般按金属维氏硬度计（试验力一般为 0.4903～0.9807N）进行测试
其他渗非金属件、渗金属件	金属努氏硬度计 金属维氏硬度计 金属里氏硬度计	

4. 选取待测件及要求

（1）选取待测件

1）有硬度值要求热处理后的钢铁件可全部作为待测试件，也可以从中按规定抽样选取一定数量的零件作为待测试件。

2）也可采用与零件材料和形状相同的随炉试样代替待测试件。

3）对于稳定生产的大批量钢铁零件一般按 GB/T 2828.1 标准规定进行抽样检验。抽样测试硬度时，取样方式与抽样率应保证被选钢铁零件具有代表性。

（2）对待测试件的要求

1）待测试件的外观不应存在影响测试结果准确的污物。

2）对于表面硬化层有要求的待测试钢铁零件，应保证测试结果能正确表征表面硬化层的硬度。

3）待测试件应有足够重量、刚度及所选用的测试方法要求的厚度，以保证测试过程中不发生振动和产生位移，确保测试结果准确。

5. 测试部位及测试面的要求

（1）测试部位

1）应按图样规定选取测试部位，或选取具有代表性的部位。

2）测试部位应具备测试条件，使得能够用选定的金属硬度计进行方便、准确的测试。

3）测试部位磨去层深度不应超过工艺要求所规定的机械加工余量。

4）测试部位应保证硬度压痕不影响被测件的最终质量。

5）不得作为测试部位的：

① 局部淬火钢铁零件的淬火区与非淬火区的交界处。

② 局部化学热处理钢铁零件的渗层与非渗层的交界处。

③ 不允许存在软点或软带的边缘处。

（2）对待测试面的要求

1）待测试面不应有过热或冷作硬化等因素对表面硬度值的影响。

2）待测试面应尽可能选择平面，选用非平面时应按照所选用硬度计在测试中的要求。

3）待测试面应光滑和平坦，不应有氧化皮、脱碳及影响测试结果准确的污物，尤其不应有油脂。

4）待测试面的表面粗糙度值应符合相应测试方法的规定，Ra 一般不大于 $1.6\mu m$。

6. 测试点数的要求

1）应按供货合同或图样要求确定每一个待测试件的测试点的位置和测试点数，每个测试点对应一个硬度测量值。

2）每一个待测试件在正式测试之前，应先测一个点，以确认测试工作条件是否正常，该点不记入测试点数。

3）可适当减少大批量同类待测试件的测试点数。

4）小尺寸批量钢铁零件的测试点数可适当减少，但应适当增加零件数量。

5）在测试中，当发现某一测试点的测试结果异常时，允许在该测试点附近补测两次，但原异常测试结果应与补测数值同时记录。图样上应标注出测试点的位置。

7. 进行测试

（1）对测试人员的要求

热处理检验员和热处理工人均可以使用硬度计测试钢铁零件的硬度，但均需经过正规培训与考核，对检验员来说要有正式的资格证书，对工人来说要能熟练操作硬度计进行测试。

（2）对硬度计的要求

1）所选用的硬度计及其标准试块应符合相应的国家标准或行业标准的规定要求，并处于检定有效期内，持有效期内的检定证书。没有此证书的硬度计及其标准试块不允许使用。

2）对所选用的硬度计应按有关维修制度进行维修，并保存其相关记录。

（3）进行测试操作

第一步，首先对选定的硬度计及其标准试块进行检查，看它们是否有有效期内的检定证书，如果它们没有证书，或者超过检定期，则拒绝使用它们。检查硬度计的具体方法，在其使用说明书中有规定。

第二步，如果硬度计及其标准试块均在有效期内并有检定证书，则检查它们是否处于正常状态，处于正常状态才使用。

第三步，校准。在每一次测试前，要用该硬度计的标准试块对硬度计进行校准，经校准合格后方可用于测试，否则，要进行调整或修理。

第四步，按所用硬度计的"操作规程"进行操作测试。

8. 测试结果有关事项

1）测试得的硬度值应按 GB/T 8170 标准进行修约（见第一章）。

2）硬度值的表示应符合相应国家标准硬度测试方法的规定（见表 11-1 的示例说明）。

3）测试结果可能是单一的硬度值，也可能是一个硬度范围，但每一个硬度值均应按不同硬度测试方法的规定来确定。如连续 5 次有效读数为一个肖氏硬度测量值，即为 1 个硬度值。

4）记录硬度平均值时，一般应在硬度平均值后面加括号注明计算硬度平均值所用的各测试点硬度值。例如，64.0HRC（63.5HRC、64.0HRC、64.5HRC）。

5）用洛氏硬度计和维氏硬度计在圆柱面和球面上测量得的硬度值应按 GB/T 230.1—2018 和 GB/T 4340.1—2009 进行修正，修正值和修正系数见表 11-4～表 11-15。

6）里氏硬度计使用范围（GB/T 17394.1—2014）。

用洛氏硬度计和维氏硬度计在圆柱面和球面上测量得的硬度值的修正值和修正系数（表 11-4～表 11-15）

里氏硬度计的机构与使用范围（图 11-2、表 11-16）

9. 不确定度的评定

测试结果得到的硬度值是近似值，因为测试中使用的硬度计和标准块存在不确定度，测试过程中也存在误差。不要求检验员评定测量不确定度，但硬度计检定人员和校准人员必须会评定硬度计的不确定度，在仲裁测试时，必须对测试结果进行测量不确定度分析，最后给出测试结果的完整表述：$X = \bar{x} \pm U$，表 11-17 是硬度计测量不确定度的评定过程。

硬度计不确定度的评定过程说明：

（1）通常程序

本程序用平方根求和的方法（RSS）合成 u_1（各不确定度分项见表 11-17）。扩展不确定度 U 是 u_1 和包含因子 k（$k=2$）的乘积。表 11-17 给出了全部的符号和定义。

（2）硬度计的偏差

硬度计的偏差 b 起源于下面两部分之间的差异：

——校准硬度计的五个硬度压痕的平均值。

——标准硬度块的校准值。

可以用不同的方法测定不确定度。

（3）计算不确定度的步骤：硬度测量值

1）考虑硬度计最大允许误差的方法（方法 1）。

方法 1 是一种简单的方法，它不考虑硬度计的系统误差，即是一种按照硬度计最大允许误差考虑的方法。

测定扩展不确定度 U：

$$U = k\sqrt{u_E^2 + u_{CRM}^2 + u_H^2 + u_x^2 + u_{ms}^2} \tag{11-2}$$

测量结果：

$$X = \bar{x} \pm U \tag{11-3}$$

2）考虑硬度计系统误差的方法（方法 2）。

除去方法 1，也可以选择方法 2。方法 2 是与控制流程相关的方法，可以获得较小的不确定度。

第十一章 热处理的检验

表 11-17 扩展不确定度的评定过程

方法步骤	不确定度分项	符号	公式	出处	例：[…] = HRC
1 方法 1	测量试样的平均值及其标准偏差	$\bar{x}$ s_x	$\bar{x} = \dfrac{\sum_{i=1}^{n} x_i}{n}$ $s_x = \dfrac{R}{C}$	测量结果的标准偏差采用极差法计算 当 $n=5$ 时极差系数 $C=2.33$	单次测量值 60.9, 61.0, 61.1, 61.1, 60.7 $\bar{x} = 60.96$ $s_x = \dfrac{0.4}{2.33} \approx 0.17$
2 方法 1	对试样测量重复性的标准不确定度	u_x	$u_x = s_x$	评定单次测量的标准不确定度	$u_x \approx 0.17$
3 方法 1 方法 2	标准硬度块的平均值及其标准偏差	$\bar{H}$ s_H	$\bar{H} = \dfrac{\sum_{i=1}^{n} H_i}{n}$ $s_H = \dfrac{R}{C}$	测量结果的标准偏差采用极差法计算 当 $n=5$ 时极差系数 $C=2.33$	60.7, 60.8, 61.1, 61.0, 60.8 $\bar{H} = 60.88$ $s_H = \dfrac{0.4}{2.33} \approx 0.17$
4 方法 1 方法 2	测量标准物质时硬度试验机的标准不确定度	$u_{\bar{H}}$	$u_{\bar{H}} = \dfrac{s_H}{\sqrt{n}}$	评定 5 次平均值的标准不确定度 $n=5$	$u_{\bar{H}} = \dfrac{0.17}{\sqrt{5}} = 0.08$
5 方法 1 方法 2	标准硬度块的标准不确定度	u_{CRM}	$u_{CRM} = \dfrac{r_{red} H_{CRM}}{2.83}$	标准硬度块不均匀性最大允许值见 GB/T 230.3 $r_{red} = 1.0\%$	$u_{CRM} = 60.82 \times \dfrac{1\%}{2.83}$ ≈ 0.21

(续)

方法步骤	不确定度分项	符号	公式	出处	例：[…] = HRC
6 方法1 方法2	最大允许误差下的标准不确定度	u_E	$u_E = \dfrac{E}{\sqrt{3}}$	允许误差 $E = \pm 1.5$HRC 见 GB/T 230.2	$u_E = \dfrac{1.5}{\sqrt{3}} = 0.87$
7 方法1 方法2	压痕测量系统分辨力引起的标准不确定度	u_{ms}	$u_{ms} = \dfrac{\delta_{ms}}{2\sqrt{3}}$	$\delta_{ms} = 0.1$HRC	$u_{ms} = \dfrac{0.1}{2\sqrt{3}} = 0.03$
8 方法2	硬度计校准值与硬度块标准值差	b	$b = \bar{H} - H_{CRM}$	第3步	$b = 60.88 - 60.82 = 0.06$
9 方法2	硬度计偏差带来的不确定度	u_b	$u_b = \lvert b \rvert$	第8步	$u_b = 0.06$
10 方法1	扩展不确定度的测定	U	$U = k\sqrt{u_E^2 + u_{CRM}^2 + u_H^2 + u_x^2 + u_{ms}^2}$	第1步到第7步 $k = 2$	$U = 2 \times \sqrt{0.87^2 + 0.21^2 + 0.08^2 + 0.17^2 + 0.03^2}$ HRC（方法1） $U = 1.83$HRC
11 方法1	测量结果	X	$X = \bar{x} \pm U$	第1步和第10步	$X = (60.9 \pm 1.8)$ HRC（方法1）
12 方法2	扩展不确定度的测定	U	$U = k\sqrt{u_b^2 + u_{CRM}^2 + u_H^2 + u_x^2 + u_{ms}^2}$	第1步到第5步 第7步到第9步	$U = 2 \times \sqrt{0.06^2 + 0.21^2 + 0.08^2 + 0.17^2 + 0.03^2}$ HRC（方法2） $U = 0.58$HRC
13 方法2	测量结果	X	$X = \bar{x} \pm U$	第1步和第12步	$X = (60.9 \pm 0.6)$ HRC（方法2）

注：GB/T 230.2—2012《金属材料 洛氏硬度试验 第2部分：硬度计（A、B、C、D、E、F、G、H、K、N、T标尺）的检验与校准》。
GB/T 230.3—2012《金属材料 洛氏硬度试验 第3部分：标准硬度块（A、B、C、D、E、F、G、H、K、N、T标尺）的规定》。

$$U = k\sqrt{u_x^2 + u_H^2 + u_{CRM}^2 + u_{ms}^2 + u_b^2} \tag{11-4}$$

测量结果：

$$X = \bar{x} \pm U$$

（4）硬度测量结果的表示

表示测量结果时应注明使用哪种方法。通常用方法1测量（见表11-17的第11步）。

10. 关于硬度值换算问题

1）应尽可能避免将一种硬度值换算成其他硬度值或抗拉强度值。必须换算时，推荐按 GB/T 1172—1999《黑色金属硬度及强度换算值》进行换算。

2）对 GB/T 1172 标准中未包括的换算，应在通过对比测试得到可靠换算依据的条件下进行换算。

3）对下列情况，不允许进行硬度值之间的换算：

① 换算后的硬度值不能近似符合实测条件下的测量值。

② 对测试结果的准确性要求高的硬度值。

③ 可以用规定的硬度测试方法测试硬度。

4）报出换算硬度值时，应在换算值后面加括号注明硬度实测值。

11. 硬度值换算

（1）黑色金属硬度及强度换算值（见表11-18、表11-19）

表 11-19　碳钢硬度与强度换算值

硬度							抗拉强度 R_m /(N/mm²)
洛氏	表面洛氏			维氏	布氏		
					HBS		
HRB	HR15T	HR30T	HR45T	HV	$F/D^2=10$	$F/D^2=30$	
60.0	80.4	56.1	30.4	105	102	—	
60.5	80.5	56.4	30.9	105	102	—	
61.0	80.7	56.7	31.4	106	103	—	

（2）维氏硬度与里氏硬度换算值（见表11-20）

表 11-20　维氏硬度（HV）与里氏硬度（HL）换算值（GB/T 17394.3—2012）

HV	HLDL	HLD HLDC	HLD+15	HLC	HLE
180	687	465	481	525	
182	689	467	483	527	
184	691	469	485	529	

(3) 布氏硬度与里氏硬度换算值（见表 11-21）

(4) 里氏硬度计的硬度值换算值

里氏硬度计的 D 型、G 型和 C 型冲击装置的里氏硬度值换算表如下所示。

1) D 型冲击装置里氏硬度换算值。

碳钢、低合金钢和铸钢、铸铁、铸铝合金、铜锌合金、铜铝合金及铜锡合金、纯铜及低铜合金的 D 型冲击装置里氏硬度换算表分别见表 11-22 ~ 表 11-27。

表 11-22 碳钢、低合金钢和铸钢（$E \approx 210000 \text{MPa}$）（GB/T 17394.4—2014）

HLD	HRC	HRB	HV	HB[1] ($F=30D^2$)	HB[2] ($F=30D^2$)	HSD
300	—	—	83	—	—	—
302	—	—	84	—	—	—
304	—	—	85	—	—	—

表 11-23 铸铁

HLD	GG HB ($F=30D^2$)	GGG HB ($F=30D^2$)
416	—	140
418	—	142
420	—	143

表 11-24 铸铝合金（$E = 65000 \sim 85000 \text{MPa}$）

HLD	HB ($F=30D^2$)
200	30
202	31
204	31

表 11-25 铜锌合金（$E = 85000 \sim 130000 \text{MPa}$）

HLD	HB ($F=10D^2$)	HRB
200	40	—
202	40	—
204	41	—

表 11-26　铜铝合金及铜锡合金（$E=94000\sim130000\mathrm{MPa}$）

HLD	HB ($F=10D^2$)
300	60
302	61
304	62

表 11-27　纯铜及低铜合金（$E=110000\sim135000\mathrm{MPa}$）

HLD	HB ($F=10D^2$)
200	45
202	45
204	46

2）G 型冲击装置里氏硬度换算表。

低碳钢、低合金钢及铸钢，灰口铸铁及球墨铸铁的 G 型冲击装置里氏硬度换算表分别见表 11-28 和表 11-29。

表 11-28　低碳钢、低合金钢及铸钢（$E\approx210000\mathrm{MPa}$）

HLG	HB ($F=30D^2$)	HRB
300	90	47.7
302	91	48.6
304	93	49.5

表 11-29　灰口铸铁（GG）及球墨铸铁（GGG）（$E=170000\sim180000\mathrm{MPa}$）

HLG	GG HB ($F=30D^2$)	GGG HB ($F=30D^2$)
340	92	—
342	93	—
344	94	—

3）C 型冲击装置里氏硬度换算表。

低碳钢、低合金钢及铸钢的 C 型冲击装置里氏硬度换算表见表 11-30。

表 11-30　低碳钢、低合金钢及铸钢（$E \approx 210000 \text{MPa}$）

HLC	HV	HB ($F=30D^2$)	HRC	HS
350	80	80	—	—
352	80	81	—	—
354	81	81	—	—

12. 复测和仲裁

1）复测。当随炉试样硬度的测试结果不合格时，允许对钢铁零件本体硬度进行复测试，并以其结果为判定值。

2）仲裁。供需双方的硬度测试结果值不一致时，或者对硬度测试值发生异议时，可以进行仲裁测试。仲裁测试应在双方共同认可的条件下进行。

① 由权威部门按规定的测试方法进行仲裁测试，或双方共同测试。依据测试结果重新判定。

② 随炉试样不能用于仲裁硬度测试。

13. 检验报告

作为检验员，根据检验结果进行判定被检件的硬度合格与否即可，但对于委托检验，或仲裁检验，应写出检验报告，报告书的内容如下：

1）钢铁零件名称、图号或件号、材料牌号、数量及热处理状态。

2）测试件的有关情况说明。

3）硬度测试方法标准，必要时应说明测试部位与测试点数。

4）硬度测试结果。

5）测试日期及测试者签名或盖章。

6）审核者签名或盖章及公章。

二、锉刀检验法

用锉刀检验工件表面硬度是最简便和最快的方法。它是用经过选定的标准锉刀（已经知道其硬度）锉削试样表面，凭手感及锉削时打滑程度和"黏"度来判断试样的硬度，如锉刀在工件表面上打滑，表示工件的表面硬度大于锉刀的硬度；如锉刀刚能锉动工件，表示工件硬度接近或略低于锉刀硬度；当能大量锉下钢（铁）末时，则表示工件的硬度远低于锉刀硬度。

锉刀硬度试验方法简单，灵活性大，生产中经常用来粗略地检验工件表面硬度，在成批生产或不便于用硬度计测量的工件，也常用锉刀检验硬度。但锉刀检验硬度误差较大，有经验的热处理工和检验员的判断误差也在 2~3HRC 之内。因此在检验中应与硬度计或标准硬度块进行校对，以保证硬度检验的准确性，而且要多练习，积累经验，提高判断能力。

标准锉刀只作为表面硬度检验工具，不允许作其他用途。标准锉刀的标志和硬度级别见表 11-31，标准试块的硬度级别见表 11-32。

表 11-31　标准锉刀的标志和硬度级别

标准锉刀柄颜色	标准锉刀硬度级别	相应洛氏硬度 HRC
黑　色	锉刀硬—65	65~67
蓝　色	锉刀硬—62	61~63
绿　色	锉刀硬—58	57~59
草绿色	锉刀硬—55	54~56
黄　色	锉刀硬—50	49~51
红　色	锉刀硬—45	44~46
白　色	锉刀硬—40	39~41

注：标准锉刀为：双纹扁锉长 150mm 和 200mm；圆锉为 $\phi 4.3mm \times 175mm$；方锉为 $7mm \times 7mm \times 200mm$。

表 11-32　标准试块的硬度级别

标准试块级别	相应标准锉刀级别	洛氏硬度范围 HRC
No. 1	锉刀硬—65	64~66
No. 2	锉刀硬—62	60~62
No. 3	锉刀硬—58	56~58
No. 4	锉刀硬—55	53~55
No. 5	锉刀硬—50	48~50
No. 6	锉刀硬—45	43~45
No. 7	锉刀硬—40	38~40

注：标准试块为直径 $\phi 50mm$，厚度为 12mm，表面粗糙度为 $Ra0.63\mu m$。

在市场上买不到标准锉刀时，可选一些锉刀，经过标定其硬度值后，作为检验硬度工具。

第二节　金相组织的检验

金相组织检验的目的是根据图样和技术要求，来确定热处理件的金属材料的质量是否合格，同时还可查明产生缺陷的原因，以便采取必要的措施予以防止。

一、试样制备

1. 中小型热处理件金相试样的制备

（1）取样

取其横截面主要观察试样边缘到中心部位显微组织的变化、表层缺陷的检验、表面处理结果的检验和晶粒度测定等。

取其纵截面，主要观察非金属夹杂，测定晶粒变形程度和鉴定带状组织等。

切割试样时必须避免切口附近受热而改变金属的性能。试样的检验面积不宜超过 $600mm^2$，一般取直径 10~25mm、厚度 10~20mm 为宜。过小的试样或工件以及在磨制过程中难以掌握的试样，需用夹持、镶嵌等方法。

（2）磨制

1）粗磨：一般在砂轮机上进行，磨削时手指前后用力要均匀，压力要小，并随时冷却，以免试样受热或产生塑性变形。需要观察的金相面必须磨去取样时受切割热影响的表层，同时要使磨面平整、磨痕较浅、方向一致，不需棱角时应倒角，避免在细磨及抛光时划破砂纸及磨布。粗磨完毕应将试样上的磨屑及砂粒拭净，防止粗砂粒带到细磨砂纸上造成较深的划痕。

2）细磨：采用预磨机、抛光机或将砂纸平放在玻璃板上手工研磨，用 400~1000

号水砂纸由粗到细逐道工序进行。其研磨方向与上一道工序呈45°~90°角，直到旧痕全部消除为止。每更换一号砂纸时，试样及手指均须拭净，以免引起划痕。

3）抛光：多数采用机械抛光机和自动抛光机。机械抛光时，将冲洗干净的试样，先在抛光盘的外圆部位轻微用力抛光，抛去细磨中的磨痕后，变换试样的抛光方向，然后逐渐向抛光盘的中心附近轻微用力抛光，以消除金相面细微的划痕。如果试样为较硬的组织，经过一次抛光即可达到要求。对于高速钢、轴承钢的退火，以及测量脱碳层，渗碳层深度等的试样一定要进行细抛光，否则碳化物颗粒的边界模糊不清，渗碳层和脱碳层的界线也不清。抛光较软的组织时，抛光用力不能过大，时间不宜过长，否则出现疲劳麻坑，影响试样的质量。如果观察试样最边缘的组织或非金属夹杂物时，应将白绸布放在玻璃板上，用手工研磨抛光，或将白绸布装在抛光盘上抛光。绝对不可在呢料和金丝绒抛光盘上进行，以免试样秃边或把夹杂物抛掉。

（3）浸蚀

试样浸蚀前必须清洗干净，表面不得有污垢及指纹，以免影响浸蚀结果，浸蚀剂的配方较多，也可用电解浸蚀。化学浸蚀时，将试样直接放入浸蚀剂中，不断地轻微摆动，也可将浸蚀剂滴到试样表面，任其自由流动，直到浸蚀适中为止，立即用清水冲洗和吹干。浸蚀时间按试样性质、浸蚀剂成分、所观察的组织和显微镜下观察的放大倍数而定，可由几秒到几十分钟，以能清晰显示出金相组织为准。制备完毕的金相试样，如不及时观察应存放在化学分析用玻璃干燥容器内保存。

试样制备非常重要，是整个金相组织检验工作的第一步，现举一个例子说明试样制备过程。

例：试样制备（见 JB/T 5069—2007《钢铁零件渗金属层金相检验方法》）

1）试样切取：

① 试样应取自渗金属零件上具有代表性的部位，在渗层表面垂直切取。

② 极薄渗金属层（<5μm），按照 GB/T 9451—2005《钢件薄表面总硬化层深度或有效硬化层深度的测定》制备斜截面试样。

③ 为避免空心零件渗金属的变形塌陷，应先用树脂填料灌注成实体，固化后再切割成试样。

④ 可用相同钢种、工艺的代试样。

⑤ 切取试样必须进行水冷，以免引起组织变化。

2）夹持和镶嵌：

① 规则的试样可以用来夹持磨制，为分开两个试样的渗金属层，试样之间要垫上镍片或铜片。

② 不规则的试样采用镶嵌后磨制，极薄的渗层可加镀层后再镶嵌。

3）磨制抛光：

① 试样依次用砂轮、预磨盘和砂纸轻磨，磨削方向要与渗层呈45°，换一道砂纸转90°仍与渗层呈45°。

② 抛光时先用抛光微粉或金刚石抛光膏，最后用清水抛光。

第十一章 热处理的检验

4)制备好的金相试样,未浸蚀前按 GB/T 18592 检查孔隙、裂纹和结合面。
5)化学浸蚀剂见表 11-33。

表 11-33 化学浸蚀剂(JB/T 5069—2007)

编号	组成	使用条件	适用范围
1	硝酸($d=1.42$)2~3mL 无水乙醇 97~98mL	浸入、擦拭	钢铁基体材料及渗锌层、渗钛层、渗铌层
2	铁氰化钾 10~20g 氢氧化钾 10~20g 水 100mL	60~70℃ 1~2min 浸入	渗铬层、渗钒层
3	高锰酸钾 4g 氢氧化钠 4g 水 100mL		
4	柠檬酸 10g 水 90mL	擦拭	清洗渗钒层、渗铬层
5	硝酸($d=1.42$)3mL 氢氟酸 3~10mL 无水乙醇 97mL		渗铝层
6	氢氧化钠 25g 苦味酸 2g 水 100mL	加水 5 倍稀释浸入	渗锌层
7	戊醇 50mL 硝酸($d=1.42$)0.2mL	每次 5s,多次浸蚀	渗锌层

表 11-34 是 GB/T 11354—2005《钢铁零件 渗氮层深度测定和金相组织检验》标准推荐的浸蚀剂。

表 11-35 是常用电解抛光和浸蚀用电解液。

表 11-34 化学浸蚀剂(GB/T 11354—2005)

序号	名称	配方	使用方法	适用范围
1	硝酸乙醇溶液	HNO_3 2~4mL C_2H_5OH 100mL	浸蚀	20(回火态)、20Cr、45(正火)、38CrMoAl、3Cr2W8 等钢
2	苦味酸饱和水溶液 +洗涤剂	$C_6H_2(NO_2)_3OH$ 饱和水溶液 100mL $C_{12}H_{25}C_6H_5SO_3Na$ 2~3 滴	室温浸蚀	20CrMnTi(正火)、40Cr、38CrMoAl 等钢

(续)

序号	名称	配方		使用方法	适用范围
3	氯化铜+氯化镁+硫酸铜+盐酸+乙醇溶液	$CuCl_2$ $MgCl_2$ $CuSO_4$ HCl C_2H_5OH	2.5g 10g 1.25g 2mL 100mL	室温浸蚀或擦拭	20（油冷）、45、40Cr、38CrMoAl 等钢
4	三氯化铁+混合酸水溶液+洗涤剂	$FeCl_3$ $C_6H_2(NO_2)_3OH$ HCl H_2O $C_{12}H_{25}C_6H_5SO_3Na$	1g 0.5g 5~10mL 100mL 2~3滴	室温浸蚀或擦拭	38CrMoAl、25Cr2MoV、40Cr、15Cr11MoV 等钢
5	硫酸铜+盐酸+水或乙醇溶液	$CuSO_4$ HCl H_2O 或 C_2H_5OH	4g 20mL 20mL 100mL	室温浸蚀或擦拭	45、40Cr、38CrMoV 等钢（白亮层易被腐蚀）
6	三氯酸溶液	$CuCl_2 \cdot 2NH_4Cl \cdot H_2O$ $FeCl_3$ HCl H_2O	0.5g 6g 2.5mL 75mL	室温擦拭	38CrMoAl、30Cr2MoV、15Cr11MoV 等钢（白亮层易被腐蚀）
7	硒酸或亚硒酸乙醇溶液	H_2SeO_4 或 H_2SeO_3 HCl C_2H_5OH	3mL 5g 10mL 或 20mL 100mL	浸蚀	40Cr、38CrMoAl 钢及各种球墨铸铁和灰铸铁等

表 11-35 常用电解抛光和浸蚀用电解液

序号	成分	操作特点	用途
1	25% 醋酸乙酯或醋酸甲酯 5% 过氯酸 70% 酒精	4~5A/cm² 20°C 3~4min	抛光不锈钢、碳钢等
2	70mL 醋酸 20mL 75% 铬酸 10mL 蒸馏水	0.1~0.2A/cm²	抛光钢及铸铁

第十一章 热处理的检验

(续)

序号	成　　分	操作特点	用　　途
3	10g CrO_3 100mL 蒸馏水	试样为阳极，不锈钢或铜为阴极 6V，30～90s	除铁素体晶界以外的各种组织。渗碳体腐蚀极快，奥氏体次之，铁素体或磷化铁极慢
4	775mL 冰醋酸 150g Na_2CrO_4 75g CrO_3	40～45V 2～10min，搅动溶液使之保持在20℃以下	电解抛光铁与钢的良好溶液，作用较慢
5	NH_4NO_3 饱和水溶液	1A/cm²	检验过热、过烧组织，过热时原始奥氏体晶界为白色，过烧时则为黑色
6	10 份冰醋酸 1 份过氯酸	20～22V 0.1A/cm²，2min 或稍长，温度低于20℃，抛光时不断搅动溶液，防止爆炸，需用通风橱。配制溶液时，过氯酸须很缓慢地加入冰醋酸中（<15℃），并不停地搅动以防局部发热	适用于抛光钢和铁
7	765mL 醋酐 185mL 65% 过氯酸 50mL 蒸馏水用电解法溶入 Al 成为质量分数为 0.5% 的溶液	4～6A/cm² 50V，4～5min，配制后放置24h后方可使用。使用温度低于30℃，以免爆炸。使用时溶液应搅动	适用于抛光钢和铁以及含硅3%的钢

注：表中的百分数为质量分数。

2. 大型热处理件金相试样的制备

大型热处理件不能取样检验时，可用手工、机械或电解抛光等方法，在工件检验部位进行磨制、抛光和浸蚀，再用轻便式金相显微镜观察。当观察部位由于受环境、机械振动或其他原因无法进行金相检验时，可用复膜显示法将浸蚀面的组织复印成薄膜带回实验室进行检验。

3. 电子显微镜检验用金相试样的制备

电子显微镜检验用的试样分为复型和直接金属薄膜两种。复型是在经过抛光并浸蚀的试样观察面上，覆上一层复型材料，把其观察面上的蚀刻复制下来，对复型进行观察。金属薄膜是直接观察制备成的金属薄膜试样。其试样制备方法较多，溶蚀法是目前应用最广泛的一种，其他方法由于各自存在一定的缺点和应用上的局限性，目前还没广泛用于合金钢的观察上。

二、检验设备

1. 金相显微镜

金相显微镜适用于低、中、高倍放大及照相用，生产中普遍使用。这种仪器的型号很多，它们的结构不尽相同，而且新的型号不断出现，请按其使用说明书使用、操作。

2. 电子显微镜

电子显微镜主要用于科研工作，生产中用得较少。它能观察金属及合金的显微组织相变、第二相析出及晶体缺陷等，也可直接观察磨面上的金相组织，适合于研究加热时第二相的析出，做高温金相研究等。

三、状态的检验

1. 正火、退火和调质的检验

（1）工件的验收

1）待正火与退火和调质件的钢材，其化学成分应符合有关标准的规定。

2）待正火与退火和调质件的原始状态数据，应根据下列规定的项目注明。

① 待正火与退火和调质件的材料试验数据：钢号或化学成分，炼钢炉号*，拉伸试验数据*，硬度试验数据*。

② 待正火与退火和调质件的供货状态。

铸造——注明铸造工艺，必要时应注明金相组织。

锻造——注明冷锻或热锻，必要时应注明锻造比。

轧制——注明冷轧或热轧。

挤压——注明冷挤压或热挤压。

冲压——注明冷加工状态。

拉拔——注明冷热加工状态。

焊接——注明焊接部位。

③ 待正火与退火和调质件的热处理状态。

正火：将钢铁材料或工件奥氏体化后，保持一定时间，在空气中冷却的热处理工艺。

退火——注明退火工艺类型。

淬火、回火——用于返修件，注明原始工艺。

渗碳：

待正火与退火和调质件的加工方式以及相对于基准情况。

相对于基准尺寸偏差的校正量——注明冷校正或热校正。

尺寸偏差的校正量——对于去应力退火，必须注明此项目*。

注：对一般工件有"*"符号的项目可以省略。

3）工件的外观，不允许有裂纹和影响热处理质量的锈蚀、氧化皮及严重碰伤。

4）工件的简图，应注明主要尺寸，并能准确反映工件形状。如有加工需要时应注明各部位的加工余量。

（2）质量要求

1）外观质量。工件表面不得有有害裂纹及伤痕等缺陷和影响热处理质量的锈蚀，在保护气氛或真空中处理的工件表面应光洁、无氧化。

2）表面硬度。

① 常用钢材工件退火、正火和调质后的硬度应分别符合表 11-36 ~ 表 11-38 的要求。

第十一章 热处理的检验

表 11-36 常用钢材的退火硬度 (JB/T 8491.1—2008)

钢号	布氏硬度 HBW	钢号	布氏硬度 HBW
08	≤131	GCr15	179~229
T8、T8A	156~187	GCr15SiMn	
T10、T10A	163~197	9Mn2V	
T12、T12A	170~207	9SiCr	197~241
60	179~229	W18Cr4V	207~255
65Mn		W6Mo5Cr4V2	
50CrVA		20Cr13	156~187
60Si2MnA		30Cr13	163~197

表 11-37 常用钢材的正火硬度 (JB/T 8491.1—2008)

钢号	布氏硬度 HBW	钢号	布氏硬度 HBW
15	≤143	20CrMnTi	163~207
35	163~207	12CrNi3	
45	170~217	40Cr	179~229
50	179~229	35CrMo	
60	197~255	35CrMnSi	
15CrMo	163~207	35CrMnSiA	
15CrMn	149~187	42CrMo	187~241
20Cr		38CrMoAl	179~229
20CrMo	163~207	38CrMoAlA	

表 11-38 常用钢材的调质硬度 (JB/T 8491.1—2008)

钢号	布氏硬度 HBW	钢号	布氏硬度 HBW
45	200~230	40Cr	200~230
	220~250		220~250
	250~280		250~280
	270~300		270~300
50	220~250	38CrMoAl	220~250
T10、T10A	200~230	38CrMoAlA	250~280
	220~250		270~300
T12、T12A	200~230	65Mn	220~250
	220~250	60Si2MnA	
35CrMo	250~280	20Cr13	
		30Cr13	

② 除表 11-36～表 11-38 以外的钢号或对硬度有特殊要求的工件，其钢号和硬度应符合图样或工艺文件的规定。

③ 应该用金属布氏硬度计在工件上测试硬度，当不宜用此方法时，也可以采用其他方法检测硬度。

3）显微组织。

① 碳素工具钢工件球化退火后的显微组织按 GB/T 1299—2014《工模具钢》第一、第二级别图评定，珠光体 2～4 级合格。网状碳化物当零件截面尺寸小于或等于 60mm 时，1～2 级合格；当零件截面尺寸大于 60mm 时，1～3 级合格。

② 合金工具钢工件球化退火后的显微组织按 GB/T 1299—2014《工模具钢》第一、第二级别图评定，珠光体 2～5 级合格。网状碳化物 1～3 级合格。

③ 高碳铬轴承钢工件球化退火后的显微组织按 GB/T 18254—2016《高碳铬轴承钢》第六、第七级别图评定，珠光体 2～5 级合格。网状碳化物 1～2 级合格。

④ 碳素结构钢、合金结构钢工件正火后的显微组织应为均匀分布的铁素体加片状珠光体。晶粒度按 GB/T 6394—2017《金属平均晶粒度测定法》评定，5～8 级合格。

⑤ 碳素结构钢、合金结构钢工件调质后表层的显微组织一般为回火索氏体和小于或等于 5% 的铁素体。

⑥ 零件退火、正火、调质后的脱碳层按 GB/T 224—2008《钢的脱碳层深度测定法》规定的方法检验，表面脱碳层深度应小于单面加工余量的 1/3。

⑦ 检验显微组织按 GB/T 13298—2015《金属显微组织检验方法》规定的方法在同炉处理的试样上观察，当有异议时需在零件上观察。

4）畸变。

① 零件的畸变量应符合图样或工艺文件的规定。

② 畸变量超差的零件一般可进行校正，精度稳定性要求高的零件校正后应进行消除应力处理。

5）验收规则。

① 零件应达到技术要求中规定的有关指标方为合格。

② 外观质量、表面硬度、畸变属必检项目，每炉零件都应进行检验，其余属抽检项目，抽检项目应在工艺文件中注明。

(3) 检验方法

1）外观检验。一般工件用肉眼或低倍放大镜观察，重要或易淬裂工件用浸油喷砂、超声波检测、磁粉检测或染色检测等方法检验。

2）硬度检验。检验前应将工件表面清理干净，去除氧化皮、脱碳层及毛刺等，根据检验对象要求选择相应的硬度试验法进行检验。

3）显微组织检验。用同炉号材料随炉处理的试样或在工件上制取，并经磨制、抛光、腐蚀后用金相显微镜观察。

① 碳素工具钢珠光体组织、网状碳化物按 GB/T 1299—2014《工模具钢》中第一、二级别图评定。

第十一章 热处理的检验

② 合金工具钢珠光体组织、网状碳化物按 GB/T 1299—2014《工模具钢》中第一、二级别图评定。

③ 高碳铬轴承钢珠光体组织、网状碳化物按 GB/T 18254—2016《高碳铬轴承钢》附录 A 中第六、七级别图评定。

④ 晶粒度按 GB/T 6394—2017《金属平均晶粒度测定法》评定。

⑤ 表面脱碳层按 GB/T 224 评定。

4) 变形检验。根据工件的结构形状和图样及工艺文件的技术要求，用相应的工、卡、量具检验。

5) 检验数量。单件小批量生产或有特殊要求的工件按工艺文件规定或全部检验。成批生产的工件其抽检率见表 11-39。

表 11-39 抽检率　　　　　　　　　　　　（%）

工件类型	硬　度	外　观	变　形
特殊重要件	>10	100	100
重要件	>10	20~50	>10
一般件	2~5	>10	>5

2. 淬火与回火的检验

(1) 工件的验收

1) 工件的原始资料。

检验工件的原始资料的内容应包括下列规定的项目。

① 待淬火回火件的钢号、符号*、化学成分*和试验*数据等。

金相组织试验数据*——注明晶粒度、脱碳层深度、非金属夹杂物、微观及宏观组织。

② 待淬火回火件的供货状态。

铸造——注明铸造工艺。

锻造——注明冷锻或热锻，必要时要注明锻造比。

热轧、热挤压、冷拔。

③ 待淬火回火件在淬回火前的加工方式。

切削方法及切削量*——进刀量大的重切削有可能引起裂纹或成为淬裂的原因。

冷轧或冷挤压：

冲压或拉制——注明冷热加工状态。

焊接——注明焊接部位。

热校正或冷校正——注明相对于基准尺寸偏差的校正量。

④ 待淬火回火件的预先热处理类型。

正火（或正火回火）、完全退火、球化退火、去应力退火、调质——必要时应注明加热温度、保温时间、冷却方法。

注：对一般工件，有"*"符号的项目可以省略。

2）工件的外观、形状和尺寸。

① 外观：无裂纹、伤痕、锈斑、氧化皮。

② 形状*：注明特殊形状、壁厚差别、孔、槽的形状与位置。

③ 尺寸及精度*：注明淬回火部位的加工余量、整体的加工余量、淬回火部位的表面粗糙度、尺寸精度、形状精度、位置精度。

注：对一般待淬火回火件，有"*"符号的项目可以省略。

3）工件的验收。在接收待淬火回火件时，要按工件的钢种、原始资料和工件的外观中所规定的项目进行验收，必要时应进行火花检验、探伤试验及其他检验。

(2) 质量要求

1）外观质量。

① 零件的表面应清洁，不允许有裂纹、烧伤及超过加工余量的麻点、锈蚀和碰伤，在无氧化条件下处理的零件其表面一般应无氧化色泽。

② 检验外观用肉眼或低倍放大镜观察，必要时可采用浸油喷砂法或无损检测法检验裂纹。

2）表面硬度。

① 零件的表面硬度应符合图样和工艺文件的规定。表面硬度偏差一般为 0~5HRC。

② 质量≤5kg 的重要零件，单件的表面硬度一致性应不大于 3HRC；质量 >5~30kg 的重要零件，单件的表面硬度一致性应不大于 4HRC。

③ 检验硬度应按 GB/T 230.1 规定的方法在零件有代表性的工作表面测量，当不宜采用规定的方法时，也可采用其他硬度试验方法。

3）淬硬区尺寸。局部淬火的零件其淬硬区的尺寸偏差应符合表 11-40 的规定，对淬硬区尺寸有特殊要求的零件应按工艺文件执行。

表 11-40 局部淬火零件淬硬区的尺寸偏差（JB/T 8491.2—2008） （单位：mm）

零件直径或有效厚度	淬硬区长度	淬硬区尺寸偏差
<30	<20	±（淬硬区长度的1/2）
	≥20	±10
≥30~60	<30	±（淬硬区长度的1/2）
	≥30	±15
>60	<40	±（淬硬区长度的1/2）
	≥40	±20

4）显微组织。

① 中碳结构钢、中碳合金结构钢零件淬火后的显微组织按 JB/T 9211《中碳钢与中碳合金结构钢马氏体等级》评定，马氏体 1~5 级合格；弹簧钢零件，马氏体 1~4 级合格。

② 碳素工具钢、合金工具钢零件淬火、回火及高速钢零件淬火后的显微组织应满

足合同方的要求。

③ 高碳铬轴承钢零件淬火、回火后的显微组织按 JB/T 1255《滚动轴承 高碳铬轴承钢零件热处理技术条件》第二级别图评定,重要零件 1~3 级合格,一般零件 1~5 级合格。

④ 零件淬火、回火后的脱碳层按 GB/T 224 规定检验,表面脱碳层深度应小于单面加工余量的 1/3。

⑤ 按 GB/T 13298 规定的方法,在零件有代表性的部位或试样上检验显微组织。

5) 力学性能。

① 弹性零件的力学性能应符合图样规定。

② 各项力学性能的检验方法应符合有关标准的规定。

6) 畸变。

① 零件的畸变量应符合图样或工艺文件的规定。

② 畸变量超差的零件一般可以校正,精度稳定性要求高的零件校正后应进行消除应力处理。

7) 验收规则。

① 零件应达到技术要求中规定的有关指标方为合格。

② 外观质量、表面硬度、畸变属必检项目,每批零件都应进行检验,其余属抽检项目,抽检项目应在工艺文件中注明。

(3) 检验方法

1) 外观检验。一般工件的外观、裂纹、伤痕的检验用肉眼或低倍放大镜鉴定,重要或易淬裂工件用浸油喷砂、超声波检测、磁粉检测或染色检测等方法检验。

2) 硬度检验。

① 硬度测定部位应按工艺文件规定或由检验部门确定。

② 按有关硬度试验方法进行检验,当无法用硬度计检验时,也可用其他等效方法检验。

3) 显微组织检验。试样应在工件上有代表性部位制取,并经磨制、抛光、腐蚀后用金相显微镜观察。

① 碳素结构钢和合金结构钢的金相显微组织按 GB/T 13298 评定。

② 碳素工具钢和合金工具钢以及高速工具钢的金相显微组织按 JB/T 9986《工具钢热处理金相检验》评定。

③ 轴承钢的显微组织按 JB/T 1255 评定。

4) 力学性能检验。

① 弹簧应按图样要求进行拉、压负载试验和尺寸检验。

② 需作力学性能试验的工件,应根据图样或工艺文件规定进行有关项目检验。

5) 变形检验

① 轴类工件用顶尖或 V 形铁支撑两端,用百分表测其圆跳动量,细小轴类可在平台上用塞尺检验。

② 套、环类工件用百分表、内径百分表、游标卡尺、塞规等检验外圆、内孔等尺寸。

③ 板类工件应在平台上用塞尺检验其平面度。

④ 特殊工件应采用相应的工、卡、量具检验。

6）检验数量。成批生产的工件其抽检率按表 11-41 规定。

表 11-41　工件抽检率　　　　　　　　　　　　（%）

工件类型	外观	硬度	变形	弹性
特殊重要件	100	100	100	—
重要件	100	>10	>5	—
一般件	5~10	2~5	—	—
淬火弹簧	100	抽检试样	>50	>10
冷卷弹簧	100	—	>10	>5
摩擦片	100	>5	100	—

3. 感应淬火、回火的检验

（1）工件的验收

1）工件的原始资料。

① 材料的牌号、炉号及试验数据。

金相组织检验数据——晶粒度、脱碳层深度、碳化物、非金属夹杂物、显微组织及低倍组织。

② 供货状态。

铸造、热锻、热挤压。

轧制——冷轧或热轧。

③ 热处理前的加工方式。

冷、热锻造、滚压、冲压、过盈装配——冷或热加工。

焊接——焊接部位。

切削方法——必要时注明进给量。

校正——冷或热校正。

④ 预先热处理类型。

正火、正回火、完全退火、球化退火、去应力退火、调质——均注明硬度。

2）工件的外观、尺寸及表面状态。

① 外观——有无裂纹、伤痕、锈斑、黑皮、毛刺及油污。

② 尺寸及精度。

③ 处理部位的加工余量、整体的加工余量。

④ 形状公差和位置公差。

⑤ 处理部位的表面粗糙度。

3）工件的验收。工件的验收按钢种、原始资料、外观及尺寸中规定的项目验收，必要时应进行火花检验、探伤试验及其他检验。

（2）质量要求

1）外观质量。

① 零件的表面应清洁，不允许有裂纹、烧伤、锈蚀和碰伤等缺陷。

② 检验外观用肉眼或低倍放大镜观察，必要时可采用浸油喷砂法或无损检测法检验裂纹。

2）表面硬度。

① 零件的表面硬度应符合图样和工艺文件的规定。表面硬度偏差一般为 0~5HRC。

② 表面硬度 >50HRC 的重要零件，单件表面硬度的一致性应不大于 4HRC。

③ 检验硬度应按 GB/T 230.1 规定的方法在零件有代表性的工作表面上测量。当不宜采用规定的方法，也可采用其他硬度试验方法。

3）有效硬化层深度。

① 零件的有效硬化层深度应符合图样和工艺文件的规定，有效硬化层深度极限偏差见表 11-42。

② 有效硬化层深度一致性不应超过表 11-43 的规定，但形状复杂和大型的零件允许有较大的波动范围。

表 11-42　有效硬化层深度极限偏差　　　　　　　　　　（单位：mm）

公称深度	深度极限偏差	公称深度	深度极限偏差
0.6	+0.6 0	2.0	+1.6 0
0.8	+0.8 0	2.5	+1.8 0
1.0	+1.0 0	3.0	+2.0 0
1.3	+1.1 0	4.0	+2.5 0
1.6	+1.3 0	5.0	+3.0 0

表 11-43　有效硬化层的深度一致性　　　　　　　　　　（单位：mm）

有效硬化层深度	深度一致性		有效硬化层深度	深度一致性	
	单件	同批件		单件	同批件
≤1.5	0.2	0.4	>3.5~5.0	0.8	1.0
>1.5~2.5	0.4	0.6	>5.0	1.0	1.2
>2.5~3.5	0.6	0.8	—	—	—

注：同批件指用同炉号材料经同批处理的一批零件。

③ 按 GB/T 5617—2005《钢的感应淬火或火焰淬火后有效硬化层深度的测定》规定的方法，在零件或模拟试样上测量有效硬化层深度。

4）淬硬区、软带或未淬区的部位与尺寸。

① 淬硬区的部位应符合图样和工艺文件的规定，淬硬区范围的尺寸极限偏差一般

为：中频±5mm；超音频及高频±4mm。

② 软带或未淬区的尺寸：

a. 淬硬层表面有槽、孔时，在槽、孔附近和零件端部的软带或未淬区的宽度A（见图11-3）为：中频小于或等于12mm；超音频、高频小于或等于8mm。

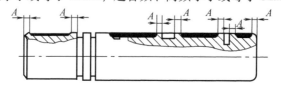

图11-3　槽、孔附近和零件端部的软带或未淬区的宽度

b. 阶梯轴小圆外径淬硬时，在阶梯处的环形软带或未淬区宽度A（见图11-4）应符合表11-44的规定。

表11-44　阶梯轴阶梯处软带宽度

（单位：mm）

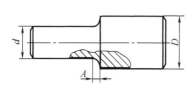

图11-4　阶梯处的环形软带或未淬区宽度

加热设备	阶梯轴大、小圆直径差$D-d$	
	≤20	>20
	软带或未淬区宽度A	
中频	≤10	≤15
超音频、高频	≤8	≤12

c. 淬硬层下部有孔，且最小壁厚b小于有效硬化层深度5倍时，其淬硬区的软带或未淬区宽度A（见图11-5）应不大于孔的深度。

d. 淬硬区不能一次连续淬火时，在接头处的软带或未淬区宽度A、B（见图11-6），其指标应符合表11-45的规定。

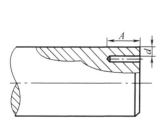

图11-5　淬硬层下部有孔，淬硬区的软带或未淬区宽度

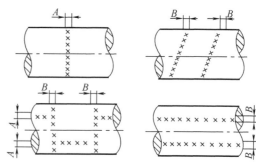

图11-6　接头处的软带或未淬区宽度

e. 法兰盘内端面淬硬时，在相邻轴颈周围的环形软带或未淬区宽度A（见图11-7）为：中频小于或等于12mm；超音频、高频小于或等于8mm。

表 11-45 淬硬区接头处软带宽度
（单位：mm）

加热设备	软带或未淬区宽度	
	A	B
中频	≤25	≤15
超音频、高频	≤12	≤10

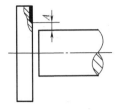

图 11-7 相邻轴颈周围的环形软带或未淬区宽度

f. 两相交面均淬硬时，在相交面的软带或未淬区宽度 A（见图 11-8）为：中频小于或等于 15mm；超音频、高频小于或等于 8mm。

g. 深孔表面淬硬且淬硬处距端面大于或等于 200mm 或锥孔的大、小圆内径差 $D-d$ 大于或等于 10mm 时，其接头处的环形软带或未淬区宽度 A（见图 11-9）为：中频小于或等于 25mm；超音频、高频小于或等于 12mm。

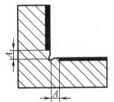

图 11-8 在相交面的软带或未淬区宽度

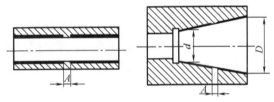

图 11-9 深孔与锥孔接头处的环形软带或未淬区宽度

h. 孔径大于 200mm 的内孔表面淬硬时，轴向的软带或未淬区宽度 A（见图 11-10）为：中频小于或等于 25mm；超音频、高频小于或等于 12mm。

5）显微组织。

① 中碳结构钢及中碳合金结构钢零件感应淬火、回火后的显微组织按 JB/T 9204 评定，3~7 级合格。

② 碳素工具钢、合金工具钢零件感应淬火、回火后的显微组织应满足合同方要求。

③ 滚铬钢零件感应淬火、回火后的显微组织参照 JB/T 1255 第二级别图评定，重要零件 1~3 级合格，一般零件 1~7 级合格。

④ 按 GB/T 13298 规定的方法，在零件有代表性的部位或模拟试样上检验显微组织。

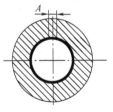

图 11-10 轴向的软带或未淬区宽度

6）畸变。

① 零件的畸变量应符合图样或工艺文件的规定。

② 畸变量超差的零件一般可以校正，精度稳定性要求高的零件校正后应进行消除应力处理。

7）验收规则。

① 零件应达到技术要求中规定的有关指标方为合格。

② 外观质量、表面硬度、畸变、淬硬区的部位及软带尺寸属必检项目，每炉零件都应进行检验，其余属抽检项目，抽检项目应在工艺文件中注明。

（3）检验方法

1）外观检验。一般工件用肉眼或低倍放大镜观察，重要或易淬裂件需用浸油喷砂、磁力检测或染色检测等方法检验。

2）硬度检验。

① 硬度必须在工件上直接测量，测量前应将工件表面清理干净。

② 硬度测定部位应按工艺文件规定或由检验部门确定。

③ 按有关硬度试验方法进行检验，当无法用硬度计检验时，也可用其他等效方法检验。

有效硬化层深度检验按 GB/T 5617 进行。

3）金相检验。试样应在工件上有代表性的部位制取，并经磨制、抛光、腐蚀后用金相显微镜观察。

① 按 JB/T 9204《钢件感应淬火金相检验》中规定检验。

② 按 JB/T 9205《珠光体球墨铸铁零件感应淬火金相检验》中规定检验。

4）变形检验。根据工件的结构形状和图样及工艺文件的要求，用相应的工、夹、量具检验。

5）检验数量。

① 成批生产的工件其抽检率见表 11-46。

② 单件小批量生产或有特殊要求的工件按工艺文件规定。

③ 抽检中如有的项目不合格，则应加倍数量复检，复检仍不合格者，按返修或报废处理。

表 11-46 抽检率 （%）

工件类型	外 观	硬 度	变 形	硬化层	显微组织
特殊重要件	100	100	100	—	
重要件	100	20~50	20~50	—	
一般件	30	10~20	5~10	—	

4. 渗碳与碳氮共渗、淬火、回火的检验

（1）质量要求

1）外观质量。

① 零件的表面应清洁，不允许有裂纹、烧伤、麻点和碰伤等缺陷。

② 检验外观用肉眼或低倍放大镜观察，必要时可采用浸油喷砂法或无损检测法检验裂纹。

2）表面硬度。

① 零件的表面硬度应符合图样和工艺文件的规定。表面硬度偏差一般为 0~5HRC。

② 表面硬度的一致性不应超过表 11-47 的规定。

表 11-47 表面硬度 HRC 一致性

零件种类	单件	同批
重要件	3	5
一般件	4	5

注：同批件指用同炉号材料经同炉处理的一批零件。

③ 钻孔等配作部位的硬度一般不超过 35HRC。

④ 检验硬度应按 GB/T 230.1 规定的方法在零件有代表性的工作表面上测量。当不宜采用规定的方法时，也可采用其他硬度试验方法。

3) 硬化层深度。

① 零件的硬化层深度应符合图样和工艺文件的规定，硬化层深度极限偏差见表 11-48。

表 11-48 硬化层深度极限偏差 （单位：mm）

公称深度	深度偏差	公称深度	深度偏差
0.3	+0.2 0	1.2	+0.5 0
0.5	+0.3 0	1.6	
0.8	+0.4 0	2.0	

② 零件的硬化层深度一致性不应超过表 11-49 的规定。

表 11-49 硬化层深度一致性 （单位：mm）

硬化层深度	深度一致性	
	单件	同批件
≤0.5	0.1	0.2
>0.5~1.5	0.2	0.3
>1.5~2.5	0.3	0.4

注：同批件指用同炉号材料经同炉处理的一批零件。

③ 硬化层深度的界限值为 550HV1。

④ 检验硬化层深度按 GB/T 9450《钢件渗碳淬火硬化层深度的测定和校核》规定的方法用同炉试样测量。

4) 显微组织。

① 渗碳与碳氮共渗后零件的心部晶粒度按 GB/T 6394 检验，5~8 级合格。

② 渗碳淬火、回火后，渗层表面的显微组织按 QC/T 262《汽车渗碳齿轮金相检验》评定，1~4 级合格。

③ 渗碳感应淬火、回火后，渗层表面的显微组织应满足合同方要求。

④ 碳氮共渗淬火、回火后的显微组织按 QC/T 29018《汽车碳氮共渗齿轮金相检验》评定，1～5级合格。

⑤ 检验显微组织按 GB/T 13298 规定的方法在同炉试样上观察，当有异议时需在零件上观察。

5）畸变。

① 零件的畸变量应符合图样或工艺文件的规定。

② 畸变量超差的零件一般可以校正，精度稳定性要求高的零件校正后应进行消除应力处理。

6）验收规则。

① 零件应达到技术要求中规定的有关指标方为合格。

② 外观质量、表面硬度、畸变、硬化层深度属必检项目，每炉零件都应进行检验，其余属抽检项目，抽检项目应在工艺文件中注明。

（2）检验方法

1）外观检验。用肉眼或低倍放大镜观察，重要或易淬裂工件需用浸油喷砂、染色检测或磁力检测等方法检验。

2）硬度检验。

① 硬度测定部位应按工艺文件的规定或由检验人员确定。

② 将工件被测表面清理干净，去除氧化皮、毛刺及脱碳层，表面粗糙度 Ra 应小于 $3.2\mu m$。

③ 按有关硬度试验法进行检验。

3）渗层深度检验。按 GB/T 9450 的规定进行检验。

将渗碳试样经淬火后打断，用读数放大镜观察断口，渗碳层呈白色瓷状，未渗碳部分呈灰色纤维状断口，交界处含碳质量分数为 0.4%，由表面测至交界处。

将试样在横断面上取样磨平、抛光，经 4% 硝酸酒精溶液浸蚀后用金相显微镜观察。渗碳层由表面测至 1/2 过渡区；碳氮共渗由表层测至心部原始组织。

4）表面碳浓度及脱碳层深度检验。

① 碳浓度可用剥层法或其他等效方法测定。当用剥层法时、碳含量测定按 GB/T 223.71—1997《钢铁及合金化学分析方法 管式炉内燃烧后重量法测定碳含量》进行；氮含量按 GB/T 223.36—1994《钢铁及合金化学分析法 蒸馏分离-中和滴定法测定氮量》和 GB/T 223.37—1989《钢铁及合金化学分析方法 蒸馏分离-靛酚蓝光度法测定氮量》进行。

② 脱碳层深度按 GB/T 224 检验。

5）显微组织检验。用同炉号材料随炉处理的试样或在工件上具有代表性的部位，沿垂直于渗碳面的方向制取，并经磨制、抛光腐蚀后用金相显微镜观察。

① 渗碳或碳氮共渗后的网状碳化物参照《机床用钢及热处理金相检验标准图谱》（简称《图谱》）中 20CrMnTi 钢渗碳后碳化物级别图评定，心部晶粒度按 GB/T 6394 评定。

② 渗碳淬火后的马氏体级别参照《图谱》中 20CrMnTi 钢渗碳淬火后马氏体级别图评定。

③ 碳氮共渗淬火后的马氏体和残留奥氏体级别按 QC/T 2908 评定。

④ 碳氮共渗黑色组织级别参照《图谱》评定。

6) 变形检验。

① 轴类工件用顶尖或 V 形铁支撑两端，用百分表测量其圆跳动；细小轴类可在平台上用塞尺检验。

② 套、环类工件用百分表、内径百分表、游标卡尺、塞规、螺纹塞规等检验工件的外圆和内孔等尺寸。

③ 薄板类工件在检验平台上用塞尺检验其平面度。

④ 特殊工件应采用相应的工、卡、量具或专用检具检验。

7) 检验数量。

① 成批生产的工件其抽检率见表 11-50。

② 单件小批量生产或有特殊要求的工件，按工艺文件规定或全部检验。

表 11-50　抽检率　　　　　　　　　　　　　　　　（%）

工件类型	外观	硬度	渗层深度	变形
重要工件	100	>5	每炉 2~3 个试样	100
一般工件	>10	>2	每炉 1~2 个试样	>10

③ 抽检中如有的项目不合格，则应加倍数量复检，复检仍不合格者按返修或报废处理。

5. 渗氮、碳氮共渗的检验

(1) 质量要求

1) 外观质量。

① 零件的表面应呈银灰色或暗灰色，不应有剥落、碰伤及电弧烧伤等缺陷。

② 检验外观用肉眼或低倍放大镜观察。

2) 表面硬度。

① 渗氮后的成品零件表面硬度应不低于表 11-51 的规定。

表 11-51　常用材料渗氮表面硬度

钢 号	硬度 HV	钢 号	硬度 HV
20Cr	550	40Cr	500
20CrMo		38CrMoAlA	850
20CrMnTi	600	20Cr13	
35CrMo	550	QT600-3	500
42CrMo			

② 渗氮表面硬度的一致性不应超过表 11-52 的规定。

表 11-52　表面硬度 HV 一致性

单	件	同	批
≤600	>600	≤600	>600
45	60	70	100

注：同批件指用同炉号材料经同炉处理的一批零件。

③ 碳氮共渗后的成品零件表面硬度应不低于表 11-53 的规定。

表 11-53　常用材料碳氮共渗表面硬度和渗层深度

钢　号	硬度 HV0.1	渗层深度/mm	
		化合物	扩散层
45	480	0.010～0.025	≥0.20
20CrMo	550		≥0.15
20CrMnTi	600		
35CrMo	550		
40Cr	500		
QT600-2	550	0.005～0.020	≥0.10
HT200			

④ 用本部分以外材料制造的零件，其硬度应符合图样或工艺文件规定。

⑤ 局部防渗部位的硬度应不影响零件的切削加工性能和使用性能。

⑥ 硬度应在零件上测量，当条件不允许时也可以采用试样。渗氮零件的表面硬度按 GB/T 4340.1 规定的方法测量，试验力采用 9.8～98N；氮碳共渗零件的表面硬度采用 0.49～0.98N 试验力测量。

3）脆性。脆性按 GB/T 11354 评定，重要零件 1～2 级合格，一般零件 1～3 级合格。

4）渗层深度。

① 成品零件的渗氮层深度应符合图样和工艺文件的规定，渗氮层深度极限偏差见表 11-54。

② 成品零件的渗氮层深度一致性不应超过表 11-55 的规定。

表 11-54　渗氮层深度极限偏差
（单位：mm）

公称深度	深度极限偏差
0.15	+0.10
0.30	0
0.40	+0.15
0.50	0
0.60	

表 11-55　渗氮层深度一致性
（单位：mm）

渗氮层深度	深度一致性	
	单件	同批件
≤0.30	0.05	0.10
>0.30～0.60	0.10	0.15
>0.60	0.15	0.20

注：同批件指用同炉号材料经同炉处理的一批零件。

③ 渗氮后不再进行磨削加工的零件，其化合物层深度应不大于 0.03mm。

④ 氮碳共渗的渗层深度应符合表 11-54 规定。

⑤ 渗氮层深度应按 GB/T 11354 规定的方法在同炉处理的试样上测量，当有异议时须用零件测量。

5）氮化物形态。氮化物形态按 GB/T 11354 评定，重要零件 1～2 级合格，一般零件 1～3 级合格。

6）疏松。氮碳共渗零件的疏松按 GB/T 11354 评定，重要零件 1～2 级合格，一般零件 1～3 级合格。

7）畸变。零件的畸变量应符合图样或工艺文件的规定，不允许冷校正。

8）验收规则。

① 零件应达到技术要求中规定的有关指标方为合格。

② 外观质量、表面硬度、渗层深度、畸变属必检项目，每炉零件都应进行检验，其余属抽检项目，抽检项目应在工艺文件中注明。

(2) 检验方法

1）外观检验。用肉眼或放大镜观察，也可用磁力检测或染色检测等方法检验。在硬度、深度和脆性等各项要求均合格的前提下，表面如有氧化色，允许作合格处理。

2）硬度检验。

① 预备热处理件在工件上直接测量。氮化件一般应在工件上直接测量，条件不允许时，可用与工件化学成分、原始组织相同的同炉试样代替。

② 硬度检验前应将被测部位磨光，表面粗糙度应不小于 $Ra0.80\mu m$。

③ 渗氮后有磨削加工的工件，应将表面加工余量磨去后测量。

④ 按有关硬度试验法进行检验。

⑤ 检验化合物层硬度必须用 490.3～1961.3N 负荷的显微硬度计测量。

3）脆性检验。

① 用工件或同炉处理的试样检验，检验前应将被测部位磨光，表面粗糙度应小于 $Ra0.8\mu m$。

② 维氏硬度计用正四方锥体压头，49.03N 或 98.07N 的负荷按 GB/T 11354 检验压痕周边碎裂程度，每件测三点，至少有两点处于相同级别。

4）渗层深度检验。按 GB/T 11354 规定进行。用同炉处理的试样检验，当有争议时可用工件检验。用金相显微镜从试样表面沿垂直方向测至与基体组织有明显的分界处为止。也可用负荷为 980.7N 的显微硬度法，从试样表面沿垂直方向向心部测量，38CrMoAlA 钢测至高于心部硬度 50HV 处；40Cr、20CrMnTi 钢等测至高于心部硬度 30HV 处的距离为渗层深度。

5）金相组织检验。渗氮层的氮化物形态及碳氮共渗层的疏松级别，按 GB/T 11354 评定。

6）变形检验。按图样及工艺文件规定，用专用或有关工、夹、量具等检验。

7）局部防渗检验。

① 用肉眼观察、防渗部位应保持原金属光泽，无渗氮色。
② 用硬度计和锉刀逐件检验。

8）抗蚀性检验。

① 用金相法检验同炉处理试样的 ε 相厚度及连续性。
② 将工件或同炉处理的试样浸入 6%～10% 硫酸铜水溶液中保持 1～2min，观察表面无铜的沉积为合格。
③ 将工件或同炉处理的试样浸入 10g 赤血盐和 50g 氯化钠溶于 1L 蒸馏水的溶液中 1～2min，表面无蓝色印迹为合格。

9）检验数量。工件和试样应全部进行外观和变形检验，其余项目按工艺文件规定或每炉抽检 1～3 件。检验中出现不合格项目，应进行加倍复检，复检中仍不合格时应予返修或报废。

6. 发蓝的检验

（1）质量要求

1）外观。

① 氧化膜色泽应均匀一致，不得有红锈、明显的花斑、附着沉淀物和未被氧化部位。
② 对于焊接、局部淬火、局部渗碳的工件，允许有色泽差异。
③ 用一般钢种制造的工件，去除表面涂油层后，其氧化色泽应呈黑色或蓝黑色；铸铁件可为黄褐色；铸钢、含硅合金钢及高合金钢件呈褐色或棕色，允许有小黑斑点。

2）致密性。工件表面不准有铜的痕迹，但在棱角、边缘处允许有少量的不明显铜迹。

3）耐蚀性。工件表面氧化色保持不变，无锈迹。

4）耐磨性。工件受流砂冲刷部位应无铜迹出现。

5）发蓝膜清洗质量。工件表面不应有残留的发蓝液。

6）几何尺寸。应符合图样要求，经喷细砂处理的工件变形量应符合工艺规定。

（2）检验方法

1）外观一般用肉眼直接观察。

2）致密性检验。用汽油或清洗剂将工件表面油层去除干净，放入 3% 的中性硫酸铜水溶液中浸泡 40～60s，待表面无水迹后用肉眼观察。

3）抗蚀性检验。用汽油或清洗剂将工件表面油层去除干净，放入 0.17% 的硫酸水溶液中浸泡 20～40s，待表面无水迹后用肉眼观察。

4）耐磨性检验。用汽油或清洗剂将工件表面油层去除干净，以内径 10mm、长 500mm 玻璃管垂直悬挂于被测工件上方，工件的检验面与玻璃管成 45°，距离 30mm，在玻璃管上方装一漏斗，称 100g 粒度为 0.5～1.0mm 棱角尖锐的石英砂，砂子自由落下冲击工件表面，待砂子流完后，轻轻将工件表面擦净，浸泡在 0.5% 的中性硫酸铜水溶液中 30s，取出用流动水冲洗干净，用肉眼观察。

5）发蓝膜清洗质量检验。工件在发蓝清洗后，皂化和浸油之前，在其表面滴 10%

的酚酞酒精溶液 1~2 滴，如溶液呈粉红色，说明清洗不干净。

6）几何尺寸检验。根据工件结构形状和图样及工艺文件的规定，用相应的工、卡、量具检验。

7）检验数量。

① 成批生产时，重要工件的外观应全部检验；一般工件的外观检验不少于 10 件。致密性、清洗质量检验每批不少于 1~3 件。

② 单件小批量生产或有特殊要求的工件应全部检验，或按工艺文件的抽检。

③ 抽检中如有的项目不合格，则应加倍数量复检，复检仍不合格者，按返修或报废处理。

第十二章 表面处理的检验

根据不同用途，表面处理层可分为四类（见表12-1）。

表 12-1 表面处理层分类

分类名称	特点
保护性覆盖层	保护零件的基体金属在使用过程中免受腐蚀，不规定对产品的装饰要求
保护装饰性覆盖层	除保护基体金属外，还使零件表面光亮美观
工作保护性覆盖层	除具有一定的保护作用外，主要用于特殊的工作目的，如耐磨、耐热、耐腐蚀、稳定接触电阻、渗碳及其他特殊要求
化学涂层	黑色金属氧化、磷化、铝及铝合金阳极氧化，防腐蚀及装饰性加工

第一节 处理前对零件的要求

一、金属表面除锈

除锈方法有手工除锈、喷射除锈和化学除锈等，不管采用什么方法除锈，最终都必须彻底地除去疏松的氧化皮、铁锈、涂料涂层、污物和附着物（包括焊渣、焊接飞溅物和可溶性盐类等）。

1. 处理等级

GB/T 8923.3—2009（ISO 8501-3：2006）《涂覆涂料前钢材表面处理 表面清洁度的目视评定 第3部分：焊缝、边缘和其他区域的表面缺陷的处理等级》将带有可见缺陷的钢材表面涂覆涂料前的处理等级分为3级：

1）P1 轻度处理：在涂覆涂料前不需处理或仅进行最小程度的处理。

2）P2 彻底处理：大部分缺陷已被清除。

3）P3 非常彻底处理：表面无重大的可见缺陷，这种重大的缺陷更合适的处理方法应由相关各方依据特定的施工工艺达成一致。

处理等级要求见表12-2。

达到这些处理等级的处理方法对钢材表面或焊缝区域的完整性无损是非常重要的。例如：过度的打磨可能导致钢材表面形成热影响区域，且依靠打磨清除缺陷可能在打磨区域边缘留下尖锐边缘。

结构上的不同缺陷可能要求不同的处理等级。例如：在所有其他缺陷可能要求处理到 P2 等级时，咬边（表12-2 中 1.4）可能要求处理到 P3 等级，特别是当末道漆有外观要求时，即使无耐蚀性要求，也可能要求处理到 P3 等级。

第十二章　表面处理的检验

GB/T 8923.3 将缺陷分为以下三类：

1）焊缝。

2）边缘。

3）一般表面。

缺陷及处理等级见表 12-2。

表 12-2　缺陷及处理等级（GB/T 8923.3—2009）

缺陷类型		处理等级		
名称	图示	P1	P2	P3
1　焊缝				
1.1　焊接飞溅物	a) b) c)	表面应无任何疏松的焊接飞溅物［见图示 a］	表面应无任何疏松的和轻微附着的焊接飞溅物［见图示 a 和 b］，图示 c 显示的焊接飞溅物可保留	

2. 检验

1）表面清洁度。按有关标准制备基准样板与零件进行目视比较。

2）表面粗糙度。采用表面粗糙度样板与零件进行目视比较检验。

二、金属表面除油

金属零件除锈、涂装、电镀、氧化和磷化之前必须用溶剂、蒸汽、碱或乳剂清洗，除去油脂、灰尘、泥土、盐和污物。金属表面除油后具有良好的亲水性，以保证覆盖层与基体金属的牢固结合，保证氧化和磷化的顺利进行，获得质量好的镀层。

第二节　金属覆盖层的检验

一、外观质量的检验

1. 质量要求

金属覆盖层外观质量要求见表 12-3。

表 12-3　一些主要覆盖层的外观质量要求

种类	正常外观	允许缺陷	不允许缺陷
锌（镉）镀层（钝化）	镀层结晶均匀、细致，钝化膜完整呈光泽彩色	轻微水迹和夹具印；除氢后钝化膜稍变暗；在复杂件和大型件或过长的零件锐、棱及端部有轻微的粗糙，不影响装配者。焊缝和搭接交界处局部稍暗	

2. 抽样方法

大零件和主要零件应 100% 检查，小零件可按 GB/T 2828.1 抽样检验。

3. 检验方法

在天然散射光或无反射光的白色光线下用目视检查。光的照度应不低于 300lx（即相当于零件放在 40W 日光灯下距离 500mm 处的光照度）。

二、镀层厚度的检验

1. 量具法

所用量具有千分尺、游标卡尺、塞规等。

用量具或仪器测量基体表面与覆盖层表面间的厚度差，从而测得各种镀层厚度。为了保证测量不确定度，制件上电镀前后的测量点应选择在同一位置上。当表面处理层柔软（如铅和涂装层）时，可采用相应的措施防止变形引起的误差，并防止表面处理层受到损伤。由于热胀冷缩有影响，镀前镀后测量应在相同的环境和温度下进行。

2. 磁性法

磁性法测量镀覆层厚度，是用磁性测厚仪对磁性基体上的非磁性镀覆层进行的非破坏性测量。

用磁性测厚仪测量镀层厚度时，应注意以下几点：

3. 显微镜法

使用磁性测厚仪测量镀层厚度的注意事项

显微镜法又称金相法，它是将经过浸蚀的零件或试样，放在具有测微目镜的金相显微镜上放大，测量断面上镀层的厚度。当镀层厚度在 $20\mu m$ 以上时用 200 倍，镀层厚度在 $20\mu m$ 以下时用 500 倍。这种方法适用于测量 $2\mu m$ 以上的各种金属镀层和氧化物覆盖层的厚度。操作程序：

1）边缘的保护。镶嵌前，镀层上应加镀不少于 $10\mu m$ 的其他镀层，以保护待测镀层的边缘。施加镀层的硬度应接近原有镀层硬度，颜色应与待测镀层有区别。例如检查镍层厚度时，以铜作保护层。反之，检查铜层厚度时，则用镍作保护层。

2）镶嵌。试片镶嵌时，应使切取之横断面垂直于待测镀层或氧化覆盖层（如垂直角度偏差 10°，则外观厚度较真实厚度约高 1.5%）。

试样可以用夹具夹持，也可以用通常使用的胶木和环氧树脂等镶嵌，镶嵌材料与试样接触面应密合。

3）研磨和抛光。镶嵌试样的研磨应选用合适的砂纸和润滑剂，一般选用 100 号和 180 号砂纸、水和无色酒精。当磨去所有变形的部位，试样的真实轮廓显现出来时，就可依次换用 240 号、320 号、500 号、600 号的砂纸进行研磨。每次研磨时间不超过 30~40s，最后在抛光盘上抛光 2~3min，抛光盘上粘有金刚砂粒为 $4 \sim 8\mu m$ 的研磨膏，以无色酒精作润滑剂消除划痕，便于观察。如对表面抛光等级要求特别高时，可选用金刚砂粒为 $1\mu m$ 的研磨膏进行抛光。

在制备很软的金属试样时，研磨过程中砂粒容易镶嵌入金属表面，这时应将抛光盘上材料（如细帆布、丝绒、绸或人造纤维织物等）全部浸入润滑剂中，或采用循环流动润滑剂,使嵌入量减至最小。如果砂粒已经嵌入,清除的方法是:在研磨后和金刚石精抛前这段时期,采用轻度短时间精工抛光,或进行几次浸蚀、抛光交替循环处理。

4)浸蚀。为了提高金属层间的反差,除去金属遮盖的痕迹并在覆盖层界面处显示一条细线,一般采用浸蚀的方法。一些典型的浸蚀剂列于表12-4。

表12-4 室温下使用的典型浸蚀剂

序号	浸 蚀 剂		适 用 范 围
1	硝酸($d=1.42\mathrm{g/cm^3}$) 乙醇(95%)	5mL 95mL	钢上镍、铬、铜、铜合金镀层,浸蚀钢
2	三氯化铁 盐酸($d=1.16\mathrm{g/cm^3}$) 乙醇(95%)	10g 2mL 98mL	钢、铜、铜合金基体上的金、铅、银、镍和铜镀层,浸蚀钢、铜和铜合金
3	硝酸($d=1.42\mathrm{g/cm^3}$) 冰醋酸	50mL 50mL	钢和铜合金上镀多层镍,浸蚀镍,过度腐蚀钢和铜合金
4	过硫酸铵 氢氧化铵溶液 蒸馏水	10g 2mL 93mL	铜和铜合金上的锡和锡合金层,浸蚀铜和铜合金
5	硝酸溶液($d=1.42\mathrm{g/cm^3}$) 氢氟酸溶液($d=1.14\mathrm{g/cm^3}$) 蒸馏水	5mL 2mL 93mL	铝和铝合金的镍和铜镀层,浸蚀铝及铝合金
6	铬酐 硫酸钠 蒸馏水	20g 1.5g 100g	钢上锌和镉层,锌合金上的镍和铜镀层,浸蚀锌、锌合金和镉
7	氢氟酸($d=1.14\mathrm{g/cm^3}$) 蒸馏水	2mL 100mL	铝合金的阳极氧化,浸蚀铝及铝合金

5)测量。测量仪器在测量前要标定一次。标定和测量由同一操作者完成。将浸蚀过的试样,放在已标定好的金相显微镜上,测量断面上镀层厚度。

在同一视场,每次测厚至少应是三次读数的算术平均值。如果要平均厚度,则应在镶嵌试样的全部长度内取5点测厚,取其算术平均值。

本法测量误差为±1μm。

6)注意事项。

4. 计时液流法

计时液流法是用能使镀层溶解的溶液流注在镀层的局部表面上,根据局部镀层溶解完毕所需要的时间,来计算镀层的厚度。

6)显微镜法测量镀层的注意事项

计时液流法的测量装置如图 12-1 所示。

计时液流法所用的溶液成分可按表 12-5 配制，所用试剂级别应该是化学纯。检验方法如下：

1）检验前，应将零件置于室内，使零件、溶液的温度与室温相同，然后用氧化镁膏剂或蘸有酒精的棉球除去受检部位的油脂。

直接从镀槽中取出零件，清洗干燥后，即可测量镀层厚度。为防止溶液流散，可用蜡笔或其他化学稳定材料按溶液在受检表面上流动的方向画几条平行线，线间距离约为 4mm。再将零件放在滴管下，使受检表面距滴管口端 4～5mm，零件表面与水平夹角为 45°±5°。

2）检验时，打开活塞的同时，开动秒表，当受检部位开始显露基体金属时，立即停止秒表，同时关闭活塞，记录显示终点的时间和溶液温度。

如果有垢迹出现，并对镀层溶液结束的观察有妨碍，则可用滤纸轻轻擦除垢迹，然后继续试验。液流流注时间应累计计算。

在检验多层镀层时，应分别记录每层镀层溶解所需要的时间。

为了获得较为准确的数值，可测三次以上，取其平均值作为计算镀层厚度的时间。

镀层的局部厚度，可按下式计算：

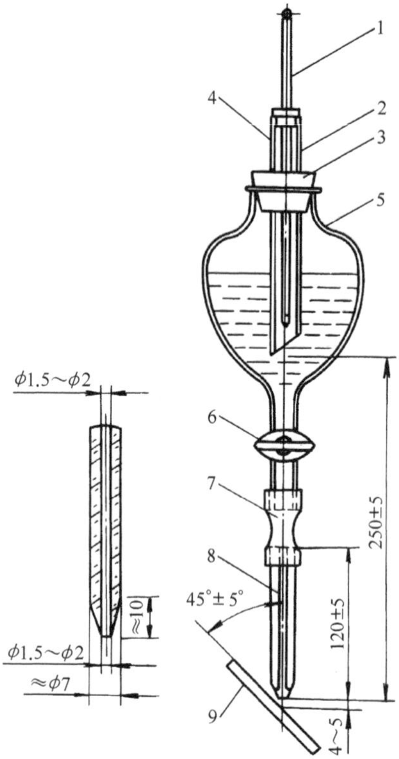

$$\delta = \delta_i t \tag{12-1}$$

式中 δ——镀层的局部厚度（μm）；

δ_i——第 i 秒钟溶解的镀层厚度（μm）；

t——溶解局部镀层所消耗的时间（s）。

图 12-1 计时液流法的测量装置
1—温度计 2—在玻璃管 4 上的通气小孔
3—橡胶塞 4—玻璃管 5—500～1000mL 分液漏斗 6—活塞 7—橡胶管
8—毛细管 9—被测试样

表 12-5 计时液流法所用的溶液成分

序号	镀层	镀层底金属	溶液成分 名称	成分含量 g/L	成分含量 mL/L	测量终点特征
1	锌	钢	硝酸铵 NH_4NO_3	70	—	呈现玫瑰红色斑点
			硫酸铜 $CuSO_4 \cdot 5H_2O$	7	—	
			盐酸 HCl（1mol）	—	70	

(续)

序号	镀层	镀层底金属	溶液成分 名称	成分含量 g/L	成分含量 mL/L	测量终点特征
2	镉	钢、铜和铜合金	硝酸铵 NH_4NO_3 盐酸 HCl（1mol）	70 —	— 70	呈现底金属
3	铜	钢、锌合金	三氯化铁 $FeCl_3 \cdot 6H_2O$ 硫酸铜 $CuSO_4 \cdot 5H_2O$	300 100	— —	钢上呈现玫瑰红色斑点 锌合金呈现黑色斑点
3	镍	钢、铜和铜合金	三氯化铁 $FeCl_3 \cdot 6H_2O$ 硫酸铜 $CuSO_4 \cdot 5H_2O$	300 100	— —	钢上呈现玫瑰红色斑点 铜和铜合金呈现底金属
4	银	铜和铜合金、镍	碘化钾 KI 碘 I_2	250 7.5	— —	呈现底金属
5	锡	钢、铜和铜合金	三氯化铁 $FeCl_3 \cdot 6H_2O$ 硫酸铜 $CuSO_4 \cdot 5H_2O$ 盐酸 HCl（1mol）	15 30 —	— — 60	呈现玫瑰红色斑点
6	低锡青铜	钢	三氯化铁 $FeCl_3 \cdot 6H_2O$ 盐酸（$d = 1.19g/cm^3$）HCl 冰醋酸 CH_3COOH 三氯化锑 $SbCl_3$	150 — — 31	— 150 250 —	呈现黑色斑点

各种镀层用计时液流法测定其厚度时，其 δ_i 值见表 12-6。

表 12-6　一秒钟溶解的镀层厚度 δ_i 值　　　　（单位：μm）

溶液温度/℃	锌层	镉层	铜层	镍层	银层	锡层	铜-锡合金层①
5	0.410	—	0.502	—	—	—	
6	0.425	—	0.525	—	—	—	
7	0.440	—	0.549	—	—	—	

在采用铜镀层的 δ_i 值计算从硫酸盐电解液镀出的铜镀层厚度时，应进行修正，即按下式计算镀层厚度：

$$\delta = 0.9\delta_i t \tag{12-2}$$

在采用镍镀层的 δ_i 值计算以 1-4 丁炔二醇和糖精以及萘二磺酸和甲醛为光亮剂的光亮镀镍层厚度时，应引入校正系数 1.2，即按下式计算镀层厚度：

$$\delta = 1.2\delta_i t \tag{12-3}$$

对难于直接观察镀层是否溶解完毕的零件，可使用通电计时液流法测厚装置。其操作方法与计时液流法完全相同，只是当微安表指针发生偏转的瞬时，即表示溶解完毕。

使用计时液流法测量镀层厚度,对于厚度大于 2μm 的镀层,其测量误差约为 ±10%。这种方法适用于检测金属制件上的铜、镍、锌、镉、锡、银和铜-锡合金等镀层的厚度。

5. 薄铬镀层点滴法

本法适用于测定厚度不超过 1.2μm 的装饰性铬镀层的厚度。

1）各种试件的取样方法、数量和受检部位按镀件的技术条件确定。大型镀件可采用与其材料相同、工艺相同和受检部位形状相似的试验样板。

2）检验前,要用有机溶剂除去镀层表面的油脂,然后,用蒸馏水洗涤试样,用滤纸吸干或置于清洁空气中晾干。

为了防止试液流散,用特种铅笔在受检表面画内径 6mm 的小圈。

3）试验溶液。盐酸（HCl）化学纯品级相当于（11.5±0.2）mol。

4）试验方法。将试样、试液和滴管（1mL 约 20 滴）放在检验室,直至二者的温度与室温相同。

薄的片状试样,应放在较厚的金属块上做试验,避免试样因反应产生热量而造成急剧的温度变化。

检验时,记录温度,用滴管向画的圈内滴一滴试液,待全面析出气泡时启动秒表,到露出底层金属时,立即停止秒表,记录溶解镀层所需时间。如果不是立即产生气体,则可用细镍丝,接触小圈内表面,使其发生反应。

5）计算。镀层局部厚度 δ 按下式计算：

$$\delta = \delta_i t \tag{12-4}$$

式中 δ——被测镀层的局部厚度（μm）；

δ_i——按表 12-7 内查出在一定的温度下每秒钟所溶解的镀层厚度（μm/s）；

t——溶解局部镀层所消耗的时间（s）。

表 12-7　点滴法测铬时的 δ_i 值

溶液温度 /℃	δ_i /（μm/s）	溶液温度 /℃	δ_i /（μm/s）	溶液温度 /℃	δ_i /（μm/s）
10	0.0161	17	0.0188	24	0.0239
11	0.0164	18	0.0193	25	0.0249
12	0.0163	19	0.0198	26	0.0264
13	0.0172	20	0.0203	27	0.0279
14	0.0176	21	0.0211	28	0.0300
15	0.0180	22	0.0218	29	0.0325
16	0.0185	23	0.0226	30	0.0351

取三次测得平均值为检验结果。

本法对于厚度 0.2~1.2μm 的铬镀层,测量误差为 15%。

第十二章 表面处理的检验

6. 阳极溶解库仑法

本法适用于测量单层和多层金属覆盖层厚度。

1）利用电解液，在覆盖层表面限定面积上，以恒定的直流电流阳极溶解覆盖层，根据溶解覆盖层所消耗的电量计算覆盖层的厚度。

2）使用各种类型的仪器，简单示意图如图12-2所示。

所用直流电源输出电压为 10~20V；整流电源的波纹因数要在5%以下。

电解池装置，电解池一般由圆柱形容器构成（见图12-3）。

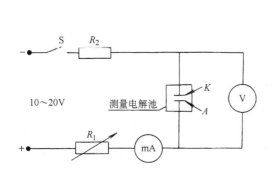

图 12-2 阳极溶解测厚装置线路图
V—记录式电压表 mA—0.5级毫安表 K—阴极
A—阳极 R_1—0.5~1kΩ 可变电阻
R_2—2kΩ 保护电阻 S—开关

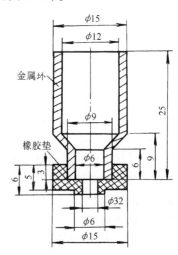

图 12-3 电解池示意图

3）配制的电解液要求在没有通电流时，应该对镀层金属无化学腐蚀作用。通电后所用的电解液和覆盖层的阳极溶解效率为100%或接近100%的恒定值。电解液成分按仪器的规定要求配制。

配制电解液所用的化学试剂，均应为化学纯。

4）操作步骤。

① 测定前，用有机溶剂擦净待测样品表面的油脂，对于某些覆盖层还要除去表面钝化膜或转化膜。

② 将电解池装置压在处理好的覆盖层表面上，使待测的覆盖层面积在电解池内保持恒定，然后将电解液加入电解池内。如仪器或覆盖层要求搅拌，则应进行搅拌。

③ 以试样做阳极，连接好电路。

④ 连续进行电解，电解池电压突然变化了，表明覆盖层溶解完毕，计算所用的（或者从仪器上直接读数）电量。

⑤ 检查试样，密封圈所封闭的覆盖层应完全溶解，否则重做。

5）覆盖层厚度按下式计算：

$$S = 100K\frac{QE}{A\rho} \tag{12-5}$$

式中　S——覆盖层厚度（μm）；

　　　K——溶解过程的阳极溶解电流效率；

　　　Q——溶解覆盖层所用的电量（C）（$Q = it$）；

　　　i——电流（A）；

　　　t——溶解时间（s）；

　　　E——测试条件下覆盖层金属的电化学当量（g/c）；

　　　A——电解除去覆盖层的面积（cm^2）；

　　　ρ——覆盖层金属密度（g/cm^3）。

厚度的计算公式也可以表示为

$$S = CQ \tag{12-6}$$

式中　C——单位电量所退除的厚度。对于一定的镀层金属，电解液和电解池是常数，其数值可以用测量已知厚度的镀层来确定。

6）测量误差：本法正常误差为±10%。

7. 涡流法

本法是使用涡流仪器测量非磁性金属基体上非导电覆盖层厚度的方法。适用于测量大多数阳极氧化覆盖层的厚度，但不适宜测量薄的转化膜。允许使用±10%误差的不同结构的涡流测厚仪。

测量时注意事项：

1）测量前应除去表面上的尘土和油脂等杂物，但不要除去任何覆盖层物质。如果镀覆后立即进行检验，可不必除油。

2）每次测量前要在测试场所对仪器进行校准。

3）不应在紧靠试样的突变处，如边缘、孔洞和内转角等处进行测量。

4）不应在试样的弯曲表面上测量。

5）必须在每一测量面积内取几个读数，取其平均值。

8. 增重法

本法是根据零件镀后增加的重量来计算镀层的平均厚度，其准确度为±10%。

使用感量为0.1mg的分析天平。

测量时注意事项：

1）先除掉被测样件表面上的尘土和油脂等杂物，但不要除去任何覆盖层物质。

2）称量被测样件镀覆前和镀覆后的质量，并分别记下质量值，然后用下式计算平均厚度：

$$h = \frac{g_2 - g_1}{S\rho} \times 10^4 \tag{12-7}$$

式中　h——镀层平均厚度（μm）；

　　　g_1——镀覆前零件的质量（g）；

　　　g_2——镀覆后零件的质量（g）；

　　　S——镀层表面面积（cm^2）；

第十二章 表面处理的检验

ρ——镀层金属的密度（g/cm^3）。

各种覆盖层厚度测量方法分类及各种仪器的选用，见表 12-8 ~ 表 12-10。

表 12-8　覆盖层厚度测量方法分类

无　损　法	破　坏　法
磁性法	溶解法
涡流法	称重法[②]
X 射线光谱法	分析法
β 射线反向散射法	库仑法
光切显微镜法[①]	金相显微镜法
双光束显微镜法	轮廓仪法[②]
—	干涉显微镜法[②]
—	裴索多光束干涉法
—	扫描电子显微镜法

① 某些情况下可能是破坏的。
② 可以是无损的。

表 12-9　各种仪器可测厚度的范围

仪　器　类　型	厚度范围/μm	仪　器　类　型	厚度范围/μm
磁性仪（对于钢上的非磁性层）	5 ~ 7500	光切显微镜	5 至数百
磁性仪（对于镍覆盖层）	1 ~ 125	库仑仪	0.25 ~ 100
涡流仪	5 ~ 2000	金相显微镜	8 至数百
X 射线光谱仪	0.25 ~ 65	轮廓仪	0.01 ~ 100
β 射线反向散射仪	0.1 ~ 100	—	—

注：以上仪器的测量误差小于 10%。

表 12-10　测量各种覆盖层厚度的仪器

基体	覆　盖　层							
	铝及铝合金	阳极氧化层	镉	铬	铜	金	铅	镍
铝及铝合金	—	E	BC	BC	BC	B	BC	BCM[①]
铜及铜合金	—	E	BC	C	C（仅在黄铜和铍铜上）	B	BC	CM[①]

（续）

基体	覆盖层								
	铝及铝合金	阳极氧化层	镉	铬	铜	金	铅	镍	
镁及镁合金	—	E	B	B	B	B	B	BM①	
镍	—	—	BC	BC	C	B	BC	—	
镍钴铁合金④	—	—	BM	M	M	BM	BCM	CM①	
非金属	BE	—	BC	BC	BC	B	BC	BCM①	
银	—	—	—	B	B	B	BC	BM①	
钢（磁性）	BM	—	BCM	CM	CM	BM	BCM	CM①	
钢（非磁性）	B	—	BC	C	C	B	BC	CM①	
钛	—	—	B	—	B	B	B	BM①	
锌及锌合金	—	—	B	B	C	B	B	M①	

基体	覆盖层								
	自催化镀镍	非金属	钯	铑	银	锡	锡铅合金	釉瓷和搪瓷	锌
铝及铝合金	BC②E②	E	B	B	BC	BC	B③C③	E	BC
铜及铜合金	C②M①	BE	B	B	B	BC	B③C③	E	C
镁及镁合金	B	E	B	B	B	B	B③	—	B
镍	—	BE	B	B	B	B	B③C③	—	C
镍钴铁合金④	C②M①	BM	BM	BM	BM	BM	B③C③M	—	BM
非金属	BC②	—	B	B	B	B	B③C③	—	BC
银	B	BE	—	—	—	B	B③	E	B
钢（磁性）	C²M①	BM	BM	BM	BCM	BCM	B³C³M	M	BCM
钢（非磁性）	B²C²M①	BE	B	B	BC	BC	B³C³	E	BC
钛	B	BE	B	B	B	B	B③	—	B
锌及锌合金	—	BE	B	B	B	B	B³	—	—

注：B——β 射线反向散射仪；C——库仑仪；E——涡流仪；M——磁性仪。
① 此方法对覆盖层磁导率变化敏感。
② 此方法对覆盖层中磷和硼的含量变化敏感。
③ 此方法对合金的成分敏感。
④ 铁钴镍合金（镍质量分数为29%，钴质量分数为17%，铁质量分数为54%）。

三、镀层附着强度的检验

金属覆盖层的附着强度是把单位面积上的金属覆盖层从基体金属或中间金属层分离开所需要的能力。

第十二章 表面处理的检验

评定镀层与基体金属附着力的方法很多，通常采用下列方法。

1. 摩擦抛光试验

当镀件的局部面积被摩擦抛光时，覆盖层有硬化和吸收摩擦热的倾向，对于相当薄的覆盖层，附着强度不良的区域，会起泡与基体分离。

若镀件的形状尺寸允许时，在面积小于 $6cm^2$ 的镀覆面上，以一根直径为 6mm、顶端加工成平滑半球形的钢条作为抛光工具，摩擦 15s，所施加的压力应在每一行程中擦光覆盖层，但不应削去覆盖层。附着强度差时，覆盖层会起泡，继续摩擦，泡会不断增大，如果覆盖层的力学性能不良，泡可能破裂，覆盖层将从基体金属上剥离。所以，不起泡、不脱落者为合格产品。

2. 锉刀法试验

锯下一块镀件，夹在台虎钳上，用粗齿扁锉，锉其锯断面，力图锉起覆盖层。锉的方向是从基体金属至覆盖层。锉刀与覆盖层表面大约成 45°角，附着强度好的覆盖层，试验中不应出现剥离。本方法不适用于非常薄的以及锌、镉等软金属覆盖层的试验。

3. 划痕法

又称划线、划格试验，用刃口磨成 30°锐角的硬质钢划刀，划两条相距为 2mm 的平行线，划线时，应施以足够的压力，使划刀一次就能划破覆盖层达到基体金属。如果两条划线之间的覆盖层有任何部位脱离基体金属，则认为附着强度不合格。

本试验的另一划法：划边长为 1mm 的正方形格子，观察格子内交叉处的覆盖层是否从基体上剥落。

4. 弯曲试验

检验时，将被检零件或试样用钳子夹紧，反复弯曲 180°（向两个方向各弯曲 90°），直至断裂；或将零件沿一直径等于试件厚度的轴反复弯曲 180°，直至基体金属折断，此时镀层不从基体金属分离和不脱落者为合格；或用 5 倍放大镜检查时，基体金属或镀层虽发生龟裂，但不起皮、不脱落，则镀层结合仍算合格。

弯曲法适用于薄板零件。

5. 热振试验

试验过程是：将试样放在炉中加热至表 12-11 中所规定的温度，温度误差为 ±10℃。加热后，将试样放在室温水中骤冷，覆盖层不应出现起泡和片状脱落等与基体分离现象。

表 12-11 热振试验的温度 （单位:℃）

基体金属	覆 盖 层 金 属	
	铬、镍、镍+铬、铜、锡-镍	锡
钢	300	150
锌合金	150	150
铜及铜合金	250	150
铝及铝合金	220	150

6. 挤压法

检验时，将试样用台虎钳夹紧、挤扁，在挤扁处以不起皮、不脱落者为合格。基体金属或镀层虽发生龟裂，但不起皮、不脱落者，镀层结合力仍算合格。

此外尚有喷丸试验法、剥离试验法、凿子试验法、缠绕试验法、拉力试验法、深引试验法、阴极试验法等。

四、孔隙率的检验

从镀层表面至基体金属的大小孔道均称为孔隙。孔隙的多少直接影响防护镀层的防护能力（主要是阴极性镀层）。孔隙率测定极为重要，它是衡量镀层质量的重要指标。检验孔隙率方法分化学法、电化学法和物理法三大类。

1. 湿润滤纸贴置法

适用于测定钢和铜合金上的锡、铜、镍、铬、镍-铬、铜-镍、铜-镍-铬等单层或多层镀层孔隙率。

1）在镀层的孔隙或其他不连续部位中，存在检验试剂与基体金属或下层镀层金属起化学反应，生成有色化合物，在检验滤纸上呈现有色斑点。根据有色斑点数和测试面积，确定单位面积上的孔隙数目即孔隙率。

2）各种试样的取样方法、数量和受检部位按镀件技术条件确定。

3）试剂与试验溶液见表12-12。本法使用的化学药品为化学纯。

表12-12 试剂与试验溶液

溶液编号	基体金属和中间层金属	镀层种类	溶液成分	质量浓度/(g/L)	贴滤纸时间/min	斑点特征
1	钢	铬 镍-铬 铜-镍-铬	铁氰化钾 氯化铵 氯化钠	10 30 60	10	蓝色点：孔隙至钢基体；红褐色点：孔隙至铜镀层或铜基体；黄色点：孔隙至镍镀层
	铜及铜合金	铬 镍				
2	钢、铜及铜合金	镍	铁氰化钾 氯化钠	10 20	钢—5 铜—10	
	钢	铜-镍 镍-铜-镍			10	
	钢	铜			20	
3	铜	锡	铁氰化钾 氯化钠 亚铁氰化钾	10 60 10	5	

4）检验程序

① 镀层表面受检部位先用有机溶剂除油，再用蒸馏水洗净，然后用滤纸吸干，放

第十二章 表面处理的检验

在清洁的空气中晾干。

② 将浸透相应检验溶液的滤纸贴到制件受检部位上。在镀层表面与检验滤纸之间不应有空气泡。待滤纸贴至表 12-12 中规定的时间后，揭下检验滤纸，用蒸馏水冲洗后，放在清洁的玻璃板上，干燥后计算孔隙数目。

③ 为显示铜和黄铜底层的孔隙，将带有孔隙斑点的检验滤纸洗涤后，放在玻璃板上，然后均匀地滴加质量分数为 4% 的亚铁氰化钾溶液，使显示试液同镍镀层作用的黄色斑点消失。剩下钢底层的蓝色斑点和铜或黄铜底层的红褐色斑点。

为显示镍镀层的孔隙，将带有孔隙斑点的检验滤纸放到洁净的玻璃板上，在上面均匀地滴加二甲基乙二醛肟的氨水溶液（将 2g 二甲基乙二醛肟溶于 500mL 的 25% 氨水中），这时滤纸上显示镍底层的黄色斑点变为玫瑰色，用水洗涤后干燥，至钢和铜的有色斑点颜色消失，便可计算镍层的孔隙数目。

检验最外层铬镀层的孔隙时，要在镀铬 30min 后进行。对于镀铜的钢件，铜及铜合金件上的多孔铬层，在检验孔隙时，因显示的铜及铜合金孔隙斑点不能完全印在滤纸上，所以，应该计算镀件上呈现的红褐色点。

5）孔隙率的计算在白天或荧光灯下，直接观察镀层孔隙的有色斑点，将一块画有平方厘米方格玻璃放在印有孔隙斑点的检验滤纸上，分别计算在每 $1cm^2$ 方格内的各种颜色斑点数目，再将点数相加。根据检验滤纸与镀层表面接触的面积，确定每 $1cm^2$ 内的平均孔隙数目。

2. 浇浸法

适用于测定任何形状和尺寸的钢、铜及铜合金和铝及铝合金上阴极性镀层的孔隙率。

1）本法的原理与湿润滤纸贴置法的原理相似，这种方法的有色斑点呈现在试样涂膜上。

2）各种试样的取样方法同湿润滤纸贴置法。

3）试剂与试验溶液见表 12-13。本法使用的化学药品的级制为化学纯。

表 12-13 浇浸法使用的溶液成分

溶液序号	镀层	基体金属或底层金属	溶液成分	质量浓度/（g/L）	斑点特征
1	铜	钢	铁氰化钾	10	蓝色点：孔隙至钢基体；红褐色点：孔隙至铜镀层或铜基体；黄色斑点：孔隙至镍镀层
	镍	钢			
	镍	铜及铜合金			
	铜-镍	钢	氯化钠	15	
	镍-铜-镍	钢			
	铬	钢	白明胶	20	
	镍-铬	钢			
	铜-镍-铬	钢			
	铬、镍-铬	铜及铜合金			
2	所有阴极性镀	铝及铝合金	铝试剂	3.5	玫瑰色：孔隙至铝基体
			氯化钠	150	
			白明胶	10	

① 溶液 1 的配制：将 20g 白明胶浸于 500mL 蒸馏水中，静置使其膨胀，然后在水浴上加热呈胶体溶液为止。另将 10g 铁氰化钾和 15g 氯化钠分别溶于 200mL 蒸馏水中，将以上溶液注入 1L 容量瓶中，用水稀释到标线处，混合均匀后，贮藏于棕色玻璃瓶中备用。

② 溶液 2 的配制：将 10g 白明胶浸于少量蒸馏水中，待膨胀后，在水浴上加热到呈胶体溶液，冷却后和 3.5g 铝试剂、150g 氯化钠水溶液一起注入 1L 的量瓶中，用水稀释到标线处，均匀混合备用。

4）检验程序：

① 检验前，先用有机溶剂除镀层表面的油，再用蒸馏水洗净，然后用滤纸吸干或放在清洁的空气中晾干。如果镀覆后接着进行检验，可不必进行除油。

② 按不同镀层和基体金属将相应的溶液浇在镀件受检部位表面上或将该部位浸入溶液中，5min 后取出，吸去水分。干燥后在白天或荧光灯下检查受检部位的有色斑点数。

5）孔隙率的计算。根据镀件受检面积，确定每平方厘米内的平均孔隙数目。

电化学检验孔隙率的方法有阳极处理和电解显像试验。

物理法检验孔隙率的方法有光学法、透气性法、超声法、放射自显影术法、同位素法和高电压法等。

五、镀层耐蚀性的检验

镀层耐蚀性的检验方法有：大气曝晒试验、中性盐雾试验、醋酸盐雾试验、铜加速醋酸盐雾试验，以及腐蚀膏试验和溶液点滴腐蚀试验等。

1. 腐蚀试验与服役条件号的对应关系（见表 12-14 ~ 表 12-17）

表 12-14　服役条件号（GB/T 9797—2005）

服役条件号	服役条件	服 役 条 件 特 征
5	极其严酷	在极严酷的户外环境下服役，要求长期保护基体
4	非常严酷	在非常严酷的户外环境下服役
3	严酷	在户外海洋性气候或经常下雨潮湿的户外环境下服役
2	中度	在可能产生凝露的室内环境下服役
1	温和	在气氛温和干燥的室内环境下服役

表 12-15　腐蚀试验与服役条件号的对应关系

基体金属	服役条件号	腐蚀试验持续的时间/h		
		CASS 试验	CORR 试验	ASS 试验
钢	5	24	2×16	144
	4	16	16	96
	3	8	8	48
	2	—	—	8

第十二章 表面处理的检验

(续)

基体金属	服役条件号	腐蚀试验持续的时间/h		
		CASS 试验	CORR 试验	ASS 试验
锌合金	5	24	2×16	144
	4	16	16	96
	3	8	8	48
	2	—	—	8
铜或铜合金	5	16		96
	4			24
	3			8
	2			—
铝或铝合金	5	24	2×16	144
	4	16	16	96
	3	8	8	48
	2			8

表 12-16 中性盐雾试验与服役条件号

基体金属	零件类别	覆盖层	后处理	服役条件号	最小厚度/μm	ASS 试验	
						周期/h	合格要求
碳钢	一般结构件	锌①	钝化	3 2 1	18 24② 12 6	4	主要表面无白色或灰色腐蚀物
	小零件③	锌	钝化	3, 2 1	12 6	4	
	弹性零件	锌	驱氢+钝化	3 2, 1	12 6	4	
	紧固件 ≥M14 M8~M12 ≤M6	锌	钝化	3, 2, 1	12 9 6	4	
	灭弧栅片	锌	钝化	3, 2, 1	12	4	
	一般结构件	铜+镍+铬	抛光	3 2 1	24+12+0.3 12+12+0.3 6+6+0.3	4 3 2	主要表面无棕锈
	一般件	低锡青铜+铬	抛光	3 2 1	36+0.8 24+0.8 12+0.8	4 3 2	
	要求表面耐磨的零件	硬铬	—	3, 2, 1	按零件工作条件定	—	

注: 参考 GB/T 9797—2005《金属覆盖层镍+铬和铜+镍+铬电镀层》。
① 如用镀镉层, 其厚度和中性盐雾试验合格要求, 按有关标准的规定执行。
② 户外使用的高压电工产品的裸露件。
③ 如垫圈、销子、铆钉以及标准件等。

表 12-17　铜、铜合金和铝、铝合金零件的覆盖层厚度规定和中性盐雾试验合格要求

基体金属	零件类别	覆盖层	后处理	服役条件号	最小厚度/μm	NSS 试验 周期/h	NSS 试验 合格要求
铜和铜合金	一般结构零件	镍+铬	抛光	3, 2	9 + 0.3	6	主要表面无浅绿色腐蚀物
				1	6 + 0.3		
		镍或高锡青铜	—	3, 2	9[3]	3	
				1	6		
	弹性零件[1] 紧固零件	镍		3, 2, 1	6	3	
		镍或高锡青铜		3, 2, 1	6		
	电连接零件[2]	锡	—	3, 2, 1	9	4	表面无灰黑色腐蚀物
				1	6		
		银	抗暗处理	3, 2, 1	6	2	表面无绿铜
铝和铝合金	一般零件	阳极氧化	封闭	3, 2, 1	厚度不规定	4	表面无白色腐蚀产物

[1] 仪表用游丝、吊丝和波纹管等弹性零件，可不处理。
[2] 受摩擦或工作时断开的导电零件，镀层厚度依工作条件而定。软连接件镀层厚度由产品设计自行确定。
[3] 适用于镀镍。

2. 中性盐雾腐蚀试验（NSS 试验）
3. 醋酸盐雾试验（ASS 试验）
4. 铜加速醋酸盐雾试验（CASS 试验）
5. 腐蚀膏腐蚀试验（CORR 试验）
6. 化学保护层点滴试验（表 12-18 ~ 表 12-21）

2. 　3. 　4. 　5. 　6.

7. 化学保护层的浸渍试验

将没有油污的氧化试样或磷化试样浸渍在质量分数为 3% 的氯化钠溶液中（零件挂在溶液中，不得接触槽壁）。零件浸渍到出现棕色斑点或一片棕色薄膜，氯化钠溶液发生混浊时为止。在试验前和试验后称试样的质量，求出腐蚀失重，衡量腐蚀程度。浸渍 2h 后观察磷化试样，没有出现腐蚀锈点被认为合格。

8. 间浸腐蚀试验
9. 二氧化硫腐蚀试验

8. 　9.

10. 电镀覆盖层腐蚀试验后试样的评级

此处介绍的金属基体上金属和其他无机覆盖层经腐蚀试验后的试样和试件的评级方法适用于在自然大气中动态或静态条件下曝露的试板或试件,也适用于经加速试验的试板或试件。

(1) 保护评级 (R_P) 的表示

保护评级 (见表12-22) 表示覆盖层保护基体金属免遭腐蚀的能力。保护评级按下式计算:

$$R_P = 3(2 - \log A) \tag{12-8}$$

式中 R_P——修约到最接近的整数;

A——基体金属腐蚀所占总面积的百分数。

在某些情况下,可能难以计算出准确的面积,尤其是深度加工的试样如螺纹、孔等,在这种情况下检验员要尽可能精确地估计此面积。

对缺陷面积极小的试样,严格按式 (12-8) 计算将导致评级大于10。因此,式 (12-8) 仅限于缺陷面积 $A > 0.046416\%$ 的试样。通常,对没有出现基体金属腐蚀的表面,人为规定为10级。如果需要,可用分数值区分表12-22所列评级之间的各种评级。

当采用某些对基体金属呈阳极性的覆盖层体系时,由于覆盖层形成大量的腐蚀产物,可能难以评价出真实的保护评级数。由于这些腐蚀产物的高黏附性,它们会掩盖基体腐蚀的真实面积。例如,曝露于含盐气氛中的钢上锌覆盖层。虽然本标准可用于对钢上锌覆盖层的性能进行评级,但是在一些环境中可能难以确定其保护评级。

若缺陷很集中,可采用GB/T 6461—2002《金属基体上金属和其他无机覆盖层经腐蚀试验后的试样和试件的评级》附录A和附录B所列的圆点图或照片标准,也可用1mm×1mm、2mm×2mm或5mm×5mm的柔性网板评价腐蚀面积。

表12-22 保护评级 (R_P) 与外观评级 (R_A) (GB/T 6461—2002)

缺陷面积 A (%)	评级 R_P 或 R_A	缺陷面积 A (%)	评级 R_P 或 R_A
无缺陷	10	$2.5 < A \leq 5.0$	4
$0 < A \leq 0.1$	9	$5.0 < A \leq 10$	3
$0.1 < A \leq 0.25$	8	$10 < A \leq 25$	2
$0.25 < A \leq 0.5$	7	$25 < A \leq 50$	1
$0.5 < A \leq 1.0$	6	$50 < A$	0
$1.0 < A \leq 2.5$	5	—	—

用这种方法评定保护评级 R_P 的示例:

1) 轻微生锈超过表面1%,小于表面2.5%时:5/—。

2) 无缺陷时:10/—。

与保护评级相关的缺陷称为保护缺陷,包括凹坑腐蚀、针孔腐蚀、基体腐蚀引起的腐蚀斑点、鼓包以及因基体金属腐蚀而造成的其他缺陷。

（2）外观评级（R_A）的表示

外观评级是描述试样的全部外观，包括由曝露所导致的所有缺陷，对试样外观有损害的缺陷，称为外观缺陷（见表12-23）。

表12-23 覆盖层破坏类型的分类（GB/T 6461—2002）

A	覆盖层损坏所致的斑点和（或）颜色变化（与明显的基体金属腐蚀产物的颜色不同）
B	很难看得见，甚至看不见的覆盖层腐蚀所致的发暗
C	阳极性覆盖层的腐蚀产物
D	阴极性覆盖层的腐蚀产物
E	表面点蚀（腐蚀坑可能未扩展到基体金属）
F	剥落、起皮、剥落
G	鼓泡
H	开裂
I	龟裂
J	鸡爪状或星状缺陷

对如下项目应进行外观评级：

1）用表12-23给出的分类确定的缺陷类型。

2）用表12-22所列的等级10～0确定的受某一缺陷影响的面积。

3）对破坏程度的主观评价，例如：

① vs = 非常轻度。

② s = 轻度。

③ m = 中度。

④ x = 重度。

用这种方法评定外观评级（R_A）的示例：

1）中度起斑点，面积超过20%：—/2 m A；

2）覆盖层（阳极性的）轻度腐蚀，面积超过1%：—/5 s C；

3）极小的表面点蚀引起整个表面轻度发暗：—/0 s B，vs E。

外观评级（R_A）可包含一个以上缺陷，在此情况下，应分别报告每一个缺陷［见性能评级的3）的示例］。

（3）性能评级（R_P/R_A）的表示

性能评级是保护评级（R_P）后接斜线再接外观评级（R_A）的组合，即R_P/R_A。

性能评级示例：

1）试样出现超过总面积的0.1%的基体金属腐蚀和试样的剩余表面出现超过该面积的20%的中度斑点：9/2 m A；

2）试样未出现基体金属腐蚀，但出现小于总面积的1.0%的阳极性覆盖层的轻度腐蚀：10/6 s C；

3）试样上0.3%的面积出现基体金属腐蚀（$R_P = 7$），阳极性覆盖层的腐蚀产物覆盖总面积的0.15%，而且最上面的电沉积层出现轻微鼓泡的面积超过总面积的0.75%（但未延伸到基体金属）：7/8 vs C，6 m G。

(4) 评级方法

1) 因电镀或预处理不当而导致的缺陷不予评级。

① 试样可在曝露架上或移到适当处检查，在光亮处从不同角度检查。

② 表面干净，可不经清洗进行检查，当试样上有盐类而不影响检查时，可用蘸有中性皂液的海绵擦拭，然后用清水漂洗，经干燥后检查。

③ 评定的缺陷为肉眼可见的缺陷。肉眼观察之后，可借助光学仪器对缺陷进行鉴别或研究。

④ 距边缘 6mm 以内如出现缺陷，在叙述时予以注明，但评级时一般不予计算。同样与框架接触处和固定孔处的缺陷也不予计算。

⑤ 如需观察试样表面某些腐蚀形貌，可在试样局部表面上进行抛光或磨光，但该磨光或抛光的面积应尽可能小，对于 100mm×150mm 的试样，其面积最好不大于 $1cm^2$。

对于缺陷面积极小的试样，如严格计算，其 R 值将大于 10。因此对没有缺陷的试样人为地规定为 10 级。

对于那些较 9 级好但又非完整无缺陷的试样，如有必要可在 9 级与 10 级之间定出分数值以示区别。对于低于 9 级的试样，其分数值一般来说无特殊用途，但如有需要也可定出分数值。

2) 在评定过程中，建议参照 GB/T 6461 中的标准图，置于试样旁比较，使尽可能接近其中某一标准图，如试样损坏比 (X) 级稍好，但又不如 ($X+1$) 级，则评为 (X) 级。如较 (X) 级稍差，但又比 ($X-1$) 级好，则评为 ($X-1$) 级。

3) 如果在同一时间内检查一大组试样，建议按上文中的要求逐一评级。但评定后对各个试样应进行复查，以保证评定级数的准确性。为简便起见，可把试样从架上取下排在一起进行比较，依次列出其优劣性。

(5) 外观等级的评定

1) 外观等级的评定不仅基于出现缺陷的面积，尚包括损坏程度的严重性。

2) 外观等级不应高于保护等级。

如果是底金属腐蚀，除此之外，覆盖层不存在其他缺陷时，则外观等级比保护等级降低一级或更多些。

3) 评定时应根据试验要求，将覆盖层外观的损坏分为：很轻微的、轻微的、中等的、严重的。

根据上述划分，按下述原则进行评定。

① 仅有轻微的外观缺陷，包括对表面反射性影响很小、很轻微的点蚀、晦暗或稍加清洗即可除去的沾污及某些镀铬层表面裂纹图案等，把这样的缺陷归为轻微级。

轻微级的缺陷，评定时比保护等级降一级或二级，其中很轻微者降一级、轻微者降二级。

② 中等损坏缺陷与（4）3)①条所述的相同类型的缺陷，但程度要严重些。例如出现有损于反射性能的表面点蚀及难以清洗掉的锈蚀、失光等。

外观缺陷属中等的，其外观等级比保护等级降三级或四级。

3) 如试样外观存在着明显的不合格表面外观缺陷,则被列入严重级。

外观缺陷属严重级的,其外观等级比保护等级降五级或更多。

(6) 关于低级别试样的评定

低于保护等级五级的试样,可认为外观评级无意义。此时外观评级可选择以下原则:

1) 如果外观没有明显的其他表面缺陷,则外观等级等于保护等级。

2) 如果整个表面尚有其他缺陷,则无须评定它们的严重性,定其外观等级为1)条的规定等级。

(7) 试验报告

镀层腐蚀试验是一项很重要的工作,检验后应写出试验报告,其内容如下:

1) 试验条件,例如某一标准规定的试验条件。

2) 曝露周期,已知的或估计的。

3) 覆盖层体系和基体金属或受试产品的描述。

4) 评定 R_P 中所遇到困难的报告。

5) 试样或试件的尺寸和形状。

6) 对要评价的表面采用的准备方法,包括所采用的任何清洗处理、对边缘或其他特殊部位的任何保护以及试验前的任何预制损伤。

7) 代表每种覆盖层或产品的试样或试件的数量。

8) 若有要求,应报告试验后试样或试件的清洗方法。

9) 分别每一试样或试件的保护评级(R_P)、外观评级(R_A)和性能评级。

六、电镀覆盖层的耐磨性试验

1. 钢铁氧化膜的耐磨性试验

将表面粗糙度值不低于 $Ra1.6\mu m$ 和 $Ra6.3\mu m$ 的试样,用酒精除去油污后,置于落砂试验仪上(见图12-4)。将粒度为 $0.5 \sim 0.7mm$ 的石英砂 $100g$(定期部分更换)放在漏斗中,砂子经内径为 $5 \sim 6mm$、高 $500mm$ 的玻璃管自由下落,冲击试片表面。落砂完后,用脱脂棉擦去试面上的灰尘,并在冲击部位滴一滴用氧化铜中和过的质量分数为 0.5% 的硫酸铜($CuSO_4 \cdot 5H_2O$)溶液。经 $30s$ 后,将液滴用水冲去或用脱脂棉擦去,用肉眼观察,不得有接触铜出现。

2. 有色金属氧化膜的耐磨试验

将落砂试验仪稍加改装,用一根内径为 $5mm$、长度为 $110cm$、中间带控制阀的玻璃管代替落砂试验仪玻璃管。把厚度为 $0.5 \sim 1.0mm$ 的试样,固定在距玻璃管末端 $50mm$ 的试样架上,称取 $100 \sim 200g$ 砂子倒入漏斗内,砂子约占其容积的一半。试验时打开

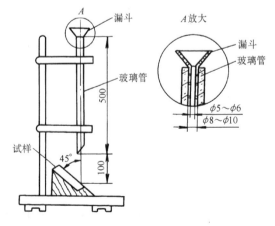

图12-4 落砂试验仪

控制阀，砂子自由落下冲击试样表面，漏斗中砂子的水平面不断补加新砂保持不变。当砂子冲击处呈现基体金属的瞬间关闭控制阀，所落下砂子的重量（g）作为耐磨性衡量标志。反复试验三次，取其算术平均值作为最终结果。

本法适合于试验铝、镁、铜和锌及其合金上氧化膜的耐磨性，也可用于测量磷化膜的耐磨性。

第三节　镀层的特殊性能试验

一、抗硫性能检验

1）检验时，将零件放入质量分数为1%的硫化钠溶液中，温度控制在15～25℃，浸渍30min后如果银镀层表面不变色，则其抗硫性能合格。

2）对银镀层抗硫性能检验，一般采用抽查进行，从每批中抽出2～3个零件进行检验。若有一件不合格，则整批零件应退回处理。

3）该项检验，允许采用与零件同类材料、相同电镀工艺的试样进行抗硫进行检验。

二、氢脆性测试

金属材料在氢和应力联合作用下产生的早期脆断现象叫做氢脆。酸洗和电镀等表面处理过程常常是造成金属基体渗氢的主要原因，某些高强度结构钢特别是超高强度钢，对氢脆特别敏感。测定氢脆的方法有延迟破坏试验、缓慢弯曲试验、挤压试验、应力环等试验方法。

现介绍最常用的挤压试验法：用作弹簧垫圈氢脆验收方法。

将需检验的垫圈套在同一直径的螺杆上，每个螺杆套10～15个，螺杆两端旋上螺母，然后夹在台虎钳上，用扳手将螺母旋紧至垫圈开口处挤平。放置24h，然后松开，用5倍放大镜检查受试垫圈产生裂纹和断裂的数目，结果以脆断率表示：

$$脆断率 = \frac{b}{a} \times 100\% \tag{12-9}$$

式中　a——受试垫圈总数（个）；

b——产生裂纹或断裂数（个）。

每批受试垫圈不得少于50个，如果一批经电镀、除氢处理后的弹簧垫圈，其脆断率在2%以下，表示该批垫圈合格。

三、钎焊性测试

镀层表面被熔融焊料润湿的能力称为钎焊性能。不同的镀层被同一种熔融焊料润湿的能力（钎焊性能）是不一样的。同一种镀层，如果镀层中含的杂质不同或镀层的结晶组织有差异，镀层的钎焊性能也是不一样的。评定镀层钎焊性能的方法有流布面积法、润湿时间法及蒸汽考验法等。

1. 流布面积法

将一定重量的焊料放在待测试样上，滴上几滴松香异丙醇焊剂，试样在电热板上加热到250℃，保持2min，取下试样，然后用面积仪计算焊料流布面积，但对虚焊面不能一并计入。评定方法：流布面积越大，说明该镀层的钎焊性能越好。

2. 润湿时间法

取一定尺寸的电镀试样 10 块（可采用 5mm×5mm），先浸松香异丙醇焊剂，然后浸入 250℃ 熔融焊料中，焊料的表面必须无氧化物，浸入时间根据不同试样编号从 1～10s，然后立即抽出。评定方法：观察试样全部润湿所需的时间（钎焊后的镀层表面应平滑，没有不连续的地方，没有虚焊现象），以最短时间润湿焊料为最佳。2s 内润湿好的试样算最好；10s 润湿为最佳。

上述两种方法通常采用的焊料为含锡质量分数为 60%，含铅质量分数为 40% 的锡铅合金；焊剂是质量分数为 25% 的松香异丙醇中性焊剂。

3. 蒸汽考验法

将试样放在连续沸腾的水面上部，容器有 ∧ 形盖，以防盖子上的冷凝水滴在试样上。不允许试样与容器壁相碰。试样与沸腾的水面相距 100mm、与顶盖相距 50mm。经过 240h 后，不管试样变色与否，让试样在空气中干燥，然后再用流布面积法及润湿时间法测定。

蒸汽考验时间也可根据产品具体使用条件酌情缩短或延长。

第十三章

螺纹和紧固件的检验

第一节 螺纹及其尺寸公差

一、螺纹的种类

1. 螺纹的概念

在圆柱或圆锥表面上，沿着螺旋线所形成的具有规定牙型的连续凸起，称为螺纹。凸起是指螺纹两侧面间的实体部分，又称牙，如图 13-1 所示。

图 13-2 所示为普通螺纹的基本牙型，从图中看到螺纹的基本参数符号。

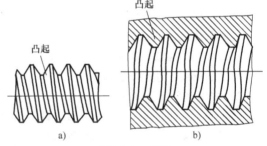

图 13-1 螺纹
a) 外螺纹　b) 内螺纹

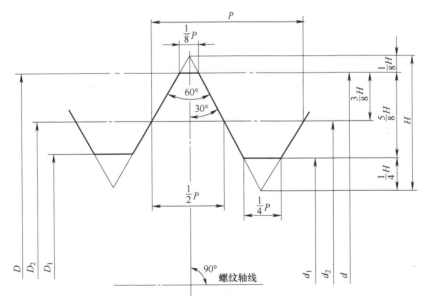

图 13-2 普通螺纹的基本牙型
D—内螺纹的基本大径（公称直径）　d—外螺纹的基本大径（公称直径）　D_2—内螺纹的基本中径
d_2—外螺纹的基本中径　D_1—内螺纹的基本小径　d_1—外螺纹的基本小径
H—原始三角形高度　P—螺距

基本牙型尺寸见表 13-1,直径与螺距标准组合系列见表 13-2,最大公称直径见表 13-3。

2. 参数代号及术语

螺纹的基本牙型尺寸、直径与螺距标准组合系列、最大公称直径（表 13-1、表 13-2、表 13-3）

螺纹参数代号及术语

3. 螺纹的分类

（1）按结构分

1）圆柱螺纹、圆锥螺纹。

2）外螺纹、内螺纹。

3）左螺纹、右螺纹。

4）单线螺纹、多线螺纹。

5）完整螺纹、不完整螺纹。

6）对称牙型螺纹、非对称牙型螺纹。

7）米制螺纹、寸制螺纹等。

（2）按用途分（见图 13-3）

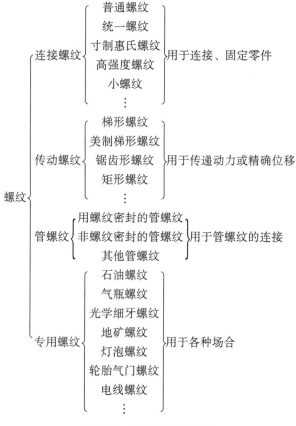

图 13-3 螺纹按用途分类

二、螺纹公差和旋合长度

1. 普通螺纹公差和旋合长度
2. 梯形和55°螺纹的尺寸公差及旋合长度（表13-11～表13-19）

1. 普通螺纹公差和旋合长度
（表13-4～表13-10）

2.

3. 不锈钢螺母的力学性能

不锈钢螺母的力学性能见表13-20和表13-21。

表13-20　螺母力学性能——奥氏体钢组（GB/T 3098.15—2014）

类　别	组　别	性　能　等　级		保证应力 S_p/MPa min	
		螺母 $m \geqslant 0.8D$	螺母 $0.5D \leqslant m < 0.8D$	螺母 $m \geqslant 0.8D$	螺母 $0.5D \leqslant m < 0.8D$
奥氏体	A1、A2、A3、A4、A5	50	025	500	250
		70	035	700	350
		80	040	800	400

表13-21　螺母机械性能——马氏体和铁素体钢组（GB/T 3098.15—2014）

类别	组别	性　能　等　级		保证应力 S_p/MPa ≥		硬　　度		
		螺母 $m \geqslant 0.8D$	螺母 $0.5D \leqslant m < 0.8D$	螺母 $m \geqslant 0.8D$	螺母 $0.5D \leqslant m < 0.8D$	HBW	HRC	HV
马氏体	C1	50	025	500	250	147～209	—	155～220
		70	—	700	—	209～314	20～34	220～330
		110①	055①	1100	550	—	36～45	350～440
	C3	80	040	800	400	228～323	21～35	240～340
	C4	50	—	500	—	147～209	—	155～220
		70	035	700	350	209～314	20～34	220～330
铁素体	F1②	45	020	450	200	128～209	—	135～220
		60	030	600	300	171～271	—	180～285

① 淬火并回火，最低回火温度为275℃。
② 螺纹公称直径 $D \leqslant 24$mm。

4. 不锈钢螺母的标志

（1）制造者识别标志

制造者识别标志应在生产过程中，在标志性能等级代号的所有螺母产品上进行标志,只要技术上可行,应尽可能提供。也推荐在不标志性能等级的螺母产品上标志制造者识别标志。紧固件销售者使用自己的识别标志,也应视为制造者识别标志。

(2) 螺母

螺纹公称直径 $D \geqslant 5mm$ 的螺母应按图 13-4 和图 13-5 进行清晰的标志。该标志是强制性的,并应包括钢的组别和性能等级。可以仅在螺母的一个支承面上标志,并只能用凹字。也允许在螺母侧面进行标志。

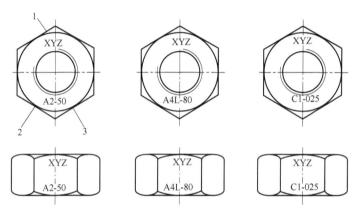

图 13-4 材料和制造者识别标志
1—制造者识别标志 2—钢的组别 3—性能等级

当采用刻槽标志(见图 13-5)时,因无法表示性能等级,其性能等级为 50 级或 025 级。

对细牙螺纹或螺母的几何原因,造成不能满足保证载荷要求的螺母产品,可以标志钢的组别,但不应标志性能等级。

(3) 包装

对各类螺母、所有规格的所有包装上,均应有标志(例如贴或拴标签)。标志或标签应包括制造者和/或经销商商标(或识别标志)和对钢的组别和性能等级的标志代号,以及 GB/T 90.3—2010 规定的生产批号。

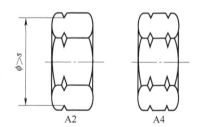

图 13-5 可选用的刻槽标志
(仅适用于 A2 和 A4 组钢)
s—对边宽度

(4) 表面精饰

除非另有规定,否则符合 GB/T 3098.15—2014 的螺母应进行清洁和抛光。推荐最大限度的采用耐腐蚀、钝化处理。当要求钝化时,则应按 GB/T 5267.4—2009 的规定进行。要求钝化处理的紧固件可以在其组别和性能等级之后增加标志代号 "P"。

按特殊订单制造的螺母,该附加标志既适用于螺母产品,也适用于标签。从仓库发送的螺母,该附加标志仅适用于标签。

三、紧固件的表面缺陷

随着机械设备向高精度、高稳定性、高可靠性方向发展,紧固件常在高温、低温、高压、高速、重载、真空工况下运行,因此对紧固件的质量要求越来越高。当使用的工程技术条件需要更严格地控制螺栓、螺母和螺柱的表面缺陷时,应在有关产品标准中规定或由用户在订单中规定适用的极限。

1. 螺栓、螺钉和螺柱的各类表面缺陷(GB/T 5779.1—2000)

适用于一般要求的螺纹公称直径等于或大于5mm,产品等级为A级和B级的螺纹产品。

(1) 表面缺陷的种类、原因、外观特征和极限

(2) 检查与判定程序

验收检查程序见 GB/T 90.1—2002 和 GB/T 90.2—2002。如果表面涂、镀层影响对表面缺陷的识别,则应在检查前予以去除。

螺栓、螺钉和螺柱的各类表面缺陷的种类、原因、外观特征和极限(表 13-22 ~ 表 13-30)

1) 规则。制造者有权采用任何检查程序,但必须保证产品符合本标准的规定。

需方可以采用本条规定的验收检查程序,以确定一批紧固件产品接受或拒收。本程序也适用于有争议时的仲裁检查,除非供需双方在订单中注明协议的其他验收程序。

2) 非破坏性检查。根据表 13-31 的规定,从验收批中随机抽取样本,并进行目测或其他非破坏性的检查,如磁力技术或涡流电流,若发现有缺陷样品未超过允许的极限,则接受该批产品;若发现有缺陷样品数超过允许的极限,则这些不合格产品作为批量并按破坏性检查的程序继续进行检查。

3) 破坏性检查。按非破坏性检查的程序,如查出不合格产品,则根据表 13-32 的规定,将有最严重缺陷的产品组成第二样本,并在通过缺陷的最大深度处取一个垂直于缺陷的截面进行检查。

4) 判定。在目测检查中,若发现有任何部位上的淬火裂缝或在内拐角上的皱纹或在非圆形轴肩紧固件上有低于支承面超出"三叶"形的皱纹,则拒收该批产品。

在破坏性检查中,若发现有超出规定允许极限的锻造裂缝、爆裂、原材料的裂纹和条痕、凹痕、切痕或损伤,则拒收该批产品。

(3) 表面缺陷的抽样方案

对表面缺陷的抽样,应按表 13-31 和表 13-32 给出样本大小。

表 13-31 目测和非破坏性检查的样本大小

批量① N	样本大小 n
$N \leqslant 1200$	20
$1201 \leqslant N \leqslant 10000$	32
$10001 \leqslant N \leqslant 35000$	50
$35001 \leqslant N \leqslant 150000$	80

注:样本大小依据 GB/T 2828.2—2008 中规定的检查水平 S-4。

① 批量是同一型式、规格和性能等级,在同一时间提交验收的产品数量。

表 13-32　破坏性检查的第二样本大小

样本中有缺陷产品的数量 N	第二样本大小 n
$N \leq 8$	2
$9 \leq N \leq 15$	3
$16 \leq N \leq 25$	5
$26 \leq N \leq 50$	8
$51 \leq N \leq 80$	13

注：第二样本大小依据 GB/T 2828.1—2012 中规定的一般检查水平 I。

2. 螺母的各类表面缺陷（GB/T 5779.2—2000）

适用的螺母：螺纹公称直径为 5~39mm，产品等级为 A 级和 B 级。

(1) 表面缺陷的种类、原因、外观特征和极限

(2) 检查与判定程序

使用以下程序应贯彻 GB/T 90.1—2002 和 GB/T 90.2—2002 的有关规定。

螺母的各类表面缺陷的种类、原因、外观特征和极限（表 13-33 ~ 表 13-43）

1) 常规验收检查。常规验收检查，应采用目测检查程序以确保产品符合本标准的规定。

2) 非破坏性检查。按 GB/T 90.1—2002 和 GB/T 90.2—2002 的规定，从验收批中抽取样本，并可放大 10 倍进行目测或其他非破坏性的检查。如用磁粉检测或涡流检测。若发现有缺陷样品未超过允许的极限，则接受该批产品。如用户要求进行 100% 的全检，则应在订单中注明。

3) 破坏性检查。在去除表面涂、镀层后，如发现有可能超过允许极限的表面缺陷，则应选取有最严重表面缺陷的样品进行破坏性试验（GB/T 3098.12—1996 和 GB/T 3098.14—2000）。

4) 仲裁试验。由易切钢制造的螺母的仲裁检查，应按 GB/T 3098.14—2000 对螺母进行扩孔试验。根据供需双方协议，可根据 GB/T 3098.12—1996 进行附加试验。

5) 判定。如果在目测检查中，发现淬火裂缝或在锁紧部分有超差的裂缝，或超过尺寸极限的表面缺陷，则该批产品应予拒收。

如有任何样品未能通过破坏性试验，则该批产品予以拒收。

特殊要求的螺栓、螺钉和螺柱的各类表面缺陷（表 13-44 ~ 表 13-46）

3. 特殊要求的螺栓、螺钉和螺柱的各类表面缺陷（GB/T 5779.3—2000）

第二节　螺纹的检验

一、综合检验

螺纹的综合检验是指用螺纹环规检验工件外螺纹，用螺纹塞规检验工件内螺纹。在大

第十三章 螺纹和紧固件的检验

批大量生产中,这是一种方便、高效、可靠而经济的检验方法,因此获得了广泛应用。

1. 普通螺纹的综合检验

用普通螺纹量规对普通螺纹(一般用米制螺纹)工件进行检验,称为普通螺纹的综合检验。

普通螺纹量规适用于检验 GB/T 192—2003、GB/T 193—2003、GB/T 196—2003 和 GB/T 197—2003 的牙型角为 60°、公称直径为 1~355mm、螺距为 0.2~8mm 的普通螺纹。

这种普通螺纹量规是具有标准普通螺纹牙型,能反映被检内、外螺纹边界条件的测量器具,按使用性能分为工作螺纹量规和校对螺纹量规。

① 工作螺纹量规。生产工人制造工件螺纹过程中所用的螺纹量规。

② 校对螺纹量规。对在制造的工作螺纹环规或检验员使用中的工作螺纹环规是否已磨损进行校对所用的螺纹量规。

(1) 使用规则

表 13-47 是普通螺纹量规的使用规则。

表 13-47　普通螺纹量规的使用规则 (GB/T 3934—2015)

名　称	代号	使 用 规 则
通端螺纹塞规	T	应与工件内螺纹旋合通过
止端螺纹塞规	Z	允许与工件内螺纹两端的螺纹部分旋合,旋合量应不超过二个螺距(退出量规时测定)。若工件内螺纹的螺距少于或等于三个,不应完全旋合通过
通端螺纹环规	T	应与工件外螺纹旋合通过
止端螺纹环规	Z	允许与工件外螺纹两端的螺纹部分旋合,旋合量应不超过二个螺距(退出量规时测定)。若工件内螺纹的螺距少于或等于三个,不应完全旋合通过
"校通-通"螺纹塞规	TT	应与通端螺纹环规旋合通过
"校通-止"螺纹塞规	TZ	允许与通端螺纹环规两端的螺纹部分旋合,旋合量应不超过一个螺距(退出量规时测定)
"校通-损"螺纹塞规	TS	
"校止-通"螺纹塞规	ZT	应与止端螺纹环规旋合通过
"校止-止"螺纹塞规	ZZ	允许与止端螺纹环规两端的螺纹部分旋合,旋合量应不超过一个螺距(退出量规时测定)
"校止-损"螺纹塞规	ZS	

表 13-48 是检验工件螺纹大小径用的光滑极限量规使用规则。

表 13-48　检验工件螺纹大小径用的光滑极限量规使用规则 (GB/T 3934—2015)

名　称	代号	使 用 规 则
通端光滑塞规	T	应通过工件内螺纹小径
止端光滑塞规	Z	允许进入内螺纹小径的两端,但进入量不应超过一个螺距

(续)

名　称	代号	使　用　规　则
通端光滑环规或卡规	T	应通过工件外螺纹大径
止端光滑环规或卡规	Z	不应通过工件外螺纹大径

（2）判定规则

用普通螺纹量规检验，工件螺纹合格与不合格的判定规则如下：

第一，采用经检定符合 GB/T 3934—2003《普通螺纹量规　技术条件》要求的螺纹工作量规对工件内螺纹或工件外螺纹进行检验，若符合表 13-47 中相应规定的使用规则，则应判定该工件内螺纹或工件外螺纹为合格。

第二，为减少检验或验收时发生争议，生产工人、检验员或验收者应使用同一合格的量规。若使用同一合格的量规困难时：

① 生产工人宜使用新的（或磨损较少的）通端螺纹量规和磨损较多的（或接近磨损极限的）止端螺纹量规。

② 检验员或验收者宜使用磨损较多的（或接近磨损极限的）通端螺纹量规和新的（或磨损较少的）止端螺纹量规。

第三，当检验中发生争议时，若判定该工件内螺纹或工件外螺纹为合格的螺纹量规，经检定符合 GB/T 3934 标准要求，则该工件内螺纹或工件外螺纹应按合格处理。

2. 梯形螺纹的综合检验

用梯形螺纹量规对梯形螺纹工件进行检验，称为梯形螺纹的综合检验。

该螺纹量规适用于检验 GB/T 5796.1—2005《梯形螺纹　第 1 部分：牙型》规定的单线梯形螺纹。量规的牙型角为 30°，公称直径为 8~300mm，螺距为 1.5~44mm。

这种量规是具有标准梯形螺纹牙型，能反映被检内、外梯形螺纹边界条件的测量器具，也分为工作螺纹量规和校对螺纹量规，表 13-49 是其使用规则。

表 13-49　梯形螺纹量规的使用规则（GB/T 8124—2004）

名　称	代号	使　用　规　则
通端螺纹塞规	T	应与工件内螺纹旋合通过
止端螺纹塞规	Z	允许与工件内螺纹两端的螺纹部分旋合，旋合量应不超过二个螺距（退出量规时测定）。若工件内螺纹的螺距少于或等于三个，不应完全旋合通过
通端螺纹环规	T	应与工件外螺纹旋合通过
止端螺纹环规	Z	允许与工件外螺纹两端的螺纹部分旋合，旋合量应不超过二个螺距（退出量规时测定）。若工件内螺纹的螺距少于或等于三个，不应完全旋合通过
"校通-通"螺纹塞规	TT	应与通端螺纹环规旋合通过
"校通-止"螺纹塞规	TZ	允许与通端螺纹环规两端的螺纹部分旋合，旋合量应不超过一个螺距（退出量规时测定）
"校通-损"螺纹塞规	TS	
"校止-通"螺纹塞规	ZT	应与止端螺纹环规旋合通过
"校止-止"螺纹塞规	ZZ	允许与止端螺纹环规两端的螺纹部分旋合，旋合量应不超过一个螺距（退出量规时测定）
"校止-损"螺纹塞规	ZS	

第十三章 螺纹和紧固件的检验

判定被检验的梯形螺纹工件合格或不合格的规则与判定普通螺纹工件合格或不合格的规则一样,但此时的梯形螺纹量规要符合 GB/T 8124—2004《梯形螺纹量规 技术条件》,其使用规则要符合表 13-49 的规定。

3. 55°密封管螺纹的综合检验

常用的有55°非密封管螺纹、55°密封管螺纹、用螺纹密封的管螺纹以及石油天然气管道螺纹等,以55°密封管螺纹的综合检验为例说明管螺纹的综合检验方法。

(1) 使用规则

55°密封管螺纹量规适用于检验 GB/T 7306.1—2000（ISO7—1:1994）《55°密封管螺纹 第1部分:圆柱内螺纹与圆锥外螺纹》的螺纹工件,GB/T 22091.1—2008《55°密封管螺纹量规 第1部分:用于检验圆柱内螺纹与圆锥外螺纹》给出了 No.1 ~ No.6 共6种量规,如图 13-6 所示。

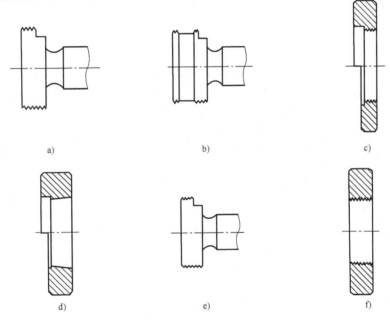

图 13-6 量规体系和量规名称

a) 全牙型圆锥螺纹塞规 No.1 规　b) 带空刀的全牙型圆锥螺纹塞规 No.2 规
c) 全牙型圆柱螺纹环规 No.3 规　d) 光滑圆锥环规 No.4 规
e) 截短牙型圆锥螺纹校对塞规 No.5 规　f) 截短牙型圆柱螺纹校对环规 No.6 规

当检验螺纹工件时,宜选择表 13-50 中规定的量规。当检验发生争议时,若判定工件为合格的量规,是符合 GB/T 22091.1—2008 要求的,则该工件应作为合格处理。

表 13-50　55°密封管螺纹量规选择（GB/T 22091.1—2008）

工件螺纹		中径公差与大径	容纳长度	中径公差与小径	有效螺纹长度	大径
内螺纹	圆柱, Rp	No.1 规和(或)No.2 规	No.2 规	—	—	—
外螺纹	圆锥, R_1	—	—	No.3 规	No.4 规[①]	No.4 规

① 在适配允许区域内的螺纹应采用目视或其他方法检验。

容纳长度是内螺纹工件端面到与外螺纹工件配合时将遇到的第一个障碍物之间的距离，如图13-7所示，该图适用于圆柱内螺纹（Rp）和圆锥内螺纹（Rc）。

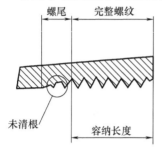 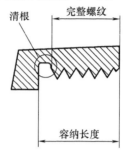

图13-7 容纳长度

55°密封管螺纹量规的使用规则见表13-51。

表13-51 55°密封管螺纹量规的使用规则（GB/T 22091.1—2008）

名 称	代号	功 能	特 征	使用规则
全牙型圆锥螺纹塞规	No.1	检验圆柱内螺纹（Rp）基准平面上的大径（D）和中径（D_2）	锥度为1:16、完整的外螺纹牙型	图13-12
带空刀的全牙型圆锥螺纹塞规	No.2	检验圆柱内螺纹（Rp）基准平面上的大径（D）和中径（D_2），以及其容纳长度	锥度为1:16、完整的外螺纹牙型	图13-13
全牙型圆柱螺纹环规	No.3	检验圆锥外螺纹（R_1）基准平面上的小径（d_1）和中径（d_2）	完整的内螺纹牙型	图13-14
光滑圆锥环规	No.4	检验圆锥外螺纹（R_1）的大径（d）和有效螺纹长度	锥度为1:16的光滑内圆锥	图13-15
截短牙型圆锥螺纹校对塞规	No.5	检验No.3规制造和磨损的尺寸	锥度为1:16、截短的外螺纹牙型	图13-8及图13-9
截短牙型圆柱螺纹校对环规	No.6	检验No.1规、No.2规制造和磨损的尺寸	截短的内螺纹牙型	图13-10及图13-11

注：1. 在制造No.1规和No.2规时，是否用No.6规来检验由量规制造者决定；而用No.6规来检验No.1规和No.2规是否磨损由量规使用者决定。

2. 当对No.1规或No.2规的中径精度有争议时，用直接测量法所获得的结果将优于用No.6规检验所得到的结果。

3. 未经特别提示，本部分规定的量规体系不可以用于注塑零件上螺纹的检验。

No.3规中径应采用No.5规或直接测量法进行检验，No.5规的台阶面应落在No.3规表面的±0.1P范围内，如图13-8所示，此表面为其台阶的相反面。

No.3规中径磨损应采用No.5规进行检验，若No.5规的台阶进入到No.3规的相对于台阶的一端，其值超过图13-9所示的极限，则No.3规报废。

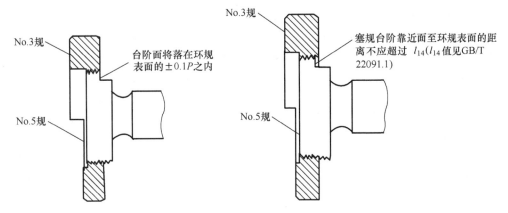

图 13-8　用 No.5 规来检验新制　　图 13-9　用 No.5 规来检验 No.3 规
　　　　No.3 规的中径　　　　　　　　　　　　的中径磨损

图 13-10 和图 13-11 是用 No.6 规来检验 No.2 规的情况。

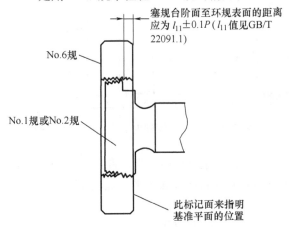

图 13-10　用 No.6 规来检验新制 No.1 规或 No.2 规的中径

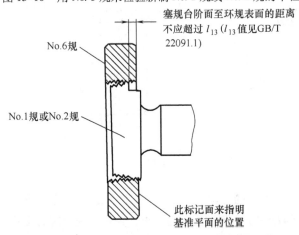

图 13-11　用 No.6 规来检验新制 No.1 规或 No.2 规的中径磨损

（2）实施检验

1）圆柱内螺纹（Rp）的检验。当需要对工件内螺纹的尺寸和容纳长度同时进行一次检验时，应按下述程序进行。当工件设计时已确保了足够的容纳长度，No.2 规可省去（见表 13-50），但应指出不用 No.2 规是检验不出螺纹是否具备足够的容纳长度的。

如果检验的每一个步骤都能满足要求，并且量规台阶的位置对于螺纹工件的端面的每一个步骤中都是同样处在 $0.5P$（螺距）读数的总范围内，则内螺纹达到 GB/T 7306.1—2000 的要求。

第一步，用 No.1 规检验，用手将 No.1 规旋紧至内螺纹中，若螺纹工件的端面处于台阶之间或刚好与量规的任一台阶面齐平（见图 13-12），则该内螺纹处于允许公差带内。

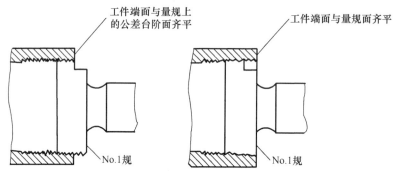

图 13-12　第一步圆柱内螺纹（Rp）的检验

第二步，用 No.2 规检验，用手将 No.2 规旋紧至内螺纹中，若螺纹工件的端面处于台阶面之间或刚好与量规的任一台阶面相齐平（见图 13-13），则该内螺纹处于允许公差带内。

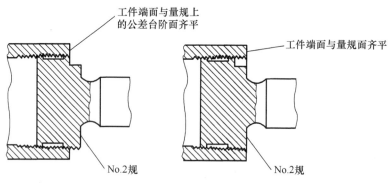

图 13-13　第二步圆柱内螺纹（Rp）的检验

2）圆锥外螺纹（R_1）的检验。当需要对工件外螺纹进行全面检验时，应按下述步骤进行。如果检验的每一个步骤都能满足要求，并且量规台阶的位置相对于螺纹工件的端面在每一个步骤中是同样处在 $0.5P$ 读数的总范围内，则外螺纹达到了 GB/T

7306.1—2000 的要求。

第一步，用 No.3 规检验，用手将 No.3 规旋紧至外螺纹中，若螺纹工件的端面处于台阶之间或刚好与量规的任一台阶面相齐平（见图 13-14），则该外螺纹处于允许公差带内。

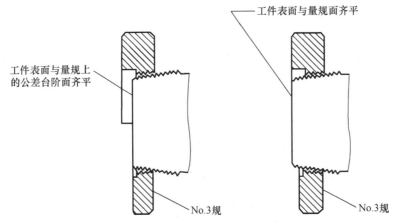

图 13-14　第一步圆锥外螺纹（R_1）的检验

第二步，用 No.4 规检验，用于将 No.4 规旋紧至外螺纹中，若螺纹工件的端面处于台阶面之间或刚好与量规的任一台阶面相齐平（见图 13-15），则该外螺纹处于允许公差带之内。

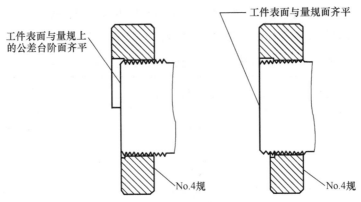

图 13-15　第二步圆锥外螺纹（R_1）的检验

(3) 圆锥、圆柱螺纹工件合格或不合格的判定规则

第一，各项单参数符合 JB/T 10031—2019《55°密封管螺纹量规》规定的圆锥外螺纹、圆锥内螺纹和圆柱内螺纹制件，在用该标准规定的全牙型圆锥螺纹工作量规和截短圆锥螺纹工作量规检验均可合格时，则应判断制件合格，否则应判断制件不合格。

第二，为了减少检验中发生争议，生产工人在制造工件螺纹过程中，应使用新的或磨损较少的量规。检验员或者用户代表在验收工件螺纹时，应使用磨损较多的量规。

第三，当检验中发生争议时，若判断工件螺纹为合格的螺纹量规是符合本 JB/T 10031 规定的量规，则该工件应作合格处理。

4. 使用量规注意事项

（1）确认量规

螺纹量规是专用量具，使用前要确认拿到的量规是所拟用的量规，经过确认无误后，方准使用。确认方法是：核对量规上标志的螺纹量规代号、螺纹代号和中径公差带代号与要检验的螺纹工件的图样上相关的代号是否一致。

（2）检查量规

检查螺纹量规是否在检定周期内（检定标志在量规的非工作面上），未经周期检定和/或超过周期检定的，不得使用。量规测量面上不应有影响使用性能的锈迹、碰伤、划痕等缺欠；量规测量头和手柄的连接应牢固，在正常使用过程中不应出现松动或脱落。

量规测量面的表面粗糙度 Ra 值不应大于表 13-52 的规定。

表 13-52　螺纹量规测量面的表面粗糙度（GB/T 3934—2003）

名　称	$Ra/\mu m$
牙侧	0.2
通端螺纹塞规大径、校对螺纹塞规大径、通端螺纹环规小径	0.4
止端螺纹塞规大径、止端螺纹环规小径	0.8

（3）新螺纹量规验收和周期检定时，各参数采用直接检测法检验

1）对普通螺纹量规和梯形螺纹量规，按表 13-53 和表 13-54 所规定的进行检验。

表 13-53　普通和梯形螺纹量规塞规各参数的检验（GB/T 10922—2006）

主要检测参数	检测部位	检测器具
中径	工作范围内	测长仪、量针
大径		杠杆比较仪
小径		万能工具显微镜
螺距	螺纹全长范围内	万能工具显微镜、螺距仪
牙型半角	任意牙	万能工具显微镜

表 13-54　普通和梯形螺纹量规环规各参数的检验（GB/T 10922—2006）

检测参数	检测器具	检测参数	检测器具
作用中径	螺纹校对塞规	牙侧角	螺纹校对塞规
大径			
螺距		小径	光滑极限量规

注：GB/T 10922—2006《55°非密封管螺纹量规》。

第十三章　螺纹和紧固件的检验

2）对锥形螺纹量规，按表 13-55 和表 13-56 的规定进行检验。

表 13-55　锥形螺纹量规工作塞规的检验（JB/T 10588—2006）

主要检测参数	检 测 部 位	检 测 器 具
中径 d_2	基准面处	测长仪、量针
大径 d		杠杆比较仪
小径 d_1 及槽底形状		万能工具显微镜
螺距 P	螺纹全长范围内	万能工具显微镜、螺距仪
牙型半角 $\alpha/2$	任意牙	万能工具显微镜
锥度 Ψ	螺纹全长范围内	正弦规、量块、比较仪、平板
台阶面宽度 T_2	—	深度千分尺、量块、比较仪、平板
螺纹长度 L_2	—	外径千分尺

表 13-56　锥形螺纹量规工作环规的检验（JB/T 10588—2006）

检测参数	检 测 器 具	检测参数	检 测 器 具
作用中径	米制锥螺纹校对塞规	台阶面宽度 T_1	深度千分尺、量块、比较仪、平板
螺距 P	螺距仪、测长仪、三坐标测量机	环规宽度 L_4	外径千分尺
锥度 Ψ	测长仪、三坐标测量机、正弦规		

注意：绝不使用标志不明、质量状况不清的量规！

二、单项检验

1. 大、小径的检验

1）外螺纹大径和内螺纹小径用普通计量器具如千分尺、内测千分尺、卡尺等检测即可。

2）外螺纹小径和内螺纹大径，主要由验证工艺、检测刀具（如丝锥、板牙、滚板、内螺纹研磨具等）来控制，只在必要时抽查。

3）对精度较高（如螺纹量规）、精车和磨削的螺纹，通过检测"对刀板"控制车刀尺寸；在调整修磨砂轮时，与检测牙型半角同时可检测外螺纹小径；万能工具显微镜（简称显微镜）投影法是最常用的方法，见图 13-16。

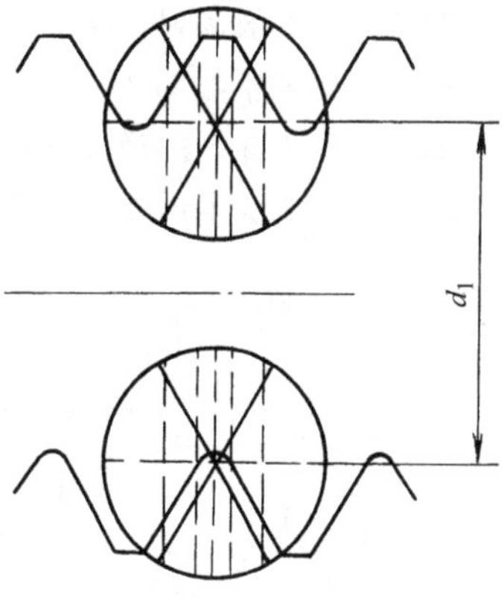

需要注意的是，只有在显微镜上，才能找出螺纹牙侧与沟底圆弧半径的交点，检测到小径的尺寸。有的资料推荐用"尖测头"装在螺纹千分尺上检测外螺纹小径的方法，是有局限性的。

图 13-16　影像法测量小径

2. 牙型半角的检测

对普通螺纹制件，通过成形刀具和调整机床保证螺纹牙型半角，一般不需检测。当精度要求高（如螺纹量规）或牙型较大（如梯形螺纹）用调整、修磨车刀、砂轮保证牙型角时，则必须检测。牙型半角一般在显微镜上检测，采用带有米字线的角度目镜进行检测。

（1）影像法（见图13-17）

普通螺纹、管螺纹因为螺纹升角不大，容易得到清晰的牙型轮廓，用影像法检测简捷易行。其操作步骤及要点如下：

1）根据螺纹牙型大小选择适当的物镜。

2）校正角度目镜的零位。

3）按螺纹升角将显微镜头旋转一角度，调整焦距得到清晰的牙型轮廓。

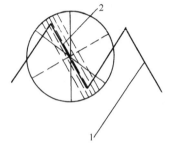

图13-17 影像法测牙型半角

4）按图13-17所示，在牙侧对线并读出角度值；在左右牙侧读出左、右半角；根据螺纹长度，可选择几个位置，以找到最大偏差值。

5）为了防止检测轴线与螺纹轴线不重合而造成系统误差（往往是由仪器的顶尖、V形架和工件的顶针孔、定位外圆柱面等安装、定位基准误差所引起），应在与螺纹轴线对称的两个位置对同一侧牙型半角进行检测、读数，并按下式计算（见图13-18）。

$$\frac{\alpha}{2}左 = \frac{\frac{\alpha}{2}(Ⅰ) + \frac{\alpha}{2}(Ⅲ)}{2}, \quad \frac{\alpha}{2}右 = \frac{\frac{\alpha}{2}(Ⅱ) + \frac{\alpha}{2}(Ⅳ)}{2} \qquad (13-1)$$

影像法测得的是法向牙型半角，与牙型半角的定义（在轴向截面内）不符，但对普通螺纹影响很小，一般可忽略。当螺纹升角较大（如多头螺纹、梯形螺纹等）可予以折算，或改用轴切法测量。

（2）干涉法（见图13-19）

在显微镜下部透射镜头上放一中间有小孔的挡片，在螺纹牙型轮廓周边就可出现几条干涉带，用米字线对准其中一条（一般是靠近轮廓的第一或第二条），可以代表轮廓，其余方法步骤与影像法相同。这一方法的优点是不必旋转显微镜头去找牙侧的影像，既方便又减少了误差。消除轴线倾斜方法同上。

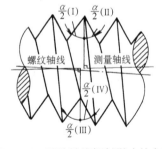

图13-18 消除轴线倾斜影响的方法

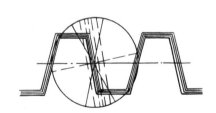

图13-19 干涉法检测牙型角

（3）轴切法

利用显微镜所附的测量刀贴靠在牙型侧面，再用镜头中的米字线对准测量刀上的细线（与刀刃平行）即可检测牙型半角（见图13-20）。

操作步骤：

1）在显微镜工作台一侧装上测量刀座，选择适当规格的测量刀，擦拭干净，装上反射光源或半反射镜片。

2）调整显微镜头，在视野中看到牙型清晰轮廓，将测量刀沿刀座平面引（滑）向牙侧密贴，注意不能使测量刀（特别是刀尖）与工件碰撞。

3）调整显微镜，找到测量刀上平面的细线，对线检测（其余同影像法）。

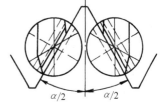

图 13-20　轴切法测牙型半角

此法特点是：

1）测量刀及刀座的尺寸决定了刀刃处在螺纹轴线平面内。

2）在测量刀上平面对线，镜头不必倾斜（读数时），不存在轴向与法向的误差。

3）测量刀刃部较长，对细牙螺纹等于延长了牙型轮廓；在测量上平面对线，较牙型轮廓更可靠，从而提高了检测精度。

所以，在高精度时（如螺纹量规特别是校对塞规）或大螺纹升角时，应该用轴切法。

(4) 改变针（球）径法

用三针法或双针法测量螺纹中径，先用尽量大的针径，再用尽量小的针径，通过两次测得的中径值，反算得到牙型半角。当工件大、牙型大，不能用仪器检测时，可用此法。应注意，这种方法得到的是牙型半角平均值，不能确切区分左、右半角。

(5) 用螺纹样板检测牙型角

利用成组的螺纹样板，可以粗略的检测牙型角。一般在设备维修、测绘时，用以粗测，更多地是判别牙型角究竟是 55°还是 60°，确定螺距公称值等。

3. 螺距的检测

检测螺距最简便、最常用的方法是用显微镜。当螺纹精度高、需测尺寸大（如测多个螺距的积累误差）时，就只能用显微镜。与测牙型角一样，对线的方法可以用投影法、干涉法和轴切法，这里不再详述。

1）为了消除实装引起的检测轴线与螺纹轴线不重合造成的误差，可在牙侧左右（见图 13-21）分别读得 AC 和 DE 取平均值得到螺距。

即
$$P = \frac{AC + DE}{2} \quad (13-2)$$

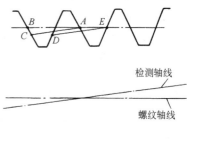

对细长工件，为排除工件弯曲引起的螺距误差，可在轴线另一侧同名牙廓检测螺距，取平均值（AC 与 $A'C'$ 或 DE 与 $D'E'$ 平均）。当然，这里所说弯曲引起误差，应不影响螺纹的旋合、使用（仅影响了螺距检测值）。否则，应判为弯曲导致螺纹制件不合格。

图 13-21　在显微镜上检测螺距

2）利用显微镜的灵敏杠杆检测螺距。当螺纹牙型尺寸较大时，用灵敏杠杆检测螺距是准确、方便的。这时应注意：

① 灵敏杠杆与牙侧是一点接触，牙廓形状误差影响较大，一定要予以控制。测头接触点要尽量靠近螺纹中径线。

② 测头在牙侧定位的准确性很重要。由于牙型角的存在，测头在螺纹径向的位置变化比较敏感，造成的误差较大。所以，即使有三个坐标系统的显微镜，也尽可能不用 Z 向坐标定位。即固定 Z 向，移动 Y（横）向。

③ 严防与工件碰撞损坏灵敏杠杆。

3）用专用检具检测螺距。当需要经常检测螺距时，可自行制作专用样板（见图13-22）或专用比较装置（见图13-23）。

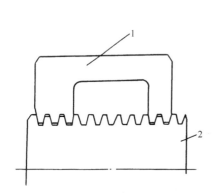

图 13-22　用专用样板检测螺距
1—专用样板　2—工件

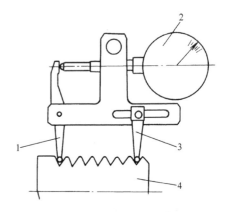

图 13-23　用专用比较装置检测螺距
1—可动测头　2—指示表　3—固定（可调）测头　4—工件

这两种方法，主要用于螺纹加工过程中调整机床（特别是加工多线螺纹时，使分线均匀）和控制螺距误差的累积。其中比较装置可在已检验合格的工件上调零；专用样板的设计应能用于加工过程中的检测。

4）用螺纹样板组检测螺距（见图13-24）。这种方法比较粗糙，实际上更多地是用于在维修、测绘过程中确定螺距公称值，区别螺纹种类等（包括对牙型角的粗略判定）。

对粗车、粗磨螺纹过程中，调整机床刀具、修整砂轮，粗略控制，以减少用精密仪器检测的次数，也有一定的作用。

成套样板或专用样板，都应定期检定，保持合格。所用样板要符合标准规定，表13-57是成套螺纹样板。

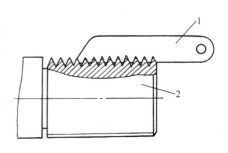

图 13-24　用螺纹样板组检测螺距
1—螺纹样板　2—工件

表 13-57　螺纹样板（JB/T 7981—2010）

普通螺纹样板的螺距系列尺寸及组装顺序/mm	统一螺纹样板的螺距系列尺寸及组装顺序 螺纹牙数/in	螺纹样板的厚度尺寸/mm
0.40、0.45、0.50、0.60、0.70、0.75、0.80、1.00、1.25、1.50、1.75、2.00、2.50、3.00、3.50、4.00、4.50、5.00、5.30、6.00	28、24、20、18、16、14、13、12、11、10、9、8、7、6、5、4.5、4	0.5

5）印模法检测螺距。上面介绍的牙型角和螺距的检测方法，主要是用于外螺纹。对于内螺纹，除少数大规格的可以在普通测长仪器上用内测钩直接检测螺距外，大部分内螺纹无法直接检测。于是，出现了印模法：用石膏等材料溶成液体，浇注于内螺纹沟槽中，待凝固后取出印模，晾干，再在仪器（如显微镜）上检测牙型角和螺距。

使用这种方法应注意：

① 这种方法的关键是制模困难，特别是基准面的确定和印模的收缩变形。

② 只能用于牙型尺寸大、牙面光洁的工件。

③ 制模时，石膏粉加水，并加少量重铬酸钾以加速凝固，后者毒性甚剧，须小心。

④ 制模材料容易造成工件锈蚀，取出印模后，应立即擦洗、涂油。

4. 中径的检测

（1）用螺纹千分尺检测中径（见图 13-25 和图 13-26）

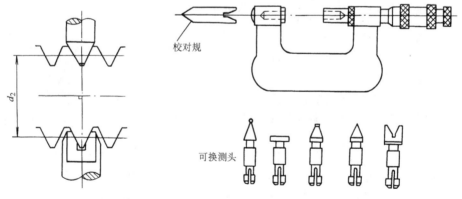

图 13-25　用螺纹千分尺检测中径　　图 13-26　螺纹千分尺及其附件

螺纹千分尺本身精度有限，又受牙型角和螺距误差的影响，所以只能检测低精度螺纹制件，或在加工过程中掌握加工余量、分配吃刀量等方面作为一种补充检测手段。

使用螺纹千分尺应注意：

1）安装测头时要擦拭清洁，仔细校对零位，如能用同规格的螺纹塞规校对，效果会更好。

2）接触测量，量具与工件的清洁度，测量面有无刻划、伤痕至关重要，应仔细检查。

3）检测时，应仔细观察测头与螺纹牙廓接触情况，特别是牙型小的细牙螺纹，要注意是否有牙底或牙顶（圆角）接触的现象，避免误判。例如误将牙底处圆角过大与测头发生干涉判为螺纹中径尺寸大，而可能返修成废品。

(2）三针法检测螺纹中径（见图13-27）

这是目前应用最多的检测方法。当使用最佳三针时，检测得到的是单一中径。

1）计算公式。

当量针接触于螺纹沟槽宽度等于1/2螺距处时，有下列关系：

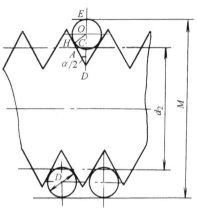

图 13-27　三针法检测螺纹中径

$$M = d_2 + 2EO + 2CO = d_2 + D + 2(DO - CD)$$
$$= d_2 + D + 2\left(\frac{HO}{\sin\alpha/2} - AC\cot\alpha/2\right)$$
$$= d_2 + D + 2\left(\frac{d_0/2}{\sin\alpha/2} - \frac{P}{4}\cot\alpha/2\right)$$
$$= d_2 + D\left(1 + \frac{1}{\sin\alpha/2}\right) - \frac{P}{2}\cot\alpha/2 \quad (13\text{-}3)$$

于是

$$d_2 = M - D\left(1 + \frac{1}{\sin\alpha/2}\right) + \frac{P}{2}\cot\alpha/2 \quad (13\text{-}4)$$

式中　M——测得值（mm）；
　　　D——三针公称直径（mm）；
　　　α——牙型角（°）。

2）最佳三针法（见图13-28）。

当直径为 D 的量针接触于螺纹沟槽宽度$P/2$处时：

$$D = 2AO = 2\frac{AC}{\cos\alpha/2} = \frac{P}{2\cos\alpha/2} \quad (13\text{-}5)$$

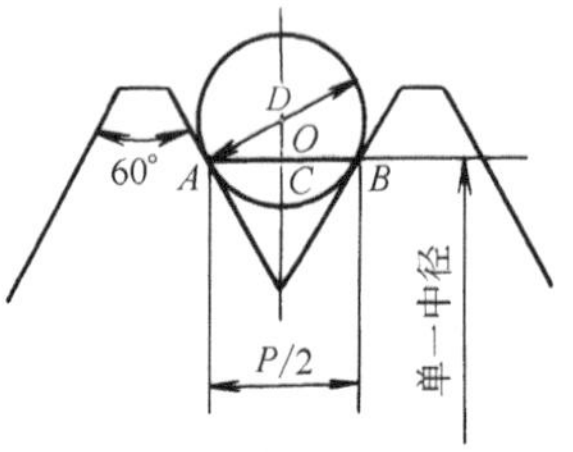

图 13-28　三针直径的确定

这里是假定量针直径以一个无限薄的圆片接触于牙侧（处于轴向平面内）。实际上，由于螺纹升角的存在，量针沿沟槽放置，在轴向切面内并不是正圆，所以，这是一个近似公式。由于大多数螺纹升角很小，这种简化不会对实际工作造成影响。如果要考虑螺纹升角的影响，量针直径可按式（13-6）求出。

$$D = \frac{P}{\cos\frac{\alpha}{2}\left[2 + \tan^2\psi'\left(1 + \sin^2\frac{\alpha}{2}\right)\right]} \quad (13\text{-}6)$$

式中　$\alpha/2$——螺纹牙型半角（°）；
　　　ψ'——量针与螺纹实际接触点处的升角（°）。

$$\tan\psi' = \frac{P}{\pi d_2}\sqrt{\frac{1}{1+\frac{P\tan\alpha/2}{2d_2}}} \approx \tan\psi\left(1-\frac{P\tan\alpha/2}{4d_2}\right)$$

式中 ψ——螺纹外角（°）。

使用最佳三针检测中径，可以免除螺纹牙型角误差的影响，提高检测精度。但实际工作中，有时不得不使用直径大于或小于最佳针径的量针。例如，有的梯形螺纹，当使用最佳针径的三针时，M 值将小于螺纹大径，不得不增大针径。另外，为了适应各种类型的螺纹，对量针直径进行合并以减少规格，也使量针对有的螺纹有的规格较最佳针径略大或略小。理论分析证明，在一定范围内，量针直径偏离最佳值，并不会对中经检测产生大的影响。

测量螺纹中径时，建议根据被测螺纹的螺距选用相应公称直径的量针，见表 13-58。

选用螺纹测量用三针（表 13-58）

螺纹测量用三针（量针）是每组具有确定的相同公称直径的三个量针，以间接法测量螺纹中径的针形测量器具，它分为三种型式：Ⅰ型量针、Ⅱ型量针和Ⅲ型量针，如图 13-29 所示。

GB/T 22522 标准给出量针公称直径 D 共 31 个，这是不够用的。因此，可以用除上述量针以外的其他量针，一是对原有量针经检定合格继续使用，二是向有关量具厂特殊订购。

3）三针测量计算式及数据。前面推导的中径三针测量计算式，对不同螺纹可简化（见表 13-59）。

表 13-59 各种螺纹的中径计算式

螺 纹 类 别	三针直径	测得中径的计算式
普通螺纹（$\alpha = 60°$）	$D = 0.577P$	$d_2 = M - 3D + 0.866P$
寸制管螺纹（$\alpha = 55°$）	$D = 0.564P$	$d_2 = M - 3.1657D + 0.9605P$
梯形螺纹（$\alpha = 30°$）	$D = 0.518P$	$d_2 = M - 4.864D + 1.866P$

其他不常用螺纹可用前面推导公式计算，此处从略。当把计算式后两项用 A 代表时，可简化为

$$d_2 = M - A \tag{13-7}$$

为方便工作，对各种螺纹不同规格的 A 值列出（见表 13-60~表 13-62）。

4）三针测量的误差修正。三针法测量中径时，螺纹的牙型角、螺距、三针直径等参数的误差以及螺纹升角都将影响测量结果，必要时可分别予以修正。

① 牙型角误差的影响。

当牙型角误差为 $\Delta\alpha$（′）时，其对中径造成的影响按式（13-8）和式（13-9）计算。

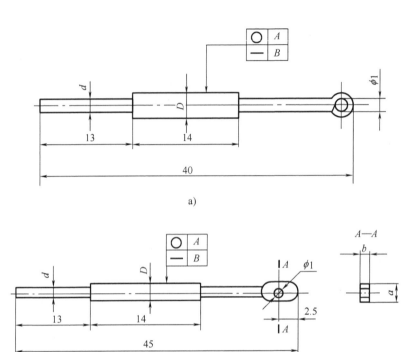

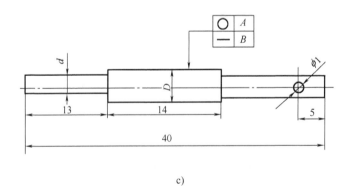

图 13-29 螺纹测量用三针

a) Ⅰ型量针的型式（公称直径 D 为 0.118~0.572mm） b) Ⅱ型量针的型式（公称直径 D 为 0.724~1.553mm） c) Ⅲ型量针的型式（公称直径 D 为 1.732~6.212mm）

表 13-60　三针法测量普通螺纹中径的 A 值　　（单位：mm）

螺距 P	三针直径 D	A	螺距 P	三针直径 D	A
0.2	0.118	0.1808	1.25	0.724	1.0895
0.25	0.142	0.2095	1.5	0.866	1.2990
0.3	0.170	0.2502	1.75	1.008	1.5085
0.35	0.201	0.2999	2	1.157	1.7389
0.4	0.232	0.3496	2.5	1.441	2.1579
0.45	0.260	0.3903	3	1.732	2.5979
0.5	0.291	0.4400	3.5	2.020	3.0289
0.6	0.343	0.5094	4	2.311	3.4689
0.7	0.402	0.5998	4.5	2.595	3.8879
0.75	0.433	0.6495	5	2.886	4.3279
0.8	0.461	0.6902	5.5	3.177	4.7679
1	0.572	0.8500	6	3.468	5.2078

表 13-61　三针法测量梯形螺纹中径的 A 值　　（单位：mm）

螺距 P	三针直径 D	A	螺距 P	三针直径 D	A
2	1.047	1.3603	8	4.141	5.2126
2	1.302	2.6005	8	4.211	5.5530
3	1.553	1.9553	10	5.176	6.5145
3	1.732	2.8259	12	6.212	7.8213
4	2.071	2.6087	16	8.282	10.4252
4	2.217	3.3188	20	10.353	13.0339
5	2.595	3.2913	24	12.423	16.6377
5	2.886	4.7066	32	16.565	20.8552
6	3.106	3.9107	40	20.706	26.0678
6	3.287	4.7910			

注：表中梯形螺纹牙型角 $\alpha = 30°$。

表 13-62　寸制管螺纹三针检测中径的 A 值（$\alpha = 55°$）　　（单位：mm）

每25.4mm 牙数 n	三针直径 D	A 值	每25.4mm 牙数 n	三针直径 D	A 值
24	0.572	0.795	8	1.732	2.433
20	0.724	1.072	7	2.020	2.909
18	0.794	1.162	6	2.311	3.250
16	0.866	1.221	5	2.886	4.257
14	1.008	1.449	4.5	3.177	4.636
12	1.157	1.629	4	3.580	5.234
11	1.302	1.904	3.5	4.091	5.981
10	1.441	2.122	3.25	4.400	6.423
9	1.591	2.323	3	4.773	6.977

对于普通螺纹（$\alpha = 60°$）：

$$\Delta d_2(\alpha) = \pm(0.504D - 0.291P)\Delta\alpha \quad （单位：\mu m） \qquad (13-8)$$

对于寸制和管螺纹（$\alpha = 55°$）：

$$\Delta d_2(\alpha) = \pm(0.605D - 0.341P)\Delta\alpha \quad （单位：\mu m） \qquad (13-9)$$

当针径偏大、$\Delta\alpha$ 为正时用"＋"号；
当针径偏大、$\Delta\alpha$ 为负时用"－"号；
当针径偏小、$\Delta\alpha$ 为正时用"－"号；
当针径偏小、$\Delta\alpha$ 为负时用"＋"号。

② 螺距误差的影响。

当螺距误差为 ΔP（μm）时，对中径影响：

对于普通螺纹（$\alpha = 60°$）：

$$\Delta d_2(P) = \pm 0.866P \quad （单位：\mu m） \qquad (13-10)$$

对于寸制管螺纹（$\alpha = 55°$）：

$$\Delta d_2(P) = \pm 0.9605\Delta P \quad （单位：\mu m） \qquad (13-11)$$

螺距误差一般较小，对一般螺纹可不考虑，只有在较高精度（如螺纹校对塞规）可考虑修正。

③ 螺纹升角的影响（又称"斜位"或"斜置"修正）。

对各种螺纹，螺纹升角造成的中径误差：

$$\Delta d_2(\psi) = \frac{D}{2}\tan^2\psi\cos\frac{\alpha}{2}\cot\frac{\alpha}{2} \qquad (13-12)$$

$$\tan\psi = \frac{P}{\pi d_2} \quad （\psi 为中径处螺旋角）$$

一般普通螺纹，寸制管螺纹 ψ 角大都小于 3°，可不考虑其影响。多线（多头）螺纹和梯形螺纹 ψ 角较大，应考虑其影响。

Δd_2 (ψ) 计算比较繁琐，梯形螺纹的螺纹升角修正值见表 13-63。

表 13-63　梯形螺纹 ($\alpha = 30°$) 三针测中径斜位修正值　（单位：mm）

螺纹规格	中径 d_2	三针直径 D	A	M	升角 ψ	A_1	$M + A_1$
Tr10×2	9	1.047	1.3603	10.3603	4°02′46″		
Tr10×2	9	1.302	2.6005	11.6005	4°02′46″		
Tr10×3	8.5	1.553	1.9553	10.4553	6°24′36″		

表 13-63 中 A_1 即为螺纹升角引起的修正值（均为正值）。

此时，$d_2 = (M + A_1) - A$，M、A 含义同前。

④ 三针直径误差的影响。三针直径的尺寸允差一般在 1μm 以下，但数学分析得知，三针直径实际值与其标称值之差（不是与最佳针径之差）对中径测量值的影响是大约 3 倍的关系，所以对高精度的螺纹校对量规等，仍不能忽视。

补偿三针直径误差的修正值计算式：

对于普通螺纹：

$$\Delta d_2(D) = -1.5 \left(\Delta D_{01} + \frac{\Delta D_{02} + \Delta D_{03}}{2} \right) \tag{13-13}$$

对于寸制管螺纹：

$$\Delta d_2(D) = -1.58 \left(\Delta D_{01} + \frac{\Delta D_{02} + \Delta D_{03}}{2} \right) \tag{13-14}$$

对于梯形螺纹（$\alpha = 30°$）：

$$\Delta d_2(D) = -2.43 \left(\Delta D_{01} + \frac{\Delta D_{02} + \Delta D_{03}}{2} \right) \tag{13-15}$$

式中　$\Delta d_2(D)$——由三针直径误差引起的修正值（μm）；

ΔD_{01}——单根一侧三针直径误差（μm）；

ΔD_{02}、ΔD_{03}——双根一侧三针直径误差（μm）。

请注意：计算式右侧的"-"号说明，当三针直径大于其标称值时，ΔD_0 为正值，引起中径检测值偏大，应从测量结果中减去。

⑤ 其他误差因素。值得注意的是，由于三针法检测中径时，量针与工件是点接触，所以会产生由量仪测量力引起的工件压陷和量针压扁，从而带来误差。这方面涉及因素较多（工件硬度、螺纹与量针的直径，量仪测力大小及其变化等），理论研究和试验也并不充分。但了解下面的大致情况应是有益的：

当螺纹中径在 30mm 以下（量针直径一般在 2mm 以下），量具测力为 10N 时，这一误差为 2.5～5μm；当量仪测力为 3N 时，误差为 1～2.5μm。我们知道，千分尺的测力为 6～10N，而各种比较仪和光学计的测力为 2N 左右。于是我们可以有这样的结论：不应该用测力较大的千分尺（以三针法）去检测直径很小的螺纹中径；当我们合理选用量仪时（螺纹量规等精度高的工件是用光学计等检测中径，而千分尺只检测中径公差较大的螺纹制件），压陷及压扁误差可不考虑。

5）圆锥螺纹中径的三针测量。

① 双楔块法（见图13-30）。

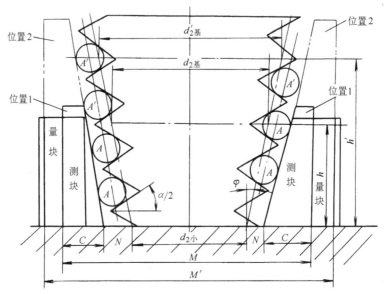

图13-30　圆锥螺纹中径三针测量的双楔块法

测得值 M 可按下式计算：

$$M = d_{2基} + D\left(\frac{1}{\sin\frac{\alpha}{2}} + \frac{1}{\cos\varphi}\right) - \frac{P}{2}\cot\frac{\alpha}{2}\left(1 - \tan^2\frac{\alpha}{2}\tan^2\varphi\right) \quad (13\text{-}16)$$

$$- 2\tan\varphi h + 2c$$

式中　h——基距（螺纹基面中径至小端距离）；

φ——螺纹中径圆锥半角；

c——楔块大端厚度；

$d_{2基}$——基面中径。

如果螺纹较长，或基面中径靠近大端，可在位置2检测。在两个位置分别测得 M 和 M'，还可验证中径锥角（2φ）的正确性。

② 正弦尺法（见图13-31）。

计算公式：

$$d_{2基} = \frac{M-Z}{\cos\varphi} - D\left(\sec\varphi + \frac{L}{\sin\frac{\alpha}{2}}\right) + \frac{P}{2}\left(\cot\frac{\alpha}{2} - \tan\frac{\alpha}{2}\tan^2\varphi\right) + 2L\tan\varphi \quad (13\text{-}17)$$

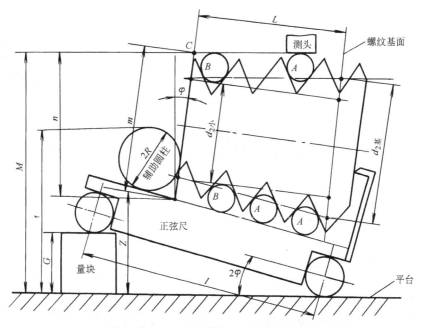

图 13-31 测量圆锥螺纹中径的正弦尺法

式中 M——从三针上表面测得值；

Z——螺纹小端面与正弦尺工作面交点至基准平面距离；

φ——螺纹中径半锥角；

L——螺纹基面至小端面距离。

其中，M 可先用高度尺粗略测出，再组合量块与之比较，测得准确数值：

$$Z = t - R\left(1 + \frac{\sin\beta}{\sin\theta}\right)$$

$$\theta = 45° - \frac{\varphi}{2}, \beta = \theta + 2\varphi$$

对标准圆锥螺纹，中径锥度为 1:16（$\alpha = 60°$）

$$\varphi = 1°47'24''$$

则 $\theta = 44°6'18''$ $\beta = 47°41'6''$

可得 $Z = t - 2.0625R$ （R 可实测出）

于是 G 可求出。

将三针位置由 A 移至 B，假设得到 M'，可与 M 比较检验螺纹中径的锥度。

③ 上述两种方法虽精度较高，但操作较繁难。如批量大，常检测，可制作图 13-32 所示的专用楔块，根据精度选择适当量仪测 M 值。

M 值可按下式计算：

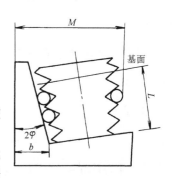

图 13-32 测量圆锥螺纹中径的单边楔块法

$$M = (d_2 + C - LK)\cos\varphi + b \tag{13-18}$$

式中 d_2——所测截面中径;

L——基面距小端距离;

K——螺纹中径锥度;

φ、b——楔块特征参数;

C——圆锥螺纹中径三针测量常数。

C 的计算(见图13-33):设使用最佳量针,e、e' 为量针与牙侧接触点,其连线与中径线、牙型角分角线交与 F。

$$C = D\left(\frac{1}{\cos\varphi} + \frac{1}{\sin\frac{\alpha}{2}}\right) - \frac{P}{2}\left(\cot\frac{\alpha}{2} - \tan^2\alpha/2 \cdot \varphi\right) \tag{13-19}$$

当 $K = 1:16$,$\alpha = 60°$ 时

$$C = 3.0005D - 0.8657P$$

当 $K = 1:16$,$\alpha = 55°$ 时

$$C = 3.1662D - 0.96024P$$

(3)两针法与单针法测量螺纹中径

当螺距较大,两针一侧超出一般量仪工作面时,或螺纹牙数太少时,可将三针法变异为两针或单针法。

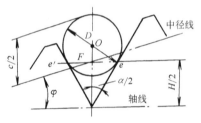

图 13-33 常数 C 与最佳量针

1)两针法见图13-34。

计算公式:

$$d_2 = M_2 - D - \frac{P^2}{8(M_2 - D)} - \frac{D}{\sin\frac{\alpha}{2}} + \frac{P}{2}\cot\frac{\alpha}{2} \tag{13-20}$$

式中 M_2——测得尺寸(mm)。

对于普通螺纹($\alpha = 60°$):

$$d_2 = M_2 - 3D - \frac{P^2}{8(M_2 - D)} + 0.866P$$

对于寸制管螺纹($\alpha = 55°$):

$$d_2 = M_2 - 3.1657D - \frac{P^2}{8(M_2 - D)} + 0.9605P$$

对于梯形螺纹($\alpha = 30°$,螺纹外角 $\leq 3°30'$):

$$d_2 = M_2 - 4.8639D - \frac{P^2}{8(M_2 - D)} + 1.866P$$

2)单针法见图13-35。

对尺寸较大,安放在量仪上有困难的制件,如多头蜗杆,可用单针法在平板上检测中径。

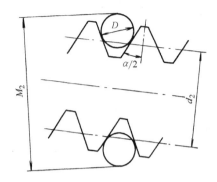
图 13-34 两针法测量螺纹中径

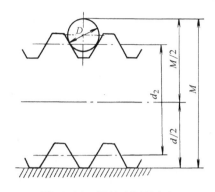
图 13-35 单针法测量中径

计算公式：

$$d_2 = 2M - D\left(1 + \frac{1}{\sin\frac{\alpha}{2}}\right) + \frac{P}{2}\cot\frac{\alpha}{2} - d \tag{13-21}$$

对于普通螺纹（$\alpha = 60°$）：

$$d_2 = 2M - d - 3D + 0.866P$$

对于寸制管螺纹（$\alpha = 55°$）：

$$d_2 = 2M - d - 3.1657D + 0.9605P$$

对于梯形螺纹（$\alpha = 30°$，螺纹升角 $\leqslant 3°30'$）：

$$d_2 = 2M - d - 4.8637D + 1.866P$$

（4）在显微镜上检测螺纹中径

1）轴切法检测中径。

如图 13-36 所示，将工件安装在顶尖间或 V 形架上后，在螺纹轴线两侧安装测量刀，在牙廓左右分别测得螺纹中径。为了消除轴线倾斜的影响，可将左右侧读数平均（见图 13-37）。

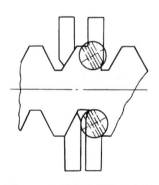
图 13-36 轴切法检螺纹中径

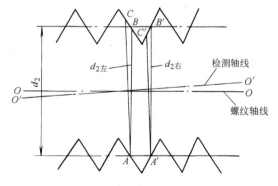
图 13-37 消除轴线倾斜影响

正确位置应为 AB（左）和 $A'B'$（右），因检测轴线倾斜，测得 AC（左）和 $A'C'$（右）。故中径为

$$d_2 = \frac{AC + A'C'}{2} \quad (13\text{-}22)$$

严格地讲，AC 的（对实际中径）增大与 $A'C'$ 的减小并不相等，但考虑轴线倾斜毕竟很小，按式（13-22）近似简化计算是可以的。为了提高检测准确度减少牙型角误差的影响，读数时，应使目镜米字线中心点处于中径附近。

虽然影像法也可检测中径，但因受到光圈调整、光线折射等方面的影响，误差较大，只能用于较粗糙的螺纹制件。在此不详细介绍。

2）轴切法检测圆锥螺纹中径（见图 13-38）。

将工件安装好后，在欲检测的截面牙沟内，装上若干对测量刀，为便于准确地确定轴向距离，在端面处也安装一测量刀。分别读出各截面的中径值，同时读出轴向相应坐标值。

根据基面中径 $d_{2基}$ 和基面距离 $l_基$，可以计算出各位置的中径标称值，与测得值比较，即可得到中径实际偏差。根据大、小端两中径实际值，也可以计算中径锥度实际值。

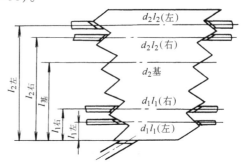

图 13-38 在显微镜上用轴切法检锥螺纹中径

这种方法的明显优点是确定轴向距离快捷、准确，这在检测圆锥螺纹中径时是很关键的。

需要注意的是：

① 不要忘记在尺寸计算时考虑测量刀刻线至刀刃的距离（如 0.3mm 等）。

② 对圆锥螺纹不能用左右读数平均的方法消除轴线倾斜的影响。可代之以将螺纹调头安装重新检测的方法。

③ 不能用干涉法检测中径。

（5）内螺纹中径检测

在附有内测钩和测内螺纹专用校对块的卧式测长仪、测长机、卧式光学计等仪器上，可以检测内螺纹中径，如图 13-39 所示，内测钩尺寸校准如图 13-40 所示。

量块尺寸：

$$E = D_2 + \frac{P}{2}\cot\frac{\alpha}{2} - (a+b) \quad (13\text{-}23)$$

式中　D_2——内螺纹中径；

a、b——测块上的常数。

需要指出的是：内螺纹由于其牙型角、螺距、中径形状误差等不好控制，所以单项检测和综合检测往往差距较大。如某厂用上述方法检测螺纹环规，发现用螺纹校对塞规

检验合格的环规，用测长仪检测中径值却超差（偏大）达 20～30μm。所以，用内测法测精度较高的内螺纹时，应特别小心，对牙型半角、中径椭圆等容易出现误差的项目予以关注，不可单纯检测中径就轻易下结论。

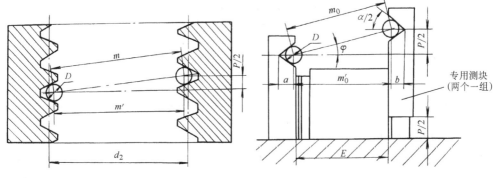

图 13-39　在万能测长仪上测内螺纹中径　　　图 13-40　内测钩尺寸校准

三、螺母的试验

螺母的种类多，本节以有效力矩型钢锁紧螺母的试验为例，介绍螺母试验的方法。

四、螺栓、螺钉和螺柱的试验

以下试验的螺栓、螺钉和螺柱是由碳钢或者合金钢制造的粗牙螺纹 M1.6～M39、细牙螺纹 M8～M39×3 的机械性能，紧定螺钉及类似的不受拉力的螺纹紧固件不在讨论之列。

螺母的试验（图 13-41、图 13-42、表 13-64～表 13-72）

螺栓、螺钉和螺柱的试验（图 13-43～图 13-58、表 13-73～表 13-94）

第三节　丝杠的检验

丝杠多用于传动，其检验方法与检验螺纹的方法不完全相同。

一、术语定义

梯形丝杠的术语及其定义见表 13-95。

表 13-95　梯形丝杠的有关术语及定义

序号	术　语	代　号	定　义
1	螺距误差	ΔP	螺距的实际尺寸相对于公称尺寸的最大代数差值
2	螺距累积误差		在规定的长度内，螺纹牙型任意两同侧表面间的轴向实际尺寸相对于公称尺寸的最大代数差值。在螺纹中径线上测量
	局部	ΔP_l	在丝杠螺纹的任意 60mm、300mm 内考核
	全长	ΔP_{l_u}	在螺纹有效长度内考核

（续）

序号	术语	代号	定义
3	螺旋线轴向误差 2πrad 局部 全长	$\Delta l_{2\pi}$ Δl Δl_u	实际螺旋线相对于理论螺旋线在轴向偏离的最大代数差值，在螺纹中径线上测量 在丝杠螺纹 2πrad 内 任意 25mm、100mm、300mm 及螺纹有效长度内考核 分别用 $\Delta l_{2\pi}$、Δl_{25}、Δl_{100}、Δl_{300}、Δl_u 表示

二、螺距和螺旋线的检验

丝杠的作用是将角位移变为直线位移，因此，最主要的检验项目是它的螺距和螺旋线的误差。JB/T 2886—2008《机床梯形丝杠、螺母 技术条件》将机床用的丝杠分为 7 个精度等级，即 3、4、5、6、7、8 和 9 级，依次逐级降低，其中 3 级最高，9 级的精度最低。

3~6 级丝杠检验螺旋线轴向误差，用动态测量方法检验。7~9 级丝杠检验螺距误差和螺距累积误差，检验方法不受限制，可用静态也可以用动态测量仪器测量。

1. 静态测量法

这种方法在测量过程中被测丝杠不转动，沿丝杠同一轴向截面逐齿测量其螺距。静态测量法用的仪器很多，其中常用的主要有万能工具显微镜、测长机和静态丝杠检查仪（如 MA—4001、HYQ—01 型等）。它们可测丝杠精度等级为 5~6 级。

（1）用万能工具显微镜测量丝杠螺距

表 13-96 为用万能工具显微镜测量丝杠螺距误差的方法。

表 13-96 用万能工具显微镜测量丝杠螺距

测量方法	测量项目	测量简图	测量方法	特点和精度
影像法	螺距误差		用测角目镜的米字线直接与平行光线照射面在视野中看到的牙廓侧面相对准，进行逐牙测量	由于影像模糊，很难使米字线与牙形轮廓对准，测量误差很大，一般可达 3μm

(续)

测量方法	测量项目	测 量 简 图	测 量 方 法	特点和精度
干涉法	螺距误差		采用微小照明孔径,使被测牙廓产生一系列干涉条纹,用测角目镜米字线中的虚线,先后与相邻螺牙同侧牙廓的第一条干涉条纹相压,在横向位置不变的条件下,两次纵向读数之差,即为被测螺纹的螺距	可测量长度为500mm以内的5级精度丝杠
轴切法	螺距误差		用测量刀进行测量,测量时在被测螺纹的相邻(或每隔一定距离)牙齿同侧放置量刀,用测角目镜米字线的相应虚线与量刀的刻线相压,在保证横向位置不变的条件下,两次读数之差,即为被测螺纹的螺距	测量效率低,测量精度较高,误差为1.5μm,在生产中一般不采用

数据处理:静态测量丝杠螺距一般在同一轴截面内分别测量左右牙面。精度高的丝杠应在两个相互垂直的轴截面内分别测量左右牙,然后取算术平均值,取两个轴截面的最大误差值作为被测丝杠的螺距误差。

这种测量方法对被测丝杠的安装、调整、以及环境温度要求很高,不然很难保证测量精度。用测长机测量丝杠螺距的方法见表13-97。

表13-97 用测长机测量丝杠螺距

测量方法	测量项目	测 量 简 图	测 量 方 法	特点和精度
机械杠杆定位法	螺距误差	1—台面 2—基准尺 3—显微镜 4—扭簧比较仪 5—测量架 6—弹簧 7—定位触头 8—测量头 9—被测丝杠	测量时,将扭簧式比较仪4(或其他高灵敏度传感器)调零,显微镜3对准相应刻线,测量下一牙的同侧牙面时,或者扭簧比较仪4对零,从显微镜3中读得螺距数值,或者由显微镜3对准该牙的相应刻线,从扭簧比较仪4上直接读得螺距误差值	测量效率较高,测量精度较高

(2) 用测长机测量丝杠螺距

(3) 用静态丝杠检查仪测量丝杠螺距

表 13-98 为用 MA—4001 型丝杠检查仪测量丝杠螺距的方法，图 13-59 所示为测量时的安装情况。

表 13-98 用 MA—4001 型丝杠检查仪测量螺距

测量项目	测量简图	测量方法
螺纹长度 ≤1m 的螺距误差	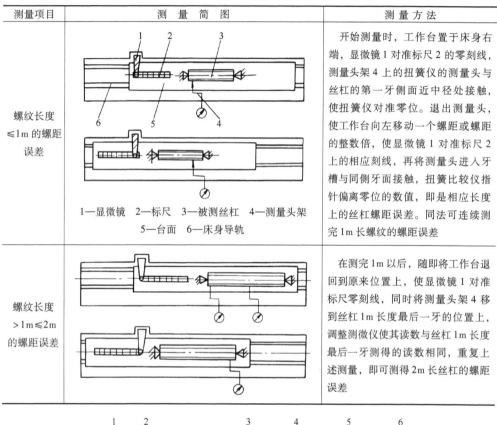 1—显微镜 2—标尺 3—被测丝杠 4—测量头架 5—台面 6—床身导轨	开始测量时，工作台置于床身右端，显微镜 1 对准标尺 2 的零刻线，测量头架 4 上的扭簧仪的测量头与丝杠的第一牙侧面近中径处接触，使扭簧仪对准零位。退出测量头，使工作台向左移动一个螺距或螺距的整数倍，使显微镜 1 对准标尺 2 上的相应刻线，再将测量头进入牙槽与同侧牙面接触，扭簧比较仪指针偏离零位的数值，即是相应长度上的丝杠螺距误差。同法可连续测完 1m 长螺纹的螺距误差
螺纹长度 >1m≤2m 的螺距误差		在测完 1m 以后，随即将工作台退回到原来位置上，使显微镜 1 对准标尺零刻线，同时将测量头架 4 移到丝杠 1m 长度最后一牙的位置上，调整测微仪使其读数与丝杠 1m 长度最后一牙测得的读数相同，重复上述测量，即可测得 2m 长丝杠的螺距误差

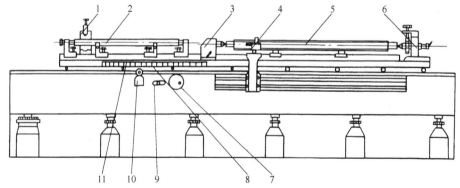

图 13-59 用 MA—4001 型静态丝杠检查仪测量螺距

1—显微镜 2—标准线纹尺 3—尾架 4—测量头架（装 1μm 扭簧比较仪） 5—被测丝杠
6—头架（带分度盘） 7—粗动手轮 8—指示器 9—锁紧手把 10—微调捏手 11—粗定位标尺

(4) 用万能工具显微镜检验丝杠螺旋线误差（见图 13-60）。

左端测微表控制丝杠转动时的轴向位置。右端的多面棱体控制转角，一般可将每转分为 6~8 等份。每一转角螺纹牙侧同一截面位移误差与其理论值之差，在坐标纸上以适当比例绘出曲线，即可得到近似的螺旋线误差，如图 13-61 所示。

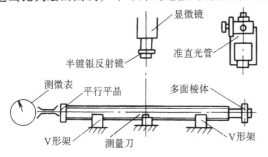

图 13-60　用显微镜检验丝杠螺旋线

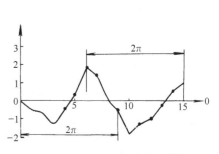

图 13-61　丝杠螺旋线误差曲线

2. 动态测量法

动态测量是用丝杠动态检查仪来完成的，目前我国研制生产多种这类仪器（见表 13-99），与电子计算机结合，能达到很高的水平。动态测量基于比相原理。图 13-62 所示为一种动态测量仪的系统示意图。由于这种测量方法一般企业很少用，故不详细叙述。

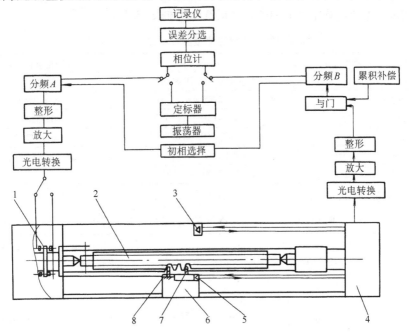

图 13-62　JCS014B 激光丝杠动态检查仪
1—圆光栅　2—被测丝杠　3—参考立体棱镜　4—激光干涉仪
5—可动立体棱镜　6—测量台　7—测量头　8—拖动头

表 13-99　丝杠动态检查仪能测量的丝杠规格　　　　　（单位：mm）

仪器型号	可测丝杠最大外径	可测丝杠最大长度		可测螺纹种类			
		最大安装长度	最大螺纹长度	米制	寸制	模数	径节
JSY-2000	80	2000	1800	√	√	√	—
JCS014B	80	2000	1800	√	√	√	—
HJY05	80	1250	1000	√	√	√	√
HJY012	100	5000	4800	√	√	√	
JSY-3000	80	3000	2800	√	√	√	
SI-200	100	5000	4800	√	√	√	
WGJ	120	—	3000	√	√	√	

注：表中仪器圆分度基准都采用圆光栅，长度基准除 HJY05 型采用磁栅尺外，其余都采用激光光波波长。
　　√表示能测量。

三、中径和牙型半角的检验

检验梯形丝杠的中径和牙型半角的方法与检验螺纹的方法基本相同。可在万能工具显微镜上用影像法、轴切法或干涉法测量。

1. 测量中径

可用量针法测量丝杠中径尺寸，应在丝杠螺纹同一轴截面内测量，用公法线千分尺和量针测量。中径计算见表 13-100，修正值计算见表 13-101。

表 13-100　量针法测量丝杠中径计算公式

螺纹名称	牙型角 α	中径计算公式	量针当量直径计算公式
米制梯形螺纹	30°	$d_2 = M - 4.8637D + 1.8660P$	$0.51765P$
模数梯形螺纹	40°	$d_2 = M - 3.9238D + 4.3158P$	$1.67160M$
特种梯形螺纹	40°	$d_2 = M - 3.9412D + 1.3738P$	$0.53209P$
特种梯形螺纹	20°	$d_2 = M - 6.7587D + 2.8356P$	$0.50771P$
特种梯形螺纹	15°	$d_2 = M - 8.6611D + 3.7978P$	—
特种梯形螺纹	6°	$d_2 = M - 20.1058D + 9.5405P$	—

注：P—螺距（mm）；D—量针直径（mm）；M—模数（mm）。

表 13-101　量针法测量丝杠中径误差修正计算公式

螺纹名称	螺距偏差修正值 $f_{\delta P}$	牙型半角偏差修正值 $f_{\delta \frac{\alpha}{2}}$	量针直径偏差修正值 $f_{\delta d_K}$	螺纹升角修正值 f_φ
米制梯形螺纹 $\alpha = 30°$	$1.8660\delta P$	$(4.1950D - 2.1715P)\,\delta\frac{\alpha}{2}$	$-4.8640\delta d_K$	$-1.8024D\left(\dfrac{P}{\pi d_2}\right)^2$
模数梯形螺纹 $\alpha = 40°$	$1.3735\delta P$	$(2.3370D - 1.2435P)\,\delta\frac{\alpha}{2}$	$-3.9240\delta d_K$	$-1.2907D\left(\dfrac{P}{\pi d_2}\right)^2$

(续)

螺纹名称	螺距偏差修正值 $f_{\delta P}$	牙型半角偏差修正值 $f_{\delta\frac{\alpha}{2}}$	量针直径偏差修正值 $f_{\delta d_K}$	螺纹升角修正值 f_φ
特种梯形螺纹 $\alpha = 40°$	$1.3735\delta P$	$(2.3370D - 1.2435P)\delta\frac{\alpha}{2}$	$-3.9240\delta d_K$	$-1.2907D\left(\frac{P}{\pi d_2}\right)^2$
特种梯形螺纹 $\alpha = 20°$	$2.8355\delta P$	$(9.5055D - 4.8261P)\delta\frac{\alpha}{2}$	$-6.7604\delta d_K$	$-2.7924D\left(\frac{P}{\pi d_2}\right)^2$
特种梯形螺纹 $\alpha = 15°$	$3.7980\delta P$	$(16.9338D - 8.5404P)\delta\frac{\alpha}{2}$	$-8.6628\delta d_K$	$-3.7653D\left(\frac{P}{\pi d_2}\right)^2$
特种梯形螺纹 $\alpha = 6°$	$9.5400\delta P$	$(106.1977D - 53.1733P)\delta\frac{\alpha}{2}$	$-20.1205\delta d_K$	$-9.5266D\left(\frac{P}{\pi d_2}\right)^2$

注：δP—螺距偏差（μm）；δd_K—量针直径偏差（μm）；$\delta\frac{\alpha}{2}$—牙型半角偏差（'）。

2. 牙型半角的检验

在万能工具显微镜上测出左右半角后进行数据处理：

$$\delta\frac{\alpha}{2\text{左}} = \frac{\delta\frac{\alpha}{2\text{左上}} + \delta\frac{\alpha}{2\text{左下}}}{2}, \quad \delta\frac{\alpha}{2\text{右}} = \frac{\delta\frac{\alpha}{2\text{右上}} + \delta\frac{\alpha}{2\text{右下}}}{2}$$

取 $\delta\frac{\alpha}{2\text{左}}$ 和 $\delta\frac{\alpha}{2\text{右}}$ 中的最大值作为检验结果。

测量中径时，应在不同的径向和轴向位置分别测量。确定其中径极限尺寸在允差之内。对于中径尺寸的一致性测量，可采用公法线千分尺和量针在丝杠螺纹同一轴向截面内测量。

四、滚珠丝杠副的检验

滚珠丝杠是有螺纹滚道的轴。在螺纹滚道和螺母之间以钢珠为滚动体的螺旋传动构成滚珠丝杠副，按用途分为传动滚珠丝杠副和定位滚珠丝杠副。滚珠丝杠副分为7个精度等级：1、2、3、4、5、7、10，1级精度最高，依次递减。滚珠丝杠副的检验项目主要有：几何精度、行程误差、跳动和位置、螺纹滚道误差以及表面粗糙度。其中最重要和最复杂的是行程误差的检验。所谓行程是丝杠与螺母相对转动某一角度时，它们之间所产生的轴向位移量。根据这一定义，检验行程误差应采用动态综合行程检查仪测量，如图13-63所示。

五、现场经验

1）丝杠的精度（特别是螺距），主要取决于工艺与设备，特别是加工机床母丝杠的状况。如某厂根据一个时期检测丝杠的积累误差曲线图，发现母丝杠磨损的迹象，经检测证实后，及时更换修复，避免了成批不良品的出现。

2）丝杠的螺距误差是主要精度项目。但螺距误差有时会通过其他项目间接反映出来。某厂在检测一传动丝杠时，在仪器检测螺距的同时找出螺纹中径、牙厚的变化规律,建议加工者在现场检测参考,以减少送计量室检测(和平衡温度)次数,节省生产时间。

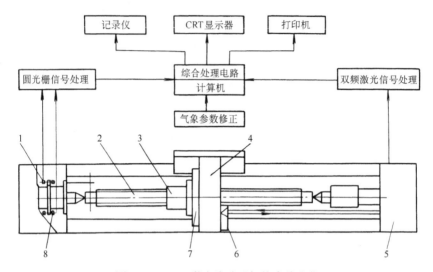

图 13-63　JCS 激光滚珠丝杠综合检查仪
1—圆光栅　2—被测滚珠丝杠　3—螺母　4—测量拖车　5—双频激光干涉仪
6—可动立体棱镜　7—调心夹具　8—光栅读数头

第四节　紧固件的检验

一、紧固件生产和检验特点

这里所说的紧固件是指制造业中大量使用的螺钉、螺栓、螺母以及销钉、垫圈、铆钉等。其特点是:

1) 大多是用专门设备、专门的刀具、模具和较固定的工艺过程大批生产的。

2) 所以其检验的特点是,制件尺寸已不是主要和惟一的检验项目,而外观缺陷(如冲压过程中出现的卷边、毛刺、夹层等)甚至混杂品(其他种类或规格、半成品、毛坯等)上升到重要位置。

3) 抽检成为主要方式。取样的科学性、合理性是抽检的关键环节。

4) 对外观的目测和抽检时的取样,加大了人为(主观)因素的作用,对检验员工作责任心、职业道德、对有关标准的熟悉程度尤为重要。

5) 加工者最了解生产过程,最清楚不良品出现的情况。所以工检之间的配合极为重要。紧固件验收应按 GB/T 90.1—2002 执行。

二、尺寸特性及 AQL 值

1. 螺纹紧固件的尺寸特性及 AQL 值

螺纹紧固件包括螺钉、螺栓、螺柱和螺母,入厂验收应该用抽样检验,抽样检验的尺寸特性及 AQL 值见表 13-102。

第十三章 螺纹和紧固件的检验

表 13-102 螺纹紧固件的尺寸特性及 AQL（GB/T 90.1—2002）

尺寸特性	产品等级					
	1	2	3	4	5	6
	A 和 B 级[①] 螺栓、螺钉和螺柱	C 级[①] 螺栓、螺钉和螺柱	A 和 B 级[①] 螺母	C 级[①] 螺母	自攻螺钉[②] 和木螺钉	所有未包括在第 5 列的自挤螺钉、自钻自攻螺钉和薄板螺钉
	AQL					
对边宽度	1	1.5	1	1.5	1.5	1
对角宽度	1	1.5	1	1.5	1.5	1
螺母高度	—	—	1	1.5	—	—
开槽宽度	1	—	—	—	1.5	1
开槽深度	1	—	—	—	1.5	1
凹槽插入深度	1	—	—	—	1.5	1
内扳拧，通规	1	—	—	—	—	—
内扳拧，止规	1	—	—	—	—	—
头下形状	1	—	—	—	—	1
螺纹通规	1	1.5	1	1.5	—	1[③]
螺纹止规	1	1.5	1	1.5	—	1[③]
大径	—	—	—	—	2.5	1
几何公差[④]	1	1.5	1	1.5	2.5	1
其他	1.5	2.5	1.5	2.5	2.5	1.5
不合格紧固件	2.5	4	2.5	4	4	2.5

① 产品等级按产品的公差分类（见 GB/T 3103.1—2002《紧固件公差、螺栓、螺钉和螺母》）。
② 螺纹符合 GB/T 5280—2002 的《自攻螺钉用螺纹》。
③ 对某些产品（如自挤螺钉）的特性评定与螺纹配合精度有关。
④ 每一几何公差应单独评定。

2. 平垫圈的尺寸特性及 AQL 值

平垫圈入厂应采用抽样检验，其抽检的尺寸特性及 AQL 值见表 13-103。

表 13-103 平垫圈的尺寸特性及 AQL 值（GB/T 90.1—2002）

尺寸特性	产品等级为 A 级[①]	产品等级为 C 级[①]
	AQL	
孔径	1	1.5
外径	1.5	2.5
其他	2.5	4

① 产品等级按产品的公差与配合分类（见 GB/T 3103.3—2002《紧固件公差 平垫圈》）。

3. 销和盲铆钉的尺寸特性及 AQL 值

销和盲铆钉入厂时也应采用抽样检验，表 13-104 是销的尺寸特性及 AQL 值，表 13-105 是盲铆钉的尺寸特性及 AQL 值。

表 13-104　销的尺寸特性及 AQL 值（GB/T 90.1—2002）

尺寸特性	产品等级				
	圆柱销	圆锥销	销轴	弹性销	开口销
	AQL				
销径	1	1	1	1	1.5
表面粗糙度	1	1	1	—	—
锥度	—	1	—	—	—
其他	2.5	2.5	2.5	2.5	2.5

表 13-105　盲铆钉的尺寸特性及 AQL 值（GB/T 90.1—2002）

尺寸特性	AQL	尺寸特性	AQL
钉体直径	1.5	钉芯伸出长度	1.5
钉体长度	1.5	其他	2.5
钉体头部直径	1.5	—	—

三、尺寸特性以外特性及 AQL 值

1. 螺纹紧固件尺寸特性以外特性及 AQL 值（见表 13-106）

表 13-106　螺纹紧固件尺寸特性以外特性及 AQL 值（GB/T 90.1—2002）

特性		AQL	引用标准
机械特性和表面缺陷	非破坏性检查[①]	0.65	GB/T 3098.1～3098.7 GB/T 3098.9～3098.11 GB/T 3098.15、GB/T 3098.16 GB/T 5779.1～5779.3 等
	破坏性检查	1.5	
化学成分		1.5	
金相特性		1.5	
功能（操作）特性		1.5	—
镀层		1.5	GB/T 5267.1～5267.2 等
其他[②]		1.5	—

[①] 在检查表面缺陷的过程中（非破坏性检查），如果发现不允许的表面缺陷（如淬火裂缝），无论它们的尺寸大小如何，则应拒收该检验批。
[②] 根据使用技术条件，可能要求其他特性。

第十三章　螺纹和紧固件的检验

2. 平垫圈的机械特性及 AQL 值（见表 13-107）

表 13-107　平垫圈的机械特性及 AQL 值（GB/T 90.1—2002）

机械特性①	碳钢或合金钢	不锈钢	有色金属
	AQL		
硬度	0.65	0.65	—

① 在产品标准中规定。根据使用技术条件可能要求其他特性。

3. 销的机械特性及 AQL 值（见表 13-108）

表 13-108　销的机械特性及 AQL 值（GB/T 90.1—2002）

机械特性①	产品等级	
	圆柱销、圆锥销和销轴	弹性销、槽销
	AQL	
剪切强度	—	1.5
硬度	0.65	0.65

① 在产品标准中规定。根据使用技术条件可能要求其他特性。

4. 盲铆钉的机械特性及 AQL 值（见表 13-109）

表 13-109　盲铆钉的机械特性及 AQL 值（GB/T 90.1—2002）

机械特性①	AQL	机械特性①	AQL
抗拉强度	1.5	钉芯拆卸力	4.0
剪切强度	1.5	钉头保持性能	4.0
钉芯断裂载荷	1.5	—	—

注：GB/T 90.1—2002《紧固件　验收检查》。
① 在产品标准中规定。

注意：

1）以上的抽样检验要严格按 GB/T 2828.1—2012 标准执行，检验水平取 Ⅱ。

2）在订货时，未与紧固件供方协议采用其他验收检查程序的情况下，紧固件的需方必须遵守表 13-102～表 13-109 的规定，以确定一批紧固件的接收或拒收。验收的附加技术要求，在特定的产品标准中给出。

3）表 13-102～表 13-109 仅适用于紧固件成品，不适用于生产过程中对任何局部的工序控制或检验。也不适用于高速机械配件、特殊目的的使用或特殊工程监理。例如，柴油发动机的缸盖螺栓的检验就不能用表 13-106 进行抽样。对这些产品的验收检查程序应由供需双方在确定订单之前协商一致。

4）不合格紧固件：有一个或多个缺陷的紧固件。

四、紧固件的检验方法

1. 紧固件产品的检验

螺纹产品的检验见表 13-110～表 13-114。

表 13-110　螺栓类产品检验方法

序号	抽查项目	检具		检验方法
		名称	规格（标准）/mm	
1	对边宽度 S	专用检具或卡尺	0.02	在 S 最大部位测量
2	对角宽度 e (D)	专用检具或卡尺	0.02	检具止住即为合格
3、4	螺纹精度	螺纹环规	通、止	用手旋入，不许振动、敲击和借助其他辅助物。止规止住后倒旋两扣必须脱离工件。杆部带孔的螺栓允许环规把孔径盖上，但不得超过
5	混杂品	—	—	目测及必要的测量
6	头下圆角半径 r	半径规	—	—
7	开槽宽度 n	专用检具或卡尺	0.02	
8	槽深 t	专用检具或卡尺	0.02	沿螺栓杆部中心线测量
9	头部高度 h (H)	专用检具或卡尺	0.02	
10	螺纹大径 d	千分尺或光滑卡规	1 级	螺纹收尾和螺杆末端两扣不测量，尺寸及公差按 JB/JQ1301.1 附录 B
11	无螺纹杆径 d_s (d_1)	千分尺或光滑卡规	2 级	以螺杆短边长度为准若检 $l_s l_g$，此项不检
12	公称长度 l (L)	卡尺	0.05	
13	螺纹长度 b (L_0)	卡尺	0.05	
14	无螺纹杆部长度 L_s	卡尺	0.05	
15	夹紧长度 l_g 或肩距 a	卡尺及环规	0.05	用卡尺测量螺栓支承面与不带内倒角的螺纹环规间距离
16	螺杆孔径 d_s	光滑塞规		只检通规
17	头部直径 d_k (D)	卡尺	0.02	
18	方径宽度 a	卡尺	0.02	在方径 1/2 高处，互相垂直方向均要测量
19	榫宽 b	卡尺	0.02	头杆均应顺利进入检具
20	头杆同轴度	专用检具或卡尺	0.02	螺杆须顺利通过检具
21	螺杆直线度	专用检具		目测
22	二类表面缺陷			按 GB/T 5779.1—2000 规定 按 GB/T 3098.1—2010 规定，不锈钢螺栓按 GB/T 3098.6—2014 规定
23	一类表面缺陷			
24	力学性能			

第十三章 螺纹和紧固件的检验

表 13-111 螺柱类产品检验方法

序号	抽查项目	检具 名称	检具 规格（标准）	检验方法
1、2	螺纹精度	螺纹环规	通、止	用手旋入，不许振动、敲击和借助其他辅助物。止规止住后，倒旋两扣必须脱离工件
3	混杂品	—	—	目测及必要的测量
4	螺纹大径 d	千分尺或光滑卡规	1级	螺纹收尾和螺杆末端两扣不测量，尺寸及公差按 JB/JQ1301.1 附录 B
5	公称长度 l（L）	卡尺	0.05mm	以短边为准
6、7	螺纹长度 b、b_m	卡尺及环规	0.05mm	一般情况下用卡尺测量。有争议时，用不带内倒角的螺纹环规和卡尺测量
8	螺杆直线度	检验模	—	螺柱能顺利落入检验模孔即为合格；$l>10d$ 或 $l>150$mm 时，也可用平台和塞尺测量
9	二类表面缺陷	—	—	目测
10	一类表面缺陷	—	—	按 GB/T 5779.1—2000 规定
11	力学性能	—	—	按 GB/T 3098.1—2010 规定

表 13-112 螺钉类产品检验方法

序号	抽查项目	检具 名称	检具 规格（标准）/mm	检验方法
1	对边宽度 S	专用检具或卡尺	0.02	在 $\frac{t}{2}$ 处，三个方向上都要测量
2	对角宽度 e（D_2）	专用检具或卡尺	0.02	—
3	花形尺寸 B	专用检具或卡尺	0.02	三个方向都要测量
4、5	螺纹精度	螺纹环规	通、止	用手旋入，不许振动、敲击或借助其他辅助物。止规旋入止住后，倒旋两扣必须脱离工件
6	头下圆角半径 r	半径规	—	
7	内六角孔深 t	专用检具或卡尺	0.02	
8	内花键小径 D_3	卡尺	0.02	
9	内花键键宽 b	卡尺	0.02	
10	混杂品	—	—	目测及必要的测量

（续）

序号	抽查项目	检具 名称	规格（标准）/mm	检 验 方 法
11	螺纹大径 d	专用检具或千分尺	1级	螺纹收尾和螺杆末端两扣不测量，尺寸及公差按 JB/JQ1301.1 附录 B
12	无螺纹杆径 d_s	千分尺	2级	
13	钉头直径 d_k（D）	卡尺	0.02	
14	头高 h（H）	专用检具或卡尺	0.05	
15	公称长度 l（L）	卡尺	0.05	以短边为准
16	螺纹长度 b（L_0）	卡尺及环规	0.05	一般情况下用卡尺测量，有争议时，用不带内倒角的螺纹环规和卡尺测量
17	颈部直径 d_{gz}	卡尺	0.02	—
18	内花键大径 D_2	卡尺	0.02	
19	夹紧长度 L_g 或肩距 a	卡尺及环规	0.05	用卡尺测量螺钉支承面与不带内倒角的螺纹环规间距离
20	无螺纹杆部长度 l_s	卡尺	0.05	
21	头杆同轴度	专用检具或卡尺	0.02	头部与杆部应同时顺利进入检具
22	螺杆直线度	专用检具	—	螺杆能顺利通过检具
23	二类表面缺陷	—	—	目测
24	一类表面缺陷	—	—	内花形螺钉按 GB/T 5779.1—2000 规定，其余按 GB/T 5779.8—2000 规定
25	力学性能	—	—	按 GB/T 3098.1—2010 规定。不锈钢螺钉按 GB/T 3098.6—2014 规定

表 13-113　螺母类产品检验方法

序号	抽查项目	检具 名称	规格（标准）/mm	检 验 方 法
1	对边宽度 S	专用检具或卡尺	0.02	在 S 最大部位测量
2	对角宽度 e（D）	专用检具或卡尺	0.02	用专用检具，检具止住即为合格
3、4	螺纹精度	螺纹塞规	通、止	用手旋入，不许振动、敲击或借助其他辅助物。止规止住后，倒旋两扣必须脱离工件

第十三章　螺纹和紧固件的检验

(续)

序号	抽查项目	检具 名称	规格（标准）/mm	检验方法
5	混杂品	—	—	目测及必要的测量
6	螺纹小径 D_1	光滑塞规	通、止	止端量规进入内孔的深度，距支承面不大于 1.5 个螺距。D_1 按 JB/JQ1301.1 附录 C
7	高度 m（H）	卡尺	0.02	
8	支承面对螺纹中心线的垂直度（β）	支承面垂直规及塞尺		按 GB/T 3103.1—2002 第 4 章的规定
9	槽宽 n（b）	专用检具或卡尺	0.02	—
10	底部厚度 W（h）	卡板、卡尺	0.02	
11	槽对螺纹中心线位移度	专用检具	—	以检验棒能同时顺利通过螺母槽及检验模孔为合格
12	二类表面缺陷	—	—	目测
13	一类表面缺陷	—	—	按 GB/T 5779.2—2000 规定
14 15	硬度及保证载荷	—	—	按 GB/T 3098.2—2015 或 GB/T 3098.6—2014 规定

表 13-114　机器螺钉类产品检验方法

序号	抽查项目	检具 名称	规格（标准）/mm	检验方法
1、2	螺纹精度	螺纹环规	通、止	用手旋入，不许振动、敲击和借助其他辅助物。止规止住后，倒旋两扣必须脱离工件
3	开槽宽度 n	专用检具或卡尺	0.02	—
4	槽深 t	专用检具或卡尺	0.02	沿钉杆轴心线测量
5	十字槽插入深度（T）	专用检具	—	按 GB/T 944.1—1985 规定
6	混杂品	—	—	目测及必要的测量
7	头部直径 d_K（D）	卡尺	0.02	在直径最大部位测量
8	头部高度 h（H）	卡尺	0.02	沉头、半沉头此项不做检查
9	沉头螺钉头部形状	—	—	按 GB/T 5279—1985 规定
10	公称长度 l（L）	卡尺	0.05	以螺杆短边长度为准

（续）

序号	抽查项目	检具 名称	检具 规格（标准）/mm	检验方法
11	螺纹长度 b (L_0)	卡尺及环规	0.05mm	一般情况下用卡尺测量。有争议时用不带内倒角的螺纹环规和卡尺测量
12	螺纹大径 d	千分尺或专用卡规	1级	螺纹收尾和螺杆末端两扣不测量。尺寸及公差按 JB/JQ 1301.1 附录 B
13	肩距 a	卡尺及环规	0.05mm	用卡尺测量螺钉支承面与不带内倒角的螺纹环规间距离
14	螺杆直线度	检验模	—	螺钉能顺利落入检验模孔即为合格
15	二类表面缺陷	—	—	目测
16	一类表面缺陷	—	—	按 GB/T 5779.1—2000 规定
17	力学性能	—	—	按 GB/T 3098.1—2010、GB/T 3098.6—2014 规定

2. 紧固件产品包装的检验

紧固件产品的包装形式及方法由紧固件制造者确定。产品包装箱、盒、袋等外表应有标志或标签。标志应正确、清晰、齐全、牢固。内货与标志一致。标志一般应印刷，也允许拴挂或粘贴，标志不得有褪色、脱落、无标志、标志内容不全者，检验员可拒绝检验。

标志内容如下：

1）紧固件制造者（或经销者）名称。
2）紧固件产品名称（全称或简称）。
3）紧固件产品标准规定的标记。
4）紧固件产品数量或净重。
5）制造或出厂日期。
6）产品质量标记。
7）其他：有关标准要求的标记。

紧固件制造者应保证自产品出厂之日起半年内不生锈。

五、免检

紧固件的用量很大，特别是紧固件中的螺纹类产品用量更大。用量大、产量就大，因此，生产厂和用户的检验工作量大，这很不经济。GB/T 90.3—2010（ISO 16426：2002）《紧固件　质量保证体系》提出，制造者、经销商和用户之间要紧密合作，建立质量保证体系，以提高紧固件的产品质量，使产品不合格件数达到适当的每百万件产品中的不合格件数（ppm），例如0ppm，每一百万件产品中没有不合格品，即零缺陷。达到这个水平，用户可对进货的产品实行免检。

目前，我国还达不到这个质量水平。是什么原因造成达不到这个质量水平？和怎么样才能达到规定ppm值呢？主要原因有三种：

① 有不合格特性的紧固件。

② 有其他零件或混杂品（不相同的紧固件）。

③ 混入的非紧固件（金属的或非金属的）。

图13-64所示为不合格项来源及达到规定ppm值的方法。

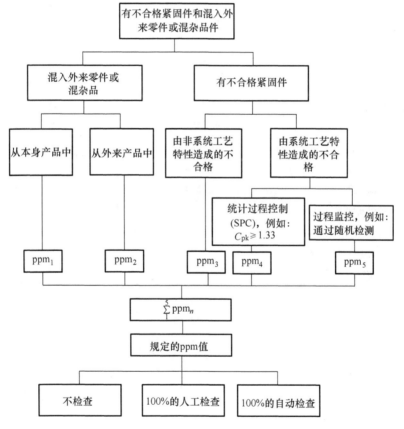

图13-64　不合格紧固件产品的来源及达到规定ppm值的方法（GB/T 90.3—2010）

1. 非系统工艺特性

这种特性有：

1）原材料有裂缝等质量问题。

2）线材上有焊点。

3）挤压模上沾上碎屑。

4）缺失特征的零件，如缺少螺纹的零件。

⑤ 螺距错等。

2. 系统工艺特性

这种特性主要是尺寸偏差。

为了达到规定的 ppm 值，可以用人工检查、自动检查或不检查。检查的目的是剔除不合格品。

3. 应考虑的可能造成不合格项

当定下 ppm 值，例如 30ppm 后，供需双方应共同确定可能造成不合格的项，表 13-115 是以螺纹产品为例列出的可能造成不合格的项目。

表 13-115　可能造成不合格的项目（GB/T 90.3—2010）

尺　寸	功能和形状	机械性能和物理性能
总长度	螺纹	硬度
螺纹长度	内扳拧	抗拉强度
螺纹直径	外扳拧	表面缺陷
法兰直径	有效力矩部分	保证载荷
头部直径	形状与位置公差	
杆部直径	导向末端	
头部高度	垫圈面	
螺母高度		
内扳拧部分深度		
对边宽度		
对角宽度		

第十四章

齿轮的检验

第一节　齿轮及其检验项目

一、圆柱齿轮和齿轮副的分类

一个有齿的机械构件，它与另一个有齿构件通过其共轭齿面相继啮合，从而传递运动或改变运动的形式，称为齿轮。常见的有圆柱齿轮、锥齿轮等。一对相互啮合的齿轮构成齿轮副。

圆柱齿轮和齿轮副的分类见表 14-1。

表 14-1　圆柱齿轮和齿轮副的分类

分类依据	名　称	定　义
按齿轮的外形	圆柱齿轮	分度曲面为圆柱面的齿轮
	齿条	具有一系列等距离分布的齿的一个平板或直杆
	圆柱齿轮副	两轴线平行或交错的一对互相啮合着的圆柱齿轮
	斜齿轮的当量齿轮	斜齿轮齿线上某一点处的法平面与分度圆柱面的交线是一个椭圆，以此椭圆的最大曲率半径作为某一个假想直齿轮的分度圆半径，并以此斜齿轮的法向模数和法向压力角作为上述的假想直齿轮的端面模数和端面压力角，则此假想直齿轮就称为该斜齿轮的当量齿轮
按齿线的形状	直齿圆柱齿轮	齿线为分度圆柱面直母线的圆柱齿轮
	斜齿圆柱齿轮	齿线为螺旋线的圆柱齿轮
	直齿条	齿线是垂直于齿的运动方向的直线的齿条
	斜齿条	齿线是倾斜于齿的运动方向的直线的齿条
	直齿圆柱齿轮副（直齿轮副）	由两个配对的直齿轮组成的平行轴齿轮副
	斜齿圆柱齿轮副（斜齿轮副）	由两个配对的斜齿圆柱齿轮组成的齿轮副
	平行轴斜齿轮副	由两个配对的斜齿轮组成的平行轴齿轮副
	交错轴斜齿轮副	由两个配对的斜齿轮组成的交错轴齿轮副
	人字齿轮	一个圆柱齿轮，在其一部分齿宽上为右旋齿，而在另一部分齿宽上为左旋齿，两部分齿宽之间无论有槽与否均称为人字齿轮

（续）

分类依据	名称	定义
按齿廓的形状	渐开线圆柱齿轮	端面上的可用齿廓是一段渐开线的圆柱齿轮
	摆线圆柱齿轮	齿廓为准确的（或近似的）摆线形状的圆柱齿轮
	圆弧圆柱齿轮	基本齿条的法向（或端面）可用齿廓为圆弧（或近似于圆弧的某种曲线）的斜齿圆柱齿轮
	双圆弧齿轮	基本齿条的法向（或端面）可用齿廓由两段圆弧（或近似于圆弧的某种曲线）组成；上半齿廓为凸弧，下半齿廓为凹弧
	圆弧齿轮副	有一对相啮合的圆弧齿轮组成的平行轴齿轮副，其中一个齿轮具有外凸的圆弧齿廓，另一个齿轮具有凹入的圆弧齿廓的斜齿圆柱齿轮

二、锥齿轮和齿轮副的分类（见表14-2）

表 14-2　锥齿轮和齿轮副的分类（GB/T 3374.1—2010）

分类依据	名称	定义
按齿轮的外形	锥齿轮	分度曲面为圆锥面的齿轮
	锥齿轮副	两互相啮合的锥齿轮组成的齿轮副
	冠轮	分锥角为90°的锥齿轮
	端面齿轮	顶锥角及根锥角均为90°的锥齿轮
按齿线的形状	直齿锥齿轮	齿线为分度圆锥面的直母线的锥齿轮
	斜齿锥齿轮	产形冠轮上的齿线是不通过锥顶的直线的锥齿轮；齿线为非圆柱螺旋线的锥齿轮
	弧齿锥齿轮	齿线是曲线而不是斜线的锥齿轮
	锥齿轮的当量圆柱齿轮	一个假想的圆柱齿轮，其端面截形是给定锥齿轮的背锥截形的展现
	当量圆柱齿轮副	在锥齿轮副中，它的两个锥齿轮的相啮合的当量圆柱齿轮，称为当量圆柱齿轮副；一个假想的齿轮副，由一个锥齿轮副的两个相配对的当量圆柱齿轮组成
按齿廓的形状	8字啮合锥齿轮	一个锥齿轮，其产形冠轮在法截面内齿面形状为半面时，称为8字啮合锥齿轮

注：GB/T 3374.1—2010（ISO 1122-1：1998）《齿轮　术语和定义　第1部分：几何学定义》。

三、圆柱齿轮的检验项目

1. 圆柱齿轮的检验项目

图14-1是一对圆柱齿轮相互啮合的情况，从外观看，一个齿轮并不复杂，但检验它的项目多达24项，见表14-3。

第十四章　齿轮的检验

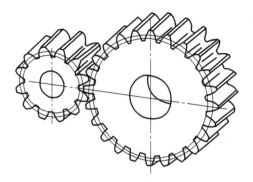

图 14-1　圆柱齿轮副示图

表 14-3　齿轮检验项目

序号	检验项目符号	检验项目名称
1	f_{db}	基圆直径偏差
2	f_{dbm}	平均基圆直径偏差
3	$f_e(f_{eL},\ f_{eR})$	齿轮轴线和轮齿（或同侧齿面）轴心线间的偏心量
4	$f_{f\alpha}$	齿廓形状偏差
5	$f_{f\beta}$	螺旋线形状偏差
6	$f_{H\alpha}$	齿廓倾斜偏差
7	$f_{H\alpha m}$	平均齿廓倾斜偏差
8	$f_{H\beta}$	螺旋线倾斜偏差
9	$f_{H\beta m}$	平均螺旋线倾斜偏差
10	f'_i	一齿切向综合偏差（与测量齿轮啮合）
11	f'_l	切向综合偏差的长周期分量
12	f'_s	切向综合偏差的短周期分量
13	f'	一齿传动偏差（产品齿轮副）
14	f_{pb}	基圆齿距偏差
15	f_{pbm}	平均基圆齿距偏差
16	f_{pbt}	端面基圆齿距偏差
17	f_{ps}	扇形区齿距偏差
18	f_{pt}	单个齿距偏差
19	$f_{w\beta}$	波度（沿螺旋线）
20	f_α	压力角偏差（标准）
21	$f_{\alpha m}$	平均压力角偏差
22	f_β	螺旋角偏差
23	$f_{\beta m}$	平均螺旋角偏差
24	F_p	齿距累积总偏差

注：这些偏差项目可以是"＋"（正）或"－"（负）。当尺寸大于设计值时，偏差是正值；反之，是负值。

2. 齿轮的精度等级

齿轮的精度分为 13 级：0、1、2、3、4、5、6、7、8、9、10、11 和 12，0 级精度最高，12 级精度最低。

GB/T 10095.1—2008《圆柱齿轮　精度制　第 1 部分：齿轮同侧齿面偏差的定义和允许值》给出了 f_{pt}、F_p、f_{fa}、$\pm f_{H\alpha}$、$\pm f_{H\beta}$ 等 13 个精度等级的数值。

GB/T 10095.2—2008《圆柱齿轮　精度制　第 2 部分：径向综合偏差与径向跳动的定义和允许值》给出了 f_i'' 等的数值。

3. 齿轮检验的指导性文件

为了指导检验员更好地检验齿轮，国家提出了 4 个指导性文件如下：

1）GB/Z 18620.1—2008（ISO/TR 10064-1：1992）《圆柱齿轮　检验实施规范　第 1 部分：轮齿同侧齿面的检验》。

2）GB/Z 18620.2—2008（ISO/TR 10064-2：1996）《圆柱齿轮　检验实施规范　第 2 部分：径向综合偏差、径向跳动、齿厚和齿侧的检验》。

3）GB/Z 18620.3—2008（ISO/TR 10064-3：1996）《圆柱齿轮　检验实施规范　第 3 部分：齿轮坯、轴中心距和轴线平行度的检验》。

4）GB/Z 18620.4—2008（ISO/TR 10064-4：1998）《圆柱齿轮　检验实施规范　第 4 部分：表面结构和轮齿接触斑点的检验》。

4. 齿轮检验的要求

1）指导思想。从上知，圆柱齿轮的检验项目有 24 项（见 GB/Z 18620.1），在齿轮研究和进行生产工艺分析研究中，对这 24 项一一进行检验是必要的，而在日常生产中，特别是在生产处于稳定状态的情况下，对上述 24 项全部进行检验既没有必要，也很不经济。这是因为，在上述 24 项中，有些项目代表的要素对特定齿轮的功能没有明显的影响。另外，有些检验项目可以代替另一些检验项目。至于哪些项目没有必要进行检验，哪些检验项目可以代替哪些检验项目，不能一概而论，应由齿轮的设计人员根据齿轮的生产情况和齿轮的工作情况来定，并标注在齿轮产品图样上，以便检验员检验。

2）检验要求。

① 用于检验的检测仪器应定期用经过认可的标准块进行校准，例如用齿轮渐开线样板或齿轮螺旋线样板校对仪器的示值误差。

② 在检测中，必须保证被测齿轮实际工作的轴线与测量过程中的旋转轴线重合，即齿轮的工作基准与测量基准重合。

③ 为了进行质量控制，减少检验项目时，必须由齿轮的供需双方协商确定。

四、参数和术语及偏差项目（表 14-4）

五、偏差值

1. 强制性的单项检验项目偏差值

（1）轮齿同侧齿面偏差的允许值

轮齿同侧齿面偏差的允许值见表 14-5 ~ 表 14-8。

第十四章　齿轮的检验

表 14-5　单个齿距偏差 $\pm f_{pt}$（GB/T 10095.1—2008）　（单位：μm）

分度圆直径 d/mm	模数 m/mm	精度等级											
		0	1	2	3	4	5	6	7	8	9	10	11	12
$5 \leqslant d \leqslant 20$	$0.5 \leqslant m \leqslant 2$	0.8	1.2	1.7	2.3	3.3	4.7	6.5	9.5	13.0	19.0			
	$2 < m \leqslant 3.5$	0.9	1.3	1.8	2.6	3.7	5.0	7.5	10.0	15.0	21.0			

表 14-6　齿距累积总偏差 F_p（GB/T 10095.1—2008）　（单位：μm）

分度圆直径 d/mm	模数 m/mm	精度等级												
		0	1	2	3	4	5	6	7	8	9	10	11	12
$5 \leqslant d \leqslant 20$	$0.5 \leqslant m \leqslant 2$	2.0	2.8	4.0	5.5	8.0	11.0	16.0	23.0	32.0	45.0	64.0	90.0	127.0
	$2 < m \leqslant 3.5$	2.1	29	4.2	6.0	8.5	12.0	17.0	23.0	33.0	47.0	66.0	94.0	133.0
$20 < d \leqslant 50$	$0.5 \leqslant m \leqslant 2$	2.5	3.6	5.0	7.0	10.0	14.0	20.0	29.0	41.0	57.0	81.0	115.0	162.0
	$2 < m \leqslant 3.5$	2.6	3.7	5.0	7.5	10.0	15.0	21.0	30.0	42.0	59.0	84.0	119.0	168.0
	$3.5 < m \leqslant 6$	2.7	3.9	5.5	7.5	11.0	15.0	22.0	31.0	44.0	62.0	87.0	123.0	174.0
	$6 < m \leqslant 10$	2.9	4.1	6.0	8.0	12.0	16.0	23.0	33.0	46.0	65.0	93.0	131.0	185.0
$50 < d \leqslant 125$	$0.5 \leqslant m \leqslant 2$	3.3	4.6	6.5	9.0	13.0	18.0	26.0	37.0	52.0	74.0	104.0	147.0	208.0
	$2 < m \leqslant 3.5$	3.3	4.7	6.5	9.5	13.0	19.0	27.0	38.0	53.0	76.0	107.0	151.0	214.0
	$3.5 < m \leqslant 6$	3.4	4.9	7.0	9.5	14.0	19.0	28.0	39.0	55.0	78.0	110.0	156.0	220.0
	$6 < m \leqslant 10$	3.6	5.0	7.0	10.0	14.0	20.0	29.0	41.0	58.0	82.0	116.0	164.0	231.0
	$10 < m \leqslant 16$	3.9	5.5	7.5	11.0	15.0	22.0	31.0	44.0	62.0	88.0	124.0	175.0	248.0
	$16 < m \leqslant 25$	4.3	6.0	8.5	12.0	17.0	24.0	34.0	48.0	68.0	96.0	136.0	193.0	273.0
$125 < d \leqslant 280$	$0.5 \leqslant m \leqslant 2$	4.3	6.0	8.5	12.0	17.0	24.0	35.0	49.0	69.0	98.0	138.0	195.0	276.0
	$2 < m \leqslant 3.5$	4.4	6.0	9.0	12.0	18.0	25.0	35.0	50.0	70.0	100.0	141.0	199.0	282.0
	$3.5 < m \leqslant 6$	4.5	6.5	9.0	13.0	18.0	25.0	36.0	51.0	72.0	102.0	144.0	204.0	288.0
	$6 < m \leqslant 10$	4.7	6.5	9.5	13.0	19.0	26.0	37.0	53.0	75.0	106.0	149.0	211.0	299.0
	$10 < m \leqslant 16$	4.9	7.0	10.0	14.0	20.0	28.0	39.0	56.0	79.0	112.0	158.0	223.0	316.0
	$16 < m \leqslant 25$	5.5	7.5	11.0	15.0	21.0	30.0	43.0	60.0	85.0	120.0	170.0	241.0	341.0
	$25 < m \leqslant 40$	6.0	8.5	12.0	17.0	24.0	34.0	47.0	67.0	95.0	134.0	190.0	269.0	380.0
$280 < d \leqslant 560$	$0.5 \leqslant m \leqslant 2$	5.5	8.0	11.0	16.0	23.0	32.0	46.0	64.0	91.0	129.0	182.0	257.0	364.0
	$2 < m \leqslant 3.5$	6.0	8.0	12.0	16.0	23.0	33.0	46.0	65.0	92.0	131.0	185.0	261.0	370.0
	$3.5 < m \leqslant 6$	6.0	8.5	12.0	17.0	24.0	33.0	47.0	66.0	94.0	133.0	188.0	266.0	376.0
	$6 < m \leqslant 10$	6.0	8.5	12.0	17.0	24.0	34.0	48.0	68.0	97.0	137.0	193.0	274.0	387.0
	$10 < m \leqslant 16$	6.5	9.0	13.0	18.0	25.0	36.0	50.0	71.0	101.0	143.0	202.0	285.0	404.0
	$16 < m \leqslant 25$	6.5	9.5	13.0	19.0	27.0	38.0	54.0	76.0	107.0	151.0	214.0	303.0	428.0
	$25 < m \leqslant 40$	7.5	10.0	15.0	21.0	29.0	41.0	58.0	83.0	117.0	165.0	234.0	331.0	468.0
	$40 < m \leqslant 70$	8.5	12.0	17.0	24.0	34.0	48.0	68.0	95.0	135.0	191.0	270.0	382.0	540.0

(续)

分度圆直径 d/mm	模数 m/mm	精度等级											
		0	1	2	3	4	5	6	7	8	9	10	11	12
560<d≤1000	0.5≤m≤2	7.5	10.0	15.0	21.0	29.0	41.0	59.0	83.0	117.0	166.0	235.0	332.0	469.0
	2<m≤3.5	7.5	10.0	15.0	21.0	30.0	42.0	59.0	84.0	119.0	168.0	238.0	336.0	475.0
	3.5<m≤6	7.5	11.0	15.0	21.0	30.0	43.0	60.0	85.0	120.0	170.0	241.0	341.0	482.0
	6<m≤10	7.5	11.0	15.0	22.0	31.0	44.0	62.0	87.0	123.0	174.0	246.0	348.0	492.0
	10<m≤16	8.0	11.0	16.0	22.0	32.0	45.0	64.0	90.0	127.0	180.0	254.0	360.0	509.0
	16<m≤25	8.5	12.0	17.0	24.0	33.0	47.0	67.0	94.0	133.0	189.0	267.0	378.0	534.0
	25<m≤40	9.0	13.0	18.0	25.0	36.0	51.0	72.0	101.0	143.0	203.0	287.0	405.0	573.0
	40<m≤70	10.0	14.0	20.0	29.0	40.0	57.0	81.0	114.0	161.0	228.0	323.0	457.0	646.0
1000<d≤1600	2≤m≤3.5	9.0	13.0	18.0	26.0	37.0	52.0	74.0	105.0	148.0	209.0	296.0	418.0	591.0
	3.5<m≤6	9.5	13.0	19.0	26.0	37.0	53.0	75.0	106.0	149.0	211.0	299.0	423.0	598.0
	6<m≤10	9.5	13.0	19.0	27.0	38.0	54.0	76.0	108.0	152.0	215.0	304.0	430.0	608.0
	10<m≤16	10.0	14.0	20.0	28.0	39.0	55.0	78.0	111.0	156.0	221.0	313.0	442.0	625.0
	16<m≤25	10.0	14.0	20.0	29.0	41.0	57.0	81.0	115.0	163.0	230.0	325.0	460.0	650.0
	25<m≤40	11.0	15.0	22.0	30.0	43.0	61.0	86.0	122.0	172.0	244.0	345.0	488.0	690.0
	40<m≤70	12.0	17.0	24.0	34.0	48.0	67.0	95.0	135.0	190.0	269.0	381.0	539.0	762.0
1600<d≤2500	3.5≤m≤6	11.0	16.0	23.0	32.0	45.0	64.0	91.0	129.0	182.0	257.0	364.0	514.0	727.0
	6<m≤10	12.0	16.0	23.0	33.0	46.0	65.0	92.0	130.0	184.0	261.0	369.0	522.0	738.0
	10<m≤16	12.0	17.0	24.0	33.0	47.0	67.0	94.0	133.0	189.0	267.0	377.0	534.0	755.0
	16<m≤25	12.0	17.0	24.0	34.0	49.0	69.0	97.0	138.0	195.0	276.0	390.0	551.0	780.0
	25<m≤40	13.0	18.0	26.0	36.0	51.0	72.0	102.0	145.0	205.0	290.0	409.0	579.0	819.0
	40<m≤70	14.0	20.0	28.0	39.0	56.0	79.0	111.0	158.0	223.0	315.0	446.0	603.0	891.0
2500<d≤4000	6≤m≤10	14.0	20.0	28.0	40.0	56.0	80.0	113.0	159.0	225.0	318.0	450.0	637.0	901.0
	10<m≤16	14.0	20.0	29.0	41.0	57.0	81.0	115.0	162.0	229.0	324.0	459.0	649.0	917.0
	16<m≤25	15.0	21.0	29.0	42.0	59.0	83.0	118.0	167.0	236.0	333.0	471.0	666.0	942.0
	25<m≤40	15.0	22.0	31.0	43.0	61.0	87.0	123.0	174.0	245.0	347.0	491.0	694.0	982.0
	40<m≤70	16.0	23.0	33.0	47.0	66.0	93.0	132.0	186.0	264.0	373.0	525.0	745.0	1054.0
4000<d≤6000	6≤m≤10	17.0	24.0	34.0	48.0	68.0	97.0	137.0	194.0	274.0	387.0	548.0	775.0	1095.0
	10<m≤16	17.0	25.0	35.0	49.0	69.0	98.0	139.0	197.0	278.0	393.0	556.0	786.0	1112.0
	16<m≤25	18.0	25.0	36.0	50.0	71.0	100.0	142.0	201.0	284.0	402.0	568.0	804.0	1137.0
	25<m≤40	18.0	26.0	37.0	52.0	74.0	104.0	147.0	208.0	294.0	416.0	588.0	832.0	1176.0
	40<m≤70	20.0	28.0	39.0	55.0	78.0	110.0	156.0	221.0	312.0	441.0	624.0	883.0	1249.0

(续)

分度圆直径 d/mm	模数 m/mm	精度等级											
		0	1	2	3	4	5	6	7	8	9	10	11	12
6000 < d ≤ 8000	10 ≤ m ≤ 16	20.0	29.0	41.0	57.0	81.0	115.0	162.0	230.0	325.0	459.0	650.0	919.0	1299.0
	16 < m ≤ 25	21.0	29.0	41.0	59.0	83.0	117.0	166.0	234.0	331.0	468.0	662.0	936.0	1324.0
	25 < m ≤ 40	21.0	30.0	43.0	60.0	85.0	121.0	170.0	241.0	341.0	482.0	682.0	964.0	1364.0
	40 < m ≤ 70	22.0	32.0	45.0	63.0	90.0	127.0	179.0	254.0	359.0	508.0	718.0	1015.0	1436.0
8000 < d ≤ 10000	10 ≤ m ≤ 16	23.0	32.0	46.0	65.0	91.0	129.0	182.0	258.0	365.0	516.0	730.0	1032.0	1460.0
	16 < m ≤ 25	23.0	33.0	46.0	66.0	93.0	131.0	186.0	262.0	371.0	525.0	742.0	1050.0	1485.0
	25 < m ≤ 40	24.0	34.0	48.0	67.0	95.0	135.0	191.0	269.0	381.0	539.0	762.0	1078.0	1524.0
	40 < m ≤ 70	25.0	35.0	50.0	71.0	100.0	141.0	200.0	282.0	399.0	564.0	798.0	1129.0	1596.0

表 14-7 齿廓总偏差 F_α(GB/T 10095.1—2008)　　　(单位：μm)

分度圆直径 d/mm	模数 m/mm	精度等级											
		0	1	2	3	4	5	6	7	8	9	10	11	12
5 ≤ d ≤ 20	0.5 ≤ m ≤ 2	0.8	1.1	1.6	2.3	3.2	4.6	6.5	9.0	13.0	18.0	26.0	37.0	52.0
	2 < m ≤ 3.5	1.2	1.7	2.3	3.3	4.7	6.5	9.5	13.0	19.0	26.0	37.0	53.0	75.0
20 < d ≤ 50	0.5 ≤ m ≤ 2	0.9	1.3	1.8	2.6	3.6	5.0	7.5	10.0	15.0	21.0	29.0	41.0	58.0
	2 < m ≤ 3.5	1.3	1.8	2.5	3.6	5.0	7.0	10.0	14.0	20.0	29.0	40.0	57.0	81.0
	3.5 < m ≤ 6	1.6	2.2	3.1	4.4	6.0	9.0	12.0	18.0	25.0	35.0	50.0	70.0	99.0
	6 < m ≤ 10	1.9	2.7	3.8	5.5	7.5	11.0	15.0	22.0	31.0	43.0	61.0	87.0	123.0
50 < d ≤ 125	0.5 ≤ m ≤ 2	1.0	1.5	2.1	2.9	4.1	6.0	8.5	12.0	17.0	23.0	33.0	47.0	66.0
	2 < m ≤ 3.5	1.4	2.0	2.8	3.9	5.5	8.0	11.0	16.0	22.0	31.0	44.0	63.0	89.0
	3.5 < m ≤ 6	1.7	2.4	3.4	4.8	6.5	9.5	13.0	19.0	27.0	38.0	54.0	76.0	108.0
	6 < m ≤ 10	2.0	2.9	4.1	6.0	8.0	12.0	16.0	23.0	33.0	46.0	65.0	92.0	131.0
	10 < m ≤ 16	2.5	3.5	5.0	7.0	10.0	14.0	20.0	28.0	40.0	56.0	79.0	112.0	159.0
	16 < m ≤ 25	3.0	4.2	6.0	8.5	12.0	17.0	24.0	34.0	48.0	68.0	96.0	136.0	192.0
125 < d ≤ 280	0.5 ≤ m ≤ 2	1.2	1.7	2.4	3.5	4.9	7.0	10.0	14.0	20.0	28.0	39.0	55.0	78.0
	2 < m ≤ 3.5	1.6	2.2	3.2	4.5	6.5	9.0	13.0	18.0	25.0	36.0	50.0	71.0	101.0
	3.5 < m ≤ 6	1.9	2.6	3.7	5.5	7.5	11.0	15.0	21.0	30.0	42.0	60.0	84.0	119.0
	6 < m ≤ 10	2.2	3.2	4.5	6.5	9.0	13.0	18.0	25.0	36.0	50.0	71.0	101.0	143.0
	10 < m ≤ 16	2.7	3.8	5.5	7.5	11.0	15.0	21.0	30.0	43.0	60.0	85.0	121.0	171.0
	16 < m ≤ 25	3.2	4.5	6.5	9.0	13.0	18.0	25.0	36.0	51.0	72.0	102.0	144.0	204.0
	25 < m ≤ 40	3.8	5.5	7.5	11.0	15.0	22.0	31.0	43.0	61.0	87.0	123.0	174.0	246.0

（续）

分度圆直径 d/mm	模数 m/mm	精度等级											
		0	1	2	3	4	5	6	7	8	9	10	11	12
280 < d ≤ 560	0.5 ≤ m ≤ 2	1.5	2.1	2.9	4.1	6.0	8.5	12.0	17.0	23.0	33.0	47.0	66.0	94.0
	2 < m ≤ 3.5	1.8	2.6	3.6	5.0	7.5	10.0	15.0	21.0	29.0	41.0	58.0	82.0	116.0
	3.5 < m ≤ 6	2.1	3.0	4.2	6.0	8.5	12.0	17.0	24.0	34.0	48.0	67.0	95.0	135.0
	6 < m ≤ 10	2.5	3.5	4.9	7.0	10.0	14.0	20.0	28.0	40.0	56.0	79.0	112.0	158.0
	10 < m ≤ 16	2.9	4.1	6.0	8.0	12.0	16.0	23.0	33.0	47.0	66.0	93.0	132.0	186.0
	16 < m ≤ 25	3.4	4.8	7.0	9.5	14.0	19.0	27.0	39.0	55.0	78.0	110.0	155.0	219.0
	25 < m ≤ 40	4.1	6.0	8.0	12.0	16.0	23.0	33.0	46.0	65.0	92.0	131.0	185.0	261.0
	40 < m ≤ 70	5.0	7.0	10.0	14.0	20.0	28.0	40.0	57.0	80.0	113.0	160.0	227.0	321.0
560 < d ≤ 1000	0.5 ≤ m ≤ 2	1.8	2.5	3.5	5.0	7.0	10.0	14.0	20.0	28.0	40.0	56.0	79.0	112.0
	2 < m ≤ 3.5	2.1	3.0	4.2	6.0	8.5	12.0	17.0	24.0	34.0	48.0	67.0	95.0	135.0
	3.5 < m ≤ 6	2.4	3.4	4.8	7.0	9.5	14.0	19.0	27.0	38.0	54.0	77.0	109.0	154.0
	6 < m ≤ 10	2.8	3.9	5.5	8.0	11.0	16.0	22.0	31.0	44.0	62.0	88.0	125.0	177.0
	10 < m ≤ 16	3.2	4.5	6.5	9.0	13.0	18.0	26.0	36.0	51.0	72.0	102.0	145.0	205.0
	16 < m ≤ 25	3.7	5.5	7.5	11.0	15.0	21.0	30.0	42.0	59.0	84.0	119.0	168.0	238.0
	25 < m ≤ 40	4.4	6.0	8.5	12.0	17.0	25.0	35.0	49.0	70.0	99.0	140.0	198.0	280.0
	40 < m ≤ 70	5.5	7.5	11.0	15.0	21.0	30.0	42.0	60.0	85.0	120.0	170.0	240.0	339.0
1000 < d ≤ 1600	2 ≤ m ≤ 3.5	2.4	3.4	4.9	7.0	9.5	14.0	19.0	27.0	39.0	55.0	78.0	110.0	155.0
	3.5 < m ≤ 6	2.7	3.8	5.5	7.5	11.0	15.0	22.0	31.0	43.0	61.0	87.0	123.0	174.0
	6 < m ≤ 10	3.1	4.4	6.0	8.5	12.0	17.0	25.0	35.0	49.0	70.0	99.0	139.0	197.0
	10 < m ≤ 16	3.5	5.0	7.0	10.0	14.0	20.0	28.0	40.0	56.0	80.0	113.0	159.0	225.0
	16 < m ≤ 25	4.0	5.5	8.0	11.0	16.0	23.0	32.0	46.0	65.0	91.0	129.0	183.0	258.0
	25 < m ≤ 40	4.7	6.5	9.5	13.0	19.0	27.0	38.0	53.0	75.0	106.0	150.0	212.0	300.0
	40 < m ≤ 70	5.5	8.0	11.0	16.0	22.0	32.0	45.0	64.0	90.0	127.0	180.0	254.0	360.0
1600 < d ≤ 2500	3.5 ≤ m ≤ 6	3.1	4.3	6.0	8.5	12.0	17.0	25.0	35.0	49.0	70.0	98.0	139.0	197.0
	6 < m ≤ 10	3.4	4.9	7.0	9.5	14.0	19.0	27.0	39.0	55.0	78.0	110.0	156.0	220.0
	10 < m ≤ 16	3.9	5.5	7.5	11.0	15.0	22.0	31.0	44.0	62.0	88.0	124.0	175.0	248.0
	16 < m ≤ 25	4.4	6.0	9.0	12.0	18.0	25.0	35.0	50.0	70.0	99.0	141.0	199.0	281.0
	25 < m ≤ 40	5.0	7.0	10.0	14.0	20.0	29.0	40.0	57.0	81.0	114.0	161.0	228.0	323.0
	40 < m ≤ 70	6.0	8.5	12.0	17.0	24.0	34.0	48.0	68.0	96.0	135.0	191.0	271.0	383.0
2500 < d ≤ 4000	6 ≤ m ≤ 10	3.9	5.5	8.0	11.0	16.0	22.0	31.0	44.0	62.0	88.0	124.0	176.0	249.0
	10 < m ≤ 16	4.3	6.0	8.5	12.0	17.0	24.0	35.0	49.0	69.0	98.0	138.0	196.0	277.0
	16 < m ≤ 25	4.8	7.0	9.5	14.0	19.0	27.0	39.0	55.0	77.0	110.0	155.0	219.0	310.0
	25 < m ≤ 40	5.5	8.0	11.0	16.0	22.0	31.0	44.0	62.0	88.0	124.0	176.0	249.0	351.0
	40 < m ≤ 70	6.5	9.0	13.0	18.0	26.0	36.0	51.0	73.0	103.0	145.0	206.0	291.0	411.0

(续)

分度圆直径 d/mm	模数 m/mm	精度等级											
		0	1	2	3	4	5	6	7	8	9	10	11	12
4000 < d ≤ 6000	6 ≤ m ≤ 10	4.4	6.5	9.0	13.0	18.0	25.0	35.0	50.0	71.0	100.0	141.0	200.0	283.0
	10 < m ≤ 16	4.9	7.0	9.5	14.0	19.0	27.0	39.0	55.0	78.0	110.0	155.0	220.0	311.0
	16 < m ≤ 25	5.5	7.5	11.0	15.0	22.0	30.0	43.0	61.0	86.0	122.0	172.0	243.0	344.0
	25 < m ≤ 40	6.0	8.5	12.0	17.0	24.0	34.0	48.0	68.0	96.0	136.0	193.0	273.0	386.0
	40 < m ≤ 70	7.0	10.0	14.0	20.0	28.0	39.0	56.0	79.0	111.0	158.0	223.0	315.0	445.0
6000 < d ≤ 8000	10 ≤ m ≤ 16	5.5	7.5	11.0	15.0	21.0	30.0	43.0	61.0	86.0	122.0	172.0	243.0	344.0
	16 < m ≤ 25	6.0	8.5	12.0	17.0	24.0	33.0	47.0	67.0	94.0	113.0	189.0	267.0	377.0
	25 < m ≤ 40	6.5	9.5	13.0	19.0	26.0	37.0	52.0	74.0	105.0	148.0	209.0	296.0	419.0
	40 < m ≤ 70	7.5	11.0	15.0	21.0	30.0	42.0	60.0	85.0	120.0	169.0	239.0	338.0	478.0
8000 < d ≤ 10000	10 ≤ m ≤ 16	6.0	8.0	12.0	16.0	23.0	33.0	47.0	66.0	93.0	132.0	186.0	263.0	372.0
	16 < m ≤ 25	6.5	9.0	13.0	18.0	25.0	36.0	51.0	72.0	101.0	143.0	203.0	287.0	405.0
	25 < m ≤ 40	7.0	10.0	14.0	20.0	28.0	40.0	56.0	79.0	112.0	158.0	223.0	316.0	447.0
	40 < m ≤ 70	8.0	11.0	16.0	22.0	32.0	45.0	63.0	90.0	127.0	179.0	253.0	358.0	507.0

表 14-8　螺旋线总偏差 F_β（GB/T 10095.1—2008）　　（单位：μm）

分度圆直径 d/mm	齿宽 b/mm	精度等级											
		0	1	2	3	4	5	6	7	8	9	10	11	12
5 ≤ d ≤ 20	4 ≤ b ≤ 10	1.1	1.5	2.2	3.1	4.3	6.0	8.5	12.0	17.0	24.0	35.0	49.0	69.0
	10 < b ≤ 20	1.2	1.7	2.4	3.4	4.9	7.0	9.5	14.0	19.0	28.0	39.0	55.0	78.0
	20 < b ≤ 40	1.4	2.0	2.8	3.9	5.5	8.0	11.0	16.0	22.0	31.0	45.0	63.0	89.0
	40 < b ≤ 80	1.6	2.3	3.3	4.6	6.5	9.5	13.0	19.0	26.0	37.0	52.0	74.0	105.0
20 < d ≤ 50	4 ≤ b ≤ 10	1.1	1.6	2.2	3.2	4.5	6.5	9.0	13.0	18.0	25.0	36.0	51.0	72.0
	10 < b ≤ 20	1.3	1.8	2.5	3.6	5.0	7.0	10.0	14.0	20.0	29.0	40.0	57.0	81.0
	20 < b ≤ 40	1.4	2.0	2.9	4.1	5.5	8.0	11.0	16.0	23.0	32.0	46.0	65.0	92.0
	40 < b ≤ 80	1.7	2.4	3.4	4.8	6.5	9.5	13.0	19.0	27.0	38.0	54.0	76.0	107.0
	80 < b ≤ 160	2.0	2.9	4.1	5.5	8.0	11.0	16.0	23.0	32.0	46.0	65.0	92.0	130.0
50 < d ≤ 125	4 ≤ b ≤ 10	1.2	1.7	2.4	3.3	4.7	6.5	9.5	13.0	19.0	27.0	38.0	53.0	76.0
	10 < b ≤ 20	1.3	1.9	2.6	3.7	5.5	7.5	11.0	15.0	21.0	30.0	42.0	60.0	84.0
	20 < b ≤ 40	1.5	2.1	3.0	4.2	6.0	8.5	12.0	17.0	24.0	34.0	48.0	68.0	95.0
	40 < b ≤ 80	1.7	2.5	3.5	4.9	7.0	10.0	14.0	20.0	28.0	39.0	56.0	79.0	111.0
	80 < b ≤ 160	2.1	2.9	4.2	6.0	8.5	12.0	17.0	24.0	33.0	47.0	67.0	94.0	133.0
	160 < b ≤ 250	2.5	3.5	4.9	7.0	10.0	14.0	20.0	28.0	40.0	56.0	79.0	112.0	158.0
	250 < b ≤ 400	2.9	4.1	6.0	8.0	12.0	16.0	23.0	33.0	46.0	65.0	92.0	130.0	184.0

（续）

分度圆直径 d/mm	齿宽 b/mm	精度等级											
		0	1	2	3	4	5	6	7	8	9	10	11	12
125 < d ≤ 280	4 ≤ b ≤ 10	1.3	1.8	2.5	3.6	5.0	7.0	10.0	14.0	20.0	29.0	40.0	57.0	81.0
	10 < b ≤ 20	1.4	2.0	2.8	4.0	5.5	8.0	11.0	16.0	22.0	32.0	45.0	63.0	90.0
	20 < b ≤ 40	1.6	2.2	3.2	4.5	6.5	9.0	13.0	18.0	25.0	36.0	50.0	71.0	101.0
	40 < b ≤ 80	1.8	2.6	3.6	5.0	7.5	10.0	15.0	21.0	29.0	41.0	58.0	82.0	117.0
	80 < b ≤ 160	2.2	3.1	4.3	6.0	8.5	12.0	17.0	25.0	35.0	49.0	69.0	98.0	139.0
	160 < b ≤ 250	2.6	3.6	5.0	7.0	10.0	14.0	20.0	29.0	41.0	58.0	82.0	116.0	164.0
	250 < b ≤ 400	3.0	4.2	6.0	8.5	12.0	17.0	24.0	34.0	47.0	67.0	95.0	134.0	190.0
	400 < b ≤ 650	3.5	4.9	7.0	10.0	14.0	20.0	28.0	40.0	56.0	79.0	112.0	158.0	224.0
280 < d ≤ 560	10 ≤ b ≤ 20	1.5	2.1	3.0	4.3	6.0	8.5	12.0	17.0	24.0	34.0	48.0	68.0	97.0
	20 < b ≤ 40	1.7	2.4	3.4	4.8	6.5	9.5	13.0	19.0	27.0	38.0	54.0	76.0	108.0
	40 < b ≤ 80	1.9	2.7	3.9	5.5	7.5	11.0	15.0	22.0	31.0	44.0	62.0	87.0	124.0
	80 < b ≤ 160	2.3	3.2	4.6	6.5	9.0	13.0	18.0	26.0	36.0	52.0	73.0	103.0	146.0
	160 < b ≤ 250	2.7	3.8	5.5	7.5	11.0	15.0	21.0	30.0	43.0	60.0	85.0	121.0	171.0
	250 < b ≤ 400	3.1	4.3	6.0	8.5	12.0	17.0	25.0	35.0	49.0	70.0	98.0	139.0	197.0
	400 < b ≤ 650	3.6	5.0	7.0	10.0	14.0	20.0	29.0	41.0	58.0	82.0	115.0	163.0	231.0
	650 < b ≤ 1000	4.3	6.0	8.5	12.0	17.0	24.0	34.0	48.0	68.0	96.0	136.0	193.0	272.0
560 < d ≤ 1000	10 ≤ b ≤ 20	1.6	2.3	3.3	4.7	6.5	9.5	13.0	19.0	26.0	37.0	53.0	74.0	105.0
	20 < b ≤ 40	1.8	2.6	3.6	5.0	7.5	10.0	15.0	21.0	29.0	41.0	58.0	82.0	116.0
	40 < b ≤ 80	2.1	2.9	4.1	6.0	8.5	12.0	17.0	23.0	33.0	47.0	66.0	93.0	132.0
	80 < b ≤ 160	2.4	3.4	4.8	7.0	9.5	14.0	19.0	27.0	39.0	55.0	77.0	109.0	154.0
	160 < b ≤ 250	2.8	4.0	5.5	8.0	11.0	16.0	22.0	32.0	45.0	63.0	90.0	127.0	179.0
	250 < b ≤ 400	3.2	4.5	6.5	9.0	13.0	18.0	26.0	36.0	51.0	73.0	103.0	145.0	205.0
	400 < b ≤ 650	3.7	5.5	7.5	11.0	15.0	21.0	30.0	42.0	60.0	85.0	120.0	169.0	239.0
	650 < b ≤ 1000	4.4	6.0	9.0	12.0	18.0	25.0	35.0	50.0	70.0	99.0	140.0	199.0	281.0
1000 < d ≤ 1600	20 ≤ b ≤ 40	2.0	2.8	3.9	5.5	8.0	11.0	16.0	22.0	31.0	44.0	63.0	89.0	126.0
	40 < b ≤ 80	2.2	3.1	4.4	6.0	9.0	12.0	18.0	25.0	35.0	50.0	71.0	100.0	141.0
	80 < b ≤ 160	2.6	3.6	5.0	7.0	10.0	14.0	20.0	29.0	41.0	58.0	82.0	116.0	164.0
	160 < b ≤ 250	2.9	4.2	6.0	8.5	12.0	17.0	24.0	33.0	47.0	67.0	94.0	133.0	189.0
	250 < b ≤ 400	3.4	4.7	6.5	9.5	13.0	19.0	27.0	38.0	54.0	76.0	107.0	152.0	215.0
	400 < b ≤ 650	3.9	5.5	8.0	11.0	16.0	22.0	31.0	44.0	62.0	88.0	124.0	176.0	249.0
	650 < b ≤ 1000	4.5	6.5	9.0	13.0	18.0	26.0	36.0	51.0	73.0	103.0	145.0	205.0	290.0

(续)

分度圆直径 d/mm	齿宽 b/mm	精度等级											
		0	1	2	3	4	5	6	7	8	9	10	11	12
1600 < d ≤ 2500	20 ≤ b ≤ 40	2.1	3.0	4.3	6.0	8.5	12.0	17.0	24.0	34.0	48.0	68.0	96.0	136.0
	40 < b ≤ 80	2.4	3.4	4.7	6.5	9.5	13.0	19.0	27.0	38.0	54.0	76.0	107.0	152.0
	80 < b ≤ 160	2.7	3.8	5.5	7.5	11.0	15.0	22.0	31.0	43.0	61.0	87.0	123.0	174.0
	160 < b ≤ 250	3.1	4.4	6.0	9.0	12.0	18.0	25.0	35.0	50.0	70.0	99.0	141.0	199.0
	250 < b ≤ 400	3.5	5.0	7.0	10.0	14.0	20.0	28.0	40.0	56.0	80.0	112.0	159.0	225.0
	400 < b ≤ 650	4.0	5.5	8.0	11.0	16.0	23.0	32.0	46.0	65.0	92.0	130.0	183.0	259.0
	650 < b ≤ 1000	4.7	6.5	9.5	13.0	19.0	27.0	38.0	53.0	75.0	106.0	150.0	212.0	300.0
2500 < d ≤ 4000	40 ≤ b ≤ 80	2.6	3.6	5.0	7.5	10.0	15.0	21.0	29.0	41.0	58.0	82.0	116.0	165.0
	80 < b ≤ 160	2.9	4.1	6.0	8.5	12.0	17.0	23.0	33.0	47.0	66.0	93.0	132.0	187.0
	160 < b ≤ 250	3.3	4.7	6.5	9.5	13.0	19.0	26.0	37.0	53.0	75.0	106.0	150.0	212.0
	250 < b ≤ 400	3.7	5.5	7.5	11.0	15.0	21.0	30.0	42.0	59.0	84.0	119.0	168.0	238.0
	400 < b ≤ 650	4.3	6.0	8.5	12.0	17.0	24.0	34.0	48.0	68.0	96.0	136.0	192.0	272.0
	650 < b ≤ 1000	4.9	7.0	10.0	14.0	20.0	28.0	39.0	55.0	78.0	111.0	157.0	222.0	314.0
4000 < d ≤ 6000	80 ≤ b ≤ 160	3.2	4.5	6.5	9.0	13.0	18.0	25.0	36.0	51.0	72.0	101.0	143.0	203.0
	160 < b ≤ 250	3.6	5.0	7.0	10.0	14.0	20.0	28.0	40.0	57.0	80.0	114.0	161.0	228.0
	250 < b ≤ 400	4.0	5.5	8.0	11.0	16.0	22.0	32.0	45.0	63.0	90.0	127.0	179.0	253.0
	400 < b ≤ 650	4.5	6.5	9.0	13.0	18.0	25.0	36.0	51.0	72.0	102.0	144.0	203.0	288.0
	650 < b ≤ 1000	5.0	7.5	10.0	15.0	21.0	29.0	41.0	58.0	82.0	116.0	165.0	233.0	329.0
6000 < d ≤ 8000	80 ≤ b ≤ 160	3.4	4.8	7.0	9.5	14.0	19.0	27.0	38.0	54.0	77.0	109.0	154.0	218.0
	160 < b ≤ 250	3.8	5.5	7.5	11.0	15.0	21.0	30.0	43.0	61.0	86.0	121.0	171.0	242.0
	250 < b ≤ 400	4.2	6.0	8.5	12.0	17.0	24.0	34.0	47.0	67.0	95.0	134.0	190.0	268.0
	400 < b ≤ 650	4.7	6.5	9.5	13.0	19.0	27.0	38.0	53.0	76.0	107.0	151.0	214.0	303.0
	650 < b ≤ 1000	5.5	7.5	11.0	15.0	22.0	30.0	43.0	61.0	86.0	122.0	172.0	243.0	344.0
8000 < d ≤ 10000	80 ≤ b ≤ 160	3.6	5.0	7.0	10.0	14.0	20.0	29.0	41.0	58.0	81.0	115.0	163.0	230.0
	160 < b ≤ 250	4.0	5.5	8.0	11.0	16.0	23.0	32.0	45.0	64.0	90.0	128.0	181.0	255.0
	250 < b ≤ 400	4.4	6.0	9.0	12.0	18.0	25.0	35.0	50.0	70.0	99.0	141.0	199.0	281.0
	400 < b ≤ 650	4.9	7.0	10.0	14.0	20.0	28.0	39.0	56.0	79.0	112.0	158.0	223.0	315.0
	650 < b ≤ 1000	5.5	8.0	11.0	16.0	22.0	32.0	45.0	63.0	89.0	126.0	178.0	252.0	357.0

（2）径向综合偏差与径向综合跳动

径向综合偏差与径向综合跳动的允许值见表14-9～表14-11。

表 14-9　径向综合总偏差 F_i''（GB/T 10095.2—2008）　（单位：μm）

分度圆直径 d/mm	法向模数 m_n/mm	精度等级								
		4	5	6	7	8	9	10	11	12
$5 \leq d \leq 20$	$0.2 \leq m_n \leq 0.5$	7.5	11	15	21	30	42	60	85	120
	$0.5 < m_n \leq 0.8$	8.0	12	16	23	33	46	66	93	131
	$0.8 < m_n \leq 1.0$	9.0	12	18	25	35	50			
	$1.0 < m_n \leq 1.5$	10	14	19	27	38	54			
	$1.5 < m_n \leq 2.5$	11	16	22	32	45	63			
	$2.5 < m_n \leq 4.0$	14	20	28	39	56	79			

表 14-10　一齿径向综合偏差 f_i''（GB/T 10095.2—2008）　（单位：μm）

分度圆直径 d/mm	法向模数 m_n/mm	精度等级								
		4	5	6	7	8	9	10	11	12
$5 \leq d \leq 20$	$0.2 \leq m_n \leq 0.5$	1.0	2.0	2.5	3.5	5.0	7.0	10	14	20
	$0.5 < m_n \leq 0.8$	2.0	2.5	4.0	5.5	7.5	11	15	22	31
	$0.8 < m_n \leq 1.0$	2.5	3.5	5.0	7.0	10	14	20	28	39
	$1.0 < m_n \leq 1.5$	3.0	4.5	6.5	9.0	13	18	25	36	50
	$1.5 < m_n \leq 2.5$	4.5	6.5	9.5	13	19	26	37	53	74
	$2.5 < m_n \leq 4.0$	7.0	10	14	20	29	41	58	82	115
$20 < d \leq 50$	$0.2 \leq m_n \leq 0.5$	1.5	2.0	2.5	3.5	5.0	7.0	10	14	20
	$0.5 < m_n \leq 0.8$	2.0	2.5	4.0	5.5	7.5	11	15	22	31
	$0.8 < m_n \leq 1.0$	2.5	3.5	5.0	7.0	10	14	20	28	40
	$1.0 < m_n \leq 1.5$	3.0	4.5	6.5	9.0	13	18	25	36	51
	$1.5 < m_n \leq 2.5$	4.5	6.5	9.5	13	19	26	37	53	75
	$2.5 < m_n \leq 4.0$	7.0	10	14	20	29	41	58	82	116
	$4.0 < m_n \leq 6.0$	11	15	22	31	43	61	87	123	174
	$6.0 < m_n \leq 10$	17	24	34	48	67	95	135	190	269
$50 < d \leq 125$	$0.2 \leq m_n \leq 0.5$	1.5	2.0	2.5	3.5	5.0	7.5	10	15	21
	$0.5 < m_n \leq 0.8$	2.0	3.0	4.0	5.5	8.0	11	16	22	31
	$0.8 < m_n \leq 1.0$	2.5	3.5	5.0	7.0	10	14	20	28	40
	$1.0 < m_n \leq 1.5$	3.0	4.5	6.5	9.0	13	18	26	36	51
	$1.5 < m_n \leq 2.5$	4.5	6.5	9.5	13	19	26	37	53	75
	$2.5 < m_n \leq 4.0$	7.0	10	14	20	29	41	58	82	116
	$4.0 < m_n \leq 6.0$	11	15	22	31	44	62	87	123	174
	$6.0 < m_n \leq 10$	17	24	34	48	67	95	135	191	269

（续）

分度圆直径 d/mm	法向模数 m_n/mm	精度等级								
		4	5	6	7	8	9	10	11	12
$125 < d \leq 280$	$0.2 \leq m_n \leq 0.5$	1.5	2.0	2.5	3.5	5.5	7.5	11	15	21
	$0.5 < m_n \leq 0.8$	2.0	3.0	4.0	5.5	8.0	11	16	22	32
	$0.8 < m_n \leq 1.0$	2.5	3.5	5.0	7.0	10	14	20	29	41
	$1.0 < m_n \leq 1.5$	3.0	4.5	6.5	9.0	13	18	26	36	52
	$1.5 < m_n \leq 2.5$	4.5	6.5	9.5	13	19	27	38	53	75
	$2.5 < m_n \leq 4.0$	7.5	10	15	21	29	41	58	82	116
	$4.0 < m_n \leq 6.0$	11	15	22	31	44	62	87	124	175
	$6.0 < m_n \leq 10$	17	24	34	48	67	95	135	191	270
$280 < d \leq 560$	$0.2 \leq m_n \leq 0.5$	1.5	2.0	2.5	4.0	5.5	7.5	11	15	22
	$0.5 < m_n \leq 0.8$	2.0	3.0	4.0	5.5	8.0	11	16	23	32
	$0.8 < m_n \leq 1.0$	2.5	3.5	5.0	7.5	10	15	21	29	41
	$1.0 < m_n \leq 1.5$	3.5	4.5	6.5	9.0	13	18	26	37	52
	$1.5 < m_n \leq 2.5$	5.0	6.5	9.5	13	19	27	38	54	76
	$2.5 < m_n \leq 4.0$	7.5	10	15	21	29	41	59	83	117
	$4.0 < m_n \leq 6.0$	11	15	22	31	44	62	88	124	175
	$6.0 < m_n \leq 10$	17	24	34	48	68	96	135	191	271
$560 < d \leq 1000$	$0.2 \leq m_n \leq 0.5$	1.5	2.0	3.0	4.0	5.5	8.0	11	16	23
	$0.5 < m_n \leq 0.8$	2.0	3.0	4.0	6.0	8.5	12	17	24	33
	$0.8 < m_n \leq 1.0$	2.5	3.5	5.5	7.5	11	15	21	30	42
	$1.0 < m_n \leq 1.5$	3.5	4.5	6.5	9.5	13	19	27	38	53
	$1.5 < m_n \leq 2.5$	5.0	7.0	9.5	14	19	27	38	54	77
	$2.5 < m_n \leq 4.0$	7.5	10	15	21	30	42	59	83	118
	$4.0 < m_n \leq 6.0$	11	16	22	31	44	62	88	125	176
	$6.0 < m_n \leq 10$	17	24	34	48	68	96	136	192	272

表 14-11　径向跳动公差 F_r（GB/T 10095.2—2008）　　　（单位：μm）

分度圆直径 d/mm	法向模数 m_n/mm	精度等级											
		0	1	2	3	4	5	6	7	8	9	10	11	12
$5 \leq d \leq 20$	$0.5 \leq m_n \leq 2.0$	1.5	2.5	3.0	4.5	6.5	9.0	13	18	25	36			
	$2.0 < m_n \leq 3.5$	1.5	2.5	3.5	4.5	6.5	9.5	13	19	27	38			

2. 不是强制性的单项检验项目偏差值

（1）齿廓形状偏差

齿廓形状偏差见表 14-12。

表 14-12　齿廓形状偏差 $f_{f\alpha}$（GB/T 10095.1—2008）　（单位：μm）

分度圆直径 d/mm	模数 m/mm	精度等级											
		0	1	2	3	4	5	6	7	8	9	10	11	12
5≤d≤20	0.5≤m≤2	0.6	0.9	1.3	1.8	2.5	3.5	5.0	7.0	10.0	14.0			
	2<m≤3.5	0.9	1.3	1.8	2.6	3.6	5.0	7.0	10.0	14.0	20.0			

（2）齿廓倾斜偏差

齿廓倾斜偏差见表 14-13。

表 14-13　齿廓倾斜偏差 ±$f_{H\alpha}$（GB/T 10095.1—2008）　（单位：μm）

分度圆直径 d/mm	模数 m/mm	精度等级											
		0	1	2	3	4	5	6	7	8	9	10	11	12
5≤d≤20	0.5≤m≤2	0.5	0.7	1.0	1.5	2.1	2.9	4.2	6.0	8.5	12.0			
	2<m≤3.5	0.7	1.0	1.5	2.1	3.0	4.2	6.0	8.5	12.0	17.0			

（3）螺旋线形状偏差和螺旋线倾斜偏差

螺旋线形状偏差和螺旋线倾斜偏差见表 14-14。

表 14-14　螺旋线形状偏差 $f_{f\beta}$ 和螺旋线倾斜偏差 ±$f_{H\beta}$（GB/T 10095.1—2008）

（单位：μm）

分度圆直径 d/mm	齿宽 b/mm	精度等级											
		0	1	2	3	4	5	6	7	8	9	10	11	12
5≤d≤20	4≤b≤10	0.8	1.1	1.5	2.2	3.1	4.4	6.0	8.5	12.0	17.0			
	10<b≤20	0.9	1.2	1.7	2.5	3.5	4.9	7.0	10.0	14.0	20.0			
	20<b≤40	1.0	1.4	2.0	2.8	4.0	5.5	8.0	11.0	16.0	22.0			
	40<b≤80	1.2	1.7	2.3	3.3	4.7	6.5	9.5	13.0	19.0	26.0			

上述表中的数值是允许值,测量齿轮得到的是实际值,将实际值与表中的允许值进行比较,以评定被检测齿轮的精度等级。

第二节 圆柱齿轮的单项检验

一、注意事项(图14-2、图14-3)

二、符号和术语(GB/Z 18620.1—2008)

一、　　二、

三、齿轮坯的检验

在小批量生产齿轮的情况下,装在齿轮加工机床上的齿轮的位置,在切削之前都必须校验。是校验每件齿轮坯还是部分校验取决于齿轮制造者的经验。

在大批量生产齿轮的情况下,应使用精确的膨胀式芯轴并以齿轮坯的中心定位;应使用适当的夹具支承齿轮坯,使其跳动在规定范围内;还应使用高精度的齿轮加工机床。对于一批工件,在齿轮加工机床上只需对首件齿轮坯的位置进行检查即可。

齿轮坯的检验见表14-15。

表14-15　齿轮坯的检验

检验项目	检验依据	检验方法										
尺寸公差	图样或标准	齿轮毛坯的孔或轴颈不仅是工艺基准,而且是检验齿轮和安装齿轮的基准。所以,首先要检验它们的尺寸精度。齿坯的公差要求如下										
		齿轮精度等级	0、1	2	3	4	5	6	7	8	9	10	11	12
		孔	尺寸公差	IT4	IT4	IT4	IT4	IT5	IT6	IT7	IT8	IT8
			形状公差	IT1	IT2	IT3						
		轴	尺寸公差	IT4	IT4	IT4	IT4	IT5	IT6	IT7	IT7	IT8
			形状公差	IT1	IT2	IT3						
		顶圆直径	IT6			IT7		IT8		IT9		IT11
		当顶圆不作为测量齿厚的基准时,尺寸公差按IT11给定,但不大于0.1mm 检验孔用内径百分表作比较测量,或使用三爪千分尺直接测量,大批量生产用塞规检验。检验轴颈的尺寸用千分尺或杠杆千分尺											

（续）

检验项目	检验依据	检 验 方 法				
形位误差	图样或标准	主要检验齿轮基准面径向圆跳动和轴向圆跳动，它们的公差要求如下					

齿轮基准面径向圆跳动和轴向圆跳动公差　（单位：μm）

分度圆直径/mm		精度等级			
大于	到	0、1和2	3和4	5和6	7和8	9~12
—	125	2.8	7	11	18	28
125	400	3.6	9	14	22	36
400	800	5	12	20	32	50
800	1600	7	18	28	45	71
1600	2500	10	25	40	63	100
2500	4000	16	40	63	100	160

注：当以齿顶圆作为基准面时，表中系指齿顶圆的径向圆跳动

检验方法如图所示

四、齿圈径向圆跳动的检验

1. 常用计量器具

检验齿圈径向圆跳动的常用计量器具见表14-16。

表14-16　检验齿圈径向圆跳动的常用计量器具

序号	型号、名称	仪器生产国	规　格	说　明
1	齿轮跳动检查仪	中国	$m=0.3\sim2\mathrm{mm}$ $d_{max}=150\mathrm{mm}$	用于检验6级以下圆柱、锥齿轮及蜗轮的径向圆跳动和轴向圆跳动，用锥形测头
2	齿轮跳动检查仪	中国	$m=1\sim6\mathrm{mm}$ $d_{max}=300\mathrm{mm}$	
3	万能测齿仪		$m=0.5\sim10\mathrm{mm}$ $d_{max}=360\mathrm{mm}$	检验6级以下齿轮及蜗轮的径向圆跳动，用球形测头
4	EVRM型径跳测量仪	德国	$m=1\sim20\mathrm{mm}$ $d\geqslant10\mathrm{mm}$	自动记录；放大250~2000倍

第十四章 齿轮的检验

(续)

序号	型号、名称	仪器生产国	规　格	说　明
5	GTR-4C 型径跳测量仪	日本	$m = 0.2 \sim 1mm$ $d_{max} = 120mm$	自动记录；放大 100~1000 倍
6	GTR-20C 型径跳测量仪		$m = 1 \sim 7mm$ $d_{max} = 200mm$	
7	GTR-30CS 型径跳测量仪		$m = 1 \sim 7mm$ $d_{max} = 300mm$	

2. 检验方法

选择测头。测头有锥测头、球测头或量柱。球测头或量柱的直径，一般以测头在分度圆上与齿面接触为条件来选择，球测头或量柱的直径 d_p 可近似地按式（14-1）计算：

$$d_p = \frac{m\pi}{2\cos\alpha}, \quad 当 \alpha = 20° 时 \, d_p = 1.672m \quad (14-1)$$

式中　m——被测齿轮模数；
　　　α——被测齿轮齿形角。

由于变位齿轮的分度圆不在齿高中部，测变位齿轮时，测球或量柱的直径 d_p 为：

$$d_p = 1.672m + 0.684xm \quad (14-2)$$

式中　x——齿轮变位系数。

从理论上，测头直径的选择应按式（14-2）计算。实际测量中只要测头与齿面的接触位置不过高或过低，在齿高中部即可，这样测得的结果相差不多于 10%。

1) 对带孔的齿轮，当采用与内孔精密配合的锥度心轴在仪器顶尖间定位时，其心轴的锥度应为 0.01:50~0.01:100，且心轴的径向跳动不应大于 0.002mm。

2) 测量时，以任意一齿对好指示表零位，然后逐齿测量一圈，并记录下指示表的读数。其最大值与最小值的绝对值之和即为齿圈径向跳动误差 ΔF_r（见图 14-4）。

3) 有时，为了消除心轴跳动对测量结果的影响，可将齿轮在心轴上转 180°之后，进行第二次测量，取两次测量的算术平均值作为最终测量结果。

五、齿距的检验

1. 常用计量器具

检验齿距常用的计量器具见表 14-17。

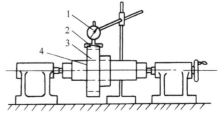

图 14-4　检验齿圈径向跳动示意图
1—千分表　2—测量棒　3—齿轮　4—心轴

表 14-17　检验齿距常用的计量器具

序号	型号、名称	仪器生产国	主要技术指标	特　点
1	上置式齿距仪		$m = 4 \sim 20\text{mm}$ $d_{max} = 450\text{mm}$	相对法测量、机械、上置式
2	万能测齿仪		$m = 1 \sim 10\text{mm}$ $d_{max} = 320\text{mm}$ 读数值：0.001mm	相对法、手动测量 Δf_{pt}、ΔF_p，还可测 ΔF_w、ΔE_w、F_r 和 Δf_{pb}
3	ZJY-2 型半自动齿距仪	中国	$m = 1 \sim 10\text{mm}$ $d_{max} = 320\text{mm}$ 放大倍数：~10000 倍	相对法测量，功能同万能测齿仪，能自动分齿和记录
4	ZJY-3D 型带微型计算机的齿距仪		同 ZJY-2 型	在 ZJY-2 型基础上，用微型计算机控制测量过程并进行数据处理，配有打印机和小型记录器
5	3480 型上置式自动齿距仪		$m = 1 \sim 40\text{mm}$ $z_{max} = 999$	1. 相对法测量，两个传感器测头 2. 计算机控制测量过程、处理数据，自动记录误差曲线、打印误差数值 3. 安装在齿轮加工机床或其他齿轮测量仪器上，对齿轮进行旁置式测量
6	3406 型自动齿距测量仪		$m = 1 \sim 20\text{mm}$ $d_a < 630\text{mm}$	1. 为座式仪器，齿轮连续回转进行测量 2. 用"3480"作为测量头，故特点同上
7	ES-401 带程序计算机的齿距测量装置	瑞士	$m = 1 \sim 40\text{mm}$ $z_{max} = 999$ $d_{max} = \infty$ 测头最大跨距：200mm 放大倍数：250~2000 倍	特点同 3406 型
8	EVTM 全自动齿距测量装置		$m = 1 \sim 20\text{mm}$ $d \geqslant 15\text{mm}$ 放大倍数：250~2000 倍	特点同 3406 型
9	UP-200 万能测齿仪	德国	$m = 0.2 \sim 3\text{mm}$ $d = 10 \sim 200\text{mm}$	1. 相对法，齿轮连续回转测量 2. 有计算机控制系统，全自动测量 3. 有"EVTM"作测量头 4. 可测 Δf_{pt}、ΔF_p、ΔF_r、$\Delta F_n''$、$\Delta f_i'$
10	UP-400 万能测齿仪		$m = 0.5 \sim 10\text{mm}$ $d = 10 \sim 400\text{mm}$	
11	UP-600 万能测齿仪		$m = 0.5 \sim 12\text{mm}$ $d = 10 \sim 650\text{mm}$	

第十四章 齿轮的检验

（续）

序号	型号、名称	仪器生产国	主要技术指标	特　点
12	PAP 上置式齿距仪	日本	$m = 1 \sim 25\text{mm}$ $d \geqslant 300\text{mm}$	1. 相对法测量 2. 带微型计算机 3. 自动打印误差数值
13	PAP-70 自动齿距仪		$m = 1 \sim 25\text{mm}$ $d = 200 \sim 700\text{mm}$	
14	БВ-5056 万能自动齿距仪	原苏联	$m = 0.2 \sim 16\text{mm}$ $d_{外齿轮} = 20 \sim 400\text{mm}$ $d_{内齿轮} = 60 \sim 250\text{mm}$ 读数值：$0.001 \sim 0.0001\text{mm}$	1. 自动循环测量，自动记录 2. 可测 ΔF_p、Δf_{pt}、ΔF_r、ΔF_w、Δf_{pb}

2. 检验方法

（1）绝对测量法

绝对测量法实质上是直接测量齿轮的角齿距，然后计算累积误差，再按测量位置的半径转换为线值误差。因此，不需要专用仪器，几乎所有用于测量圆分度的计量仪器都可以测量齿距。

测量方法如下：

1）测量前，先将被测齿轮安装在分度机构上，安装时应注意尽量使被测齿轮的几何中心与分度机构的旋转中心相重合。再用一指示表通过一杠杆与齿面在分度圆处接触，并对好指示表零位，如图 14-5 所示。

2）测量时，移出定位装置，用分度盘带动齿轮转动，每转动一齿，都要将定位装置移入，并使指示表恰好指在原对的零位上，这时再从显微镜中读出分度盘的转角数值，并记录在表中读数值一栏内。

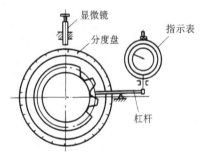

图 14-5　绝对测量法

3）读数值与公称角距 $\left(\alpha = n\dfrac{360°}{z},\ n\ 为齿序，z\ 为齿数\right)$ 之差，即为被测量齿以角值计算的齿距累积误差，将其填入相应的齿距角累积误差一栏内。

4）在被测齿轮一周中，其最大值与最小值之差，即为被测齿轮的齿距（齿距角）最大累积误差 $\Delta F_{p(\alpha)}$。

将角值 $\Delta F_{p(\alpha)}$ 转换成线值齿距最大累积误差 ΔF_p（单位：μm），可按式（14-3）计算：

$$\Delta F_p = R \times \frac{\Delta F_{p(\alpha)}}{206.265} \tag{14-3}$$

式中　R——测量时所取的半径，一般 $R = \dfrac{mz}{2}$（mm）；

$\Delta F_{p(\alpha)}$——齿距最大累积误差（″）。

5) 实际齿距角等于第 $n+1$ 齿读数值减去第 n 齿读数值,并将其差值填入实际齿距角一栏内。

6) 相邻齿距角误差 $\Delta f_{\mathrm{pi}(\alpha)}$ 等于实际齿距角减去公称齿距角 $\left(\alpha=\dfrac{360°}{z}\right)$ 的代数差。在代数差中绝对值最大的一个代数差,即为最大相邻齿距角误差。用式(14-3)换成线值,即为齿距最大相邻误差 Δf_{pi}。

例如,用绝对法测量 $m=1$,$z=18$ 的齿轮齿距,其数据处理见表 14-18。

表 14-18 绝对测量法数据处理示例

1 齿序 n	2 公称齿距角	3 读数值	4 齿距角累积误差	5 实际齿距角	6 相邻齿距角误差
0	0°	0	0	0	0
1	20°	20°1′	+1′	20°1′	+1′
2	40°	40°2′	+2′	20°1′	+1′
3	60°	60°2′	+2′	20°	0
4	80°	80°3′	+3′	20°1′	+1′
5	100°	100°3′	+3′	20°	0
6	120°	120°4′	(+4′)	20°1′	+1′
7	140°	140°3′	+3′	19°59′	−1′
8	160°	160°3′	+3′	20°	0
9	180°	180°	0	19°57′	(−3′)
10	200°	200°1′	+1′	20°1′	+1′
11	220°	220°	0	19°59′	−1′
12	240°	239°59′	−1′	19°59′	−1′
13	260°	259°58′	−2′	19°59′	−1′
14	280°	279°57′	(−3′)	19°59′	−1′
15	300°	299°59′	−1′	20°2′	+2′
16	320°	319°59′	−1′	20°	0
17	340°	339°59′	−1′	20°	0
18	360°	360°	0	20°1′	+1′
齿距最大累积误差 $\Delta F_{\mathrm{p}(\alpha)}=[(+4)-(-3)]\times 60″=420″$			齿距角最大相邻误差 $\Delta f_{\mathrm{pi}(\alpha)}=-3\times 60″=-180″$		

齿距最大累积误差为:

$$\Delta F_{\mathrm{p}} = \frac{mz}{2} \times \frac{\Delta F_{\mathrm{p}(\alpha)}}{206.265} = \frac{1\times 18}{2} \times \frac{420}{206.265}\mu\mathrm{m} = 18.3\mu\mathrm{m}$$

齿距最大相邻误差为:

$$\Delta f_{\mathrm{pi}} = \frac{mz}{2} \times \frac{\Delta f_{\mathrm{pi}(\alpha)}}{206.265} = \frac{1\times 18}{2} \times \frac{-180}{206.265}\mu\mathrm{m} = -7.9\mu\mathrm{m}$$

第十四章 齿轮的检验

(2) 相对测量法

相对测量法也称比较测量法,其实质是测量齿距的均匀性。生产现场常用手提式齿距仪进行测量,手提式齿距仪如图14-6所示。

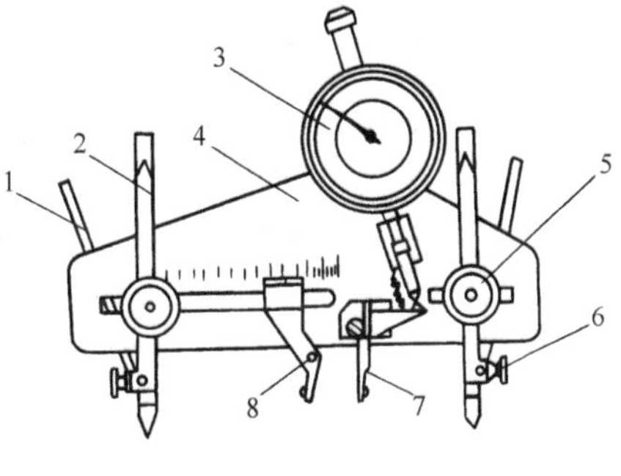

手提式齿距仪主体4上有两个量爪7和8,固定量爪8可按被测齿轮模数进行调整,活动量爪7通过杠杆将测量位移传递给指示表3。定位支脚2可以根据齿根圆表面定位。支架1除了可作仪器座架外,反转180°后,可兼作轴向定位用。

图14-6 手提式齿距仪
1—支架 2—定位支脚 3—指示表 4—主体
5—固定螺母 6—固定螺钉 7—活动量爪
8—固定量爪

测量方法如下:

1) 测量前,应根据被测齿轮模数调整固定量爪8的位置,调好后固紧。

2) 其次,选择定位基准。定位基准有齿顶圆、齿根圆、配合孔三种。

选择定位基准时,可按图样上的工艺要求或所使用的齿距仪自行确定。

3) 测量时,任意选择某一齿距,调整量爪使其大致位于分度圆处,并将指示表压缩1~2圈后调整零位,然后依次进行逐齿测量,将测得的读数,按齿序标注在专用表格的读数值一栏中;如用作图法,可将读数按齿序描画在直角坐标纸上。

4) 测量一整圈后,得到了一系列数据。通过数据处理,便可求得齿距偏差和齿距累积误差。数据处理可用计算法和图解法。

5) 对于斜齿轮的齿距,应在齿轮的法向截面内测量。测量时,活动定位支脚9在以齿根固定位测量时,可做转角调整,借固定螺钉固定。

斜齿轮齿距的测量方法和对测量结果的数据处理基本与直齿轮数据处理相同。

相对法测量齿距的数据处理方法有计算法和图解法两种。

例 14-1:用相对法测量齿数 $z=12$ 的齿轮齿距,试用计算法和图解法求齿距累积误差 ΔF_p。

解:

计算法:

1) 在第1列内列出齿距序号1到12(见表14-19)。

表14-19 相对法测量齿距的数据处理

1 齿距序号	2 读数值(相对齿距差) /μm	3 相对齿距差累积值 /μm	4 实际齿距差 /μm	5 齿距累积误差 /μm
1	0	0	-1	-1
2	-1	-1	-2	-3
3	-2	-3	-3	(-6)

（续）

1 齿距序号	2 读数值（相对齿距差） /μm	3 相对齿距差累积值 /μm	4 实际齿距差 /μm	5 齿距累积误差 /μm
4	+2	-1	+1	-5
5	+5	+4	+4	-1
6	+2	+6	+1	0
7	+1	+7	0	0
8	+4	+11	+3	(+3)
9	0	+11	-1	+2
10	-4	+7	(-5)	-3
11	+2	+9	+1	-2
12	+3	+12	+2	0

2）在第 2 列内填入测量时指示表的读数值，即以任一齿距对零逐齿测得的相对齿距差。

3）将第 2 列内的读数逐齿累加，填入第 3 列内。按照圆分度误差的封闭条件，其一周的相对齿距差累积值理应为零，但第 3 列最后一齿的累积值却为 $+12\mu m$。这是因为事先任意选择一齿距调整仪器对零，而没有按齿距的公称值或平均值进行调整，以及测量误差的影响。

4）求出平均齿距相对于原始齿距的偏差 δ：

$$\delta = \frac{\text{相对齿距差累积值}}{\text{齿数}} = \frac{+12}{12}\mu m = 1\mu m$$

再将第 2 列内的每一读数减去 δ 值，填入第 4 列，便得到各齿的实际齿距差。

5）逐齿累积第 4 列的实际齿距差，便可得到第 5 列内从零齿面算起的齿距累积误差 ΔF。

6）在第 5 列中，找出最大值与最小值的代数差，即为被测齿轮齿距最大累积误差 ΔF_p：

$$\Delta F_p = [(+3) - (-6)]\mu m = 9\mu m$$

7）在第 4 列中，找出绝对值最大的正值或负值，此值即为齿距偏差 Δf_{pi}：

$$\Delta f_{pi} = -5\mu m$$

图解法：

1）以直角坐标纸的横坐标表示齿序，以纵坐标表示读数值（即相对齿距差）。

2）测量时是以第一齿作为基准来调整仪器零位的，因此，第一齿的纵坐标值为 0。

3）第二齿的纵坐标值为第一齿的纵坐标加上本齿序的读数值；第三齿的纵坐标值为第二齿的纵坐标加上本齿序的读数值……以后各齿的纵坐标均为前一齿的纵坐标加上

本齿序的读数值,直到最末一个齿序。

4) 如此把所有点都描好,并连成折线。再将首末两点连成直线即为计算齿距最大累积误差的基准线。

5) 在此直线上方为正值,在下方为负值。

6) 求齿距最大累积误差时,可在基准线的上方和下方各找一个沿纵坐标方向(注意:方向垂直于横坐标而不是基准线)距基准线最远的两个点,并从图上读出此两点沿纵坐标方向与基准线的距离。此两距离的绝对值之和,即为被测齿轮的齿距最大累积误差 ΔF_p。

下面以表 14-19 所列数据画图,如图 14-7 所示。

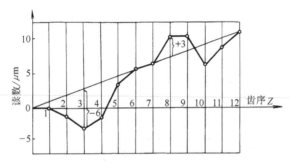

图 14-7 图解法

齿距最大累积误差 ΔF_p:

$$\Delta F_p = (|+3|+|-6|)\mu m = 9\mu m$$

发生在第 3 齿与第 8 齿之间,其结果与计算法相同。

另外,作图时,也可以用表 14-19 第 3 列相对齿距差累积值直接在坐标纸上描点,比用读数值描点快得多,且可减少差错。

(3) 跨齿测量法

用相对法测量齿距时,若两测头间所跨的齿数大于 1,则称为跨齿测量法。跨齿测量法主要用途如下:

1) 当被测齿轮或蜗轮模数较小,而两个测头又不便于单齿测量时,可采用跨齿测量法。

2) 当被测齿轮或蜗轮齿数较多时,为了提高测量准确度和检验效率,多采用跨齿测量。

3) 当被测齿轮的回转准确度有特殊要求时,如分度齿轮、高速齿轮等,可采用跨齿法测量。

对于上述三种情况,都可加检 R 个齿距累积误差 ΔF_{pR}。R 为 2 至小于 $z/2$ 的整数。

跨齿测量方法如下:

1) 测量前,先将被测齿轮的齿数分成若干组,一般把齿数 z 分成 4~10 组。

2) 测量时,以其中一组来调整仪器指示表的零位,然后像相对法测量单齿齿距那样,分别依次测量各组间的齿距误差。

3)通过对测得数据处理,求得 k 个周节累积误差 ΔF_{pk}。

例 14-2:用跨齿法测量齿数 $z=40$ 的齿轮的齿距累积误差。

解:具体步骤如下:

1)选择跨测 5 个齿,即把被测齿轮齿数分成 8 组测量。

2)以第一组 5 个齿的长度来调整万能测齿仪指示表的零位,然后依次逐组进行测量。

3)将各组测量的读数值(即相对齿距差)填入表 14-20 中。

表 14-20 跨齿测量法的数据处理

齿 序	分组号	分组周节		
		读数值(相对齿距差)/μm	实际齿距差/μm	齿距累积误差/μm
1~5	1	0	-2	-2
6~10	2	-18	-20	(-22)
11~15	3	+14	+12	-10
16~20	4	+24	+22	+12
21~25	5	+14	+12	+24
26~30	6	+18	+16	(+40)
31~35	7	-24	-26	+14
36~40	8	-12	-14	0
$\delta = \dfrac{\text{相对周节差累积值}}{\text{组数}} = \dfrac{+16}{8} = +2$				$\Delta F_{pk} = (+40)-(-22) = 62$

数据处理结果表明,跨齿测量法测出的 k 个齿距累积误差为 $\Delta F_{pk}=62\mu m$。

将表 14-20 中各组齿距累积误差数值点画在坐标纸上并连成折线,就可以得到图 14-8 所示的大致的齿距累积误差变化规律。其中最低点 B 和最高点 D 发生在第 2 组和第 6 组内。

由于上述数据是跨 5 个齿测量的,这样就有可能遗漏了实际上的最高点和最低点,因而使测量结果变小。为了寻找实际的最低点和最高点,可以将第 2、3 组和第 6、7 组各齿再做补点测量。其方法为:分别以各组的第 1 齿齿距调整仪器零位,然后测量其余各齿的齿距,其测量方法与数据处理均与相对测量法相同。

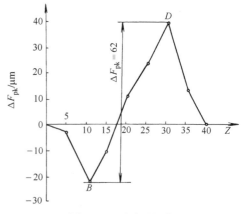

图 14-8 跨齿法图解

第十四章 齿轮的检验

(4) 对径测量法

对径测量法的特点是不存在测量误差累积,属于跨齿测量法的特例。对径测量法的测量如图 14-9 所示。

测量方法如下:

1) 测量前,将被测齿轮安装在心轴上固定好。

2) 将固定测头 4 和活动测头 7 安装在相隔 180°的同一平面内$\left(\text{对奇数齿则相隔 } 180° - \dfrac{180°}{z}\text{的角度}\right)$。当它们与同名齿面接触时,将指示表 8 调整对零。

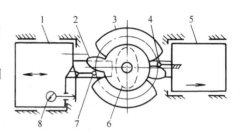

图 14-9 对径测量法
1—滑板 2—定位块 3—被测齿轮
4—固定测头 5—滑板 6—凸轮
7—活动测头 8—指示表

3) 测量时,由电动机驱动凸轮 6、将滑板连同测量头一起退出,使齿轮绕固定轴线转过 180°,然后使指示表和测量头再回到原来位置与齿面接触,并记下指示表的读数。

4) 测量中,将逐一测量所得的测量结果中最大读数的两齿,进行两次对称测量,取最大读数与最小读数之差的一半作为齿距累积误差 ΔF_p。

对径测量法的优点是仪器或测量夹具比较简单,易于实现半自动化测量,缺点是只有当齿轮齿距累积误差的变化符合正弦规律时,测得的结果才比较真实,否则测量结果将比实际值偏小。

六、公法线的检验

1. 常用计量器具

检验公法线常用计量器具见表 14-21。

表 14-21 检验公法线常用计量器具　　　　　　　　　(单位:mm)

计量器具名称	技术规格	
	测量范围	分 度 值
公法线千分尺	$m > 1$ 0~150	0.01
公法线杠杆千分尺	$m > 1$ 0~40	0.002
公法线指示卡规	$m > 1$ 0~300	0.005
带表游标卡尺	$m > 1$ 0~150	0.01
万能测齿仪	$m = 1 \sim 10$	0.001
万能工具显微镜、大型工具显微镜	$m < 1$	0.001

2. 检验方法

公法线长度的检验包括公法线长度变动量 ΔF_W 和公法线平均长度 $\overline{W}_K$ 的测量，公法线平均长度 $\overline{W}_K$ 与公法线公称值 W_K 之差为公法线长度偏差，即 $\Delta W = \overline{W}_K - W_K$。测量公法线平均长度，可代替齿轮齿厚的测量。测量公法线长度变动量 ΔF_W 又能反映齿厚的切向误差。ΔF_W 与 ΔW 两者的测量方法相同，但测量结果处理不同。测量前必须计算公法线公称长度 W_K 和跨齿数 K，见表 14-22。

表 14-22　圆柱齿轮公法线长度和跨齿数的计算

齿轮类型	公法线跨齿数 K	公法线长度 W_K
标准直齿	$K = \dfrac{\alpha}{180°}z + 0.5$	$W_K = m\cos\alpha[(K-0.5)\pi + z\mathrm{inv}\alpha]$ $\alpha = 20°$ 时，$W_K = W_K^* m$
变位直齿	$K = \dfrac{\alpha}{180°}z + 0.5 + \dfrac{2x\cot\alpha}{\pi}$	$W_K = m\cos\alpha[\pi(K-0.5) + z\mathrm{inv}\alpha + 2x\tan\alpha]$ $\alpha = 20°$ 时，$W_K = m(W_K^* + 0.6840x)$
标准斜齿	$K = \dfrac{\alpha_n}{180°}z' + 0.5$ 式中　$z' = \dfrac{\mathrm{inv}\alpha_t}{\mathrm{inv}\alpha_n}$	$W_K = m_n\cos\alpha_n[\pi(K-0.5) + z'\mathrm{inv}\alpha_n]$
变位斜齿	$K = \dfrac{\alpha_n}{180°}z' + 0.5 + \dfrac{2x_n\cot\alpha_n}{\pi}$ 式中　$z' = \dfrac{\mathrm{inv}\alpha_t}{\mathrm{inv}\alpha_n}$	$W_K = m_n\cos\alpha_n[\pi(K-0.5) + z'\mathrm{inv}\alpha_n + 2x_n\tan\alpha_n]$

注：z、z'——齿数和假想齿数；

　　α、α_n、α_t——分度圆柱、法面和端面分度圆柱齿形角；

　　m、m_n——模数和法面模数；

　　x、x_n——变位系数和法面变位系数；

　　W_K^*——$m=1$、$\alpha=20°$ 的非变位齿轮的公法线长度。

为了使用方便，将模数 $m=1$、齿形角 $\alpha=20°$、变位系数 $x=0$ 的标准直齿圆柱齿轮的部分公法线长度 W_K 及跨齿数 K 在表 14-23 中列出。对其他模数的公法线长度，只要将表中的公法线长度乘以该模数即可。

第十四章　齿轮的检验

表 14-23 标准直齿圆柱齿轮的 K 与 W_K （$m=1$、$\alpha=20°$、$x=0$）

齿数 z	跨齿数 K	公法线长度 W_K	齿数 z	跨齿数 K	公法线长度 W_K	齿数 z	跨齿数 K	公法线长度 W_K	齿数 z	跨齿数 K	公法线长度 W_K
10	2	4.5683	33	4	10.7946	56	7	19.9732	79	10	29.1517
11	2	4.5823	34	4	10.8086	57	7	19.9872	80	10	29.1657
12	2	4.5963	35	5	13.7748	58	7	20.0012	81	10	29.1797
13	2	4.6103	36	5	13.7888	59	7	20.0152	82	10	29.1957
14	2	4.6243	37	5	13.8082	60	7	20.0292	83	10	29.2077
15	2	4.6383	38	5	13.8166	61	8	22.9953	84	10	29.2217
16	2	4.6523	39	5	13.8308	62	8	23.0093	85	10	29.2357
17	3	7.6184	40	5	13.8448	63	8	23.0233	86	10	29.2490
18	3	7.6324	41	5	13.8588	64	8	23.0373	87	11	32.2159
19	3	7.6464	42	5	13.8728	65	8	23.0513	88	11	32.2299
20	3	7.6605	43	5	13.8868	66	8	23.0645	89	11	32.2499
21	3	7.6745	44	6	16.8530	67	8	23.0749	90	11	32.2579
22	3	7.6885	45	6	16.8669	68	8	23.0934	91	11	32.2719
23	3	7.7025	46	6	16.8810	69	8	23.1074	92	11	32.2859
24	3	7.7165	47	6	16.8950	70	9	26.0735	93	11	32.2999
25	3	7.7305	48	6	16.9090	71	9	26.0875	94	11	32.3139
26	4	10.6966	49	6	16.9230	72	9	26.1015	95	11	32.3379
27	4	10.7106	50	6	16.9370	73	9	26.1155	96	12	35.2940
28	4	10.7246	51	6	16.9510	74	9	26.1295	97	12	35.3080
29	4	10.7386	52	7	19.9170	75	9	26.1435	98	12	35.3220
30	4	10.7526	53	7	19.9311	76	9	26.1575	99	12	35.3361
31	4	10.7666	54	7	19.6451	77	9	26.1715	100	12	35.3501
32	4	10.7806	55	7	19.9592	78	10	29.1377	101	12	35.3641

为了简化计算，对斜齿轮的公法线长度 W_{Kn} 也可以借表 14-23 查得。但此时表 14-23 中的齿轮齿数应采用当量齿数 z_v，其值为：

$$z_v = \frac{\text{inv}\alpha_t}{\text{inv}\alpha_n} z = cz \tag{14-4}$$

式中系数 c 可从表 14-24 中查得。

由于计算出来的当量齿数 z_v 不一定是整数，因此必须按式（14-5）修正：

$$W_{Kn} = (W_K + \delta) m_n \tag{14-5}$$

式中　W_K——当量齿数 z_v 的整数部分，由表 14-23 中查得；

　　　δ——当量齿数 z_v 的小数部分，决定公法线长度的修正值。修正值 δ 可从表 14-25 中查得；

　　　m_n——法向模数。

表 14-25 中当量齿数 z_v 的小数部分决定公法线长度 W_{Kn} 的修正值 δ。

表 14-24　计算斜齿轮当量齿数 z_v 用系数 c

β	c	β	c	β	c	β	c
1°	1.0004	19°30′	1.1833	30°40′	1.5328	40°	2.1185
2°	1.0017	20°	1.1938	31°	1.5478	40°12′	2.1359
3°	1.0039	20°30′	1.2048	31°20′	1.5633	40°24′	2.1535
4°	1.0070	21°	1.2162	31°40′	1.5790	40°36′	2.1713
5°	1.0110	21°30′	1.2279	32°	1.5951	40°48′	2.1894
6°	1.0158	22°	1.2401	32°20′	1.6115	41°	2.2078
7°	1.0226	22°30′	1.2527	32°40′	1.6285	41°12′	2.2265
8°	1.0283	23°	1.2658	33°	1.6455	41°24′	2.2454
9°	1.0360	23°30′	1.2793	33°20′	1.6631	41°36′	2.2647
10°	1.0447	24°	1.2933	33°40′	1.6813	41°48′	2.2842
10°30′	1.0494	24°30′	1.3078	34°	1.6998	42°	2.3040
11°	1.0544	25°	1.3227	34°20′	1.7187	42°12′	2.3242
11°30′	1.0596	25°20′	1.3327	34°40′	1.7380	42°24′	2.3446
12°	1.0651	25°40′	1.3433	35°	1.7578	42°36′	2.3654
12°30′	1.0708	26°	1.3541	35°20′	1.7782	42°48′	2.3864
13°	1.0769	26°20′	1.3652	35°40′	1.7968	43°	2.4079
13°30′	1.0832	26°40′	1.3765	36°	1.8201	43°12′	2.4296
14°	1.0898	27°	1.3878	36°20′	1.8418	43°24′	2.4517
14°30′	1.0967	27°20′	1.3996	36°40′	1.8640	43°36′	2.4741
15°	1.1039	27°40′	1.4116	37°	1.8868	43°48′	2.4969
15°30′	1.1114	28°	1.4240	37°20′	1.9101	44°	2.5200
16°	1.1193	28°20′	1.4364	37°40′	1.9340	44°12′	2.5435
16°30′	1.1274	28°40′	1.4495	38°	1.9586	44°24′	2.5674
17°	1.1358	29°	1.4625	38°20′	1.9837	44°36′	2.5917
17°30′	1.1446	29°20′	1.4760	38°40′	2.0092	44°48′	2.6163
18°	1.1538	29°40′	1.4897	39°	2.0355	45°	2.6414
18°30′	1.1632	30°	1.5037	39°20′	2.0621	—	—
19°	1.1731	30°20′	1.5182	39°40′	2.0902	—	—

表 14-25　公法线长度 W_{Kn} 的修正值 δ

z_v	0.00	0.01	0.02	0.03	0.04	0.05	0.06	0.07	0.08	0.09
0.0	0.0000	0.0001	0.0003	0.0004	0.0006	0.0007	0.0008	0.0010	0.0011	0.0013
0.1	0.0014	0.0015	0.0017	0.0018	0.0020	0.0021	0.0022	0.0024	0.0025	0.0027
0.2	0.0028	0.0029	0.0031	0.0032	0.0034	0.0035	0.0036	0.0038	0.0039	0.0041
0.3	0.0042	0.0043	0.0045	0.0046	0.0048	0.0049	0.0051	0.0052	0.0053	0.0055

（续）

z_v	0.00	0.01	0.02	0.03	0.04	0.05	0.06	0.07	0.08	0.09
0.4	0.0056	0.0057	0.0059	0.0060	0.0061	0.0063	0.0064	0.0066	0.0067	0.0069
0.5	0.0070	0.0071	0.0073	0.0074	0.0076	0.0077	0.0079	0.0080	0.0081	0.0083
0.6	0.0084	0.0085	0.0087	0.0088	0.0089	0.0091	0.0092	0.0094	0.0095	0.0097
0.7	0.0098	0.0099	0.0101	0.0102	0.0104	0.0105	0.0106	0.0108	0.0109	0.0111
0.8	0.0112	0.0114	0.0115	0.0116	0.0118	0.0119	0.0120	0.0122	0.0123	0.0124
0.9	0.0126	0.0127	0.0129	0.0130	0.0130	0.0133	0.0135	0.0136	0.0137	0.0139

注：对于小数点后3位的数值可按内插法求得。

例 14-3：求斜齿轮 $m_n = 5\text{mm}$，$z = 23$，$\alpha_n = 20°$，$\beta = 29°48'$，齿宽 $B = 30\text{mm}$ 之公法线长度。

解：1）求当量齿数 z_v

根据 β 由表 14-24 计算斜齿轮当量齿数 z_v，表中无 $29°48'$，引由内插法查得 $c = 1.4953$，求得当量齿数 z_v：

$$z_v = cz = 1.4953 \times 23 = 34.39$$

2）按当量齿数 z_v 之整数 34 查表 14-23 标准直齿圆柱齿轮（$m = 1$，$\alpha = 20°$）公法线长度和跨齿数得：

$$W_K = 10.8086, \quad K = 4$$

3）按当量齿 z_v 之小数部分 0.39 查表 14-25，按当量齿数小数部分决定公法线长度 W_{Kn} 的修正值 δ，得：

$$\delta = 0.0055$$

4）公法线度

$$W_{Kn} = (W_K + \delta) m_n = (10.8086 + 0.0055) \times 5\text{mm}$$
$$\approx 54.071\text{mm}$$

5）校对齿宽 B 对测量 W_{Kn} 是否有影响：

$$W_{Kn}\sin\beta = 54.071 \times \sin 29°48'\text{mm}$$
$$= 54.071 \times 0.49697\text{mm}$$
$$\approx 26.87\text{mm}$$

因为 $26.87 < 30$，故可以测量 W_{Kn}。

3. 公法线长度变动误差 ΔF_W 的测量

凡带有平行测量面的量具都可以测量公法线长度变动误差 ΔF_W，如图 14-10 所示。

测量方法如下：

1）测量前，首先应确定跨齿数 K。用公式计算或查有关表格均可求出跨齿数 K。

2）测量时，根据跨齿数测量其公法线长度，

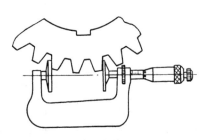

图 14-10 测量公法线

逐齿测量一周，并记下每次测量的读数。

3）在齿轮一周范围内，测得实际公法线长度最大值 W_{max} 与最小值 W_{min} 之差，即为公法线长度变动误差 ΔF_W：

$$\Delta F_W = W_{Kmax} - W_{Kmin}$$

4. 公法线平均长度偏差 ΔE_W 的测量

测量方法如下：

1）测量前，应首先确定跨齿数 K 和公法线长度公称值 W_K。其 K 值与 W_K 值可由公式计算求出，也可查有关表格求出。

2）测量时，若使用公法线千分尺和公法线杠杆千分尺可直接测量出公法线长度的实际值；若使用公法线指示卡规或万能测齿仪测量时，须先用尺寸等于公法线长度公称值的量块组，调整两量爪并使指示表对零，然后进行比较测量。

3）为了准确可靠，应逐齿测量，或在每隔 90° 的圆周位置上测四个值，取四次测量的算术平均值，其平均值与公称值之差即为公法线平均长度偏差 ΔE_W。

4）合格的齿轮，其公法线平均长度应小于其公称值。

七、齿形的检验

1. 常用计量器具

检验齿形的常用计量器具见表 14-26。

表 14-26　检验齿形常用计量器具

序号	型号、名称	仪器生产国	主要技术指标	特　点
1	3202 型单盘式渐开线检查仪	中国	$m = 1 \sim 10\text{mm}$ $d < 400(600)\text{mm}$ $\beta = 0° \sim 50°$	用小型扭簧比较仪读数或用电感记录仪记录误差曲线
2	3201 型万能渐开线检查仪			1. 圆盘杠杆式 2. 可测直齿轮齿向误差
3	3204 型齿形齿向测量仪			1. 带有 13 个基圆盘，每个可在 ±0.1d_b'（d_b' 为圆盘直径）范围内做任意调整，满足全部规格的齿轮测量 2. 电感记录仪记录误差曲线
4	上置式齿形仪		$m = 4 \sim 20\text{mm}$ $d_{min} = 170\text{mm}$	1. 直角坐标法 2. 机械式仪器 3. 用于卧轴大齿轮齿形的上置式测量
5	CJ-60 齿轮测量机		$m = 1 \sim 15\text{mm}$ $d_{bmax} = 450\text{mm}$ $\beta = 0° \sim 60°$ 可测精度：4 级	1. 万能式：圆盘杠杆原理 2. 可测 Δf_f、ΔF_β、Δf_{pt}、ΔF_p、ΔF_r
6	小模数齿轮万能渐开线检查仪		$m = 0.2 \sim 1\text{mm}$ $d_{bmax} = 112\text{mm}$ 心轴长度 = 125mm	1. 圆盘正弦尺式 2. 电器记录

第十四章 齿轮的检验

(续)

序号	型号、名称	仪器生产国	主要技术指标	特 点
7	891、891S型万能渐开线螺旋角检查仪	中国	$m=0.5\sim20\text{mm}$ $d=0\sim550\text{mm}$ $d_a<600\text{mm}$	1. 圆盘杠杆式测 Δf_f、ΔF_β 2. 电器记录 3. 891型为显微镜读取 r_b,891S型为投影读数头读取
8	891E型齿轮测量中心		$m=0.2\sim20\text{mm}$ $d_b=0\sim550\text{mm}$ $\beta=0°\sim90°$ $b=150\text{mm}$(b为齿宽)	1. 用长、圆光栅,计算机,电子创成式 2. 用闭环伺服驱动系统 3. 可测 Δf_f、ΔF_β、ΔF_p、Δf_{pt}
9	PFS600型渐开线螺旋线检查仪	德国	$m=0.7(0.1)\sim20\text{mm}$ $d_b=7.5\sim570\text{mm}$ $d_a<600(1050)\text{mm}$	1. 基圆补偿式(±10mm可调) 2. 可测 Δf_f、ΔF_β 和齿面粗糙度 3. 电器记录:宏观~2000倍 微观~20000倍
10	PFSU640型渐开线和导程检查仪		$\beta=0°\sim90°$ $b<160$	1. 万能式,光学无级基圆和螺旋角,圆盘杠杆式 2. 可测 Δf_f、ΔF_β、Δf_{pt}、ΔF_p
11	PFSU640HPA型渐开线和导程检查仪		$m=1\sim20\text{mm}$ $d=20\sim500\text{mm}$ $\beta=0°\sim90°$	1. 同PFSU640型 2. 自动进行数据处理和检测循环
12	EFR630型渐开线螺旋线检查仪		$m=(0.5)1\sim20\text{mm}$ $d_a<630\text{mm}$ $\beta=0°\sim60°$	1. 基圆补偿式(光学调整) 2. 可测 Δf_f、ΔF_β、ΔF_b、Δf_{pt}、ΔF_p、ΔF_r
13	HFR900型渐开线螺旋线检查仪		$m=0.5\sim20\text{mm}$ $d_b=10\sim900\text{mm}$ $\beta=0°\sim60°$	1. 万能式 2. 可测 Δf_f、ΔF_β、Δf_{pt}、ΔF_p、ΔF_r
14	SP-60型齿轮测量机	瑞士	$m=1\sim20\text{mm}$ $d_a<650\text{mm}$ $\beta=0°\sim60°$	1. 万能式:圆盘杠杆原理 2. 可测 Δf_f、ΔF_β、Δf_{pt}、ΔF_p(用ES-401附件)和齿面粗糙度
15	PH-40A型全自动齿轮测量机		$m=1\sim15\text{mm}$ $d_b=7\sim385\text{mm}$ $\beta=0°\sim45°$	1. 可测 Δf_f、ΔF_β 和齿面粗糙度 2. 可用手动测量、自动测量和用计算机控制测量过程,可自动打印误差数值和绘制误差曲线
16	Microlog50型测量中心	美国	$d_b=1270\text{mm}$	1. 电子创成式,可测 Δf_f、ΔF_β 2. 激光干涉仪、圆编码器计算机
17	GC-12HP型齿轮检查仪	日本	$m=1\sim25\text{mm}$ $d_b=25\sim1200\text{mm}$ $\beta=0\sim65°$	1. 电子创成式 2. 长光栅、圆光栅、电子计算机 3. 可测 Δf_f、ΔF_β、Δf_{pt}、ΔF_p

(续)

序号	型号、名称	仪器生产国	主要技术指标	特　　点
18	万能式大型工具显微镜	国内外各种型号	$m \leqslant 1\mathrm{mm}$ $d < 200\mathrm{mm}$	用影像法测量
19	万能式工具显微镜、分度筒及灵敏杠杆	国内外各种型号	$m > 0.3\mathrm{mm}$ $d < 200\mathrm{mm}$	用接触法测量
20	光学分度头及测长仪	国内外各种型号	$m > 0.3\mathrm{mm}$ $d < 300\mathrm{mm}$	用接触法测量
21	投影仪及标准图样	国内外各种型号	$m < 1\mathrm{mm}$ $d < 100\mathrm{mm}$	用投影比较法测量
22	齿形样板	自制	$m > 1\mathrm{mm}$	用光隙法检查

2. 检验方法

检验齿形有相对检验法、坐标检验法、影像比较法、样板检验法和截面整体误差检验法等。

（1）用单盘式渐开线检查仪测量

单盘式渐开线检查仪测量齿形误差的方法如图14-11所示，属于比较检验法。

测量方法如下：

1）测量前，把尺寸恰好等于被测齿轮基圆直径的基圆盘安装于心轴上，并用螺母压紧，使之与轴连成一体。

2）转动手轮4，使拖板5上的刻线对准底座上的刻线，此时测量杠杆8的摆动中心即在仪器的中央位置正对准安放被测齿轮的心轴轴线。

3）在基圆盘与滚动直尺之间夹紧一长量块，调整测头使其端点与长量块表面接触，并使测头刃口侧面大致处于垂直水平方向后锁紧。而后转手轮9，移开基圆盘，拿出长量块。

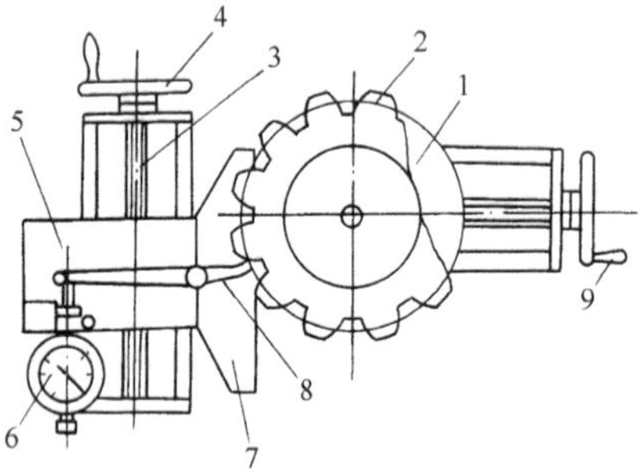

4）将指示渐开线展开角的指针扳到零位置，并用夹子夹紧。在安装被测齿轮的位置上装上缺口样板，使测头触尖与缺口样板的缺口表面接触，微动直尺，使直尺带动基圆盘连同缺口样板做微小回转，直至手轮9纵向移动缺口样板而测头无摆动（即指示表指针不动）时为止。此时，测头即已调好。

图14-11 单盘式渐开线检查仪
1—基圆盘　2—被测齿轮　3—丝杠　4—手轮
5—拖板　6—指示表　7—滚动直尺
8—测量杠杆　9—手轮

5）转动手轮 9，将缺口样板从直尺移开，取下缺口样板。利用连接套筒将被测齿轮装在心轴上，并锁紧。这时松开渐开线展开角指针的夹子，放开指针。

6）测量时，转动手轮 9 将被测齿轮移向直尺，直至仪器壳体内的弹簧几乎处于完全压紧状态为止。但当齿轮移向测头时，必须注意使测头位于两齿之间而不顶到谷底，所以必须借助手轮 4 移动拖板来达到。此时，微动直尺使测头与齿面接触，并使指示表指针指在调整时零位上。

7）将渐开线展开角指针对准刻度盘零点。此时旋转手轮 4 使测头划过被测齿面，沿刻度盘每转过 2°，在记录表上记录一个读数，直至测头离开齿顶为止。

8）测量应在齿圈上每隔 90°测量一个齿，共测四个齿形。然后以同样方法测量另一侧四个齿形。

9）每个被测齿形所得数据，都应标画在坐标纸上，并逐点连接即形成了实际齿形曲线。在渐开线齿形测量范围内，包容实际齿形的两条最近的设计齿形间的法向距离，即为齿形误差 Δf_{f}。

取 8 个测量值中的最大值作为被测齿轮的齿形误差。

10）上述测量是以基圆为起点进行测量的。但在渐开线测量时，一般按展开角来决定渐开线测量的起始点和终了点。起始点即工作圆或进入圆与渐开线相交点；终了点即齿顶圆与渐开线相交点。

① 按工作圆计算渐开线测量范围。

起始点展开角： $\varphi_{\mathrm{工}} = \alpha_{\mathrm{工}} + \mathrm{inv}\alpha_{\mathrm{工}}$

终了点展开角： $\varphi_{\mathrm{a}} = \alpha_{\mathrm{a}} + \mathrm{inv}\alpha_{\mathrm{a}}$

式中　$\alpha_{\mathrm{工}}$——工作圆压力角；

　　　α_{a}——齿顶圆压力角。

② 按进入圆计算渐开线测量范围。

起始点展开角： $\varphi_{\mathrm{进}} = \alpha_{\mathrm{进}} + \mathrm{inv}\alpha_{\mathrm{进}}$

终了点展开角： $\varphi_{\mathrm{a}} = \alpha_{\mathrm{a}} + \mathrm{inv}\alpha_{\mathrm{a}}$

式中　$\alpha_{\mathrm{进}}$——进入圆压力角；

　　　α_{a}——齿顶圆压力角。

（2）用齿形样板测量

对于模数较大，准确度不太高的齿轮，生产现场常用齿形样板以光隙法来检验，如图 14-12 所示。

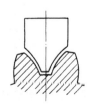

图 14-12　用样板检验齿形

(3) 用投影仪测量

对于小模数齿轮,如钟表齿轮等,多用投影法在投影仪上将标准齿形图样与实际齿形的投影相比较,进行测量。

(4) 用电子展成法测量

电子展成法是近年来发展起来的应用电子技术和电子计算机来测量齿形的新方法。理论齿形以数码方式储存在电子计算机里,测量时,再与被测齿形相比较,从而摆脱了以实物和机构来体现理想齿形的传统方法。

八、基节的检验

1. 常用计量器具

检验基节常用计量器具见表 14-27。

表 14-27　检验基节常用计量器具

序号	型号、名称	仪器生产国	规　格	特　点
1	万能测齿仪	中国	$m = 1 \sim 10$mm	手动测量
2	基节检查仪	中国	$m = 1 \sim 16$mm	机械上置式
3	HYQ004A 型基节测量仪	中国	$m = 1 \sim 5$mm $m = 1 \sim 12$mm	可测 4 级以下齿轮
4	大型及万能工具显微镜	中国	$m \leq 2$mm	
5	TML 型基节仪	瑞士	$m = 0.5 \sim 8$mm	机械上置式
6	867 型基节仪	德国	$m = 0.7 \sim 18$mm	机械上置式

2. 检验方法

(1) 用基节测量仪测量

生产现场常用手持切线接触式基节测量仪测量基节偏差 Δf_{pb}。

手持切线接触式基节测量仪如图 14-13 所示。测量方法如下:

1) 首先,用式 (14-6) 计算被测齿轮的公称基节 f_{pb}:

$$f_{pb} = \pi m \cos \alpha \qquad (14\text{-}6)$$

当计算斜齿轮公称基节时,应将法向模数 m_n 和法向压力角 α_n 代入式 (14-6)。

当 $\alpha = 20°$ 时,公称基节可从表 14-28 中直接查出。

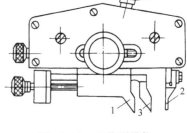

图 14-13　基节测量仪
1—支持量爪　2—活动量爪
3—定位爪　4—指示表

2) 然后按公称基节组合量块尺寸,并用量块附件固定。这时调整基节测量仪,通过定位爪 3 定位,调整活动量爪 2 与支持量爪 1 之间的距离等于公称基节,将指示表适当压缩后,将指针对零点。

表 14-28　α=20°时的公称基节　　　　　　　　(单位:mm)

模数 m	公称基节 f_{pb}	模数 m	公称基节 f_{pb}	模数 m	公称基节 f_{pb}
1	2.952	2.75	8.118	5	14.761
1.25	3.690	3	8.856	5.5	16.237
1.5	4.428	3.25	9.594	6	17.713
1.75	5.166	3.5	10.332	7	20.665
2	5.904	3.75	11.070	8	23.617
2.25	6.643	4	11.808	9	26.569
2.5	7.380	4.5	13.284	10	29.521

3)测量时,以齿轮的齿面作为定位基准,使活动量爪与相邻齿同名齿廓相接触,摆动基节测量仪,记下指示表的最小读数值,此值即为该齿基节的实际偏差值。

4)测量应在沿齿轮圆周每隔120°的三个彼此均匀的部分进行,并在轮齿的左及右面各测量一次,取绝对值最大的读数值作为基节偏差 Δf_{pb}。

5)考虑到齿顶修缘,测量爪与齿形接触点的位置一般应离开齿顶约0.5mm。

(2)用万能测齿仪测量

用万能测齿仪测量基节偏差如图14-14所示。

测量方法如下:

1)首先按被测齿轮公称基节组合量块尺寸,并用量块附件固定,而后调整两刀口测头,使指示表对零。

2)按被测齿轮模数选择适当的定位钢球装在定位杆上,伸入刀槽使齿轮定位。

3)将刀口测头与被测齿轮的两同名齿面接触,由重锤使测头压向齿轮一侧,指示表指针的偏移量即为基节偏差。

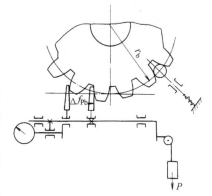

图14-14　用万能测齿仪测量基节偏差

4)逐齿测量一圈,测得的最大值即为该齿轮的基节偏差 Δf_{pb}。

(3)用万能或大型工具显微镜测量

对于小模数齿轮的基节,可用万能或大型工具显微镜测量,如图14-15所示。

测量方法如下:

1)测量前,应先将角度分划板调整到零位,使十字虚线与纵横方向平行。

2)将被测齿轮平放在玻璃工作台上,利用透射光将被测齿轮的3~5个齿投射在测角目镜的视野内。

3)测量时,使齿轮的一个齿面与水平十字虚线相切,如图14-15中 a 位置,并在横向读出第一个读数。然后横向移动工作台,使下个轮齿的同名齿面与十字虚线相切,如图 14-15 中 b 的位置,并在横向读出第二个读数,两个读数之差即为实际基节尺寸。

4) 实际基节与公称基节之差,即被测齿轮的基节偏差 Δf_{pb}。

5) 测量应在齿轮整个圆周上均匀分布的三个部位上进行,以测出的基节偏差最大值作为最大基节偏差。

九、齿向的检验

1. 常用计量器具

检验齿向常用计量器具见表 14-29。

检验齿向测量仪是根据比较测量法,采用相应的传感器测量直齿、斜齿、内啮合、外啮合圆柱齿轮齿向误差的测量仪器。检验齿向常用测量仪器见表 14-29。

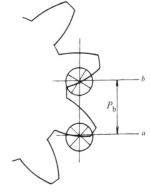

图 14-15 万能工具显微镜测量基节示例

表 14-29 检验齿向常用测量仪器

序号	型号、名称	仪器生产国	主要技术指标	特 点
1	3301 型螺旋线检查仪(导程仪)	中国	$m > 0.5$mm $d_a < 600$mm	1. 基准圆盘与光学调角式 2. 可测直齿、斜齿内外圆柱齿轮和剃齿刀的齿向误差 ΔF_β
2	2H 型导程仪	美国	$d_{max} = 254$mm $\beta = 0° \sim 90°$ 最大心轴长度 = 419mm	电器记录:200×、500×、1000×、2000×
3	2.5H 型导程仪		$d_{max} = 279$mm $\beta = 0° \sim 90°$ 最大心轴长度 = 610mm	
4	3H 型导程仪		$d_{max} = 254$mm $\beta = 0° \sim 90°$ 最大心轴长度 = 1175mm	
5	渐开线和螺旋角检查仪 PH60 SP60 PH100	国内外	$\beta = 0° \sim 60°$ $d_{max} = 580$mm $d_{max} = 600$mm $d_{max} = 1000$mm	机械记录 500× ~ 1000×
6	渐开线和螺旋角检查仪 PFS600		$m = 0.75 \sim 20$mm $d = 15 \sim 570$mm	电器记录 100× ~ 1000×
7	渐开线及螺旋角检查仪 891、891S		$d_{max} = 550$mm $\beta = 0° \sim 45°$	电器记录 2000×
8	万能工具显微镜 大型工具显微镜		$m \geq 0.4$ $d_{max} = 200$mm	用灵敏杠杆
9	光学分度头及测微表		$m \geq 1$	

第十四章 齿轮的检验

齿向的测量除表中所列的仪器外,目前广泛采用渐开线螺旋线测量仪测量齿向。

2. 检验方法

(1) 用圆棒法测量

用圆棒法测量直齿齿向是生产现场经常使用的一种简易方法,如图 14-16 所示。测量方法如下:

1) 测量前,将被测齿轮安装在锥度为 1:5000~1:7000 的心轴上,而心轴两端放在检验平板上的精密等高 V 形块上,或装在两顶尖间。

2) 测量时,将一直径为 $\phi 1.68m$ (m 为被测齿轮模数) 的精密圆柱放入槽内,并用手握紧。然后以检验平板或仪器底座为测量基准,用一千分表在圆柱两端相距 l 的位置上先后测量出 A 和 B 两点的读数。

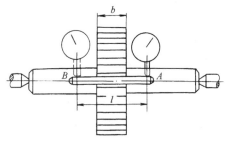

图 14-16 用圆棒检验齿向示例

3) A、B 两点的高度差 δ,再乘以齿宽 b 与 AB 两点距离 l (l 通常取 50mm) 的比值,即为该齿槽的齿向误差:

$$\Delta F_\beta = \frac{b}{l}\delta \tag{14-7}$$

式中　b——被测齿轮宽度 (mm);

　　　l——A 点与 B 点之间距离 (mm);

　　　δ——A 点与 B 点读数差 (mm)。

4) 齿向误差应在沿齿圈上三个等分点上进行测量,三处测量结果都不允许超差。

5) 将精密圆柱放在齿轮上方齿槽内,分别测出两点的高度差,用式 (14-7) 即可计算出齿轮齿向中心线倾斜的误差。

测量应沿齿圈的三个等分齿槽进行。

(2) 用杠杆千分表测量

用杠杆千分表测量齿向如图 14-17 所示。

测量方法如下:

1) 测量前,将被测齿轮安装在锥度为 1:5000~1:7000 的心轴上,心轴装卡在两顶尖间。整个顶尖座连同被测齿轮可以沿基座 3 上的导轨做纵向移动,且移动方向与顶尖的中心连线平行。

2) 测量时,首先使杠杆千分表测头在齿高中部 a 点与齿面接触并对零,然后移动顶尖座,使杠杆千分表的测头由 a 点测到 b 点。

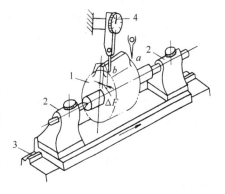

图 14-17 杠杆千分表测量齿向
1—被测齿轮　2—顶尖座　3—基座
4—指示表

3）由 a 点测到 b 点时，杠杆千分表示值的最大变动量，即为该齿的齿向误差 ΔF_β。

4）测量应在沿齿圈三个等分点上进行，两侧齿面都要测量，并且都不允许超差。判断测量结果。

① 第一种情况。

一侧齿面：$a = 0$，$b = +0.02\text{mm}$；

另一侧齿面：$a = 0$，$b = -0.02\text{mm}$。

这种测量结果，说明主要是歪误差。

② 第二种情况。

一侧齿面：$a = 0$，$b = +0.02\text{mm}$；

另一侧齿面：$a = 0$，$b = +0.02\text{mm}$。

这种测量结果，说明主要是中心倾斜误差。

③ 第三种情况。

一侧齿面：$a = 0$，$b = +0.02\text{mm}$；

另一侧齿面：$a = 0$，$b = 0$。

这种测量结果，说明兼有以上两种误差。

（3）用万能工具显微镜及灵敏杠杆测量

测量方法如下：

1）测量前，首先测角目镜十字线的水平线大致与两顶尖连线相重合，再将齿轮安装在仪器两顶尖间，使灵敏杠杆测头与齿轮的接触点大致通过仪器两顶尖连线的垂直平面。

2）测量时，移动纵向导板，使测头大致在齿轮分度圆处与齿面一端接触。轻微转动齿轮，使目镜水平虚线对准灵敏杠杆双刻线中间，记下第一次横向读数。再移动纵向导板，使测头与齿面另一端接触。然后移动横向导板，重新使目镜水平十字虚线对准灵敏杠杆的双刻线中间，记下第二次横向读数，两次读数之差，即为齿向误差。

（4）用钢球法测量

斜齿轮齿向误差的测量，一般是采用测量斜齿轮的螺旋线导程或螺旋角进行。车间现场常采用钢球法测量螺旋角，如图14-18所示。

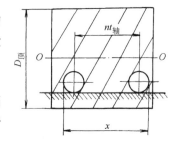

图14-18 用钢球检验齿向

测量方法如下：

1）测量前，选择两个直径 $d_p = 1.68m$ 的尺寸相同的钢球，放入斜齿轮的齿间，并使钢球中心点连线平行于齿轮轴线 $O-O$。

2）测量时，用千分尺或公法线千分尺直接测量出尺寸 x 值。

3）由 x 值及钢球直径 d_p 可近似地计算出轴向齿距 p_x 及分度圆螺旋角 β：

$$p_x = \frac{x - d_p}{n}$$

$$\beta = \frac{\pi m_n}{p_x}$$

式中　x——测得尺寸（mm）；

d_p——钢球直径（mm）；

n——两钢球间的齿数；

m_n——法向模数。

4) 如果斜齿轮的螺旋角和导程有误差，必然使它的轴向齿距有误差。因此，对于一般准确度较低的齿轮，可用轴向齿距误差代替齿向误差的测量。

(5) 用滚印法测量

在没有任何计量器具的情况下，可用滚印法测量斜齿轮螺旋角，如图 14-19 所示。

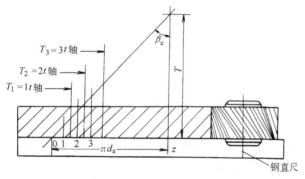

图 14-19　用滚印法检验齿向

测量方法如下：

1) 先在被测轮齿轮的齿顶圆上涂一层薄薄的红印油，然后将斜齿轮的端面紧靠放在白纸上的一条直尺并滚动，根据滚印出齿顶的痕迹，数出该齿轮的齿数 z，它对应的长度就是齿顶圆的周长 πd_a。

2) 从起始端选择齿痕清晰的一个齿，将其斜线延长与周长端点的垂线相交，便可量出螺旋角导程 T。

3) 根据导程 T 求出分度圆螺旋角 β：

$$\sin\beta = \frac{\pi mz}{T}$$

或

$$\sin\beta = \frac{\pi mn}{T_n}$$

式中　T——螺旋角导程（mm）；

n——齿序；

T_n——第 n 齿的对应高度（mm）。

十、齿厚的检验

1. 常用计量器具

检验齿厚常用的计量器具见表 14-30。

表 14-30　检验齿厚常用计量器具

计量器具名称	制造厂	技术规格/mm		备　注
		测量范围	分度值	
光学测齿卡尺	国产进口	$m = 1.5 \sim 18$	0.02	—
齿厚游标卡尺		$m = 1 \sim 16$ $m = 1 \sim 25$ $m = 5 \sim 32$ $m = 10 \sim 50$	0.02	—
万能测齿仪		$m = 1 \sim 10$ $d_{max} = 360$	0.001	—
万能工具显微镜 大型工具显微镜		$m \leq 1$ $d_{max} = 200$	0.001	测量小模数齿轮
投影仪		$m < 1$ $d < 100$	—	测量小模数齿轮
齿厚样板	自制	—	—	
量柱		—	—	可用三针代替

2. 分度圆弦齿厚和弦齿高的计算

齿厚通常以齿厚偏差 ΔE_s 代替，它是分度圆柱面上的实际齿厚值与齿厚公称值之差。由于分度圆弧齿厚不便于检测，所以在检测中是以检测分度圆弦齿厚来评定 ΔE_s 的。因此，首先要计算出分度圆的弦齿厚和弦齿高。图 14-20 中同一齿轮的左右齿廓与分度圆的交点的连线为分度圆弦齿厚 $\bar{s}$，由齿顶至分度圆弦的距离为分度圆弦齿高 $\bar{h}_a$。$\bar{s}$ 与 $\bar{h}_a$ 的计算公式见表 14-31 和表 14-32，固定弦齿厚 $\bar{s}_c$ 和弦齿高 $\bar{h}_c$ 见表 14-33～表 14-35。

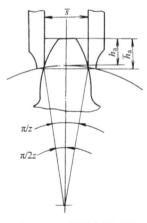

图 14-20　检测齿厚示图

表 14-31　分度圆弦齿厚和弦齿高通用计算公式　　（单位：mm）

齿轮分类	分度圆弦齿厚 $\bar{s}$	分度圆弦齿高 $\bar{h}_a$
标准直齿轮	$\bar{s} = mz\sin\dfrac{90°}{z}$	$\bar{h}_a = m\left[1 + \dfrac{z}{2}\left(1 - \cos\dfrac{90°}{z}\right)\right]$
变位直齿轮	$\bar{s} = mz\sin\left(\dfrac{\pi + 4x\tan\alpha}{2z}\right)$	$\bar{h}_a = m\left[1 + \dfrac{z}{2}\left(1 - \cos\dfrac{\pi + 4x\tan\alpha}{2z}\right)\right]$

齿轮分类	分度圆弦齿厚 $\bar{s}$	分度圆弦齿高 $\bar{h}_a$
标准斜齿轮	$\bar{s} = m_n z_v \sin\dfrac{90°}{z_v}$	$\bar{h}_a = m_n\left[1 + \dfrac{z_v}{2}\left(1 - \cos\dfrac{90°}{z_v}\right)\right]$
变位斜齿轮	$\bar{s} = m_n z_v \sin\dfrac{\pi + 4x\tan\alpha}{2z_v}$	$\bar{h}_a = m_n\left[1 + \dfrac{z_v}{2}\left(1 - \cos\dfrac{\pi + 4x\tan\alpha}{2z_v}\right)\right]$

注：式中 z_v 为当量齿数 $z_v = \dfrac{z}{\cos^3\beta}$。

表 14-32　变位直齿轮分度圆弦齿厚和弦齿高简化计算公式　（单位：mm）

压力角 α	分度圆弦齿厚 $\bar{s}$	分度圆弦齿高 $\bar{h}_a$
20°	$\bar{s} = mz\sin\left(\dfrac{90° + 41.7°x}{z}\right)$	$\bar{h}_a = m\left[1 + \dfrac{z}{2}\left(1 - \cos\dfrac{90° + 41.7°x}{z}\right)\right]$
15°	$\bar{s} = mz\sin\left(\dfrac{90° + 30.6°x}{z}\right)$	$\bar{h}_a = m\left[1 + \dfrac{z}{2}\left(1 - \cos\dfrac{90° + 30.6°x}{z}\right)\right]$
14.5°	$\bar{s} = mz\sin\left(\dfrac{90° + 29.64°x}{z}\right)$	$\bar{h}_a = m\left[1 + \dfrac{z}{2}\left(1 - \cos\dfrac{90° + 29.64°x}{z}\right)\right]$

注：1. 当 $x=0$ 时，即为标准直齿轮分度圆弦齿厚和弦齿高的计算公式。
　　2. 对于斜齿轮，m、z、x 应分别以 m_n、z_v、x_n 代入。

表 14-33　固定弦齿厚和固定弦齿高的通用计算公式　（单位：mm）

齿轮种类	固定弦齿厚 $\bar{s}_c$	固定弦齿高 $\bar{h}_c$
标准齿轮	$\bar{s}_c = \dfrac{\pi m}{2}\cos^2\alpha$	$\bar{h}_c = m\left(h_a^* - \dfrac{\pi}{8}\sin 2\alpha\right)$
变位齿轮	$\bar{s}_c = m\left(\dfrac{\pi}{2}\cos^2\alpha + x\sin 2\alpha\right)$	$\bar{h}_c = h_a - \left(\dfrac{\pi}{8}\sin 2\alpha + x\sin^2\alpha\right)m$

注：对于斜齿轮，表中 m、α、x 应以 m_n、α_n、x_n 代入。

表 14-34　标准齿轮固定弦齿厚和固定弦齿高简化计算公式　（单位：mm）

压力角 α	齿顶高系数 h_a^*	固定弦齿厚 $\bar{s}_c$	固定弦齿高 $\bar{h}_c$
20°	$h_a^* = 1$	$\bar{s}_c = 1.3871m$	$\bar{h}_c = 0.7476m$
20°	$h_a^* = 0.8$	$\bar{s}_c = 1.3871m$	$\bar{h}_c = 0.5476m$
15°	$h_a^* = 1$	$\bar{s}_c = 1.4656m$	$\bar{h}_c = 0.8036m$
14.5°	$h_a^* = 1$	$\bar{s}_c = 1.4725m$	$\bar{h}_c = 0.8096m$

注：对于斜齿轮，表中 m 应以 m_n 代入。

表 14-35　变位齿轮固定弦齿厚和固定弦齿高简化计算公式　（单位：mm）

压力角	固定弦齿厚 $\bar{s}_c$	固定弦齿高 $\bar{h}_c$
20°	$\bar{s}_c = (1.3871 + 0.6428x)m$	$\bar{h}_c = h_a - 0.1820\,\bar{s}_c$
15°	$\bar{s}_c = (1.4656 + 0.5x)m$	$\bar{h}_c = h_a - 0.1340\,\bar{s}_c$
14.5°	$\bar{s}_c = (1.4725 + 0.485x)m$	$\bar{h}_c = h_a - 0.1293\,\bar{s}_c$

注：对于斜齿轮，表中 m、x 应以 m_n、x_n 代入。

(1) 用齿厚游标卡尺测量

齿厚游标卡尺既可用于测量分度圆弦齿厚，又可用于测量固定弦齿厚，如图 14-21 所示。

分度圆弦齿厚的测量方法如下：

1) 测量前，首先计算分度圆弦齿厚及弦齿高的公称值。

根据被测齿轮的几何要素，可应用表 14-31 或表 14-32 中计算公式计算出分度圆弦齿厚及弦齿高的公称值。

2) 测量时，根据计算的分度圆弦齿高公称值调整垂直游标尺，调整好后用固定螺钉将其固紧。然后，将游标齿厚卡尺对称地置于齿顶部，用定位板在

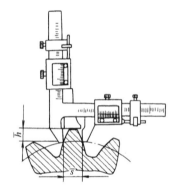

图 14-21　用卡尺检验齿厚示例

齿顶圆上定位。应使游标齿厚卡尺垂直于齿轮轴线（对直齿轮而言），两测量爪同时与齿面接触。这时，水平游标尺上的读数，即为分度圆弦齿厚的实际值。

3) 分度圆弦齿厚实际值与公称值之差，即为齿厚偏差 ΔE_s。

4) 应沿齿圈每隔 90° 测量一个齿，取其读数值与公称值之差的绝对值最大的一个作为齿厚的实际偏差。

5) 对于斜齿轮，应在法向截面上测量其法向齿厚。

固定弦齿厚的测量方法如下：

1) 测量前，首先应根据被测齿轮的几何要素，计算出固定弦齿厚及固定弦齿高的公称值。

2) 测量时，根据计算出的固定弦齿高公称值调整垂直游标尺，调好后用紧固螺钉锁紧。然后将游标齿厚卡尺对称地置于齿顶部。用定位板在齿顶圆上定位。对于直齿齿轮，应使游标齿厚卡尺垂直于齿轮轴线；对于斜齿轮，应在法向截面内测量。测量时，两测量爪应同时与齿面接触。这时，水平游标尺上的读数，即为固定弦齿厚的实际值。

3) 固定弦齿厚实际值与公称值之差，即为固定弦齿厚误差。

4) 测量时，可在每隔 120° 的齿圈上检查一个齿，取其误差最大者作为固定弦齿厚的实际误差。

5) 不论测量固定弦齿厚还是测量分度圆弦齿厚,都是以齿顶圆作为定位基准的。因此,对齿顶圆及径向跳动的准确度要求较高。为了消除齿顶圆制造误差对齿高的影响,应从计算求得的分度圆弦齿高$\bar{h}_a$或固定弦齿高$\bar{h}_c$中减去一个ΔR_a值:

$$\Delta R_a = R_a - R_a'$$

式中 R_a——被测齿轮公称齿顶圆半径(mm);

R_a'——被测齿轮实际齿顶圆半径(mm)。

而后用水平游标尺测齿厚。

(2) 用量柱法测量

分度圆弦齿厚也可用量柱法来间接测量,如图14-22所示。

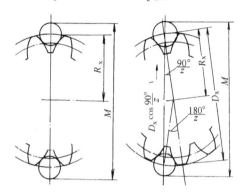

图14-22 用圆柱检验齿厚

测量方法如下:

1) 量柱直径的选择(d_p)。直径为$d_p = 1.476m$的量柱最理想,因其接触点在齿槽固定弦上,量柱中心位于分度圆上,可直接反映固定弦齿厚。但因为量柱的顶点往往低于齿顶,故普遍采用直径$d_p = 1.68m$的量柱,使量柱在分度圆处接触。在测量$\alpha = 20°$、变位系数较小的齿轮时,一般外齿轮选$d_p = 1.68m$、$1.728m$及$1.92m$,内齿轮选$d_p = 1.44m$的量柱,使其接触点在分度圆附近,量柱高于齿顶圆,便于测量。实际上为了测量方便,可以借用测量螺纹中径的三针作为量柱进行测量。

量柱直径尺寸可由表14-36选取。

表14-36 量柱直径尺寸 (单位: mm)

模数 m	I $d_p = 1.68m$	II 三针	III $d_p = 1.476m$	模数 m	I $d_p = 1.68m$	II 三针	III $d_p = 1.476m$
1	1.680	1.732	1.476	3.5	5.880	6.212	5.166
1.25	2.100	2.311	1.845	3.75	6.300	6.212	5.535
1.5	2.520	2.595	2.214	4	6.720	6.585	5.904
1.75	2.940	3.177	2.583	4.5	7.560	—	6.642
2	3.360	3.468	2.952	5	8.400	8.282	7.380
2.25	3.780	—	3.321	6	10.080	—	8.856
2.5	4.200	4.211	3.690	7	11.760	—	10.332
2.75	4.620	4.773	4.059	8	13.440	—	11.809
3	5.040	5.176	4.428	9	15.120	—	13.285
3.25	5.460	5.493	4.797	10	16.800	—	14.761

量柱跨距M值的计算见表14-37。

表 14-37 直齿圆柱齿轮量柱跨距测量计算公式

齿轮类型	一般公式	齿形角 $\alpha = 20°$ 时
非变位齿轮	偶数齿 $$M = \frac{Mz\cos\alpha}{\cos\alpha_m} \pm d_p$$ 奇数齿 $$M = \frac{mz\cos\alpha}{\cos\alpha_m}\cos\frac{90°}{z} \pm d_p$$ $$\text{inv}\alpha_m = \text{inv}\alpha \pm \frac{d_p}{mz\cos\alpha} \mp \frac{\pi}{2z}$$	偶数齿 $$M = \frac{0.9397mz}{\cos\alpha_m} \pm d_p$$ 奇数齿 $$M = \frac{0.9397mz}{\cos\alpha_m}\cos\frac{90°}{z} \pm d_p$$ $$\text{inv}\alpha_m = 0.014904 \pm \frac{1.0642d_p}{mz} \mp \frac{1.5708}{z}$$ 当 $d_p = 1.68m$ 时 $$\text{inv}\alpha_m = 0.014904 \pm \frac{0.21703}{z}$$
变位齿轮	偶数齿 $$M = \frac{mz\cos\alpha}{\cos\alpha'_m} \pm d_p$$ 奇数齿 $$M = \frac{mz\cos\alpha}{\cos\alpha'_m}\cos\frac{90°}{z} \pm d_p$$ $$\text{inv}\alpha'_m = \text{inv}\alpha \pm \frac{d_p}{mz\cos\alpha} \mp \frac{\pi}{2z} + \frac{2x\tan\alpha}{z}$$	偶数齿 $$M = \frac{0.9397mz}{\cos\alpha'_m} \pm d_p$$ 奇数齿 $$M = \frac{0.9397mz}{\cos\alpha'_m}\cos\frac{90°}{z} \pm d_p$$ $$\text{inv}\alpha'_m = 0.014904 \pm \frac{1.0642d_p}{mz} \mp \frac{1.5708}{z} + \frac{0.728x}{z}$$ 当 $d_p = 1.68m$ 时 $$\text{inv}\alpha'_m = 0.014904 \pm \frac{0.21705}{z} + \frac{0.728x}{z}$$

式中　±号和∓号——上面的符号用于外齿轮，下面的符号用于内齿轮

　　　$\alpha_m(\alpha'_m)$——量柱中心所在圆的齿形角

　　　d_p——量柱直径

检测斜齿轮的 M 值时，量柱可以用钢球代替。

2）测量 M 时，将所选取的直径相同的两根量柱自由地放在齿轮的相对两个槽内。对奇数齿，两量柱应放在中心距为最大弦长的两个齿槽内。用千分尺或各种测微仪、测长仪等计量器具，测出两量柱外侧的最远点距离 M 的尺寸。

3）测得值与公称 M 值之差，即为 M 值的偏差值 ΔM。

4）将 ΔM 代入式（14-8）或式（14-9），即可求出分度圆弦齿厚偏差 ΔE_s；

当 z 为偶数时，$\Delta E_s = \Delta M \dfrac{\sin\alpha_M}{\cos\alpha}$ （14-8）

当 z 为奇数时，$\Delta E_s = \Delta M \dfrac{\sin\alpha_M}{\cos\alpha\cos\dfrac{90°}{z}}$ （14-9）

式中　α——分度圆压力角；

　　　α_M——圆柱中心所在的压力角。

以上是生产中检验齿轮几个项目的方法，以下是从 GB/Z 18620.1~4—2008/ISO 10064-1~4：1998《圆柱齿轮　检验实施规范》中摘录检验齿轮几个项目的方法。

十一、齿轮坯的检验

齿轮坯的尺寸偏差和齿轮箱体的尺寸偏差对于齿轮副的接触条件和运行状况有着极大的影响。由于在加工齿轮坯和箱体时保持较紧的公差，比加工高精度的轮齿要经济得多，因此应首先根据拥有的制造设备的条件，尽量使齿轮坯和箱体的制造公差保持最小值。这种办法，可使加工的齿轮有较松的公差，从而获得更为经济的整体设计。

1. 确定基准轴线的方法

一个齿轮的基准轴线是用基准面来确定的，有以下三种基本方法可以实现：

1）第 1 种方法：如图 14-23 所示，用两个"短的"圆柱或圆锥形基准面上设定的两个圆的圆心来确定轴线上的两个点。

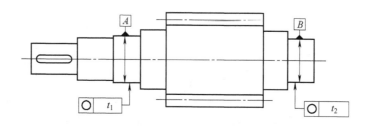

注：A 和 B 是预定的轴承安装表面。

图 14-23　用两个"短的"基准面确定基准轴线

2）第 2 种方法：如图 14-24 所示，用一个"长的"圆柱或圆锥形的面来同时确定轴线的位置和方向。孔的轴线可以用与之相匹配正确地装配的工作芯轴的轴线来代表。

3）第 3 种方法：如图 14-25 所示，轴线的位置用一个"短的"圆柱形基准面上的一个圆的圆心来确定，而其方向则用垂直于此轴线的一个基准端面来确定。

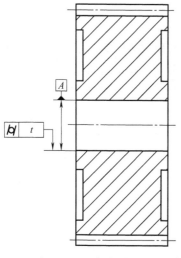 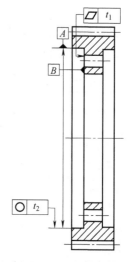

图 14-24　用一个"长的"基准面确定基准轴线

图 14-25　用一个圆柱面和一个端面确定基准轴线

如果采用第1种或第3种方法,其圆柱或圆锥形基准面必须轴向很短,以保证它们自己不会单独确定另一条轴线。在第3种方法中,基准端面的直径应该越大越好。

在与小齿轮做成一体的轴上常常有一段需安装大齿轮的地方,此安装面的公差值必须选择得与大齿轮的质量要求相适应。

2. 中心孔的应用

对和轴做成一体的小齿轮在制造和检测时,最常用也是最满意的方法,是将该零件安装于两端的顶尖上。这样,两个中心孔就确定了它的基准轴线,齿轮公差及(轴承)安装面的公差均须相对于此轴线来确定(见图14-26),而且很明显,安装面相对于中心孔的跳动公差必须规定得很紧(见下页小标题5)。

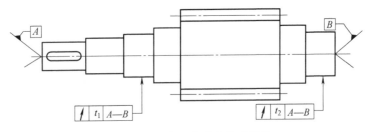

图 14-26 用中心孔确定基准轴线

务必注意中心孔60°接触角范围内应对准成一直线。

3. 基准面的形状公差

基准面的要求精度取决于:

① 规定的齿轮精度,基准面的极限值要规定得比单个轮齿的极限值紧得多。

② 这些面的相对位置,一般来说,跨距占齿轮分度圆直径的比例越大,给定的公差可以越松。

这些面的精度要求,必须在零件图上规定出来。

所有基准面的形状公差不应大于表14-38中所规定的数值。公差应减至最小。

表 14-38 基准面与安装面的形状公差(GB/Z 18620.3—2008)

确定轴线的基准面	公差项目		
	圆度	圆柱度	平面度
两个"短的"圆柱或圆锥形基准面	$0.04(L/b)F_\beta$ 或 $0.1F_p$ 取两者中之小值	—	—
一个"长的"圆柱或圆锥形基准面	—	$0.04(L/b)F_\beta$ 或 $0.1F_p$ 取两者中之小值	—
一个短的圆柱面和一个端面	$0.06F_p$	—	$0.06(D_d/b)F_\beta$

注:齿轮坯的公差应减至能经济地制造的最小值。

第十四章　齿轮的检验

4. 工作及制造安装面的形状公差

工作安装面的形状公差，不应大于表 14-38 中所给定的值。如果用其他的制造安装面时，应采用同样的限制。

5. 工作轴线的跳动公差

如果工作安装面被选择为基准面，则不涉及本条。当基准轴线与工作轴线不重合时，工作安装面相对于基准轴线的跳动必须在图样上予以控制。跳动公差不大于表 14-39 中规定的数值。

表 14-39　安装面的跳动公差（GB/Z 18620.3—2008）

确定轴线的基准面	跳动量（总的指示幅度）	
	径向	轴向
仅指圆柱或圆锥形基准面	$0.15(L/b)F_\beta$ 或 $0.3F_p$ 取两者中之大值	—
一个圆柱基准面和一个端面基准面	$0.3F_p$	$0.2(D_d/b)F_\beta$

注：齿轮坯的公差应减至能经济地制造的最小值。

6. 齿轮切削和检测时使用的安装面

在制造中，切削轮齿使其达到规定的公差，在检测时，测量其实际偏差使测量值有足够的精确度。重要的一点是在制造和检测过程中，齿轮的安装应使其实际旋转轴线与图样上规定的基准轴线相接近。

除非在制造和检测中用来安装齿轮的安装面就是基准面，否则这些安装面相对于基准轴线的位置要予以控制。表 14-39 中所给的数值可作为这些面的公差值。为了获得最高的精度，如在制造高质量齿轮时，将跳动"高点"的位置和数值标记在基准面的附近，在每一步找正时，重复其相当的跳动量。

在制造齿轮坯的严格过程控制中，使用精确的膨胀式芯轴并以齿轮坯的中心定位，使用一适当的夹具支承齿轮坯使其跳动量在限定的范围内，还要用高质量的齿轮加工机床。对于一批工件，在齿轮加工机床上只需对首件齿轮坯的位置进行检查。这个步骤是大批量加工齿轮时的典型步骤。

对于高精度齿轮，要设置专门的基准面（见图 14-27）。对于很高精度的齿轮（例如 GB/T 10095.1 的 4 级精度或更高），齿轮加工前须装在轴上，在这种情况下，轴颈可用作基准面。

7. 齿顶圆柱面

设计者应适当选择齿顶圆直径的公差以保证最小的设计重合度，同时又具有足够的顶隙。如果把齿顶圆柱面作为基准面，上述数值仍可用作尺寸公差，而其形状公差不应大于表 14-38 中的数值。

8. 公差的组合

当工作轴线与基准轴线重合时，或可直接用工作轴线来规定公差时，可应用表 14-39 的公差。不是这种情形时，则两者之间存在着一公差链，此时就需要把表 14-38 和

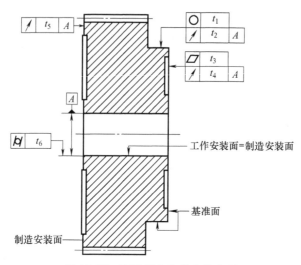

图 14-27 高精度齿轮带有基准面

表 14-39 中的单项公差数值适当减小。减小的程度取决于该公差链的排列,一般大致与 n 的平方根成正比,其中 n 为公差链中的链节数。

对于很高精度的齿轮,通常需要先把齿轮装到轴上,然后再精加工轮齿。如果做不到时,可将装配后的齿轮,在其基准面上测量跳动量,用此法来表明所要求的总的齿轮精度已经达到。这种测量不仅能发现由于所有工作安装面的综合跳动所导致的误差,而且还能发现由于装在轴上的任何轴承圈的跳动所导致的误差。

9. 其他齿轮的安装面

在与小齿轮做成一体的轴上,常常有一段安装一个大齿轮。这时大齿轮安装面的公差在考虑大齿轮轮齿的质量要求后进行选择。常用的办法是根据已经确定的基准轴线规定允许的跳动量。

10. 基准面

基准面是这样的(轴向和径向的)基准带,它们应加工得与齿轮坯的实际轴孔、轴颈和肩部完全同心(见图 14-27)。

当安装在齿轮机床上精加工时,或安装在检测仪上时,以及最后在使用中安装时,用基准面可以进行找正。对于更高精度的工件,基准面还须进行校验,对其跳动的高点,要标明其量值和位置。这个高点以及它的量值,在加工过程的每一步找正中均应复现出来,以保证很高精度齿轮的要求。

但是,很多齿轮是小批量生产的。在此情况下,装在齿轮加工机床上的齿轮的位置在切削之前都必须校验,是校验每件齿轮坯还是部分校验,取决于齿轮制造者的经验。对于中等精度的齿轮,齿顶圆柱面的一部分可用来作为径向基准面,而轴向位置则可用齿轮切削时的安装面进行校验。

11. 中心距和轴线的平行度

设计者应对中心距 a 和轴线的平行度两项偏差选择适当的公差。公差值的选择应能保证相啮合轮齿间的侧隙和齿长方向正确接触。提供在装配时调整轴承位置的设施，可能是达到高精度要求最为有效的技术措施。然而，在很多情况下其高昂成本很难令人接受。

(1) 中心距允许偏差

中心距公差是指设计者规定的允许偏差，公称中心距是在考虑了最小侧隙及两齿轮的齿顶和其相啮的非渐开线齿廓齿根部分的干涉后确定的。

在齿轮只是单向承载运转而不经常反转的情况下，最大侧隙的控制不是一个重要的考虑因素，此时中心距允许偏差主要取决于对重合度的考虑。

在控制运动用的齿轮中，必须控制侧隙。当轮齿上的负载常常反向时，对中心距的公差必须很仔细地考虑下列因素：

① 轴、箱体和轴承的偏斜。
② 由于箱体的偏差和轴承的间隙导致齿轮轴线的不一致。
③ 由于箱体的偏差和轴承的间隙导致齿轮轴线的错斜。
④ 安装误差。
⑤ 轴承跳动。
⑥ 温度的影响（随箱体和齿轮零件间的温差，中心距和材料不同而变化）。
⑦ 旋转件的离心伸胀。
⑧ 其他因素，例如润滑剂污染的允许程度及非金属齿轮材料的溶胀。

当确定影响侧隙偏差的所有尺寸的公差时，应该遵照 GB/Z 18620.2 中关于齿厚公差和侧隙的推荐内容。

高速传动装置中心距公差的选择，还有其他考虑，不在本部分的范围之内。

在齿轮传动中，有一个齿轮带动若干个齿轮（或反过来）的情形，例如行星齿轮传动中有若干个行星轮，又如在全桥驱动车的分动器或动力输出齿轮，在此情况下，为了使所有的啮合得到适当的负荷分配并有正确的工作条件，需要限制中心距的允许偏差。这种条件，要求对工作和制造的限制条件进行详细的研究，不属于本部分的范围。

(2) 轴线平行度公差

由于轴线平行度偏差的影响与其向量的方向有关，对"轴线平面内的偏差"$f_{\Sigma\delta}$ 和"垂直平面上的偏差"$f_{\Sigma\beta}$ 做了不同的规定（见图 14-28）。

"轴线平面内的偏差"$f_{\Sigma\delta}$ 是在两轴线的公共平面上测量的，这公共平面是用两轴承跨距中较长的一个 L 和另一根轴上的一个轴承来确定的，如果两个轴承的跨距相同，则用小齿轮轴和大齿轮轴的一个轴承。"垂直平面上的偏差"$f_{\Sigma\beta}$ 是在与轴线公共平面相垂直的"交错轴平面"上测量的。

每项平行度偏差是以与有关轴轴承间距离 L（"轴承中间距"L）相关联的值来表示的（见图 14-28）。

轴线平面内的轴线偏差影响螺旋线啮合偏差，它的影响是工作压力角的正弦函数，而垂直平面上的轴线偏差的影响则是工作压力角的余弦函数。可见一定量的垂直平面上偏差导致的啮合偏差将比同样大小的平面内偏差导致的啮合偏差要大 2 倍~3 倍。因此，对这两种偏差要素要规定不同的最大推荐值。

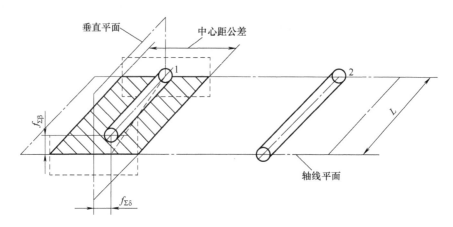

图 14-28 轴线平行度偏差

十二、表面粗糙度波纹度和波度的检验

1. 表面加工纹理

表面主要加工痕迹的方向（见图 14-29a）。

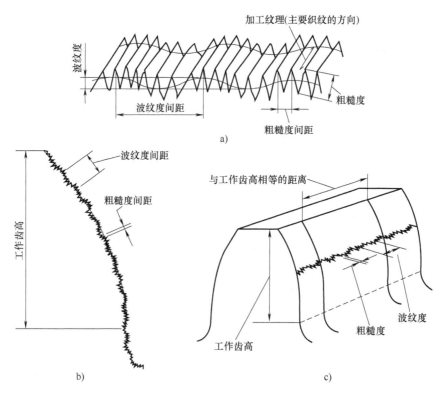

图 14-29 波纹度

a) 表面特性和术语 b) 轮齿的渐开线齿廓表面结构放大图 c) 轮齿的沿齿长轮廓表面结构放大图

表面加工纹理通常是由所用的加工方法决定的。

2. 图样上应标注的数据

当用户已规定时，或当设计和运行要求必需时，在图样上应标出完工状态表面粗糙度的适当的数值。如图 14-30a 和图 14-30b 所示。

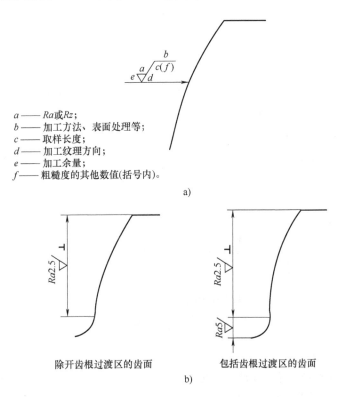

图 14-30　表面结构、粗糙度和表面加工纹理方向的符号

a）表面结构的符号　b）粗糙度和表面加工纹理方向的符号

粗糙度轮廓的微观不平度是在加工过程中所形成的表面结构（微观几何形状特性）的一种组成成分，不包括波纹度和形状偏差。

波纹度轮廓的不平度是表面形状特性的一种组成成分，粗糙度叠加在它的上面（见图 14-29a）。通常，加工的齿轮轮齿表面的波纹度间距显著大于粗糙度间距。

波度是齿面的周期性波纹度，波度的特殊形状有以下特征：

① 表面加工纹理接近平行于（同相啮齿轮的）接触线。

② 投影在节圆柱上（在回转平面内）的波纹数为整数（见图 14-31）。

③ 它们是产生噪声的一个可能原因。

3. 表面结构对齿轮的影响

要强调的是：在规定轮齿表面结构的特征极限值之前，齿轮设计者和齿轮工程师们应熟悉有关的国家标准和这方面的其他文献。

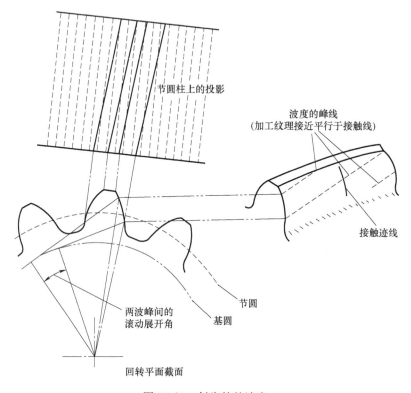

图 14-31　斜齿轮的波度

(1) 功能受影响

受表面结构影响的轮齿功能特性可以分为几类：

① 传动精度（噪声和振动）。

② 表面承载能力（如点蚀、胶合和磨损）。

③ 弯曲强度（齿根过渡曲面状况）。

(2) 传动精度

表面结构包含两个主要特征：粗糙度和波纹度。

表面波纹度或齿面波度会引起传动误差，这种影响依赖波纹的纹理相对于瞬时接触线和接触迹线的方向，如果波纹的纹理平行于瞬时接触线或接触区（垂直于接触迹线），齿轮啮合时会出现一个高音的刺耳声（高于啮合频率的古怪的谐波成分）。

在少数情况下，表面粗糙度会使齿轮噪声的特性产生差异（光滑的齿面与粗糙的比较），一般它对齿轮啮合频率的噪声及其谐波成分不产生影响。

(3) 承载能力

表面结构可在两个大致的方面影响轮齿耐久性——齿面劣化和轮齿折断。

(4) 齿面劣化

齿面劣化有磨损、胶合或擦伤和点蚀等。齿廓上的表面粗糙度和波纹度与此有关。

表面结构、温度和润滑剂决定影响齿面耐久性的弹性流体动力（EHD）膜的厚度。

（5）弯曲强度

轮齿折断可能是疲劳（高循环应力）的结果，表面结构是影响齿根过渡区应力的一个因素。

（6）测量方法的影响

测量方法的仪器、定位、方向和分析（滤波器等）的选择必须能体现轮齿的功能区域和接触迹线。

4. 测量仪器

触针式测量仪器通常用来测量粗糙度，可采用以下几种类型的仪器来进行测量，不同的测量方法对测量不确定度的影响有不同的特性（见图14-32）。

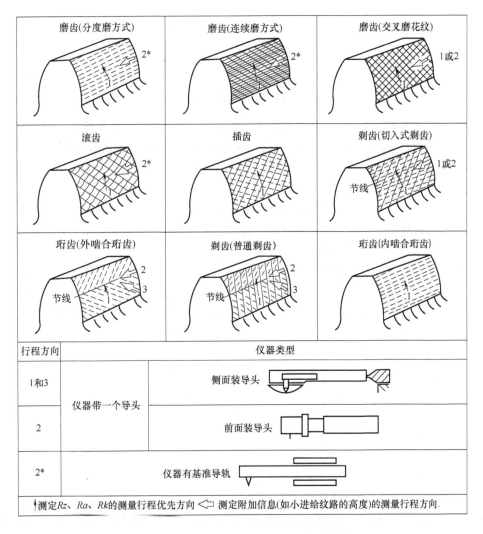

图 14-32　仪器特性以及与制造方法相关的测量行程方向

在测量表面粗糙度时,触针的轨迹应与表面加工纹理的方向相垂直,见图 14-32 和图 14-33 中所示方向。测量还应垂直于表面,因此,触针应尽可能紧跟齿面弯曲的变化。

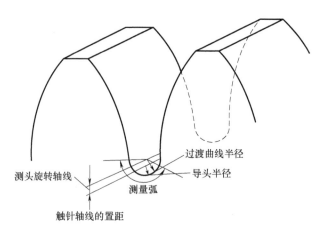

图 14-33　齿根过渡曲面粗糙度的测量

在对轮齿齿根的过渡区表面粗糙度进行测量时,整个方向应与螺旋线正交,因此,需要使用一些特殊的方法。图 14-33 中是一种适用的测量方法,传感器的头部,在触针前面,有一半径为 r(小于齿根过渡曲线的半径 R)的导头,安装在一根可旋转的轴上,当该轴转过角度约 100°时,触针的针尖描绘出一条同齿根过渡区接近的圆弧。当齿根过渡区足够大,并且该装置仔细的定位时方可进行粗糙度测量。

导头直接作用于表面,应使半径 $r > 50\lambda_c$,以避免因导头引起的测量不确定度。

5. 齿轮齿面表面粗糙度的测量

使用导头形式的测量仪器进行测量还有另一种办法,选择一种适当的注塑材料(如树脂等)制作一个相反的复制品。当对较小模数齿轮的齿根过渡部分的粗糙度进行测量时,这种方法是特别有用的。在使用这种方法时,应记住在评定过程中齿廓的记录曲线的凹凸是相反的。

(1) 评定测量结果

直接测得的粗糙度参数值,可直接与规定的允许值比较。

参数值通常是按沿齿廓取的几个接连的取样长度上的平均值确定的,但是应考虑到表面粗糙度会沿测量行程有规律地变化,因此,确定单个取样长度的粗糙度值可能是有益的。为了改进测量数值的统计上的准确性,可从几个平行的测量迹线计算其算术平均值。

(2) 参数值

从参数得出的值应该与规定值进行比较,规定的参数值应优先从表 14-40 和表 14-41 中所给出的范围中选择,无论是 Ra 还是 Rz 均可作为一种判断依据,但是,两者不应在同一部分使用。

第十四章 齿轮的检验

表 14-40　算术平均偏差 Ra 的推荐极限值　　（单位：μm）

等级	Ra		
	模数/mm		
	$m \leqslant 6$	$6 < m \leqslant 25$	$m > 25$
1	—	0.04	—
2	—	0.08	—
3	—	0.16	—
4	—	0.32	—
5	0.5	0.63	0.80
6	0.8	1.00	1.25
7	1.25	1.6	2.0
8	2.0	2.5	3.2
9	3.2	4.0	5.0
10	5.0	6.3	8.0
11	10.0	12.5	16
12	20	25	32

表 14-41　微观不平度十点高度 Rz 的推荐极限值　　（单位：μm）

等级	Rz		
	模数/mm		
	$m \leqslant 6$	$6 < m \leqslant 25$	$m > 25$
1	—	0.25	—
2	—	0.50	—
3	—	1.0	—
4	—	2.0	—
5	3.2	4.0	5.0
6	5.0	6.3	8.0
7	8.0	10.0	12.5
8	12.5	16	20
9	20	25	32
10	32	40	50
11	63	80	100
12	125	160	200

　　在 GB/T 10095.1 中规定的齿轮精度等级和表 14-40 和表 14-41 中粗糙度等级之间没有直接的关系。

　　在关于 Ra 和 Rz 的表中，相同的表面状况等级并不与特定的制造工艺对应，这一点尤其适用表中 1~4 级的表列值。

十三、齿距偏差的检验

齿距偏差的检验包括实际值（角度值）测量或沿齿轮圆周上同侧齿面间距离的比较测量（见图 14-34），单个齿距测量示例如图 14-35 所示。

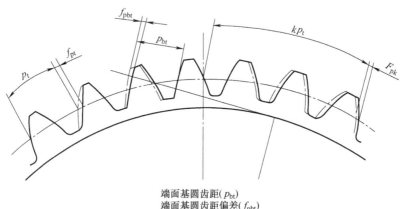

端面基圆齿距(p_{bt})
端面基圆齿距偏差(f_{pbt})
齿距累积(kp_t，图中 $k=3$)
齿距累积偏差(F_{pk}，图中 $k=3$)

图 14-34　齿距（p_t），齿距偏差（f_{pt}）

与检验法向、端面和齿距累积偏差不同，基圆齿距偏差是在沿基圆切平面上测量，因而与齿轮轴线无关。

N	1	2	3	4	5	6	7	8	9	10	11	12	13	14	15	16	17	18
A	25	23	26	24	19	19	22	19	20	18	23	21	19	21	24	25	27	21
B	22.00																	
C	+3	+1	+4	+2	−3	−3	0	−3	−2	−4	+1	−1	−3	−1	+2	+3	+5	−1
D	+3	+4	+8	+10	+7	+4	+4	+1	−1	−5	−4	−5	−8	−9	−7	−4	+1	0

N——齿距序数；
A——用两测头的齿距比较仪测得的值；
B——所有 A 值的算术平均值；
C——单个齿距偏差 f_{pt}，表示为 A 的各个值与平均值 B 的差值；
D——由 $f_{pt}(C)$ 值依次连续累加而得的齿距累积偏差，涉及第 18 齿和第 1 齿之间的各齿面。

当用角度齿距测量方法时（即用一个触头的仪器），在每个测量位置上，将实际测得的角度减去理论角度，再将此差值（弧度）乘以触头与齿面接触点的径向距离，即可得到 D 值。而 C 值则可由 N 号的齿面的 D 值减去 $N-1$ 号齿面的 D 值获得。

图 14-35　单个齿距测量示例（表中数值系假设值，实际上整数值是很难遇到的）

第十四章 齿轮的检验

1. 单个齿距精度的检测

检测齿距精度最常用的装置,一种是有两个触头的齿距比较仪,另一种是只有一个测量触头的角度分度仪。

不带旋转工作台的坐标测量机也可用来测量齿距和齿距偏差,所采用的有关相对运动与(1)中所述的原理基本相当(见图14-36)。

(1)用齿距比较仪(两个触头)检测单个齿距

两个测头的位置,应在相对于齿轮轴线的同样半径上,并在同一横截面内,测头移动的方向要与测量圆相切。

因为很难得到半径距离的精确数值,所以齿距比较仪很少用于检测端面齿距的真实数值。这种仪器最合适的用途是确定齿距偏差。

一些齿距比较仪装备了导向滑轨,使测头容易达到固定的径向深度,一般到轮齿中部的附近(见图14-37),被测的齿轮慢慢地转动,绕着轴心连续地或间歇地转动,而导向滑轨上的测头在测量部位来回移动。

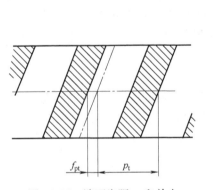

图14-36 端面齿距 p_t 和单个齿距偏差 f_{pt}

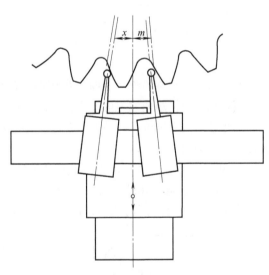

图14-37 使用齿距比较仪测量齿距偏差

(2)用角度转位法(一个触头)检测单个齿距

检测过程涉及分度转位器的使用,其精确度必须和齿轮直径协调,如图14-38所示。

对每个齿面,测量头在预先设定要检测的部位径向来回移动,就可测得偏离理论位置的位置偏差,相对于所选定的基准齿面或零齿面,这个测得的数据代表了相关齿面的位置偏差,这样记录的数据曲线应显示出齿轮在圆周上的齿距累积偏差(F_{pk})。

第 N 个齿面的位置偏差减去第 $N-1$ 个的,就是每个单个齿距偏差,负值要表示出来。

2. 用齿距比较仪检测法向齿距精度

法向齿距和法向齿距偏差 f_{pn} 如图 14-39 所示。

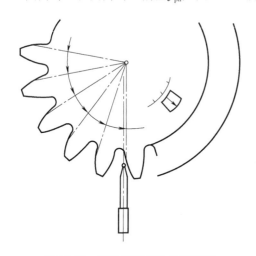

图 14-38 用角度转位法检测齿距

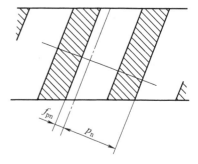

图 14-39 法向齿距 p_n 和
法向齿距偏差 f_{pn}（法向截面）

检测时，当只有检验"法向"齿距偏差的便携式比较仪，而没有其他适当的仪器时，只得用法向齿距偏差测量来代替端面齿距偏差的测量。如图 14-40 所示的仪器中，齿轮的齿顶圆用来定位，它必须和齿轮轴线有足够的同心度，其他用于同样用途的比较仪器有不同的定位方法，而不用齿顶面作为定位面。

3. 基圆齿距 p_b 和基圆齿距偏差 f_{pb} 的测量

一个齿轮的端面基圆齿距是公法线上的两个相邻同侧齿面的端面齿廓间的距离，它也就是位于相邻的同侧齿面上渐开线齿廓起点之间的基圆圆周上的弧长（见图 14-41）。

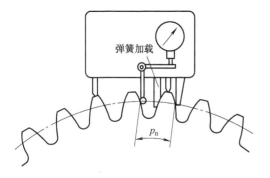

图 14-40 在直齿轮上用于检测法向
齿距偏差的便携式齿距比较仪

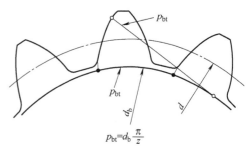

图 14-41 端面基圆齿距 p_{bt}

4. 扇形区的齿距累积偏差检测

当齿轮的齿数很多，用比较仪作单个齿距校验法测量时，由于很多个测量的不精确

第十四章 齿轮的检验

性叠加起来而形成很大的误差。每次测量中不精确性的来源之一，就是很难保证后触头与前一次测量时前触头所占位置完全重合。

如果用扇形区的齿距进行检验，则上述的不正确性可以减少，因此当齿轮超过 60 个齿时，最好改用扇形区测量，图 14-42 所示为齿距数为 4 的扇形区测量原理，即齿距号 1~4，下一个要测的扇形区包含齿距号 5~8，此时位于右侧的后触头将与 4 号齿齿面接触，此接触点为上一次测量时位于左侧的前触头所占的位置，1.（1）中所述的注意要点同样适用于扇形区齿距测量。

在选择扇形区包含齿距数 S 时，必须符合以下两点：

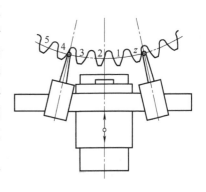

图 14-42　扇形区齿距测量原理

1）扇形区的弦长应适合所用的齿距比较仪的量程。

2）测得的点数应足够用来绘制出一条可接受的累积偏差曲线。

图 14-43 中所提供的公式和曲线可指导选择合适的齿距数。

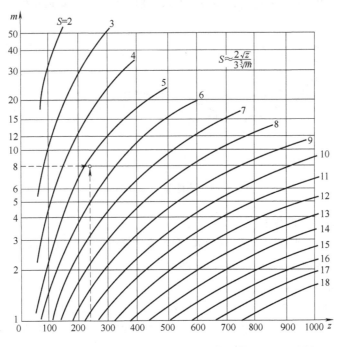

图 14-43　扇形区齿距测量时扇形区齿距数（S）的选择

5. 扇形区齿距测量结果的评定

扇形区齿距偏差的代数和建立起来的曲线常常不能反映齿距累积总偏差，认识这一点是很重要的，因为最极端的单个齿距偏差原来会影响齿距累积总偏差的数值，但却在扇形区内被抵消了。

这样，如果任何一个数值非常接近于给定的公差极限，则最小、最大和重叠区内的单个齿距偏差应该融入扇形区齿距累积偏差曲线中，以保证齿距累积总偏差更加精确。

用数字取代符号 F_{ps} 和 F_{pks} 的下标来表示扇形区齿距累积偏差可带来很大方便，用这种方法，就可以表示出有关的弧长或扇形区齿距数，例如，F_{p24s4} 表示在 $S = 4$（每区齿距数）跨齿测量下，$k = 24$ 齿距弧长内的扇形区齿距累积偏差。

6. 齿距累积偏差 F_{pk} 的必要性

如果在较少的齿距数上的齿距累积偏差过大时，在实际工作中将产生很大的加速度力，这在高速齿轮传动中更应重视，因为可能产生很大的动载荷，所以有必要规定较少齿距范围内的累积公差。

图 14-44 中分别表示了两个齿轮的齿距累积偏差曲线，从两曲线中可看出其齿距累积总偏差是一样的，但少数齿距的最大齿距累积偏差有着明显的差别，如曲线 a 和 b 中 k 个齿距所示，按照规定的公差值，曲线 a 中 F_{p4} 的偏差是可以通过的，而在曲线 b 中 F_{p4} 的偏差是不能接受的。

给定数目的 k 个齿距上的最大齿距累积偏差 F_{pk} 可由 F_{pk} 图导出，即依次从齿轮的每个齿面出发取圆弧长度（$k \times p_t$），实际上其最大值也可在少数跨齿距测量中得到。

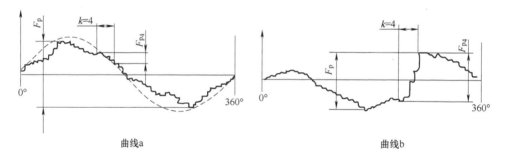

图 14-44 齿距累积偏差曲线图

十四、齿廓偏差的检验

齿廓偏差是在端平面上垂直于齿廓的偏差值，偏差也可在齿面的法向测量，然后把测得的数值除以 $\cos\beta_b$，经这样的换算后再与公差值比较。

1. 平均齿廓倾斜偏差 $f_{H\alpha m}$

单个齿廓的倾斜偏差可能是由于制造或检验时安装不准确形成的偏心所造成的，但是，这种偏差沿着齿轮圆周是变化的，对于同侧齿面的平均齿廓倾斜偏差，这种变化就相互抵消掉了。

往往需要计算出同侧齿面齿廓倾斜偏差的平均值，以用来确定采取什么步骤来纠正机床上装夹时产生的误差。在实际应用中，取沿齿轮圆周均布的几个同侧齿面计算其齿廓倾斜偏差算术平均值即可。

取两个在直径上相对位置的同侧齿面,从其齿廓迹线上可以得到适用的平均值,然而,如果齿廓倾斜偏差沿齿轮圆周变化,则必须至少取三个均布同侧齿面的齿廓线,否则偏差不一定能被发现。

2. 基圆直径偏差 f_{db}、平均基圆直径偏差 f_{dbm} 和有效基圆直径 d_{beff}

基圆直径偏差 $f_{db} = d_{beff} - d_b$ 直接与齿廓倾斜偏差 $f_{H\alpha}$ 有关,见式(4-10):

$$f_{db} = f_{H\alpha} \frac{d_b}{L_\alpha} \qquad (4\text{-}10)$$

这样,当"平均齿廓倾斜偏差"确定之后,平均基圆直径偏差和有效基圆直径可按式(4-11)和式(4-12)计算:

$$f_{dbm} = f_{H\alpha m} \frac{d_b}{L_\alpha} \qquad (4\text{-}11)$$

$$d_{beff} = d_b \left(1 + \frac{f_{H\alpha m}}{L_\alpha}\right) \qquad (4\text{-}12)$$

3. 齿廓公差带

一个方便的检验方法是检验齿廓迹线是否位于规定的公差带之内。

很多公差带的规定,其形状大体上像字母 K(见图 14-45),即众所周知的 K 形图。

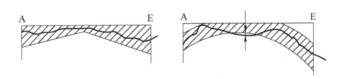

图 14-45 用公差带法检验齿廓精度

这种图的应用如图 14-45 所示,其中左图所示齿廓迹线落在公差带之内,而在右图则没有达到。

如果需要的话,也可综合应用两种齿廓精度评定方法(即用某一质量等级的标准公差和用公差带法),如图 14-46 所示。

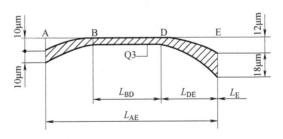

图 14-46 不同齿廓区段用不同公差实例

4. 齿廓凸度 C_α

在有些应用中,适当的齿廓修形涉及顶部和根部,修削使轮齿从中间开始逐渐向顶部和根部形成弓形，如图 14-47 所示。

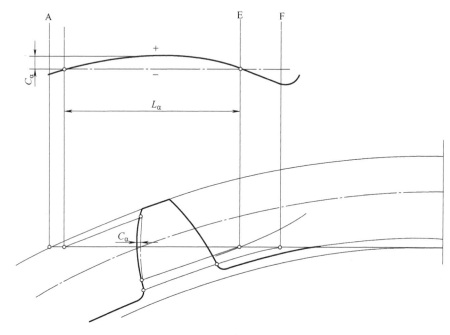

图 14-47　齿廓的凸度 C_α

渐开线曲率增加的高度可用以下方法确定：

在线图中，用一条直线将齿廓迹线与计值范围（L_α）两端的交点连起来，如图 14-48 所示，在这条直线与另一条和它平行且相切平均曲线间的距离（在记录偏差的方向测量），就等于该齿廓的凸度（C_α）。

有意做成的凸形齿所产生的齿廓线图，其设计齿廓和平均齿廓迹线通常呈抛物线。

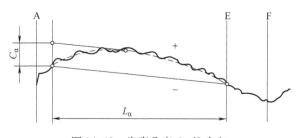

图 14-48　齿廓凸度 C_α 的确定

十五、螺旋线偏差的检验

螺旋线偏差是在端面基圆切线方向测量的实际螺旋线与设计螺旋线之间的差值，如果偏差是在齿面的法向测量，则应除以 $\cos\beta_b$ 换算成端面的偏差量，然后才能与公差极限值比较。

1. 用检测轴向齿距来确定螺旋线倾斜偏差

如不可能得到螺旋线图，例如很大的齿轮不可能在测量机上测量时，则用轴向齿距仪的量值来确定螺旋线倾斜偏差 $f_{H\beta}$。

这类仪器主要包括一个精密的水准仪和两个球形针头，两个球的间距要调整到近似为轴向齿距的整数倍，两个球放入轮齿齿槽间，使其连心线大致与齿轮轴线平行，然后调整水准仪到零点，记录下沿齿轮其他位置上偏离零的相对斜度。这样确定的斜度，连同针头间的距离，可以用来计算出齿面的平均螺旋线倾斜偏差，此方法的测量精度不太高。

如果这种测量是在齿轮圆周三个以上均布的位置进行的，此时端面齿距偏差对测量结果的影响趋于抵消，从而可以计算出与齿轮轴线无关的近似平均螺旋线倾斜偏差。

另外，只要所有齿面没有严重的齿廓偏差，也没有修成鼓形，则左侧和右侧齿面的平均螺旋线倾斜偏差都可确定。

这种测量方法不论齿轮处于什么姿态都是有效的。

应用这种方法必要的条件：齿宽必须大于一个轴向齿距。

2. $f_{H\beta}$ 和 f_β 的代数符号

螺旋线倾斜偏差 $f_{H\beta}$ 和螺旋角偏差 f_β 应有一个代数符号，使之完整。

当螺旋角较设计的螺旋角大时，偏差为正（$f_{H\beta}>0$ 和 $f_\beta>0$），反之较设计的螺旋角小时，则偏差为负。

直齿圆柱齿轮的螺旋线偏差如果不等于零，则不用代数符号表示，而改用注脚"r"和"l"表示，即分别代表右旋或左旋的偏差。

如果一个齿轮与其相啮合的齿轮，其齿面的螺旋线倾斜偏差 $f_{H\beta}$ 和 f_β 大小相等，代数符号一致，则其偏差是相互抵消的。

3. 平均螺旋线倾斜偏差 $f_{H\beta m}$ 和平均螺旋角偏差 $f_{\beta m}$

如果在加工一个齿轮时，齿轮的轴线偏离了切齿机床的轴线或两轴线相交，则该齿轮轮齿的螺旋线倾斜偏差沿着齿轮的圆周是变化的，如图 14-49 所示。

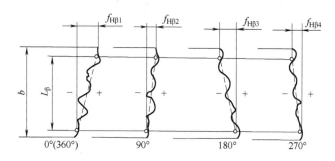

图 14-49 有偏心或摆动的齿轮圆周上四个均布齿面的螺旋线倾斜偏差的迹线

4. 螺旋线公差带

检测螺旋线精度的一个简便方法，是看迹线是否在给定公差带内。

这个方法实质上和齿廓公差带是相同的。

5. 轮齿的鼓度 C_β

在线图中,未修整齿面的螺旋线迹线是用一条直线来表示的,而鼓形齿的齿面其相应的迹线是弓形曲线,在线图中,鼓形齿齿面的设计螺旋线和平均螺旋线迹线通常是抛物线(见图14-50)。

轮齿鼓度 C_β 的评定步骤与齿廓凸度 C_α 是类似的。

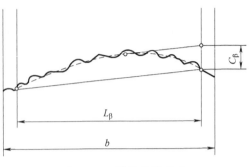

图 14-50　轮齿的鼓度 C_β

6. 波度

波度是螺旋线形状偏差,具有不变的波长和基本不变的高度,切齿机床传动链元件的扰动是导致出现波度通常的主要原因,特别是以下两种扰动:

1) 刀架进给丝杠的扰动。

2) 分度蜗轮传动中蜗杆的扰动。

由于原因1) 所造成的波度的波长,在沿螺旋线方向测量时,等于进给丝杠的螺距除以 $\cos\beta$。

由于原因2) 所造成的波度,其波长为:

$$\lambda_\beta = \frac{d\pi}{z_M \sin\beta}$$

由于原因2) 所造成的波度,其波数(投影到端面上计数)等于主分度蜗轮的齿数 z_M。这可能造成在噪声谱中那部分刺耳的单纯音,其频率相当于被测齿轮的旋转速度(转数)乘以 z_M。

图14-51中说明了在螺旋线检测仪器上装置波度测量附件的应用方法。

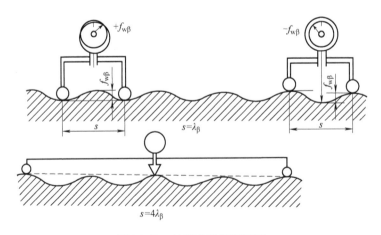

图 14-51　波度曲线检测原理

在检测原因1) 或2) 造成的波度曲线时,计算出相关的波长,把附件的球形定位脚放在奇数个波长的间距上，随后使定位脚沿螺旋线滑动，波度的数值由位于定位脚中间的测头显示出来。

从图 14-51 中可看到，当测头接触波峰而后又接触波谷时，测头的位移等于两倍波高，这个特点提高了仪器的灵敏度，测量结果以图的形式绘制出来。

需要注意的是，若定位脚的间距为偶数个波长时（图中 $s = 4\lambda_\beta$），波度就显示不出来了。

十六、切向综合偏差的检验

为进行切向综合偏差的检测，两个齿轮中的一个可以是测量齿轮，以适当的中心距相啮合并旋转，在只有一组同侧齿面相接触的情况下使之旋转，直到获得一整圈的偏差曲线图。

做切向综合偏差检测时，需施加很轻的负载和很低的角速度，以保证齿面间的接触，所产生的记录曲线反映出一对齿轮轮齿要素偏差的综合影响（即齿廓、螺旋线和齿距）。

下列几种组合都可用于检测：

① 一个产品齿轮和一个测量齿轮。

② 一对相配的产品齿轮。

③ 两个以上齿轮相啮合的齿轮轮系。

关于情况①，以产品齿轮转一周后，即产生适用的记录，但必须注意，测量齿轮的精度将影响检测的结果，如测量齿轮的精度比被检验的产品齿轮的精度至少高 4 级时，则测量齿轮的不精确性可忽略不计，但如果测量齿轮的质量达不到比被检齿轮高 4 个等级时，则测量齿轮的不精确性必须考虑。

切向综合总偏差 F_i' 是当被检齿轮旋转一整圈后，实际的和理论的圆周位移（在分度圆上）的最大差值。

一齿切向综合偏差 f_i' 是指一个齿距位移间的切向综合偏差。

关于情况②，涉及两个产品齿轮所产生的偏差（F' 和 f'），称为齿轮副的传动偏差。为了完全确定完整的偏差谱图，必须继续旋转，直至两个产品齿轮的旋转数分别等于另一个相配齿轮齿数被齿轮副两个齿数的最大公因数除所得的数，用这种方法确定的旋转数符合齿轮副的完整啮合周期。形成的偏差曲线图反映出齿轮副中两个齿轮的轮齿要素的各分量，如果要检测出单个齿轮的轮齿偏差，必须对数据进行适当的处理。

如果有适当的试验台，重载齿轮的切向综合偏差也可用类似方法检验，但在这种情况下，记录下来的偏差受到轮齿受载变形，啮合刚度变化以及由于旋转速度而产生冲击和轮齿的几何形状不完善等因素的影响，故 GB/T 10095.1 不适用于这类检测。

关于情况③是齿轮传动运动学的评定，这种检测不属于 GB/T 10095 的应用范围。

1. 产品齿轮与测量齿轮副的检测

（1）直齿圆柱齿轮

切向综合偏差的记录图，包括齿轮和测量齿轮啮合进行完整圈旋转数的长周期成分，和加在其上的各齿相继啮合的短周期成分。

图 14-52 中是切向综合偏差的记录曲线,它是在与测量齿轮啮合时,16 个齿的产品齿轮转一转所形成的。

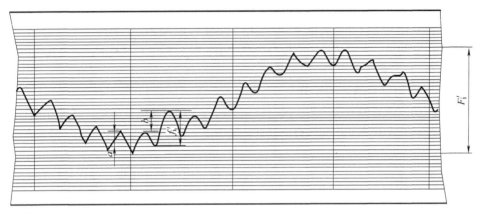

f_i' —— 一齿切向综合偏差(最大值);
F_i' —— 切向综合总偏差;
a —— 主要由齿廓偏差影响造成的偏差;
b —— 单个齿距偏差成分

图 14-52　直齿圆柱齿轮切向综合偏差图

1) 直齿轮齿廓偏差的影响

在切向综合偏差检测中,如果所用的测量齿轮是完全精确的,就意味着切向综合偏差图上所表示的只是产品齿轮的轮齿各要素的偏差的综合。

图 14-53 所示为相当于三种不同齿廓的产品齿轮与测量齿轮相啮合产生的三个齿啮合周期的切向综合偏差记录图,第一个表示无修形也无误差,第二个表示自齿高中部开始到有效齿廓两端逐渐修形,第三个表示有"倾斜偏差"。

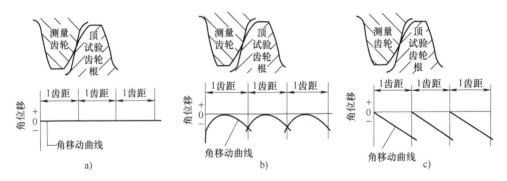

图 14-53　直齿轮齿廓偏差的影响
a) 理想的共轭齿轮　b) 修形齿轮(凸度 C_α)　c) 修形齿轮(压力角修形)

图 14-53a 表示为被测齿轮和测量齿轮两者均为无误差、无修形的齿轮时,得到一条直线形图。

图 14-53b 中,记录图表示齿顶和齿根修形,形成整个齿廓为凸形(凸度 C_α),从

被动产品齿轮的齿顶开始进入啮合时起,偏差值逐渐增加到零(接近齿高中部时),然后是逐渐减少的趋势,一直到轮齿啮合结束。

图 14-53c 所示三角形的成分,表示产品齿轮的接触由齿顶逐渐移到有效齿廓起点时,切向综合偏差逐渐从零变为一个负值,在这一点时,接触突然转移到下一个齿,从而产生一个突变为正的各齿相等的切向综合偏差。

必须记住:记录下来的切向综合偏差线图并不仅仅反映检验少数几个齿的齿廓偏差的影响,还受到产品齿轮轮齿工作齿面上任何凸出物接触的影响。

2)直齿轮齿距偏差的影响

如果在齿距 N 处产生一个齿距偏差,是当旋转接触过程从 $N-1$ 齿转移到 N 齿时,一个局部的切向分量将显示在切向综合偏差图上,它表现为图上齿廓展成分量中一个分量的位移。

图 14-54 表示单个齿距偏差对切向综合偏差的影响。

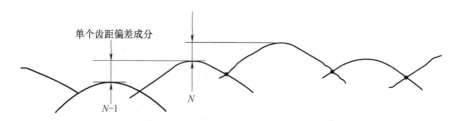

图 14-54 直齿轮单个齿距偏差的影响

当各齿通过啮合时,单个齿距偏差在切向综合位移圆弧上有累积作用。这种影响在切向综合偏差图上看得很清楚,这样,可确定齿距累积偏差值(比如 $k=2,3,\cdots$),即在适当数量的齿距间测顶点切线的纵坐标。图 14-55 中表示了单个齿距偏差、单个齿距和齿廓组合偏差以及近似的齿距累积总偏差。

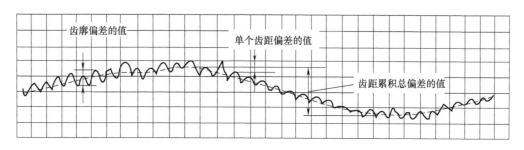

图 14-55 直齿轮的切向综合偏差及其各成分

3)直齿轮螺旋线偏差的影响

螺旋线偏差的大小和符号对一个齿轮的每一个齿都一样时,意味着相啮合时有一致的局部接触区,因此,切向综合偏差不会受什么影响。

如果沿一个产品齿轮一圈上各齿的螺旋线偏差的大小和符号均改变时,则切向综合偏差将受到影响，螺旋线偏差大小的改变将影响切向综合偏差。

如果在这种情况下，啮合相对的两端点的齿廓偏差也不相同，则切向综合偏差图上的齿廓（一齿综合）成分也将受到影响。

4）直齿轮重合度的影响

由一对测量齿轮与产品齿轮啮合所得出的切向综合偏差图，是由代表大部分齿廓偏差的一系列相继的曲线组成的，如图14-56所示。在齿轮从进入啮合到脱开的整个周期中，切向综合偏差与"两对齿—单对齿—两对齿"啮合段的相位间的关系在图中已清楚地表明。很容易看出：当重合度 ε_α 等于1时，可实现最长的单对齿啮合线，随着重合度的增加，单对齿啮合长度就相应减小，而当重合度大于或等于2时，单对齿啮合段就不存在了。

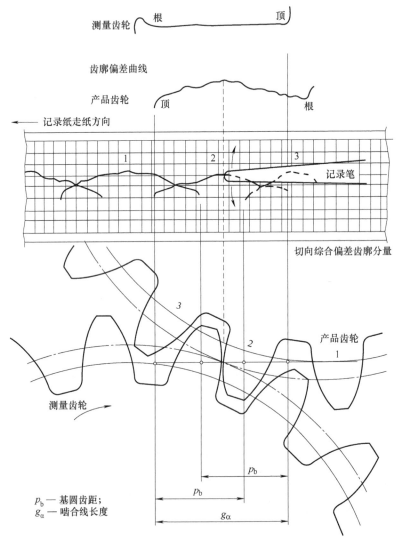

p_b — 基圆齿距；
g_α — 啮合线长度

图14-56　（直齿轮）切向综合偏差图上齿间接触转移对齿廓分量的影响

为了获得尽可能多的有用数据，测量齿轮的轮齿高应做得尽可能深（在有足够齿顶宽的条件下），这样一来，就可以在加大中心距的情况下进行检测，使其重合度为1。还可以将中心距调整到使其实际运行的工作齿面都能显示出来。

(2) 斜齿轮

当总重合度 ε_γ 小于2时，斜齿轮的啮合情况与重合度 ε_α 小于2的直齿轮是相似的，在这种情况下，上面关于直齿轮的说明对斜齿轮同样适用。

在通常情况下，斜齿轮的总重合度 ε_γ 常常超过2，这时，表示齿廓偏差的短周期成分将变得在某种程度上平滑，这是由于有两对以上的齿同时啮合之故。

图14-57所示线图中，情况a为斜齿轮而情况b为直齿轮，显示出两种情况下重叠齿影响的差别。

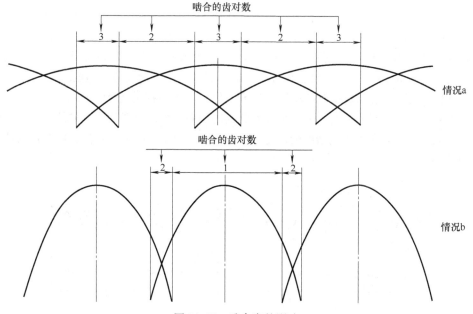

图14-57　重合度的影响

当评定切向综合偏差检测的结果时，必须十分小心，因为这种测试的结果可能与考虑理论重合度及假定斜齿轮的齿廓和齿宽上均是理想的接触时所获得的结果大不一样。

为了适应齿轮轴、箱体和轮齿在载荷下的变形而进行的齿廓和螺旋线的修形（齿顶削薄、鼓形等）将对切向综合偏差有影响。

在满负载时，工作齿面上的接触斑点即使是均匀分布的，在轻载下进行切向综合偏差检测时，就不见得是这种情况了，此时齿面上接触斑点也可能是局部的。这种情况说明，检测时的重合度比理论计算的要小得多。

2　应用举例

(1) 缺陷的识别和定位

切向综合偏差的检测，可帮助我们方便地辨认影响传动质量的偏差并找到其部位。

例如从图 14-58 很容易看出一个轮齿有缺陷，而且往往有可能就地做出纠正措施。在这种情况下，调整的效果可以很快得到验证。

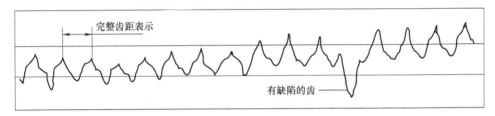

图 14-58　部分切向综合偏差图实例解释

（2）齿轮的选配啮合

在一些特定的情况下，两相配齿轮的齿数相等或成整倍数，而且不要求互换时，可采用特殊的步骤以实现最优的工作性能。得到最优啮合效果的办法是：将齿轮转动一个 90°的相位使之重新啮合，以便初步找到哪个象限时其切向综合偏差为最小。在此基础上，再将齿轮的相位转动一个比 90°小的角度，最后找出最优的啮合相位。

在图 14-59 中表示出一对齿轮（左侧和右侧）在不同相位啮合时的线图。

从图中可以很明显地看到左齿面和右齿面的切向综合偏差图是不一样的，因此，对一个双向转动都要求高传动精度的齿轮副，要选择一个中间的啮合相位，以获得最佳的折中效果。

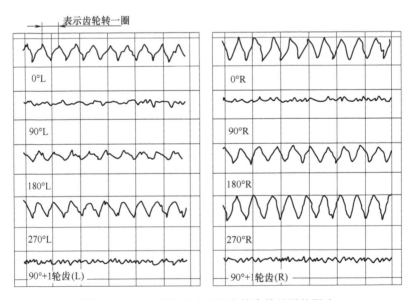

图 14-59　啮合相位改变对切向综合偏差图的影响

（3）切向综合偏差数据的识别分析

提供了切向综合偏差图的数据识别的资料，当用一个测量齿轮形成切向综合偏差图时，产品齿轮只需旋转一圈。如果两个产品齿轮啮合时，就需旋转若干圈来形成足够的切向综合偏差图。

使用仪器处理数据，可分离和记录切向综合偏差的长周期和短周期成分，可使重要数值的识别和定位相对容易。

重要的是记住，在滤掉长周期分量后，一齿切向综合偏差f_i'（见图14-60a）实际上变小了，这样真正的最大偏差f_i'就未必能在经滤波后的短周期分量的曲线（见图14-60c）中表示出来。

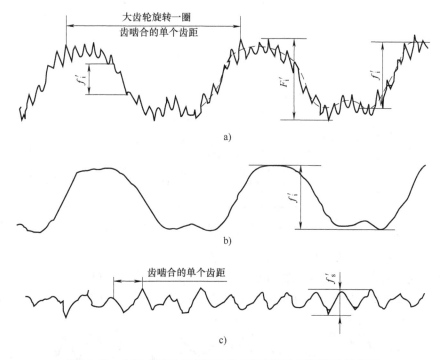

图14-60 在切向综合偏差图上分析长周期和短周期偏差分量
a) 切向综合偏差总的信号图 b) 用低通滤波获得的长周期分量 c) 用高通滤波获得的短周期分量

1) 产品齿轮与测量齿轮测试数据的分析

从一幅完整的切向综合偏差线图中，可以很方便地识别出切向综合总偏差F_i'和最大一齿切向综合偏差f_i'。但是，为了辨认出长周期成分f_l'的最大值和重要的短周期分量f_s'，需要用一个滤波系统来处理数据信号，经低通滤波得出长周期分量，而经高通滤波得出短周期分量。

图14-60a表示未滤波的切向综合偏差信号，图14-60b和图14-60c分别表示经上述处理后的长周期和短周期分量。

2) 产品齿轮副测试数据分析

产品齿轮副啮合所形成的切向综合偏差线图，通常显示出一系列的周期性偏差，相应于逐齿啮合的循环以及小齿轮和大齿轮旋转的周期。

图 14-61③表示切向综合偏差的全输出信号,经仔细选择的高通、低通和带通等滤波处理后,信号的各成分可以分开。

小齿轮所生成的长周期分量示于图 14-61②,切向综合偏差短周期分量示于图 14-61①。

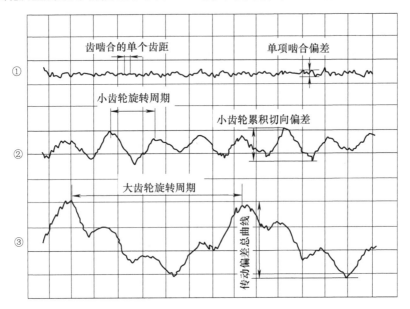

图 14-61 切向综合偏差图的分析,信号滤波的结果

3)用快速富氏转换(FFT)法做数据分析

测试装置输出的信号,可直接接到一台适当的频谱分析仪做 FFT 分析。

图 14-62 中的线图表示一幅完整的切向综合偏差线图,以及 FFT 分析所得的结果。

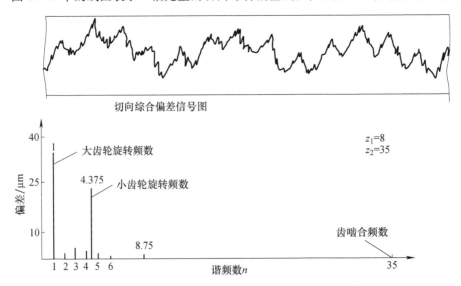

图 14-62 一对产品齿轮检测获得的切向综合偏差的富氏分析结果

这种方式的分析是有效的,通过它可获得有关大小齿轮的各种缺陷的信息,包括切向综合偏差的长周期和短周期分量。

在做富氏分析时,为了得到充分和精确的结果,应该提供两个齿轮旋转整转数的信号。

图 14-62 所示为 FFT 分析所得的各主要成分的频谱图,横坐标是谐频数 n,即相对于大齿轮的旋转频率。对各频率,必须记住齿轮噪声和振动频谱,可包括在轮齿啮合频率中一个或多个低谐和高谐的重要成分。

在本例中,包括大齿轮 8 转中发出的信号,该齿轮有 35 个齿,这样总的轮齿啮合循环等于 280。

十七、侧隙的测量

在一对装配好的齿轮副中,侧隙 j 是相啮齿轮齿间的间隙,它是在节圆上齿槽宽度超过相啮合的轮齿齿厚的量。侧隙可以在法向平面上或沿啮合线(见图 14-63)测量,但是它是在端平面上或啮合平面(基圆切平面)上计算和规定的。

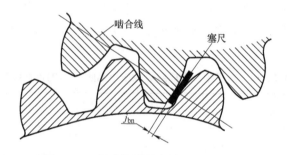

图 14-63 用塞尺测量侧隙(法向平面)

单个齿轮并没有侧隙,它只有齿厚,相啮齿的侧隙由一对齿轮运行时的中心距以及每个齿轮的实效齿厚所控制。

所有相啮的齿轮必定要有些侧隙。必须要保证非工作齿面不会相互接触,在一个已定的啮合中,侧隙在运行中由于受速度、温度、负载等的变动而变化。在静态可测量的条件下必须有充分的侧隙,以保证在带负载运行于最不利的工作条件下仍有足够的侧隙。

侧隙需要的量与齿轮的大小、精度、安装和应用情况有关。

1. 最大齿厚

齿轮的最大齿厚是这样确定的。即假定齿轮在最小中心距时与一个理想的相配齿轮啮合,能存在所需的最小侧隙。齿厚偏差使最大齿厚或从其最大值减小,从而增加了侧隙。

对于 $x=0$ 的齿轮,理论齿厚或公称齿厚通常等于分度圆上的齿距的一半。除非有专门的规定,一个未装配的齿轮其实际最大齿厚常常比理论值要小,因为制造者常常以减小齿厚来实现侧隙。

2. 最小侧隙

最小侧隙 j_{bnmin} 是当一个齿轮的齿以最大允许实效齿厚与一个也具有最大允许实效齿

厚的相配齿在最紧的允许中心距相啮合时，在静态条件下存在的最小允许侧隙。这是设计者所提供的传统允许侧隙，以防备下列所述情况发生：

① 箱体、轴和轴承的偏斜。
② 由于箱体的偏差和轴承的间隙导致齿轮轴线的不对准。
③ 由于箱体的偏差和轴承的间隙导致齿轮轴线的歪斜。
④ 安装误差，例如轴的偏心。
⑤ 轴承径向跳动。
⑥ 温度影响（箱体与齿轮零件的温度差、中心距和材料差异所致）。
⑦ 旋转零件的离心胀大。
⑧ 其他因素，例如由于润滑剂的污染以及非金属齿轮材料的溶胀。

如果上述因素均能很好地控制，则最小侧隙值可以很小，每一个因素均可用分析其公差的方法来估计，然后可计算出最小的要求量，在估计最小期望要求值时，也需要判断和经验，因为在最坏情况时的公差，不大可能都叠加起来。

表 14-42 列出了对工业传动装置推荐的最小侧隙，这传动装置是用黑色金属齿轮和黑色金属的箱体制造的，工作时节圆线速度小于 15m/s，其箱体、轴和轴承都采用常用的商业制造公差。

表 14-42 对于中、大模数齿轮最小侧隙 j_{bnmin} 的推荐数据 （单位：mm）

m_n	最小中心距 a_i					
	50	100	200	400	800	1600
1.5	0.09	0.11	—	—	—	—
2	0.10	0.12	0.15	—	—	—
3	0.12	0.14	0.17	0.24	—	—
5	—	0.18	0.21	0.28	—	—
8	—	0.24	0.27	0.34	0.47	—
12	—	—	0.35	0.42	0.55	—
18	—	—	—	0.54	0.67	0.94

表 14-42 中的数值，也可用公式 A.1 进行计算：

$$j_{bnmin} = \frac{2}{3}(0.06 + 0.0005a_i + 0.03m_n) \quad (14\text{-}13)$$

注意：a_i 必须是一个绝对值。

$$j_{bn} = |(E_{sns1} + E_{sns2})|\cos\alpha_n \quad (14\text{-}14)$$

如果 E_{sns1} 和 E_{sns2} 相等，则 $j_{bn} = 2E_{sns}\cos\alpha_n$，小齿轮和大齿轮的切削深度和根部间隙相等，且重合度为最大。

3. 齿厚测量中的规定

对于任何检测方法所规定的最大齿厚必须减小，以便确保径向跳动及其他切齿时变化对检测结果的影响，不致增加最大实效齿厚，规定的最小齿厚也必须减小，以便使所选择的齿厚公差能实现经济的齿轮制造，且不会被来源于精度等级的其他公差所耗尽。

4. 最大侧隙

一对齿轮副中的最大侧隙 j_{bnmax}，是齿厚公差、中心距变动和轮齿几何形状变异的影响之和。理论的最大侧隙发生在两个理想的齿轮按最小齿厚的规定制成且在最松的允许中心距条件下啮合时。最大侧隙中心距对外齿轮是指最大的，对内齿轮是指最小的。

最大理论侧隙也可发生在当两个齿轮都按最小实效齿厚 s_{wtmin} 制成且运行于最大侧隙中心距条件下碰在一起时。但在实践中，那种情况不大可能发生。

s_{wtmin} 值的计算方法按式（14-15）、式（14-16）进行

$$s_{wtmin} = s_{wt} - E_{sni}\frac{\cos\alpha_n}{\cos\beta_b}\frac{1}{\cos\alpha_{wt}} - 2F_i''\tan\alpha_{wt} \qquad (14-15)$$

$$j_{wtmax} = p_{wt} - s_{wtmin1} - s_{wtmin2} - (a_{max} - a_{min})2\tan\alpha_{wt} \qquad (14-16)$$

式中　s_{wt}——在工作直径处的理论端面齿厚；

　　　p_{wt}——工作节圆的齿距。

在工作直径处侧隙的值，可以按式（14-17）~式（14-19）转换成塞尺测得的侧隙 j_{bn}：

$$p_{wt} = \frac{2\pi a_{min}}{z_1 + z_2} \qquad (14-17)$$

$$j_{bn} = j_{wt}\cos\alpha_{wt}\cos\beta_b \qquad (14-18)$$

$$j_{bn} = j_{wn}\cos\alpha_n \qquad (14-19)$$

最大期望侧隙是 j_{bnmax} 及轮齿的单个要素和中心距变动的统计分布的函数。由于制造上的原因而造成轮齿的任何偏差将减少最大期望侧隙，需要用经验和判断来估计一个合理的数值。

如果必须控制最大侧隙的话，应该对最大侧隙的每个要素进行仔细的分析，然后选择一个精度等级，以求按需要去限制轮齿的偏差。

对于一个装配好的齿轮传动装置，特别是多级传动来说，如果用最大侧隙作为验收合格准则，其最大合格值必须很小心地选择，以求总成的每个部分都能有合理的制造公差。

十八、径向综合偏差的测量

1. 测量原理

径向综合偏差检测时，所用的装置上能安放一对齿轮，其中一个齿轮装在固定的轴上，另一个齿轮装在带有滑道的轴上，该滑道带一弹簧装置，从而使两个齿轮在径向能紧密地啮合（见图14-64）。在旋转过程中测量出中心距的变动量，如果需要的话，可将中心距变动曲线图展现出来。

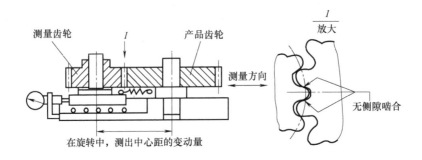

图 14-64 测量径向综合偏差的原理

对于大多数检测来说,要用一个测量齿轮对产品齿轮做检测。测量齿轮需要做得很精确,以使其对径向综合偏差的影响达到忽略不计,在此情况下,当一个产品齿轮旋转一整周后,就能展现出一个可接受的记录来。

被检测齿轮径向综合总偏差 F_i'' 等于齿轮旋转一整周中最大的中心距变动量,它可以从记录下来的线图上确定。一齿径向综合偏差 f_i'' 等于齿轮转过一个齿距角时其中心距的变动量(见图 14-65)。

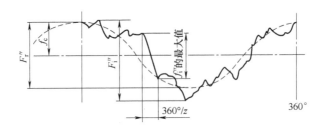

图 14-65 径向综合偏差曲线图

GB/T 10095.2 中所给出的公差值,适用于与一个测量齿轮所进行的此项测量。

必须十分重视测量齿轮的精度和设计,特别是它与产品齿轮啮合的压力角,会影响测量的结果,测量齿轮应该有足够的啮合深度,使其能与产品齿轮的整个有效齿廓相接触,但不应与非有效部分或根部相接触,避免产生这种接触的办法是将测量齿轮的齿厚增厚到足以补偿产品齿轮的侧隙允差。

当用此方法对精密齿轮进行质量评级时,对所用的测量齿轮的精度和测量步骤,应由供需双方协商一致。

对直齿圆柱齿轮,所规定的公差值可以用来确定精度等级,但当用于斜齿轮时,其测量齿轮的齿宽应该设计得使其与产品齿轮的 $\varepsilon_{\beta\text{test}}$ 小于或等于 0.5。测量齿轮的设计应由供需双方协商一致,纵向重合度 $\varepsilon_{\beta\text{test}}$ 可影响斜齿轮的径向综合测量的结果。齿廓偏差的影响,对于直齿轮而言,将是很明显的,但对于斜齿轮而言,由于多个齿和对角接触线的存在,将会被隐蔽起来。

齿轮旋转一整周记录下的曲线图，接近于正弦形状（幅值为f_e），表示齿轮的偏心量f_e。图 14-65 中表示出如何在此曲线图上绘制出正弦曲线来。齿轮的偏心量是指轮齿的几何轴线与基准轴线（即孔或轴）间的偏移。

2. 径向综合偏差数据的应用

径向综合偏差包含了右侧和左侧齿面综合偏差的成分，所以想确定同侧齿面的单项偏差是不可能的。径向综合偏差的测量可迅速提供关于生产用的机床、工具或产品齿轮装夹而导致的质量缺陷方面的信息，此法主要用于大批量生产的齿轮及小模数齿轮的检测。

每转过一个齿距所发生的一齿综合偏差，有助于揭示齿廓偏差（常为齿廓倾斜偏差）。一个很大的个别的一齿综合偏差，表示存在一个大的齿距偏差或受损伤的轮齿（见图 14-66）。

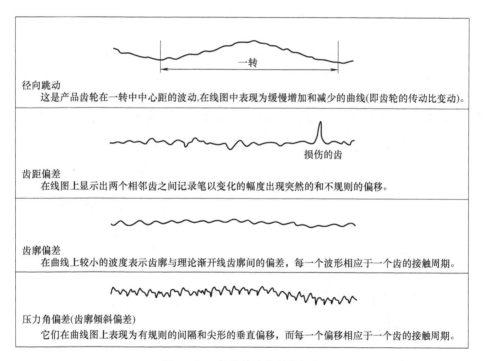

图 14-66　径向综合偏差的解释

对产品齿轮的装夹和检测方法做适当的校准后，此测量过程还可用来确定产品齿轮最小侧隙啮合的中心距，见 GB/Z 18620.3 关于轴中心距和轴线平行度的推荐意见，另外，这个步骤对检测需要以最小侧隙运行的齿轮也是有用的，因为功能齿厚的范围可以很容易地从径向综合偏差上得到。

为了确定精度等级要做到：

1）对直齿轮，产品齿轮要用一个测量齿轮进行检测，该测量齿轮能够与有效齿廓 100% 地接触。参见 GB/T 10095.2—2008 中 5.5，在 GB/T 10095.2 中给出的径向综合总偏差及一齿径向综合偏差的公差值用以确定直齿轮精度等级。必须强调，因为两侧齿面同时起作用，双面啮合检测得到的精度等级不能直接与用单项要素检测所得到的精度等级相关联。

2）对斜齿轮，虽然 GB/T 10095.2 中的公差是对直齿轮而言的，但如果采购方和供方都同意，也可用于评定斜齿轮，此时与齿轮相啮合时的重合度 $\varepsilon_{\beta test}$ 应符合 1. 中的要求。

十九、径向跳动的测量、偏心量的确定

轮齿的径向跳动 F_r 是指一个适当的测头（球、砧、圆柱或棱柱体）在齿轮旋转时逐齿地放置于每个齿槽中，相对于齿轮的基准轴线的最大和最小径向位置之差（见图 14-67）。

如果用球、圆柱或砧在齿槽中与齿的两侧都接触，则可应用 GB/T 10095.2—2008 中附录 B 所列的公差表。在有些情况下，要用一个骑架来与齿的两侧接触，公差表不用于这种情况。

球的直径应选择得使其能接触到齿槽的中间部位，并应置于齿宽的中央。

1. 测量径向跳动用砧的尺寸

砧的尺寸应选择得使其在齿槽中大致在分度圆的位置接触齿面，棱柱的半角 δ_{yt} 可以用下面的近似方法来确定，此处 δ_{yt}、α_{yt} 和 η_{yt} 为在测量圆上接触的各角（见图 14-68）。

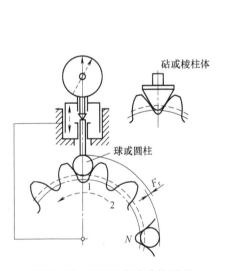

图 14-67　测量径向跳动的原理

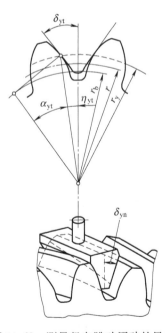

图 14-68　测量径向跳动用砧的尺寸

砧应在直径为 d_y 的测量圆处于齿宽的中央与齿面接触。

$$\delta_{yt} = \alpha_{yt} + \eta_{yt}$$

$$\cos\alpha_{yt} = \frac{d\cos\alpha_t}{d_y}$$

$$\tan\alpha_t = \frac{\tan\alpha_n}{\cos\beta}$$

$$d_y = d + 2m_n x$$

$$\eta_{yt} = \frac{180}{\pi}\left(\frac{\pi}{z} - \frac{s_{yt}}{d_y}\right)$$

对外齿轮:

$$s_t = \frac{m_n}{\cos\beta}\left(\frac{\pi}{2} + 2\tan\alpha_n x\right)$$

$$s_{yt} = d_y\left(\frac{s_t}{d} + \text{inv}\alpha_t - \text{inv}\alpha_{yt}\right)$$

对内齿轮:

$$s_t = \frac{m_n}{\cos\beta}\left(\frac{\pi}{2} - 2\tan\alpha_n x\right)$$

$$s_{yt} = d_y\left(\frac{s_t}{d} - \text{inv}\alpha_t + \text{inv}\alpha_{yt}\right)$$

$$\tan\beta_y = \frac{d_y}{d}\tan\beta$$

$$\tan\delta_{yn} = \tan\delta_{yt}\cos\beta_y$$

2. 测量径向跳动

此测量方法简单易行,允许有很宽广的范围去选择测量设备和自动化程度,下面简要描述使用的几种方法:

1) 测量时产品齿轮间歇地转动定位。一种简单的方法是用手工对齿轮做间歇性地转动,此法常用于小型齿轮。被置于逐个齿槽中的测头,须调整得与测量的直线相一致,然后记录下逐个齿槽相对于一基准零位的径向位置偏差。当转动定位和对中受转位装置的影响时,测量仪器必须有足够的侧向移动以抵消由于齿距和螺旋线偏差造成的对中影响。侧向移动的自由度是为保证测量头和齿两侧相接触所必需的。

多坐标数字控制(CNC)测量机也可用于这种测量方法,CNC 的测量结果将受到测头接触点处螺旋角的影响。

2) 测量时产品齿轮连续旋转。砧形测头与齿槽两侧相接触,在齿轮旋转时也跟着一起移动,经历一个预先设定的弧长,径向偏差可以在弧长的最高点测量,也可以在沿弧长移动过程中在其他设定的点上测量。这是测量大型齿轮径向跳动的一种实用的方法。这种测量可以在测量机或展成切齿机床上进行,不过应注意,在测量时必须保证齿轮的基准轴线与机器的旋转轴线为同心,而且其弧长应足够以显示其最大偏差。

3) 从径向综合偏差得到径向跳动的近似值。从径向综合检测中可以近似地得出径向跳动为 $2f_e$(见十八、1.),此检测过程是把产品齿轮在齿轮滚动夹具上与一个测量齿轮相啮合，在旋转一周后观察其中心距变动量（见图 14-64 和图 14-65）。两个齿轮在紧密相啮情况下一起滚动，其中一个齿轮具有可移动的中心并由弹簧或重锤加载，读数即包括基准（测量）齿轮的变化，也包括被测齿轮的偏差。这些都应在判断被测齿轮是否合格时予以考虑。为了区别以径向综合偏差所确定的径向跳动与用一个球或圆柱所测得的 F_r 的不同，前者采用符号 F_r'' 来表示之。

4）用坐标测量机测量。当应用坐标测量机时，径向跳动与齿距可同时进行测量，下面介绍两个方法。

① 两个齿面接触的测量法。将具有适当直径的球体测头在齿槽间移动，直到实现两个齿面接触时为止，按照所用装置的不同及齿轮参数，测量可以用一旋转工作台进行，也可以不用旋转工作台，可借助于一个平行轴测头，也可以用星形测头。当采用星形测头时，由于接触条件的需要，必须用 8 星形测头，见图 14-69。

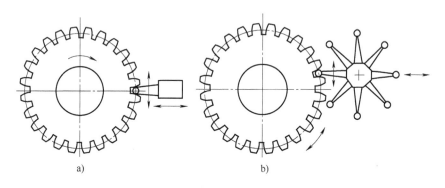

图 14-69　用坐标测量机测量径向跳动
a) 用旋转工作台（4 轴）与平行轴测头做径向跳动测试
b) 不用旋转工作台（3 轴）与 8 星形测头做径向跳动测试

如果应用一个标准直径的测头，每个齿槽的径向跳动偏差需根据图样给出的直径重新计算。考虑齿槽中相同的齿距偏差，记录下来的径向跳动偏差却与所用的球体直径有关。由于在接触点处齿廓角的变动，一个较小的测头比一个大的测头具有更高的灵敏度，并得到较大的偏差。

② 一个齿面接触的测量法。将一个具有较小直径的测头在齿槽内移动，左侧和右侧齿面均在测量圆处测量。用此种测量法，计算出球体的位置。按所用装置及齿轮的参数，此测量可以在旋转工作台或非旋转工作台进行，也可用一个平行轴测头或一个 8 星形测头来进行。

3. 测量结果的评价

（1）径向跳动 F_r

径向跳动 F_r 是以齿轮轴线为基准，其值等于径向偏差的最大和最小值的代数差，这里径向偏差是按 2. 的规定测得的。它大体上是由两倍偏心量 f_e 组成，另外再添加上齿轮的齿距和齿廓偏差的影响（见图 14-70）。

(2) 偏心量 f_e。

图 14-70 表示测量径向跳动的曲线图。曲线的正弦成分可用手工粗略地画出来或可用最小二乘法计算出来，它表示（在测量的平面上）轮齿相对于基准轴线的偏心量为 f_e。（见图 14-70）。

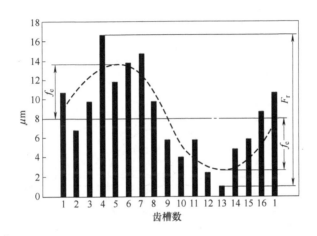

图 14-70　一个 16 齿的齿轮的径向跳动曲线图

4. 测量径向跳动的用处

对于需要在极小侧隙下运行的齿轮及用于测量径向综合偏差的测量齿轮来说，控制齿轮的径向跳动是十分重要的。

当齿轮的径向综合偏差被测量时，并不需要上面所述的那样测量径向跳动。很明显，单侧齿面偏差，例如齿距或齿廓偏差是不可能用测量径向跳动的值来获得的。例如，有两个精度等级非常不同的齿轮（按 GB/T 10095.1 衡量），可能有相同的径向跳动值，这是因为一个齿轮与相配对齿轮，只是在右侧或左侧齿面上接触，而径向跳动值则受右侧和左侧两齿面同时接触的影响，两侧齿面的偏差对于径向跳动值可能有相互抵消的影响，测量径向跳动所能获得的信息的程度，主要取决于切削过程中的知识和加工机床的特性。

然而，用某一种方法生产出来的第一批齿轮，为了掌握它是否符合所规定的精度等级，需进行详细检测，以后按此法接下去生产出来的齿轮有什么变化，就可用测量径向综合偏差来发现，不必再重复进行详细检测。

5. 径向跳动和齿距偏差之间的关系

一个别处都很精确的齿轮却具有一个偏心的轴孔，其偏心量为 f_e，如图 14-71 所示。它如围绕其孔的轴线旋转，则产生的径向跳动 F_r 大约等于 $2f_e$，偏心量导致沿齿轮圆周单个齿距偏差的最大值为 $f_{ptmax} = 2f_e[\sin(180°/z)]/\cos\alpha_{yMt}$，其累积的齿距偏差也具有正弦的形状，其最大值为 $F_{pmax} = 2f_e/\cos\alpha_{yMt}$，如图 14-71 所示。最大齿距累积偏差和"径向跳动"之间的角度约为 90°，在左侧齿面，此角度的近似值为 90° + α_t，而在右侧

齿面则为 $90° - \alpha_1$，由偏心造成的径向跳动产生侧隙变化，由于齿距偏差而会产生加速度和减速度。

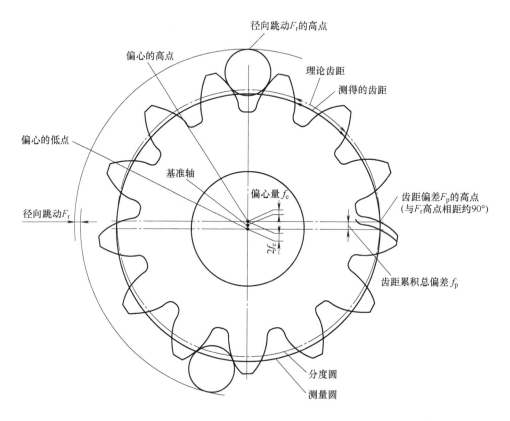

图 14-71　一个偏心齿轮的径向跳动和齿距偏差

不过，当测量出的径向跳动很小或没有径向跳动时，不能说明不存在齿距偏差。切齿加工时，如果采用单齿分度，很可能切出如图 14-72 所示的齿轮，此齿轮的所有齿槽均相等，从而没有径向跳动，但却存在着很明显的齿距和齿距累积偏差。图 14-73 用曲线图表示此情况，图 14-74 表示一个实际齿轮，它只有很小的径向跳动而却有明显的齿距累积偏差。

这种情况发生于双面加工法，例如成形磨削或展成磨削（这两种方法都在磨削齿槽时采用单齿分度），磨削时齿轮的轴孔与机床工作台的轴是同心的，而分度机构产生一个正弦形齿距累积偏差，这个齿距累积偏差的根源可能是由于机床分度蜗轮的偏心造成的。

为了揭示齿轮的这种情况，可采用一种改进的径向跳动检测法，如图 14-75 中所示应用一个"骑架"作为测头，这种检测法能发现齿距偏差的理由，是因为在这里齿距偏差导致齿厚偏差。故当"骑架"接触两侧齿面检测时指示出径向位置的变化。

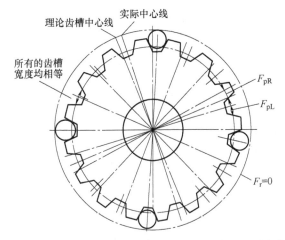

图 14-72　齿轮无径向跳动，但有明显的齿距和齿距累积偏差（所有的齿槽宽度相等）

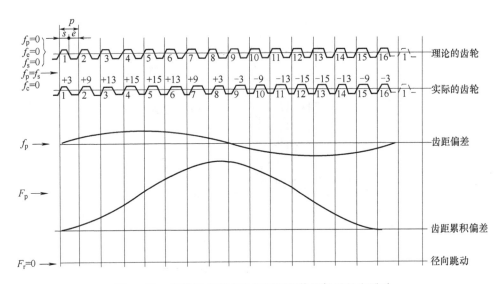

图 14-73　齿轮具有齿距和齿距累积偏差但无径向跳动

二十、接触斑点的检验

1. 典型用途

用接触斑点作定量和定性控制齿轮的齿长方向配合精度的方法，经常用于大齿轮不能装在现成的检查仪上及工作现场没有检查仪可用的场合。其优点如下：

① 测试工具便于携带。

② 可以测试其他方法不能测试的大型和复杂的表面。

③ 测试简易和快捷。

④ 如果通过适当的标定，测试结果具有可再现性。

⑤ 对装配状况的敏感性，例如轴承配合不良和齿轮箱变形。

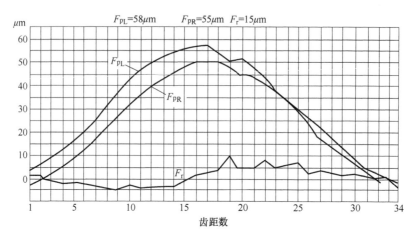

图14-74 实际齿轮只有很小的径向跳动，但有明显的齿距累积偏差

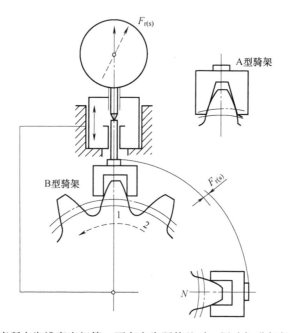

图14-75 当所有齿槽宽度相等，而存在齿距偏差时，用骑架进行径向跳动测量

⑥ 可以探测微小的齿长方向配合误差和系统误差的能力，例如齿面波度，这在导程和齿廓检测曲线图里并不表现。

⑦ 能够评定轮齿的配合性，包括大齿轮和小齿轮的叠加或累积偏差的作用，这在导程和齿廓检测曲线图里并不表现。

⑧ 能评定整个齿面，而不是单单一条表示齿廓或齿长方向配合的曲线。

2. 特定应用领域

使用接触斑点测试方式的例子如下：

① 船舰用大型齿轮。
② 高速齿轮。
③ 船舰和高速齿轮箱的现场组装。
④ 起重机、提升机、桥、微波天线等的开式末级传动齿轮的装配。
⑤ 圆锥齿轮。
⑥ 航天齿轮。

3. 测量方法

静态测量方法：通过小齿轮和大齿轮之间一层薄薄的涂层转移来完成，不加载荷，一般用手转动。

动态测量方法：需要可控制的递增适当的载荷并按设计规定的运转速度来完成。

1) 静态测量方法是使一个齿轮的齿上的规定厚度的印痕涂料转移到相配齿轮的齿上。将接触斑点检测的结果与规定的斑点进行比较。这规定斑点是分析想要的无载荷接触状况得出的，或按类似齿轮副的经验得出的。此技术与精密仪器和精密机床的接触表面的手工配合或刮研相类似。

2) 动态测量方法是靠受载区域的啮合齿面涂层被磨掉来显示的，观察和记录随着载荷增加短期转动后的斑点。典型载荷递增量为5%、25%、50%、75%和100%，用所得到的接触斑点进行比较，以保证在规定工作条件下，观察到轮齿逐渐发展的接触面积达到设计的接触面大小。

4. 测试器具和材料

1) 清洗剂。

2) 印痕的涂料：

① 红丹。
② 专用涂料。
③ 基础颜料和油的混合物。
④ 普鲁士蓝软膏。
⑤ 染料渗透显示剂，喷雾器包装的白色粉剂，作为裂纹探伤检测渗透显示剂套件之一（有销售）。
⑥ 画线用蓝油。

3) 记录手段：

① 照相。
② 和轮齿一样大小的透明胶带和白纸。
③ 画草图。

4) 标定用量具：

① 精密垫片或塞尺。
② 千分表。

5. 静态测量方法

当没有现成的齿轮箱体可用或齿轮在车间测试时，为了便于以后在现场装配，车间使用试验台架和转动夹具把齿轮定位在正确的相互位置上。必须保证齿轮轴线在同一平面上并且相互平行，即使是 0.00010rad 微小的轴线对准误差，对测试结果的再现性也将产生有害影响。典型的测试程序，是把一个精密直尺横置于齿轮轴上，将精密块垫于直径较小的轴和直尺之间，以补偿轴半径之差。把精密的水平仪放在精密直尺的上面，然后调整齿轮轴的高度，直至精密直尺水平为止。在每对支承轴颈中间重复这个操作程序，用精密测量来检测支撑所测齿轮的两轴之间的中心距和轴线平行度。在做接触试验的车间常能找到带易调整支承座的转动夹具（啮合台架）。

如果在未装配的齿轮箱内做接触试验时，则必须先保证齿轮箱有尽量高的精度放置水平，以避免齿轮轴线的不对准，齿轮轴线偏移使接触斑点测试结果受到影响，其影响的程度与在转动夹具内测试是一样的。

在装配后齿轮箱重新做接触测试，其接触斑点如果和调好水平而未装配齿轮箱的测试结果有差别，则反映出安装时由于箱体变形而引起齿轮轴线产生了歪斜。

（1）测试程序

1）将准备测试的齿轮用清洗剂彻底清洗，清除任何污染和残油。然后将小齿轮的三个或更多轮齿上涂一层薄的印痕涂料，使用硬毛刷操作，可以将普通25mm宽度油漆刷子的硬毛修剪成大约10mm长度，做成一把合适的刷子。涂层要薄而均匀，没有必要除掉所有的毛刷痕迹，因为测试时这些痕迹会被抹平，涂层厚度应该在 $5\sim15\mu m$ 范围内。

2）小齿轮的轮齿涂完后应盖起来，以免过于溅散，并在大齿轮的和跟小齿轮涂了料的齿啮合的轮齿上喷一层薄薄的显像液膜，喷显像液是为了消除齿面反光，以便观察接触斑点的试验结果。不要制作一层会影响接触斑点真实性的厚膜。

3）完成涂料涂刷后，操作者转动小齿轮，使其涂有涂料的轮齿和大齿轮相啮合，由助手在大齿轮上施加一个足够反力矩以保证接触，然后把齿轮反转回到原来位置，在轮齿的背面做上记号，以便对接触斑点进行观察。这个操作程序至少要在大齿轮三个等距离的位置上重复地做，以显示由于摆动或其他周期性误差所产生接触斑点的变异。

（2）记录结果

得到的接触斑点要用照相、画草图或透明胶带记录下来。一步成像照相和透明胶带纸是最常用的方法。使用胶带时把透明胶带小心压在接触区域上，然后再小心地把它撕取下来，贴在白纸上，这样接触斑点就被保存在胶带和白纸之间。接触斑点还可用黑白或彩色的静电复印来复制，胶带上应编号，以指明使用了哪个轮齿，接触斑点上注明方向，齿的哪一侧齿面，哪是齿顶，哪是齿根。

接触斑点的记录纸带可随现场装配的齿轮备件一起提供。与现场装配后的测试接触斑点做比较，验证装配是否正确。

（3）标定

为了使测试结果有意义和可再现性，印痕涂料层的厚度必须控制且前后一致。

印痕涂料层厚度可以很容易地通过以下任意一种技术测定。

1）作为接触试验的一部分，小心地抬起小齿轮轴的一端轴承，其抬高量应足以使小齿轮的轴倾斜0.00010rad，记录下接触斑点，并使轴承在正常（水平）位置时在同一轮齿上重复试验，涂层厚度由接触斑点的飘移量和角度来确定。举例，如果轴倾斜为0.00010rad时，接触斑点的长度是50mm，当轴平行时，接触斑点的长度为100mm，则涂层厚度应为0.010mm。

2）另一个类似的考证操作员技术的方法是，用一块标准平板和精密直尺，在直尺的边上涂以印痕涂料，然后将直尺一端落在平板上，另一端放在平板上已知厚度的垫片上，则涂层厚度等于垫片厚度乘以接触斑点长度和直尺长度的比值。

3）应该进行标定试验并作为测试试验记录的一部分，印痕涂层厚度取决于操作者的技巧和技术，如果是一个正规操作接触斑点的操作人员，则不必对其每一次试验的技术进行重新标定。可随时使用以上标定方法标定涂层厚度并记录其结果作为评判试验或审查用的根据。

6. 动态测量方法

（1）试验程序

1）每次试验前，都要把待测试的轮齿用清洗液彻底洗净，以除去任何污染和残油，将小齿轮和大齿轮至少三个以上的轮齿喷上画线用蓝油，产生的膜应光滑而薄，千万不能过厚。所以，每次做完试验，应彻底用清洗液洗净任何残留在轮齿上的蓝油、污垢或油。

2）当轮齿被涂层后，给齿轮副一个载荷增量做短时间运行，然后停止，将其接触斑点记录下来，彻底清洗干净轮齿后在下一个载荷增量下重复运行以上程序。整个操作过程应至少在三个不同载荷上重复进行。

（2）记录结果

接触斑点的结果应照相或画草图加以记录。

7. 操作者的培训

要完成以上操作的人员，应进行正确的操作训练，并定期检查他们的效果，以确保操作效能的一致性。

8. 接触斑点的判断

接触斑点可以给出齿长方向配合不准确的程度，包括齿长方向的不准确配合和波纹度，也可以给出齿廓不准确性的程度，必须强调的是做出的任何结论都带有主观性，只能是近似的并且依赖于有关人员的经验。

（1）与测量齿轮相啮的接触斑点

图14-76～图14-79所示的是产品齿轮与测量齿轮对滚产生的典型的接触斑点示意图。

（2）齿轮精度和接触斑点

图14-80和表14-43、表14-44给出了在齿轮装配后（空载）检测时，我们所预计的在齿轮精度等级和接触斑点分布之间关系的一般指示，必须记住实际的接触斑点不一定与图14-80中所示的一致，在啮合机架上所获得的齿轮检查结果应当是相似的。

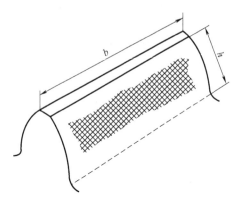

图 14-76 典型的规范，接触近似为：齿宽 b 的 80% 有效齿面高度 h 的 70%，齿端修薄

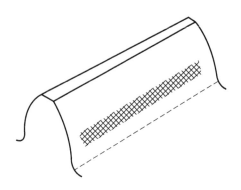

图 14-77 齿长方向的配合正确，有齿廓偏差

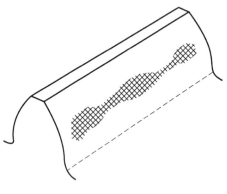

图 14-78 波纹度

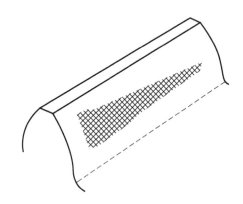

图 14-79 有螺旋线偏差，齿廓正确，有齿端修薄

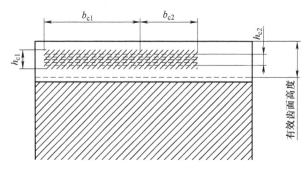

图 14-80 接触斑点分布的示意图

图 14-80、表 14-43 和表 14-44 对齿廓和螺旋线修形的齿面是不适用的。

注意：这些表格试图描述那些通过直接的测量得到从符合表列精度的齿轮副中获得的最好接触斑点，不要把它理解为证明齿轮精度等级的可替代方法。

表 14-43　斜齿轮装配后的接触斑点

精度等级按 GB/T 10095	b_{c1} 占齿宽的百分比	h_{c1} 占有效齿面高度的百分比	b_{c2} 占齿宽的百分比	h_{c2} 占有效齿面高度的百分比
4 级及更高	50%	50%	40%	30%
5 和 6	45%	40%	35%	20%
7 和 8	35%	40%	35%	20%
9～12	25%	40%	25%	20%

表 14-44　直齿轮装配后的接触斑点

精度等级按 GB/T 10095	b_{c1} 占齿宽的百分比	h_{c1} 占有效齿面高度的百分比	b_{c2} 占齿宽的百分比	h_{c2} 占有效齿面高度的百分比
4 级及更高	50%	70%	40%	50%
5 和 6	45%	50%	35%	30%
7 和 8	35%	50%	35%	30%
9～12	25%	50%	25%	30%

第三节　圆柱齿轮的综合检验

齿轮误差的综合检验是通过被测齿轮与标准齿轮（允许用齿条或标准蜗杆）啮合，确定被测齿轮综合误差大小的一种检验方法。因此，综合检验更接近齿轮的实际使用状态，能较全面地反映出齿轮的使用质量，且检验效率高，易于实现检验自动化。不足之处是：对不同规格的齿轮需配备不同的标准齿轮，标准齿轮的精度通常比被测齿轮的精度高 2～3 级。

综合检验常用的方法有单面啮合检验和双面啮合检验两种。

一、单面啮合综合检验

单面啮合综合检验是被测齿轮与标准齿轮保持公称中心距不变而单面啮合，测量出其转角误差来评定被测齿轮的精度。它可以检验切向综合误差 $\Delta F_i'$ 和一齿切向综合误差 $\Delta f_i'$。用单面啮合综合检查仪检验时，仪器记录的切向综合误差曲线如图 14-81 所示。曲线上最高和最低点之间的距离为切向综合误差 $\Delta F_i'$，曲线上各小波纹振幅中的最大值为

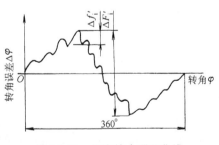

图 14-81　切向综合误差曲线

一齿切向综合误差 $\Delta f_i'$。

切向综合公差 F_i' 和一齿切向综合公差 f_i' 分别按式（14-20）和式（14-21）取值：

$$F_i' = F_p + f_f \quad (14\text{-}20)$$

$$f_i' = 0.6(f_{pt} + f_f) \quad (14\text{-}21)$$

式中　F_p——齿距累积公差；

　　　f_f——齿形公差；

　　　f_{pt}——齿距极限偏差。

检验时，齿廓两侧均应测量，而且均不应超过公差值 F_i'。

单面啮合检验常用仪器见表14-45。

表 14-45　单面啮合检验常用仪器的型号和技术指标

序号	型号、名称	仪器生产国	主要技术指标	特　点
1	CD320G-B 型光栅式单面啮合测量仪	中国	$m = 1 \sim 16$mm $d_a < 320$mm	1. 光栅式 2. 测量蜗杆、间齿测量 3. 分频、数字比相 4. 长、圆同步记录仪 5. 用单头测量蜗杆，可得到 $\Delta F_i'$、$\Delta f_i'$ 6. 用特殊结构测量蜗杆，可测得截面整体误差曲线，从中主要可读取 $\Delta F_i'$、$\Delta f_i'$、ΔF_p、ΔF_{pt}、ΔF_{pb}、Δf_f
2	CD320W 型万能式齿轮单面啮合测量仪		$m = 0.5 \sim 6$mm $d_{max} = 320$mm 精度： 齿距误差 3 级 齿形误差 5 级 齿向误差 5 级	1. 是全齿宽整体误差单啮仪，与 CD320G-B 型所不同的是：（1）以长圆光栅为基准，采用连续演算补偿附加转角的原理进行全齿宽整体误差曲线的测量。（2）可自动标定齿形误差曲线的起止点 2. 用单头测量蜗杆可测得 $\Delta F_i'$、$\Delta f_i'$。用特殊结构测量蜗杆，可测得全齿宽整体误差曲线，从中主要可读取 ΔF_p、Δf_{pt}、Δf_{pb}、Δf_f、ΔF_β、ΔF_b、ΔF_{px}
3	CZ450 型单面啮合整体误差测量仪		$m = 0.5 \sim 6(10)$mm $d_a = 40 \sim 450$mm $\beta = \pm 45°$	1. 光栅式 2. 测量蜗杆、间齿测量 3. 计算机数据处理，自动打印误差数值和绘制误差曲线 4. 可自动标定齿形误差曲线的起止点 5. 可用单测头单独测出齿向误差曲线 6. 同 CD320W 型的特点 2
4	GCD300 型惯性式单啮仪		$m = 1 \sim 6$mm $d_{max} = 200$mm	1. 齿轮作为测量元件 2. 便于 $\Delta f_i'$ 的高精度测量和对成对齿轮的测量 3. 可测 $\Delta F_i'$、$\Delta f_i'$
5	GCD700 型惯性式单啮仪		$m = 1 \sim 10$mm $d_{max} = 300$mm	

第十四章 齿轮的检验

(续)

序号	型号、名称	仪器生产国	主要技术指标	特　点
6	CSF/2（592）型光栅式单啮仪	美国	$d_{max}=430mm$ $Z_1=2\sim300$，$Z_2=10\sim999$ 圆光栅精度：$\pm2''$	1. 齿轮作为测量元件 2. 可测圆柱齿轮、锥齿轮 3. 可测 $\Delta F_i'$、$\Delta f_i'$
7	UFP100（592）型万能小模数单啮仪		$d_{max}=150mm$ $Z_1=1\sim270$，$Z_2=1\sim999$ $m=0.085\sim1.5mm$	1. 可测圆柱齿轮、锥齿轮、蜗轮副 2. 光栅式 3. 可测 $\Delta F_i'$、$\Delta f_i'$
8	PSKE900 型光栅式单啮仪	德国	中心距 $<900mm$ 可测传动比 $1\sim999$	1. 齿轮作为测量元件 2. 可测圆柱齿轮、圆锥齿轮 3. 可测 $\Delta F_i'$、$\Delta f_i'$
9	ToslMo-200 磁分度式单啮仪	捷克	中心距 $=200\sim1100mm$ 可测 $i=20\sim2000$	1. 磁分度式 2. 蜗杆作为测量元件 3. 可测圆柱齿轮及蜗轮副 4. 可测 $\Delta F_i'$、$\Delta f_i'$
10	ToslMo-DK40 磁分度式单啮仪		中心距 $=62\sim400mm$ 可测 $i=0.1\sim10$	

光栅式单面啮合检验仪器原理如图 14-82 所示。

二、双面啮合综合检验

双面啮合综合检验是利用双啮仪进行的。被测齿轮和标准齿轮做双面啮合转动，这时啮合齿的两齿面都接触，各种误差引起啮合中心距的变化间接地反映被测齿轮的精度。双啮仪可检验径向综合误差 $\Delta F_i''$ 和一齿径向综合误差 $\Delta f_i''$。用双啮仪检验得的误差曲线上被测齿轮一转内，双啮中心距的最大变动量为径向综合误差 $\Delta F_i''$；在被测齿轮一周节角内，各齿双啮合中心距变动量的最大值为径向一齿综合误差 $\Delta f_i''$（参考图 14-81 进行分析）。

双面啮合检验的原理如图 14-83 所示，双面啮合检验常用仪器见表 14-46。

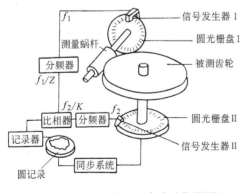

图 14-82　光栅式单面啮合检验仪器原理

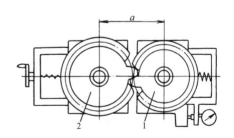

图 14-83　双面啮合检验的原理
1—标准齿轮　2—被检验齿轮

表 14-46　双面啮合检验常用仪器的型号和技术指标

序号	型号、名称	仪器生产国	主要技术指标	特　点
1	3101 系列中模数齿轮双啮仪	中国	$m = 1 \sim 10mm$ 顶尖距离 $= 50 \sim 320mm$	1. 可测带孔、带轴圆柱齿轮，并带有测锥齿轮、蜗轮副和直齿轮、斜齿轮附件 2. 手动测量，指示表读数
2	SNY-1 型台式中模数齿轮双啮仪	中国	$m = 1 \sim 10mm$ 最大中心距 $= 300mm$	除指示表读数外，还带两种误差指示附件：专用记录器和光电信号色灯装置
3	SN-2 型座式中模数齿轮双啮仪	中国	$m = 1 \sim 10mm$ 最大中心距 $= 400mm$	1. 机动测量 2. 机械记录器记录
4	CA300 型中模数齿轮双啮仪	中国	$m = 1 \sim 10mm$ 最大中心距 $= 300mm$	1. 可测带孔、带轴圆柱齿轮，并带有测锥齿轮和蜗轮副附件 2. 手动测量，指示表读数
5	CA120 型小模数齿轮双啮仪	中国	$m = 0.2 \sim 1mm$ $d_{max} = 120mm$	1. 可测带孔、带轴圆柱齿轮，并带有缩小中心距和直齿轮、斜齿轮等附件 2. 机动测量，指示表读数，可配带电感测头和通用记录仪
6	小模数齿轮双啮仪	中国	$m = 0.1 \sim 1mm$ $d_{max} = 120mm$	带有齿形误差测量附件
7	1R（580）型双啮仪	美国	$m = 0.15 \sim 1.5mm$ $d_{max} = 89mm$ 最大中心距 $= 100mm$	1. 指示表读数，可配带电感测头和记录仪 2. 机动测量 3. 仪器附件较多
8	1RL（581）型双啮仪	美国	$m = 0.15 \sim 1.5mm$ $d_{max} = 89mm$ 最大中心距 $= 150mm$	
9	2R（583）型双啮仪	美国	$m = 0.6 \sim 6.5mm$ $d_{max} = 300mm$ 最大中心距 $= 229mm$	
10	3R（584）型双啮仪	美国	$m = 0.6 \sim 8.5mm$ $d_{max} = 455mm$ 最大中心距 $= 406mm$	
11	4R（596）型双啮仪	美国	$m = 1.5 \sim 12mm$ $d_{max} = 505mm$ 最大中心距 $= 810mm$	

（续）

序号	型号、名称	仪器生产国	主要技术指标	特 点
12	ZW-$\begin{Bmatrix}200\\400\\630\end{Bmatrix}$型	德国	中心距 = 40 ~ 630mm	1. 机动测量 2. 记录器记录
13	DAS-2 型双啮仪	瑞士	中心距 = 50 ~ 900mm	1. 机动测量 2. 记录器记录
14	GTR-20 型双啮仪	日本	$m > 1$mm 中心距 = 80 ~ 200mm	1. 机动测量 2. 记录器记录
15	ITW2826 型双啮仪	美国	中心距 = 83 ~ 196mm	有误差数显装置，以便分选
16	МЦ-$\begin{Bmatrix}160\ 型\\320\ 型\\400\ 型\end{Bmatrix}$双啮仪	前苏联	中心距 = $\begin{Bmatrix}25 \sim 160\text{mm}\\50 \sim 320\text{mm}\\40 \sim 400\text{mm}\end{Bmatrix}$	记录器记录
17	БВ-5029 型双啮仪		中心距 = 150 ~ 630mm	

三、整体误差检验

把齿轮所有工作面上的误差视为一体，并以啮合线增量的形式在啮合线上反映出来，按齿的啮合顺序构成一个完整的整体，称为齿轮动态整体误差检验。

整体误差检验可用特殊的标准蜗杆在单面啮合检查仪上进行，也可以在用逐齿坐标点测量法制成的万能齿轮测量机上检验齿轮整体误差，其工作原理如图 14-84 所示。此外，还有其他测量仪器，例如 CD320G-B、CD320W 等。

在整体误差检验中数据处理要分析整体误差曲线，不经过专门培训的检验员很难读懂这种曲线。不同的测量方式、不同的坐标形式，得到的曲线不相同，而最常用的是圆形动态齿轮整体误差曲线，分为 SJZ 曲线（双向截面整体误差曲线）、SQZ 曲线（双向全齿宽整体误差曲线）、QZ 曲线（全齿宽整体误差曲线）和 JZ 曲线（截面整体误差曲线）四种。

四、单项和综合检验一次完成

无论是单项检验还是综合检验齿轮的各项参数，都是很复杂的，为了适应生产的发展，研制成功齿轮测量中心，例如 CCZ-40 型齿轮测量中心（见图 14-85），它能测量渐开线圆柱齿轮的齿向、周节、齿形、整体误差等，工件安装好后仅调整一次仪器即可自动完成所有项目的测量，并自动分析处理、输出测量结果。这种仪器的特点如下：

1）CNC 控制，四轴联动，可实现全自动的测量循环。

2）效率高。

3）测量精度高。

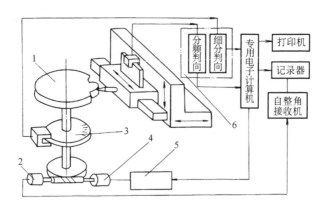

图 14-84 万能齿轮测量机原理图
1—被测齿轮 2—自整角发送机 3—圆光栅 4—伺服电动机 5—控制电路 6—信号处理电箱

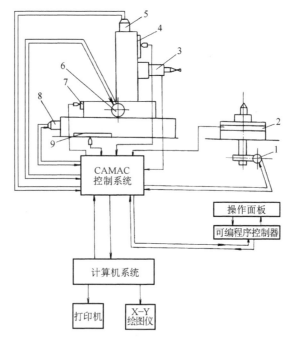

图 14-85 CCZ-40 型齿轮测量中心
1—Q 轴电机 2—圆光栅 3—传感器 4—Z 轴光栅 5—Z 轴电动机
6—T 轴电动机 7—T 轴光栅 8—R 轴电动机 9—R 轴光栅

4) 操作简单,采用人机对话形式可自动选定各种测量项目。
5) 自动处理数据,自动绘制误差曲线,打印出检测报告。
在大批大量生产中,使用这种仪器是经济的。

第四节　锥齿轮的检验

检验锥齿轮的方法与检验圆柱齿轮的方法基本相同，但由于锥齿轮结构上的特殊性，形状复杂，所以在检验中要具体对待。目前，检验圆柱齿轮的手段已很齐全，有的已达到很高的水平，但检验锥齿轮的计量器具尚不齐全，本节仅做一些简要介绍。

一、精度等级和检验组

锥齿轮及齿轮副规定12个精度等级（见 GB/T 11365—2019《锥齿轮　精度制》），第1级的精度最高，第12级的精度最低。锥齿轮检验术语符号见表14-47。

表 14-47　锥齿轮检验术语符号（GB/T 11365—2019）

符　号	术　语　名　称
$d_{m1,2}$	中点节圆直径（小轮，大轮）
d_T	公差基准直径
F_{is}	切向综合总偏差
F_{isT}	切向综合总公差
F_p	齿距累积总偏差
F_{pT}	齿距累积总公差
F_r	齿圈跳动总偏差
F_{rT}	齿圈跳动公差
F_x	分度偏差
f_{is}	一齿切向综合偏差
$f_{is(design)}$	一齿切向综合偏差设计值
f_{isT}	一齿切向综合公差
f_{pt}	单个齿距偏差
f_{ptT}	单个齿距公差
h_{am}	中点齿顶高
h_{mw}	中点工作齿高
m_{et}	大端端面模数
m_{mn}	中点法向模数
R_e	外锥距
R_i	内锥距
R_m	中点锥距
$z_{1,2}$	齿数（小轮，大轮）
β_m	中点螺旋角
$\delta_{1,2}$	节锥角（小轮，大轮）
θ_e	传动误差

二、锥齿轮的单项检验

1. 齿圈跳动的检验

所用计量器具和检验方法与圆柱齿轮基本相同，不同点在于，一是用球形测头，用目测选择即可；二是使测头垂直于齿轮的圆锥母线。

2. 齿距的检验

与圆柱齿轮基本相同，不同点在于，所用仪器应能使安装锥齿轮的测量架（顶尖架）旋转，以保证测量平面与圆锥母线垂直，而且要使转动的角度与分锥角相等。

3. 齿厚的检验

与圆柱齿轮基本相同，一般用齿厚游标卡尺检测。不同点在于，一般锥齿轮在其大端测量齿厚，双准曲面锥齿轮在其齿宽中心的法向测量出弦齿厚；在万能工具显微镜上测量时，把被检验齿轮固定在专用夹具上，然后旋转一个背锥角，使齿轮的背锥面与仪器的光轴垂直，测量背锥上的弦齿厚。

4. 侧隙的检验

与圆柱齿轮相同：将被检验齿轮与标准齿轮按规定安装好，固定标准齿轮，使被检验齿轮进入啮合状态，把指示表的测头与被检验齿轮的齿面接触并垂直，然后用手摆动被检验齿轮，从指示表上读出侧隙值 j_n。应该依次测量完所有的齿，得到的最大侧隙 j_{nmax} 与最小侧隙 j_{nmin} 之差，即为侧隙变动量 $\Delta F_{vj} = j_{nmax} - j_{nmin}$。

也可以用塞尺或铅铂片来检查侧隙。

三、锥齿轮的综合检验

常见到检验锥齿轮的综合检验仪器见表14-48。

表14-48 综合检测锥齿轮单啮仪

测量仪名称	仪器生产国	规格	特点
格利森525单啮检验机	美国	最大直径508mm	可以测量各种齿轮的齿距、径向圆跳动和齿距累积误差
PSKE900型、PEK300型单啮仪	德国	最大直径445mm 偏置距±50mm	PSKE900型也可以测量圆柱齿轮
锥齿轮整体误差测量仪		最大直径500mm	可画出多种误差曲线，打印出多种误差值
CZY320型锥齿轮单面啮合测量仪	中国	传动比1:1～1:10 最小分辨率0.5″ 齿轮轴交角 $\Sigma = 90°$ $m = 1 \sim 10$mm $d = 160 \sim 320$mm $z \leq 90$ 可测5～8级齿轮	可用于直齿锥齿轮、斜齿锥齿轮、弧齿和准双曲面锥齿轮的测量。使用已知数据的标准齿轮，在被测齿轮副单面啮合传动条件下，可测出齿轮副切向综合误差、切向相邻齿综合误差、周期误差、齿频周期误差。该仪配有TP805微型计算机，实现了测量数据的采集、误差分析及曲线的绘制，通过曲线进行工艺误差分析
CSZ500A型锥齿轮测量仪		大齿轮 $d_a = 500$ 小齿轮 $d_a = 250$ 轴线偏距±75 齿轮副轴线夹角90°	可测切向、一齿综合误差、齿形、齿距、周期误差等，配微型计算机

1. 综合检验

单啮仪能检测直齿、斜齿、弧齿和准双曲面锥齿轮的齿轮副切向综合误差、切向相邻综合误差、步频周期误差、接触斑点等。

由于锥齿轮轴间距位置变化对齿轮副啮合特性的影响较大，所以要检验两轴夹角变动量，可以在锥齿轮的双面啮合综合检查仪上检测，也可以用专用的锥齿轮双面啮合综合检查仪上检验（见图 14-86）。其检验原理是：使被检验齿轮与标准齿轮作无间隙的双面啮合，用指示表测量它们轴线夹角的变动量，或检测轴线的位移量，以评定侧隙、工作平稳性和齿轮副的运动精度。

2. 综合检验

为了了解锥齿轮副在实际啮合运行中的质量，一般在锥齿轮滚动检验机上进行滚动检查，其方法是根据设计图样规定的安装距安装被检验的两只锥齿轮，模拟它们的实际工作状态，使其运转，在运转中凭听觉判断齿面接触、齿圈跳动、齿距误差、侧隙变动量、轴间距偏差等的情况。用于这种检查仪器型号很多，如国产的 Y9550 型，瑞士产的 ST2-M，美国产的 517 型锥齿轮滚动检验机等。

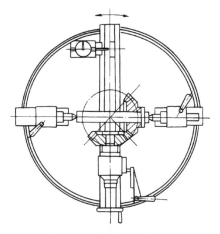

图 14-86　检测锥齿轮双啮夹角示图

3. 接触斑点的检查

与圆柱齿轮相同，一般在滚动检验机上进行。要注意：

1）圆弧齿锥齿轮，受载荷后，接触区位置向大端移动。

2）普通型摆线锥齿轮，受载荷后，接触区位置向小端移动。

4. 侧隙的检查

与圆柱齿轮相同，在滚动检验机上检查。

5. 运动噪声检查

在滚动检验机上进行。有经验的检验员可凭听觉和噪声的情况判定齿轮和齿轮副的质量：

1）噪声大，说明侧隙变动量大。

2）噪声反常，不悦耳，说明齿面接触区不良或齿面边缘干涉。

3）噪声周期变化，说明齿圈跳动大。

4）发生轻重不一的轻微敲击声，说明齿距误差过大。

5）振动和噪声明显，说明齿面过于粗糙或有毛刺。

四、整体误差的检验

与圆柱齿轮相似。例如在锥齿轮整体测量机上，能画出误差全貌的误差曲线图，从中可分析出锥齿轮副和锥齿轮的运动误差、齿距偏差、齿距累积误差、齿形误差、齿向误差、周期误差等。

第五节　用三坐标测量机检验齿轮

三坐标测量机能检验齿轮的许多参数，能否发挥它在检验齿轮中的作用，关键在于齿轮测量程序（软件）的编制和巧妙操作测量机。如果测量机配有这种软件，则更好；如果没有，则自己编制。

一、圆柱齿轮的检验

三坐标测量机能测量直齿、斜齿渐开线圆柱齿轮，由于软件不一样，所以具体操作过程也不一样，而一般的程序如图 14-87 所示，齿轮的安装和测头的关系如图 14-88 和图 14-89 所示。

二、锥齿轮的检验

与圆柱齿轮基本相同，不同点一是参考点，测量锥齿轮要用数个参考点来计算它的特性尺寸；二是齿形名义值，测量锥齿轮的前提是必须有名义值，产生名义值的方法很多，也可自由设计；三是测量螺旋伞齿轮时，千万要注意在探测齿面时探针不要与被测齿轮发生干涉。

本章列出了很多以前购买的国外的检验齿轮的计量器具，它们中有很多现在还在发挥作用。

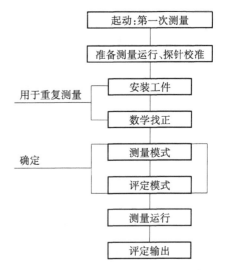

图 14-87　三坐标测量机检测齿轮程序图

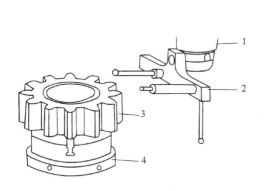

图 14-88　三坐标测量机检测外齿轮示意图
1—三维探头　2—组合探针　3—被测齿轮　4—转台

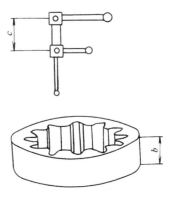

图 14-89　三坐标测量机检测内齿轮示意图

目前，齿轮检验仪器已发展到很高水平，出现了许多齿轮测量中心，例如 L45 型齿轮测量中心，其基本配置软件可以测量圆柱齿轮，可选测量软件有齿轮滚刀测量软件、蜗轮滚刀测量软件、剃齿刀测量软件、插齿刀测量软件、蜗杆测量软件、蜗轮测量软件、直锥齿轮测量软件、斜锥齿轮测量软件等，并可按用户要求扩展。

第十五章

蜗轮蜗杆的检验

第一节 蜗轮蜗杆传动

一、蜗杆传动

蜗杆传动是由蜗杆和蜗轮两构件组成的运动副,它具有传动比大、传递动力大、工作平稳、高速时噪声小等优点,在制造业中获得应用。

二、蜗杆的种类

蜗杆传动分为圆柱蜗杆传动、环面蜗杆传动和锥面蜗杆传动。

在每种蜗杆传动中有多种蜗杆,阿基米德蜗杆、法向直廓蜗杆和渐开线蜗杆是圆柱蜗杆传动中最常用的蜗杆,它们也最具代表性。本章以它们为例介绍蜗杆传动检验的一般方法,这些方法是生产中常用的方法。

阿基米德蜗杆、渐开线蜗杆和法向直廓蜗杆的特征见表 15-1。

表 15-1 蜗杆的种类及其特征

蜗杆种类	特 征
阿基米德蜗杆 (ZA 蜗杆)	齿面为阿基米德螺旋面的圆柱蜗杆。其端面齿廓是阿基米德螺旋线,轴向齿廓是直线。这种蜗杆齿形称为齿形 A
渐开线蜗杆 (ZI 蜗杆)	齿面为渐开线螺旋面的圆柱蜗杆,其端面齿廓是渐开线。这种蜗杆齿形称为齿形 I
法向直廓蜗杆 (ZN 蜗杆)	法平面上,齿廓为直线的圆柱蜗杆。这种蜗杆的齿形称为齿形 N。它又可分为三种 齿槽法向直廓蜗杆(ZN_1 蜗杆) 垂直于过齿槽中点与分度圆柱螺旋线平行的假想螺旋线的法平面上,齿廓为直线的圆柱蜗杆。这种蜗杆齿形称为齿形 N_1 齿体法向直廓蜗杆(ZN_2 蜗杆) 垂直于过齿厚中点与分度圆柱螺旋线平行的假想螺旋线的法平面上,齿廓为直线的圆柱蜗杆。这种蜗杆的齿形称为齿形 N_2 齿面法向直廓蜗杆(ZN_3 蜗杆) 垂直于分度圆柱螺旋线的法平面上,齿廓为直线的圆柱蜗杆,这种蜗杆的齿形称为齿形 N_3

三、精度等级及公差组

GB/T 10089—2018《圆柱蜗杆、蜗轮精度》对蜗杆、蜗轮和蜗杆传动规定了12个精度等级，1级精度最高，12级精度最低。

四、评定准则

检验蜗轮蜗杆时与检验齿轮一样，没有必要检验所有的项目，而应根据蜗轮、蜗杆的工作要求和生产规模，在各公差组中选择一些项目来检验并评定和验收蜗轮、蜗杆。当检验组中有两项或两项以上的误差时，应以检验组中最低的一项精度来评定蜗轮和蜗杆的精度等级。

第二节 蜗轮的检验

检验齿轮的许多计量仪器可用于检验蜗轮蜗杆。

一、切向综合误差的检验

其检验原理和方法与检验齿轮的相同：在标准蜗杆式单面啮合检查仪上，按理论中心距安装标准（测量）蜗杆和被检验蜗轮，启动单啮仪使之运行，蜗轮转动一周后，由记录纸绘出啮合运动的误差曲线，从误差曲线上读取蜗轮切向综合误差和蜗轮一齿切向综合误差值。

由于记录仪的不同，绘出的误差曲线有长的、圆的两种形式。

二、径向综合误差的检验

将标准蜗杆和被检验蜗轮安装在双面啮合检查仪上，使它们无间隙啮合传动。转动标准蜗杆，对被检验蜗轮逐齿进行测量，在指示表上读数，蜗轮转动一周后，在指示表上读出示值的最大变动量作为蜗轮径向综合误差，相邻两次读数的最大差值作为蜗轮一齿径向综合误差值。

三、齿距的检验

可以用相对法和绝对法检验蜗轮的齿距误差。

1. 相对法检验

用万能测齿仪、自动齿距仪等（见表14-17）测量，方法与检验齿轮的齿距相同。安装调整时要注意：被检验蜗轮转动一周后指示表指针应回到零位，在这种情况下，指示表上读出各齿距的相对偏差值，通过数据处理（用计算法或作图法）求出蜗轮齿距累积误差 ΔF_p 值。数据处理方法与齿轮相同。

2. 绝对法检验

用指示表对被检验蜗轮的被测齿面定位后，由分度装置读出被测齿面相对于起测齿面的实际齿距角 θ，通过数据处理求出 ΔF_p 值。

周节的检验方法如下：

对模数为 1~10mm，直径不大于 400mm 的蜗轮周节，可以在万能测齿仪上测量。对于大于 400mm 的蜗轮，可以采用手提式周节仪，但应注意量爪应通过蜗轮的中心截面，而且不能以外圆定位。

用光学分度台定位组合测量如图 15-1 所示。将光学分度台及万能测齿仪托架组合起来，固定在一个刚性比较好的仪器工作台或检验平台上，蜗轮放置在光学分度台上，按中心孔找正，使与分度台轴心同心。以光学分度台每次按名义值 $\left(\dfrac{360°}{z}\right)$ 转动定位，而周节的测量由万能测齿仪托架部分来进行。

光学分度台测微表组合测量如图 15-2 所示。被测蜗轮 1，同心地安装在分度台 2 上，分度台 2 所转动的角度由显微镜 3 读出，被测蜗轮的定位由杠杆 4 和指示表 5 来完成，杠杆 4 的测头位于蜗轮中心平面分度圆附近，先使分度台调零，再使测微表调零，以分度台 $\left(\dfrac{360°}{z}\right)$ 转角定位，从指示表 5 读数。

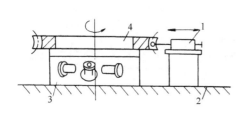
图 15-1　检验蜗轮周节装置之一
1—万能测齿仪托架　2—工作台　3—光学分度台　4—蜗轮

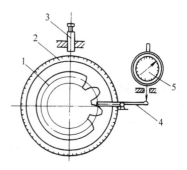
图 15-2　检验蜗轮周节装置之二
1—蜗轮　2—分度台　3—显微镜　4—杠杆　5—指示表

四、齿圈径向跳动的检验

所用计量器具见表 14-16，但只能用球形测头测量，其直径 d 的计算方法与测量齿轮齿圈径向跳动相同，测量的操作方法也相同（见图 14-4）。

在生产中，为了减少计算工作量，一般均用目测法来选择球测头的直径。逐步测量，测完一周后，最大读数值与最小读数值之差，即为蜗轮齿圈径向跳动 ΔF_r 值。

五、齿形的检验

所用计量器具见表 14-26。由于三类蜗杆（见表 15-1）的螺旋面发生线都是直线，通过发生线并与蜗轮中间平面平行的截面上蜗轮齿形为渐开线齿形，该截面应为齿形误差的测量平面。所以，测量时，要根据配对蜗杆来确定测量平面，并计算出被测蜗轮的基圆半径 r_{b2}，见表 15-2。被检验蜗轮转动一周后，在记录仪绘出的曲线中分析出蜗轮的齿形误差值。

当蜗轮蜗杆副的接触斑点有规定要求时，可不对蜗轮的齿形误差进行检验。

六、齿厚的检验

检验方法与齿轮的相同，也可以用通端和止端卡板检验，以控制齿厚偏差。测得的

实际齿厚 S 与公称齿厚 S' 之差,即为蜗轮齿厚偏差 $\Delta F_{S2} = S - S'$。

表 15-2　蜗轮齿形的测量面

配偶蜗杆类型	蜗轮基圆半径 $r_{b2} = \frac{1}{2}mz_2\cos\alpha$	测 头 位 置	示 意 图
阿基米德蜗杆	角 α 为配偶蜗杆的轴向齿形角,$\alpha = \alpha_n$	测头位于蜗轮的中间平面	
法向直廓蜗杆	角 α 为配偶蜗杆母线与端面间的夹角,按下式计算 $\sin\alpha = \sin\alpha_n \cos\gamma$	测量偏离蜗轮中间平面一准圆柱半径 r_H 距离的截面上 对右旋蜗轮,左齿面测头升高 r_H,右齿面测头下降 r_H 对左旋蜗轮则相反	
渐开线蜗杆	角 α 为配偶蜗杆的基圆柱导程角 r_{b1},按下式计算 $\cos r_{b1} = \cos\alpha_n \cos\gamma$	测头位于距蜗轮中间平面一基圆柱半径 r_{b1} 距离的截面上 对右旋蜗轮,左齿面测头下降 r_{b1},右齿面测头升高 r_{b1} 左旋蜗轮则相反	

也可以按以下方法检验齿厚:

将蜗轮装在双面啮合仪上与测量蜗杆啮合传动,用测量中心距极限偏差代替齿厚。

如图 15-3 所示,也可以用测量 M 值的方法求齿厚。一般用两个标准蜗杆,平行地放在蜗轮直径方向上,二者紧密啮合,用外径千分尺或测长仪直接测量跨距 M 值:

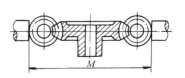

图 15-3　检验蜗轮齿厚

$$M = d_2 + d_{1\Psi} + d_{1顶\Psi}$$

式中　d_2——蜗轮分度圆直径；
　　　$d_{1平}$——两标准蜗杆分度圆的实际直径的平均值；
　　　$d_{1顶平}$——两标准蜗杆外圆直径实际直径的平均值。
采用游标卡尺直接测量分度圆的法向齿厚。

第三节　圆柱蜗杆的检验

一、螺旋线的检验

能检验圆柱蜗杆螺旋线误差的仪器很多，例如国产的 GDY250、CGW-300 等，国外产的 PWF250、PCD-3HB 等。图 15-4 所示为 CGW-300 型数控滚刀测量机检验蜗杆螺旋线的工作原理。

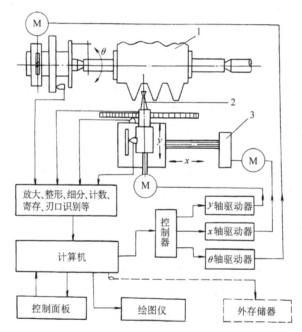

图 15-4　CGW-300 型数控滚刀测量机检验蜗杆螺旋线的工作原理
1—被测蜗杆　2—测头　3—齿轮轴

CGW-300 是直接比较测量的电子创成式仪器，测头传感器在滑座上，其测头紧靠在被检验的蜗杆的螺旋槽的表面上。蜗杆转动计算机采集数据并进行处理得到螺旋线误差，通过打印或显示输出。测量效率高。

图 15-5 所示是用蜗杆导程仪检验螺旋线误差。

测量时，移动直尺 2 带动圆盘 1，使蜗杆旋转，正弦尺 3 与直尺 2 固定在同一滑板上，当直尺 2 移动时，正弦尺斜面推动纵滑板移动（按理论螺旋升距移动），这样蜗杆的旋转运动与纵滑板的直线运动，由圆盘 1、直尺 2 和正弦尺 3 联系在一起，蜗杆实际螺旋线与理论螺旋线的误差，就从杠杆5及指示表6读出。

螺旋线误差的另一种检验方法是在万能工具显微镜上测量：

工件安装在顶尖间，其中一个顶尖为光学分度头。使灵敏杠杆测头在齿面的分度圆上，测头可位于蜗杆轴线的水平或垂直平面内。瞄准后，记下纵横坐标 P_1P_0、转角 Q_1，当每转一个角度 Q_i，相应的实际轴向距离与该转角的理论轴向距离之差，即为该点的螺旋线误差。

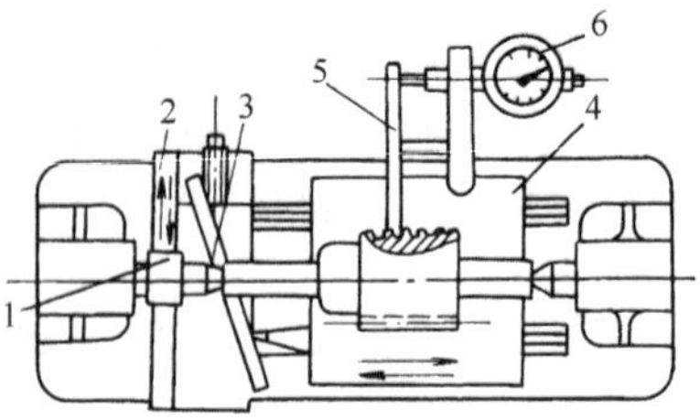

图 15-5　用蜗杆导程仪检验螺旋线误差
1—圆盘　2—直尺　3—正弦尺
4—拖板　5—杠杆　6—指示表

二、轴向齿距的检验

可以用滚刀检查仪、万能工具显微镜等检验。用万能工具显微镜测量蜗杆轴向齿距与测量螺纹的方法基本相同，可用影像法、轴切法或灵敏杠杆法测量。在滚刀检查仪上测量时，测头与蜗杆齿面中部接触，蜗杆每转动一周，测头沿蜗杆轴线移动一个理论轴向齿距，这时，指示表读数值的变动量，即为被检验蜗杆的轴向齿距偏差 Δf_{px}。齿距偏差、二齿累积误差和三齿累积误差中，取绝对值的最大值作为蜗杆轴向齿距累积误差 Δf_{pxL} 值。

三、齿形的检验

1. 用样板检验

用齿形样板检验蜗杆齿形时，应根据蜗杆的类别选择测量面：

① 阿基米德蜗杆：样板放置在轴向截面上。

② 法向直廓蜗杆：样板放置在法向截面上。

③ 渐开线蜗杆：样板放在基圆切平面上。

2. 用万能工具显微镜检验

这种方法适用于 $\gamma < 12°$ 的阿基米德蜗杆，用影像法测量：安装蜗杆后，调整分划板米字线为被检验蜗杆的压力角 α 的位置，移动横向和纵向拖板，使米字线的中央虚线分别与蜗杆齿廓的最凹的和最凸的部位相切，分别读取 f_1、f_2，则被检验的齿形误差 $\Delta f_{f\alpha 1} = (f_1 - f_2) \cos\alpha$。

3. 用滚刀检查仪检验

用这种方法需要注意的是要保证测头在被检验蜗杆齿廓是直线的截面上进行测量，因此：

① 测量阿基米德蜗杆时，测头移动方向与蜗杆轴线在同一平面内。

② 测量法向直廓蜗杆时，测头移动方向与蜗杆轴线偏离一准圆柱半径 r_H 距离。

③ 测量渐开线蜗杆时，测头移动方向与蜗杆轴线偏离一基圆半径 r_b 距离。r_H 与 r_b 的计算见表 15-3。

测量时，横向拖板上指示表的测头沿蜗杆径向从齿根向齿顶均匀移动，由记录仪绘出被检验蜗杆齿形误差曲线，从中分析出齿形误差 $\Delta f_{f\alpha 1}$。

第十五章 蜗轮蜗杆的检验

表 15-3 r_H 与 r_b 的计算公式

渐开线蜗杆基圆柱半径 r_b	法向直廓蜗杆准圆柱半径 r_H	
	法向齿槽直廓蜗杆	法向齿纹直廓蜗杆
$\cos\gamma_b = \cos\alpha\cos\gamma$ $\gamma_b = \dfrac{m_x z_1}{2}\cot\gamma_b$	$P = r - \dfrac{m_x \pi}{2}\cos\gamma\tan\alpha_n$ $\tan\alpha_1 = \tan\alpha_n \sin\gamma$ $r_H = P\sin\alpha_1$	$P = r + \dfrac{m_x \pi}{2}\cos\gamma\tan\alpha_n$ $\tan\alpha_1 = \tan\alpha_n \sin\gamma$ $r_H = P\sin\alpha_1$

注：α—齿形角；α_n—法向齿形角；γ—导程角；m_x—轴向模数；r—分度圆半径；z_1—蜗杆头数。

4. 用专用仪器检验

这种方法如图 15-6 所示。测量前，在套筒 7 与挡块 4 之间垫以量块 3，使整个测量装置转动一个理论齿形角 α，这样测头移动的方向就与理论齿廓平行，测量时，搬动手柄 6，使滑筒 1 带动测头 2，测头 2 沿齿面移动，在齿面全长上，指示表读数的最大变动量，即为轴向齿形误差。

四、齿槽径向跳动的检验

可在滚刀检查仪、万能工具显微镜、径向跳动检查仪上检验。图 15-7 所示是在齿距仪上检验。

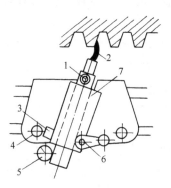

图 15-6 在专用仪器上检验齿形误差
1—滑筒 2—测头 3—量块 4—挡块
5—定位柱 6—手柄 7—套筒

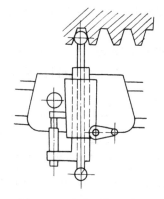

图 15-7 在齿距仪上检验
齿槽径向跳动示图

图 15-7 所示是在通用的齿距仪上，将测头换成球测头，使与齿间两面良好接触，以测量径向跳动。在蜗杆一转中，指示表读数的最大变动量即为齿槽径向跳动，此外，还可以在滚刀检查仪或万能工具显微镜上进行测量。

对多头蜗杆，每条螺旋线应分别测量，取最大值作为测量结果。

五、齿厚的检验

1. 用齿厚游标卡尺检验

对于低精度大尺寸的蜗杆的齿厚可以采用这种方法测量，测量方法如图 14-20

所示。

2. 用万能工具显微镜检验

小尺寸精度比较高的蜗杆的齿厚可以采用这种方法测量，根据弦齿高 h_a 确定测量位置，用分划板米字线分别压线瞄准同一齿廓的两个齿面，分别读数，两次读数之差，即为实际轴向齿厚 S'_x，则被检验蜗杆实际齿厚 $S'_n = S'_x \cos\gamma$。蜗杆法向齿厚 S_n 按表15-4中的公式计算，算得 S_n 后，则蜗杆的齿厚偏差 $\Delta E_{S1} = S'_n - S_n$。

表 15-4　S_n 的计算公式

被测蜗杆导程角 γ	蜗杆法向齿厚 S_n 与弦齿高 h_a 计算式/mm
$\gamma \leq 7°$, $z_1 = 1$ $\gamma \leq 10°$, $z_1 = 2$	$\left.\begin{array}{l} S_n = S_x \cos\gamma \\ h_a = m \end{array}\right\}$ (1)
$\gamma > 7°$, $z_1 = 1$ $\gamma > 10°$, $z_1 = 2$	$\left.\begin{array}{l} S_n \approx S_x \cos\gamma \\ h_a \approx m + (S_x \sin\gamma \cos\gamma)^2 / 8\gamma \end{array}\right\}$ (2)

注：S_x—蜗杆轴向齿厚；r—蜗杆分度圆半径。

3. 用三针检验

与检验螺纹中径相似（见图13-27），此法适于尺寸小、精度高、导程角较大的蜗杆。注意：

当蜗杆头数为奇数时，用三根量柱；当蜗杆头数为偶数时，用两根量柱。

量柱直径 d_P 要根据被检验蜗杆模数来选择，见表15-5。

表 15-5　d_P 的选择

用三针作为量柱/mm												
蜗杆模数	0.2	0.4	0.5	0.6	0.7	0.8	1.0	1.25	1.5	1.75	2.0	2.5	3.0
三针直径 d_P	0.572	0.724	0.866	1.008	1.302	1.441	1.732	2.311	2.595	3.177	3.468	4.211	5.176

按公式计算的量柱直径 d_P	
蜗杆类型	量柱最佳直径 d_P 的计算公式
阿基米德蜗杆	$d_P = \dfrac{P_Z}{2z_1} \sec\alpha$
渐开线蜗杆	$d_P = \dfrac{P_Z}{2z_1} \cos\gamma_{b1} = \dfrac{P_Z}{2z_1} \cos\alpha_n \cos\gamma$

注：z_1—蜗杆头数；P_Z—蜗杆导程；γ_{b1}—基圆柱导程角；γ—分度圆导程角。

当测量得量柱的距离实际尺寸 M'_1，量柱测量公称值 M_1 和蜗杆齿厚偏差 ΔE_{S1} 由表15-6中公式计算得到。

表 15-6 M_1 和 ΔE_{S1} 计算公式

螺杆类型	量柱测量距公称值 M_1	齿厚偏差 ΔE_{S1}
阿基米德蜗杆 （ZA 型）	$M_1 = d_1 + d_P\left(1 + \dfrac{1}{\sin\alpha_n}\right) - \dfrac{P_x}{2}\cot\alpha_x$ $\tan\alpha_n = \tan\alpha_x \cos\gamma$ 当 $\alpha_x = 20°$ 时 $M_1 = d_1 + d_P\left(1 + \dfrac{1}{\sin\alpha_n}\right) - 1.5708 m\cot\alpha_x$ $\tan\alpha_x = 0.36397\cos\gamma$	$\Delta E_{S1} = (M_1' - M_1)\tan\alpha_x$
法向直廓蜗杆 （ZN 型）	$M_1 = d_1 + d_P\left(1 + \dfrac{1}{\sin\alpha_o}\right) - \dfrac{P_x\cos\gamma}{2\tan\alpha_o}$ 式中 α_o—刀具齿形角 当 $\alpha_o = 20°$ 时 $M_1 = d_1 + 3.924 d_P - 4.316 m\cos\gamma$	$\Delta E_{S1} = \dfrac{\tan\alpha_o}{\cos\gamma}(M_1' - M_1)$
渐开线蜗杆 （ZI 型）	$M_1 = 2r_x + d_P$ 式中 r_x—量柱中心至蜗杆轴线距离 $r_x = \dfrac{r_{b1}}{\cos\alpha_{xt}}$ $\mathrm{inv}\alpha_{xt} = \dfrac{d_P}{d_b\sin\gamma_b} - \dfrac{\pi}{2z_1} + \mathrm{inv}\alpha_t$ $\tan\gamma_{b1} = \dfrac{\tan\gamma}{\cos\alpha_t}$ $\tan\alpha_t = \dfrac{\tan\alpha_n}{\sin\gamma}$	$\Delta E_{S1} = (M_1' - M_1)2\sin\alpha_t\tan\gamma_b$

注：d_1—蜗杆分度圆直径；d_P—量柱直径；γ—蜗杆分度圆导程角；P_x—蜗杆轴向齿距；α_x—蜗杆轴向齿形角。

第四节 蜗杆副的检验

一、切向综合误差的检验

安装好的蜗杆副啮合转动时，在蜗轮和蜗杆相对位置变化的一个整周期内，蜗轮的实际转角与理论转角之差的总幅度值，称为蜗杆副的切向综合误差 $\Delta F_{ic}'$（一齿切向综合误差 $\Delta f_{ic}'$）。

1. 用单面啮合检查仪检验

与检验蜗轮的切向综合误差的方法相同，不过，检验蜗轮时用标准蜗杆与被检验蜗轮配对传动进行测量，标准蜗杆是测量标准。而检验蜗杆副切向综合误差时是用配对的蜗杆与蜗轮配对传动进行测量，这与蜗杆副使用中的情况一致。

2. 用传动链检查仪检验

将被检验的蜗杆副中的蜗轮和蜗杆分别安装在传动链检查仪的轴上，轴与分度传感器连接。检查仪工作时，如果蜗杆副的运动无误差，则传感器获得的信号相位是恒定的，输出为一直线。如果蜗杆副的运动有误差，则传感器获得的信号相位是变化的，如图 15-8 所示。从误差曲线中分析得到蜗杆副的切向综合误差 $\Delta F'_{ic}$ 和一齿切向综合误差 $\Delta f'_{ic}$ 值。

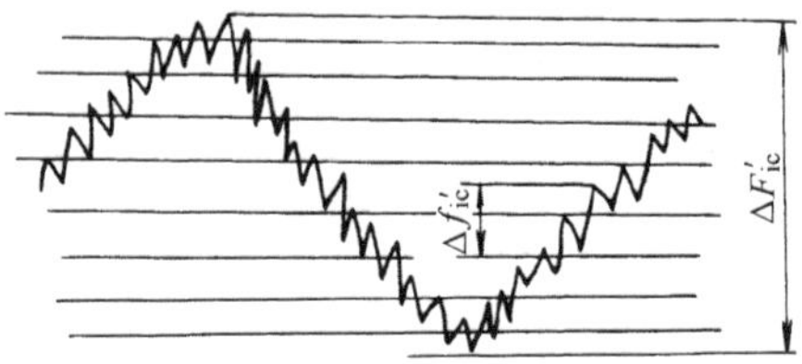

图 15-8 蜗杆副传动误差曲线

二、接触斑点的检验

这是蜗杆副很重要的参数之一。在安装好的蜗杆副中，在轻微力的制动下，蜗轮与蜗杆啮合运转后在蜗轮齿面上分布接触斑点，接触斑点以接触面积大小、形状和分布位置表示。接触面积大小按接触斑点的百分比计算确定。沿齿长方向——接触斑点的长度 b'' 与工作长度 b' 之比的百分数，即 $b''/b' \times 100\%$。沿齿高方向——接触斑点的平均高度 h'' 与工作高度 h' 之比的百分数，即 $h''/h' \times 100\%$（见图 15-9a）。

接触形状以齿面接触斑点总的几何形状的状态确定。接触位置以接触斑点离齿面啮入、啮出端或齿顶、齿根的位置确定（见图 15-9b）。

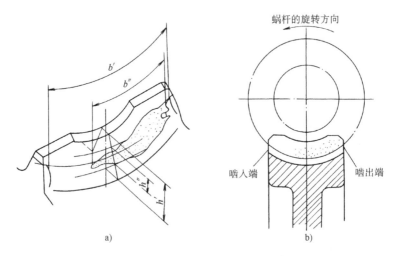

图 15-9 蜗杆副的接触斑点示图
a) 接触斑点的尺寸 b) 接触斑点的位置

检验接触斑点可在单面啮合检查仪或双面啮合检查仪上进行。一般不需要在蜗轮齿面上涂色。如果有必要，可以用煤油调合红丹粉均匀涂在蜗轮齿面上后，再配对检查。检查时，蜗杆副在轻微力制动下运转，停止后观察蜗轮齿面上擦亮痕迹（被研去）的

第十五章 蜗轮蜗杆的检验

分布情况。如有必要,应用量具测量出 b''、b'、h''、h',然后计算出百分比,以判定接触斑点是否符合蜗杆副图样规定的要求。

以上所用红丹粉的粒度应小于 M10,涂层厚度以 2~5μm 为宜。

三、侧隙的检验

在安装好的蜗杆副中,蜗杆固定不动,蜗轮从工作齿面接触到非工作齿面接触所转过的分度圆弧长,称为蜗杆副的侧隙,又分为圆周侧隙和法向侧隙。检验这两种侧隙均要按传动中心距公称值 a 安装好后,方可进行测量。

1. 圆周侧隙的检验

检验方法如图 15-10a 所示:在被检验的蜗轮齿面分度圆附近安装一个指示表,使其测头移动方向垂直于蜗轮半径方向并与蜗轮齿面接触,蜗杆固定不动,正反方向转动蜗轮,则指示表的最大变动量,即为蜗杆副的圆周侧隙 j_t。逐齿测量蜗轮一周,得 $j_t = j_{tmax} - j_{tmin}$。

2. 法向侧隙的检验

和检验圆周侧隙一样,可以在单面啮合检查仪或双面啮合检查仪上检查法向侧隙:蜗杆固定不动,用塞尺测量蜗轮齿面与蜗杆齿面的间隙 j_n,如图 15-10b 所示。j_n 应在规定的最大侧隙 j_{nmax} 与最小侧隙 j_{nmin} 之间。

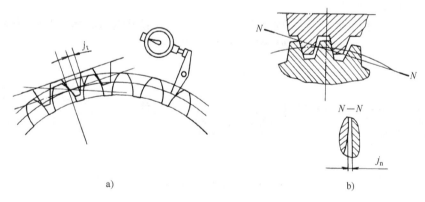

图 15-10 检验侧隙示图
a) 圆周侧隙 b) 法向侧隙

接触斑点、侧隙在蜗杆副的图样上均应标注出来作为检验的依据。

第十六章 键和花键的检验

键联结按其结构型式的不同可分为平键（包括普通平键、薄型平键和导向键）、半圆键、楔键（包括普通楔键、钩头楔键和薄型楔键）和切向键四种，其中平键应用广泛，其次是半圆键。

花键联结按其键齿形状可分为矩形花键和渐开线花键（包括圆锥渐开线花键），其中矩形花键应用较广泛。

第一节 键的检验

一、键和键槽的检验

1. 尺寸的检验

在单件、小批量生产中，通常用游标卡尺或千分尺检验键的宽度、高度及槽深；在大批生产时用极限量规检验键槽槽深与槽宽（见图16-1）。

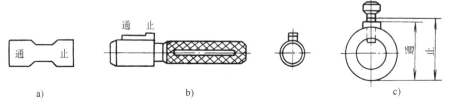

图16-1 键槽检验用量规
a）检验槽宽 b 的板式塞规 b）检验轮毂槽深 $d+t_1$ 的量规
c）检验轴槽深度 $d-t$ 的深度量规

2. 对称度的检验

1) 在单件、小批量生产时键槽对轴线的对称度的检验方法如图16-2所示。

先将与槽宽相等的量块塞入键槽，校平量块上平面，使量块的上平面沿径向与平板平行，记下指示表读数 a_1；将轴旋转180°，在同一截面内按上述方法再将量块校平，记下读数 a_2，两次读数之差为 a，则该截面的对称度误差为：

$$f_{横} = \frac{at}{d-t}$$

式中　d——轴的直径（mm）；

　　　t——轴的槽深（mm）；

a——两次读数之差(mm)。

再沿轴槽长度方向测量,取最高点与最低点之差为长度方向对称度误差。

$$f_长 = a_高 - a_低$$

取以上两个方向测量误差的最大值作为轴槽对称度误差。

2) 在大批量生产时可采用专用的对称度综合量规进行检验,量规只能通端通过则表示键槽合格(见图16-3)。

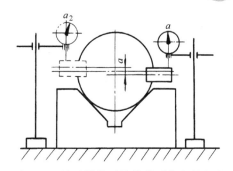

图 16-2 检验轴槽对轴线的对称度的方法

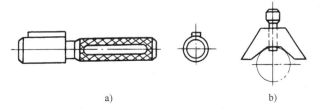

图 16-3 键槽对称度检验量规

a) 轮毂槽对称度量规 *b*) 轴槽对称度量规

3) 使用轴键槽对称度检测仪检测轴槽对其轴线对称度,检测仪结构如图16-4所示。

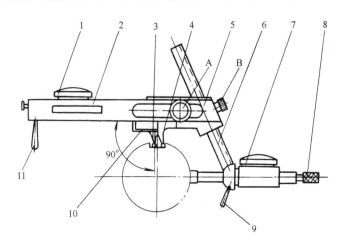

图 16-4 键槽对称度检测仪

1—杠杆表 2—侧板 3—杠杆表测头 4—固定测头 5—主体
6—直径调节杆 7—百分表 8—微动螺钉 9、11—支脚
10—直角接头 A、B—锁紧螺钉

仪器中的杠杆表用于测量时定位,测微头用来测量键槽到圆柱外侧的距离 E 和 F (见图16-5)。

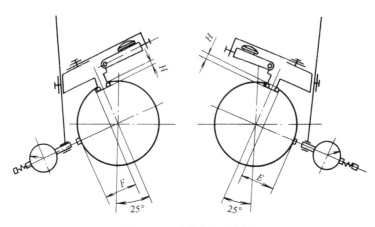

图 16-5　测量步骤示意图

测量步骤如下：

① 先将微动螺钉后退一段距离。

② 将仪器的固定测头挂在被测工件键槽的一侧，并使键槽向仪器悬挂的一侧倾斜 25°左右，两测头应紧靠键槽的侧面和底面。

③ 旋进微动螺钉使杠杆表压表半圈左右，且使用微动螺钉对一整数，并调表盘使指针对零，再拧动微动螺钉复校一次，记下测微头的第一次读数 E。

④ 后退微动螺钉约一圈，将仪器取下转过 180°悬挂在键槽的另一侧并倾斜 25°，旋进微动螺钉使杠杆表重新到达零位，记下测微头第二次读数 F。

⑤ 计算误差

对称度误差计算：

$$f_{横} = \frac{aH}{2R-H}$$

$$a = |E - F|$$

$$f_{纵} = |E_1 - E_2|$$

式中　H——被测键槽深度（公称尺寸）；

　　　R——被测工件半径（公称尺寸）；

　　E_1、E_2——键槽同侧不同截面测得的最大和最小读数。

二、键的验收检查

根据使用要求和供、需双方协议，可抽查下列项目：

1. 抗拉强度试验

键的抗拉强度应不小于 590MPa。

抽样方案为：合格质量水平 AQL 为 1.5，样本 n 为 8，合格判定数为 A_c。

2. 尺寸检查

键的检查项目和合格质量水平见表 16-1。

样本大小按 GB/T 2828.1 中一般检查水平 Ⅱ，正常一次抽样方案抽取。

从检查批中随机抽取样本，逐项进行检查并分项记录缺陷数量，如每项缺陷数均小于或等于相应的合格判定数（A_c），则接收该批产品，否则拒收。

表 16-1 键的检查项目和 **AQL**（GB/T 1568—2008）

检查项目	AQL						
	平 键			半圆键	楔 键		
	普通	导向	薄型		普通	薄型	钩头
键宽 b	1.0			1.0	1.5		
键高 h	2.5			2.5	2.5		
键长 L	4			—	4		
直径 d_1	—			2.5	—		
键宽平行度	1.5			—	—		
1:100 斜度	—			—	1.5		

注：GB/T 1568—2008《键 技术条件》。

键表面不允许有裂纹、浮锈、氧化皮和毛刺。

第二节 花键的检验

一、矩形花键的检验

1. 尺寸的检验

矩形花键检验一般采用综合检验和单项检验两种方法，见表 16-2 和表 16-3。

表 16-2 内花键的检验

检验方法	检验项目	控制边界	量 具	合格判断
综合检验	小径、大径、键槽宽、大径对小径的同轴度、键槽的位置度（包括等分、对称度）	实效边界	花键综合塞规	通过
单项检验	小径、大径、键槽宽	最大极限尺寸	用止端塞规（或其他量具）	不通过

表 16-3 外花键的检验

检验方法	检验项目	控制边界	量 具	合格判断
综合检验	小径、大径、键宽、大径对小径的同轴度、键宽的位置度（包括等分、对称度）	实效边界	花键综合环规	通过
单项检验	小径、大径、键宽	最小极限尺寸	止端卡板（或其他量具）	不通过

用两种方法同时检验花键时，若综合塞规（环规）通过，止端量规（止端卡板）不通过，花键视为合格；若综合量规（环规）不通过，则花键为不合格。

当单件、小批生产没有综合量规时，除了应检验内、外花键的小径、大径、键槽宽（键宽）的极限尺寸外，还应检验花键的等分和对称度误差。等分和对称度误差的检验一般多在工艺分析时采用。

2. 等分累积误差的检验

等分累积误差可用光学分度头、千分表及平板检测。

将花键顶在光学分度头两顶尖间，用拨盘将花键与光学分度头联结成一体，能够同步回转。

将光学分度头读数调至零位，然后调整花键某一侧面与平板平行，再将千分表测头垂直接触齿侧面靠近外圆处，调整千分表零位，记下第一个读数，提千分表测杆，转动光学分度头 θ 角，$\theta = \dfrac{360°}{z}$（z 为花键齿数），放下测杆，使测头与第二个键齿侧面接触，记下第二个读数。如此，依次测完全部键齿，得到 z 个读数。其千分表读数的最大变动量（正、负读数绝对值之和）即为花键等分误差。

3. 键齿两侧面对基准中心平面对称度的检验

键齿两侧面的对称度仍用光学分度头、千分表和检验平板检测。

将花键顶在光学分度头两顶尖之间，并将两者联结为一体，用千分表测头接触键齿侧面并沿径向移动，利用光学分度头微转，调平键齿侧面，记录光学分度头读数和千分表读数 a_1；回转光学分度头 $180°$，再用千分表测量键齿的另一侧面，记录读数 a_2，得出键齿两侧面对应点两次读数差值 a，则键齿两侧面的对称度误差为：

$$f = \dfrac{ah}{D-h}$$

式中　a——两次读数之差（mm）；

　　　h——键齿高（mm）；

　　　D——花键大圆直径（mm）。

二、圆柱直齿渐开线花键的检验

1. 齿槽宽和齿厚的检验

检验圆柱直齿渐开线花键有四种方法，即三种综合检验法、一种单项检验法，用来检验齿槽宽和齿厚四个极限尺寸（见表16-4），以及渐开线终止圆直径最小值 D_{Fimin} 和起始圆直径最大值 D_{Femax}。

（1）基本方法

用综合通端花键量规（塞规或环规）控制内花键作用齿槽宽最小值 E_{vmin} 或外花键作用齿厚最大值 S_{vmax}，从而控制作用侧隙的最小值 C_{vmin}。

同时，用非全齿止端花键量规（塞规或环规）或用测量 M 值（棒间距 M_{Ri} 或跨棒距 M_{Re}），对外花键可用测量公法线平均长度 W 值），控制内花键实际齿槽宽最大值 E_{max}

或外花键实际齿厚最小值 S_{min}，从而控制内、外花键的最小实体尺寸。

表 16-4 综合检验法和单项检验法

齿槽宽和齿厚 作用尺寸和实际尺寸	综合检验法 基本方法	综合检验法 方法A	综合检验法 方法B	单项检验法
E_{max}	非全齿止规（或棒间距）	非全齿止规（或棒间距）	辅助尺寸	非全齿止规（或棒间距）
E_{vmax}	辅助尺寸	综合止规	综合止规	辅助尺寸
E_{min}	辅助尺寸	辅助尺寸	辅助尺寸	非全齿通规 或棒间距
E_{vmin}	综合通规	综合通规	综合通规	齿距累积误差、齿形误差、齿向误差
S_{vmax}	综合通规	综合通规	综合通规	齿距累积误差、齿形误差、齿向误差 或跨棒距或W值
S_{max}	辅助尺寸	辅助尺寸	辅助尺寸	非全齿通规
S_{vmin}	辅助尺寸	综合止规	综合止规	辅助尺寸
S_{min}	非全齿止规 或跨棒距或W值	非全齿止规 或跨棒距或W值	辅助尺寸	非全齿止规 或跨棒距或W值

图例：实际尺寸公差带；作用尺寸公差带。E 或 $S(0.5\pi m)$；C_{vmin}

注：GB/T 3478.5—2008《圆柱直齿渐开线花键（米制模数 齿侧配合）第5部分：检验》。

（2）方法 A

在基本方法的基础上增加用综合止端花键量规（塞规或环规）控制内花键作用齿槽宽最大值 E_{vmax} 或外花键作用齿厚最小值 S_{vmin}，从而控制作用侧隙的最大值 C_{vmax}。

这种方法适用于双向转动并有回程要求的传动机构。

（3）方法 B

用综合通端花键量规和综合止端花键量规（塞规或环规）分别控制内花键作用齿槽宽最小值 E_{vmin} 和最大值 E_{vmax} 或外花键作用齿厚的最大值 S_{vmax} 和最小值 S_{vmin}，从而控制作用侧隙的最小值 C_{vmin} 和最大值 C_{vmax}。

这种方法必须在采用方法 A 经过批量生产证明，工艺质量稳定后，方可采用。若工艺质量出现波动，可能影响产品质量，还应采用方法 A。

（4）单项检验法

用非全齿通规和非全齿止规，或测量棒间距 M_{Ri}，控制内花键实际齿槽宽最大值 E_{max} 和最小值 E_{min}；用非全齿通规和非全齿止规，或测量跨棒距 M_{Re} 或公法线平均长度 W 值，控制外花键实际齿厚最大值 S_{max} 和最小值 S_{min}。

同时，用测量齿距累积误差、齿形误差和齿向误差，控制综合误差。

这种方法适用于单件或小批量生产的工艺分析、质量分析，无量规及因尺寸偏大和偏小而无法制造综合量规的花键。

① 用于零件的验收：这种方法适用于无综合量规或无法制造综合量规的花键产品（如单件生产、小批量生产、直径大的花键）。

② 用于分析性检验：当一个零件被量规拒收或一对花键工作状况不良时，可用分析性检验找出零件拒收及工作状态不良的原因（见表 16-5），以便提高产品质量。

在进行分析性检验时，建议用分度误差代替齿距累积误差。

表 16-5　零件拒收及工作状态不良的原因（GB/T 3478.5—2008）

序号	现象	原因	检测项目
1	综合通端花键量规拒收	1）$E_v < E_{vmin}$；$S_v > S_{vmax}$ 2）综合误差超差	M_{Rimin}、M_{Remax} 或 W_{max}、齿距累积误差或分度误差、齿形误差、齿向误差
2	综合止端花键量规拒收	1）$E_v > E_{vmax}$；$S_v < S_{vmin}$ 2）综合误差过小	M_{Rimax}、M_{Remin} 或 W_{min}
3	非全齿止端花键量规拒收	实际齿槽宽大于 E_{max} 实际齿厚小于 S_{min}	M_{Rimax}、M_{Remin} 或 W_{min}
4	接触齿数少，各齿受力不均匀	齿距累积误差超差	齿距累积误差或分度误差
5	沿齿高接触不良	齿形误差超差	齿形误差
6	沿齿向接触不良	齿向误差超差	齿向误差

注：序号 5 不适用于内花键为直线齿形的花键。

2. 内花键实际齿槽宽和外花键实际齿厚的检验

常用的测量方法：借助两量棒测量内花键棒间距和外花键跨棒距以及测量外花键公

法线长度等。

应用量棒测量时，对偶数齿的内花键和外花键是将两个直径相等的量棒分别置放于相对180°的对称两齿槽中（见图16-6a）；对奇数齿的内花键和外花键是将两个直径相等的量棒分别置放于接近180°的两个齿槽中，然后用内测量具测量内花键的棒间距M_{Ri}；用外测量具测量外花键的跨棒距M_{Re}（见图16-6b）。

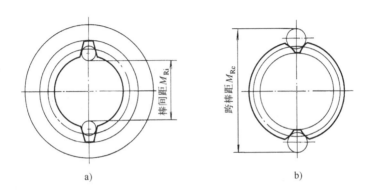

图16-6　量棒测量内、外花键的实际齿槽宽和实际齿厚
a）测量内花键的棒间距M_{Ri}　b）测量外花键的跨棒距M_{Re}

外花键的公法线长度可用公法线千分尺、公法线指示卡规以及公法线长度极限卡板测量。

用这些测量方法，将测得的实际值与规定的极限值相比较以判定是否符合规定。

1）内花键量棒测量尺寸的计算公式（图16-7、图16-8）。

2）外花键量棒测量尺寸的计算公式（图16-9、图16-10）。

3）45°压力角内花键齿形为直线时量棒尺寸的计算公式（图16-11、图16-12）。

1) 　　2) 　　3)

4）量棒直径的选用。

量棒直径可从表16-6中选用，允许用相应尺寸的钢球代替，亦可从GB/T 3478.9—2008《圆柱直齿渐开线花键（米制模数　齿侧配合）第9部分：量棒》标准查出，并可从该标准中查出各种压力角、模数、齿数和公差等级的棒间距M_{Ri}和跨棒距M_{Re}的最大值和最小值。

对单件、小批花键生产中，缺乏相应直径的量棒，还可应用测量螺纹中径用的三针或者用新制的直柄麻花钻头的直柄部分作为量棒，但对直柄麻花钻头的直柄直径必须经严格检测后使用。

有必要时，可在量棒上磨制一个平面，以避免量棒同花键底部接触。

表 16-6 量棒直径尺寸及极限偏差 （GB/T 3478.9—2008）　（单位：mm）

量棒直径 D_R		量棒直径 D_R		量棒直径 D_R		量棒直径 D_R	
公称尺寸	极限偏差	公称尺寸	极限偏差	公称尺寸	极限偏差	公称尺寸	极限偏差
0.56		1.50		4.00		10.60	
0.60		1.60		4.25		11.20	
0.63		1.70	Ⅰ	4.50		11.80	
0.67		1.80		4.75		12.50	Ⅱ
0.71		1.90		5.00		13.20	
0.75		2.00		5.30		14.00	
0.80		2.12		5.60		15.00	
0.85	Ⅰ	2.24		6.00	Ⅱ	16.00	
0.90	±0.001	2.36		6.30	±0.001	17.00	
0.95		2.50		6.70		18.00	
1.00		2.65		7.10		19.00	
1.06		2.80	Ⅱ	7.50		20.00	Ⅲ
1.12		3.00	±0.001	8.00		21.20	±0.001
1.18		3.15		8.50		22.40	
1.25		3.35		9.00		23.60	
1.32		3.55		9.50		25.00	
1.40		3.75		10.00			

注：量棒直径的公差应遵守包容原则。

5）外花键公法线平均长度 W 的计算公式（见图16-13）。

$$W_{\min} = \cos\alpha_D [(K-0.5)\pi m + D\mathrm{inv}\alpha_D + es_v - (T+\lambda)]$$

$$W_{\max} = W_{\min} + T\cos\alpha_D$$

式中　$W_{\min}$——公法线平均长度最小值；

　　　$W_{\max}$——公法线平均长度最大值；

　　　K——跨齿数；

$$K = \frac{\alpha_D}{180°}z + 0.5 \, (取整数)$$

当 $\alpha_D = 30°$ 时，$K = z/6$（取整数）；

$\alpha_D = 37.5°$ 时，$K = 1.25z/6 + 0.5$（取整数）；

$\alpha_D = 45°$ 时，$K = 0.25z + 0.5$（取整数）；

　　　$(T+\lambda)$——总公差；

　　　T——加工公差；

　　　es_v——作用齿厚上偏差。

第十六章 键和花键的检验

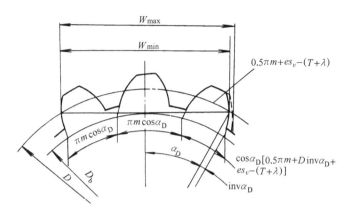

图 16-13 外花键公法线平均长度 W 的计算示图

表 16-7 给出了模数为 1 的外花键公法线长度理论值（作用齿厚上偏差和总公差未计算在内）和跨齿数 K 值。当模数不等于 1 时，其公法线长度 W 理论值等于表中 W 值乘以模数。然后再将作用齿厚上偏差和总公差计算在内，即可得出公法线平均长度最小值 $W_{\min}$，即

$$W_{\min} = Wm + \cos\alpha_D [es_v - (T + \lambda)]$$

表 16-7 外花键公法线长度 W 的理论值和跨齿数 K 值

Z	$m=1$					
	α_D					
	30°		37.5°		45°	
	K	W/mm	K	W/mm	K	W/mm
10	3	7.3392	3	7.3593		
11	3	7.3930	3	7.4721		
12	3	7.4467	3	7.5849		

3. 齿距的检验

齿距累积误差 ΔF_p 是在分度圆上任意两同侧齿面间的实际弧长与理论弧长之差的最大绝对值（见图 16-14）。

花键齿距累积误差 ΔF_p 可用光学分度头和千分表等量仪测量。

先将花键顶在光学分度头两顶尖之间，用拨盘把花键与光学分度头联成一体，使之能平稳同步回转。

测量时，在花键长度的中部，使千分表测头与某一大致水平的键齿侧面接近分度圆处相接触。将光学分度头和千分表均调到零位，记录千分表第一个读数，提起千分表，将光学分度头转过一个齿的 θ 角，$\theta = 360°/z$（z 为花键齿数），放下千分表测头与第二个键齿侧面接触，记录千分表第二个读数。依次测完全部键齿。

1）齿距累积误差的计算。

按齿序测得的分度误差 $\pm\Delta F_p$（以 μm 为单位）中，最大正、负读数绝对值之和即为齿距累积误差。亦可描绘出齿距累积误差曲线图，以齿序号为横坐标，以各齿序齿的误差 $\pm\Delta F_p$（以 μm 为单位）为纵坐标，描出各齿序点的误差并连成误差曲线，则

$$\Delta F_p = +\Delta F_p + |-\Delta F_p|$$

2）分度误差的确定。

在进行分析性检验时，建议用分度误差代替齿距累积误差。

由于齿距累积误差包括了分度误差和花键实际轴线相对于加工基准线测量基准的偏心两部分，该偏心对齿侧配合的花键用综合量规检验时没有影响。因此，将分度误差同花键偏心分离开来。

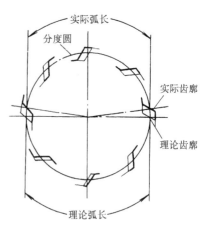

图 16-14　花键齿距累积误差 ΔF_p 示图

分度误差用光学分度头测出齿距累积误差后，按下述方法分离出来。

当花键轴线偏离其理想轴线时，由于不同轴（径向偏心量）引起的附加误差为：

$$E_r \cos(i\varepsilon_z + \beta)$$

式中　E_r——径向偏心量；

i——被测量花键齿的齿序号，其数值为 $0, 1, \cdots, z-1$；

ε_z——理论齿距角，$\varepsilon_z = 360°/z$；

β——与偏心量 E_r 的偏斜方向和第一个被测齿位置有关的相位角。

E_r 和 β 最大概率的值可由对被测花键的误差曲线进行谐波分析来确定。这种分析将得出一个傅里叶级数的一些系数的数值，该级数的一般形式可写成：

$$f_n(i) = A_0 + A_1\cos(i\varepsilon_z) + B_1\sin(i\varepsilon_z) + A_2\cos(2i\varepsilon_z) + B_2\sin(2i\varepsilon_z) + \cdots\cdots$$

对于分离分度误差，只需 A_0、A_1、B_1 即可。

$$\tan\beta = -\frac{B_1}{A_1}$$

$$E_r = A_1/\cos\beta = -B_1/\sin\beta = \sqrt{A_1^2 + B_1^2}$$

式中　A_0——测出的误差曲线的平均高度。

3）分度误差确定示例。

例 16-1：12 齿花键在精密分度装置上的测量结果（见图 16-15）：

$$\varepsilon_z = 360°/12 = 30°$$

谐波分析的步骤见表 16-8。

4. 齿形的检验

齿形误差 Δf_f 是在齿形工作部分（包括齿形裕度

分度误差确定示例
（图 16-15、图 16-16、表 16-8、表 16-9）

部分，不包括齿顶倒棱）包容实际齿形的两条理论齿线之间的法向距离（见图 16-17）。

齿形误差 Δf_f 即是在渐开线起始圆直径最大值 D_{Fmax} 与大径之间或渐开线终止圆直径最小值 D_{Fmin} 与小径之间进行检验。其检验所用仪器与方法，齿形误差 Δf_f 的确定与渐开线齿轮的齿形检验相同（见第十五章第二节），将测得的齿形误差 Δf_f 与对应精度的齿形公差 f_f 相比较以判定是否符合规定。

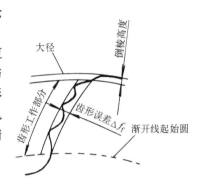

图 16-17　花键齿形误差 Δf_f

5. 齿向的检验

齿向误差 ΔF_β 是在花键长度范围内，包容实际齿线的两条理论齿线之间的距离（见图 16-18）。

齿向误差 ΔF_β 可应用光学分度头基座平行于两顶尖轴线的导轨和千分表进行检验。将花键顶在两顶尖间，并用拨盘靠向一侧固定，使键齿侧面大致处于水平，将千分表测头在齿面分度圆处相接触，使千分表架靠紧导轨移动，在花键长度内的左右两齿面上检验，千分表指示的最大变动量即为齿向误差 ΔF_β。

齿向误差 ΔF_β 亦可应用齿轮齿向检查仪进行检验。将测得的齿向误差 ΔF_β 与对应花键长度和公差等级的齿向公差 F_β 相比较，以判定是否符合规定。

6. 齿圈径向跳动的检验

齿圈径向跳动误差 ΔF_r 是花键在一转范围内，测头在齿槽内键齿上于分度圆附近双面接触，测头相对于回转轴线的最大变量即为齿圈径向跳动误差 ΔF_r（见图 16-19）。

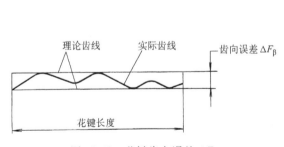

图 16-18　花键齿向误差 ΔF_β

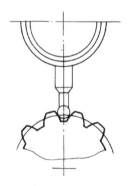

图 16-19　花键齿圈径向跳动误差 ΔF_r

齿圈径向跳动误差 ΔF_r 可将花键顶在两顶尖之间，用千分表球形测头检验（亦可用表 16-6 中相应的量棒代替）。将千分表球测头放入花键齿槽内，使球测头与两齿面在分度圆附近相接触，调整千分表零位，提起千分表，每转一个齿放下测头测一次，按齿序号记录千分表读数，依次测完全齿，千分表读数最大变动量即为齿圈跳动误差 ΔF_r。将测得的齿圈跳动误差 ΔF_r 与齿圈跳动公差相比较，以判定是否符合规定。

三、圆锥直齿渐开线花键的检验

圆锥直齿渐开线花键的齿槽宽和齿厚公差一般用综合检验法进行检验。

1. 内花键齿槽宽的检验

内花键齿槽宽用锥形全齿塞规检验，塞规大端刻有台阶（见图 16-20），台阶高度 h 按作用齿槽宽最大值与作用齿槽宽最小值的差值（$E_{vmax} - E_{vmin}$）计算。当塞规伸入内花键时，内花键大端面应在台阶高度范围内。

2. 外花键齿厚的检验

外花键用锥形全齿环规检验，环规内花键小端制有台阶（见图 16-21），台阶高度 h 按作用齿厚最大值与作用齿厚最小值的差值（$S_{vmax} - S_{vmin}$）计算。当环规套在外花键上时，外花键小端面应在台阶高度范围内。环规齿形可做成直线。

图 16-20　内花键用锥形全齿塞规

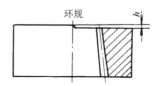

图 16-21　外花键用锥形全齿环规

第十七章 滚动轴承的检验

第一节 简　介

一、滚动轴承的分类

滚动轴承是在承受载荷和彼此相对运动的零件间做滚动（不是滑动）运动的轴承，它包括有滚道的零件和带或不带隔离或引导件的滚动体组。它是机械基础件之一，在制造业中是量大面广的产品。生产企业在出厂前除进行严格检验，保证滚动轴承的出厂产品质量外，用户在购回入厂时，也应认真检验其质量，不合格的坚决不用，不然，对用它的产品的寿命、可靠性、运转质量、噪声等会带来极大影响。

1. 按结构分类

滚动轴承根据结构可进行如下分类：

```
           ┌按承受载荷方向分┬向心轴承┬径向接触轴承
           │                │        └角接触向心轴承
           │                └推力轴承┬轴向接触轴承
           │                         └角接触推力轴承
           │
           │按滚动体的种类分┬球轴承
           │                └滚子轴承┬圆柱滚子轴承
           │                         │滚针轴承
           │                         │圆锥滚子轴承
           │                         └调心滚子轴承
           │
           │按能否调心分┬调心轴承
           │            └非调心轴承
           │
           │按滚动体列数分┬单列轴承
滚动轴承  ─┤              │双列轴承
           │              └多列轴承
           │
           │按主要用途分┬通用轴承
           │            └专用轴承
           │
           │按外形尺寸是否标准分┬标准轴承
           │                    └非标轴承
           │
           │按是否有防尘盖分┬开型轴承
           │                └闭型轴承
           │
           │按组件能否分离分┬可分离轴承
           │                └不可分离轴承
           │
           │按产品扩展分┬轴承
           │            │组合轴承
           │            └轴承单元
           │
           └按外形尺寸表示单位分┬公制（米制）轴承
                                └英制（寸制）轴承
```

2. 按尺寸大小分类

滚动轴承按其公称外径尺寸大小，分为：

1）微型轴承——公称外径尺寸 $D \leqslant 26\text{mm}$ 的轴承。

2）小型轴承——公称外径尺寸 $26\text{mm} < D < 60\text{mm}$ 的轴承。

3）中小型轴承——公称外径尺寸 $60\text{mm} \leqslant D < 120\text{mm}$ 的轴承。

4）中大型轴承——公称外径尺寸 $120\text{mm} \leqslant D < 200\text{mm}$ 的轴承。

5）大型轴承——公称外径尺寸 $200\text{mm} \leqslant D \leqslant 440\text{mm}$ 的轴承。

6）特大型轴承——公称外径尺寸 $D > 440\text{mm}$ 的轴承。

二、常用滚动轴承代号

滚动轴承代号是用字母加数字来表示滚动轴承的结构、尺寸、公差等级、技术性能等特征的产品符号。

高水平的轴承检验员，一看到要检验的轴承的代号，就能从中获得有关该轴承的许多信息，根据这些信息做好检验准备工作，并实施检验。

以下是 GB/T 272—2017《滚动轴承　代号方法》给出的代号。

1. 滚动轴承类型代号（表17-1）

2. 尺寸系列代号（表17-2）

3. 轴承系列代号（见表17-3）

4. 内径代号

轴承的内径代号用数字表示按表17-4 的规定。

5. 滚针轴承基本代号（见表17-5）

6. 轴承前置代号（见表17-6）

7. 后置代号（表17-7）

8. 内部结构代号（表17-8）

9. 密封、防尘与外部形状变化代号

密封、防尘与外部形状变化代号及含义按表17-9 的规定。

10. 轴承零件材料代号

轴承零件材料改变，其代号按表17-10 的规定。

11. 公差等级代号

公差等级代号及含义按表17-11 的规定。

12. 游隙代号

游隙代号及含义按表 17-12 的规定。

9. 　10. 　11. 　12.

13. 配置代号

配置代号及含义按表 17-13 的规定。

14. 振动及噪声代号

振动及噪声代号及含义按表 17-14 的规定。

15. 其他特性代号

在轴承摩擦力矩、工作温度、润滑等要求特殊时，其代号按表 17-15 的规定。

16. 带附件轴承代号

带附件轴承代号按表 17-16 的规定。

13. 　14. 　15. 　16.

17. 专用轴承代号

18. 轴承变型结构代号

轴承变型基本代号见表 17-17。

表 17-17　轴承变型基本代号（GB/T 272—2017）

轴承类型	简图	类型代号	尺寸系列代号	轴承基本代号	标准号
深沟球轴承	有装球缺口的有保持架深沟球轴承	(6)①	(0) 2① (0) 3①	200 300	—

19. 滚针轴承变型结构代号

滚针轴承变型结构代号见表 17-18。

表 17-18　滚针轴承变型结构代号（GB/T 272—2017）

轴承类型	简图	类型代号	配合安装特性尺寸表示	轴承基本代号	标准号
保持架组件	带冲压中心套的推力滚针和保持架组件	AXW	D_1	AXW D_1	—

20. 不编制保持架后置代号的轴承

不编制保持架材料改变的后置代号的轴承见表 17-19。

21. 非标准轴承尺寸系列代号

三、滚动轴承向心轴承公差

20.

21. 非标准轴承尺寸系列代号（表 17-20 ~ 表 17-22）

三、滚动轴承向心轴承公差（图 17-1 ~ 图 17-4、表 17-23 ~ 表 17-48）

第二节　滚动轴承的检验数量

作为滚动轴承制造厂来说，在生产过程处于稳定状态下，如果产量极少，应进行全数检验，如果产量大，可进行抽样检验作为终检。作为轴承的用户，如果采购的轴承数量极少，应全数检验；如果采购的数量大，可进行抽样检验作为入厂验收检验。

如果进行抽样检验，应按 JB/T 8921—1999《滚动轴承及其商品零件检验规则》执行。

一、轴承成品的检验项目及 AQL

滚动轴承成品的检验项目及 AQL 值见表 17-49 ~ 表 17-51。

表 17-49　滚动轴承成品的检验项目及 AQL（JB/T 8921—1999）

序号	主　要　检　验　项　目	AQL
1	内孔直径偏差及变动量 ——单一径向平面平均内径偏差：Δd_{mp} ——基本圆锥孔理论大端的平均内径偏差：Δd_{1mp} ——双向推力轴承轴圈单一径向平面平均内径偏差：Δd_{2mp} ——单一内径偏差：Δd_s ——单一径向平面内径向变动量：V_{dp} ——双向推力轴承轴圈单一径向平面内径变动量：V_{d2p} ——平均内径变动量（只适用于圆柱孔）：V_{dmp} ——锥形衬套圆锥表面的锥角偏差：$\Delta D_{1mp} - \Delta d_{mp}$ 或向心滚子（滚针）轴承内切圆直径偏差	1.5
2	外径偏差及变动量 ——单一径向平面平均外径偏差：ΔD_{mp} ——单一外径偏差：ΔD_s ——外圈凸缘单一外径偏差：ΔD_{1s} ——单一径向平面外径变动量：V_{Dp} ——平均外径变动量：V_{Dmp} 或向心滚子（滚针）轴承外接圆直径偏差	
3	径向游隙：G_r 或轴向游隙：G_a	
4	成套轴承内圈的径向跳动：K_{ia}	

───────

○　此部分可参考国家标准 GB/T 307.1—2017《滚动轴承　向心轴承　产品几何技术规范（GPS）和公差值》。

(续)

序号	主 要 检 验 项 目	AQL
5	成套轴承外圈的径向跳动：K_{ea}	
6	内圈基准面对内孔的跳动：S_d	
7	外径表面母线对基准面的倾斜度变动量：S_D 外径表面母线对外凸缘背面倾斜度变动量：S_{D1}	
8	成套轴承内圈端面对滚道的跳动：S_{ia} 内圈滚道对基准端面的平行度，轴圈滚道对底面厚度的变动量：S_i	
9	成套轴承外圈端面对滚道的跳动：S_{ea} 成套轴承外圈凸缘背面对滚道的跳动：S_{ea1} 外圈滚道对基准端面的平行度，座圈滚道对底面厚度的变动量：S_e	1.5
10	成套轴承的振动值	
11	装配倒角极限的下偏差	
12	圆锥滚子轴承实际宽度偏差：ΔT_s 圆锥滚子轴承内组件与标准外圈组成轴承的实测宽度偏差：ΔT_{1s} 圆锥滚子轴承外圈与标准内组件组成轴承的实测宽度偏差：ΔT_{2s}	
13	滚轮滚针轴承螺栓单一直径偏差：Δd_{1s} 滚轮滚针轴承螺栓长度偏差：ΔB_2	

序号	次 要 检 验 项 目	AQL
1	内圈单一宽度偏差：ΔB_s 内圈宽度变动量：V_{Bs}	
2	外圈单一宽度偏差：ΔC_s 外圈凸缘单一宽度偏差：ΔC_{1s} 外圈凸缘宽度变动量：V_{C1s}	
3	残磁强度	4
4	配合表面和端面的表面粗糙度	
5	旋转灵活性、密封轴承密封性	
6	外观质量	
7	标志和油封防锈包装	

表17-50 带座外球面轴承及偏心套抽样检验项目和 **AQL**（JB/T 8921—1999）

序号	主 要 检 验 项 目	AQL
1	带座轴承内径偏差	
2	带立式座轴承的球面中心高 H，带方形、菱形和凸台圆形座轴承的球面中心高 A_2 的极限偏差	
3	带凸台圆形座轴承的凸台外径 D_1，带环形座轴承的外径 D_1 和宽度 A 的极限偏差	
4	带滑块座轴承的槽宽 A_1，槽底距 H_1 的极限偏差及两槽的位置偏差	4
5	带方形、棱形和凸台圆形座轴承螺栓孔轴线位置偏差	
6	带冲压菱形和圆形座轴承上安装用方孔的位置偏差	
7	带座轴承安装表面的形位偏差	
8	偏心套的配合表面和端面粗糙度	
9	偏心套的尺寸偏差	

序号	次 要 检 验 项 目	AQL
1	带座轴承的旋转灵活性和残磁强度	6.5
2	带座轴承的外观质量	

表 17-51 冲压外圈滚针轴承、向心滚针与保持架组件、推力滚针和保持架组件、推力垫圈抽样检验项目及 AQL （JB/T 8921—1999）

序号	主 要 检 验 项 目	AQL
1	成套轴承滚针组单一最小内径偏差：ΔF_{wmin}	4
2	向心滚针与保持架组件的旋转灵活性	
3	组件单一平面平均内径偏差：ΔD_{c1mp} 推力垫圈内径偏差：ΔD_{p1} 及内圈滚道对基准端面的平行度，轴圈滚道对底面厚度的变动量：S_i	
4	组件单一平面平均外径偏差：ΔD_{cmp} 推力垫圈外径偏差：ΔD_p	

序号	次 要 检 验 项 目	AQL
1	外圈单一宽度偏差：ΔC_s 向心滚针与保持架组件的保持架宽度偏差：ΔB_s	6.5
2	推力垫圈厚度 S 的偏差：ΔS	
3	外观质量	
4	标志和油封防锈包装	

二、商品零件的检验项目及 AQL

滚动轴承的商品零件的检验项目及 AQL 值见表 17-52～表 17-56。

表 17-52 商品滚针的检验项目及 AQL （JB/T 8921—1999）

序号	检 验 项 目	AQL
1	滚子（滚针）单一径向平面内平均直径偏差：$4D_{wmp}$	0.65
2	滚子（滚针）单一径向平面内直径变动量：V_{Dwp}	
3	圆度误差：ΔC_{1r}	
4	滚动体批直径变动量：V_{DWL}	
5	滚子（滚针）单一长度偏差：ΔL_{WS}	1
6	工作表面外观质量	0.65

表 17-53 商品钢球的检验项目及 AQL （JB/T 8921—1999）

序号	检 验 项 目	AQL
1	钢球直径变动量：V_{Dws}	0.65
2	球形误差：ΔS_{ph}	
3	滚动体批直径变动量：V_{DWL}	
4	外观质量	0.65
5	单粒钢球振动值	

第十七章 滚动轴承的检验

表 17-54　商品圆柱滚子检验项目及 AQL（JB/T 8921—1999）

序号	检 验 项 目	AQL
1	滚子（滚针）单一径向平面内平均直径偏差：ΔD_{wmp}	0.65
2	滚子（滚针）单一径向平面内直径变动量：V_{Dwp} 滚子两端平均直径之差：$D_{wmp} - D'_{wmp}$	
3	圆度误差：ΔC_{1r}	
4	滚动体批直径变动量：V_{DWL}	
5	滚子批长度变动量：V_{LWL}	0.65
6	滚子端面跳动：S_{DW}	
7	滚子（滚针）单一长度偏差：ΔL_{ws}	1
8	工作表面外观质量	0.65

表 17-55　商品圆锥滚子检验项目及 AQL（JB/T 8921—1999）

序号	主 要 检 验 项 目	AQL
1	滚子（滚针）单一径向平面内直径变动量：V_{Dwp}	
2	圆度误差：ΔC_{1r}	
3	滚子端面跳动：S_{DW}	0.65
4	圆锥角偏差：$\Delta 2\varphi$	
5	滚动体批直径变动量：V_{DWL}	
6	批圆锥角变动量：$V_{2\varphi L}$	
7	工作表面外观质量	0.65

序号	次 要 检 验 项 目	AQL
1	残磁	1.5
2	非工作表面粗糙度以及外观质量	

表 17-56　商品附件锥形衬套、锁紧螺母及锁紧垫圈抽样
检查项目及 AQL（JB/T 8921—1999）

序号	重 要 检 验 项 目	AQL
1	锥形衬套的基本圆锥孔理论大端的平均内径偏差：Δd_{1mp} 双向推力轴承轴圈单一径向平面平均内径偏差：V_{d1mp}	
2	外圈凸缘单一外径偏差：ΔD_{1s} 锥形衬套圈圆锥表面对内孔的径向圆跳动 K_{Do} 锥形衬套圆锥表面的锥角偏差：$\Delta D_{1mp} - 4d_{mp}$ 锥形衬套单一径向平面内的变动量：V_{Dop}	2.5
3	螺母的基准端面（30°倒角端面）圆跳动：S_d	
4	螺纹公差	

（续）

序号	次 要 检 验 项 目	AQL
1	锥形衬套的紧定衬套宽度偏差：ΔB_{1s} 锥形衬套的退卸衬套宽度偏差：ΔB_{3s}	
2	螺母宽度偏差：ΔB_s 螺母宽度变动量：V_{Bs} 垫圈厚度变动量：V_{B1s} 垫圈 M 的偏差：ΔM_s	6.5
3	装配倒角	
4	表面粗糙度、外观质量	
5	标志和包装	

三、检验水平和关键项目

1. 检验水平

滚动轴承成品和商品零件的抽样检验依据标准是 GB/T 2828.1—2012《计数抽样检验程序 第1部分：按接收质量限（AQL）检索的逐批检验抽样计划》。JB/T 8921—1999 规定，滚动轴承成品及附件使用一般检查水平Ⅱ（其中表 17-57 规定的轴承使用特殊检查水平 S-4）。钢球、滚针、圆柱及圆锥滚子也用特殊检查水平 S-4。

2. 关键项目

关键项目执行零缺陷抽样方案 $[n, 0]$，见表 17-57 和表 17-58。

1）轴承内外套圈硬度的抽检按表 17-57 规定。

表 17-57 轴承内外套圈硬度的抽样方案表（JB/T 8921—1999）

批　量	抽检套数	合格判定数	不合格判定数
8～150	3	0	1
151～35000	5	0	1
>35000	8	0	1

2）商品零件（附件除外）硬度、表面粗糙度的抽检按表 17-58 规定。

表 17-58 商品零件（附件除外）硬度、表面粗糙度的抽样方案表（JB/T 8921—1999）

批　量	抽检件数	合格判定数	不合格判定数
8～500	3	0	1
501～35000	5	0	1
>35000	8	0	1

3）商品钢球和滚针每批抽三个，检查钢球的压碎载荷、滚针的弯曲强度或进行钢球的压缩试验，不允许不合格。钢球压碎载荷按 JB/T 1255 的规定，其余按制造厂主管

部门的规定。

4) 轴承及其商品零件、附件样品的结构、材料及工作表面不允许不符合相关标准。

例17-1：某汽车厂向某轴承厂长期订购某型号圆柱滚子轴承，每天进货一批，数量根据汽车生产产量而定。轴承厂大批大量生产，产品质量稳定，因此，汽车厂采用抽样检验作为入厂验收，检验项目按表17-49执行，取 AQL=1.5、检查水平 IL=Ⅱ，每天根据购进轴承数量由检验员设计抽样方案，并实施检验，关键项目按表17-57的抽样方案执行。

某日轴承厂按汽车厂要求，于上午7:00准时将2100个轴承送到汽车厂库房待验区，检验员立即对这批轴承进行检验，其工作程序如下：

第一步，设计抽样方案。已知条件是批量 $N=2100$、IL=Ⅱ、AQL=1.5。根据 N 和Ⅱ从 GB/T 2828.1 标准的"样本量字码"表中（见表22-2）查得字码"K"。从正常检验开始，根据字码 K 和 AQL=1.5 从 GB/T 2828.1 标准的"正常检验一次抽样方案"（主表）（见表22-3）中查得接收数（合格判定数）Ac=5、拒收数（不合格判定数）Re=6、样本量 $n=125$，设计的抽样方案为 [125，5，6]。

第二步，进行检验。从送来的2100个轴承中随机抽取125个轴承，将它们清洗做好准备工作后，从中随机抽取5个轴承进行内外套圈硬度检验。这5个轴承的内外套圈的硬度均合格，则这批轴承可进行下一步检验；如果有一个不合格，则整批轴承被判为不合格（见表17-57），不需要进行下一步检验。

现假设5个轴承的内外套圈的硬度均合格，则将它们放回到刚才抽取的那堆轴承中去，接着检验表17-49中的主要检验项目。125个轴承均被检验后，如果有5个或5个以下（4、3、2、1）不合格，则判这批2100个轴承合格；若有6个或6个以上不合格，则判这批轴承不合格。

四、批的处置

抽样检验要严格按 GB/T 2828.1 标准规定的程序进行，检验结果处置原则如下：

1) 判定为合格的批，整批接收。但在检查过程中所发现的不合格品应由制造厂换成合格品。

2) 判定为不合格的批，原则上整批退回制造厂。由制造厂对拒收批中不合格项目进行百分之百的检查，剔除其不合格品之后，再次向订户提交检验。

第三节　滚动轴承的检验

检验滚动轴承的内容包括外观质量检验、残磁检验、尺寸检验、旋转精度检验和游隙检验，只有上述各项目均合格后，才算被检验的滚动轴承质量合格。

一、检验基础知识

1. 检验的一般条件（见表17-59）

表 17-59 轴承检验的一般条件

序号	事项	一般条件
1	测量温度	测量前应使被测轴承、零件、块规或标准件、测量仪表均处于测量室的温度,测量时,应尽可能避免热量传递到被测成套轴承或零件上,推荐的室温为20℃
2	测量区域	内径或外径偏差极限仅适用于在距离套圈端面或凸缘端面大于 a 距离的径向平面内测量,a 值见表 17-60。最大实体尺寸只适用于测量区域之外
3	测量基准面	基准面是由轴承制造厂指定的表面,通常可以作为测量的基准,推力轴承轴圈和座圈的基准面系指承受轴向载荷的端面,通常为滚道的背面 单列角接触球轴承套圈和圆锥滚子轴承套圈的基准面为承受轴向载荷的背面
4	测量用指示仪	测量中所用指示仪必须经过校准,而且在检定周期内具有与所测轴承相适应的精度与灵敏度
5	测量误差	要按被测件的公差范围选择相应精度的测量仪器及环境条件。原则上,测量中产生的总测量误差不应超过实际公差带的10%
6	测量力及测头半径	为了避免薄壁套圈过度变形,测量力应尽量减至最小。若出现明显的变形,则应引入载荷变形系数将测值修正成自由、无载荷状态下的值。最大测量力和最小测头半径见下表。测量力是指仪器测头施加于被测件上的力 | 轴承部位	公称尺寸范围/mm		测量力 a/N	测头半径 b/mm
---	---	---	---	---
	超过	到	max	min
内径 d	—	10	2	0.8
	10	30	2	2.5
	30	—	2	2.5
外径 D	—	30	2	2.5
	30	—	2.5	2.5	 a:最大测量力系指在无样品变形的情况下、可给出复验性测量结果的测量力 b:随着所施加测量力的适当减小,可使用更小的半径
7	测量用心轴	当使用心轴测量跳动时,应确定心轴的旋转精度,以便在随后的轴承测量中对心轴误差进行适当的校正。可使用锥度约为 1:5000 的精密心轴。使用心轴测量滚子总体内径时,可使用锥度约为 1:2000 的精密心轴
8	中心轴向测量负荷	为保持轴承零件各自处于正常的相对位置,对于某些测量方法,应采用表1和表2规定的中心轴向测量载荷 表1 向心球轴承和接触角≤30°角接触球轴承的中心轴向测量载荷(GB/T 307.2—2005) 	外径 D/mm		轴承上的中心轴向载荷/N
---	---	---
超过	到	min
—	30	5
30	50	10
50	80	20
80	120	35
120	180	70
180	—	140	

第十七章 滚动轴承的检验

(续)

序号	事项	一般条件		
8	中心轴向测量负荷	表2 圆锥滚子轴承、接触角>30°角接触球轴承和推力轴承的 中心轴向测量载荷(GB/T 307.2—2005)		
		外径 D/mm		轴承上的中心轴向载荷/N
		超过	到	min
		—	30	40
		30	50	80
		50	80	120
		80	120	150
		120	—	150

表17-60 测量区极限 (GB/T 307.2—2005)

r_{smin}		a
超过	到	
—	0.6	$r_{smax}+0.5$
0.6	—	$1.2 \times r_{smax}$

2. 公差等级与公差

滚动轴承按尺寸公差与旋转精度分级,公差等级依次由低到高排列,其公差值按 GB/T 307.1—2017《滚动轴承 向心轴承 产品几何技术规范(GPS)和公差值》和 GB/T 307.4—2017(ISO 199:2014)《滚动轴承 推力轴承 产品几何技术规范(GPS)和公差值》的规定。

① 向心轴承(圆锥滚子轴承除外)分为普通级、6、5、4、2 五级。

② 圆锥滚子轴承分为普通级、6X、5、4、2 五级。

③ 推力轴承分为普通级、6、5、4 四级。

3. 表面粗糙度

GB/T 307.3—2017《滚动轴承 通用技术规则》给出滚动轴承配合表面和端面的表面粗糙度值,见表17-61。

4. 检测符号(见表17-62)

5. 检测前后应做的工作

测量前要正确选择基准面。

测量前,应将被测件彻底清洁,将粘附于轴承影响测量结果的油脂或防锈剂除掉;测量时,应用低黏度油对轴承进行润滑。测量完毕,立即对轴承进行防锈处理。

测量轴承的具体方法很多,应根据具体情况选择测量方法。

表 17-61 轴承配合表面和端面的表面粗糙度值（GB/T 307.3—2017）

（单位：μm）

表面名称	轴承公差等级	轴承公称直径[①]/mm					
		— ≤30	>30 ≤80	>80 ≤200	>200 ≤500	>500 ≤1600	>1600 ≤2500
		Ra max					
内圈内孔表面	普通级	0.8	0.8	0.8	1	1.25	1.6
	6、6X	0.63	0.63	0.8	1	1.25	—
	5	0.5	0.5	0.63	0.8	1	—
	4	0.25	0.25	0.4	0.5	—	—
	2	0.16	0.2	0.32	0.4	—	—
外圈外圆柱表面	普通级	0.63	0.63	0.63	0.8	1	1.25
	6、6X	0.32	0.32	0.5	0.63	1	—
	5	0.32	0.32	0.5	0.63	0.8	—
	4	0.25	0.25	0.4	0.5	—	—
	2	0.16	0.2	0.32	0.4	—	—
套圈端面	普通级	0.8	0.8	0.8	1	1.25	1.6
	6、6X	0.63	0.63	0.8	1	1	—
	5	0.5	0.5	0.63	0.8	0.8	—
	4	0.4	0.4	0.5	0.63	—	—
	2	0.32	0.32	0.4	0.4	—	—

① 内圈内孔及其端面按内孔直径查表,外圈外圆柱表面及其端面按外径查表。单向推力轴承垫圈及其端面,按轴圈内孔直径查表,双向推力轴承垫圈（包括中圈）及其端面按座圈化整的内孔直径查表。

表 17-62 滚动轴承检测符号（GB/T 307.2—2005）

符号	说明
▨▨▨	平台（测量平面）
△ (主视图) ⊗ (俯视图或仰视图)	固定支点
⟶▷	固定测量支点

第十七章　滚动轴承的检验

（续）

符　　号	说　　明
(主视图) (俯视图或仰视图)	指示仪或记录仪
	带指示仪或记录仪的测量支架 根据所使用的测量设备，测量支架的符号可画成不同型式
	定心的心轴
	间歇直线往复运动
	依托固定支点转动
	绕中心旋转
	载荷、载荷方向
	相对方向的交变载荷
(主视图) (俯视图或仰视图)	垂直于被测表面的活动指示仪的活动支点
	平行于被测表面的活动指示仪的活动支点

二、外观质量检验

经过检验说明外观质量合格后,才进行后续各项目检验。

1. 成套轴承旋转灵活性及表面外观质量的检验

轴承用手转动时应平稳、轻快,无阻滞现象。

可分离型轴承在不装套圈时,滚动体不允许从保持架兜孔中掉出。

轴承零件不允许有锐角和毛刺,不允许有氧化皮。

轴承工作表面,经酸洗后不应有烧伤,配合表面不应有不经酸洗即可看到的烧伤。工作表面的酸洗层应清除掉。

轴承零件不允许有裂纹及严重卡伤、锈蚀和缺陷。

轴承的代号、制造厂代号、制造年份代号标志必须齐全、完整,字迹必须端正、清晰,线条粗细均匀。

2. 保持架外观质量的检验

滚动体在保持兜孔中应无挤夹现象。

保持架上铆钉不允许松动,保持架铆钉头不应有明显压偏、钉头应完整。

保持架外表面不应有显著伤痕。

保持架不允许由于轴承储运造成的整体变形。

3. 内包装质量的检验

包装箱内和单套包装的盒(袋)内,应附有产品合格证,合格证上应注明制造厂名、轴承代号、标准文件编号或补充技术条件编号、包装日期。

对可分离的大、特大型轴承应分组件包装。

防锈油膜、脂膜应浸涂均匀、透明,无杂质,无断层和开裂。

经防锈包装的轴承在正常储运条件下应保证在 12 个月内不生锈。防锈期从出厂之日算起。

4. 包装箱质量的检验

包装箱应牢固,外形尺寸应符合规定要求。

标志内容应完整齐全,字迹清晰,不易褪色。

包装箱毛重:不超过规定要求。

包装箱在正常储运条件下应保证在一年内不出现因包装不善而引起锈蚀、碰伤、散套或缺件现象。

包装箱应具有防水、防潮性能。

特大型轴承可以单套包装,对轴承的保护性能应与包装箱包装相同。

三、残磁检验

轴承的残磁值也是考核轴承质量一项重要指标,有条件的轴承用户可用专用轴承残磁仪进行检查。没有残磁仪的用户可用铁铆钉、截断的细铁丝做吸附检验、残磁最大值可参考表 17-63。

四、尺寸的检验

GB/T 307.2—2005《滚动轴承 测量和检验的原则及方法》(修改采用 ISO 1132-

2:2001）提出了滚动轴承尺寸和旋转精度的测量准则，概述所使用的各种测量和检验原则的基本原理及其适用场合，这对促进滚动轴承的检测工作起到很大的推动作用，对进一步提高轴承质量也起到很大作用，所以，应执行该标准。

表 17-63　滚动轴承残磁（参考值）

轴承外径 D/mm	超过	28	60	120	250
	到	60	120	250	430
残磁最大值/mT		0.5	0.6	0.8	1.0

1. 检验内径的方法

（1）单一内径（d_s）的检验

滚动轴承的单一内径是与实际内孔表面和一径向平面的交线相切的两条平行切线之间的距离，其检验方法如图 17-5 所示。

1）检验方法。

用合适尺寸的量块或标准套圈将量仪对零。

在表 17-60 所规定的测量区域内，在一单一径向平面内和若干个角方向上，测量并记录最大和最小单一内径 d_{spmax} 和 d_{spmin}。

在若干个径向平面内重复测量并记下读数，以确定单个套圈的最大和最小单一内径 d_{smax} 和 d_{smin}。

单一内径 d_{sp} 或 d_s 可从指示仪直接测得。

轴承套圈或垫圈的轴线应置于铅垂位置，以避免重力的影响。

以下可根据 d_{spmax} 和 d_{spmin} 的测值求得：

d_{mp}——单一平面平均内径；

Δ_{dmp}——单一平面平均内径偏差；

V_{dsp}——单一平面内径变动量；

V_{dmp}——平均内径变动量。

以下可根据 d_s、d_{smax} 和 d_{smin} 的测值求得：

d_m——平均内径；

Δ_{dm}——平均内径偏差；

Δ_{ds}——单一内径偏差；

V_{ds}——内径变动量。

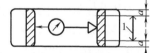

图 17-5　单一内径的检验
1—测量区域

2）适用场合。

此方法适用于所有类型滚动轴承的套圈、轴圈及中圈。

此方法还适用于测量可分离圆柱滚子轴承或滚针轴承外圈内径，但测点应避开滚道引导倒角。

(2) 推力滚针和保持架组件及推力垫圈的最小单一内径的功能检验

1) 检验方法（见图 17-6）。

在自由状态下，推力滚针和保持架组件或推力垫圈的内径用塞规通端和止端测量。

塞规通端尺寸分别为 GB/T 4605—2003《滚动轴承 推力滚针和保持架组件及推力垫圈》中规定的推力滚针和保持架组件或推力垫圈的最小内径 d_{csmin} 或 d_{smin}。

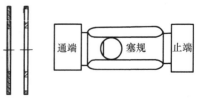

图 17-6 单一内径的功能检验示图

塞规止端尺寸分别为 GB/T 4605—2003 中规定的推力滚针和保持架组件或推力垫圈的最大内径。

组件或垫圈借助自重，应能从塞规通端自由落下。

塞规止端应插不进组件或垫圈内孔。若塞规止端用力能插进内孔，则组件或垫圈借助自重，不应从塞规落下。

塞规只用于检验尺寸极限而不直接测量内径。

由于推力滚针和保持架组件及相应推力垫圈各自的公差不同，因此需用不同的塞规。

2) 适用场合。

此方法适用于 GB/T 4605—2003 中所规定的推力滚针和保持架组件及推力垫圈。

本方法也可用于测量 GB/T 273.2—2018《滚动轴承 外形尺寸总方案 第 2 部分：推力轴承》中规定的座圈最小单一内径 D_{1smin}。

(3) 滚动体总体单一内径（F_{ws}）的检验

滚动体总体单一内径（无内圈向心轴承）是与滚动体总体内接包络轮廓和一径向平面的交线相切的两条平行切线之间的距离。

1) 检验方法（见图 17-7）。

将标准量规固定于平台上。

机制套圈轴承在自由状态下测量。

对于冲压外圈滚针轴承，先将轴承压入一淬硬钢制环规中，环规内径按 JB/T 8878—2011《滚动轴承 冲压外圈滚针轴承 技术条件》的规定（见表 17-64，塞规外径见表 17-65）。环规的最小径向截面尺寸见表 17-66。

轴承套在标准量规上，并沿径向将指示仪置于外圈宽度中部的外表面。

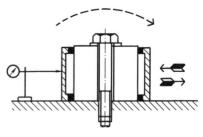

图 17-7 滚动体总体单一内径的检验示图

在与指示仪相同的径向方向上，对外圈往复施加足够的径向载荷，测出外圈在径向的移动量。施加的径向载荷见表 17-67。

在外圈径向极限位置记录指示仪读数。旋转轴承，在若干个不同的角位置上重复测量，以确定最大和最小读数 F_{wsmax} 和 F_{wsmin}。

第十七章 滚动轴承的检验

表 17-64 环规内径（JB/T 8878—2011） （单位：mm）

D		环规公称内径	环规内径公差	环规壁厚
超过	到			
8	10	$D-0.016$	按 GB/T 1957 中 IT8 公差级的规定	$\geqslant 20$
10	18	$D-0.020$		
18	30	$D-0.024$		
30	50	$D-0.028$		
50	80	$D-0.033$		

注：允许的环规最大内径为 D 减去公差级 N6 的上偏差值。

表 17-65 塞规外径（JB/T 8878—2011） （单位：mm）

F_w		塞规公称外径		塞规外径公差
超过	到	通端	止端	
—	3	$F_w+0.06$	$F_w+0.026$	按 GB/T 1957 中 IT7 公差级的规定
3	6	$F_w+0.010$	$F_w+0.030$	
6	10	$F_w+0.013$	$F_w+0.033$	
10	18	$F_w+0.016$	$F_w+0.036$	
18	30	$F_w+0.020$	$F_w+0.043$	
30	50	$F_w+0.025$	$F_w+0.052$	
50	70	$F_w+0.030$	$F_w+0.062$	

表 17-66 冲压外圈滚针轴承用环规的最小径向截面尺寸（GB/T 307.2—2005）

环规公称内径/mm		环规径向截面尺寸/mm	环规公称内径/mm		环规径向截面尺寸/mm
超过	到	min①	超过	到	min①
6	10	10	50	80	20
10	18	12	80	120	25
18	30	15	120	150	30
30	50	18	—	—	—

① 为保证精确的测量，可采用较大的环规径向截面尺寸。

表 17-67 径向测量载荷（GB/T 307.2—2005）

F_w/mm		测量载荷/N	F_w/mm		测量载荷/N
超过	到	min①	超过	到	min①
—	30	50	50	80	70
30	50	60	80	—	80

① 同表 17-66 的注。

滚动体总体单一内径 F_{ws} 等于测值加上标准量规直径。

以下可根据 F_{wsmax} 和 F_{wsmin} 求得：

F_{wm}——滚动体总体平均内径；

ΔF_{wm}——滚动体总体平均内径偏差。

2）适用场合。

此方法适用于所有无内圈圆柱滚子轴承、滚针轴承和冲压外圈滚针轴承。

（4）滚动体总体最小单一内径（F_{wsmin}）的检验

滚动体总体单一内径的最小值，它是指将一圆柱体装入滚动体总体内孔，至少在一个径向方向上径向游隙为零时圆柱体的直径。

1）检验方法（见图17-8）。

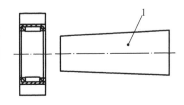

滚动体总体内径用一圆形、标定过的锥度心轴测量。锥度心轴包括内孔尺寸的范围，其锥度约为 1∶2000。

机制套圈轴承在自由状态下测量。

对于冲压外圈滚针轴承，先将轴承压入一淬硬钢制环规中，环规内径按 JB/T 8878—2011 的规定（见表17-64）。环规的最小径向截面尺寸见表17-66。

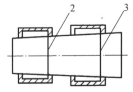

图17-8 滚动体总体最小单一内径的检验

1—锥度心轴 2—标定过的最小直径 3—标定过的最大直径

锥度心轴插入轴承内孔并轻微振动，以消除径向间隙和调整滚子而又不使轴承胀大。插入心轴的轴向载荷见表17-68。拔出心轴，在滚子总体位于最大心轴直径处测量其直径。

表17-68 用锥度心轴测量时的轴向插入载荷（GB/T 307.2—2005）

F_w/mm		轴向载荷[①]/N	F_w/mm		轴向载荷[①]/N
超过	到		超过	到	
8	15	10	30	80	30
15	30	15	80	150	50

① 若对测量无影响，也可采用较大的载荷。

测量前可在轴承上涂一薄层防护剂，以显示滚动体在心轴上的精确止点。

在位于轴承内径公差范围极限处的直径上，对心轴进行标志。若滚子总体接触位置处的心轴直径超过标志的最小直径标定线而不超过标志的最大直径标定线，则滚动体总体内径的公差极限满足要求。

2）适用场合。

此方法适用于所有 $F_w \leqslant 150$mm 的无内圈圆柱滚子轴承、滚针轴承和冲压外圈滚针轴承。

此方法用于测量滚动体总体最小单一内径 F_{wsmin}。滚动体总体单一内径 F_{ws} 不直接测量。

（5）滚动体总体最小单一内径的功能检验

1）检验方法（见图17-9）。

滚动体总体内径 F_w 用塞规通端和止端检验。

机制套圈轴承在自由状态下测量。

对于冲压外圈滚针轴承，先将轴承压入一淬硬钢制环规中，环规内径按 JB/T 8878—2011 的规定（见表17-64）。环规的最小径向截面尺寸见表17-66。

然后，滚动体总体内径用塞规通端和止端检验。

塞规通端尺寸为滚动体总体的最小内径。

塞规止端尺寸比滚动体总体的最大内径大 0.002mm。

轴承借助自重（装入环规中的冲压外圈滚针轴承借助环规和轴承的总重量），应能从塞规通端自由落下，但不能从塞规止端自由落下。

塞规只用于检验尺寸极限而不直接测量滚动体总体单一内径 F_{ws}。此检验方法可确定 F_{wsmin} 的范围是否在公差极限范围内。

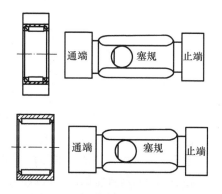

图 17-9　总体最小单一内径的功能检验示图一

2）适用场合。

此方法适用于所有 $F_w \leq 150mm$ 的无内圈圆柱滚子轴承、滚针轴承和冲压外圈滚针轴承。

（6）滚动体总体最小单一内径的功能检验（向心滚针和保持架）

1）检验方法（见图17-10）。

将向心滚针和保持架组件置于一环规中，环规外滚道尺寸按 GB/T 20056—2015《滚动轴承　向心滚针和保持架组件　外形尺寸和公差》（见表17-69）的规定。环规尺寸等于滚针总体外径 E_w 与公差级 G6（见 GB/T 1800.2—2009）的下极限偏差之和。

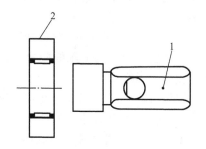

图 17-10　总体最小单一内径的功能检验示图二
1—塞规　2—环规

插入塞规，其尺寸等于 GB/T 20056—2015 中规定的滚针总体内径 F_w。

环规和塞规彼此相互转动时，向心滚针和保持架组件应旋转灵活、平稳，无阻滞现象。

2）适用场合。

此方法适用于向心滚针和保持架组件。

滚动体总体单一内径 F_{ws} 和外径 E_{ws} 不直接测量。

2. 检验外径的方法

（1）单一外径（D_s）的检验

滚动轴承的单一外径是与实际外表面和一径向平面的交线相切的两条平行切线之间

的距离。

表 17-69　功能检验规尺寸（GB/T 20056—2015）　　（单位：mm）

E_w		检验规尺寸	
超过	到	塞规直径	环规直径
—	6	等于 F_w	$E_w + 0.004$
6	10		$E_w + 0.005$
10	18		$E_w + 0.006$
18	30		$E_w + 0.007$
30	50		$E_w + 0.009$
50	80		$E_w + 0.010$
80	120		$E_w + 0.012$

1）检验方法（见图 17-11）。

用合适尺寸的量块或标准件将量仪对零。

在表 17-60 所规定的测量区域内，在一个单一径向平面内和若干个角方向上，测量并记录最大和最小单一外径 D_{spmax} 和 D_{spmin}。

在若干个径向平面内重复测量并记下读数，以确定单个套圈的最大和最小单一外径 D_{smax} 和 D_{smin}。

单一外径 D_{sp} 或 D_s 可从指示仪直接测得。

轴承套圈或垫圈的轴线应置于铅垂位置，以避免重力的影响。

以下可根据 D_{spmax} 和 D_{spmin} 的测值求得：

D_{mp}——单一平面平均外径；

Δ_{Dmp}——单一平面平均外径偏差；

V_{Dmp}——平均外径变动量。

以下可根据 D_s、D_{smax} 和 D_{smin} 的测值求得：

D_m——平均外径；

Δ_{Dm}——平均外径偏差；

Δ_{Ds}——单一外径偏差；

V_{Ds}——外径变动量。

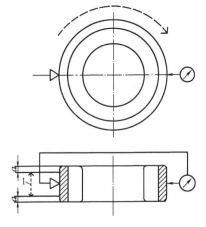

图 17-11　单一外径的检验示图
1—测量区域

2）适用场合。

此方法适用于所有类型滚动轴承的套圈、轴圈及座圈。

（2）滚动体总体单一外径（E_{ws}）的检验

滚动体总体单一外径是滚动体总体单一外径的最大值，它是指与滚动体总体外接包络轮廓和一径向平面的交线相切的两条平行切线之间的距离。

1) 检验方法（见图17-12）。

将无外圈轴承的内圈固定于平台上。

将一环规套在滚动体总体的外径上，指示仪置于环规的外径表面，正对内圈宽度的中部。

在与指示仪相同的径向方向上，对环规往复施加足够的径向载荷，测出环规在径向的移动量。施加的径向测量载荷见表17-67。

在环规的径向极限位置记录指示仪读数。在轴承若干个不同的角位置上重复测量，以确定最大和最小读数 E_{wsmax} 和 E_{wsmin}。

滚动体总体单一外径 E_{ws} 等于环规内径减去测值。

以下可根据 E_{wsmax} 和 E_{wsmin} 求得：

E_{wm}——滚动体总体平均外径；

Δ_{Ewm}——滚动体总体平均外径偏差。

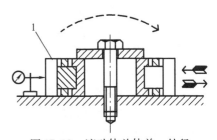

图17-12 滚动体总体单一外径的检验示图
1—环规

2) 适用场合。

此方法适用于无外圈圆柱滚子轴承和滚针轴承。

(3) 滚动体总体最大单一外径的功能检验

1) 检验方法（见图17-13）。

滚动体总体外径 E_w 用环规通端和止端检验。

环规通端尺寸比滚动体总体的最大外径大0.002mm。

环规止端尺寸比滚动体总体的最小外径小0.002mm。

环规通端应能通过滚动体总体，而环规止端不应通过滚动体总体。

环规只用于检验尺寸极限而不直接测量滚动体总体单一外径 E_{ws}。

2) 适用场合。

此方法适用于无外圈圆柱滚子轴承和滚针轴承。

此检验方法可确定 E_{wsmax} 的范围是否在公差极限范围内。

3. 检验宽度和高度的方法

(1) 套圈单一宽度（B_s 或 C_s）的检验

滚动轴承的套圈单一宽度是套圈两实际端面与基准端面切平面的垂直线交点间的距离。

1) 检验方法（见图17-14）。

用距基准端面合适高度的量块或标准件将量仪对零。

将套圈一端面支承于3个均布、等高的固定支点上，内孔表面用两个互成90°的适当的径向支点对套圈进行定心。

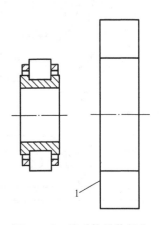

图17-13 滚动体总体最大单一外径的功能检验示图
1—环规

将指示仪置于套圈的另一端面上、一固定支点的正上方。

旋转套圈一周,测量并记录套圈最大和最小单一宽度 B_{smax} 和 B_{smin} (C_{smax} 和 C_{smin})。

套圈单一宽度 B_s 或 C_s 为套圈上任一点的实测值。

以下可根据内圈或外圈单一宽度 B_s 或 C_s 求得:

Δ_{Bs} 或 Δ_{Cs}——套圈单一宽度偏差;

V_{Bs} 或 V_{Cs}——套圈宽度变动量;

B_m 或 C_m——套圈平均宽度。

2) 适用场合。

此方法适用于所有类型滚动轴承的内圈和外圈。

(2) 外圈凸缘单一宽度 (C_{1s}) 的检验

滚动轴承的外圈凸缘单一宽度是外圈凸缘两实际端面与凸缘基准端面(背面)切平面的垂直线交点间的距离。

1) 检验方法(见图 17-15)。

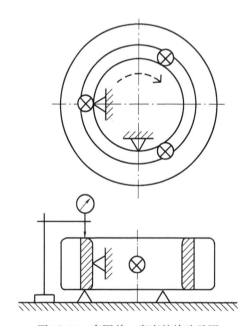

图 17-14 套圈单一宽度的检验示图

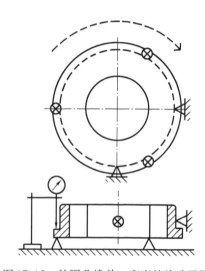

图 17-15 外圈凸缘单一宽度的检验示图

用距固定支点合适高度的量块或标准件将量仪对零。

将外圈凸缘前面支承于 3 个均布、等高的固定支点上,轴承外表面用两个互成 90°的适当的径向支点对外圈进行定心。

将指示仪置于凸缘背面、一固定支点的正上方。

旋转外圈一周,测量并记录外圈凸缘最大和最小单一宽度 C_{1smax} 和 C_{1smin}。

外圈凸缘单一宽度 C_{1s} 为凸缘背面任一点的实测值。

以下可根据外圈凸缘单一宽度 C_{1s} 求得:

Δ_{C1s}——外圈凸缘单一宽度偏差;

V_{C1s}——外圈凸缘宽度变动量。

2) 适用场合。

此方法适用于所有类型的凸缘外圈向心轴承。

(3) 轴承实际宽度 (T_s) 的检验 (主要方法)

轴承实际宽度是轴承轴线与限定轴承宽度的套圈实际端面两切平面交点间的距离。

1) 检验方法 (见图 17-16)。

用距平台合适高度的量块或标准件将量仪对零。

支住轴承的内圈基准端面,并保证滚动体与滚道接触。对于圆锥滚子轴承,应保证滚动体与内圈背面挡边和滚道接触。

将一已知高度的平板置于外圈基准端面,施加一稳定的中心轴向载荷,载荷值按表 17-59 中表 2 的规定,并将指示仪置于平板中心。

旋转外圈若干次,务必达到最小宽度,读取指示仪读数。

轴承实际宽度 T_s 等于指示仪读数减去已知的平板高度。

轴承实际宽度偏差 Δ_{Ts} 可根据 T_s 的测值求得。

2) 适用场合。

此方法为测量由一内圈端面和一外圈端面限定轴承宽度的向心和角接触轴承实际宽度的主要方法。

此测量方法不包括套圈端面平面度的影响。

(4) 轴承实际宽度的检验 (另一种方法)

1) 检验方法 (见图 17-17)。

用距平台合适高度的量块或标准件将量仪对零。

支住轴承的内圈基准端面,并保证滚动体与滚道接触。对于圆锥滚子轴承,应保证滚动体与内圈背面挡边和滚道接触。

将一稳定平板置于外圈基准端面,施加一稳定的中心轴向载荷,载荷值按表 17-59 中表 2 的规定。

将指示仪置于外圈基准端面。旋转外圈,读取指示仪读数。

在外圈背面的若干个圆周和径向位置上重复读数,以确定轴承实际宽度 T_s 的值。

轴承实际宽度偏差 Δ_{Ts} 可根据 T_s 的测值求得。

2) 适用场合。

此方法适用于由一内圈端面和一外圈端面限定轴承宽度的轴承。它适用于圆锥滚子

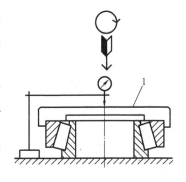

图 17-16 轴承实际宽度的
检验示图一
1—平板

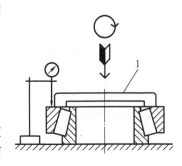

图 17-17 轴承实际宽度的
检验示图二
1—稳定平板

轴承、单列球面滚子轴承、单列角接触球轴承和推力调心滚子轴承。

此方法为测量轴承实际宽度 T_s 的另一种方法。轴承实际宽度 T_s 为所取指示仪读数的算术平均值。

大型轴承不需使用稳定平板或套圈。

此测量方法包括外圈基准端面平面度的影响。

(5) 轴承实际高度的检验（推力轴承）

轴承实际高度（T_s）是轴承轴线与限定轴承高度的垫圈实际背面两切平面交点间的距离。

1) 检验方法（见图17-18）。

将轴承支在一平台上。用距平面合适高度的量块或标准件将量仪对零。

将一已知高度的平板置于成套轴承上，施加一稳定的中心轴向载荷，载荷值按表17-59中表1的规定，并将指示仪置于平板中心。

旋转轴承若干次，务必达到最小高度，读取指示仪读数。

轴承实际高度 T_s 等于指示仪读数减去已知的平板高度。

轴承实际高度偏差 Δ_{Ts} 可根据 T_s 的测值求得。

2) 适用场合。

此方法适用于所有类型推力轴承，包括推力球轴承、推力圆柱滚子轴承和推力圆锥滚子轴承。

此测量方法不包括垫圈端面平面度的影响。

(6) 内组件实际有效宽度（T_{1s}）的检验（圆锥滚子轴承）

内组件实际有效宽度是内组件轴线与内组件实际背面切平面和标准外圈基准端面切平面交点间的距离。

只有内圈和标准外圈滚道以及内圈背面挡边均与所有滚子接触时，测值才有效。

1) 检验方法（见图17-19）。

用距平台合适高度的量块或标准件将量仪对零。

支住内组件的内圈基准端面，并保证滚子与内圈背面挡边和滚道接触。

将标准外圈置于内组件上。

将一已知高度的平板置于标准外圈的背面，施加一稳定的中心轴向载荷，载荷值按表17-59中表2的规定，并将指示仪置于平板中心。

旋转标准外圈若干次，务必达到最小宽度，读取

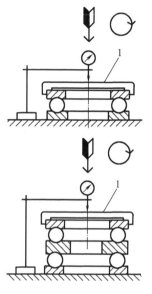

图17-18 轴承实际高度的检验示图
1—平板

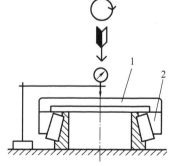

图17-19 内组件实际有效宽度的检验示图
1—平板 2—标准外圈

指示仪读数。

内组件实际有效宽度 T_{1s} 基于标准外圈的高度,等于指示仪读数减去已知的平板高度。

2) 适用场合。

此方法适用于圆锥滚子轴承内组件,它需要使用标准外圈。

此测量方法不包括套圈端面平面度的影响。

(7) 外圈实际有效宽度(T_{2s})的检验(圆锥滚子轴承)

外圈实际有效宽度是外圈轴线与外圈实际背面切平面和标准内组件基准端面交点间的距离。

对于凸缘外圈单列圆锥滚子轴承,它为凸缘实际背面与标准内组件基准端面交点间的距离。

1) 检验方法(见图17-20)。

用距平台合适高度的量块或标准件将量仪对零。

将内标准塞规的背面支在一平台上,外圈置于塞规上。

将一已知高度的平板置于外圈背面,施加一稳定的中心轴向载荷,载荷值按表17-59中表2的规定,并将指示仪置于平板中心。

旋转外圈若干次,务必达到最小宽度,读取指示仪读数。

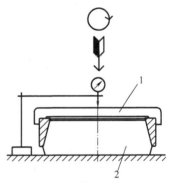

图17-20 外圈实际有效宽度的检验示图

1—平板 2—内标准塞规

外圈实际有效宽度 T_{2s} 基于内标准塞规的高度,等于指示仪读数减去已知的平板高度。

若需要,可用标定过的内组件(内圈、保持架和滚动体的分部件)代替内标准塞规。

2) 适用场合。

此方法适用于圆锥滚子轴承外圈,它需要使用内标准塞规。

此测量方法不包括套圈端面平面度的影响。

4. 检验套圈和垫圈倒角尺寸的方法

(1) 单一倒角尺寸(r_s)的检验(主要方法)

径向单一倒角尺寸是单一轴向平面内,套圈的假想尖角到倒角表面与套圈端面交点间的(径向)距离。

轴向单一倒角尺寸是单一轴向平面内,套圈的假想尖角到倒角表面与套圈内孔或外表面交点间的(轴向)距离。

1) 检验方法(见图17-21)。

用至少20倍的放大倍数画出倒角剖面轮廓,延长直径表面和端面的轮廓母线至交点,测量从交点至直径表面和端面起始点的水平和垂直距离。

画出半径等于 r_{smin} 的圆弧。若轴向和径向公称倒角尺寸

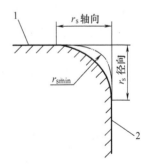

图17-21 单一倒角尺寸的检验示图

1—内孔或外径表面 2—端面

不同，可使用两个倒角尺寸中较小的一个。

套圈倒角不应超出半径为 r_{smin} 的圆弧。r_{smax} 的轴向和径向极限可以不同。

2）适用场合。

此方法适用于所有类型滚动轴承的内、外圈及推力垫圈。

此方法同样适用于指定半径 r_1、r_2 等的测量。

（2）单一倒角尺寸的功能检验（另一种方法）

1）检验方法（见图17-22）。

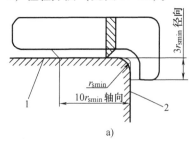
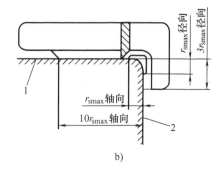

图 17-22　单一倒角尺寸的功能检验示图

a）将最小倒角样板置于套圈或垫圈上，样板应靠住直径表面和端面。将套圈或垫圈倒角与样板的轮廓进行比较　b）将最大倒角样板置于套圈或垫圈上，样板应靠住直径表面和端面。将套圈或垫圈倒角与样板的标记线进行比较

1—内孔或外径表面　2—端面

套圈或垫圈倒角不应与最小倒角 r_{smin} 样板发生干涉。

套圈或垫圈倒角不应超过最大倒角 r_{smax} 样板上的标记线。

r_{smax} 的轴向和径向极限可以不同。

2）适用场合。

此方法适用于所有类型滚动轴承的内、外圈及推力垫圈。

此方法同样适用于指定半径 r_1、r_2 等的检验。

5. 滚道平行度的检验方法

（1）内圈滚道对端面平行度（S_i）的检验（沟型向心球轴承）

内圈滚道对端面平行度是基准端面的切平面与内圈滚道中部间的最大与最小轴向距离之差。

1）检验方法（见图17-23）。

将内圈基准端面支在一平台上，滚道中部用两个互成90°的支点支承滚道表面，以对内圈进行定心，如图17-23a所示。

测头正对一固定支点，并保证测头以一恒定压力压在滚道上，压力方向与套圈轴线平行。

内圈旋转一周，读取指示仪读数。

内圈滚道对端面的平行度 S_i 为指示仪最大与最小读数之差。

第十七章 滚动轴承的检验

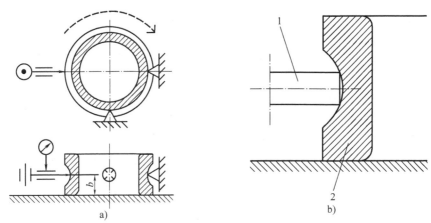

图 17-23　内圈滚道对端面的平行度的检验示图
a）对内圈进行定心并测量　b）使用具有滚道曲率的测头
1—测头　2—内圈

测头高度 b 位于滚道接触直径处。

实际中，可通过使用具有滚道曲率的测头来改善测头的轴向摆动（见图 17-23b）。

2）适用场合。

此方法适用于所有向心球轴承。

（2）外圈滚道对端面平行度（S_e）的检验（沟型向心球轴承）

外圈滚道对端面平行度是基准端面的切平面与外圈滚道中部间的最大与最小轴向距离之差。

1）检验方法（见图 17-24）。

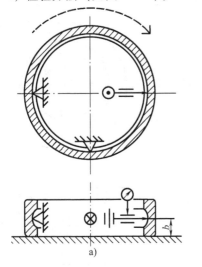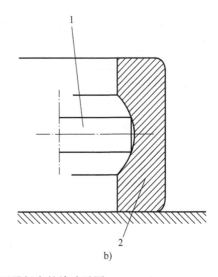

图 17-24　外圈滚道对端面平行度的检验示图
a）对外圈进行定心并测量　b）使用具有滚道曲率的测头
1—测头　2—外圈

将外圈基准端面支在一平台上,滚道中部用两个互成90°的支点支承滚道表面,以对外圈进行定心,如图17-24a所示。

测头正对一固定支点,并保证测头以一恒定压力压在滚道上,压力方向与套圈轴线平行。

外圈旋转一周,读取指示仪读数。

外圈滚道对端面的平行度 S_e 为指示仪最大与最小读数之差。

测头高度 b 位于滚道接触直径处。

实际中,可通过使用具有滚道曲率的测头来改善测头的轴向摆动(见图17-24b)。

2)适用场合。

此方法适用于所有向心球轴承。

6. 表面垂直度的检验方法

(1)内圈端面对内孔垂直度(S_Q)的检验(方法A)

1)检验方法(见图17-25)。

内圈端面对内孔垂直度是在距离轴线的径向距离等于端面平均直径一半处,垂直于内圈轴线的平面内与内圈基准端面间的最大与最小轴向距离之差。

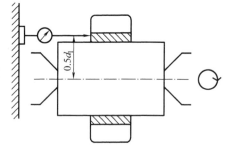

图17-25 内圈端面对内孔垂直度的检验示图一

该参数通常为"内圈端面对内孔的跳动",且公差也基于此定义。若测量值为"内孔对端面的跳动",则通过计算可转换为"端面对内孔的跳动"。

使用锥度约为1:5000的精密心轴。

将成套轴承装在锥度心轴上,并将心轴装在两顶尖之间,以保证其精确旋转。指示仪置于内圈基准端面、距心轴轴线的径向距离约为端面平均直径的二分之一处。

内圈旋转一周,读取指示仪读数。

内圈端面对内孔的垂直度 S_d 为指示仪最大与最小读数之差。

将轴承装在心轴上时应小心,应使内圈轴线与心轴轴线同轴。

d_1 为内圈端面平均直径。

2)适用场合。

此方法适用于向心轴承及其内圈,最适用于内径与宽度之比小于4的内圈。

(2)内圈端面对内孔垂直度(S_d)的检验(方法B)

1)检验方法(见图17-26)。

将内圈基准端面支在一平台上,如果是成套轴承,则使外圈处于自由状态,内圈内孔表面用两个互成90°的

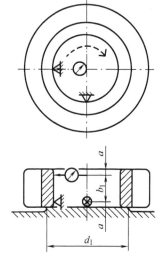

图17-26 内圈端面对内孔垂直度的检验示图二

第十七章 滚动轴承的检验

支点对内圈进行定心。

指示仪置于一支点的正上方。指示仪与两支点沿轴向分设在表 17-60 所规定的倒角尺寸的测量区域的极限位置处。

内圈旋转一周，读取指示仪读数。

此测量方法确定的是内孔对端面的垂直度，可通过计算转换为端面对内孔的垂直度 S_d：

$$S_d = \frac{S_{dr} d_1}{2 b_1}$$

式中　S_d——内圈端面对内孔的垂直度；
　　　S_{dr}——指示仪最大与最小读数之差；
　　　d_1——内圈端面平均直径；
　　　b_1——指示仪与其正下方固定支点间的轴向距离。

2) 适用场合。

此方法适用于所有类型的向心轴承及其内圈，主要适用于大套圈，或内径与宽度之比不小于 4 的内圈。此时轴承重量影响测量。

(3) 外圈外表面对端面垂直度（S_D）的检验（基本圆柱面）

外圈外表面对端面垂直度是在与外圈基准面的切平面平行的径向，在距离外圈两端面 1.2 倍最大轴向单一倒角尺寸的距离内，外表面同一素线上各点相对位置的总变动量。

1) 检验方法（见图 17-27）。

将外圈基准端面支在一平台上，如果是成套轴承，则使内圈处于自由状态，外圈外圆柱表面用两个互成 90°的支点对外圈进行定心。

指示仪置于一支点的正上方。指示仪与两支点沿轴向分设在表 17-60 所规定的倒角尺寸的测量区域的极限位置处。

外圈旋转一周，读取指示仪读数。

外圈外表面对端面的垂直度 S_D 为指示仪最大与最小读数之差。

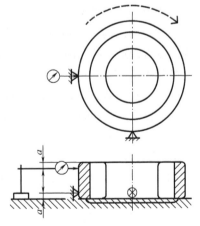

图 17-27　外圈外表面对端面垂直度的检验示图

2) 适用场合。

此方法适用于所有类型的向心轴承及其外圈，尤其适用于大套圈，或内径与宽度之比不小于 4 的外圈。此时轴承重量影响测量。

(4) 外圈外表面对凸缘背面垂直度（S_{D1}）的检验

外圈外表面对凸缘背面垂直度是在与外圈凸缘背面的切平面平行的径向，在距离凸缘背面及其对面 1.2 倍最大轴向单一倒角尺寸的距离内，轴承外表面同一素线上各点相对位置的总变动量。

1）检验方法（见图 17-28）。

将外圈凸缘背面支在一圆柱形支承环的端面上，如果是成套轴承，则使内圈处于自由状态，支承环的内径等于凸缘平均直径。外圈外表面用两个互成 90°的支点对外圈进行定心。

支承环上的槽允许侧面的支点进入。

指示仪置于一支点的正下方。指示仪与两支点沿轴向分设在表 17-60 所规定的倒角尺寸的测量区域的极限位置处。

外圈旋转一周，读取指示仪读数。

外圈外表面对凸缘背面的垂直度 S_{D1} 为指示仪最大与最小读数之差。

2）适用场合。

此方法适用于所有类型的凸缘外圈向心轴承。

7. 检验厚度变动量的方法

（1）内圈滚道与内孔间厚度变动量（K_j）的检验（向心轴承）

内圈滚道与内孔间厚度变动量是内孔表面与内圈滚道中部间的最大与最小径向距离之差。

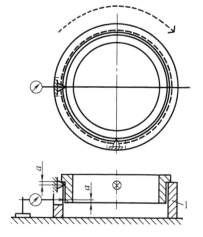

图 17-28　外圈外表面对凸缘背面垂直度的检验示图
1—圆柱形支承环

1）检验方法（见图 17-29）。

将内圈一端面支在 3 个均布、等高的固定支点上，内孔表面用两个互成 90°、距端面 $B/2$ 或正对着滚道中部的适当的径向支点对内圈进行定心。

指示仪正对一内孔支点。

内圈旋转一周，读取指示仪读数。

内圈滚道与内孔间的厚度变动量 K_i 为指示仪最大与最小读数之差。

2）适用场合。

此方法适用于所有类型向心和角接触轴承的内圈。

（2）外圈滚道与外表面间厚度变动量（K_e）的检验（向心轴承）

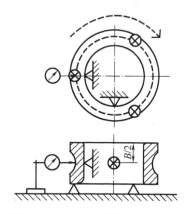

图 17-29　内圈滚道与内孔间厚度变动量的检验示图

外圈滚道与外表面间厚度变动量是外表面与外圈滚道中部间的最大与最小径向距离之差。

1）检验方法（见图 17-30）。

将外圈一端面支在 3 个均布、等高的固定支点上，外表面用两个互成 90°、距端面 $C/2$ 或正对着滚道中部的适当的径向支点对外圈进行定心。

指示仪正对一外径支点。

外圈旋转一周，读取指示仪读数。

外圈滚道与外表面间的厚度变动量 K_e 为指示仪最大与最小读数之差。

2）适用场合。

此方法适用于所有类型向心和角接触轴承的外圈。

(3) 轴圈滚道与背面间厚度变动量（S_i）的检验（推力轴承的平底面）

轴圈滚道与背面间厚度变动量是轴圈背面与其对面滚道中部间的最大与最小轴向距离之差。

1）检验方法（见图17-31）。

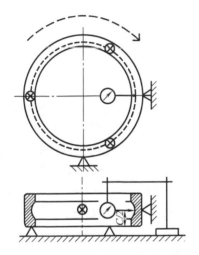

图 17-30 外圈滚道与外表面间厚度变动量的检验示图

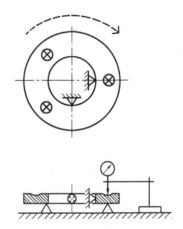

图 17-31 轴圈滚道与背面间厚度变动量的检验示图

将轴圈的平底面支在3个均布、等高的固定支点上，内孔表面用两个互成90°的适当的径向支点对轴圈进行定心。

指示仪置于滚道中部、一固定支点的正上方。

轴圈与支点接触，轴圈旋转一周，读取指示仪读数。

轴圈滚道与背面间的厚度变动量 S_i 为指示仪最大与最小读数之差。

2）适用场合。

此方法适用于具有平滚道或成型滚道及平底面的轴圈。

(4) 中圈滚道与背面间厚度变动量的检验

1）检验方法（见图17-32）。

将中圈一端面支在3个均布、等高的固定支点上，内孔表面用两个互成90°的适当的径向支点对中圈进行

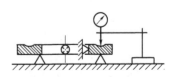

图 17-32 中圈滚道与背面间厚度变动量的检验示图

定心。

指示仪置于滚道中部、与邻近的一固定支点相对。

中圈与支点接触,中圈旋转一周,读取指示仪读数。

对另一滚道重复测量。

中圈滚道与背面间的厚度变动量 S_i 为指示仪最大与最小读数之差。

每个背面对滚道的厚度变动量是独立测量的。

2)适用场合。

此方法适用于每一端面具有成型滚道的中圈。

(5)座圈滚道与背面间厚度变动量(S_e)的检验(推力轴承的平底面)

座圈滚道与背面间厚度变动量是座圈背面与其对面滚道中部间的最大与最小轴向距离之差。

1)检验方法(见图17-33)。

将座圈的平底面支在3个均布、等高的固定支点上,外表面用两个互成90°的适当的径向支点对座圈进行定心。

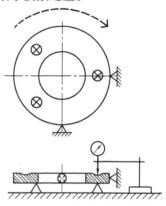

图17-33 座圈滚道与背面间厚度变动量的检验示图

指示仪置于滚道中部、一固定支点的正上方。

座圈与支点接触,座圈旋转一周,读取指示仪读数。

座圈滚道与背面间的厚度变动量 S_e 为指示仪最大与最小读数之差。

2)适用场合。

此方法适用于具有平滚道或成型滚道及平底面的座圈。

五、旋转精度的检验

1. 检验径向跳动的方法(向心轴承)

(1)成套轴承内圈径向跳动(K_{ia})的检验(主要方法)

成套轴承内圈径向跳动是内圈内孔表面在内圈不同的角位置相对外圈的固定点间的最大与最小径向距离之差。

在上述点的角位置或在其附近两边,滚动体应与内、外圈滚道以及圆锥滚子轴承内圈背面挡边接触。

1)检验方法(见图17-34)。

将外圈基准端面支在一带导向器的平台上,以便对套圈外径定心。对内圈基准端面施加一稳定的中心轴向载荷(见表17-59中表1),以保证滚动体与滚道接触。对于圆锥滚子轴承,应保证滚动体

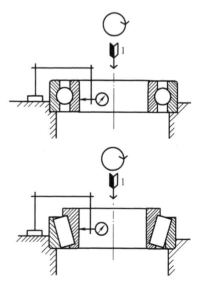

图17-34 成套轴承内圈径向跳动的检验示图一
1—内圈上的载荷

与内圈背面挡边及滚道接触。

指示仪置于内圈内孔表面，并尽可能地靠近内圈滚道中部。内圈旋转一周，读取指示仪读数。

成套轴承内圈的径向跳动 K_{ia} 为指示仪最大与最小读数之差。

2) 适用场合。

此方法适用于向心球轴承（包括单列角接触球轴承）、四点接触球轴承和圆锥滚子轴承。

(2) 成套轴承内圈径向跳动的检验（另一种方法）

1) 检验方法（见图 17-35）。

使用锥度约为 1∶5000 的精密心轴。

将成套轴承装在锥度心轴上，并将心轴装在两顶尖之间，以保证其精确旋转。

指示仪置于外圈外表面，并尽可能地靠近外圈滚道中部。

外圈保持静止，并保证其重量由滚动体承受。心轴旋转一周，读取指示仪读数。

成套轴承内圈的径向跳动 K_{ia} 为指示仪最大与最小读数之差。

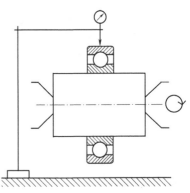

图 17-35　成套轴承内圈径向跳动的检验示图二

2) 适用场合。

此方法适用于向心球轴承（单列角接触球轴承除外）、圆柱滚子轴承、调心滚子轴承和滚针轴承。

(3) 成套轴承外圈径向跳动（K_{ea}）的检验（主要方法）

成套轴承外圈径向跳动是外圈外表面在外圈不同的角位置相对内圈一固定点间的最大与最小径向距离之差。

在上述点的角位置或附近两边，滚动体应与内、外圈滚道以及圆锥滚子轴承内圈背面挡边接触。

1) 检验方法（见图 17-36）。

将内圈基准端面支在一带导向器的平台上，以便对套圈内孔定心。对外圈基准端面施加一稳定的中心轴向载荷（见表 17-59 中表 1），以保证滚动体与滚道接触。对于圆锥滚子轴承，应保证滚动体与内圈背面挡边及滚道接触。

指示仪置于外圈外表面，并尽可能地靠近外圈滚道中部。外圈旋转一周，读取指示仪读数。

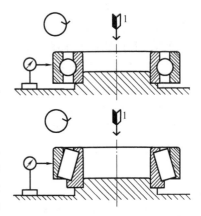

图 17-36　成套轴承外圈径向跳动的检验示图一
1—外圈上的载荷

成套轴承外圈的径向跳动 K_{ea} 为指示仪最大与最小读数之差。

2）适用场合。

此方法适用于向心球轴承（包括单列角接触球轴承）、四点接触球轴承和圆锥滚子轴承。

(4) 成套轴承外圈径向跳动的检验（另一种方法）

1）检验方法（见图 17-37）。

使用锥度约为 1:5000 的精密心轴。

将成套轴承装在锥度心轴上，并将心轴装在两顶尖之间，以保证其精确旋转。

指示仪置于外圈外表面，并尽可能地靠近外圈滚道中部。

内圈保持静止。外圈旋转一周，读取指示仪读数。

成套轴承外圈的径向跳动 K_{ea} 为指示仪最大与最小读数之差。

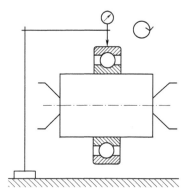

图 17-37 成套轴承外圈径向跳动的检验示图二

2）适用场合。

此方法适用于向心球轴承（单列角接触球轴承除外）、圆柱滚子轴承、调心滚子轴承和滚针轴承。

(5) 成套轴承内圈异步径向跳动（K_{iaa}）的检验（向心轴承）

成套轴承内圈异步径向跳动是内圈正反向旋转若干圈测量时，外圈外表面上任一固定点相对内圈内孔表面上、固定点间的最大与最小径向距离之差。

● 滚动体应与内、外圈滚道以及圆锥滚子内圈背面挡边接触。

● 应进行多次测量，每次应取外圈和内圈上不同的固定点。

● 异步径向跳动是非重复性的。

1）检验方法（见图 17-38）。

将内圈基准端面支在一带导向器的旋转平台上，以便对套圈内孔定心。轴承内圈和平台之间无相对旋转。对外圈基准端面施加一稳定的中心轴向载荷（见表 17-59 的表 1），以保证滚动体与滚道接触。对于圆锥滚子轴承，应保证滚动体与内圈背面挡边及滚道接触。

指示仪置于静止外圈的外表面，并尽可能地靠近外圈滚道中部。内圈（带平台）正反向旋转若干周，记录每一周指示仪最大读数。

指示仪置于外圈外表面另一径向位置，内圈正

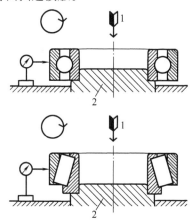

图 17-38 成套轴承内圈异步径向跳动的检验示图

1—外圈上的载荷 2—导向器

反向旋转若干周重复测量。指示仪置于外圈外表面不同的径向位置，重复测量。

成套轴承内圈的异步径向跳动 K_{iaa} 为内圈旋转若干周、在外圈不同固定点测量时的指示仪的最大读数。

测量时，内圈应正反向旋转若干周。

2）适用场合。

此方法适用于向心球轴承（包括单列角接触球轴承）、四点接触球轴承和圆锥滚子轴承。

2. 检验轴向跳动的方法

(1) 成套轴承内圈轴向跳动（S_{ia}）的检验

成套轴承内圈轴向跳动是在距内圈轴线的径向距离等于内圈滚道接触直径一半处，内圈基准端面在内圈不同的角位置相对外圈一固定点间的最大与最小轴向距离之差。

1）检验方法（见图17-39）。

将外圈基准端面支在一带导向器的平台上，以便对套圈外径定心。对内圈基准端面施加一稳定的中心轴向载荷（见表17-59中表1），以保证滚动体与滚道接触。对于圆锥滚子轴承，应保证滚动体与内圈背面挡边及滚道接触。

指示仪置于内圈基准端面。内圈旋转一周，读取指示仪读数。

成套轴承内圈的轴向跳动 S_{ia} 为指示仪最大与最小读数之差。

2）适用场合。

此方法适用于向心球轴承（包括单列角接触球轴承）、四点接触球轴承和圆锥滚子轴承。

(2) 成套轴承外圈轴向跳动（S_{ea}）的检验

成套轴承外圈轴向跳动是在距外圈轴线的径向距离等于外圈滚道接触直径一半处，外圈基准端面在外圈不同的角位置相对内圈一固定点间的最大与最小轴向距离之差。

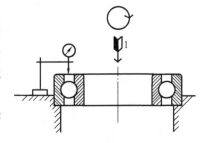

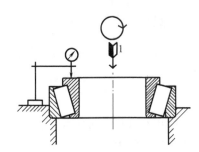

图17-39　成套轴承内圈轴向
跳动的检验示图
1—内圈上的载荷

内、外圈滚道应与所有球接触。

1）检验方法（见图17-40）。

将内圈基准端面支在一带导向器的平台上，以便对内圈内孔定心。对外圈基准端面施加一稳定的中心轴向载荷（见表17-59中表1），以保证滚动体与滚道接触。对于圆锥滚子轴承，应保证滚动体与内圈背面挡边及滚道接触。

指示仪置于外圈基准端面。外圈旋转一周，读取指示仪读数。

成套轴承外圈的轴向跳动 S_{ea} 为指示仪最大与最小读数之差。

2）适用场合。

此方法适用于向心球轴承（包括单列角接触球轴承）、四点接触球轴承和圆锥滚子轴承。

(3) 成套轴承外圈凸缘背面轴向跳动（S_{ea1}）的检验

成套轴承外圈凸缘背面轴向跳动是在距离外圈轴线的径向距离等于凸缘背面平均直径一半处，外圈凸缘背面在外圈不同的角位置相对内圈一固定点间的最大与最小轴向之差。

内、外圈滚道应与所有球接触。

1) 检验方法（见图17-41）。

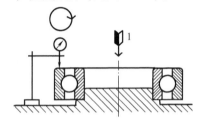
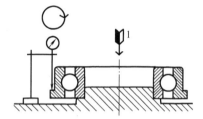
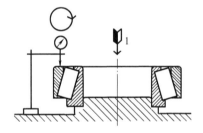
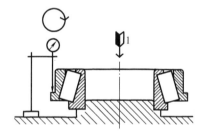

图17-40 成套轴承外圈轴向跳动的检验示图
1—外圈上的载荷

图17-41 成套轴承外圈凸缘背面轴向跳动的检验示图
1—外圈上的载荷

将内圈基准端面支在一带导向器的平台上，以便对内圈内孔定心。对外圈基准端面施加一稳定的中心轴向载荷（见表17-59中表1），以保证滚动体与滚道接触。对于圆锥滚子轴承，应保证滚动体与内圈背面挡边及滚道接触。

指示仪置于外圈凸缘背面、凸缘的中部。外圈旋转一周，读取指示仪读数。

成套轴承外圈凸缘背面的轴向跳动 S_{ea1} 为指示仪最大与最小读数之差。

2) 适用场合。

此方法适用于有外圈凸缘的向心球轴承（包括单列角接触球轴承）、四点接触球轴承和圆锥滚子轴承。

注意：滚动轴承的各种径向跳动和各种轴向跳动是诸多独立、累积因素影响的结果，例如滚动体直径变动量、滚道缺陷和波纹度、接触角变动量、基准端面/表面平面度和润滑剂杂质等，难以精确测量，尤其在轴承有较高精度时更是如此。有争议时，制造厂和用户之间可协商确定一种更为有效的方法，它包括上述介绍的单个零件的测量

第十七章 滚动轴承的检验

方法。

六、径向游隙的检验

滚动轴承的径向游隙（G_r，能承受纯径向载荷的轴承，非预紧状态）是在不同的角度方向，不承受任何外载荷，一套圈相对另一套圈从一径向偏心极限位置移到相反极限位置的径向距离的算术平均值。

1. 检验径向游隙的原则

1）固定轴承的内圈或外圈，在不固定的套圈上施加能得到稳定测值的载荷，并在直径方向上做往复移动进行测量。

2）置测头于不固定套圈宽度的中部位置，读取套圈在各个位置（大致均布，至少三个位置）上沿载荷方向的移动量，其算术平均值（径向游隙是无载荷状态下的值，为补偿测量过程中可能产生的变形，所以要扣除由于测量载荷引起轴承径向游隙的增加量，见表17-70）即为轴承径向游隙值。

表 17-70 在测量载荷下深沟球轴承径向游隙增加量（JB/T 3573—2004）

公称内径/mm		测量载荷 N	2组	0组	3组	4组	5组
超过	到		径向游隙增加量/μm				
10	18	25	3	4	4	5	5
18	30	50	4	5	5	6	6
30	50	50	3	4	4	5	5
50	80	100①	5	6	7	7	7
80	100	150①	6	8	8	9	9

① 测量载荷小于50N时，游隙的增加量小于2μm。

GB/T 4604.1—2012《滚动轴承 游隙 第1部分：向心轴承的径向游隙》列出了圆柱孔径向接触沟型球轴承、圆柱孔调心球轴承、圆锥孔调心球轴承、圆柱孔圆柱滚子轴承、滚针轴承、圆锥孔圆柱滚子轴承、圆柱孔长弧面滚子轴承、圆锥孔长弧面滚子轴承、圆柱孔调心滚子轴承、圆锥孔调心滚子轴承的径向游隙值。

2. 深沟球轴承径向游隙的检验

检验这类轴承时，应使滚动体落入沟底后才进行检验，有两种检验方法。

（1）用专用仪器检验法——方法一

1）无载荷仪器检验法（见图17-42）。

检验方法步骤如下：

第一步，根据被检验轴承的内孔尺寸选择合适的心轴，将轴承安装在心轴上，调整测量载荷（不大于5N）及仪器测头位置，调整及校正仪器，使其处于正常状态。

第二步，进行测量。旋转内圈，至少一周以上的整圈

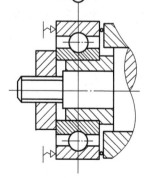

图 17-42 无载荷仪器
检验径向游隙示图

数，每周采样点数应大于128点，进行动态测量，从仪表上读出游隙值。

2）有载荷仪器检验法（见图17-43a、b）。

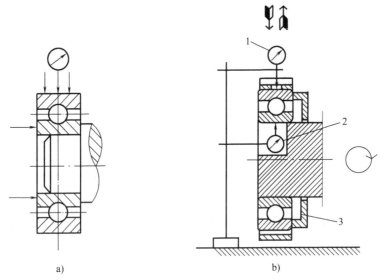

图17-43　有载荷仪器检验径向游隙示图
a）测量方法1　b）测量方法2
1—指示表A　2—指示表B　3—挡块

检验方法步骤

第一步，安装被检验轴承。调整测量载荷及测头位置，并使仪器处于正常状态。

第二步，测量。

按图17-43a测量时，应均匀交替施加测量载荷，使轴承外圈沿载荷方向移动，即可从仪表上读出轴承的游隙值。

按图17-43b测量时，将轴承装到一紧配合的刚性心轴上，指示表A置于外圈外表面并对准滚道中部，指示表B置于内圈内孔表面并对准滚道中部。在表17-71所规定的测量载荷作用下，转动内圈，并使外圈做径向移动，记录指示表A和B的平均读数A_{m1}和B_{m1}。改变载荷方向，记录指示表A和B的平均读数A_{m2}和B_{m2}，记录两组读数的差值ΔA_{m1}和ΔB_{m1}、ΔA_{m2}和ΔB_{m2}，即为轴承的径向游隙值。外圈每旋转120°，重复上述操作共测量三次，三次测量的算术平均值，即为轴承的游隙值。

表17-71　径向测量载荷（JB/T 3573—2004）

公称内径/mm		测量载荷[①]/N	
超过	到	球轴承	滚子轴承
—	30	25	50
30	50	30	60
50	80	35	70

第十七章 滚动轴承的检验

(续)

公称内径/mm		测量载荷[①]/N	
超过	到	球轴承	滚子轴承
80	120	40	80
120	200	50	100

[①] 载荷不应超过 $0.005C_{0r}$，C_{0r} 按 GB/T 4662—2012《滚动轴承 额定静载荷》的规定。

注意：应对测得的游隙值用表 17-71 进行修正。

(2) 简易检验法——方法二

这种检验方法最好不要用，只有在被检验的滚动轴承尺寸超出专用仪器的测量范围时才采用。其操作过程如下（见图 17-44）。

第一步，安装被检验轴承。将轴承的内圈固定在检验平板上，在内圈与平板之间垫上平垫片。也可以在外圈下面增加与内圈下面的平垫片厚度相同但不相连的平垫片。指示表置于外圈外表面并对准滚道中部，使外圈在 A 向与内圈和球保持接触，不得使对面一端抬起。为了使滚动体移到

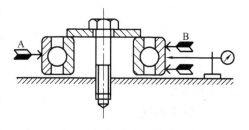

图 17-44 简易法检验游隙示图

滚道底部，要使外圈做轴向往复移动和周向摆动，直至指示表能显示出稳定的最大读数。

第二步，测量。

继续使外圈在 A 向与内圈和球保持接触，并做无圆周运动的轴向往复移动，滚动体通过滚道底部时，记录指示表所显示的最大读数 A_{max}。

不改变外圈的基本位置，使外圈在 B 向内圈和球保持接触，不得使对面一端抬起，使外圈做轴向往复移动和周向摆动，直至指示表能显示出稳定的最小读数 A_{min}。

继续使外圈在 B 向与内圈和球保持接触，并做无圆周运动的轴向往复移动，滚动体通过滚道底部时，记录指示表所显示的最小读数。最大与最小读数之差，即为所测的径向游隙。

应在不同的角位置上重复同样的过程若干次，以补偿内、外圈可能存在的圆度误差。若干次测得的值的算术平均值，即为被检验轴承的径向游隙值。

注意：应对测得的游隙值用表 17-70 进行修正。

3. 双列深沟球轴承径向游隙的检验

检验双列深沟球轴承径向游隙的检验应采用上述的方法一和方法二，测点位于外圈中部。

4. 调心球轴承径向游隙的检验

检验调心球轴承径向游隙的检验应采用上述的方法一和方法二。

5. 圆柱滚子和滚针轴承径向游隙的检验

检验这两种轴承的径向游隙，可以用上述的方法一或者用塞尺检验。这三种方法任一种均可，若有争议时，以方法一中的"无载荷游隙仪"测得的值为准。

6. 塞尺检验径向游隙——方法三

这种检验方法适用于大型和特大型圆柱滚子轴承径向游隙的检验。具体如下：在检验平板上，将被检验轴承立起或平放，用塞尺沿滚子和滚道圆周间测量。测量时，转动套圈和滚子保持架组件一周，在连续三个滚子上能通过的塞尺片的最大厚度为最大径向游隙值；在连续三个滚子上不能通过的塞尺片的最小厚度为最小径向游隙。取最大和最小径向游隙测得值的算术平均值作为被检验轴承的径向游隙值。

所用塞尺是在周期检定内的。

7. 调心滚子轴承径向游隙的检验

检验这种轴承的径向游隙可用方法一和方法三。

当采用方法一时，外圈不应倾斜；采用方法三时，在每列的径向游隙值合格后，取两列的游隙值的算术平均值作为被检轴承的径向游隙值。

检验轴承的径向游隙的方法二和方法三有赖于检验员的技能，测量时，不应施加过大的手指压力。

七、注意事项

1）以上介绍了检验滚动轴承的一些方法，它们不是唯一的，还有其他适用的方法，而且，随着生产的发展，科学技术的不断进步，将会有更多、更方便的检验方法出现。因此，不限制必须使用某一特殊方法。但有争议时，尺寸的检验和旋转精度的检验以 GB/T 307.2—2005《滚动轴承 测量和检验的原则及方法》的规定为准，径向游隙的检验以 JB/T 3573—2004《滚动轴承 径向游隙的测量方法》的规定为准。

2）轴承制造厂经常用专用测量仪器来测量和检验轴承和零件，以提高测量速度和精度，而用户缺少这些专用仪器，如果尺寸或形状误差超过有关技术规定，用户应向轴承厂咨询。

3）下列轴承允许用成品零件检验代替成套轴承的检验，零件的各项公差值按成品零件标准执行。

① 分离型角接触轴承（S70000型）。
② 内径小于10mm的调心轴承。
③ 滚道表面带凸度的圆锥滚子轴承。
④ 直径系列7的向心轴承。
⑤ 外径大于300mm或内径小于3mm的其他类型轴承。
⑥ 推力轴承。

第十八章 涂料的检验

第一节 涂料及其成膜后的质量指标

涂料是涂于物体表面能形成具有保护、装饰或特殊性能（如防腐、绝缘、标志等）的固态涂膜的一类液体或固体材料的总称。

早期涂料大多以植物油为主要原料，故称为油漆。现在合成树脂已大部分或全部取代了植物油，故称为涂料。

在日常使用中，在具体的涂料品种名称中可用"漆"字表示"涂料"，如色漆、清漆等。

一、涂料及有关名词术语

1. 有机涂料

主要成膜物质由有机物组成的涂料。

2. 无机涂料

主要成膜物质由无机物组成的涂料。

3. 色漆

含有颜料的一类涂料，涂于底材时，能形成具有保护、装饰或特殊性能的不透明漆膜。

4. 厚漆

颜料成分很高的、浆状的色漆。使用前需加适量的清油调稀。

5. 调和漆

一般指不需调配即能使用的色漆。

6. 磁漆；瓷漆

施涂后，所形成的漆膜坚硬、平整光滑，外观通常类似于搪瓷的色漆。其漆膜的光泽可变化于有无之间。

7. 底漆

多层涂装时，直接涂到底材上的涂料。

8. 二道底漆；二道浆

多层涂装时，介于底漆与面漆之间，用来修整不平整表面的色漆。

9. 面漆

多层涂装时，涂于最上层的色漆或清漆。

10. 清漆

不含着色物质的一类涂料。涂于底材时，能形成具有保护、装饰或特殊性能的透明漆膜。

过去将清漆称为凡立水，现不再使用这个名词。

11. 透明（色）漆

含有着色物质的、透明的涂料。它是在清漆中加入醇溶性、油溶性染料或少量有机着色颜料而调制成的。

12. 溶剂型涂料

完全以有机物为溶剂的涂料。

13. 水性涂料

完全或主要以水为介质的涂料。

14. 粉末涂料

不含溶剂的粉末状涂料。

15. 双组分涂料；双包装涂料

两种组分分装的、使用前必须按规定比例调合的涂料。

16. 漆料

一般指色漆中的液相组分。

17. 漆基；基料

漆料中的不挥发组分。它能形成漆膜并黏结颜料。

18. 腻子

用于消除涂漆前较小表面缺陷的厚浆状涂料。

19. 底材；基底

涂有色漆（或清漆）涂层或要涂色漆（或清漆）的各种材料，主要指其表面。

20. 涂层

经一次施涂所得到的连续的膜。

21. 底涂层

在底材上涂底漆所形成的涂层。

22. 漆膜；涂膜

涂于底材上的一道或多道涂层所形成的连续的膜。

23. 干燥

液态漆膜转变成固态漆膜的整个过程。

24. 自（然）干（燥）；（空）气干（燥）

在常温空气中涂层自然干燥的过程。

25. 烘（烤）干（燥）

用加热的方法使涂层干燥的过程。

26. 固化

用加热或化学的方法使涂层发生缩合或聚合的过程。

第十八章 涂料的检验

二、涂料及其成膜后的质量指标

将涂料按规定涂于底材上的一道或多道涂层所形成的连续的膜后的质量指标及其含义见表 18-1。

表 18-1　涂料及其成膜后的质量指标

质量指标	含　　义
原色	不能用其他有色材料拼混而得到的颜色。如红色、蓝色和黄色
主色；本色	颜料和漆料混合物，在完全遮盖底材时，用反射光观察所呈现的颜色
底色	应用于白色底材上的一薄层颜料和漆料混合物的颜色
色差	以定量表示的色知觉差异
黏度	液体对于流动所具有的内部阻力
酸度	中和 100g 颜料的萃取液所需要的 0.1 mol/L 氢氧化钠（钾）或盐酸溶液毫升数
硬度	漆膜抵抗诸如碰撞、压陷、擦划等机械力作用的能力
透明度	物质透过光线的能力
着色力	在规定试验条件下，有色颜料给白色颜料以着色的能力
遮盖力	颜料在漆膜中遮盖底材表面颜色的能力
流动性	涂料流动和成形的性质
柔韧性	漆膜随其底材一起变形而不发生损坏的能力
刷涂性	涂料刷涂的难易程度
耐酸性	漆膜对酸侵蚀的抵抗能力
耐水性	漆膜对水的作用的抵抗能力
耐热性	在规定温度下，颜料保持原有性能的能力
耐磨性	漆膜对摩擦作用的抵抗能力
耐光性	在规定光源下，颜料保持原有性能的能力
耐蚀性	漆膜抵抗介质作用防止被涂覆底材发生腐蚀的能力
耐候性	漆膜抵抗阳光、雨、露、风、霜等气候条件的破坏的作用而保护原性能的能力
耐湿热性	漆膜对高温高湿环境作用的抵抗能力
防霉性	漆膜抵抗霉菌在其上生长的能力

第二节　检　　验

涂膜的质量是产品外观质量的重要组成，在生产中，要严格依据标准和技术文件规定要求，对涂料、涂料施工过程和涂膜的质量进行检验。经检验涂料质量合格才能用于施工，用涂料施工质量来保证涂膜质量。

一、涂料质量的检验

涂料质量的优劣直接影响到涂层质量，所以必须按质量标准对涂料的质量进行检验。涂料质量一般采用抽样法进行检验。

1. 取样

在开桶取样前，应先将桶盖上的灰尘擦净然后打开桶盖，用干净的棒将涂料搅拌均匀后取样500g，分装在两个透明玻璃瓶内，一瓶待验，一瓶封存留样备查及对比用，并在瓶壁上加贴标签注明生产厂、产品名称、批号、制造日期及留样日期，封存三个月后观察涂料储存情况，分析使用。

2. 透明度的检验

透明度的检验属外观检验，用于检验不含颜料的清漆、清油和稀释剂等产品是否有机械杂质和呈现浑浊现象。

检验方法：将试样置于干燥洁净的试管中，用肉眼在自然散射光线下观察，即可鉴别涂料中是否有机械杂质和浑浊现象，对浑浊现象用"稍浑""微浑""浑浊"来表示。具体检验方法见GB/T 1721—2008《清漆、清油及稀释剂外观和透明度测定法》。

3. 颜色的检验

颜色的检验，是指对清漆、清油和稀释剂颜色的测定。

将试样装入无色透明的试管中〔内径为（10.75±0.05）mm，长为（114±1）mm〕，用铁钴比色计的18个标准色阶溶液，在非直射的阳光下或标准光源下对比，目测涂料颜色接近哪一号色阶，该号色阶就是被检测涂料的颜色，以号表示。具体检验方法见GB/T 1722—1992《清漆、清油及稀释剂颜色测定法》和GB/T 9761—2008/ISO 3668：1998《色漆和清漆 色漆的目视比色》。

4. 遮盖力的检验

将色漆均匀地涂刷在物体表面上，使其底色不呈现的最小用漆量称为遮盖力。

遮盖力有两种表示法，一是涂料耗量表示法，单位面积涂层的最小耗漆量（不露底色），单位为g/m^2；二是湿涂层厚度表示方法，能够以最薄的湿膜盖住全部底面而又不露底色的涂层厚度，单位为μm。

检验步骤：

（1）材料和仪器设备

1）漆刷：宽25~35mm。

2）黑白格玻璃板：100mm×100mm×(1.2~2)mm 或 100mm×250mm×(1.2~2)mm。黑白格面积为$2×10^4 mm^2$。

3）木板：100mm×100mm×(1.5~2.5)mm。

4）天平：感量为0.01g、0.001g。

5）刷涂法黑白格玻璃板。

6）喷涂法黑白格木板。

7）木制暗箱：600mm×500mm×400mm。

（2）黑白格板的制备与木制暗箱的结构

1）刷涂法黑白格玻璃板的制备：将100mm×250mm的玻璃板（经彻底表面处理）的一端遮住100mm×50mm留作试验时手握之用，然后在剩余100mm×200mm的面积上，喷一层黑色硝基漆，待干后，用小刀仔细的间隔25mm×25mm刻出正方形，再将玻璃板放入水中浸泡片刻，取出晾干，剥去正方形处漆膜，再喷上一层白色硝基漆，即成为有32个正方形黑白格玻璃板，然后再贴上一层光滑的牛皮纸，刮涂一层环氧胶（以防止溶液渗入破坏黑白格漆膜内），即制成牢固的黑白格板。

2）喷涂黑白格木板的制备：在100mm×100mm的木板（须经表面处理）上喷一层黑色硝基漆，待干后，在漆面上贴一张同面积大小的白色厚的光滑纸，然后用小刀仔细地间隔刻出25mm×25mm的正方形，再喷上一层白色硝基漆，待干后，仔细地剥去存留的间隔正方形纸片，即制成具有32个正方形黑白格木板。

(3) 测定方法

1) 刷涂法。

① 测定步骤：根据产品标准规定的黏度（如黏度大无法刷涂，则将试样稀释至适合刷涂的黏度，在计算遮盖力时应扣除稀释剂用量）在感量为0.01g的天平上称出盛有油漆的杯子和漆刷的总质量，用漆刷将涂料快速均匀地涂刷于黑白格玻璃板上（见图18-1，不得刷于试样的边缘上），然后放于暗箱内，距离磨砂玻璃片15～20cm，有

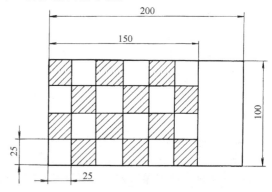

图18-1 黑白玻璃板尺寸

黑白格的一端与平面倾斜成夹角30°～45°，在一支或两支日光灯下进行观察，均以刚刚看不见黑白格为终点。最后将盛有全漆的杯子和漆刷称重，求出黑白格板上涂料的质量。

② 计算方法：遮盖力$X(\text{g/m}^2)$按式(18-1)计算(以湿漆膜计)：

$$X = \frac{W_1 - W_2}{S} \times 10^4 = 50(W_1 - W_2) \tag{18-1}$$

式中　W_1——未涂刷前盛有油漆的杯子和漆刷的总质量(g)；

　　　W_2——涂刷后盛有余漆的杯子和漆刷的总质量(g)；

　　　S——黑白格板涂漆的面积(cm^2)。

测定遮盖力时颜料与油的配比见表18-2。

表18-2　测定遮盖力时颜料与油的配比

颜料吸油量（%）	颜料:油（以g比）	颜料吸油量（%）	颜料:油（以g比）
10～20	1:1.2	30～40	1:4
20～30	1:2.5	40以上	1:5

平行测定两次，其结果之差不大于平均值的10%，则取其平均值，否则必须重新试验。

2) 喷涂法。

① 测定步骤：将试样调至适于喷涂的黏度，先在感量0.001g天平上分别称重两块100mm×100mm的玻璃板，用喷枪薄薄地喷涂，每次喷涂后放在黑白格木板上，置于暗

箱内距离磨砂玻璃片 15~20cm，黑白格木板与平面成 30°~45°的夹角，在一支或两支日光灯下观察，均以刚刚看不见黑白格为终点，然后把玻璃板背面和边缘的漆擦净，各种喷涂漆类按固体分含量中规定的焙烘温度至恒重。

② 计算方法：遮盖力 $X(\text{g/m}^2)$ 按式（18-2）计算（以干膜计）：

$$X = \frac{W_2 - W_1}{S} \times 10^4 = 100(W_1 - W_2) \tag{18-2}$$

式中　W_1——未喷涂前玻璃板的质量（g）；
　　　W_2——喷涂后玻璃板的质量（g）；
　　　S——玻璃板喷涂的面积（$10\text{cm} \times 10\text{cm} = 100\text{cm}^2$）。

两次结果之差不大于平均值的 10%，则取其平均值，否则需要重新试验。

5. 黏度的检验

黏度是涂料的重要指标之一，因此生产和使用单位，都要将黏度控制在施工最佳的范围内。

黏度有条件黏度、相对黏度和绝对黏度三种。

目前常用涂-4 黏度计测定条件黏度。

涂-4 黏度计测定操作方法：将过滤好的涂料缓缓地倒入漏斗内至圆顶端止（倒入前先将下部的漏嘴堵上），放开堵孔即按下秒表，直至涂料流完即停止秒表，其读数就是该涂料的流动性，单位为（s）。

6. 细度的检验

测量颜料在漆中分散程度的方法，称为涂料细度测定法。颜料在漆中的分散度越高，则细度越细，颜料的着色力、遮盖力越好，漆膜越平整光滑，保护性越好。

测定方法：

1）刮板细度法：刮板细度斗结构有 A、B、C 和 D 型四种：它们均用长 175mm、宽 65mm、厚 13mm 的淬火钢块制成，规格如下：

A 型：0, 10, 20, 30, 40, 50, 60, 70, 80, 90, 100（μm）。
B 型：0, 5, 10, 15, 20, 25, 30, 35, 40, 45, 50（μm）。
C 型：0, 2.5, 5, 7.5, 10, 12.5, 15, 17.5, 20, 22.5, 25（μm）。
D 型：0, 1.5, 3, 4.5, 6, 7.5, 9, 10.5, 12, 13.5, 15（μm）。

刮刀一般长（60±0.5）mm，宽（42±0.5）mm，表面粗糙度 $Ra = 0.4$μm，刀刃部粗糙度 $Ra = 0.1$μm。检验操作方法是将试样放在细度计板的沟槽最深处，使其填满并稍超出一些，然后以双手持刀的两端，与刮板表面垂直，由已装入试样的深沟槽一端稍用力匀速刮至浅沟槽一端，使试样充满整个刮板的沟槽，刮平后，使视线与沟槽平面成 15°~30°角，目测沟槽中涂料颗粒均匀显露处的刻度线即为该涂料的细度，单位为 μm。A 型刮板细度在一般场合用，C 型和 D 型只有熟练的人才能用。

2）测微计（千分尺）法：将厚漆、腻子试样调配至适宜黏度，充分搅拌均匀后，用玻璃棒蘸上一滴，滴在测微计光滑的测量面上，转动测微计（千分尺）使之缓慢转动，在测量杆转动 2~3 齿为止，取五次平均值。

7. 固体含量的检验

1）取样：将涂料充分搅拌后取 500g，并注明生产厂名称、试样名称代号、出厂日期、批号、取样日期，留以后备查时作质量对比样本。

2）测定方法：先将涂料中的溶剂，稀释剂等分别用电热烘干或烘箱烘干每次供测定的取样量不宜过多，一般取 2～5g，将烘干前与烘干后的质量称量准后，用式（18-3）计算：

$$x = \frac{W_1 - W}{G} \times 100\% \tag{18-3}$$

式中　x——固体含量（g）；

　　　W——容器质量（g）；

　　　W_1——烘干后的试样加容器质量（g）；

　　　G——测样质量（g）。

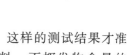

烘干所用温度、时间应参照被测定涂料要求的温度、时间，这样的测试结果才准确。参见 GB/T 1725—2007/ISO 3251∶2003《色漆、清漆和塑料　不挥发物含量的测定》。

二、涂料施工的检验

涂装施工过程中的质量检验，即每一道工序间的质量检查，在施工工艺中都要有明确的规定，质量检验员必须按工艺中规定的质量标准进行检验，把好工序质量关，才能最终获得高的涂层质量。涂装施工工序间的某一道工序质量不符合质量要求，都将对整个的涂层质量产生不良影响，甚至造成废品。

1. 涂装层次间的质量指标

涂层层次间的质量指标是指复合涂层的涂底漆、刮磨腻子、二道底漆、前道面漆等的质量检查。各层次间的质量指标见表 18-3。

表 18-3　涂装层次间的质量指标

层次名称	质量指标
底漆	涂层厚度较薄，覆盖全面无漏涂、流挂、皱纹和起泡、堆积和橘皮、裂纹、脱落等疵病，涂膜光滑平整、均匀一致，无颗粒或薄厚不均的现象，涂膜实干后附着牢固坚硬
刮磨腻子	在实干后的底涂层表面刮腻子，腻子刮涂应全面不漏，刮填平产品表面的各种缺陷，腻子易薄涂，刮至平整光滑，在上层实干后再涂刮第二道，依次进行 磨腻子应在腻子实干后进行，腻子层磨成光滑平整，不露底，不应有砂布、砂纸道痕，如腻子层磨漏底，应从新涂底漆干燥后，再补刮腻子
涂二道底漆	实干后的二道底漆涂层易薄，无漏涂和薄厚不均，用砂布或砂纸干磨或水磨的质量要求同"刮磨腻子"，打磨后应将灰吹擦干净，水磨后应擦净烘干
涂面漆	头道面漆实干后，涂膜表面应无漏涂、流挂、橘皮、起泡、起皱、颗粒、斜孔、薄厚不均等疵病，涂膜要平整光滑，干净无尘，然后再喷涂下道面漆，打磨处理干净，依次喷涂，直至最后的面漆喷涂完成

2. 涂层外观的质量标准

涂层外观质量标准可由各行业根据自己的要求而定，一般涂层质量标准可分为四级，见表18-4。

表18-4 涂层外观质量标准

等级	质 量 标 准
一级	表面涂膜附着牢固、坚硬、涂膜丰满、色彩鲜艳、光滑平整、均匀一致、光泽度高，肉眼观察，不得有漏涂、流挂、橘皮、刷痕、打磨痕迹、伤痕、修整痕迹、颗粒及机械杂质，无明显色差，不涂漆部位应清洁
二级	表面涂层应附着牢固、坚硬光亮、柔韧性好、涂膜应丰满、光滑平整、颜色均匀一致，同批产品无明显色差，用肉眼观察不许有流挂、漏涂、橘皮、颗粒杂质及修整痕迹，非主要部位允许有不明显的橘皮以及不大于50cm²范围内有微小、数量在5个以下的机械杂质，不需涂漆处应清洁无漆
三级	表面涂膜要附着牢固、柔韧性好、色泽均匀一致、表面平整光滑、不允许有漏涂、流挂、明显橘皮、起泡、起皱、颗粒和厚薄不均，不得有划伤和修整痕迹，非主要部位允许有少量杂质
四级	主要是指装饰性不高的保护性涂层质量，要求表面涂膜附着牢固，平整光滑，坚硬并有一定光泽，不需涂漆处应清洁无漆

3. 涂装工序的质量控制

（1）涂前表面处理质量要求

为了获得良好的涂膜质量，对金属表面在涂漆前要进行预处理，经处理后的涂装表面应达到彻底的无油，无锈蚀物，无氧化皮，无焊渣、毛刺、灰尘等污物。喷砂、喷丸处理后的表面质量应达到呈现金属光泽的本色，彻底的无油，无锈蚀物，无氧化皮，无焊渣和毛刺。

1）对铸件表面要求：不允许有超过规定的凸起、缩孔、凹隙和过长的浇冒口等缺陷。对于冷冲件、剪切件，应除掉毛刺。焊接件焊口应磨平，除掉焊渣。

2）为了提高金属表面与涂膜的结合力，在涂漆前必须将油污和杂质清洗干净。

3）金属部件表面有锈蚀和氧化皮时，要采取喷砂或酸洗等方法去除。

（2）涂底漆

底漆对金属表面起着重要的防护作用，同时可以增加面漆的附着力。采用底漆时，对钢铁件应先喷涂磷化底漆，施工环境要干净、干燥，如湿度太大，易引起涂膜泛白，影响涂膜附着力和防腐性能。在然后喷涂铁红、环氧或醇酸底漆时，必须待磷化底漆彻底干后方可施工，喷涂磷化底漆后，再喷涂铁红，环氧醇酸底漆可提高涂膜的耐湿热、耐盐雾性能。

（3）刮腻子

刮腻子主要是填补已涂过底漆的金属表面的不平处，以保证涂膜外观平整光滑。

刮头道腻子不可太厚，一般控制在0.5mm以下，腻子刮后应按工艺规定进行烘干，刮腻子的道数应以表面达到平整光滑为准，但必须在上道腻子干燥后，再刮下道腻子，否则会因里层干的不透，喷面漆后，涂膜出现气泡和脱落等缺陷。

第十八章　涂料的检验

1）喷好底漆和刮好腻子的表面，待干燥后，应进行打磨，使表面平整光滑。

2）刮二道腻子即在底漆喷涂后，喷涂表面仍不平整，应在底漆实干后，再刮腻子填补，否则易出现"反底""拉丝"等缺陷。

3）将不需刮涂腻子处的腻子清理掉。

4）刮补后的二道腻子在实干后要进行水磨，打磨时应注意防止磨透底漆，如打磨露底时，应补上底漆，经打磨后应将磨浆揩干净，并晾干或烘干。

(4) 喷二道底漆目的

使表面光滑、细腻，达到增强底漆和面漆的结合力。

(5) 喷涂面漆

喷涂前要做好准备工作：清扫环境、过滤漆液，调整漆的黏度，调整喷枪喷嘴的大小和气压。

1）喷面漆目的是使产品外观具有一定的光泽和色彩，得到具有防护、装饰作用的美观表面。为达此目的必须按工艺施工，确保产品质量。

2）在使用面漆时应先调至工作黏度。

3）在喷下道面漆时，必须待上道面漆实干后进行，每层面漆厚度应控制在不大于 0.05mm。

4）喷涂施工应在空气清洁、通风良好的厂房内进行，相对湿度不得超过70%，室温不得低于13℃以下，否则不准施工。

5）喷漆使用的压缩空气需要过滤，将油水杂物分离除去，以确保产品质量。

(6) 涂层质量的检验方法

1）底漆层外观的检验方法：在光线充足的环境下目视。

2）腻子层外观的检验方法：首先在光线充足的环境下目视外观质量，然后用测厚仪检查。要求一、二层腻子厚度在 0.3~0.5mm，第三层腻子薄而均匀。

3）底漆干燥程度的检验方法：将直径10mm，重200g 的干燥砝码放在铺放于底漆层上的纱布上30s，取出后底漆面无印痕和粘附棉屑，即为合格。

4）腻子表面干燥程度的检验方法：可用 0.3kg 锤子尖端进行打击，当被打击处的腻子层只鼓起为合格，不准出现脱落和裂纹。

5）面漆外观的质量检验方法：用肉眼观察，也可用样板对照检验。

6）面漆实干的检验方法：用手指在涂膜上用力地急速按一下，涂膜上不留指纹和产生剥落现象，涂膜应保持平整光滑，即为合格。也可在涂膜上放一片滤纸或一个棉球，在上面轻轻放置一个底面积为 $1cm^2$ 重200g 的干燥试验器，将样板翻转（涂膜向下），滤纸或棉球能自由下落，并且以纤维不被粘在涂膜上为合格。

三、涂膜的检验

涂膜的检验，包括对涂膜外观的检验、涂膜结合力、防腐性及其他一些重要指标的检验，以确定涂膜质量是否达到标准规定。

在实际生产过程中，有些项目可以在涂装现场检验，但多数项目不能在生产现场检验，需要按标准中规定的涂层检测样板的制备方法进行检验。

1. 样板涂层的制备

（1）标准样板材质尺寸

马口铁板 50mm×120mm×(0.2~0.3)mm（或用涂装产品的材料制作）。

（2）涂层制备步骤

1）按标准中规定的材质和尺寸剪裁好样板。

2）涂装前需用细砂纸将样板仔细轻磨一遍，以利涂料附着牢固。如用与涂装产品相同的材质，则按标准制备样板的表面，涂装前更需进行彻底的表面处理。

3）用刷涂或喷涂方法制备涂层。

① 刷涂法：先将试验用的涂料调至适宜刷涂黏度并过滤，然后用羊毛排笔蘸适量的涂料一次刷成，不得往返刷，更不能留有刷痕、道子等。刷涂好后按涂料要求的干燥温度，在规定时间内干燥，实干后的样板应光滑平整，无流挂，无橘皮，无漏涂和涂层薄厚不均匀等，更不能存在失光、变色，否则无法进行光泽、颜色外观等项目的检验。

② 喷涂法：一般选用喷枪的喷嘴直径为 1.5~1.8mm，喷枪的各组件要绝对刷洗干净，喷涂应均匀、平整并达到一定厚度要求，喷涂好后，按不同的涂料品种要求的干燥温度，在规定的时间内进行干燥，实干后，按试验标准规定指标进行各种试验。

2. 色漆颜色的检验

将漆样涂在试板上，全干后与标准色涂料样板进行比较，观察颜色的深浅和色相是否一致。

对涂膜颜色和外观的检验是十分重要的，如不严格控制，将会出现同种颜色的涂料，由于批号不同而颜色不一，在使用中如涂在同一台产品上，将影响表面的装饰性，因此在使用前要对涂料颜色进行检验。方法如下：

（1）标准样品法（甲法）

将测定样品与标准样品分别在马口铁上制备涂膜，待涂膜实干后将两板重叠1/4面积，在天然散射光线下检查，眼睛与样板距离300mm左右，约成120°角，根据产品标准检查颜色和外观，颜色应符合技术允许范围，外观应平整光滑，符合产品标准规定。

（2）标准色板法（乙法）

将测定样品在马口铁板上制备涂膜，待涂膜实干后，将标准色板与待测色板重叠1/4面积，在天然散射光线下检查，眼睛与样板距离300mm左右，约成120°~140°角，观察色相、明度、纯度，有无不同于标准色板、色卡的色差，其颜色若在两块标准色板之间，或与一块标准色板比较接近，即为符合技术允许范围。

（3）仪器测定法

用各种类型的色差仪来测定涂膜的颜色。这种方法测得的结果准确。

3. 结合力的检验

结合力即涂膜的附着力，是指涂膜与被涂物体表面粘合的牢固程度。

目前要真正测得涂膜与被涂物体的附着力是比较困难的，一般只能用间接的手段来测得，常采用综合测定和剥离测定两种方法。

综合测定法包括：栅格法，交叉切痕法和画圈法。

剥离测定法包括：扭开法和拉开法。

在生产中常用画圈法测定结合力。其测定步骤如下：

（1）一般规定

1）材料和仪器设备。

① 马口铁 50mm×100mm×(0.2~0.3)mm。

② 4倍放大镜。

③ 漆刷：宽25~38mm。

④ 附着力测定仪。

2）附着力测定仪有关部件。

① 试验台丝杠螺距为1.5mm，其转动与转针同步。

② 转针用三五牌唱针，空载压力为200g。

③ 荷重盘上砝码，其质量为100g、200g、500g和1000g。

④ 转针回转半径可调，标准回转半径值为5.25mm。

（2）测定方法

在马铁上（或按产品标准规定的底材）制备样板3块，待涂膜彻底干燥后，于恒温恒湿的条件下测定。测前先检查转针是否锋利，若不锋利，应予以更换。然后调整回转半径，直至与标准回转半径的圆滚线相同为止。测定时将样板正放在试验台上并固定，在荷重盘上加砝码，使转针的尖端接触涂膜，并划至金属层。按顺时针方向，均匀转动摇柄，转速为80~100r/min，圆滚线划痕标准图长7.5±0.5cm。取出样板，用漆刷除去划痕上的漆屑，用4倍放大镜检查划痕并评级。

（3）评级方法

以样板上划痕的上侧为检查的目标，依次标出1，2，…，7七个部位，相应分为七个等级。按顺序检查各部位的涂膜完整程度，如某一部位的格子有70%以上完好，则定为该部位是完好的，否则应视为损坏。例如，部位1涂膜完好，则附着力最佳，评定为1级；部位1涂膜损坏，而部位2完好。附着力次之，评定为2级，依次类推，七级为附着力最差。

结果以最少两块样板的级别一致为准。

4. 耐冲击强度的检验

耐冲击强度是指测试涂膜受高速度的负荷作用下变形程度，即涂料涂膜抵抗外来冲击的能力。它是以一定质量的重锤与其落在涂漆面上而不引起涂膜破坏之最大高度的乘积（kg·cm）来表示的。

测试仪器为冲击试验器。

测试方法：将干后的涂漆样板平放于铁砧上，涂膜朝上，样板受冲击部位距边缘不少于15mm，将重锤提至10cm高度，然后按控制按钮，使重锤自由落下冲击样板，提起重锤取出样板，用4倍放大镜观察，看受冲击处涂膜有无裂纹、皱皮及剥落现象，当涂膜无裂纹、皱皮、剥落现象时，可依次增大重锤的高度至 20~50cm。试验条件应在温度为 25℃、相对湿度为 65%±5% 的条件下进行。

5. 柔韧性的检验

柔韧性的试验方法，是将涂漆的马铁在不同直径的棒上弯曲，找到不致引起涂膜破坏的最小轴棒。该轴棒的直径即表示该涂膜的柔韧性数值。

检验步骤：

（1）一般规定——材料和仪器设备

1）4 倍放大镜。

2）马口铁板：25mm×120mm×(0.2~0.3)mm，无任何可见裂纹和皱纹，除另有规定外。

3）柔韧性测定器，是由粗细不同的 7 个钢制轴棒所组成，固定于底座上，底座可用螺钉固定在试验台边上。

（2）轴棒的尺寸

轴棒 1：长 35mm，直径为 $\phi 15_{-0.05}^{0}$ mm

轴棒 2：长 35mm，直径为 $\phi 10_{-0.05}^{0}$ mm

轴棒 3：长 35mm，直径为 $\phi 5_{-0.05}^{0}$ mm

轴棒 4：长 35mm，直径为 $\phi 4_{-0.05}^{0}$ mm

轴棒 5：尺寸为 35mm×10mm×(3±0.1)mm，曲率半径为 (1.5±0.1)mm

轴棒 6：尺寸为 35mm×10mm×(2±0.1)mm，曲率半径为 (1±0.1)mm

轴棒 7：尺寸为 35mm×10mm×(1±0.1)mm，曲率半径为 (0.5±0.1)mm

（3）测定方法

在马铁板（或按产品标准规定）上制备涂膜。待涂膜实干后，在恒温条件下，涂膜朝上，用双手把涂漆样板紧压在产品标准规定直径的轴棒上，绕棒弯曲，弯曲时双手拇指应对准轴棒中心线，弯曲动作必须在 2~3s 内完成。涂膜弯曲后用 4 倍放大镜观察，如无网纹、裂纹及剥落等损坏现象即为合格。

6. 硬度的检验

涂膜硬度是指涂膜对于外来物体浸入表面所具有的阻力。根据涂料的性质，涂料干燥越彻底，硬度就越高，完全干燥的涂膜，具有良好的硬度。测定涂膜硬度常用摆杆硬度计。该仪器是测涂膜的比较硬度，即在涂有涂料的玻璃板和未涂涂料的玻璃板上，摆锤在规定振幅中摆动衰退时间的比值，玻璃板上的摆动值为 (440±6)s 以此数除以涂有涂料的摆动值即为该漆硬度：

$$x = \frac{t}{t_0} \tag{18-4}$$

式中　t——摆杆在涂膜上 5°→2° 的摆动时间（s）；

　　　t_0——摆杆在玻璃板上从 5°→2° 的摆动时间（s）；

　　　x——漆膜硬度值。

在没有摆杆硬度计的情况下，可以用铅笔检验漆膜硬度，详见 GB/T 6739—2006/

ISO 15184：1998《色漆和清漆 铅笔法测定漆膜硬度》。

7. 厚度的检验

涂膜厚度是一项重要指标，如涂膜厚度不均或厚度不够，都会对涂膜性能产生不良影响，因此对涂膜厚度要严加控制。目前用湿膜厚度计和干膜厚度计测定涂膜厚度。

1）湿膜厚度计：其测量原理是同一水平面的两个平面连接在一起，在其中间有第三个平面就能垂直地接触到湿膜。由于第三个面与外侧两个面具有高度差，故第三个面首先接触到湿膜的该点，即为湿膜的硬度。

测试时握住中心的导轮，并从最大读数点开始把圆盘压着试验表面滚到零，然后拿开，湿膜首先与中间偏心表面接触的该点，即为湿膜的硬度。

2）干膜硬度计：有磁性和非磁性两种，磁性测厚仪用来测定钢铁底板上涂膜的厚度，非磁性测厚仪用来测定铝板、铜板等不导磁底板上涂膜的厚度。

以上只介绍了湿膜厚度和干膜厚度的检验方法，还应检验未固化粉末涂层厚度及粗糙表面上漆膜厚度。

近年来，国内外对漆膜厚度的检验进行深入研究，提出了许多检验方法，现将GB/T 13452.2—2008/ISO 2808：2007《色漆和清漆 漆膜厚度的测定》提出的方法收录如下（见表18-5～表18-7），更详细情况见该标准。

表18-5 湿膜厚度的测定（GB/T 13452.2—2008）

原理	方法	底材①	适用范围②			标准③	精密度④
机械法	梳规	X	nd/d⑤	c	l/p/f	ASTM D4414	系统误差为±10%或±5μm，取更大者
	轮规	X	nd/d⑤	c	l/p/f	ASTM D1212	系统误差为±5%或±5μm，取更大者
	千分表	X	nd/d⑤	c	l/p/f	—	系统误差为±5%或±3μm，取更大者
重量分析法	质量差值法	X	nd	nc	l	—	没有得到数据
光热法	热性能	X	nd	nc	l/p	EN 15042-2	系统误差为±2%或±3μm，取更大者

① X——任何底材。
② d——破坏性；
　nd——非破坏性；
　c——接触；
　nc——不接触；
　l/p/f——适用于实验室/生产/现场作业。
③ 有代表性的国际标准或国家标准，在标准中描述了测试方法。
④ 这些方法的精密度数据由仪器生产商测得，并且用可溯源的校准标准校验。给出的数据是基于仪器生产商和用户的经验值，可能会有出入。
⑤ 取决于涂层及涂层的功能。

表 18-6　干膜厚度的测定（GB/T 13452.2—2008）

原理	方法	底材①	适用范围②			标准③	精密度④
机械法	厚度差值法（测微计/千分表）	X	nd/d⑤	c	l	ASTM D1005 DIN 50933	机械式：低限 5μm，电子式：低限 3μm
机械法	深度规（测微计/千分表）	X	d	c	l	—	机械式：低限 3μm，电子式：低限 2μm
机械法	表面轮廓扫描	X	d	nc	l	ISO 4518	低限 2μm
重量分析法	质量差值法	X	d	c	l/p/f	—	没有得到数据
光学法	截面法	X	d	c	l	ISO 1463	系统误差为 ±2μm，再现性 ±5%
光学法	楔形切割法	X	d	c	l/p/f	DIN 50986	上限 2μm，再现性 ±10%
磁性法	磁吸力脱离测试仪	Fe	nd	c	l/p/f	ISO 2178	系统误差为 ±5μm，再现性 ±6%
磁性法	磁通量测试仪	Fe	nd	c	l/p/f	—	系统误差为 ±3μm，再现性 ±5%
磁性法	诱导磁性测试仪	Fe	nd	c	l/p/f	ISO 2178	系统误差为 ±2μm，再现性 ±3%
磁性法	涡流测试仪	NFe	nd	c	l/p/f	ISO 2360	系统误差为 ±2μm，再现性 ±3%
辐射法	反散射法	X	nd	nc	l/p	ISO 3543	系统误差为 ±2% 或 ±0.5μm，取更大者
光热法	热性能	X	nd	nc	l/p	EN 15042-2	没有得到数据
声波法	超声波测厚仪	X	nd	c	l/p/f	—	系统误差为 ±2μm，再现性 ±5%

① X/Fe/NFe——任何底材/铁磁性金属/非铁磁性金属。
② d——破坏性；
　nd——非破坏性；
　c——接触；
　nc——不接触；
　l/p/f——适用于实验室/生产/现场作业。
③ 有代表性的国际标准或国家标准，在标准中描述了测试方法。
④ 这些方法的精密度数据由仪器生产商测得，并且用可溯源的校准标准校验。给出的数据是基于仪器生产商和用户的经验值，可能会有出入。
⑤ 取决于测量步骤。

第十八章 涂料的检验

表 18-7 未交联粉末涂层漆膜厚度的测定（GB/T 13452.2—2008）

原理	方法	底材①	适用范围②			标准③	精密度④
重量分析法	质量差值法	X	nd	nc	l	—	没有得到数据
磁性法	诱导磁性测试仪	Fe	nd/d⑤	c	l/p	ISO 2178	系统误差为 ±2μm，再现性 ±3%
磁性法	涡流测试仪	NFe	nd/d⑤	c	l/p	ISO 2360	系统误差为 ±2μm，再现性 ±3%
光热法	热性能	X	nd/d⑤	nc	l/p	EN 15042-2	系统误差为 ±2% 或 ±3μm，取更大者

① X/Fe/NFe——任何底材/铁磁性金属/非铁磁性金属。
② d——破坏性；
　nd——非破坏性；
　　c——接触；
　　nc——不接触；
l/p/f——适用于实验室/生产/现场作业。
③ 有代表性的国际标准或国家标准，在标准中描述了测试方法。
④ 这些方法的精密度数据由仪器生产商测得，并且用可溯源的校准标准校验。给出的数据是基于仪器生产商和用户的经验值，可能会有出入。
⑤ 取决于测量步骤。

8. 耐化学性能的检验

（1）涂膜耐水性的检验

涂膜防止水对被涂物体表面破坏的抵抗作用，称为涂膜的耐水性。其测定方法如下：

1）冷水试验法。在三块马铁板上制备涂膜，待涂膜实干后，用蜡与松香（1:1）的混合溶剂封边，并在背面涂一层石蜡，然后把涂漆样板的 2/3 面积放入温度为（25±1）℃的蒸馏水中，浸泡 24h（或按产品标准规定）。然后将样板自水中取出，用滤纸吸干，用肉眼观察，如涂膜有脱落、起皱为不合格。如有起泡、失光、变色、生锈等，应记录现象和恢复时间，根据标准规定的技术指标，判定是否合格。检验时以不少于两块样板符合产品标准规定的合格。

2）沸水试验法。在三块马铁板上制备涂膜，实干后，将涂漆板的 2/3 面积浸挂在沸腾的蒸馏水中，待达到标准规定的时间后取出，用肉眼观察，如涂膜有脱落、起皱为不合格；如有起泡、失光、变色、生锈等，应记录现象和恢复时间，根据标准规定的技术指标，判定是否合格。

也可在钢棒上制备涂膜，待实干后，将涂漆钢棒垂直悬挂到已沸的蒸馏水中，按上述规定检查。关于耐盐水的检验见 GB/T 10834—2008《船舶漆 耐盐水性的测定 盐水和热盐水浸泡法》。

(2) 耐酸碱性的检验

对用来防止酸碱腐蚀保护的涂料,需检验其对酸碱腐蚀的稳定性。

测试方法是:将标准厚度的涂漆样板经规定的干燥时间后,浸入给定条件或温度的溶液中,按标准规定或经一定时间后,从溶液中取出,观察涂膜破坏情况,若无剥落、起泡、开裂、生锈,则判定为合格。

(3) 耐汽油性的检验

涂膜在使用过程中,往往遇到汽油的破坏,因此必须掌握涂料材料对汽油破坏作用的抵抗能力。

测试方法是:用实干的涂漆样板,于 $(23±2)$℃下,将其一半悬露在空气中,另一半浸入同温度的汽油中,浸泡的时间按产品标准规定,在试验过程中汽油槽要加盖,经过规定的浸泡时间后,取出样板,用滤纸吸干油珠后检查。经浸泡的涂膜表面,不允许有起层、皱皮、起泡、剥落等现象,如有变软、失光、变色等现象出现,放置1h后,观察涂膜恢复程度,用1cm宽的线条遮住浸泡界线,当浸泡部分与未浸泡部分基本看不出差别时,即为恢复(如产品标准另有规定,则按产品规定标准检查)。检查时用两块新板,要求两块样板均达到产品标准规定为合格。

(4) 绝缘涂层耐油性的检验

1) 使用材料、设备。

T_2 纯铜板:规格 $50mm×100mm×(0.7~0.3)mm$;10号变压器油;盛油容器;搪瓷杯等器皿;鼓风恒温烘箱。

2) 测定方法。

首先取三块按《绝缘漆漆膜制备法》制得的试样,将它们的一半同时浸入盛油容器中,另一半露出油面置空气中,然后放入烘箱内,以 20~30min 的时间升温至 $(105±2)$℃(或按产品标准规定的温度),保温24h,取出样板,用洁净纱布将试样上的油轻轻擦干净,用肉眼观察浸入油内的涂层与未浸入油的涂层表面,均应平整光滑,无起泡、起皱、脱落。涂层不应有被纱布擦伤、擦掉等现象发生,如试样中有两块达到上述要求,则涂层耐油性为合格。

9. 耐候性的检验(老化试验:自然老化和人工加速老化)

将按标准制备的涂层样板,送入模拟或近似使用环境条件下(如沿海地区、工业区,以及其他气候较恶劣的环境条件下),测定涂层的耐气候性。

(1) 曝晒场的选择

曝晒场应选择在能代表某一气候类型最严酷的地方或近似实际使用的环境条件下。

曝晒场四周应空旷,场地要平坦,并保持当地的自然植物状态,草高不能超过30cm,如有积雪时,不要破坏积雪的自然状态,其四周的障碍物至曝晒场的距离至少是该障碍物高度的3倍,使试验样板能充分受到大气各种因素的作用。

曝晒场附近应无工厂烟囱、通风口和能散发大量腐蚀性化学气体的装置。

曝晒场允许设在屋顶平台上,但应符合上述要求。

工业气候曝晒场应设在工厂区内,沿海地区或海岛曝晒场应设在海边并有代表性的地方。

1）人工老化测试条件。

① 工作室工作温度（45±2）℃。

② 相对湿度70%±5%。

③ 降雨时间为12min/h。

④ 对特殊用途涂料，可根据产品标准规定，选用底材、配套涂料，根据使用环境的要求，选择试验条件和试验步骤。

2）各种气候类型的特征见表18-8。

表18-8　各种气候类型的特征（GB/T 9276—1996）

气候类型	气候特征	地　区
热带气候	气候炎热，湿度大，年太阳辐射量5400~5800MJ/m^2，年积温≥8000℃，年降雨量>1500mm	雷州半岛以南、海南、三沙市①
亚热带气候	温湿度亚于热带，阴雨天多，年太阳辐射量3700~5000MJ/m^2，年积温8000~4500℃，年降雨量1000~1500mm	长江流域以南、四川盆地
温带气候	气候温和，年太阳辐射量4600~5400MJ/m^2，年积温4500~1500℃，年降雨量600~700mm	黄河流域 东北南部
高原气候	气温变化大，气压低，紫外辐射强烈，年太阳辐射量6700~8000MJ/m^2，年积温<2000℃，年降雨量<400mm	青海、西藏
沙漠气候	气候干燥，风沙大，温差大。年太阳辐射量6200~6700MJ/m^2，年积温>4000℃，年降雨量<100mm	新疆南部、塔里木盆地、内蒙古西部沙漠地区

① 笔者加。

曝晒场的工作库、贮存库和样品栅等，宜建在场地的北端，曝晒场最好设在国家气象台（站）附近。

（2）大气要素的观测

远离气象台（站）的曝晒场应设立气象观测站，气象仪器及其安装、观测方法均按中央气象局颁布的《地面气象观测规范》进行。

位于国家气象台（站）邻近的曝晒场，可直接利用国家气象台（站）的观测资料。

工业气候曝晒场应测定大气中腐蚀性化工气体和杂质含量，沿海地区的曝晒场应测定大气中氯化钠含量。

曝晒场应测定紫外线的辐射量。

（3）曝晒架

可用钢材制成，并用耐候性良好的浅灰色涂料涂装，其结构力求简便，牢固，应能经受当地最大风力的吹刮。

（4）材料和仪器设备

光电光泽计，染色牢度褪色样卡，立体显微镜，4倍放大镜，磁性测厚仪，贮存标准样板的木箱或干燥器若干个,样板晾干架若干个,照相及放大设备一套,涂膜柔韧性试验器,涂膜附着力试验器,涂膜冲击试验器,涂膜硬度试验器,涂膜拉力机等。

(5) 试验样板的制备及要求

1) 底板的型号,规格和要求。

钢板、普通低碳钢板,厚度为 0.8~1.5mm;

可热处理强化的铝合金 (2A12),厚度为 1~2mm;

镁合金板材 (MB8),厚度为 1~2mm;

此外可使用实际应用的板材,如木板、塑料板、水泥板等;

曝晒样板尺寸,样板面积应不小于 $0.03m^2$ (250mm×150mm)。

底板应平整,少锈,无压痕和麻点等缺陷。

2) 底板的处理和要求。

钢板除锈用砂纸 (0 号) 打磨,喷砂 (压力 1~3kg),颗粒粒径 1~3mm 和酸碱法处理。

同一试验目的的涂料 (或对比试验) 必须使用同一种底板和相同的底板处理方法,处理后的底板应平整,无锈,无油污及氧化皮,存放在干燥的环境中备用。

3) 涂膜的制备和要求。

涂膜的制备应参照各种涂料的施工方法进行。曝晒样板的反面必须涂漆保护。底漆和面漆用喷涂法施工。测定实际使用的涂膜耐候性,可按实际情况进行表面处理和涂覆同样的样板进行耐候试验。

在最后一道漆完全干燥后,用耐候性良好的其他自干漆将样板封边,编号,置于室内阴凉、通风、干燥 (恒温、恒湿) 的地方,使漆膜充分固化后再投入试验。

制成的涂膜不应有针孔、流挂、显著橘皮颗粒和其他影响耐候性的毛病。

每一种涂料品种,同时用同样的施工方法制备两块晒板,标准样板应妥善保存在室内阴凉、通风、干燥的地方。

涂膜的制备及厚度应参照各种受试产品标准的规定进行。涂膜的厚度要求见表 18-9。

表 18-9　自然曝露试验涂膜厚度要求 (GB/T 9276—1996)

	一般涂料	低固体分、低黏度涂料	乙烯磷化底漆
底漆	两道共 (40±5) μm	两道共 (30±5) μm	一道 (10±2) μm
面漆	两道共 (60±5) μm	两道共 (40±5) μm	
总厚度	(100±10) μm	(70±10) μm	

(6) 评定方法

做一次天然老化和人工加速老化很不易,因此,要对试验结果进行全面评定,应按 GB/T 1766—2008《色漆和清漆　涂层老化的评级方法》进行评定,现将该评定方法介绍如下:

1) 预检:样板投试前,应先观测涂膜外观状态和物理力学性能,并做好记录,填入涂层耐候性测定记录卡内 (见表 18-10)。

第十八章 涂料的检验

表 18-10 涂层耐候性测定记录卡（供参考）

样板编号			底板种类		底漆名称		面漆名称		投试日期	
原始光泽			颜色		底漆厚度		总厚度		结束日期	
原始状态										

检查日期	累积时间	失光（%）		变色	粉化	裂纹	起泡	长霉	斑点	沾污	生锈	泛金	脱落	备注	综合评级	检验员
		测定光泽	失光率													

2) 样板的检查周期，以年和月作为耐候性测定的计时单位。

● 投产三个月内，每半个月检查一次。

● 投产三个月后至一年内，每月检查一次。

● 投产一年后，每三个月检查一次，在雨季和天气骤变时应随时检查，如有异常现象应做好记录和拍照。

3) 通则和表示方法（见 GB/T 1766—2008）。

① 分级。

GB/T 1766 标准以 0、1、2、3、4、5 的数字等级来评定破坏程度和数量，"0"表示无破坏，"5"表示严重破坏。数字 1、2、3、4 的四个等级的确定应使整个等级范围得到最佳分区，如有需要，可以采用中间的半级来对所观察到的破坏现象做更详细的记录。

② 破坏程度、数量、大小的评定。

a. 评定涂层表面目视可见的均匀破坏，用破坏的变化程度评级，见表 18-11。

表 18-11 破坏的变化程度等级

等 级	变 化 程 度	等 级	变 化 程 度
0	无变化，即无可觉察的变化	3	中等，即有很明显觉察的变化
1	很轻微，即刚可觉察的变化	4	较大，即有较大的变化
2	轻微，即有明显觉察的变化	5	严重，即有强烈的变化

b. 评定涂层非连续性或其局部不规则破坏，用破坏数量评级，见表 18-12。

表 18-12 破坏数量等级

等 级	破 坏 数 量	等 级	破 坏 数 量
0	无，即无可见破坏	3	中等，即有中等数量的破坏
1	很少，即刚有一些值得注意的破坏	4	较多，即有较多数量的破坏
2	少，即有少量值得注意的破坏	5	密集，即有密集型的破坏

c. 如破坏类型有大小的数量意义时，加上破坏大小等级的评定，见表 18-13。

表 18-13　破坏大小等级

等级	破坏大小	等级	破坏大小
S0	10 倍放大镜下无可见破坏	S3	正常视力明显可见破坏（<0.5mm）
S1	10 倍放大镜下才可见破坏	S4	0.5~5mm 范围的破坏
S2	正常视力下刚可见破坏	S5	>5mm 的破坏

③ 表示方法。

表示方法应包括下列内容：

破坏类型：破坏的程度或破坏数量的等级。若要表示破坏大小等级，则在括号内注明，并在等级前加上字母"S"。

示例：均匀破坏中"失光：2"表示失光为 2 级；分散破坏中的起泡等级"起泡：2（S3）"表示涂层起泡密度为 2 级，起泡大小为 3 级。

4）单项评定等级。

① 失光等级的评定。

目测漆膜老化前后的光泽变化程度及按 GB/T 9754—2007《色漆和清漆　不含金属颜料的色漆漆膜的 20°、60°和 85°镜面光泽的测定》的规定测定老化前后的光泽，计算失光率，其等级见表 18-14。

表 18-14　失光程度等级

等级	失光程度（目测）	失光率（%）	等级	失光程度（目测）	失光率（%）
0	无失光	≤3	3	明显失光	31~50
1	很轻微失光	4~15	4	严重失光	51~80
2	轻微失光	16~30	5	完全失光	>80

用式（18-5）计算失光率（%）：

$$失光率 = \frac{A_0 - A_1}{A_0} \times 100\% \tag{18-5}$$

式中　A_0——老化前光泽测定值；

　　　A_1——老化后光泽测定值。

② 变色等级的评定。

a. 仪器测定法。

按 GB/T 11186.2—1989《涂膜颜色的测量方法　第二部分：颜色测量》和 GB/T 11186.3—1989《涂膜颜色的测量方法　第三部分：色差计算》的规定测定和计算老化前与老化后的样板之间的总色差值（ΔE^*），按色差值评级见表 18-15。

b. 目视比色法。

当漆膜表面凹凸不平及漆膜表面颜色为两种或多种颜色等，不适用于仪器法测定时，宜采用目视比色法。

第十八章 涂料的检验

表 18-15 变色程度和变色等级

等级	色差值/ΔE^*	变色程度	等级	色差值/ΔE^*	变色程度
0	≤1.5	无变色	3	6.1~9.0	明显变色
1	1.6~3.0	很轻微变色	4	9.1~12.0	较大变色
2	3.1~6.0	轻微变色	5	>12.0	严重变色

按 GB/T 9761—2008《色漆和清漆 色漆的目视比色》的规定将老化后的样板与未进行老化的样板（标准板）进行比色，按漆膜老化前后颜色变化程度参照 GB/T 250 用灰色样卡进行评级，见表 18-16。

表 18-16 变色程度和变色等级

等级	灰卡等级	变色程度	等级	灰卡等级	变色程度
0	5级至4级	无变色	3	劣于2级至1~2级	明显变色
1	劣于4级至3级	很轻微变色	4	劣于1~2级至1级	较大变色
2	劣于3级至2级	轻微变色	5	劣于1级	严重变色

③ 粉化等级的评定。

a. 天鹅绒布法粉化等级的评定按 ISO 4628-7 进行，粉化程度和等级见表 18-17。

表 18-17 粉化程度和等级

等级	粉化程度	等级	粉化程度
0	无粉化	3	明显，试布上沾有较多颜料粒子
1	很轻微，试布上刚可观察到微量颜料粒子	4	较重，试布上沾有很多颜料粒子
2	轻微，试布上沾有少量颜料粒子	5	严重，试布上沾满大量颜料粒子，或样板出现露底

b. 胶带纸法粉化等级的评定按 ISO 4628-6 进行。

注：ISO 4628-6 胶带纸法粉化等级的评定更适合最终评定。

④ 开裂等级的评定。

a. 漆膜的开裂等级用漆膜开裂数量和开裂大小表示。开裂数量等级和开裂大小等级见表 18-18 和表 18-19。

表 18-18 开裂数量等级

等级	开裂数量	等级	开裂数量
0	无可见的开裂	3	中等数量的开裂
1	很少几条，小的几乎可以忽略的开裂	4	较多数量的开裂
2	少量，可以察觉的开裂	5	密集型的开裂

表 18-19　开裂大小等级

等级	开裂大小	等级	开裂大小
S0	10 倍放大镜下无可见开裂	S3	正常视力下目视清晰可见开裂
S1	10 倍放大镜下才可见开裂	S4	基本达到 1mm 宽的开裂
S2	正常视力下目视刚可见开裂	S5	超过 1mm 宽的开裂

b. 如有可能，还可表明开裂的深度类型。开裂深度主要分为三种类型：

a）表示没有穿透漆膜的表面开裂。

b）表示穿透表面漆膜，但对底下各层漆膜基本上没有影响的开裂。

c）表示穿透整个漆膜体系的开裂，可见底材。

c. 开裂等级的评定表示方法：开裂数量的等级和开裂大小的等级（加括号）。如有可能，可表明开裂的深度。

示例：开裂 3（S4）b，表示开裂数量 3 级，开裂大小 S4 级，开裂穿透表面漆膜未影响底层。

⑤ 起泡等级的评定。

a. 漆膜的起泡等级用漆膜起泡的密度（见表 18-20）和起泡的大小（见表 18-21）表示。

表 18-20　起泡密度等级

等级	起泡密度	等级	起泡密度
0	无泡	3	有中等数量的泡
1	很少，几个泡	4	有较多数量的泡
2	有少量泡	5	密集型的泡

表 18-21　起泡大小等级

等级	起泡大小（直径）	等级	起泡大小（直径）
S0	10 倍放大镜下无可见的泡	S3	<0.5mm 的泡
S1	10 倍放大镜下才可见的泡	S4	0.5~5mm 的泡
S2	正常视力下刚可见的泡	S5	>5mm 的泡

b. 起泡等级的评定表示方法：起泡密度等级和起泡大小等级（加括号）。

示例：起泡 2（S3），表示漆膜起泡密度为 2 级，起泡大小为 S3 级。

⑥ 生锈等级的评定。

a. 漆膜的生锈等级用漆膜表面的锈点（锈斑）数量（见表 18-22）和锈点大小（见表 18-23）表示。

表 18-22　锈点（斑）数量等级

等级	生锈状况	锈点(斑)数量(个)	等级	生锈状况	锈点(斑)数量(个)
0	无锈点	0	3	有中等数量锈点	11~15
1	很少，几个锈点	≤5	4	有较多数量锈点	16~20
2	有少量锈点	6~10	5	密集型锈点	>20

表 18-23　锈点大小等级

等级	锈点大小（最大尺寸）	等级	锈点大小（最大尺寸）
S0	10倍放大镜下无可见的锈点	S3	<0.5mm的锈点
S1	10倍放大镜下才可见的锈点	S4	0.5~5mm的锈点
S2	正常视力下刚可见的锈点	S5	>5mm的锈点（斑）

b. 生锈等级的评定表示方法：锈点（斑）数量的等级和锈点大小的等级（加括号）。

示例：生锈3（S4），表示锈点（斑）的数量等级为3级，锈点大小等级为S4级。

⑦ 剥落等级的评定。

a. 漆膜剥落的等级用漆膜剥落的相对面积（见表18-24）和剥落暴露面积的大小（见表18-25）表示。

表 18-24　剥落面积等级

等级	剥落面积（％）	等级	剥落面积（％）
0	0	3	≤1
1	≤0.1	4	≤3
2	≤0.3	5	>15

表 18-25　剥落大小等级

等级	剥落大小（最大尺寸）	等级	剥落大小（最大尺寸）
S0	10倍放大镜下无可见剥落	S3	≤10mm
S1	≤1mm	S4	≤30mm
S2	≤3mm	S5	>30mm

b. 根据漆膜体系破坏的层次，表示剥落的深度。

a）表示表层漆膜从它下层漆膜上剥落；

b）表示整个漆膜体系从底材上剥落。

c. 剥落等级的评定表示方法：剥落面积的等级和剥落大小的等级（加括号）。如有可能，可表示剥落的深度。

示例：剥落3（S2）a，表示剥落面积为3级，剥落大小为S2级，表面漆膜从下层漆膜上剥落。

⑧ 长霉等级的评定。

a. 涂层长霉的等级用涂层长霉的数量（见表18-26）和长霉的大小（见表18-27）表示。

表 18-26　长霉数量等级

等 级	长 霉 数 量	等 级	长 霉 数 量
0	无霉点	3	中等数量霉点
1	很少几个霉点	4	较多数量霉点
2	稀疏少量霉点	5	密集型霉点

表 18-27　霉点大小等级

等 级	霉点大小（最大尺寸）	等 级	霉点大小（最大尺寸）
S0	无可见霉点	S3	<2mm 霉点
S1	正常视力下可见霉点	S4	<5mm 霉点
S2	<1mm 霉点	S5	≥5mm 霉点和菌丝

b. 长霉等级的评定表示方法：长霉数量的等级和霉点大小的等级（加括号）。

示例：长霉2（S3），表示涂层长霉数量为2级，霉点大小等级为S3。

⑨ 斑点等级的评定。

a. 涂层斑点的等级用涂层斑点的数量（见表18-28）和斑点大小（见表18-29）表示。

表 18-28　斑点数量等级

等 级	斑 点 数 量	等 级	斑 点 数 量
0	无斑点	3	中等数量斑点
1	很少几个斑点	4	较多数量斑点
2	少量稀疏斑点	5	稠密斑点

表 18-29　斑点大小等级

等 级	斑点大小（最大尺寸）	等 级	斑点大小（最大尺寸）
S0	10倍放大镜下无可见斑点	S3	<0.5mm 斑点
S1	10倍放大镜下有可见斑点	S4	0.6~5mm 斑点
S2	正常视力下可见斑点	S5	>5mm 斑点

b. 斑点等级的评定表示方法：斑点数量的等级和斑点大小的等级（加括号）。

示例：斑点2（S3），表示涂层斑点数量为2级，斑点大小等级为S3。

第十八章 涂料的检验

⑩ 泛金等级的评定。

涂层泛金的等级用涂层泛金程度（见表18-30）表示。

表18-30 泛金程度

等级	泛金程度	等级	泛金程度
0	无泛金	3	明显泛金
1	刚可察觉，很轻微泛金	4	较大程度泛金
2	轻微泛金	5	严重泛金

⑪ 沾污等级的评定。

涂层沾污的等级用涂层沾污程度（见表18-31）表示。

表18-31 沾污程度

等级	沾污程度	等级	沾污程度
0	无沾污	3	明显沾污
1	刚可察觉，很轻微沾污	4	较大程度沾污
2	轻微沾污	5	严重沾污

5）综合评定等级。

按老化试验过程中出现的单项破坏等级评定漆膜老化的综合等级，分0、1、2、3、4、5六个等级，分别代表漆膜耐老化性能的优、良、中、可、差、劣。

按漆膜用途分为装饰性漆膜综合评定和保护性漆膜综合评定。

① 装饰性漆膜综合老化性能等级的评定见表18-32。

表18-32 装饰性漆膜综合老化性能等级的评定

综合等级	单项等级									
	失光	变色	粉化	泛金	斑点	沾污	开裂	起泡	长霉	剥落	生锈
0	1	0	0	0	0	0	0	0	0	0	0
1	2	1	0	1	1	1	1(S1)	1(S1)	1(S1)	0	0
2	3	2	1	2	2	2	3(S1)或2(S2)	2(S2)或1(S3)	2(S2)	0	1(S1)
3	4	3	2	3	3	3	3(S2)或2(S3)	3(S2)或2(S3)	3(S2)或2(S3)	1(S1)	1(S2)
4	5	4	3	4	4	4	3(S3)或2(S4)	4(S3)或3(S4)	3(S3)或2(S4)	2(S2)	2(S2)或1(S3)
5	—	5	4	5	5	5	3(S4)	5(S3)或4(S4)	4(S4)或2(S5)	3(S3)	3(S2)或2(S3)

② 保护性漆膜综合老化性能等级的评定见表 18-33。

表 18-33　保护性漆膜综合老化性能等级的评定

综合等级	单项等级						
	变色	粉化	开裂	起泡	长霉	生锈	剥落
0	2	0	0	0	1S2	0	0
1	3	1	1(S1)	1(S1)	3(S2)或2(S3)	1(S1)	0
2	4	2	3(S1)或2(S2)	5(S1)或2(S2)或1(S3)	2(S3)或2(S4)	1(S2)	1(S1)
3	5	3	3(S2)或2(S3)	3(S2)或2(S3)	3(S4)或2(S5)	2(S2)或1(S3)	2(S2)
4	5	4	3(S3)或2(S4)	4(S3)或3(S4)	4(S4)或3(S5)	3(S2)或2(S3)	3(S3)
5	5	5	3(S4)	5(S3)或4(S4)	5(S4)或4(S5)	3(S3)或2(S4)	4(S4)

6）检查注意事项。

① 样板的四周边缘、板孔周围 5mm 及外来因素引起的破坏现象不计算。

② 记录每一种破坏现象。

③ 漆膜如出现上述 11 项外的异常现象，应予记录，并描述。

④ 漆膜如有数种破坏现象，评定综合等级时，应按最严重的一项评定。

7）试验报告。

试验报告至少包括下列内容：

① 受试产品必要的全部细节。

② 注明标准编号。

③ 试验的结果（附《涂层耐候性测定记录卡》）。

④ 试验的时间。

⑤ 与规定试验方法的任何不同之处。

⑥ 试验日期。

⑦ 撰写报告的检验员姓名、日期。

10. 湿热试验

（1）试验方法的依据（热带电工产品标准）

人工湿热试验法，分为恒定湿热试验和交变湿热试验两种：

1）恒定湿热试验：温度为（40±2）℃，相对湿度为 95%±3%。

2）交变湿热试验：高温为（40±2）℃，低温为（30±2）℃，相对湿度为 95%±3%。

（2）试验设备

湿热气候试验箱室应符合有关规定。

（3）试验条件

1）当试验箱（室）的温度、湿度条件到达控制值时，其有效工作室内的任何一点

的温度偏差范围为 ±2℃，相对湿度偏差范围为 ±3%。

2）试验时，温度湿度的波动度应不超出温度 ±2℃，相对湿度 ±3%。

3）试验箱（室）的有效工作空间内任何一点的空气应流动，风速不得大于 1m/s。

4）试验箱（室）如用喷水雾法或气泡法加热时，所使用水应清澈洁净。

5）试验箱（室）的接线端子之间及其对地的绝缘电阻值，均应不低于 200MΩ。

6）湿热试验均应以 24h 为一循环周期，各类产品湿热试验循环周期总数，应视产品标准规定，选用 7、11、14、21、56 等数目。

7）湿热试验的第一周期的起点。

① 对于恒定试验应从本项试验要求的恒定湿度值均达到要求时算起。

② 对于交变湿热试验，应从试验箱（室）内的温度达到低温阶段，所要求的温度范围值开始升温时算起。

在计算升温和降温时间时，应同时满足温度和湿度两个指标要求，即升温过程完成时，试验箱（室）的有效试验工作空间内，任何一点的温度和相对湿度均应在（40±2）℃ 及 95%±3% 的范围内；降温过程完成时，试验箱（室）的有效试验工作空间内，任何一点的温度和相对湿度，均应在（30±2）℃ 和 95%±3% 范围内。

交变湿热试验按每一周期分为升温、高温高湿、降温和低温高湿四个阶段循环，具体规定见表 18-34。

表 18-34　40℃交变湿热试验条件控制值（参考值）

参　数		温度/℃	相对湿度（%）	时间/h	相邻两阶段合计时间/h
阶段	升温	30 升至 40	85~98 凝露	1.5~2.0	16
	高温高湿	40±2	95±3	14~14.5	
	降温	40 降至 30	≥85	2~3	8
	低温高湿	30±2	95±3	5~6	

（4）试验程序

1）受试样品投试前，应除去表面灰尘和油污，检查样品是否完整，根据有关产品标准的规定，进行样品的原始性能的测量和外观检查。

2）样品放入试验箱（室）内试验时应注意以下几点：

① 受试样品应尽可能地按工作状态放置并以不影响箱内的温度、湿度为宜。

② 样品放置时不得互相重叠，并避免上层样品的冷露水滴落在下层样品上。

3）当试验箱（室）和试样温度不符合低温阶段的温度时，应将试验箱（室）进行预热，对样品进行温度预热处理，一般为 30~35℃。

4）当试验箱（室）温度达到低温阶段的温度值时，即按标准中所规定的试验条件及程序进行湿热试验。

5）如需要在试验期间对样品进行电气性能及工作能力的测定，则按热带电工产品标准规定进行。

6）完成了湿热试验周期总数后，整个湿热试验即告完成。

7）检查方法。

① 外观质量分级标准见表 18-35。

② 附着力分级标准见表 18-36。

经人工湿热试验，凡涂膜外观和附着力均能达到表 18-35 和表 18-36 中规定的二级者即为合格。

表 18-35　外观质量分级标准（参考值）

等级	指标
一级	外观良好，无明显变化和缺陷
二级	有轻微失光、轻微变色、少量针孔缺陷，样品主要表面在任 1m² 正方形面积上，直径为 0.5~1mm 的气泡不得多于 2 个，也不允许出现直径大于 1mm 的气泡
三级	有色泽变暗、少量起皱等缺陷，样品主要表面任 1m² 正方形面积内直径为 0.5~3mm 的气泡不得多于 4 个，其中直径大于 2mm 的气泡不超过 1 个。不允许出现直径大于 3mm 的气泡，主要表面出现各类锈点
四级	涂层疵病多于三级的即为四级

表 18-36　附着力分级标准（参考值）

等级	指标	等级	指标
一级	九个方格完整，涂膜没有脱落	三级	底漆脱落不超过 1/3 面积，或面漆脱落不超过 2/3 面积者
二级	底漆没有脱落或面漆脱落不超过 1/3 面积者	四级	底漆脱落超过 1/3 面积，或面漆脱落超过 2/3 面积者

第十九章

电子元器件的检验

随着机械产品向机电一体化、自动化、电子化和智能化发展，产品上使用的电子元器件的种类和数量越来越多。电子元器件的质量直接影响产品的可靠性，因此，对电子元器件的质量要求越来越高。为了获得高质量的电子元器件，除了生产厂对电子元器件设计、工艺、原材料的选用等过程进行严格控制和产品出厂前进行严格检验外，用户还要对电子元器件的选择、采购过程进行严格控制，做好入厂检验，把好电子元器件入厂质量关。

元器件与电子元器件的内涵完全相同，我们将它们统称为元器件。

第一节 元器件的概念及分类

一、元器件的概念

元器件是在电子线路或电子设备中执行电气、电子、电磁、机电和光电功能的基本单元。该基本单元可由一个或多个零件组成，通常不破坏是不能将其分解的。

除上述定义外，在不同的文献中可能还会看到元器件的其他定义，如将元器件定义为产品中可以拆装的最小可分辨项目；或定义为完成某一电子、电气或机电功能，并由一个或几个部分构成而且一般不能分解而不会破坏的某个装置，等等。

二、元器件的分类

元器件的种类繁多，而且还在发展中，图 19-1 是元器件的主要种类。民用元器件和军用元器件没有本质上的差别，只是军用元器件的质量等级要求高而已（见表 19-1）。对可靠性要求高的民用产品，应选用军用元器件，这样做成本会增加一些，但能确保质量。

表 19-1 军用元器件质量分级

序号	元器件类别	依据标准	质量分级（从低到高）
1	半导体分立器件	GJB 33A—1997	质量保证等级分为：JP（普军级）、JT（特军级）、JCT（超特军级）、JY（宇航级）
2	半导体集成电路	GJB 597A—1996	质量保证等级分为：B1 级、B 级、S 级
3	混合集成电路	GJB 2438B—2017	质量保证等级分为：D 级、G 级、H 级、K 级
4	有可靠性指标的元件	相应的元件总规范	失效率等级分为：L（亚五级）、M（五级）、P（六级）、R（七级）、S（八级）

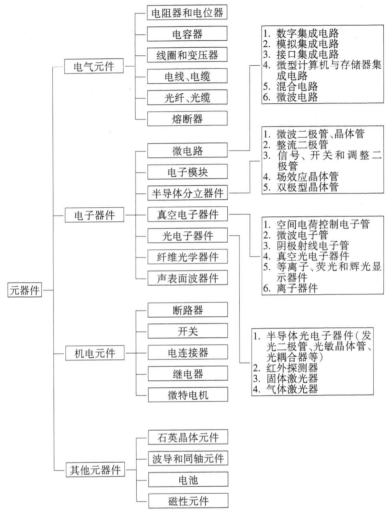

图 19-1　元器件涵盖的种类

第二节　元器件的检验及失效分析

由于元器件的种类繁多，结构和质量要求不同，因此检验其质量的具体项目和检验的具体方法也不同。但一般应从以下几方面去对元器件的质量进行检验。

一、包装的检验

元器件的包装属于保护商品类包装，其作用是确保元器件完美无缺地运送到用户手中，当元器件到达用户手中开始使用时，包装才完成任务。元器件一般用盒或袋包装，应检验以下内容：

1）包装完好性，包装不得破损。

2）包装上的制造厂名称或商标。

3）产品型号、名称及数量。

4）生产的标准代号。

5）产品质量类别或等级。

6）检验批识别代码。

7）防雨、防潮标志。

二、外观质量的检验

打开包装盒或袋后，首先要检查是否有产品的出厂合格证，如果无合格证，应拒绝检验。如果有合格证，再清点元器件的数量，看与包装盒或袋上标的数量是否一致。再检查每个元器件的外观质量，看是否有锈蚀、碰伤等缺陷，然后检查以下内容：

1）元器件上的制造厂名称或商标。

2）产品型号、规格。

3）质量类别或等级。

4）检验批号代码。

5）引出端标志。

如果元器件的体积太小，在其上应标注出主要项目。

三、识别引出端

许多元器件都有引出端，由于品种不同，引出端的数量及布置形式是不同的，检验时应按产品的技术规范或说明书去识别引出端，不要识别错了。

四、电参数的检验

按产品的技术规范对其电参数进行检验，测试条件及检测结果均应符合被检验元器件的技术规范或订货合同的规定。检验中应注意以下几点：

1）测试期间，应避免外界干扰对测量精度的影响，测试仪器的不确定度应符合规定要求。

2）若无特殊说明，测试期间的环境温度、湿度偏离规定值的范围应符合规定要求。

3）若电参数值是由几步测试的结果经计算后而确定时，各步测试之间的时间间隔应尽可能短。

4）应严格按照检测规程进行检测。

五、其他检验

表 19-2 ~ 表 19-4 是国军标列出的元器件的一些试验方法名称。

1. GJB 360B—2009 电子及电气元件试验方法

该标准包括电子及电气元件环境试验方法 11 个、物理性能试验方法 14 个、基本电性能试验方法 12 个。具体的试验方法名称见表 19-2。

2. GJB 128A—1997 半导体分立器件试验方法

该标准包括半导体分立器件的环境试验方法 31 个、机械性能试验方法 26 个、电特性试验方法 16 个、高可靠空间应用测试方法 3 个和附录 1 个。具体的试验方法名称见表 19-3。

3. GJB 548B—2005 微电子器件试验方法和程序

该标准包括环境试验方法 27 个、机械试验方法 30 个、性能测试方法 1 个、试验程序 13 个。具体的试验方法名称见表 19-4。

表 19-2~表 19-4 只给出试验方法名称，起到索引作用，如果要进一步了解每个试验方法的细节，还必须查阅相关的标准。

六、失效分析

在寿命期内，如果设备、元器件失效的话，应对它们进行失效分析，这是一项很重要的技术质量工作。正如一个青壮年人突然因不明原因死亡一样，要对他的尸体进行解剖，研究其死亡的原因，为医药理论积累科学数据。通过对设备、元器件失效分析，找出失效原因，可为改进产品设计和产品使用提供参考。

失效分析不是检验人员的主要工作，但应主动参与这项工作。

1. 失效模式

失效是产品失去完成规定功能的能力这样的事件。失效的模式很多，要针对不同的失效模式进行失效分析。失效模式是失效的表现形式，主要如下：

1）致命失效：可能导致人员伤亡、重要物件损坏或其他不可容忍后果的失效。例如飞机的某个元器件失效造成机毁人亡事故。

2）非致命失效：不太可能导致人员伤亡、重要物件损坏或其他不可容忍后果的失效。

3）设计失效：产品设计不当造成的失效。

4）制造失效：由于产品的制造未按设计或规定的制造工艺造成的失效。

5）突然失效：事前的检测或监测不能预测到的失效。

6）渐变失效：产品规定的性能随时间的推移逐渐变化产生的失效。这种失效又称为漂移失效，通过事前的检测或监测是可以预测的，有时可通过预防性维修加以避免。

7）突变失效：使产品完全不能完成所有规定功能的突然失效。

8）完全失效：完全不能完成全部规定功能的失效。

9）部分失效：非完全失效的失效。

10）独立失效：不是由另一个产品的失效或故障直接或间接引起的产品的失效。

11）系统性失效：肯定与某个原因有关，只有通过修改设计或制造工艺、操作程序、文件或其他关联因素才能消除的失效。

12）误操作失效：由于对产品操作不当或粗心引起的失效。

失效与故障两者的概念是不同的，故障是产品不能执行规定功能的状态。

2. 失效原因

引起失效的设计、制造或使用阶段的有关事项。

3. 失效机理

引起失效的物理、化学或其他的过程。

对元器件规定了失效率，所谓失效率是一批元器件在规定条件下、规定的时间内工作或储存，失效元器件数与工作或贮存元器件数乘时间数之积的比。例如 1000 只晶体管，在规定的条件下仓储存放了 1000h，失效了 5 只，则这批晶体管的失效率 $\lambda_N = [5/(1000 \times 1000)]/h = 0.000005/h = 5 \times 10^{-6}/h$。

4. 失效分析方法

失效分析的任务是确定元器件的失效模式和失效机理，找出失效原因，主要方法有显微分析、X 射线分析、红外扫描分析、质谱分析、电特性分析等。由于每种方法都存在局限性，往往要几种方法联合应用，而且要先做非破坏性分析，然后进行破坏性分析。

5. 失效分析的基本程序

应按下述程序进行失效分析：

收集失效的元器件→确定失效模式→假设失效机理→验证失效机理→判定失效性质→估计失效发生的概率→提出处理建议

确定元器件的失效模式比较容易，有经验的人一看失效的实物，基本上能比较准确地判定失效模式，而确定失效机理较复杂。有时同一种失效模式而失效机理可能不相同，失效机理与失效模式有一定联系。表 19-5 是国防科工委 2002 年总结归纳的这些年来国防系统分析常用元器件失效中常见的失效模式和失效机理。从表中看到同一种失效模式中可能存在多种失效机理。在元器件失效分析中，根据失效模式假设失效机理时，可以参考此表。

表 19-5

6. 失效分析注意事项

应从人、机、料、法、环、测几个方面加以注意，以保证分析结果的准确性。

1) 人：从事元器件失效分析的人员应具备以下：

① 应熟知所分析的失效元器件的结构原理及构造情况。

② 应熟知被分析元器件的制造过程。

③ 应了解被分析元器件的使用情况。

④ 应会操作分析用的设备、仪器。

⑤ 工作认真，敬业；应有物理、化学和电方面的理论知识和工作的实践经验。

2) 机：国防系统的企业一般都有元器件实验室，其中失效分析所用的设备花钱最多。要满足失效分析工作要求，应有观测设备，如扫描电子显微镜、X 射线仪、摄影设备等；分析设备，如质谱仪、红外光谱分析仪等；试验设备，如恒定加速度机、高低温试验箱等；电特性测试仪器，如示波器、电压表等；各种辅助工具。

3) 料：指被分析的失效的元器件，要认真收集，仔细保护，不得人为损伤，以避免带入新的非原有的失效因素，否则会得出错误的分析结果。

4) 法：要根据元器件的失效模式和假设的失效机理，选择合适的分析方法进行分析。

5) 环：除另有规定外，失效分析应在下列环境下进行：

① 精密测试室应无振动，洁净度符合要求；有接地装置；能采取静电放电防护措施。

② 温度要求：电测量时要求 20~28℃，其他试验时要求 15~35℃。

③ 相对湿度：20%~80%。

6) 测：所用的测试仪器的精度要满足分析所需精度的要求，而且测试环境要符合规定要求。

第二十章 装配和成品的检验

按规定的要求将零、部件做适当的配合和连接,使之成为半成品或成品的工艺过程,称为装配。本章以数控机床装配为例介绍机械产品的装配过程,如图20-1所示。

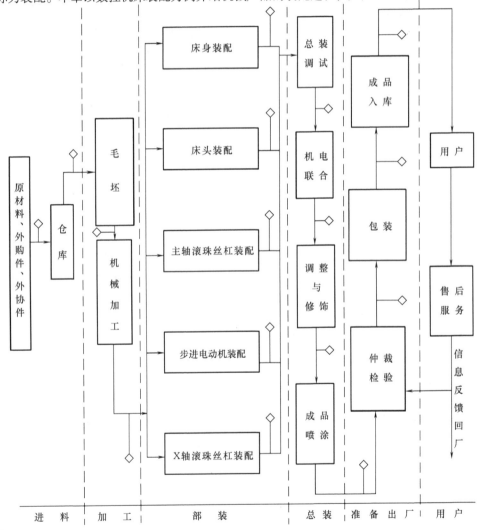

图20-1 数控车床装配工艺流程

说明：◇——对装配(生产)对象进行质量检验

第二十章　装配和成品的检验

装配过程的质量对一个产品的质量起着决定性的作用，零件的质量是合格的，但由于装配质量不合格，制造出来的产品的质量肯定不合格。为了确保制造出来的产品质量，装配过程中的质量检验工作非常重要，是整个制造过程中的一个重要环节。

制造业产品种类繁多，结构不同，所以装配过程不同，装配工艺也不同，检验内容和检验的方式方法也不完全相同。机床是制造业产品中最有代表性的产品，故以机床装配过程和成品的质量检验为例，介绍制造业产品装配过程和成品的一般检验方法。对每种具体的产品，要根据其装配工艺流程和产品特点编制检验工艺。

第一节　部装的检验

将合格的零件按工艺规程装配成组（部）件的工艺过程，称为部装。部装检验的依据是标准、图样和工艺文件。为了检验方便，便于记录和存档，必须设立部装检验记录单。

一、零件外观和场地的检验

在部装之前，要对零件的外观质量和场地进行检查，要做到不合格的零件不准装配，场地不符合要求不准装配。

1）零件加工表面无损伤、锈蚀、划痕。
2）零件非加工表面的油漆膜无划伤、破损，色泽要符合要求。
3）零件表面无油垢，装配时要擦洗干净。
4）零件不得碰撞、划伤。
5）零件出库时要检查其合格证、质量标志或证明文件。确认其质量合格后，方准进入装配线。
6）中、小件转入装配场地时不得落地（要放在工位器具内）。
7）大件吊进装配场地时需检查放置地基的位置，防止变形。
8）大件质量（配件）处理记录。
9）重要焊接零件的 X 光透视质量记录单。
10）装配场地需恒温恒湿的，当温度和湿度未达到规定要求时不准装配。
11）场地要清洁，无不需要的工具和其他多余物，装配场地要进行定置管理。

二、装配过程的检查

检验员要按检验依据，采用巡回方法，监督检查每个装配工位；监督检查工人遵守装配工艺规程；检查有无错装和漏装零件。装配完毕后，要按规定对产品进行全面检查，做完整的记录备查。

第二节　总装的检验

把零件和部件按工艺规程装配成最终产品的工艺过程，称为总装。

一、检验依据

产品图样、装配工艺规程以及产品标准。

二、检验内容

总装过程的检查方法与部装过程的检查方法一样,采用巡回方法监督检查每个装配工位;监督工人遵守装配工艺规程,检查有无错装漏装等。

1)装配场地必须保持环境清洁,要求恒温恒湿的一定要达到规定才准装配,光线要充足,通道要畅通。

2)总装的零、部件(包括外购件、外协件)必须符合图样、标准、工艺文件要求,不准装入图样未规定的垫片和套等多余物。

3)装配后的螺栓、螺钉头部和螺母的端部(面),应与被紧固的零件平面均匀接触,不应倾斜和留有间隙,装配在同一部位的螺钉长度应一致;紧固的螺钉、螺栓和螺母不应有松动的现象,影响精度的螺钉,其紧固力矩应一致。

4)在螺母紧固后,各种止动垫圈应达到制动要求。根据结构的需要可采用在螺纹部分涂低强度防松胶代替止动垫圈。

5)机械转动和移动部件装配后,运动应平稳、轻便、灵活,无阻滞现象,定位机构应保证准确可靠。

6)有刻度装置的手轮和手柄装配后的反向空程量应符合标准规定。

7)高速旋转的零、部件在总装时应注意动平衡精度(其精度值由设计规定)。

8)采用静压装置的机械,其节流比应符合设计的要求。在静压建立后应检查其运动的轻便和灵活性。

9)液压系统的装配应符合标准规定。

10)两配合件的结合面必须检查配合接触质量。若两配合件的结合面均是刮研面,则用涂色法检验:刮研点应均匀,点数应符合规定要求。若两配合件结合面一个是刮研面,一个是机械加工面,则用机械加工面检验刮研面的接触情况:个别的$25mm \times 25mm$面积内(不准超过两处)的最低点数,不得少于所采用标准规定点数的50%。静压导轨油腔封油边的接触点数不得少于所采用标准规定的点数。若两配合件的结合面均是用机械切削而成的,则用涂色法检验接触斑点,检验方法应按标准规定进行。

11)重要固定结合面和特别重要固定结合面应紧密贴合。重要固定结合面总重紧固后,用塞尺检查其间隙,不得超过标准的规定。特别重要固定结合面,除用涂色法检验外,在紧固前、后均应用塞尺检查间隙量,其量值应符合标准规定。与水平垂直的特别重要固定结合面,可在紧固后检验。用塞尺检查时,应允许局部(最多两处)插入,其深度应符合标准规定。

12)滑动和移置导轨表面除用涂色法检查外,还应用塞尺检验,间隙量应符合标准规定;塞尺在导轨、镶条、压板端部的滑动面间插入深度不得超过标准规定。

13)轴承装配的检验。可调的滑动轴承结构应检验调整余量是否符合标准规定;滚动轴承的结构应检验是否位置保持正确,受力均匀,无损伤现象;精密度较高的机械应采用冷装的方法进行装配或用加热方法装配,过盈配合的轴承,应检验加热是否均匀;

同时检验轴承的清洁度和滑动轴承的飞边锐角及用润滑脂的轴承应检查其润滑脂的标准号、牌号和用量。使用无品牌标志及标准号的润滑脂前必须送化验室进行化验，其理化指标应符合规定。

14）齿轮装配的检验。齿轮与轴的配合间隙和过盈量应符合标准及图样的规定要求；两啮合齿轮的错位量不允许超过标准的规定；装配后的齿轮转动时，啮合斑点和噪声声压级应符合标准的规定。

15）检验两配合件的错位的不均称量应按两配合件大小进行检查，其允许值应符合标准的规定。

16）电器装配的检查。各种电器元件的规格和性能匹配应符合标准规定，必须检查电线的颜色和装配的牢固性并应符合标准规定。

一个产品经过总装检验合格后，要将检验最后确认的结果填写在"总装检验记录单"上，并在规定位置打上标志才可转入下道工序。"总装检验记录单"要汇总成册、存档，作为质量追踪和质量服务的依据。

第三节　成品的检验

成品的检验是一个产品从原材料入厂开始，经过加工、部装、总装，直到成品出厂的全过程中的最后一道综合性检验，通过对产品的性能、几何精度、安全卫生、防护保险、外观质量等项目的全面检测和试验，根据检测试验结果综合评定被检验产品的质量等级。

产品经检验合格出具质量合格证后才准出厂，在特殊情况下，经用户同意或应用户要求，可在用户处进行检验。

产品的检验分型式检验和产品的出厂检验两种。

一、型式检验和出厂检验的目的

型式检验是为了全面考核产品的质量；考核产品设计及制造能否满足用户要求；检查产品是否符合有关标准和技术文件的规定；试验检查产品的可靠性；评价产品在制造业中所占的技术含量和水平。

凡遇下列情况之一时，均应进行型式检验：

1）新产品定型鉴定时。
2）产品结构和性能有较大改变时。
3）定期地考查产品质量。
4）产品在用户使用中出现了严重的性能不可靠事故。

正常生产的产品出厂检验是为了考核产品制造是否符合图样、标准和技术文件的规定。

二、成品检验的内容

1. 一般要求

1）成品检验时，注意防止冷、热、气流、光线和热辐射的干扰。

在检验过程中，应防止产品受环境变化的影响，有恒温恒湿要求的产品，应在规定的恒温恒湿条件下进行检验，检具在使用前应等温。

2）检验前，应将产品安装和调整好，一般应自然调平，使产品处于自然水平位置。

3）在检验过程中，不应调整影响产品性能、精度的机构和零件，否则应复检因调整而受影响的有关项目。

4）检验时，应按整机进行，不应拆卸整机，但对运转性能和精度无影响的零件、部件和附件除外。

5）由于产品结构限制或不具备规定的测试工具时，可用与标准规定同等效果的方法代替。

6）对于有数字控制的自动化或半自动化的产品，应输入一种典型零件加工程序，做较长时间的空运转，运转时应符合标准规定。

2. 外观质量的检验

1）产品外观不应有图样未规定的凸起、凹陷、粗糙不平和其他损伤，颜色应符合图样要求。

2）防护罩应平整均匀，不应翘曲、凹陷。

3）零、部件外露结合面的边缘应整齐、均匀，不应有明显的错位，其错位量及不均匀量不得超过规定要求。

门、盖与产品的结合面应贴合，其贴合缝隙值不得超过规定要求。

电气和电气箱等的门、盖周边与其相关件应均匀，其缝隙不均匀值不得超过规定要求。

当配合面边缘及门、盖边长尺寸的长、宽不一致时，可按长边尺寸确定允许值。

4）外露的焊缝应修整平直、均匀。

5）装入深孔的螺钉不应突出于零件的表面，其头部与沉孔之间不应有明显的偏心。固定销一般应略突出于零件表面。螺栓尾端应略突出于螺母的端面。外露轴端应突出于包容件的端面，突出时均为倒角。内孔表面与壳体凸缘间的壁厚应均匀对称，其凸缘壁厚之差不应超过规定的要求。

6）外露零件表面不应有磕碰、锈蚀、螺钉、铆钉和销子端部不得有扭伤、锤伤、划痕等缺陷。

7）金属手轮轮缘和操纵手柄应有防锈镀层。

8）镀件、发蓝件、发黑件色调应一致，防护层不得有褪色和脱落现象。

9）电气、液压、润滑和冷却等管道的外露部分，应布置紧凑、排列整齐、美观，必要时应用管夹固定。管道不应产生扭曲、折叠等现象。

10）成品零件未加工的表面，应涂以深色涂料，涂料应符合相应的标准要求。

3. 参数的检验

根据产品的设计参数检验其制造过程能否达到要求，以及检验连接部位尺寸是否符合相应的产品标准规定。该项检验除在样机鉴定或做型式试验时进行外，平时生产允许抽查检验。

设计部门对产品的总重量、外观（形）尺寸应定期抽验。

4. 空运转试验

空运转试验是在无负荷状态下运转产品，检验各机构的运转状态、刚度变化、功率消耗，以及操纵机构动作的灵活性、平稳性、可靠性和安全性。

试验时产品的主运动机构应从最低速度起依次运转，每级速度的运转时间按规定要求进行。用交换齿轮、皮带传动变速和无级变速的产品可低、中、高速运转。在最高速度时，应运转足够的时间，使主运动机构轴承达到稳定温度。

进给机构应做依次变换进给量（或进给速度）的空运转试验，对于正常生产的产品，检验时，可做低、中、高进给量（或进给速度）试验。

有快速移动机构的产品，应做快速移动的试验。

（1）温升试验

在主轴轴承达到稳定温度时，检验主轴轴承的温度和温升，其值均不得超过相应的标准规定。

在达到稳定温度状态下应做下列检验：

1）主运动机构相关精度冷热态的变化量。

2）各部轴承法兰及密封部位不应有漏油或渗油。

3）检查产品的各油漆面的变形和变化、变质等不良现象。

4）检查产品中的新材料经升温后的材质变形对质量的影响情况。

（2）主运动和进给运动的检验

检验主运动速度和进给速度（进给量）的正确性，并检查快速移动速度（或时间）。在所有速度下，产品的工作机构均应平稳、可靠。

（3）动作试验

产品的动作试验一般包括以下内容：

1）用一个适当的速度检验主运动和进给运动的起动、停止（包括止动、反转和点动等）动作是否灵活可靠。

2）检验自动机构（包括自动循环机构）的调整和动作是否灵活、可靠。

3）反复变换主运动或进给运动的速度，检查变速机构是否灵活、可靠以及指示标牌的准确性。

4）检查转位、定位、分度机构动作是否灵活、准确、可靠。

5）检验调整机构、夹紧机构、读数指示装置和其他附属装置是否灵活、准确、可靠。

6）检验装卸工件、刀具和附件是否灵活、可靠。

7）与产品连接的随机附件（如卡盘、分度头、圆分度转台等）应在该产品上试运转，检查其相互关系是否符合设计要求。一些自动机（数控产品）还应按有关标准和技术条件进行动作和机能试验。

8）检验其他操纵机构是否灵活、准确、可靠。

9）检验有刻度装置的手轮反向控程量及手轮、手柄操纵力。空程量和操纵力应符合相应标准的规定。

10) 对数控产品应检验刀具重复定位、转动以及返回基准点的正确性，其量值应符合相关标准的规定。

(4) 噪声检验

各类有运动的产品应按相应的噪声测量标准所规定的方法测量成品噪声的声压级，测量结果不得超过标准的规定。

(5) 空运转功率检验

在产品主运动机构各级速度空运转至功率稳定后，检查主传动系统的空运转功率。对主进给运动与主运动分开的产品（如数控机床），必要时还要检查进给系统的空运转功率。

(6) 电气、液压系统的检验

对电气、液压系统也应进行检验。

电气全部耐压试验必须按有关标准规定进行，以确保整个产品的安全保护。

液压系统对高、低压力应全面检查，防止系统的内漏或外漏。

(7) 测量装置检验

成品和附件的测量装置应准确、稳定、可靠，便于观察、操作，视场清晰，有密封要求处应设有可靠的密封防护装置。

(8) 整机连续空运转试验

对于自动、半自动和数控产品，应进行连续空运转试验，整个空运转过程中不应发生故障。连续运转时间应符合有关标准规定。试验时自动循环应包括所有功能和全工作范围，各次自动循环休止时间不得超过（内控标准除外）或低于规定要求。专用设备应符合设计规定的工作节拍时间或生产率的要求。

5. 负荷试验

负荷试验是检验产品在负荷状态下运转时的工作性能及可靠性，即加工能力、承载能力或拖引能力等及运转状态（指速度的变化、机械的振动、噪声、润滑、密封、止动等）。

(1) 成品承载工件最大重量的运转试验（抽查）。

在成品上装上设计规定的最大承载重量的工件，用低速及设计规定的高速运转机械成品，检查该产品运转是否平稳、可靠。

(2) 产品主传动系统最大转矩的试验

转矩试验包括：

1) 主传动系统最大转矩的试验。

2) 短时间超过规定最大转矩的试验。

试验时，在小于、等于产品计算转速范围内，选一适当转速，逐级改变进给量，使达到规定扭转力矩，检验产品传动系统各传动元件和变速机构是否可靠、平稳和准确。对于成批生产的产品，应定期进行最大转矩和短时间超最大转矩25%的抽查试验。

(3) 切削抗力试验

产品切削抗力试验包括：

1) 最大切削抗力的试验。

2) 短时间超过最大切削抗力 25% 的试验。

试验时，选用适应的几何参数的刀具，在小于或等于产品计算的转速范围内选一种适当转速，逐渐改变进给量或切削深度，使产品达到规定的切削抗力。检验各运动机构、传动机构是否灵活、可靠以及过载保险装置的安全性。

对于成批生产的产品，允许在 2/3 最大切削抗力下进行试验，但应定期进行最大切削抗力和短时间超过最大切削抗力 25% 的抽查试验。

(4) 产品主传动系统达到最大功率的试验（抽查）

选择适当的加工方式、试件（材料和尺寸）、刀具（材料和几何参数）、切削速度、进给量，逐步改变进给深度，使产品达到最大功率（一般为主电动机的额定功率）。检验产品的结构和稳定性、金属切除率以及电气等系统是否可靠。

(5) 抗振性切削试验（抽查）

对一些产品除进行最大功率试验外，还应进行以下试验：

1) 有限功率切削试验（由于工艺条件限制而不能使用产品全部功率）。

2) 极限切削宽度试验。

根据产品的类型，选择适当的加工方式、试件（材料和尺寸）、刀具（材料和几何参数）、切削速度、进给量进行试验，检验产品结构的稳定性，一般不应有振动现象（应注意每个产品传动系统的薄弱环节要重点试验）。

(6) 传动效率试验（仅在型式检验时进行）

产品加载至主电动机达到最大功率时，利用标准规定的专门的仪器检验产品主传动系统的传动效率。

注意：

1) 对不需要做负荷试验的产品，应按专门的规定进行。

2)（2）~（5）条所列的切削试验，也可以用仪器代替，但必须定期用切削试验方法进行抽查。

3) 工件最大重量、最大转矩和最大切削抗力均指设计规定的最大值。

6. 精度检验

成品精度检验是为了检验产品各种因素对加工工件精度的影响。

(1) 几何精度、传动精度检验

按各种类型（规格）产品精度标准、质量分等标准、制造与验收技术条件、企业或地方制定的内控标准等有关标准的规定进行检验。检验时，产品设计规定的所有零、部件必须装配齐全，应调整部位要调整到最佳位置并锁定。各部分运动应手动，或用低速机动。负荷试验前后均应检验成品的几何精度，不做负荷试验的成品在空运试验后进行，最后一次精度的实测数值记入合格证明书中。

(2) 运动的不均匀性检验

按有关标准的规定进行检验或试验。

(3) 振动试验（抽查）

按有关标准的规定进行试验。

（4）刚度试验（抽查）在相关的主要件做改动时，必须做刚度试验。

按有关标准的规定进行检验。

（5）热变形试验

按有关标准的规定进行试验。

在精度检验中对热变形有关的项目，按标准的规定进行检验。并考核其热变形量。

（6）工作精度检验

按各类型产品精度等有关标准的规定进行检验。工作精度检验时应使产品处于工作状态进行检验（按规定使主运动机构运转一定时间，使其温度处于稳定状态）。

（7）其他精度检验

按有关技术文件的规定进行检验。

注：不需要全面做第6项试验的产品，应按专门的规定进行。

7. 工作试验

成品的工作试验是检验产品在各种可能的情况下工作时的工作状况。

1）通用产品和专门化产品应用不同的切削规范和加工不同类型试件的方法进行试验（一般在型式试验时进行）。

2）专用产品应在规定的切削规范和达到零件加工质量的条件下进行试验。一般专门化产品也应进行本项试验。

工作试验时，成品的所有机构、电气、液压、冷却润滑系统以及安全防护装置等均应工作正常。同时，还应检查零件加工精度（表面粗糙度、位置精度等）、生产率、振动、噪声、粉尘、油雾等。

8. 寿命试验

成批生产的产品，应在生产企业或用户处进行考核或抽查其寿命情况，并应符合下列要求：

1）在两班工作制和遵守使用规则的条件下，产品精度保持在规定的时间范围内及产品到第一次大修的时间不应少于规定要求。

2）重要及易磨损的导轨副应采取耐磨措施，并符合有关标准的要求。

对主轴、丝杠、蜗轮副的高速、重载齿轮等主要零件也应采取耐磨措施，以提高其寿命。

3）导轨面、丝杠等容易被尘屑侵入的部位，应设防护装置。

9. 其他检（试）验

按订货协议或技术条件中所规定的内容进行检验。例如，有的机械产品要求做耐潮、防腐、防霉、防尘、排放等检验。

10. 出厂前的检验

产品在出厂前要按包装标准和技术条件的要求进行包装，一般还应进行下列检验：

（1）涂漆后包装前进行商品质量检验

1）检验商品的感观质量，外部零部件整齐，无损伤、锈蚀。

2）各零部件上的螺钉及其紧固件等应紧固，不应有松动的现象。

3）各表面不应存在锐角、飞边、毛刺、残漆、污物等。

4）各种铭牌、指示标牌、标志应符合设计和文件的规定要求。

（2）包装质量应检查内容

1）各导轨面和已加工的零件的外露表面应涂以防锈油。

2）随行附件和工具的规格数量应符合设计规定。

3）随行文件应符合有关标准的规定，内容应正确、完整、统一、清晰。

4）凡油封的部位还应用专用油纸封严。随行工具也应采取油封等防锈措施。

5）包装箱材料的质量、规格应符合有关标准的规定。

6）包装箱外的标志字迹清楚、正确、符合设计文件和有关标准的要求。出口商品要特别注意检查包装箱上的唛头的正确性。

必要时开机检验某些项目，特别是仓储时间较长的机电产品更应该这样做。

第二十一章

AUDIT

第一节 AUDIT 的由来及适用范围

一、AUDIT 的由来

任何一个经济发达国家均经历过两个阶段：产（商）品品种及其数量短缺供不应求阶段和产品品种及其数量丰富供大于求阶段。在产品供不应求阶段，顾客是有什么买什么，没有选择余地；在产品供大于求阶段，顾客是要什么有什么，有选择余地，这时，顾客对产品质量要求和期望越来越高。我国已走过上述的第一个阶段，进入第二个阶段。

在产品供过于求时代，顾客购买商品可以货比三家，自由选择，优中择优。例如买苹果，除了挑选果子的大小之外，还要一个一个地检查其表面脏不脏，是否有不正常的斑点、色斑、碰伤、划伤等缺陷，如果有缺陷肯定不买。又如，去商场买一件高档的衣服，如果款式、颜色满意的话，首先要试穿看合身不合身，如果合身，你会仔细看这件衣服上的几颗扣子的大小和颜色是否一致、上下布置是否均匀、衣服的外面和里面缝线均匀不均匀、两个袖子的颜色与衣身的颜色是否一致等。又如，买汽车、电冰箱、机床、自行车等，顾客都要检查看是否有自己不满意的地方，这种检查过程，就称为AU-DIT（奥迪特）。

AUDIT 发源于欧洲经济发达国家，后来各经济发达国家均采用这种方法，它已成为质量检验的一种很重要的方法。凡使用这种检验方法的企业均获得良好效果，它是生产企业与市场接轨的重要表现。

上面只举几个日常生活中的例子来说明 AUDIT 的意思，如果对它的内涵进行完整表述的话，AUDIT 是产品的生产企业站在顾客的立场上，用顾客的眼光和要求对自己生产的并经过按产品标准要求检验合格可供销售的产品在出厂之前进行检查、评价，将检查出的质量缺陷落实责任，分析缺陷产生的原因，针对原因提出整改措施进行整改，清除缺陷，进一步改进和提高产品质量，追求产品质量完美无缺，增强产品的竞争力，使顾客满意的一种活动。欧洲（以德国为例）把这种活动称为 AUDIT，美洲（以美国为例）把这种活动称为 CSA，日本把这种活动称为 QIA。AUDIT 可译为检查、审查、检查跟踪等。

二、AUDIT 的适用范围

AUDIT 是市场经济的产物，是企业模拟市场、模拟用户对自己生产的产品质量进行监督的自觉行为，是国际上通行的企业内部自我监督的一种方法，它适用于所有批量生产、质量稳定的产品。

第二节 AUDIT 与检验的不同及其特点

一、AUDIT 与质量检验的主要不同点

1）时间不同。质量检验在前，AUDIT 在后，只有经过检验员检验合格出具合格证的产品（商品）才能进行 AUDIT。

2）立场不同。检验员是代表国家、顾客和企业依法检验产品的质量，而 AUDIT 员是站在顾客的立场上检查、评审经检验合格的产品的质量。

3）标准不同。质量检验的依据标准是产品图样、工艺文件、技术标准和国家的有关规定，AUDIT 的依据是顾客的眼光和（明确和隐含）要求。

4）数量不同。质量检验一般是全数检验或抽样检验。AUDIT 是采用抽样检验，这种抽样检验一不遵守抽样检验标准规定的规则，二不对抽样批产品的接收或拒收下结论，但是在检查中发现产品存在致命缺陷或严重缺陷时，下令对这批产品的质量进行返检，经返检全部合格后方准出厂。

5）结论不同。质量检验结果是判定被检验产品（单件产品或批产品）的质量合格与否，对合格的产品出具合格证，不合格的产品不出具合格证。AUDIT 结果是顾客的满意度：缺陷越轻越少，则用户越满意，即满意度高；反之满意度低。

6）作用不同。质量检验主要是把关。AUDIT 主要是不断找出产品的缺陷，不断消除缺陷，使产品的实物质量不断改善和提高。

以上几点说明，AUDIT 与质量检验是不同的，它不是检验的再检验，也不是检验的重复。

二、AUDIT 的主要特点

1）直观。在 AUDIT 中，对产品上存在的缺陷的所在位置、缺陷的形貌及其严重性程度做出标识，能使人看得见、摸得着缺陷。

2）及时。如果天天对产品质量进行 AUDIT，则能及时发现产品的缺陷，及时进行质量信息反馈。

3）能找到责任者。在 AUDIT 中，根据缺陷所在的位置及缺陷形貌，能找到造成缺陷的责任者。

4）掌握产品质量的客观情况。根据审查结果缺陷数的多少、缺陷的严重性程度，可以掌握产品质量的客观情况。

5）有利于质量改进。将审查结果公布，造成缺陷的责任者针对缺陷情况改进工作，消除缺陷，改进产品质量，追求产品质量完美无缺。

6）有利于落实质量责任。根据缺陷的严重性对责任者进行惩罚。审查结果可作为考核有关部门、车间、工人的工作质量的依据。

7）能发现管理的薄弱环节。对审查结果进行系统的统计分析，能发现生产、技术、

质量等各方面的管理薄弱环节。

8）能了解产品质量变化趋势。对审查结果进行系统的统计分析，绘制出曲线图，从中能了解产品实物质量的变化趋势，便于质量跟踪。

9）将自己的产品与竞争对手的产品均进行 AUDIT，进行对比分析，在产品质量上可以做到"知己知彼"。

10）国际通用的企业内部质量监督方法。

第三节 实施 AUDIT 的步骤

AUDIT、CSA 和 QIA 的任务均是由专职的 AUDIT 员站在顾客的立场上，按顾客的眼光和要求查找经过检验合格的产品的缺陷，根据找出的缺陷数及其严重程度来评价产品的质量水平，而后由企业组织力量对产品的缺陷进行整改，消除缺陷，进一步改进和提高产品的实物质量。它们的实施方法和步骤基本相同，现以汽车产品为例简介 AUDIT 的实施过程。

一、设置专职 AUDIT 组（简称审查组）

为了能真正做到站在顾客的立场上，按用户的眼光和要求对经过检验合格的产品质量进行审查、评价，应设置专职的 AUDIT 组，由厂长（经理）直接领导。审查组一般由 3～5 人组成，设组长 1 名。如果被审查的产品结构复杂、工作量大，审查组成员可多些，反之可少些。对审查组的要求如下：

1）必须独立地进行工作，不受企业领导意志的干扰。

2）日常工作不受生产、销售等各种活动影响。

二、设置专职 AUDIT 员（简称审查员）

为能连续开展工作，应设置专职 AUDIT 员。对其要求如下：

1）视力、听力、触觉、嗅觉和身体都要好，要能独立工作。

2）有较高的文化水平，有较强的文字表达能力和口头表达能力，以及较高的分析、判断能力；质量意识要高，敢于坚持原则。

3）对被审查产品的结构、性能、技术质量要求及其检验方法要熟悉，并要熟悉产品的生产过程，了解本企业的质量管理情况。

4）工作要负责、认真、廉洁，能虚心听取别人的意见，团结同事。

5）在汽车、摩托车审查组内至少有一名专职审查员有正式驾驶执照或内部驾驶执照（每个审查员都有驾驶执照更好），这样可以自己开车进行动态检查。对其他产品，凡需要进行动态检查的，审查员必须自己开机，不能请人"代劳"。对需要解析检查的产品，审查员要会正确拆卸、装配这种产品。

6）对审查结果应该用电子计算机进行处理，因此要求每个审查员都要会操作计算机，或小组内设一名专职计算机操作员。

三、制订标准（检查表）

由于 AUDIT 与质量检验不同，所以 AUDIT 标准不能完全使用质量检验标准，而必须另外制订标准。制订 AUDIT 标准时，要参考质量检验标准和借鉴现有各种资料，包括国

第二十一章 AUDIT

内外企业使用的以及国家、行业发布的有关标准，还要充分分析顾客对产品质量的反映意见。充分考虑产品到市场上后，凡引起和可能引起顾客不满意（抱怨）的地方（缺陷），都要作为检查项目收入标准内，这是 AUDIT 标准与质量检验标准的最大不同之处。

制订任何产品的 AUDIT 标准（检查表）均可按上述思路进行。表 21-1～表 21-4 可供读者制订 AUDIT 检查表时参考。对检查表要进行动态管理，不断对它进行修改、补充，使其内容更能反映顾客的要求。

上述 4 个表中，表 21-1 只给出缺陷和扣分值，虽然只给出扣分值，但从扣分值的大小可以判断缺陷的严重性；表 21-4 很直观，既看到缺陷的严重性，又看到相应的扣分值。

汽车行业的几个 AUDIT 检查表（表 21-1～表 21-4）

缺陷一般分为四级：A_1 级——致命缺陷；A 级——严重缺陷；B 级——一般缺陷；C 级——轻微缺陷。对于一般产品而言，A_1 级缺陷是顾客不能接受的，如果误接受，在使用时会造成产品损坏或造成人身伤亡；A 级缺陷顾客也不接受；B 级缺陷顾客能勉强接受，但十分抱怨；C 级缺陷顾客可以接受，也不十分抱怨。

确定每级缺陷扣分值的原则是：对顾客不十分抱怨的缺陷扣分少些，对影响产品功能和安全性的缺陷多扣分。

大众汽车公司对大众牌汽车产品进行 AUDIT 的检查表内容很详细，有 1300 余个检查项目、57 个问题类、7000 余个缺陷扣分点。与检查表配套的是《缺陷种类名称使用准则》。该准则对 S、M、L 的含义进行了规定。

S、M、L 代表扣分值（例如 S 表示扣 50 分，M 表示扣 20 分，L 表示扣 10 分），也代表缺陷的严重性程度：S 表示缺陷严重，M 表示缺陷较严重，L 表示缺陷轻。

例如表 21-2 中 58 "P.V.C 弄脏" 这一缺陷模式下标 "L/S"，其判定标准如下：

S　　要用专门的清洁剂才能擦拭干净
　　　——局部可见范围内有缺陷或被机油/油脂弄脏。
　　　——塑料件（保险杠不算）被蜡弄脏。
　　　——油漆表面被粘结剂弄脏。

L　　容易擦拭干净（无须使用专门的清洁剂）
　　　——零件粘上机油或油脂，被弄脏。
　　　——轻微/少量被油脂弄脏。
　　　——车内有松散零件（异物）。

又如"总成缺陷"（表 21-2 中未列出）这一缺陷模式下标 "L/M/S"，其判定标准如下：

S　　事关安全
　　　——未扣牢、螺钉未拧紧、松动、未固定（影响功能）。
　　　——在液面高度有规定要求的情况下，充液高度不对。

M　　影响功能
　　　——穿线套管、插头、闷头未插牢或未完全插牢。
　　　——许多相同零件中有一只零件未装（夹头或自攻螺纹）。

——(车内饰)罩盖未装。
——面料走样/踏缝歪斜,花样错位,花样大小不匀,打皱(明显可见)。
——波浪形,走样。
——锋利毛刺(易划伤人)。
——地毯未贴紧(空)。
——线索(未固定,敷设不当)。
——风窗玻璃清洗装置的喷头调节不当。
——方向盘歪。
——大灯调节不当。

L　影响外观
——轻微压痕,角磨印子、划伤痕迹、密封条变形。
——零件未卡牢或未完全卡牢。
——面罩轻微打皱,略微有波浪形,线头可见。
——塑料保护薄膜或装饰薄膜下有气泡。
——零件光泽度或颜色有偏差。
——略微有波浪形。
——略微有毛刺。
——线索/软管未固定牢,敷设不当。

又如,判定异响的准则如下:
　　S——令人讨厌的异响(只是在试车时)。
　　M——扰人的异响,例如雨刮器发出嗒嗒声。
　　L——轻微的有时发出异响。

大众汽车公司的检查表和准则每年在 AUDIT 年会上讨论之后修订更新,提出新版本,统一实施。

表21-3是奔驰公司重型汽车 AUDIT 检查表中的表面部分的检查项目及缺陷模式和相应的评价数。这个表的设计思路是:为了对汽车整车(或零部件)进行质量评价,将车的理论状态(无缺陷)和实际状态(有缺陷)进行比较。

将可能出现的缺陷及每个缺陷的评价数列成表,把所有缺陷的评价数加起来得到一个总数,该数(表示在理论状态的质量)称为"理论状态总数"Σj,将它标在表末(见表21-3)。对整车进行 AUDIT 时,将发现的缺陷一一用笔在检查表上圈出,然后将圈出的缺陷的评价数加起来得到一个总数,该数(表示车在实际状态的质量)称为"实际状态总数"Σi,质量指标 QZ 为:

$$QZ = \left(1 - \frac{\Sigma i}{\Sigma j}\right) \times 100\%$$

表21-3中的评价数分为四个等级:
2~16为轻微缺陷;20~42为一般缺陷;49~81为严重缺陷;90~100为致命缺陷。

第二十一章 AUDIT

四、编制作业指导书

AUDIT 作业指导书的作用，一是指导审查员实施 AUDIT 的顺序；二是规定 AUDIT 的内容和应做的工作。因此，作业指导书的内容应包括：被检查项目编号先后顺序、检查项目名称、技术要求、缺陷模式及其相应的扣分值、缺陷情况说明和责任单位等。如果在表 21-1 的"缺陷情况说明"与"实际扣分"两栏之间加"责任单位"一栏，该表就成为汽车装配质量 AUDIT 作业指导书了。

应该指出，AUDIT 作业指导书中可以不给出"技术要求"，这是因为真正的顾客中的绝大多数不懂得他们想购买的商品的许多具体质量指标和技术要求，因此，只要商品上存在他不满意的地方，他就不买这件商品，而去挑选另一件商品或去买别家生产的商品。如果有技术要求而指导书上不写出来，审查员要熟记各检查项目技术要求的数值。

五、编制作业记录表

一般来说，不单独编制记录表，实施 AUDIT 时，审查员拿《AUDIT 作业指导书》，按作业指导书上检查项目的先后顺序对产品进行逐项检查，若发现缺陷，则在该检查项目名称后面的缺陷模式下面的扣分值处画"√"或"○"，并在"责任单位"栏内填写造成缺陷的责任单位名称，在"缺陷情况说明"栏内描述缺陷情况。为了简便，也可以用英文字母代表责任单位，例如用 P 代表喷漆（因为喷漆的英文字是 PAINT），用 F 代表总装。用字母表示的优点是简单，缺点是不直观。

六、确定审查周期

AUDIT 属于质量监督范畴。根据质量监督的定义，AUDIT 要连续进行，不能间断，只要生产不停止，AUDIT 就会一直进行下去，即使只生产一件（台、辆、个）产品，经过检验合格后也要对它进行 AUDIT。从统计学的角度看，这样做才能正确反映产品质量特性及其波动情况，才能最及时、最真实地反映产品的缺陷情况。

七、确定抽样原则

AUDIT 的产品应是随机抽样而得的样品。这种抽样没有抽样基数要求，不要组批，也不要按百分比抽样，更不要遵守抽样检验标准规定抽样。抽取样品数量的多少，要根据审查员的数量、产品结构的复杂程度、质量水平和生产情况而定。原则是大型复杂的、检查工作量大的产品，样品应少些；反之，应多抽些样品进行 AUDIT。另外，对于同时生产同一种产品而型号不同，每天应同时抽取各型号的产品进行 AUDIT，例如，某厂某天同时生产三种汽车（面包车、轿车和货车），这天应同时随机从这三种车中各抽取一辆车来进行 AUDIT。

抽样地点有四种情况，抽样时可视具体情况选择：

1. 在生产现场抽样

产品下线经过质量检验合格开具合格证后，即可进行抽样。这种抽样方法的优点是经济、方便，能发现制造过程的缺陷和质量检验的工作质量。缺点是不能反映产品入库、包装、贮存、发运以及销售各个环节发生的缺陷。

2. 到库房抽样

这种抽样方法的优点是可以发现产品在入库、包装、贮存中发生的缺陷。

3. 到销售点抽样

这种抽样方法除具有到库房抽样的优点之外，还可以发现产品在运输、保管中发生的缺陷。

4. 到顾客中抽样

即产品刚送到顾客手中而尚未使用之前进行检查。这种方法除具有到销售点抽样的优点外，还可以发现产品在交付给顾客过程中发生的缺陷。

八、确定审查场地

实施 AUDIT 的场地，要宽敞、清洁、安静、光线充足、温湿度适宜，要配置工作中必要的工具。场地应尽可能接近装配该产品的车间，这样便于样品的搬运及现场教育制造部门的干部与工人。

汽车的 AUDIT 场地要求有地沟和淋雨室，这样便于 AUDIT 中进行底盘检查和淋雨检查；光线的灯光亮度应足够亮，若光线差，则审查效果不佳。

九、实施 AUDIT

首先，审查员要转变立场，时时刻刻记住自己是顾客，是最内行、最挑剔的顾客，审查中看问题要站在顾客的立场上，按顾客的眼光和要求去检查产品的质量。

实施 AUDIT 的原则如下：

1）谁进行审查、评价谁去抽样。抽样时要与被抽样单位办理有关手续。

2）对一件（辆、个）样品只由一名审查员进行审查。在审查中不许任何人对他"指手画脚"，审查后不得由其他审查员去复查，也不能交叉审查和互查。这样做有以下几点好处：

① 自己去抽样能掌握样品的原始质量状态。

② 评价的一致性及可比性好。因为对同一部位上的同一缺陷的形貌、严重性程度等，不同的人检查可能得出不同的判定结论，易于发生争议，产生分歧意见。

③ 有利于增强审查员的工作责任心，有利于考核他的业务水平和工作质量。

3）严格按 AUDIT 标准进行审查、评价，要按作业指导书规定的顺序进行逐项审查，不得重复审查，也不得漏审，缺陷严重性判定要准确、一致。严防随意判定缺陷的严重性。

对有异议的缺陷应反复认真审查，审查越仔细越好。要细到对安装的所有零部件的正确性是否符合技术要求，零部件的型号、规格是否正确进行。涉及安全性的零部件更要认真审查。

4）要详细记录。对缺陷的位置、形貌进行详细记录。对能做标识的，要在缺陷处做出标识。如用特种颜色铅笔画，或用不干胶条粘贴在缺陷旁边进行标识（见图 21-1）。

5）在审查中若发现致命缺陷和

图 21-1 AUDIT 后的汽车（仅外观部分）
×—麻点　△—划痕　○—凹坑　⊗—碰伤

（或）重大缺陷，审查工作结束后审查员要立即向组长报告，组长立即向其主管领导汇报，主管领导立即向生产部门发出指令要对这批产品进行返检，并追踪到生产线上去，查明原因，采取纠正措施并把已发现的缺陷消除后，方准产品出厂。在大批生产中，这个信息传递速度要快，以便及时消除缺陷。

6）注意事项

① 抽样时，不得对样品做任何可能影响产品质量状态的处理，例如许多产品的外观"脏"是要扣分的，所以在抽样品时，不得先把脏擦掉。应该是把脏这项检查完后再把样品擦净，检查其他项目。在市场上也是一样，如果商品的外观脏兮兮的，顾客肯定不买这件商品，除非是处理品。

② 在审查过程中，不得对缺陷做任何处理，只得如实记录，例如在发动机解析检查中，发现油底壳内有一个螺母，这时评审员可以拿起这个螺母来观察它的规格大小和新旧程度后，再把它放回原处，并进行记录，千万不要自己随意把这个螺母扔掉。"不见实物不认账"，这是AUDIT中常发生的事。因此，要使责任单位书面确认后方可消除缺陷。

③ 对新发现缺陷的处理要集体讨论决定。如上例所述，如果AUDIT标准中有"油底壳内是否有异物"一项，则在这一项的"缺陷情况说明"一栏中写"有一个M10新螺母"即可；如果AUDIT标准中没有这一项，则在标准中增加这一项，至于扣多少分为宜，待向组长汇报，组长应向制订AUDIT标准的部门报告，由该部门确定扣分值。如果没有这样的部门，组长应召集全组人员研究，确定扣分值后再扣分。

④ 公开原始记录。审查完后，应将原始记录放在固定地点（一般是放在被审查产品附近），让各有关部门的代表来认可审查结果，这时审查员要在场等候，以便向询问者解释或讨论检查结果。如果来认可的代表对检查记录中属于本部门造成的缺陷及其严重性程度无异议，则将之抄录，带回去向领导报告，领导应立即组织力量针对缺陷的情况采取措施消除缺陷；若有异议，则向审查员提出，审查员要予以解释。经过双方讨论，如果来认可的代表说得有理，审查员要改写记录；如果来认可的代表说得无理，则不需更正记录。公开原始记录有两个好处，一是便于有关部门及时获得质量信息，采取措施，消除缺陷；二是可避免在AUDIT结果发布会上发生争议。

为了缩短审查员的工作时间，应统一规定一个时间段，在这段时间内各有关部门的代表自动来看检查记录，进行认可，过时不来者，算已认可，审查员可"过时不候"。

十、评定质量等级

为了掌握产品质量的情况，特别是了解由不同厂家生产出的同一种产品的质量情况，根据AUDIT检查结果评定产品的质量等级是很有意义的。

1. 质量等级折算表

大众汽车公司在德国本土以外有十几个合资公司，为了及时掌握各公司生产的大众牌汽车的质量，该公司不仅制订了大众汽车AUDIT标准，而且制订了相应的质量等级评定折算标准（见表21-5），将这两个标准发给各公司，统一实施（审查员均到德国大众公司本部接受培训）。各公司定时将AUDIT结果传到大众公司本部，经过汇

质量等级评定折算标准表（表21-5）

总，本部就知道了各公司生产的同一种型号的大众牌汽车的质量水平和各公司之间质量水平的差异。

奔驰公司的质量等级评定折算表见表21-6。

我国的 QC/T 900—1997《汽车整车产品质量检验评定方法》中没有给出质量等级评定折算表。美国的 CSA 也没有给出质量等级评定折算表，因为 CSA 只计缺陷数及缺陷的严重程度，不给缺陷规定扣分值或评价数，缺陷只分为严重缺陷和一般缺陷两种，零缺陷最好。向"零缺陷进军"是美国汽车制造商的口号和努力目标。日本的 QIA 也没有给出质量等级评定折算表。

2. 评定质量等级的方法

（1）大众公司的质量等级评定方法

根据 AUDIT 结果的总扣分值查表即得到质量等级。例如上海大众汽车公司某日对一辆桑塔纳2000型轿车的质量进行 AUDIT，发现一些轻微缺陷，总扣分值为791分，查表21-5知该车的质量等为2.2级。

（2）奔驰公司的质量等级评定方法

根据 AUDIT 结果计算出质量指标 QZ 查表即得到质量等级。例如包头北方奔驰重型汽车有限责任公司某日对一辆北方奔驰重型卡车进行 AUDIT，在检查表面时只发现车的底边的油漆厚度不足（序号280），其评价数为30，即 $\Sigma i = 30$，$\Sigma j = 4546$（见表21-3），据此计算得：

$$QZ = \left(1 - \frac{\Sigma i}{\Sigma j}\right) \times 100\% = \left(1 - \frac{30}{4546}\right) \times 100\% = 99.3\%$$

根据 QZ 查表21-6知该车的表面质量为1.8级，质量"很好"。

（3）日本的质量评定方法

根据 QIA 结果算出 QI 值即可，通过比较每天的 QI 值可知车的质量变化趋势。QI

表21-6 质量等级评定折算表（奔驰公司）

质量等级	QZ	评价
劣 ∧ 6	87.5(%)	质量下极限
	5.9 — 88.2	
	5.8 — 89.0	
	5.7 — 89.7	不好
	5.6 — 90.4	
	5.5 — 91.1	
	5.4 — 91.9	
	5.3 — 92.6	
	5.2 — 93.3	
	5.1 — 94.1	
5	94.8	
	4.9 — 95.0	
	4.8 — 95.2	
	4.7 — 95.4	
	4.6 — 95.6	
	4.5 — 95.7	不太满意
	4.4 — 95.9	
	4.3 — 96.1	
	4.2 — 96.3	
	4.1 — 96.5	
4	96.7	
	3.9 — 96.8	
	3.8 — 97.0	
	3.7 — 97.1	
	3.6 — 97.2	
	3.5 — 97.3	满意
	3.4 — 97.5	
	3.3 — 97.6	
	3.2 — 97.7	
	3.1 — 97.9	
3	98.0	
	2.9 — 98.1	
	2.8 — 98.2	
	2.7 — 98.4	
	2.5 — 98.5	好
	2.4 — 98.7	
	2.3 — 98.8	
	2.2 — 98.9	
	2.1 — 99.0	
2	99.1	
	1.9 — 99.2	
	1.8 — 99.3	
	1.7 — 99.4	
	1.6 — 99.5	很好
	1.5 — 99.5	
	1.4 — 99.6	
	1.3 — 99.7	
	1.2 — 99.8	
	1.1 — 99.9	
∨ 优 1	100.0(%)	质量上极限

按式（21-1）计算：
$$QI = 145 - D/2 \tag{21-1}$$

式中　D——QIA 结果的总扣分值，如某日的 QIA 总扣值为 91，则 $QI = \left(145 - \dfrac{91}{2}\right)$ 分 = 99.5 分。

十一、编写公报

审查员根据经过各有关部门认可后的原始记录算出分值，评定质量等级后，编写 AUDIT 公报。表 21-7 是 AUDIT 公报示例，表 21-8 是 CSA 公报示例。公报还有其他形式，可根据具体情况而定。

公报编写示例（表 21-7、表 21-8）

十二、发布 AUDIT 公报

发布 AUDIT 公报是 AUDIT 工作中很重要的一环，一般是采用开会的形式发布，这种发布形式效果好。应该天天发布 AUDIT 公报。

发布公报要注意以下几点：

1. 发布地点

应尽量接近该产品的装配车间，这样便于车间各级人员（含工人）来观看 AUDIT 结果。发布地点应宽敞，光线要充足，温湿度要适宜。

2. 发布内容

公布被审查过的样品实物及其 AUDIT 公报。这是企业内部质量曝光活动。如果是解体进行 AUDIT，应将解体后的情况公布，发布会后再装配复原。

3. 发布会时间

要固定不变，最理想的时间是每日上午或下午刚上班时间，这样便于安排工作。由于发布会的时间固定不变，所以是例行会议，不需每次通知与会者。

4. 发布会形式

发布会有两种形式：自由式和列队式。列队式会场分为太阳形或月牙形两种。发布会均采用站立式开会，不设坐位。

自由式以发布会主持人（质量部门负责人）为中心，厂长和审查员分别站在主持人的两旁，其他部门的负责人及其随员自由站在主持人的周围开会。

列队式是参加会议的人员各自站在指定的位置上开会。为了做到"各就各位，对号入列"，对发布会场应进行布置，图 21-2 和图 21-3 是发布会场形式示图。

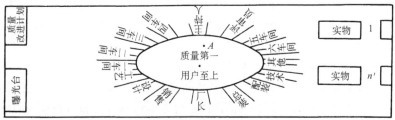

图 21-2　太阳形发布会场示图

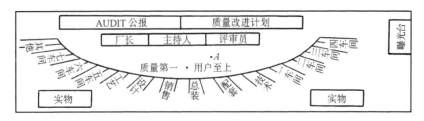

图 21-3　月牙形发布会场示图

图 21-2 是利用一间房子作会场，图 21-3 是利用车间的一角作会场。各部门、车间的领导站在图中规定位置的最前面，随员跟在其后。图中实物是被检查过的实物，$1'$~n' 是 AUDIT 公报栏。曝光台上放缺陷比较多和缺陷比较严重的零部件，在其前面要放标签，上面应写该件的名称及其编号、生产厂名称、缺陷情况、改进期限。要充分利用会场周围的墙壁宣传 AUDIT 工作。

5. 发布会的程序

由于 AUDIT 发布会的时间很短，所以开会一定要准时，不到会和不按时到会者，由质量部门统计考核。发布会应按下列程序进行：

1）宣布开会。开会时间一到，主持人立即宣布开会，介绍讲评人（审查员）姓名，请他讲评。

2）讲评。讲评人是谁审查、评价样品谁讲评，不允许其他人代讲。

主持人讲完话后，讲评人走到图中 A 的位置，宣读《AUDIT 公报》的内容，读完后站在原位不动等待与会者提问。如果有人提问，则予解答；若无人提问，则退回原位。

3）检查缺陷整改情况。待讲评人退回到原位后，主持人要问："昨天布置的整改工作完成得怎样？"责任单位的负责人应回答已经消除了缺陷，或者正在整改中。在整改中有什么困难，需要什么部门支援，需要提供什么条件等，都要一一讲清，不要留到会后扯皮。做到缺陷"日理日清"，因为会议时间很短，所以语言要简洁，不说套话空话。

4）各责任单位发言完后，主持人对整改工作搞得好的单位提出口头表扬，对不按时完成整改任务和缺陷重复发生的单位，提出进一步整改要求或口头批评。主持人应对最近的质量情况或发展趋势进行分析，提醒各单位注意。讲完后请厂长讲话。

5）厂长（经理）讲话。如果有什么重大问题需要厂长决策的，厂长应表态或组织有关单位负责人讨论，做出决策。对缺陷能解决但由于工作不力而推迟未解决的单位负责人，厂长要当面批评并下令限期完成整改，到时仍不解决而又提不出正当理由的，厂长在这个会上要宣布责任单位负责人的处分决定。

AUDIT 发布会是企业决策层和执行层共同参与的质量活动，是最高层次的质量分析会，在这个会上如果讲评人不认真讲评；主持人不认真布置和检查缺陷的整改情况，不敢批评和表扬，不敢提出要求；厂长不决策，不指示，不追究，不表扬，不发扬正气,不敢斗硬,这样的发布会将会流于形式。

6) 观看实物和公报。厂长讲完话后,主持人宣布请大家自由观看被检查过的实物,相当于宣布散会。发布会一般开 15~30min,自由观看实物的时间不算进会议时间。在自由观看实物中与会者可以相互讨论,生产工人也可以看实物和《AUDIT 公报》。这时评审员应在现场,随时准备接受询问和解答问题。各有关责任单位应利用这个机会组织工人来看实物和《AUDIT 公报》,进行质量教育。

7) 归还样品。散会后,审查组要把被检查过的样品送还给被抽样的单位,并办理手续。在送还样品之前,如果样品存在致命和/或严重缺陷,责任单位要排除后再送还,收到样品的单位要重新对这件样品进行检验合格后方准出厂。对轻微缺陷可不做处理。对于解体 AUDIT 的样品,散会后审查组要装配复原后送还,收到样品的单位要对这件样品进行全面检验合格后方准出厂。在解体 AUDIT 中,如果发现某零部件存在严重缺陷,应更换这个零部件。

8) 资料归档。发布会后审查员要将《AUDIT 公报》及在这次工作中产生的各种文字材料归档,统一保存。审查小组要不断统计分析 AUDIT 结果的各种材料,跟踪产品质量趋势,定期(如半个月)写出质量分析报告,报厂长批示。

从抽取样品开始到资料归档为止,这次的 AUDIT 工作算全部完成。为了使工作做到充分、细致,这样一个工作循环需要一天时间。为了使 AUDIT 工作不中断,即天天进行 AUDIT,天天发布公报,审查小组的工作要合理安排。

十三、AUDIT 的后续工作

AUDIT 的后续工作是消除 AUDIT 中发现的缺陷。

如前所述,AUDIT 的任务是查找产品的缺陷,暴露产品的缺陷。消除产品的缺陷不是 AUDIT 人员的任务,而是企业领导和技术、生产制造部门的职责。责任单位要动用一切手段消除 AUDIT 中发现的各种缺陷。这样,不断查找缺陷、暴露缺陷,不断消除缺陷,使产品的实物质量不断得到改进和提高,增强产品的竞争力,使顾客满意。

AUDIT 贵在认真,重在消除缺陷。如果不消除缺陷,缺陷重复发生,AUDIT 就没有意义,达不到对产品实物质量进行监督的目的。

第二十二章

抽样检验

第一节 概 述

一、抽样检验的分类及其概念

1. 抽样检验的分类（见图 22-1）

抽样检验的分类
- 按检验的目的分：验收抽样检验、调查抽样检验
- 按产品质量特性分：计量抽样检验、计数抽样检验
- 按是否可调整分：调整型抽样检验、非调整型抽样检验
- 按抽取样本次数分：一次抽样检验、二次抽样检验、多次抽样检验
- 按其他方式分：序贯抽样检验、连续抽样检验、单水平连续抽样检验、多水平连续抽样检验、链式抽样检验、跳批抽样检验、孤立批抽样检验
- 按获得样本方法分：有意抽样、随机抽样、整群抽样、多阶抽样、放回抽样、不放回抽样、散料抽样

图 22-1 抽样检验的分类

2. 抽样检验的概念

根据事先制订的抽样方案，从一批产品中随机抽取一部分作为样品，以这部分样品的检验结果，对整批产品质量合格与否做出判定的活动过程，称为抽样检验。

1）**验收抽样检验**是基于样本的检验结果，对产品批或其他分组做出接收或不接收判定的检验。

2）**调查抽样检验**是用于估计总体的一个或多个特性值的计数或分析研究，或估计这些特性在总体中的分布的检验。

3）**计量抽样检验**是根据来自批的样本中的各单位产品的规定质量特性测量值，从统计上判定过程可接收性的（验收）抽样检验。

4）**计数抽样检验**是根据观测到的样本中的各单位产品是否具有一个或多个规定的质量特性，从统计上判定批或过程可接收性的（验收）抽样检验。

5）**调整型抽样检验**是按照预先确定的转移规则，根据检验中一系列批产品质量的变化情况，适当地调整抽样方案的一种抽样检验方式。

6）**非调整型抽样检验**是在抽样检验中不允许调整抽样方案的一种抽样检验方式。

7）**一次抽样检验**是按照确定的规则，基于预定样本量抽取的单个样本所得的检验

结果即可判定（验收）的抽样检验。

8) **二次抽样检验**是最多抽取两个样本的多次（验收）抽样检验。

9) **多次抽样检验**是在每检验一个样本后，基于确定的判定准则，决定接收该批，或不接收该批，或需从批中抽取另一个样本的（验收）抽样检验。

10) **序贯抽样检验**是在检验每一个单位产品后，根据累积的样本信息及确定的规则，决定接收该批，或不接收该批，或需接着检验该批中另一个单位产品的（验收）抽样检验。

11) **连续抽样检验**是用于产品连续流的（验收）抽样检验。

12) **单水平连续抽样检验**是对连续生产的单位产品，根据观测到过程输出量，交替地使用具有一个固定抽样比的抽样检验和100%检验的一种连续（验收）抽样检验。

13) **多水平连续抽样检验**是对连续生产的单个产品，根据观测到的过程输出量，交替地使用具有两个或多个固定抽样比的抽样检验和100%检验的一种连续（验收）抽样检验。

14) **链式抽样检验**是指是否接收当前批取决于该批和前面紧邻的规定数目的相继批抽样结果的（验收）抽样检验。

15) **跳批抽样检验**是当最近的具有规定数目的批的抽样结果满足规定准则时，连续批系列中的某些产品不检验即可接收的（验收）抽样检验。

16) **有意抽样**是抽样时，抽样者从交验批产品中抽取自己认为需要的样品的抽样方法。这是错误的抽样方法。

17) **随机抽样**是从总体 N 中抽取 n 个抽样单元构成样本，使 n 个抽样单元每一可能组合都有一个特定被抽到概率的抽样。有以下四种方法：

① **简单随机抽样法**是从总体 N 中抽取 n 个抽样单元构成样本，使 n 个抽样单元所有的可能组合都有相等被抽到概率的抽样方法。

② **分层随机抽样法**是将待抽样的总体 N 分割成互不重叠的子总体（层），在每层中独立地按给定样本量进行的抽样方法。

③ **周期系统随机抽样法**是将待抽样的一批产品逐件排列在一起，抽样时，每隔一定间隔抽取样品的抽样方法。

④ **分段随机抽样法**是周期系统抽样法和简单抽样法相结合的抽样方法。

18) **整群抽样**是将总体分成若干互不重叠的群，每个群由若干个体组成。从总体中随机抽取若干个群，抽出的群中所有的个体组成样本的抽样方法。

19) **多阶抽样**是分阶段抽选样本，每个阶段的抽样单元都是从上一阶段被抽中的抽样单元中抽取的抽样方法。

20) **放回抽样**是对每个抽样单元抽取并观测后，在抽取下一个抽样单元前将其放回总体的抽样方法。

21) **不放回抽样**是从总体中抽取的抽样单元不再放回总体的抽样方法。

22) **散料抽样**是对散料的抽样。散料是其组成部分在宏观水平上难以区分的材料。

23) **孤立批抽样检验**是从一个序列中分离出来的，不属于当前序列的批的抽样检验。

二、抽样检验的必要性

在现代大生产中,有些情况下全数检验不合适,有时甚至不可能,所以,不得不采用抽样检验,例如:

① 当产品产量很大,检验项目多或检验比较费时费力时,全数检验不经济。

② 当检验具有破坏性时,全数检验不可能。

三、抽样检验的优缺点

1. 抽样检验的优点

1)当产品检验包含破坏性时,抽样检验是获得相应信息的唯一切实可行的途径。

2)采用全数检验把合格品放过,把不合格品退给生产者,质量把关的重点是检验员,而不是生产者,因此,生产者压力不大。采用抽样检验把不合格批拒收,将整批产生退给生产者,这样给生产者造成压力,有利于提高生产者的质量意识和责任心。

3)对进货采用抽样检验有助于供应商提供质量好的产品。

4)抽样检验提供了一种既经济有效又及时的方法,以获得有关总体的某一所关心的特性值或分布情况的初始信息。

2. 抽样检验的缺点

抽样检验的缺点是接收批中可能有不合格品。抽样检验有风险,但100%检验也有风险,当检验工作量大时,检验员易疲劳而发生错检、漏检或误判。

四、抽样检验标准

至目前,我国已经发布了 GB/T 2828.1—2012 等 20 余个抽样检验标准(见表22-1),企业应根据需要从中选用。

注意:不允许使用百分比抽样检验!因为这种抽样检验不科学,表现在**大批量严,小批量宽**。国际上早已淘汰了这种抽样检验方法。

表 22-1 主要的抽样检验标准及其适用范围

序号	标准号	标准名称	标准内容	标准适用于
1	GB/T 2828.1—2012	计数抽样检验程序 第1部分:按接收质量限(AQL)检索的逐批检验抽样计划	规定了以合格质量水平为质量指标的一次、二次、多次抽样方案及抽样程序	

五、随机抽样的一般程序及抽样工具

随机抽样的一般程序及抽样工具如图22-2所示。

检验员必须会用抽样工具。

随机数是指定的随机变量的一个实现值。

伪随机数是由某种算法产生的随机数。目前,国际上通用的科学计算软件都有伪随机数发生器,能产生伪随机数。科学计算器也能产生伪随机数。

六、抽样方案及判定准则

1. 一次抽样方案及判定准则

一次抽样方案及判定准则如图22-3所示。

第二十二章 抽样检验

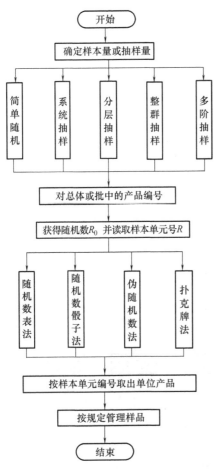

图 22-2 随机抽样的一般程序及抽样工具（GB/T 10111—2008）

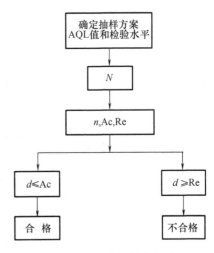

图 22-3 一次抽样方案及判定准则

一次抽样方案的形式是 $[n, Ac, Re]$，其中 n 是样本量，Ac 是接收数，Re 是拒收数，d 为不合格品数，N 是总体。

一次抽样方案的判定：

- 若 $d \leqslant Ac$，则判定该批合格。
- 若 $d \geqslant Re$，则判定该批不合格。

例 22-1：检验员根据抽样方案 $[50, 3, 4]$，从交验批中用简单随机抽样法抽出 50 只产品，对这 50 只产品一一进行检验，检验结果有 5 只产品不合格，即 $d = 5$，故判这个交验批产品不合格，拒收，因为 $d = 5 > 4 = Re$。

2. 二次抽样方案及判定准则

二次抽样方案及判定准则如图 22-4 所示。

二次抽样方案的形式是：

$$\begin{bmatrix} n_1, & Ac_1, & Re_1 \\ n_2, & Ac_2, & Re_2 \end{bmatrix}$$

二次抽样方案的判定：

- 若 $d_1 \leqslant Ac_1$，则判定该批合格。
- 若 $d_1 \geqslant Re_1$，则判定该批不合格。
- 若 $d_1 + d_2 \leqslant Ac_2$，则判定该批合格。
- 若 $d_1 + d_2 \geqslant Re_2$，则判定该批不合格。

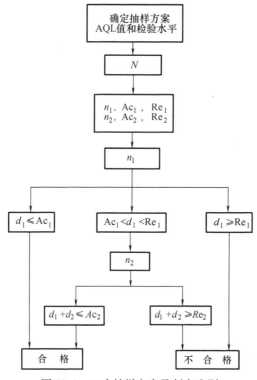

图 22-4　二次抽样方案及判定准则

3. 多次抽样方案及判定准则

多次抽样中常见的是五次抽样，其抽样方案及判定准则如图 22-5 所示。

五次抽样方案的形式是：

$$\begin{bmatrix} n_1, & Ac_1, & Re_1 \\ n_2, & Ac_2, & Re_2 \\ n_3, & Ac_3, & Re_3 \\ n_4, & Ac_4, & Re_4 \\ n_5, & Ac_5, & Re_5 \end{bmatrix}$$

五次抽样方案的判定：

- 若 $d_1 \leqslant Ac_1$，则判定该批合格。

- 若 $d_1 \geqslant \mathrm{Re}_1$,则判定该批不合格。
- 若 $d_1 + d_2 \leqslant \mathrm{Ac}_2$,则判定该批合格。
- 若 $d_1 + d_2 \geqslant \mathrm{Re}_2$,则判定该批不合格。
- 若 $d_1 + d_2 + d_3 \leqslant \mathrm{Ac}_3$,则判定该批合格。
- 若 $d_1 + d_2 + d_3 \geqslant \mathrm{Re}_3$,则判定该批不合格。
- 若 $d_1 + d_2 + d_3 + d_4 \leqslant \mathrm{Ac}_4$,则判定该批合格。
- 若 $d_1 + d_2 + d_3 + d_4 \geqslant \mathrm{Re}_4$,则判定该批不合格。
- 若 $d_1 + d_2 + d_3 + d_4 + d_5 \leqslant \mathrm{Ac}_5$,则判定该批合格。
- 若 $d_1 + d_2 + d_3 + d_4 + d_5 \geqslant \mathrm{Re}_5$,则判定该批不合格。

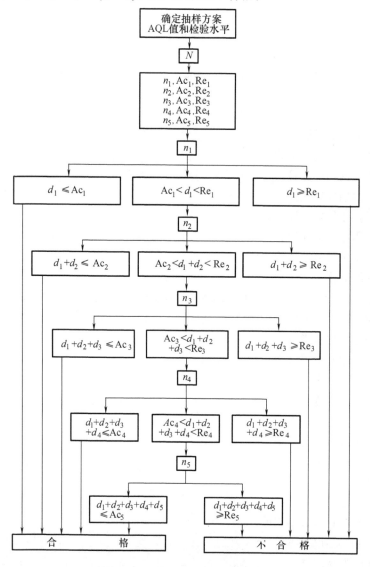

图 22-5 五次抽样方案及判定准则

七、应用抽样检验应具备的条件

1) 具有稳定的产品质量和工序质量。工序未达到受控状态，产品质量不稳定的情况下，不能进行抽样检验。

2) 具有一批懂抽样检验知识的人员，技术人员会设计检索抽样方案，检验员能按抽样方案进行抽样和检验，会处理检验中的问题。

3) 具备开展抽样检验的管理制度。

第二节　GB/T 2828.1 的应用

一、用途

GB/T 2828.1《计数抽样检验程序　第 1 部分：按接收质量限（AQL）检索的逐批检验抽样计划》适用于逐批检验。

逐批检验是对连续系列批中每个提交批都进行检验。GB/T 2828.1 的用途很广泛，主要用于：

① 原材料和零部件的抽样检验。
② 在制品的抽样检验。
③ 最终产品的抽样检验。
④ 库存品的抽样检验。
⑤ 操作的抽样检验。
⑥ 维修操作的抽样检验。
⑦ 管理程序的抽样检验。
⑧ 数据或记录的抽样检验。

二、应用步骤

每个抽样检验标准均有自己的应用程序，GB/T 2828.1 的检验程序如下：

① 规定单位产品的质量特性。
② 确定不合格分类。
③ 确定接收质量限（AQL）。
④ 规定检验水平（IL）。
⑤ 抽样产品的提交。
⑥ 规定检验的严格度。
⑦ 选择抽样方案的类型。
⑧ 检索抽样方案。
⑨ 抽取样本。
⑩ 检验样本。
⑪ 判定逐批接收或不接收。
⑫ 逐批检验后的处置。
⑬ 读 OC 曲线。

检验员的任务是完成步骤⑨~⑫，即抽取样本、100%检验样本、根据检验结果判定批接收与否、检验后处置。

例22-2：某企业长期大批大量生产 $\phi 20_{-0.02}^{0}$ mm 长 50mm 的圆柱销，质量稳定，按 GB/T 2828.1 的规定抽样检验其直径尺寸，每500只组成一批，设计的抽样方案如下：
- 正常检验一次抽样方案 [50, 3, 4]。
- 加严检验一次抽样方案 [50, 2, 3]。
- 放宽检验一次抽样方案 [20, 2, 3]。

解：检验时，生产工人用盛具每次送经过自检合格的500只圆柱销到检验台给检验员，检验员的工作程序如下：

第一步，抽取样品。从正常检验开始，为此，从交来的500只圆柱销中随机抽取50只。

第二步，检验样品。对抽取的50只圆柱销的直径——进行检验，合格的放过，不合格的放到一边。

第三步，判定。根据判定准则进行判定批接收或不接收。如果有3只或少于3只不合格圆柱销，则接收该批；如果有4只或多于4只不合格圆柱销，则拒收该批。

第四步，处置。接收批允许往下流转，拒收批退给生产者，不准往下流转。

检验员就这样一批一批地进行抽样检验，至于何时从正常检验转入加严检验？何时从加严检验转入暂停检验？又何时从放宽检验转入正常检验？这些问题由检验员根据检验结果的情况按图22-6所示进行转移。

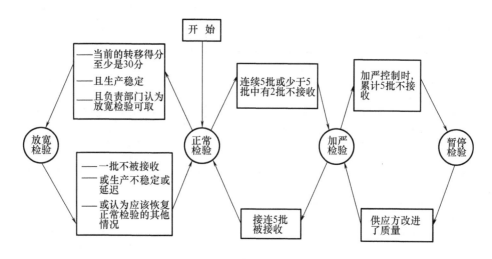

图22-6　GB/T 2828.1 转移规则简图

以上是已知抽样方案 [n, Ac, Re] 情况下检验员做的工作。当不给出抽样方案，只给出AQL和IL时，由检验员根据被检验批量N设计抽样方案。因为在市场经济环境下要"以销定产"，生产量随市场变。N不同，抽样方案也不同。

为了设计抽样方案，检验员要熟知所用的抽样标准，如果用GB/T 2828.1标准，检验员会使用它的两个表就能设计出抽样方案 [n, Ac, Re],一个表是"样本量字码"(见表 22-2),一个表是"抽样方案"表,这个表共有 9 张,一次抽样、二次抽样和多次抽样分为正常、加严、放宽,各 1 张,故共 9 张表。表 22-3 所列是"正常检验一次抽样方案"(主表)。

例 22-3:已知接收质量限 AQL = 1.5、检验水平 IL = Ⅱ,交验产品量 N = 125 个产品,请设计正常检验一次抽样方案。

解:第一步,根据已知的 IL = Ⅱ、N = 125 从表 22-2 中查得字母 F。

第二步,根据已知 N 和 AQL = 1.5 从表 22-3 中查得 n = 32、Ac = 1、Re = 2,故抽样方案是 [32, 1, 2]。

表 22-2 样本量字码(GB/T 2828.1—2012)

批量	特殊检验水平				一般检验水平		
	S-1	S-2	S-3	S-4	Ⅰ	Ⅱ	Ⅲ
2~8	A	A	A	A	A	A	B
9~15	A	A	A	A	A	B	C
16~25	A	A	B	B	B	C	D
26~50	A	B	B	C	C	D	E
51~90	B	B	C	C	C	E	F
91~150	B	B	C	D	D	F	G
151~280	B	C	D	E	E	G	H
281~500	B	C	D	E	F	H	J
501~1200	C	C	E	F	G	J	K
1201~3200	C	D	E	G	H	K	L
3201~10000	C	D	F	G	J	L	M
10001~35000	C	D	F	H	K	M	N
35001~150000	D	E	G	J	L	N	P
150001~500000	D	E	G	J	M	P	Q
500001 及其以上	D	E	H	K	N	Q	R

表22-3 正常检验一次抽样方案（主表）（GB/T 2828.1—2012）

样本量字码	样本量	接收质量限（AQL）																									
		0.010	0.015	0.025	0.040	0.065	0.10	0.15	0.25	0.40	0.65	1.0	1.5	2.5	4.0	6.5	10	15	25	40	65	100	150	250	400	650	1000
		AcRe	AcRe	AcRe	AcRe	AcRe	AcRe	AcRe	AcRe	AcRe	AcRe	AcRe	AcRe	AcRe	AcRe	AcRe	AcRe	AcRe	AcRe	AcRe	AcRe	AcRe	AcRe	AcRe	AcRe	AcRe	AcRe
A	2																	⇩	1 2	2 3	3 4	5 6	7 8	10 11	14 15	21 22	30 31	44 45
B	3																⇩	1 2	2 3	3 4	5 6	7 8	10 11	14 15	21 22	30 31	44 45	⇦
C	5															⇩	1 2	2 3	3 4	5 6	7 8	10 11	14 15	21 22	30 31	44 45	⇦	
D	8														0 1	⇧	⇩	2 3	3 4	5 6	7 8	10 11	14 15	21 22	30 31	44 45	⇦	
E	13													0 1	⇧	⇩	1 2	2 3	3 4	5 6	7 8	10 11	14 15	21 22	30 31	44 45	⇦	
F	20												0 1	⇧	⇩	1 2	2 3	3 4	5 6	7 8	10 11	14 15	21 22	⇦				
G	32											0 1	⇧	⇩	1 2	2 3	3 4	5 6	7 8	10 11	14 15	21 22	⇦					
H	50										0 1	⇧	⇩	1 2	2 3	3 4	5 6	7 8	10 11	14 15	21 22	⇦						
J	80									0 1	⇧	⇩	1 2	2 3	3 4	5 6	7 8	10 11	14 15	21 22	⇦							
K	125								0 1	⇧	⇩	1 2	2 3	3 4	5 6	7 8	10 11	14 15	21 22	⇦								
L	200							0 1	⇧	⇩	1 2	2 3	3 4	5 6	7 8	10 11	14 15	21 22	⇦									
M	315						0 1	⇧	⇩	1 2	2 3	3 4	5 6	7 8	10 11	14 15	21 22	⇦										
N	500					0 1	⇧	⇩	1 2	2 3	3 4	5 6	7 8	10 11	14 15	21 22	⇦											
P	800				0 1	⇧	⇩	1 2	2 3	3 4	5 6	7 8	10 11	14 15	21 22	⇦												
Q	1250			0 1	⇧	⇩	1 2	2 3	3 4	5 6	7 8	10 11	14 15	21 22	⇦													
R	2000		0 1	⇧		1 2	2 3	3 4	5 6	7 8	10 11	14 15	21 22	⇦														

注：⇩——使用箭头下面的第一个抽样方案。如果样本量等于或超过批量，则执行100%检验。
⇧——使用箭头上面的第一个抽样方案。
Ac——接收数。
Re——拒收数。

第三节　GB/T 2828.2 的应用

一、用途

GB/T 2828.2—2008《计数抽样检验程序　第 2 部分：按极限质量（LQ）检索的孤立批检验抽样方案》适用于孤立批（孤立序列批、孤立批或是单批）抽样检验。GB/T 2828.2 的用途与 GB/T 2828.1 的用途相同。

GB/T 2828.2 给出两种模式，根据需要选择其中一种。

1. 模式 A

当生产方与使用方均把批作为孤立批检验时，使用模式 A。也就是说，批的唯一性在于仅按其类型生产一个批。

例如，某市公交公司向某汽车制造厂订购 300 辆电动汽车，该汽车厂专门为公交公司生产这 300 辆电动汽车，这批车可视为孤立批，或者说是单批。这种情况用模式 A 进行验收。

2. 模式 B

当生产方认为是连续序列批，而使用方按孤立批接收时，用模式 B。也就是说，使用方仅接收连续序列批中的一个批（或少数几个批）。

例如，某汽车制造厂大批大量生产电动汽车，每天生产 1000 辆，而公交公司仅买其中的 300 辆电动汽车，这种情况用模式 B 进行验收。

二、应用步骤

1. 模式 A 的应用步骤

一旦选定了模式，应在合同中或规范中写明。

模式 A 简便，它包含接收数 Ac = 0 的零缺陷抽样方案，不需要检验水平。其抽样方案由批量 N 和极限质量 LQ 确定，根据 N 和 LQ 查表 22-4 得出样本 n 和接收数 Ac，即得抽样方案 [n, Ac]。

模式 A 的应用步骤：检索抽样方案→抽取样本→检验样本→判定→处置。

检索抽样方案由技术人员完成，其他各步由检验员完成。

2. 模式 B 的应用步骤

模式 B 不包含 Ac = 0 抽样方案，需要检验水平 IL，一般用检验水平 IL = Ⅱ。

模式 B 的抽样方案由批量 N、检验水平 IL 和极限质量 LQ 确定。

模式 B 给出 10 个抽样方案表（见 GB/T 2828.2 中的表 A.1 ~ 表 A.10）。

首先，根据已知的 LQ 值从 10 个表中找到相应的表，然后根据给定的 N 和 IL 从该表中查到样本量 n 和接收数 Ac，即得到抽样方案 [n, Ac]。

例 22-4：已知 LQ = 0.80%，N = 5000，IL = Ⅱ，请检索抽样方案，用模式 B 检验。

解：根据 LQ = 0.80% 从 GB/T 2828.2 中找到表 A.2（见表 22-5），根据 N = 5000、IL = Ⅱ 从该表中查得 n = 500，Ac = 1，AQL = 0.10，故得抽样方案 [500, 1]。

模式 B 的应用步骤与模式 A 的完全相同。

表 22-4　模式 A 一次抽样方案（主表）（GB/T 2828.2—2008）

批量 N		极限质量 LQ（不合格品百分数或每百单位产品不合格数）									
		0.50	0.80	1.25	2.00	3.15	5.00	8.00	12.5	20.0	31.5
16~25	n Ac	* 	* 	* 	* 	* 	* 	17 0	13 0	9 0	6 0
26~50	n Ac	* 	* 	* 	* 	* 	28 0	22 0	15 0	10 0	6 0
51~90	n Ac	* 	* 	* 	50** 0	44 0	34 0	24 0	16 00	10 0	8 0
91~150	n Ac	* 	* 	90** 0	80 0	55 0	38 0	26 0	18 0	13 0	13 1
151~280	n Ac	200 0	170 0	130 0	95 0	65 0	42 0	28 0	20 0	20 1	13 1
281~500	n Ac	280 0	220 0	155 0	105 0	80 0	50 0	32 0	32 1	20 1	20 3
501~1200	n Ac	380 0	225 0	170 0	125 0	125 1	80 1	50 1	32 1	32 3	32 5
1201~3200	n Ac	430 0	280 0	200 0	200 1	125 1	125 3	80 3	50 3	50 5	50 10
3201~10000	n Ac	450 0	315 0	315 1	200 1	200 3	200 5	125 5	80 5	60 10	80 18
10001~35000	n Ac	500 0	500 1	315 1	315 3	315 5	315 10	200 10	125 10	125 18	80 18
35001~150000	n Ac	800 1	500 1	500 3	500 5	500 10	500 18	315 18	200 18	125 18	80 18
150001~500000	n Ac	800 1	800 3	800 5	800 10	800 18	500 18	315 18	200 18	125 18	80 18
500001 或以上	n Ac	1250 3	1250 5	1250 10	1250 18	800 18	500 18	315 18	200 18	125 18	80 18

* 标示的区域表示没有抽样方案可用或与极限质量对应的批中不合格品或不合格小于 1。

** 由于这意味着不合格品为分数，因而此时极限质量没有对应的接收概率。

注：如果满足如下任何一条，则进行 100% 检验：
　　—— 样本量 n 超过批量 N；
　　—— * 标示的区域。

表22-5 程序B LQ=0.80 的抽样方案（对于不合格品百分数或每百单位不合格数的检验）（原表A.2）

检验水平及其批量				GB/T 2828.1 一次抽样方案（正常检验）			过程质量（不合格品百分数或每百单位产品不合格数）					在LQ处与检验水平应用的最大使用方风险		
S-1至S-3	S-4	I	II	III	AQL	n	Ac	样本量字码	95.0	90.0	60.0	10.0	5.0	S-1至I	II	III
501或以上	501或以上	501或以上	501至150000	501至35000	0.10	500	1	N	0.0711 0.0711	0.106 0.106	0.336 0.335	0.778 0.776	0.949 0.945	9.2 9.1	9.1 9.0	9.0 8.9
			150001至500000	35001至150000	0.15	800	3	P	0.171 0.171	0.218 0.218	0.459 0.459	0.835 0.833	0.969 0.966		11.9 11.8	11.8 11.7
			500001或以上	150001至500000	0.15	1250	5	Q	0.209 0.209	0.252 0.252	0.454 0.453	0.742 0.741	0.841 0.839		6.7 6.6	6.7 6.6

注：1. 如果批量小于501，则执行100%检验。
2. 过程质量，下面的值为不合格品百分数，上面的值为每百单位产品不合格数。
3. 使用方风险，下面的值为不合格品百分数，上面的值为每百单位产品不合格数。

三、注意事项

1）LQ 值必须是优先数：0.50，0.80，1.25，2.00，3.15，5.00，8.00，12.5，20.0，31.5。LQ 值不是上述优先数，则不能用 GB/T 2828.2。

2）LQ 值取多少为宜？必须由供需双方商定，并写入合同或协议中。

第四节 汽车生产件的零缺陷抽样方案

ISO/TS 16949:2009《质量管理体系 汽车生产件及相关服务件组织应用 ISO 9001:2008 的特殊要求》中 7.1.2 "接收准则"规定："对于计数型数据抽样，接收水平应是零缺陷。"

汽车是安全产品，对其生产件及相关服务件的质量要求很高，所以，在产品实现时，应规定计数型数据的抽样方案，必须制定零缺陷的产品接收准则：$[n, Ac] = [n, 0]$。

ISO/TS 16949 未规定在制订 $[n, 0]$ 时用哪些抽样表，于是有些汽车生产件及相关服务件的生产企业感到困难。企业不得自己编"零缺陷抽样表"，而必须用国家现行的一些含有 Ac = 0 的抽样表，为此，现推荐几个这样的表，供选用。

一、用 GB/T 2828.1 的抽样表设计抽样方案

当汽车生产件及相关服务件用逐批抽样检验时，可用 GB/T 2828.1 标准的"正常检验一次抽样方案（主表）"设计抽样方案 $[n, 0]$，因为这个表有 Ac = 0（见表 22-3）。

例 22-5：某厂大批大量生产汽车发动机活塞环，质量稳定，每天向用户交 15 批产品，每 300 只为一个提交批，双方商定用逐批抽样检验，AQL = 0.25，IL = Ⅱ，请设计抽样方案 $[n, 0]$。

解：已知 $N = 300$、AQL = 0.25、IL = Ⅱ、Ac = 0。根据 $N = 300$ 和 IL = Ⅱ 查 GB/T 2828.1 的"样本量字码"得 H。再根据 H 与 AQL = 0.25 查表 22-3 得抽样方案 [50, 0, 1]，即 [50, 0]。根据此方案，从交来的 300 只活塞环中随机抽出 50 只，对这 50 只进行检验，只要发现有一只不合格，就判定该批 300 只不合格。

GB/T 2828.1 除了"正常检验一次抽样方案"中有 Ac = 0 外，其"加严检验一次抽样方案（主表）"和"放宽检验一次抽样方案（主表）"中也有 Ac = 0。但不能用这两个表来设计 $[n, 0]$ 抽样方案，因为汽车生产件及相关服务件在抽样检验中不执行 GB/T 2828.1 中规定的"转移规则"，只要出现一件不合格品，就判整批不合格，不允许"从严"处理，也不允许"从宽"处理，至于如何处理？应事先在合同中或协议文件中规定。

汽车生产件及相关服务件不允许进行二次抽样检验和（或）多次抽样检验。

二、用 GB/T 2828.2 的抽样表设计抽样方案

当汽车生产件及相关服务件用孤立批抽样检验时，可用 GB/T 2828.2 标准的模式 A 的抽样表设计抽样方案（见表 22-4），该表的 $N = 16 \sim 500001$ 或以上，其中有一部分的 Ac = 0，为便于使用，将 Ac = 0 的用黑粗线框起来。

例如，某汽车制造厂从某汽车发动机厂只买 140 台汽车发动机，双方商定对这批发

动机进行抽样检验。这是单批，用 GB/T 2828.2 的模式 A，双方商定取 LQ = 2.00。据此查表 22-4 得抽样方案 [80, 0]。

三、用 GB/T 13264 的抽样表设计抽样方案

当汽车生产件及相关服务件的批量小，批量为 $N = 10 \sim 250$ 时，可用 GB/T 13264—2008 的"不合格品百分数的小批计数抽样检验程序及抽样表"，该标准主要用于孤立批的检验，也可用于连续批的检验，尤其适用于产品检验总费用很高和测试带有破坏性的抽样检验。该标准中有一张 Ac = 0 的抽样表（见表 22-6），可用于零缺陷抽样方案。

例 22-6： 某汽车制造厂开发了一种重型汽车弹簧钢板，为了准确确定其承受静载荷能力，需对它做静载荷试验，钢板断裂时的载荷定为最大静载荷。现试制了 15 块钢板，采用抽样检验，请设计 [n, 0] 抽样方案。

解： 因为弹簧钢板是汽车零件，加之试制量小，而且是单批，决定按 GB/T 13264 进行抽样检验，为此，设计部门规定生产方风险质量 $p_0 = 2.4\%$，使用方风险质量 $p_1 = 66\%$。

根据上述条件，即 $N = 15$，$p_0 = 2.4\%$，$p_1 = 66\%$，查表 22-6 得 $n_0 = 2$，故抽样方案为 [2, 0]。

表 22-6 一次抽样方案（基于超几何分布）（GB/T 13264—2008 的表 3）Ac = 0 的情形

批量 N		10		15		20		25		30		35		40		45		50	
		\multicolumn{18}{c}{不合格品率（%）}
		p_0	p_1	p_0	p_1	p_0	p_1	p_0	p_1	p_0	p_1	p_0	p_1	p_0	p_1	p_0	p_1	p_0	p_1
样本量 n_0	2	2.4	65	2.4	66	2.5	67	2.5	67	2.5	67	2.5	67	2.5	67				
	3	1.5	48	1.5	50	1.6	51	1.6	51	1.6	52	1.7	52	17	52				
	4	1.1	36	1.1	39	1.2	40	1.2	41	1.2	42	1.2	42	1.2	42				

第五节 GB/T 2829 的应用

一、用途

GB/T 2829—2002《周期检验计数抽样程序及表（适用于对过程稳定性的检验）》用于产品停产一个周期以上又恢复生产，或者产品的设计、结构、工艺、材料有较大变动时进行的检验，只有这种检验合格，才能进行正常批量生产和逐批检验。

二、应用步骤

GB/T 2829 的应用步骤如下：

① 规定检验的周期。
② 选择试验项目并组成试验组。
③ 规定试验方法和质量特性。
④ 规定不合格的分类。

⑤ 规定不合格质量水平（RQL）。
⑥ 规定判别水平。
⑦ 选择抽样方案类型。
⑧ 检索抽样方案。
⑨ 抽取样本。
⑩ 检验样本。
⑪ 判断周期检验合格或不合格。
⑫ 周期检验后处置。
⑬ 读 OC 曲线。

检验员的任务是完成上述⑨~⑫各项工作。

三、注意事项

1）自觉执行 GB/T 2829 标准。该标准虽然是推荐性标准，但在激烈的市场竞争中，为了稳定产品质量，企业应自觉执行该标准进行周期检验。

2）严格执行 GB/T 2829 标准。对大型产品来说，做一次型式试验是很昂贵的，于是一些企业不严格按标准规定进行试验，这是错误的。

所有的抽样检验应注意：

1）交验批只能由相同时段、条件一致情况下生产出的产品组成。

2）不同原材料生产的、不同工人不同工装生产的、轮番交替生产的产品不能组成一批。

第二十三章

离群值的检验

第一节 概　　述

一、离群值及其分类

1. 离群值的概念

在一组数中，一个或几个数值明显地较其他数值大或小，这样的数值称为离群值，又称为异常值，也称为粗差。

2. 离群值的分类

1）按离群值显著性的程度分为以下两种：

① 统计离群值：在剔除水平下统计检验为显著的离群值，称为统计离群值。

② 歧离群：在检出水平下显著，但在剔除水平下不显著的离群值，称为歧离值。

检出水平 α：为检出离群值而指定的统计检验的显著性水平。除另有规定外，α 值应为 0.05。

剔除水平 α^*：为检出离群值是否高度离群而指定的统计检验的显著性水平。除另有规定外，α^* 值应为 0.01。

2）按离群值产生的原因将它分为以下两类：

① 第一类离群值。它是总体固有变异性的极端表现，这类离群值与样本中（数值）其余观测值属于同一总体。

② 第二类离群值。它是由于试验条件和试验方法的偶然偏离所产生的结果，或产生于观测、记录、计算中的失误、看错数、读错数，这类离群值与样本中其余观测值不属于同一总体。

二、检验离群值的目的

离群值严重歪曲了检验结果数据的真实性，所以，必须对它进行检验，其目的：

1. 识别与诊断

主要是找出离群值，从而进行质量控制、新规律探索、技术考察等项工作。

2. 估计参数

主要在于估计总体的某个参数，寻找离群值以确定这些值是否计入样本，以便准确估计其参数。

3. 检验假设

主要在于判定总体是否符合所考察的要求，寻找离群值以确定这些值是否计入样本,以使判定结果计量准确。

第二节 离群值的检验方法

本节介绍的各种检验方法仅适用于数据服从正态分布的情况。

检验结果数据是否服从正态分布?可以用频次直方图或正态概率纸去检验。

在稳定生产的条件下,检验结果的计量数值一般服从正态分布。

检验员已经知道自己读错数、看错数、记录错、计算错、方法错的情况下得到的数值,不要进行离群值检验;不是上述这些情况,则要进行离群值检验。不经过检验证明它是离群值,则不允许对它进行处理。

一、离群值的三种情形

将数据组从小到大排成顺序量:

$x_{(1)} < x_{(2)} < x_{(3)} < x_{(4)} < \cdots < x_{(n-2)} < x_{(n-1)} < x_{(n)}$。

离群值的三种情形如图 23-1 所示。

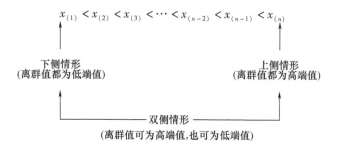

图 23-1 离群值的三种情形示图

上侧情形和下侧情形统称单侧情形。当无法认定属单侧情形时,按双侧情形处理。

离群值的检验方法很多,而常用的有下述三种。

二、奈尔(Nair)检验法

当已知总体标准差 σ 时,使用奈尔检验法,这种检验法的样本量 $3 \leq n \leq 100$。

1. 上侧情形的检验

第一步,计算奈尔上统计量 R_n 的值:

$$R_n = (x_{(n)} - \bar{x})/\sigma$$

式中 $\bar{x} = (x_1 + x_2 + x_3 + \cdots + x_n)/n$

第二步,确定检出水平 α,在表 23-1 中查出临界值 $R_{1-\alpha(n)}$。

第三步,判定:当 $R_n > R_{1-\alpha(n)}$ 时,判它 $x_{(n)}$ 为离群值,否则判未发现 $x_{(n)}$ 是离群值。

第四步,对检出的离群值 $x_{(n)}$,确定剔除水平 α^*,在表 23-1 中查出临界值 $R_{1-\alpha^*}(n)$。

当 $R_n > R_{1-\alpha^*}(n)$ 时，判定 $x_{(n)}$ 为统计离群值，否则判未发现 $x_{(n)}$ 是统计离群值（即 $x_{(n)}$ 为歧离值）。

表 23-1　奈尔（Nair）检验的临界值表（节录）

n	0.90	0.95	0.975	0.99	0.995	n	0.90	0.95	0.975	0.99	0.995
						26	2.602	2.829	3.039	3.298	3.481
						27	2.616	2.843	3.053	3.310	3.493
3	1.497	1.738	1.955	2.215	2.396	28	2.630	2.856	3.065	3.322	3.505
4	1.696	1.941	2.163	2.431	2.618	29	2.643	2.869	3.077	3.334	3.516
5	1.835	2.080	2.304	2.574	2.764	30	2.656	2.881	3.089	3.345	3.527
6	1.939	2.184	2.408	2.679	2.870	31	2.668	2.892	3.100	3.356	3.538
7	2.022	2.267	2.490	2.761	2.952	32	2.679	2.903	3.111	3.366	3.548
8	2.091	2.334	2.557	2.828	3.019	33	2.690	2.914	3.121	3.376	3.557
9	2.150	2.392	2.613	2.884	3.074	34	2.701	2.924	3.131	3.385	3.566
10	2.200	2.441	2.662	2.931	3.122	35	2.712	2.934	3.140	3.394	3.575
11	2.245	2.484	2.704	2.973	3.163	36	2.722	2.944	3.150	3.403	3.584
12	2.284	2.523	2.742	3.010	3.199	37	2.732	2.953	3.159	3.412	3.592
13	2.320	2.557	2.776	3.043	3.232	38	2.741	2.962	3.167	3.420	3.600
14	2.352	2.589	2.806	3.072	3.261	39	2.750	2.971	3.176	3.428	3.608
15	2.382	2.617	2.834	3.099	3.287	40	2.759	2.980	3.184	3.436	3.616
16	2.409	2.644	2.860	3.124	3.312	41	2.768	2.988	3.192	3.444	3.623
17	2.434	2.668	2.883	3.147	3.334	42	2.776	2.996	3.200	3.451	3.630
18	2.458	2.691	2.905	3.168	3.355	43	2.784	3.004	3.207	3.458	3.637
19	2.480	2.712	2.926	3.188	3.374	44	2.792	3.011	3.215	3.465	3.644
20	2.500	2.732	2.945	3.207	3.392	45	2.800	3.019	3.222	3.472	3.651
21	2.519	2.750	2.963	3.224	3.409	46	2.808	3.026	3.229	3.479	3.657
22	2.538	2.768	2.980	3.240	3.425	47	2.815	3.033	3.235	3.485	3.663
23	2.555	2.784	2.996	3.256	3.440	48	2.822	3.040	3.242	3.491	3.669
24	2.571	2.800	3.011	3.270	3.455	49	2.829	3.047	3.249	3.498	3.675
25	2.587	2.815	3.026	3.284	3.468	50	2.836	3.053	3.255	3.504	3.681

2. 下侧情形的检验

第一步，计算奈尔下统计量 R'_n 的值：

$$R'_n = (\bar{x} - x_{(1)})/\sigma$$

第二步，确定检出水平 α，在表 23-1 中查出临界值 $R_{1-\alpha}(n)$。

第三步，判定：当 $R'_n > R_{1-\alpha}(n)$ 时，判定 $x_{(1)}$ 为离群值，否则判未发现 $x_{(1)}$ 是离群值。

第二十三章　离群值的检验

第四步，对检出离群值 $x_{(1)}$，确定剔除水平 $\alpha^{※}$，在表23-1中查出临界值 $R_{1-\alpha^{※}}(n)$。当 $R'_n > R_{1-\alpha^{※}}(n)$ 时，判定 $x_{(1)}$ 为统计离群值，否则判未发现 $x_{(1)}$ 是统计离群值（即 $x_{(1)}$ 为歧离值）。

3. 双侧情形的检验

第一步，计算统计量 R_n 与 R'_n 的值。

第二步，确定检出水平 α，在表23-1中查出临界值 $R_{1-\alpha/2}(n)$。

第三步，判定：当 $R_n > R'_n$，且 $R_n > R_{1-\alpha/2}(n)$ 时，判定最大值 $x_{(n)}$ 为离群值；当 $R'_n > R_n$，且 $R'_n > R_{1-\alpha/2}(n)$ 时，判定最小值 $x_{(1)}$ 为离群值；否则判未发现离群值，当 $R_n = R'_n$ 时，同时对 $x_{(n)}$ 和 $x_{(1)}$ 进行检验。

第四步，对于检出的离群值 $x_{(1)}$ 或 $x_{(n)}$，确定剔除水平 $\alpha^{※}$，在表23-1中查出临界值 $R_{1-\alpha^{※}/2}(n)$，当 $R'_n > R_{1-\alpha^{※}/2}(n)$ 时，判定 $x_{(1)}$ 为统计离群值，否则判未发现 $x_{(1)}$ 是统计离群值；当 $R_n > R_{1-\alpha^{※}/2}(n)$ 时，判定 $x_{(n)}$ 为统计离群值，否则判未发现 $x_{(n)}$ 为统计离群值。

例23-1：检验一批产品得25个数值如下：

原始数据表：

6.12	6.03	5.71	5.69	5.59	5.67	5.65	5.66	3.13	3.49	5.63	6.76
5.59	4.01	4.48	4.61	4.76	4.98	5.25	5.32	5.39	5.42	5.57	5.63
6.00											

检验员决定对这组数据进行处理，因为在稳定生产状态下测量得到的数值服从正态分布，于是将这组数先做整理，排顺序量：

顺序量表：

3.13	3.49	4.01	4.48	4.61	4.76	4.98	5.25	5.32	5.39	5.42	5.57
5.59	5.59	5.63	5.63	5.65	5.66	5.67	5.69	5.71	6.00	6.03	6.12
6.76											

从表中看到：3.13、3.49 和 6.76 是离群值，但它们是不是离群值？必须进行检验，决定用奈尔检验法进行检验，但不知道总体标准差 σ 是多少，故先计算它。但是，总体标准差 σ 是计算不出来的，一般用样本标准差 s 去估计 σ，$s = \hat{\sigma}$：

$$s = \hat{\sigma} = \sqrt{\frac{1}{n-1}\sum_{i=1}^{n}(x_i - \bar{x})^2} \quad (n = 1, 2, \cdots, n)$$

式中　$n = 25$；

$\bar{x} = (3.13 + 3.49 + \cdots + 6.76)/25 = 5.286$。

计算得 $s = \hat{\sigma} = 0.65$。

这组数据是双侧情形，我们仅以下侧情形为例检验如下：

第一步，计算 $R'_n = (\bar{x} - x_{(1)})/\sigma = (\bar{x} - x_{(1)})/s = (5.286 - 3.13)/0.65 = 3.3169231 \approx 3.317$。

第二步，确定检出水平 $\alpha = 0.05$，在表23-1中查出临界值 $R_{1-\alpha}(25) = R_{1-0.05}(25) =$

$R_{0.95}(25) = 2.815$。

第三步,判定。因为 $R'_n > R_{1-\alpha}(n)$,即 $R'_n = 3.317 > R_{0.95}(25) = 2.815$,所以判 $x_{(1)} =$ 3.13 为离群值。

第四步,对检出离群值 $x_{(1)} = 3.13$,确定剔除水平 $\alpha^* = 0.01$,在表 23-1 中查出临界值 $R_{1-\alpha^*}(25) = R_{1-0.01}(25) = R_{0.99}(25) = 3.284$。因为 $R'_n > R_{1-\alpha^*}(n)$,所以判定 3.13 为统计离群值。

取出离群值 3.13 后,余下 24 个数值 $n = 24$,检验 3.49 是否是离群值时,按上述步骤进行即可。检验 6.76 是否是离群值时,按上侧情形检验。

三、格拉布斯(Grubbs)检验法

在未知总体标准差 σ 时,用格拉布斯检验法。

1. 上侧情形的检验

第一步,计算格拉布斯上统计量 G_n 的值:

$$G_n = (x_{(n)} - \bar{x})/s$$

式中　s——样本标准差。

第二步,确定检出水平 α,在表 23-2 中查出临界值 $G_{1-\alpha}(n)$。

第三步,判定:当 $G_n > G_{1-\alpha}(n)$ 时,判定 $x_{(n)}$ 为离群值,否则判未发现 $x_{(n)}$ 是离群值。

第四步,对于检出的离群值 $x_{(n)}$,确定剔除水平 α^*,在表 23-2 中查出临界值 $G_{1-\alpha^*}(n)$。当 $G_n > G_{1-\alpha^*}(n)$ 时,判定 $x_{(n)}$ 为统计离群值,否则判未发现 $x_{(n)}$ 是统计离群值(即 $x_{(n)}$ 为歧离值)。

2. 下侧情形的检验

第一步,计算格拉布斯下统计量 G'_n 的值:

$$G'_n = (\bar{x} - x_{(1)})/s$$

第二步,确定检出水平 α,在表 23-2 中查出临界值 $G_{1-\alpha}(n)$。

第三步,判定:当 $G'_n > G_{1-\alpha}(n)$ 时,判定 $x_{(1)}$ 为离群值,否则判未发现 $x_{(1)}$ 是离群值。

第四步,对于检出的离群值 $x_{(1)}$,确定剔除水平 α^*,在表 23-2 中查出临界值 $G_{1-\alpha^*}(n)$。当 $G'_n > G_{1-\alpha^*}(n)$ 时,判定 $x_{(1)}$ 为统计离群值,否则判未发现 $x_{(1)}$ 是统计离群值。

3. 双侧情形的检验

第一步,计算出统计量 G_n 和 G'_n 的值。

第二步,确定检出水平 α,在表 23-2 中查出临界值 $G_{1-\alpha/2}(n)$。

第三步,判定:当 $G_n > G'_n$,且 $G_n > G_{1-\alpha/2}(n)$,判定 $x_{(n)}$ 为离群值;当 $G'_n > G_n$,且 $G' > G_{1-\alpha/2}(n)$,判定 $x_{(1)}$ 为离群值;否则判未发现离群值。

第四步,对检出的离群值 $x_{(1)}$ 或 $x_{(n)}$,确定剔除水平 α^*,在表 23-2 中查出临界值 $G_{1-\alpha^*/2}(n)$,当 $G'_n > G_{1-\alpha^*/2}(n)$ 时,判定 $x_{(1)}$ 为统计离群值,否则判未发现 $x_{(1)}$ 是统计离群值;当 $G_n > G_{1-\alpha^*/2}(n)$ 时,判定 $x_{(n)}$ 为统计离群值,否则判未发现 $x_{(n)}$ 是统计离

群值。

表 23-2　格拉布斯（Grubbs）检验的临界值表（节录）

n	0.90	0.95	0.975	0.99	0.995	n	0.90	0.95	0.975	0.99	0.995
						26	2.502	2.681	2.841	3.029	3.157
						27	2.519	2.698	2.859	3.049	3.178
3	1.148	1.155	1.153	1.155	1.155	28	2.534	2.714	2.876	3.068	3.199
4	1.425	1.463	1.481	1.492	1.496	29	2.549	2.730	2.893	3.085	3.218
5	1.602	1.672	1.715	1.749	1.764	30	2.563	2.745	2.908	3.103	3.236
6	1.729	1.822	1.887	1.944	1.973	31	2.577	2.759	2.924	3.119	3.253
7	1.828	1.938	2.020	2.097	2.139	32	2.591	2.773	2.938	3.135	3.270
8	1.909	2.032	2.126	2.221	2.274	33	2.604	2.786	2.952	3.150	3.286
9	1.977	2.110	2.215	2.323	2.387	34	2.616	2.799	2.965	3.164	3.301
10	2.036	2.176	2.290	2.410	2.482	35	2.628	2.811	2.979	3.178	3.316
11	2.088	2.234	2.355	2.485	2.564	36	2.639	2.823	2.991	3.191	3.330
12	2.134	2.285	2.412	2.550	2.636	37	2.650	2.835	3.003	3.204	3.343
13	2.175	2.331	2.462	2.607	2.699	38	2.661	2.846	3.014	3.216	3.356
14	2.213	2.371	2.507	2.659	2.755	39	2.671	2.857	3.025	3.228	3.369
15	2.247	2.409	2.549	2.705	2.806	40	2.682	2.866	3.036	3.240	3.381
16	2.279	2.443	2.585	2.747	2.852	41	2.692	2.877	3.046	3.251	3.393
17	2.309	2.475	2.620	2.785	2.894	42	2.700	2.887	3.057	3.261	3.404
18	2.335	2.504	2.651	2.821	2.932	43	2.710	2.896	3.067	3.271	3.415
19	2.361	2.532	2.681	2.854	2.968	44	2.719	2.905	3.075	3.282	3.425
20	2.385	2.557	2.709	2.884	3.001	45	2.727	2.914	3.085	3.292	3.435
21	2.408	2.580	2.733	2.912	3.031	46	2.736	2.923	3.094	3.302	3.445
22	2.429	2.603	2.758	2.939	3.060	47	2.744	2.931	3.103	3.310	3.455
23	2.448	2.624	2.781	2.963	3.087	48	2.753	2.940	3.111	3.319	3.464
24	2.467	2.644	2.802	2.987	3.112	49	2.760	2.948	3.120	3.329	3.474
25	2.486	2.663	2.822	3.009	3.135	50	2.768	2.956	3.128	3.336	3.483

四、狄克逊（Dixon）检验法

在未知总体标准差 σ 时，也可用狄克逊检验法。根据样本量不同，该法分两种方式。

1. 方式一：样本量 $3 \leqslant n \leqslant 30$ 时的狄克逊检验

（1）单侧情形的检验

第一步，计算出狄克逊上下统计量 D_n、D_n'，计算公式见表 23-3。

表 23-3 狄克逊的统计量 D_n 和 D_n'

样本量 n	检验高端离群值	检验低端离群值
3~7	$D_n = r_{10} = \dfrac{x_{(n)} - x_{(n-1)}}{x_{(n)} - x_{(1)}}$	$D_n' = r_{10}' = \dfrac{x_{(2)} - x_{(1)}}{x_{(n)} - x_{(1)}}$
8~10	$D_n = r_{11} = \dfrac{x_{(n)} - x_{(n-1)}}{x_{(n)} - x_{(2)}}$	$D_n' = r_{11}' = \dfrac{x_{(2)} - x_{(1)}}{x_{(n-1)} - x_{(1)}}$
11~13	$D_n = r_{21} = \dfrac{x_{(n)} - x_{(n-2)}}{x_{(n)} - x_{(2)}}$	$D_n' = r_{21}' = \dfrac{x_{(3)} - x_{(1)}}{x_{(n-1)} - x_{(1)}}$
14~30	$D_n = r_{22} = \dfrac{x_{(n)} - x_{(n-2)}}{x_{(n)} - x_{(3)}}$	$D_n' = r_{22}' = \dfrac{x_{(3)} - x_{(1)}}{x_{(n-2)} - x_{(1)}}$

第二步,确定检出水平 α,在表 23-4 中查出临界值 $D_{1-\alpha}(n)$。

表 23-4 单侧狄克逊(Dixon)检验的临界值表（$3 \leq n \leq 30$）

n	统计量	0.90	0.95	0.99	0.995
3		0.885	0.941	0.988	0.994
4	$r_{10} = \dfrac{x_{(n)} - x_{(n-1)}}{x_{(n)} - x_{(1)}}$	0.679	0.765	0.889	0.920
5		0.557	0.642	0.782	0.823
6	或 $r_{10}' = \dfrac{x_{(2)} - x_{(1)}}{x_{(n)} - x_{(1)}}$	0.484	0.562	0.698	0.744
7		0.434	0.507	0.637	0.680
8	$r_{11} = \dfrac{x_{(n)} - x_{(n-1)}}{x_{(n)} - x_{(2)}}$	0.479	0.554	0.681	0.723
9		0.441	0.512	0.635	0.676
10	或 $r_{11}' = \dfrac{x_{(2)} - x_{(1)}}{x_{(n-1)} - x_{(1)}}$	0.410	0.477	0.597	0.638
11	$r_{21} = \dfrac{x_{(n)} - x_{(n-2)}}{x_{(n)} - x_{(2)}}$	0.517	0.575	0.674	0.707
12		0.490	0.546	0.642	0.675
13	或 $r_{21}' = \dfrac{x_{(3)} - x_{(1)}}{x_{(n-1)} - x_{(1)}}$	0.467	0.521	0.617	0.649
14		0.491	0.546	0.640	0.672
15		0.470	0.524	0.618	0.649
16		0.453	0.505	0.597	0.629
17		0.437	0.489	0.580	0.611
18	$r_{22} = \dfrac{x_{(n)} - x_{(n-2)}}{x_{(n)} - x_{(3)}}$	0.424	0.475	0.564	0.595
19		0.412	0.462	0.550	0.580
20		0.401	0.450	0.538	0.568
21	或 $r_{22}' = \dfrac{x_{(3)} - x_{(1)}}{x_{(n-2)} - x_{(1)}}$	0.391	0.440	0.526	0.556
22		0.382	0.431	0.516	0.545
23		0.374	0.422	0.507	0.536
24		0.367	0.413	0.497	0.526
25		0.360	0.406	0.489	0.519

第二十三章　离群值的检验

（续）

n	统计量	0.90	0.95	0.99	0.995
26		0.353	0.399	0.482	0.510
27	$r_{22} = \dfrac{x_{(n)} - x_{(n-2)}}{x_{(n)} - x_{(3)}}$	0.347	0.393	0.474	0.503
28	或 $r'_{22} = \dfrac{x_{(3)} - x_{(1)}}{x_{(n-2)} - x_{(1)}}$	0.341	0.387	0.468	0.496
29		0.337	0.381	0.462	0.489
30		0.332	0.376	0.456	0.484

第三步，检验高端值，当 $D_n > D_{1-\alpha}(n)$ 时，判定 $x_{(n)}$ 为离群值；检验低端值，当 $D'_n > D_{1-\alpha}(n)$ 时，判定 $x_{(1)}$ 为离群值；否则判未发现离群值。

第四步，对于检出的离群值 $x_{(1)}$ 或 $x_{(n)}$，确定剔除水平 α^*，在表 23-4 中查出临界值 $D_{1-\alpha^*}(n)$。检验高端值，当 $D_n > D_{1-\alpha^*}(n)$ 时，判定 $x_{(n)}$ 为统计离群值，否则判未发现 $x_{(n)}$ 是统计离群值；检验低端值，当 $D'_n > D_{1-\alpha^*}(n)$ 时，判定 $x_{(1)}$ 为统计离群值，否则判未发现 $x_{(1)}$ 是统计离群值。

（2）双侧情形的检验

第一步，计算出狄克逊上下统计量 D_n、D'_n。也可以不用再计算，用上述的单侧情形的检验的第一步的计算结果。

第二步，确定检出水平 α，在表 23-5 中查出临界值 $\tilde{D}_{1-\alpha}(n)$。

表 23-5　双侧狄克逊（Dixon）检验的临界值表（$3 \leq n \leq 30$）

n	统计量	0.95	0.99	n	统计量	0.95	0.99
3		0.970	0.994	17		0.527	0.614
4		0.829	0.926	18		0.513	0.602
5	r_{10} 和 r'_{10} 中较大者	0.710	0.821	19		0.500	0.582
6		0.628	0.740	20		0.488	0.570
7		0.569	0.680	21		0.479	0.560
8		0.608	0.717	22		0.469	0.548
9	r_{11} 和 r'_{11} 中较大者	0.564	0.672	23	r_{22} 和 r'_{22} 中较大者	0.460	0.537
10		0.530	0.635	24		0.449	0.522
11		0.619	0.709	25		0.441	0.518
12	r_{21} 和 r'_{21} 中较大者	0.583	0.660	26		0.436	0.509
13		0.557	0.638	27		0.427	0.504
14		0.587	0.669	28		0.420	0.497
15	r_{22} 和 r'_{22} 中较大者	0.565	0.646	29		0.415	0.489
16		0.547	0.629	30		0.409	0.480

第三步，判定：当 $D_n > D'_n$，且 $D_n > \tilde{D}_{1-\alpha}(n)$ 时，判定 $x_{(n)}$ 为离群值，当 $D'_n > D_n$，且 $D'_n > \tilde{D}_{1-\alpha}(n)$ 时，判定 $x_{(1)}$ 为离群值；否则判未发现离群值。

第四步，对检出的离群值 $x_{(1)}$ 或 $x_{(n)}$，确定剔除水平 α^*，在表 25-5 中查出临界值 $\tilde{D}_{1-\alpha^*}(n)$。当 $D_n > D'_n$，且 $D_n > \tilde{D}_{1-\alpha^*}(n)$ 时，判定 $x_{(n)}$ 为统计离群值，否则判未发现 $x_{(n)}$ 是统计离群值；当 $D'_n > D_n$，且 $D'_n > \tilde{D}_{1-\alpha^*}(n)$ 时，判定 $x_{(1)}$ 为统计离群值，否则判未发

现 $x_{(1)}$ 是统计离群值。

2. 方式二：样本量 $n > 30$ 时的狄克逊检验

（1）单侧情形的检验

第一步，计算出狄克逊上下统计量 D_n、D_n'，计算公式见表23-6。

表23-6 狄克逊的统计量 D_n 和 D_n'

样本量 n	检验高端离群值	检验低端离群值
31～100	$D_n = r_{22} = \dfrac{x_{(n)} - x_{(n-2)}}{x_{(n)} - x_{(3)}}$	$D_n' = r_{22}' = \dfrac{x_{(3)} - x_1}{x_{(n-2)} - x_{(1)}}$

第二步，确定检出水平 α，在表23-7中查出临界值 $D_{1-\alpha}(n)$。

表23-7 单侧狄克逊（Dixon）检验的临界值表（$n > 30$，节录）

n	统计量	0.90	0.95	0.99	0.995
31		0.327	0.371	0.450	0.478
32		0.323	0.367	0.445	0.473
33		0.319	0.362	0.441	0.468
34		0.315	0.358	0.436	0.463
35		0.311	0.354	0.432	0.458
36		0.308	0.350	0.427	0.454
37		0.305	0.347	0.423	0.450
38		0.301	0.343	0.419	0.446
39	$r_{22} = \dfrac{x_{(n)} - x_{(n-2)}}{x_{(n)} - x_{(3)}}$	0.298	0.340	0.416	0.442
40		0.296	0.337	0.413	0.439
41	或 $r_{22}' = \dfrac{x_{(3)} - x_{(1)}}{x_{(n-2)} - x_{(1)}}$	0.293	0.334	0.409	0.435
42		0.290	0.331	0.406	0.432
43		0.288	0.328	0.403	0.429
44		0.285	0.326	0.400	0.425
45		0.283	0.323	0.397	0.423
46		0.281	0.321	0.394	0.420
47		0.279	0.318	0.391	0.417
48		0.277	0.316	0.389	0.414
49		0.275	0.314	0.386	0.412
50		0.273	0.312	0.384	0.409

第三步，检验高端值，当 $D_n > D_{1-\alpha}(n)$ 时，判定 $x_{(n)}$ 为离群值；检验低端值，当 $D_n' > D_{1-\alpha}(n)$ 时，判定 $x_{(1)}$ 为离群值；否则判未发现离群值。

第四步，对检出的离群值 $x_{(1)}$ 或 $x_{(n)}$，确定剔出水平 α^{*}，在表23-7中查出临界值 $D_{1-\alpha^*}(n)$。检验高端值，当 $D_n > D_{1-\alpha^*}(n)$ 时，判定 $x_{(n)}$ 为统计离群值，否则判未发现 $x_{(n)}$ 是统计离群值；检验低端值，当 $D_n' > D_{1-\alpha^*}(n)$ 时，判定 $x_{(1)}$ 为统计离群值，否则判

未发现 $x_{(1)}$ 是统计离群值。

（2）双侧情形的检验

第一步，计算出统计量 D_n、D_n'。

第二步，确定检出水平 α，在表 23-8 中查出临界值 $\tilde{D}_{(1-\alpha)}(n)$。

表 23-8　双侧狄克逊（Dixon）检验的临界值表（$n>30$，节录）

n	统计量	0.95	0.99	n	统计量	0.95	0.99
31	r_{22} 和 r_{22}' 中较大者	0.403	0.473	41	r_{22} 和 r_{22}' 中较大者	0.367	0.433
32		0.399	0.468	42		0.364	0.432
33		0.395	0.463	43		0.362	0.428
34		0.39	0.46	44		0.359	0.425
35		0.388	0.458	45		0.357	0.422
36		0.438	0.442	46		0.353	0.419
37		0.38	0.45	47		0.352	0.416
38		0.377	0.447	48		0.35	0.413
39		0.375	0.442	49		0.346	0.412
40		0.37	0.438	50		0.343	0.409

第三步，判定：当 $D_n > D_n'$，且 $D_n > \tilde{D}_{1-\alpha}(n)$ 时，判定 $x_{(n)}$ 为离群值；当 $D_n' > D_n$，且 $D_n' > \tilde{D}_{1-\alpha}(n)$ 时，判定 $x_{(1)}$ 为离群值；否则判未发现离群值。

第四步，对于检出的离群值 $x_{(1)}$ 或 $x_{(n)}$，确定剔除水平 $\alpha^{※}$，在表 23-8 中查出临界值 $\tilde{D}_{1-\alpha^{※}}(n)$。当 $D_n > D_n'$，且 $D_n > \tilde{D}_{1-\alpha^{※}}(n)$ 时，判定 $x_{(n)}$ 为统计离群值，否则判未发现 $x_{(n)}$ 是统计离群值；当 $D_n' > D_n$，且 $D_n' > \tilde{D}_{1-\alpha^{※}}(n)$ 时，判定 $x_{(1)}$ 为统计离群值，否则判未发现 $x_{(1)}$ 是统计离群值。

五、截割均值检验法

以上介绍了检验离群值的三种方法，它们的思路是一样的，所以，方法的步骤基本相同，在使用中要严格按先后步骤顺序进行。

在一些评比活动中，例如歌咏比赛、评选 QC 小组成果中，常用"截割均值检验法"。这种方法的原理是把顺序量中截去最小值和最大值后，把余下的数值取算术平均值作为最后结果。这时，最小值和最大值视为离群值，将它们剔除。至于它们是不是离群值不必去追究。

"截割均值检验法"的步骤如下：

第一步，将数值自小到大排顺序量：$x_1 \leq x_2 \leq x_3 \cdots \leq x_n$；

第二步，去掉 x_1 和 x_n，余下 $x_2 \leq x_3 \leq \cdots \leq x_{n-1}$；

第三步，取 $x_2, x_3, \cdots, x_{n-1}$ 的算术平均值 $\bar{x} = (x_2 + x_3 + \cdots + x_{n-1})/(n-2)$。

$\bar{x}$ 即是检验结果。

例 23-2：在某厂的一次 QC 小组活动成果发表会上，有五个小组发表七个成果竞争第一名，由七个人组成评审组，评审组对每个成果发表后打分。例如当第五号成果发表完毕，七个评委分别打分（举牌亮分）是 80、81、80、83、85、75、90 分，唱分员一一唱分，记分员一一记录分数，他计算后唱道："去掉一个最高分 90 分，去掉一个最低分 75 分，五号成果的平均得分 81.8 分"。七个成果发表完毕取分数最高者为第一名。

第三节　离群值的处理

一、处理方式

离群值严重歪曲检验结果数据的真实性，所以，如果怀疑数据组中有离群值时，必须对它进行检验。经过检验证明它是离群值后，才能对它进行处理，没有经过检验就把"不顺眼"的数值处理掉，这是十分错误的，是弄虚作假行为。

处理离群值的方式如下：

1）保留离群值并用于后续数据处理。
2）在找到实际原因时修正离群值，否则予以保留。
3）剔除离群值，不追加观测值。
4）剔除离群值，并追加新的观测值或用适宜的插补值代替。

二、处理规则

对检出的离群值，应尽可能寻找其技术上和物理上的原因，作为处理离群值的依据。

应根据实际问题的性质，权衡寻找和判定产生离群值的原因所需代价、正确判定离群值的得益及错误剔除正常值的风险，以确定实施下述三个规则之一：

1）若在技术上或物理上找到了产生离群值的原因，则应剔除或修正离群值；若未找到产生它的技术上和物理上的原因，则不得剔除或修正离群值。

2）若在技术上或物理上找到产生离群值的原因，则应剔除或修正离群值；否则，保留歧离值，剔除或修正统计离群值；在重复使用同一检验方法检验多个离群值的情形，每次检出离群值后，都要再检验它是否为统计离群值。若某次检出的离群值为统计离群值，则此离群值及在它前面检出的离群值（含歧离值）都应被剔除或修正。

3）检出的离群值（含歧离值）都应被剔除或修正。

第二十四章 测量不确定度的评定

第一节 概述

一、测量结果的表述

1. 测量和测量结果

测量是以确定量值为目的的一组操作。

测量结果（y）是测量所得到的赋予被测量的值。

2. 测量结果的表述

测量结果有两种表述形式。

第一种方式，测量结果的不完整表述：

$$y' = y$$

第二种方式，测量结果的完整表述：

$$y' = y \pm U$$

式中　y'——测量结果的表述；

　　　y——测量结果；

　　　U——扩展不确定度。

$$U = k \cdot u_c$$

式中　k——包含因子，当没有特别注明时，$k = 2$；

　　　u_c——合成标准不确定度。

图 24-1 是扩展不确定度（U）对称于测量结果（y）分布的测量结果完整表述（y'）的区间。

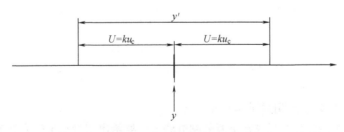

图 24-1　测量结果（y）和测量结果完整表述（y'）

例 24-1：请检验 $\phi 10^{+0.0005}_{0}$ mm 的钢球直径尺寸，并给出测量结果的完整表述。

解：$\phi 10^{+0.0005}_{0}$ mm 这样的尺寸在生产车间用游标卡尺、千分尺之类的量具去测量保证不了测量不确定度，需要送到计量室去进行精密测量。今选用分度值为 $0.2\mu m$ 的投影光学计与量块进行比较测量，得 $y =$ 10.0004mm，经过评定得扩展不确定度 $U =$ 0.0001mm，故测量结果的完整表述为：

$$y' = y \pm U = (10.0004 \pm 0.0001)\text{ mm}$$

图 24-2 是 $\phi 10^{+0.0005}_{0}$ mm 钢球直径测量结果完整表述，从图中看，检验结果判定为合格。

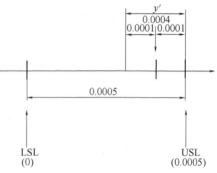

图 24-2 $\phi 10^{+0.0005}_{0}$ mm 钢球直径测量结果完整表述

二、两种表述的应用场合

1. 不完整表述的应用场合

检验员在日常生产中所进行的测量不要求给出测量不确定度，因为这种测量得到的值是估计值，所以对测量结果给出不完整表述即可。但是，检验员要记住，他所用的计量器具存在不确定度，所以他测量得到的数值也存在不确定度，只是不需他分析而已。

检验员还应记住，在给出测量结果（y）时，应说明它是示值、未修正测量结果或已修正测量结果，还是几个数值的算术平均值？如果不说明，则认为给出的测量结果是示值（读数值），而且是未修正的。

2. 完整表述的应用场合

1986 年，国际标准化组织（ISO）、国际电工委员会（IEC）等七个国际组织联合提出对下列领域的测量应进行测量分析，并给出不确定度以证实测量结果数据的可信程度：

① 建立国家计量基准、计量标准及其国际比对。
② 标准物质、标准参考数据。
③ 测量方法、检定规程、检定系统、校准规范等。
④ 科学研究及工程领域的测量。
⑤ 测量仪器的校准和检定。
⑥ 计量认证、计量确认、质量认证以及实验室认可。
⑦ 生产过程的质量保证及产品的检验和测试。
⑧ 贸易结算、医疗卫生、安全防护、环境监测及资源测量。

在上述领域的测量中，要求给出测量结果的完整表述。

测量结果的完整表述包括测量不确定度，必要时还应说明有关影响量的取值范围。

三、为什么要给出测量不确定度

七个国际组织为什么要求在重要的领域测量中要给出测量结果的完整表述呢？这是因为给出了测量不确定度的完整表述，使人们认为这个测量结果是可信的，便于使用测量结果的人深入了解测量结果数据和更好地使用这一数据,也便于重复测量进行验证,同时对测量结果数据为社会公众接受和国际互认很有利。

该给出不确定度的测量结果而没有给出不确定度进行完整表述,可以认为这个测量结果不可信,可以拒绝接收它。

四、不确定度的用途

只要收集数据就应该考虑测量不确定度。

除了上述介绍的一些领域在测量中给出不确定度以外,不确定度还应用在以下几方面。

1. 质量管理体系中的应用

GB/T 19001—2016《质量管理体系 要求》的以下条款要求测量分析,给出不确定度:

8.2.3 与产品和服务有关的要求的评审

8.3.5 设计和开发输出

8.3.6 设计和开发更改

8.4.1 总则

8.4.2 控制类型和程度

8.5.1 生产和服务提供的控制

9.1.3 分析与评价

10.3 持续改进

2. 向顾客做出保证

通过对测量系统进行分析,将测量系统中可能导致不确定度的各种来源进行分析并找出不确定度,将之量化,以表明测量系统有能力测量拟达到的质量水平。这样有助于企业向内部顾客和外部顾客做出保证,增强顾客对企业生产的产品的质量的信心。

3. 指导资源配置

通过对测量系统中可能导致不确定度的各种来源进行分析后,就有可能发现某一项或几项来源的不确定度对测量系统的不确定度影响大,由于它们导致测量系统的不确定度失控。这种情况下,应对它们进行调整,使资源得到合格配置。

4. 选择适宜的测量方法

测量某一项质量特性,可以用不同的测量方法进行测量。在诸种测量方法中,有的测量方法能力过剩,有的方法能力不足,有的方法能力适中。一般而言,测量能力过剩的测量成本高。为了保证测量质量和降低成本,应采用测量能力适中的方法。要从诸方法中找出适宜的方法,需要通过对测量方法的不确定度进行分析,计算它们的不确定度值,然后加以比较,从中找到适宜的测量方法。

第二节 测量不确定度的评定

一、测量不确定度的概念

1. 测量不确定度

表征合理地赋予被测量之值的分散性,与测量结果相联系的参数,称为测量不确定度。

2. 扩展不确定度（U）

确定测量结果区间的量，合理赋予被测量之值分布的大部分可望处于此区间，称为（测量的）扩展不确定度（U）。

扩展不确定度有时也称为展伸不确定度或范围不确定度。

3. 合成标准不确定度（u_c）

当测量结果是由若干个其他量的值求得时，按其他各量的方差或（和）协方差算得的标准不确定度，称为（测量的）合成标准不确定度。

4. 标准不确定度（u）

以标准偏差表示的测量不确定度，称为（测量的）标准不确定度值（u）。

5. 目标不确定度（U_T）

对给定的测量任务优化确定的不确定度，称为（测量或校准的）目标不确定度（U_T）。

目标不确定度是包括诸如设计、制造、质量保证、服务、市场、销售和分包在内的管理决定结果。这项不确定度由企业的高层管理者决定。

6. 要求的测量不确定度（U_R）

对给定的测量过程和测量任务所要求的不确定度，称为要求的测量不确定度（U_R）。

要求的测量不确定度可以由用户规定。

7. 近似不确定度（U_{EN}）。

按照简化的逼近法评估得到的测量不确定度，称为近似不确定度（U_{EN}）。

举例说明不确定度的含义。如上所述，测量不确定度是"表征合理地赋予被测量之值的分散性，与测量结果相联系的参数"。这个定义是国际标准化组织下的，我国翻译过来，初次接触不确定度的读者会觉得这个定义不通俗，不好理解，下面举个例子说明。

例如，一个车削工人加工 50 根 $\phi32^{+0.025}_{-0.025}$ mm 长 30mm 的销，他将这批销交给检验员检验其直径尺寸。在检验前，检验员不知道这批销的直径尺寸分布情况怎样？也不知道每根销的具体尺寸是多少？他估计这批销的直径尺寸在 32.025～31.975mm。这就体现了不确定度。经过用量具一根一根地测量，将测量结果数据进行统计，画出图，得到图 24-3，说明这批销的直径尺寸服从正态分布。

请注意：不能把工件的上下偏差当作测量不确定度，例如说这批销的测量不确定度是 0.025mm，这是错的。测量这批销的测量不确定度是多少？要经过测量不确定度评定才知道。

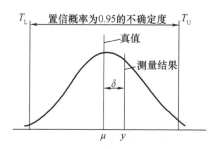

图 24-3 销加工的尺寸分布正态图

二、测量不确定度的评定方法

测量不确定度评定有分析法和逼近法。

1. 分析法

这种方法是按照一定的程序一步一步顺序进行分析，最后得到不确定度值的过程。

用分析法评定不确定度值的一般程序：

① 测量任务。
② 目标不确定度值。
③ 测量原理。
④ 测量方法。
⑤ 测量程序。
⑥ 测量条件。
⑦ 测量装置图示。
⑧ 不确定度来源。
⑨ 首次评估。
⑩ 第二次评估。
⑪ 评价、总结。

将上述步骤写成文件，写得越详细，可操作性就越强，越能指导分析工作。

2. 逼近法

这种方法是通过"过量估计"有影响的不确定度分量，得到近似不确定度 U_E。

这种方法一般要经过两次：第一次评估是识别最大的几个不确定度分量。第二次评估是只将最大的几个分量的"上界"重新进行精确的评定，以将不确定度的估计值（U 或 u_c）减到能接受的程度。

使用逼近法的前提条件是所有的测量过程中的测量不确定度来源都已经被识别。

无论采用哪种方法评定不确定度，均由具有物理方面的知识和计量学的实践经验的人来完成。质量检验部门的质量工程师必须会评定测量不确定度。

不要求检验员评定测量不确定度，故不详述其评定过程。

三、测量不确定度的表述

测量不确定度大小非常重要：测量不确定度太小，使规范区减小，从而增加生产成本；测量不确定度太大，需方得不到质量好的产品，于是供需双方为此争议，甚至发生纠纷。为了解决此问题，国家制定了 GB/T 18779.3—2009/ISO/TS 14253—3：2002《产品几何技术规范（GPS） 工件与测量设备的测量检验 第 3 部分：关于对测量不确定度的表述达成共识的指南》。这是处理供需双方关系问题，与检验员无多大关系，故不详述。但检验员要知道如何正确表述测量不确定度，以维护本企业的利益。企业应有测量不确定度管理办法。

第三节　误差与不确定度

一、误差与不确定度的区别

测量误差与测量不确定度是完全不同的两个概念，不得混淆或误用，两者的区别见表 24-1。

表 24-1　测量不确定度与测量误差的区别一览表

序号	内容	测量误差	测量不确定度
1	定义	测量结果减去被测量的真值	表征合理地赋予被测量之值的分散性，与测量结果相联系的参数
2	特点	1. 表明测量结果偏离真值程度 2. 是一个确定的值 3. 正值或负值，即非正即负 4. 客观存在，不以人的认识程度而改变	1. 表明被测量值的分散性 2. 是一个区间值 3. 恒为正值，当由方差得出时取其正平方根 4. 与人对被测量、影响量及测量过程的认识程度有关
3	分类	系统误差与随机误差	按评定方法分为 A 类评定和 B 类评定
4	修正方法	可用修正值对测量结果进行修正，得到已修正的测量结果	不能用修正值对不确定度进行修正，对已修正的测量结果进行不确定度评定时，应考虑修正不完善
5	合成方法	各误差分量的代数和	当各项测量不确定度彼此独立时，用方根法合成，否则应考虑加入相关项
6	自由度	无	有，是评定测量不确定度可靠程度的指标，自由度越大，说明测量不确定度越可靠，反之亦然
7	置信概率	无	有，当充分了解分布时，可按置信概率给出置信区间

测量误差与测量不确定度的区别从图 24-3 中看得很清楚：测量结果 (y) 偏离被测量的真值 μ 的距离为测量误差 δ，"置信概率为 0.95 的不确定度"是说被测量之值落在 T_U 和 T_L 之间的概率是 0.95。换言之，有 95% 的把握说被测量之值落在 $T_U \sim T_L$ 范围内。

二、误差与测量不确定度的来源（图 24-4）
三、千分尺校准的校准溯源等级流程图（GB/T 18779.2—2004、图 24-5）

二、　　　三、

四、局部直径测量

1. 任务和目标不确定度

（1）测量任务

测量一组标称尺寸 $\phi25\text{mm} \times 150\text{mm}$ 精密（钢制）转轴的局部（两点）直径。

（2）目标不确定度

目标不确定度是 $8\mu\text{m}$。

2. 原理、方法和条件

（1）测量原理

长度测量，与一已知长度进行比较。

（2）测量方法

用带有 $\phi6\text{mm}$ 平面测砧的模拟式外径千分尺进行测量，外径千分尺的测量范围为 $0\sim25\text{mm}$，游标刻度间隔为 $1\mu\text{m}$。

（3）初始测量程序

——当轴在机床卡盘上时测量其直径。

——只允许测量一次。

——测量前，用布将轴擦干净。

——测量时使用摩擦轮。

——不使用主轴卡具。

（4）初始测量条件

——已经证实，轴和千分尺的温度会随时间而改变。与标准参考温度 20℃ 的最大偏差为 15℃。

——轴和千分尺之间的最大温度差为 10℃。

——为加工该轴，有三个操作人员使用该机床和千分尺。

——轴的圆柱度优于 $1.5\mu\text{m}$。

——形状误差的类型未知，但其锥度很小。

3. 测量设备图示

测量装置如图 24-6 所示。

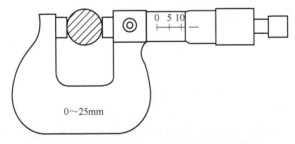

图 24-6　测量 $\phi25\text{mm}$ 局部直径的测量装置

4. 不确定度贡献因素列表和分析

两点直径测量采用黑箱模型的不确定度评定程序。不加任何修正值，所有的误差贡献均计入测量不确定度。

表 24-2 给出所有影响直径测量不确定度的不确定度贡献因素及其名称。

表 24-2 局部直径测量（两点直径）的不确定度分量的概况及评注

符号 低分辨力	符号 高分辨力	不确定度 分量名称	评 注	
u_{ML}		千分尺示值误差	对千分尺示值误差的最大允许值 MPE_{ML} 的要求是一个未知变量，初步设定为 $6\mu m$。并通过校准后的零位调整，使示值误差曲线对称地分布	
u_{MF}		千分尺两测砧平面度	对两测砧平面度偏差的要求 MPE_{MF} 是一个未知变量，初步设定为 $1\mu m$	
u_{MP}		千分尺两测砧间平行度	对两测砧间平行度偏差的要求 MPE_{MP} 是一个未知变量，初步设定为 $2\mu m$	
u_{MX}		主轴卡具的影响，千分尺方位和手持时间	在本情况下这些影响并不起作用。并未使用主轴卡具。对 $0\sim25mm$ 千分尺，方位和手持时间并无重大影响	
u_{RR}	u_{RA}	分辨力	$u_{RA}=\dfrac{d}{2\sqrt{3}}=\dfrac{1}{2\sqrt{3}}\mu m=0.29\mu m$	u_{RR} 等于两者之间较大者
	u_{RF}	重复性	实验证明，三位操作人员具有同样的重复性。该实验包括每位操作者对同一 $\phi25mm$ 精密塞规做 15 次以上的测量。千分尺的柔性的影响已包括在重复性内	
u_{NP}		三位操作人员间的零位变化	三位操作者以不同的方式使用千分尺。零位是不同的，这取决于千分尺的校准者。每一位操作者对同一 $\phi25mm$ 精密塞规做 15 次以上的测量	
u_{TD}		温度差	在测量期间，轴和千分尺的最大温度差为 $10℃$	
u_{TA}		温度	相对于标准参考温度 $20℃$ 的最大温度偏差为 $15℃$	
u_{WE}		工件形状误差	测得的圆柱度为 $1.5\mu m$。圆柱度的主要部分是圆偏差。对直径的影响是圆柱度的两倍，即 $3\mu m$	

5. 首次评估

(1) 首次评估不确定度分量说明及计算

1) u_{ML}——千分尺示值误差（B 类评定）。

外径千分尺的计量特征量：示值误差的最大允许值 MPE_{ML} 通常被定义为示值误差曲线的最大范围，而与零位示值误差无关。示值误差曲线相对于零点的位置是另一个（独立的）计量特征量。

在本情况下，假定在校准过程中对示值误差曲线定位，使示值的最大正、负误差具有相同的绝对值。

由于最终的 MPE_{ML} 值尚未确定，这是不确定度概算的任务之一。现初步选定为 $6\mu m$。由于上面提到的置零程序，误差的极限值为：

$$a_{ML} = \frac{6}{2}\mu m = 3\mu m$$

由于在给定的情况下无法证明服从高斯分布，故根据高估的原则假定为矩形分布，即 $b = 0.6$。于是：

$$u_{ML} = 3 \times 0.6 \mu m = 1.8 \mu m$$

2) u_{MF}——千分尺测砧的平面度（B 类评定）。

当用具有两个平行平表面的量块来校准示值误差曲线时，测砧的平面度偏差对轴的直径测量有影响。

由于最终的 MPE_{MF} 尚未确定，这是不确定度概算的任务之一。现初步选定 MPE_{MF} 之值为 $1\mu m$。

由于有两个测砧，MPE_{MF} 对测量不确定度的影响应加倍。假定为高斯分布，即 $b = 0.5$，于是由每个测砧的平面度所引入的不确定度分量为：

$$u_{MF} = 1 \times 0.5 \mu m = 0.5 \mu m$$

3) u_{MP}——千分尺两测砧间的平行度（B 类评定）。

当用具有两个平行平表面的量块来校准示值误差曲线时，测砧的平行度偏差将影响轴的直径测量。

由于最终的 MPE_{MP} 值尚未确定，这是不确定度概算的任务之一。现初步选定 MPE_{MP} 之值为 $2\mu m$。假定为高斯分布，即 $b = 0.5$，于是：

$$a_{MP} = 2\mu m$$

$$u_{MP} = 2 \times 0.5 \mu m = 1 \mu m$$

4) u_{RR}——重复性/分辨力（A 类评定）。

三位操作者具有相同的重复性。在实验中，将 $\phi 25mm$ 的塞规当作"工件"进行测量。因此实际工件的形状误差未包括在重复性研究中。每一位操作者均测量 15 次。他们的标准偏差均为：

$$u_{RR} = 1.2 \mu m$$

在本情况下，由分辨力引入的不确定度分量 $u_{RA} < u_{RE}$，因此 u_{RA} 已包括在 u_{RE}，即 u_{RR} 中。

5) u_{NP}——三位操作者之间零位的变化（A 类评定）。

根据与测量重复性时所做的同样实验，对三位操作者和校准人员之间的零位差进行了研究，得到：

$$u_{NP} = 1\mu m$$

6) u_{TD}——温度差（B 类评定）。

观测到千分尺和工件间的最大温度差为 $10℃$。由于无任何信息表明温度差的符号，故假定其在 $\pm 10℃$ 范围内变化。若千分尺和工件的线膨胀系数为 $11 \times 10^{-6} ℃^{-1}$，其极限值为：
$$a_{TD} = \Delta T \times \alpha \times D = 10 \times 11 \times 10^{-6} \times 25\text{mm} = 2.8\mu\text{m}$$
假定为 U 形分布，即 $b = 0.7$，于是：
$$u_{TD} = 2.8 \times 0.7\mu\text{m} = 1.96\mu\text{m}$$

7) u_{TA}——温度（B 类评定）。

观测到相对于标准参考温度 20℃ 的最大偏差为 15℃。由于无任何信息表明偏差的符号，故假定其在 ±15℃ 范围内变化。同时假定工件和千分尺之间的线膨胀系数差最大为 10%，于是其极限值为：
$$a_{TA} = 0.1 \times \Delta T_{20} \times \alpha \times D = 0.1 \times 15 \times 11 \times 10^{-6} \times 25\text{mm} = 0.4\mu\text{m}$$
假定为 U 形分布，即 $b = 0.7$，于是：
$$u_{TA} = 0.4 \times 0.7\mu\text{m} = 0.28\mu\text{m}$$

8) u_{WE}——工件形状误差（B 类评定）。

测得样品轴的圆柱度为 $1.5\mu\text{m}$。圆柱度是半径变化的度量。故假定它对直径的影响是圆柱度偏差的两倍（无任何信息表明该影响可能小于此值），于是其极限值为：
$$a_{WE} = 3\mu\text{m}$$
假定为矩形分布，即 $b = 0.6$，于是：
$$u_{WE} = 1.8\mu\text{m}$$

（2）首次评估各不确定度分量间的相关性

估计各不确定度分量之间无任何相关性。

（3）首次评估不确定度分量说明及计算。首次评估合成标准不确定度和扩展不确定度

当各不确定度分量之间不存在相关性时，其合成标准不确定度为：
$$u_c = \sqrt{u_{ML}^2 + u_{MF}^2 + u_{MP}^2 + u_{RR}^2 + u_{NP}^2 + u_{TD}^2 + u_{TA}^2 + u_{WE}^2}$$
根据（1）中给出的值，可得：
$$u_c = \sqrt{1.8^2 + 0.5^2 + 0.5^2 + 1.0^2 + 1.2^2 + 1.0^2 + 1.96^2 + 0.28^2 + 1.8^2}\mu\text{m}$$
$$u_c = 3.79\mu\text{m}$$
$$U = u_c \times k = 3.79 \times 2\mu\text{m} = 7.58\mu\text{m}$$

（4）首次评估的不确定度概算汇总（见表 24-3）

表 24-3　首次评估不确定度概算汇总（两点直径测量）

分量名称	评定类型	分布类型	测量次数	变化限 a^* 影响量单位	变化限 $a/\mu\text{m}$	相关系数	分布因子 b	不确定度分量 $u_{xx}/\mu\text{m}$
u_{ML} 千分尺示值误差	B	矩形		$3.0\mu\text{m}$	3.0	0	0.6	1.80[1]
u_{MF} 千分尺平面度 1	B	正态		$1.0\mu\text{m}$	1.0	0	0.5	0.50[3]
u_{MF} 千分尺平面度 2	B	正态		$1.0\mu\text{m}$	1.0	0	0.5	0.50[3]
u_{MP} 千分尺平行度	B	正态		$2.0\mu\text{m}$	2.0	0	0.5	1.00[2]
u_{RR} 重复性	A		15			0		1.20[2]

（续）

分量名称	评定类型	分布类型	测量次数	变化限 a^* 影响量单位	变化限 $a/\mu m$	相关系数	分布因子 b	不确定度分量 $u_{xx}/\mu m$
u_{NP} 零位变化	A		15			0		1.00(2)
u_{TD} 温度差	B	U形		10℃	2.8	0	0.7	1.96(1)
u_{TA} 温度	B	U形		15℃ $\alpha_1/\alpha_2=1.1$	0.4	0	0.7	0.28(3)
u_{WE} 工件形状误差	B	矩形		3.0μm	3.0	0	0.6	1.80(1)
合成标准不确定度 u_c								3.79
扩展不确定度 $U(k=2)$								7.58

（5）首次评估的不确定度概算分析

首次评估的不确定度概算表明测量不确定度 $U_{E1}=7.6\mu m$，小于目标不确定度 $U_T=8\mu m$。

表24-3 给出的不确定度分量中，有三个较大的分量，三个中等大小的分量和三个较小的分量，在表中分别标记为（1）、（2）和（3）。

在计算合成标准不确定度的公式中，各不确定度分量是平方相加的。因此很难看出它们对 u_c 的影响。用方差 u^2 来表示，往往能更直接地看出各不确定度分量对合成标准不确定度的影响（见表24-4）。

表24-4 各不确定度分量对 u_c 和 u_c^2 的影响（25mm 两点直径测量）

分量名称	不确定度来源	不确定度分量 $u_{xx}/\mu m$	$u_{xx}^2/\mu m^2$	在 u_c 中占比（%）	在 u_c^2 中占比（%）	不确定度来源
u_{ML} 千分尺示值误差	测量设备	1.8	3.24	23	33	测量设备
u_{MF} 千分尺平面度1		0.5	0.25	2		
u_{MF} 千分尺平面度2		0.5	0.25	2		
u_{MP} 千分尺平行度		1.0	1.00	7		
u_{RR} 重复性	操作人员	1.2	1.44	10	17	操作人员
u_{NP} 零位变化		1.0	1.00	7		
u_{TD} 温度差	环境	1.96	3.84	27	27	环境
u_T 温度		0.28	0.08	0		
u_{WE} 工件形状误差	工件	1.80	3.24	23	23	工件
合成标准不确定度 u_c		3.79	14.34	100	100	总计

由表24-4 可知：

——如果外径千分尺不存在误差，则扩展不确定度 U 将从 7.6μm 降低到 6.2μm。

——如果操作人员，环境和工件等方面均十分理想，则扩展不确定度 U 将从 7.6μm 降低到 4.4μm。

显然，在本情况下占优势的不确定度分量并不来源于测量设备，而来源于测量过程。

由于扩展不确定度 $U = 7.6\mu m$，如果按照 GB/T 18779.1 的合格判定规则，在生产轴的时候，工件的直径公差应缩小 $2 \times 7.6\mu m = 15.2\mu m$。对于 $\phi 25mm$ 来说，缩减的量相当于 IT6 公差（$13\mu m$）的全部。

如果 U 占工件公差的 10%，则工件的公差应该是 IT10（$84\mu m$）。如果工件的公差减小，则 U 将超过工件公差的 10%。当公差为 IT8（$33\mu m$）时，则测量不确定度将约占去工件公差的 46%，这就是说，在生产轴时，实际公差只剩下原来工件公差的 54%。

如果目标不确定度是 $6\mu m$ 而不是 $8\mu m$，则由首次评估得到的测量不确定度就太大了（$U_{EI} = 7.6\mu m$），至少还需要降低 $1.6\mu m$。这相当于 u^2 要降低 38%。

有必要关注一下最大的不确定度分量，即工件和测量设备之间的温度差。通过改变测量程序或在生产时对温度进行测量，可以将该分量由占 u^2 的 27% 降低到接近于零。

对三位操作者进行进一步的培训，可以减小重复性 u_{RR} 和零位的变化 u_{NP}。这将可以降低所需的 38% 中的 15%。

如果对工件只进行一次测量，则由工件的形状误差所引入的不确定度分量是不可能降低的。只有增加测量次数，这一不确定度分量才有可能减小。取四次测量的平均值，可以降低所需的 38% 中的 17%。但是，这将增加测量时间，而时间常常意味着金钱。

在这种情况下，有许多种办法可以降低测量不确定度。选择何种方法来降低测量不确定度的依据是使其成本为最低。在考虑如何降低测量不确定度时，成本总是要首先考虑的。

在此情况下，要降低由千分尺带来的不确定度分量是不现实的。而仅是设备的分辨力所引入的不确定度分量可以通过采用其他最大允许误差较小的设备来降低。如果测量时间也可以减少，并且可以测量几个直径而不受操作者的影响，这也许是一个经济上合理的解决办法。

这有可能将扩展不确定度由 $U = 7.6\mu m$ 减小到 $2.6\mu m$。

（6）首次评估的结论

正如上例所述，千分尺的三个 MPE 初步设定值对于给定的测量任务和给定的目标不确定度来说是可行的。对千分尺的要求可以再次确认如下：

——误差曲线（最大值 - 最小值）：$MPE_{ML} = 6\mu m$（双边规范）。

——测砧平面度：$MPE_{MF} = 1\mu m$（单边规范）。

——测砧平行度：$MPE_{MP} = 2\mu m$（单边规范）。

千分尺应满足这些要求，但这些规范将由于校准时的测量不确定度 U_{SL}、U_{SF} 和 U_{SP} 而变小。因此必须要知道校准千分尺时的测量不确定度。

6. 第二次评估

对于本例，不需要进行第二次评定。首次评定得到的扩展不确定度数值有可能再稍稍减小一些，但正如上面已经论证过的，如果不对测量方法和测量程序做重大的改变，测量不确定度不可能大幅度减小。

第二十五章

检验结果的判定

第一节 确保测量准确度

检验结果的质量要看测量结果的准确度，测量结果的准确度高，说明检验结果质量高，反之，说明检验结果质量低。测量结果错，说明这次检验失败。检验员要确保自己的测量结果的准确度。

一、准确度、正确度和精密度的概念

1. 准确度的概念

测量结果与被测量真值之间的一致程度，称为准确度。

2. 正确度的概念

由大量测量结果得到的算术平均值与被测量真值之间的一致程度，称为正确度。

3. 精密度的概念

在规定条件下独立测量结果之间的一致程度，称为精密度。

测量结果是用规定的测量方法所确定的特性值。

准确度是一个定性概念，精密度不能用作准确度。图 25-1 所示为准确度、正确度和精密度示图。

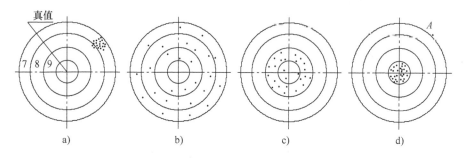

图 25-1 准确度、正确度和精密度

a) 精密度很高 b) 精密度和准确度均很低 c) 准确度尚可 d) 准确度很高，有一发弹脱靶

有四位射手，每位打 25 发子弹，弹着点如图 25-1 所示，靶心 10 环是真值。

图 25-1a 着弹点精密度很高，但离靶心较远，误差值很大，是系统误差引起的。

图 25-1b 着弹点很分散，精密度和准确度都低，是随机误差引起的。

图 25-1c 着弹点比图 25-1b 好些，也是随机误差引起的。

图 25-1d 着弹点有 24 发打在 10 环内，有一发子弹打到靶外，是离群值，要对它进行检验，经过检验证明它是否是离群值。如果它是离群值，则不算它。

从图 25-1 中看到，准确度既包含正确度也包含精密度，图 25-1d 正确度和精密度都很高，所以准确度必然高，精密度是保证准确度的基础。

要求检验员的测量结果都像图 25-1d 那样，每个测得值都是真值。

4. 真值的概念

被测量的真值是与给定的特定量的定义一致的值。

量的真值按其本性是不确定的，只有通过完善的测量才有可能获得。由于测量系统存在误差，所以，任何测量过程都不完善，得不到被测量的真值。在检验中，常用被测量的多次测量结果的算术平均值作为约定真值来代替被测量的真值，有时用被测量之值代替真值。

二、提高测量准确度的方法

1）提高检验员的测量技术水平。
2）保证测量环境满足规定要求。
3）使用测量器具前要校准其示值，消除系统误差，测量动作要快防止漂移。
4）在同一部位多测量几次取其算术平均值作为测量结果，以消除随机误差。

第二节 按 GB/T 3177 判定

一、验收极限

GB/T 3177（见第一章）标准规定的判定规则：所用验收方法应只接收位于规定的尺寸极限之内的工件（见图 25-2）。

图 25-2 所示是 $\phi 20^{+0.025}_{-0.025}$ mm 轴的验收极限。

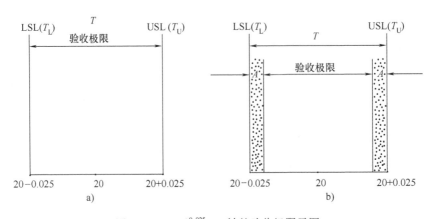

图 25-2 $\phi 20^{+0.025}_{-0.025}$ mm 轴的验收极限示图
a）方式一：$A=0$ b）方式二：$A \neq 0$

第二十五章 检验结果的判定

验收极限是检验工件尺寸时判定合格与否的尺寸界限。GB/T 3177 规定有两种验收极限方式：

1. 方式一：$A=0\left(A\text{ 是安全裕度},\ A=\dfrac{1}{10}T\right)$

验收极限等于规定的最大实体尺寸（MMS）和最小实体尺寸（LMS），如图 25-2a 所示。

2. 方式二：$A\neq 0$

验收极限是从规定的最大实体尺寸和最小实体尺寸分别向工件公差带内移动一个安全裕度（A）来确定，如图 25-2b 所示。

二、判定规则

在检验中，要根据被检验对象进行判定：

1）对遵循包容要求（即尺寸偏差后标注Ⓔ）的尺寸、公差等级高的尺寸，按方式二判定。

2）当工序能力指数 $C_p \geq 1$ 时，按方式一判定。

3）对偏态分布的尺寸，按方式二判定。

4）非配合尺寸和一般公差的尺寸，按方式一判定。

第三节　按 GB/T 18779.1 判定

GB/T 18779.1《产品几何量技术规范（GPS）　工件与测量设备的测量检验　第 1 部分：按规范检验合格或不合格的判定规则》适用于 GPS 标准中规定的工件规范和测量设备规范，非 GPS 标准的技术规范也可参照采用，不适用于极限量规的检验。

对控制工件或测量设备功能的重要规范，应按该标准进行判定。

一、有关术语

1. 公差（T）

上公差限与下公差限之差，或最大允许值与最小允许值之差（见图 25-2）。俗称公差是上偏差减下偏差。

公差有时也称容差。公差是一个没有符号的量。

2. 公差限

给定允许值的上界限和（或）下界限的规定值，或最大允许值和最小允许值的规定值。

公差限有时也称容差限。公差限可以是双侧的或单侧的（只规定最大允许值），且公称值不一定在公差区中。

3. 公差区（公差范围）

特性在公差限之间（含公差限本身）的一切变动值。

公差区有时也称容差区，容差范围。

4. 规范

对工件特性的公差限或测量设备特性的最大允许误差（MPE）的要求。

5. 规范限

工件特性的公差限或测量设备特性的最大允许误差。

6. 上规范限（USL）

给定下列规定值之一：工件特性公差限的上界限；或测量设备特性允许误差的上界限。

7. 下规范限（LSL）

给定下列规定值之一：工件特性公差限的下界限；或测量设备特性允许误差的下界限。

8. 规范区（规范范围）

工件或测量设备的特性在规范限之间（含规范限在内）的一切变动值。

9. 公称值（标称值）

在给定的设计文件或图样中某一特性的设计值。

10. 特性

可区分的特征。

特性可以是固定有的或赋予的。

特性可以是定性的或定量的。

有各种各样的特性，如：

——物理的（如机械的、电的、化学的等）。

——感官的（如嗅觉、视觉、听觉等）。

——行为的（如诚实、正直、礼貌等）。

——时间的（如准时性、可靠性等）。

——功能的（如汽车的最高速度等）。

——人因功效的（如生理的特性等）。

11. 质量特性

与要求有关的产品、过程或体系的固有特性。

固有的是指本来就有的。

12. 合格区

被扩展不确定度（U）缩小的规范区，如图25-3所示。

在上规范限与（或）下规范限处，规范区被扩展不确定度向内缩小。

13. 不合格区

被扩展不确定度（U）延伸的规范区外的区域，如图25-4所示。

在上规范限与（或）下规范限处，不合格区被扩展，不确定度向外延伸。

14. 不确定区

规范限两侧计入测量不确定度的区域，如图25-5所示。

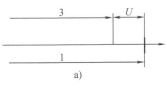

a)

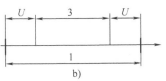

b)

图25-3　合格区
a）单侧规范　b）双侧规范
1—规范区　3—合格区

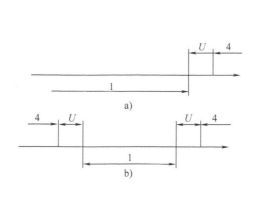
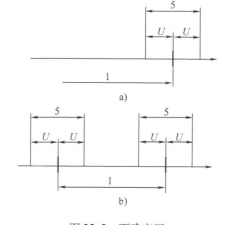

图 25-4 不合格区
a) 单侧规范 b) 双侧规范
1—规范区 4—不合格区

图 25-5 不确定区
a) 单侧规范 b) 双侧规范
1—规范区 5—不确定区

不确定区位于单侧规范限或双侧规范限两侧，其宽度为 $2U$。

在上规范限和下规范处的测量结果的测量不确定度可以是不同的值。

二、按规范检验合格的判定规则

当测量结果的完整表述（y'）在工件特性的公差区或在测量设备特性的最大允许误差之内（见图 25-6）时，判检验合格，即

$$\text{LSL} < y - U \text{ 和 } y + U < \text{USL}$$

当测量结果（y）在被扩展不确定度减小的公差区或测量设备特性的最大允许误差之内（即合格区）（见图 25-7）时，判检验合格，即

$$\text{LSL} + U < y < \text{USL} - U$$

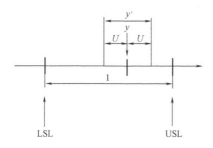
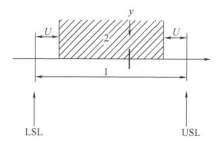

图 25-6 按规范判定检验为合格
（LSL < $y - U$ 和 $y + U$ < USL）
1—规范区

图 25-7 按规范判定检验为合格
（LSL + U < y < USL − U）
1—规范区 2—合格区

合格区的大小与给定的规范限（LSL 和 USL）和实际的扩展不确定度（U）直接相关。

在应用上述规则判检验合格时，工件或测量设备应被接收。

三、按规范检验不合格的判定规则

当测量结果的完整表述（y'）在工件特性的公差区之外或在测量设备特性的最大允许误差之外（见图25-8）时，判检验不合格，即

$$y + U < \text{LSL} \text{ 或 } \text{USL} < y - U$$

当测量结果（y）在被扩展不确定度（U）延伸的工件特性的公差区或测量设备特性的最大允许误差之外（即不合格区）（见图25-9）时，判检验不合格，即

$$y < \text{LSL} - U \text{ 或 } \text{USL} + U < y$$

按上述规则判检验为不合格时，工件或测量设备应被拒收。

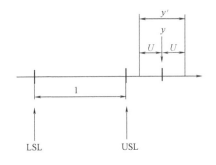

图25-8　按规范判定检验为
不合格（$\text{USL} < y - U$）
1—规范区

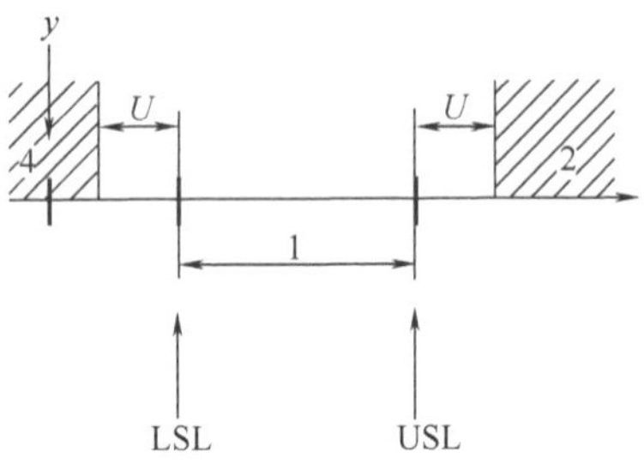

图25-9　按规范判定检验
为不合格（$y < \text{LSL} - U$）
1—规范区　2—不合格区

四、在不确定区的判定规则

当测量结果的完整表述（y'）包容工件的公差限或测量设备的最大允许误差的规范限 LSL 或 USL（见图25-10）时，既不能判定检验为合格，也不能判定检验为不合格，即

$$y - U < \text{LSL} < y + U \text{ 或 } y - U < \text{USL} < y + U$$

同样，当测量结果（y）在某一不确定区内（见图25-11）时，既不能判定合格，也不能判定为不合格，即

$$\text{LSL} - U < y < \text{LSL} + U \text{ 或 } \text{USL} - U < y < \text{USL} + U$$

应用上述判定规则既不能判定合格，也不能判定不合格时，工件或测量设备不能直接接收或拒收。

五、注意事项

1）在供方和顾客间预先没有签订协议的情况下，按上述规则判定检验合格或不合格。

2）测量不确定度始终由进行测量并提供合格与不合格证明的一方考虑。

3）提供证明的一方可在其部门内进行测量，也可承包给第三方的实验室进行测量。

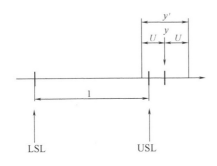 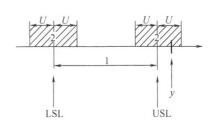

图 25-10 按规范既不能判定为合格也不能判定为不合格（$y - U < \mathrm{USL} < y + U$）
1—规范区

图 25-11 按规范既不能判定为合格也不能判定为不合格（$\mathrm{USL} - U < y < \mathrm{USL} + U$）
1—规范区 2—不确定区

4）供方检验应评估其测量不确定度，并根据按规范检验合格的判定规则判定合格。

5）顾客检验应评估其测量不确定度，并根据按规范检验不合格的判定规则判定不合格。

第四节 按 GB/T 8170 判定

在检验中遇到极限数值时，应按 GB/T 8170《数值修约规则与极限数值的表示和判定》判定其是否符合要求。

一、极限数值的表示方法

1. 极限数值的概念

标准（或技术规范）中规定考核的以数量形式给出并符合该标准（或技术规范）要求的指标数值范围的界限值，称为极限数值。

例如，某零件（轴）的图样上标注 $\phi 32^{+0.025}_{-0.025}$mm，这个数值是要检验进行考核的，根据测量得到数值判定该零件是否合格。$\phi 32^{+0.025}_{-0.025}$mm 的极限数值分别为 32.025mm 和 31.975mm，是两个界限值，其中 32.025mm 是最大极限值，31.975mm 是最小极限值。

在设计中应注意：

1）标准（或技术规范）中规定考核的以数量形式给出的指标或参数等，应当规定极限数值。

2）标准（或技术规范）中规定不考核的以数量形式给出的指标或参数等，可以不规定极限值。

2. 极限数值的表示方法

1）极限数值表示符合该标准要求的数值范围的界限值，它通过给出最小极限值和（或）最大极限值，或给出基本数值与极限偏差等方式表示。

2）标准（或技术规范）中极限数值的表示形式及书写位数应适当，其有效数字应全部写出。书写位数表示的精确程度，应能保证产品或其他标准化对象应有的性能和质量。

3. 表示极限数值的用语

1）基本用语。设 A 为极限数值，表达极限数值的基本用语及符号见表25-1。

表 25-1　表达极限数值的基本用语及符号（GB/T 8170—2008）

基本用语	符号	特定情形下的基本用语			注
大于 A	$>A$		多于 A	高于 A	测定值或计算值恰好为 A 值时不符合要求
小于 A	$<A$		少于 A	低于 A	测定值或计算值恰好为 A 值时不符合要求
大于或等于 A	$\geq A$	不小于 A	不少于 A	不低于 A	测定值或计算值恰好为 A 值时符合要求
小于或等于 A	$\leq A$	不大于 A	不多于 A	不高于 A	测定值或计算值恰好为 A 值时符合要求

2）习惯用语。允许采用以下习惯用语表达极限数值：

① "超过 A"，指数值大于 A（$>A$）。

② "不足 A"，指数值小于 A（$<A$）。

③ "A 及以上"或"至少 A"，指数值大于或等于 A（$\geq A$）。

④ "A 及以下"或"至多 A"，指数值小于或等于 A（$\leq A$）。

3）组合用语。对特定的考核指标 X，允许采用下列用语和符号以表示极限值范围（见表25-2）。

在同一标准中，一般只用同一种符号表示。

表 25-2　特定的考核指标 X，允许采用的表达极限数值的
组合用语和符号（GB/T 8170—2008）

组合基本用语	组合允许用语	符号		
		表示方式Ⅰ	表示方式Ⅱ	表示方式Ⅲ
大于或等于 A 且小于或等于 B	从 A 到 B	$A \leq X \leq B$	$A \leq \cdot \leq B$	$A \sim B$
大于 A 且小于或等于 B	超过 A 到 B	$A < X \leq B$	$A < \cdot \leq B$	$>A \sim B$
大于或等于 A 且小于 B	至少 A 不足 B	$A \leq X < B$	$A \leq \cdot < B$	$A \sim <B$
大于 A 且小于 B	超过 A 不足 B	$A < X < B$	$A < \cdot < B$	

二、极限数值的判定方法

1. 对 $A_{-b_2}^{+b_1}$ 的判定

$+b_1$ 是绝对极限上偏差值，$-b_2$ 是绝对极限下偏差值，A 是基本数值。对 $A_{-b_2}^{+b_1}$ 这类数值的判定是从 $A-b_2$ 到 $A+b_1$ 符合要求。

当 $b_1=b_2=b$ 时，$A_{-b_2}^{+b_1}$ 可写成 $A \pm b$。

例如：$\phi 85_{-1}^{+2}$mm，是指从 84mm 到 87mm 符合要求。又如：75_{-2}^{+2}mm 可写成 75mm ± 2mm，是指从 77mm 到 73mm 符合要求。

第二十五章　检验结果的判定

2. 对 $A_{-b_2\%}^{+b_1\%}$ 的判定

$+b_1\%$ 是相对极限上偏差值，$-b_2\%$ 是相对极限下偏差值。对 $A_{-b_2\%}^{+b_1\%}$ 这类数值的判定是实测值或其计算值 R 对于 A 的相对偏差值 $[(R-A)/A]$ 从 $-b_2\%$ 到 $+b_1\%$ 符合要求。

当 $b_1=b_2=b$ 时，$A_{-b_2\%}^{+b_1\%}$ 可写成 $A(1\pm b\%)$。

例如：$510(1\pm 5\%)\Omega$，指实测值或其计算值 R 对于 510Ω 的相对偏差值 $[(R-510)/510]$ 从 -5% 到 $+5\%$ 符合要求。

3. 对 $A_{-b_2}^{+b_1}$（不含 b_1 和 b_2）或 $A_{-b_2}^{+b_1}$（不含 b_1）、$A_{-b_2}^{+b_1}$（不含 b_2）的判定

对 $A_{-b_2}^{+b_1}$（不含 b_1 和 b_2）这类数值的判定是 $A+b_1$ 和 $A-b_2$ 不符合要求。

对 $A_{-b_2}^{+b_1}$（不含 b_1）这类数值的判定是 $A+b_1$ 不符合要求。

对 $A_{-b_2}^{+b_1}$（不含 b_2）这类数值的判定是 $A-b_2$ 不符合要求。

例如：$\phi 85_{-1}^{+2}$（不含 2）mm，是指从 84mm 到接近但不足 87mm 符合要求。

4. 比较判定法

在判定检验结果的数值（测量值或计算值）是否符合标准（或技术规范）要求时，应将检验结果所得的数值与标准规定的极限数值进行比较，根据比较结果进行判定，比较有两种方法：全数值比较法和修约值比较法。

当标准中规定使用其中一种比较方法时，一经确定，不得改动。

1) 全数值比较法。若标准中对极限数值无特殊规定，应使用全数值比较法。如规定采用修约值比较法，应在标准中加以说明。

全数值比较法是将检验结果的数值不经过修约，将该数值与规定的极限数值进行比较，只要超出极限数值规定的范围（不论超出程度大小），均判定为不符合要求（见表 25-3）。

表 25-3　全数值比较法和修约值比较法的示例与比较（GB/T 8170—2008）

项目	极限数值	测定值或其计算值	按全数值比较是否符合要求	修约值	按修约值比较是否符合要求
中碳钢的抗拉强度/MPa	$\geqslant 14\times 100$	1349	不符合	13×100	不符合
		1351	不符合	14×100	符合
		1400	符合	14×100	符合
		1402	符合	14×100	符合
NaOH 的质量分数（%）	$\geqslant 97.0$	97.01	符合	97.0	符合
		97.00	符合	97.0	符合
		96.96	不符合	97.0	符合
		96.94	不符合	96.9	不符合
中碳钢的硅的质量分数（%）	$\leqslant 0.5$	0.452	符合	0.5	符合
		0.500	符合	0.5	符合
		0.549	不符合	0.5	符合
		0.551	不符合	0.6	不符合

（续）

项　　目	极限数值	测定值或其计算值	按全数值比较是否符合要求	修约值	按修约值比较是否符合要求
中碳钢的锰的质量分数（%）	1.2~1.6	1.151	不符合	1.2	符合
		1.200	符合	1.2	符合
		1.649	不符合	1.6	符合
		1.651	不符合	1.7	不符合
盘条直径/mm	10.0±0.1	9.89	不符合	9.9	符合
		9.85	不符合	9.8	不符合
		10.10	符合	10.1	符合
		10.16	不符合	10.2	不符合
盘条直径/mm	10.0±0.1（不含0.1）	9.94	符合	9.9	不符合
		9.96	符合	10.0	符合
		10.06	符合	10.1	不符合
		10.05	符合	10.0	符合
盘条直径/mm	10.0±0.1（不含+0.1）	9.94	符合	9.9	符合
		9.86	不符合	9.9	符合
		10.06	符合	10.1	不符合
		10.05	符合	10.0	符合

2）修约值比较法。先将检验结果的数值进行修约，然后将修约值与规定的极限数值进行比较，只要超出极限数值规定的范围（不论超出程度大小），均判定为不符合要求（见表25-3）。

比较而言，对同样的极限数值，若它本身符合要求，则全数值比较法比修约值比较法相对更严格。

三、特性值的望性

1. 望大特性值

$>A$ 和 $\geqslant A$ 称为望大特性值，表25-3中的"中碳钢抗拉强度 $\geqslant 14 \times 100$ MPa"属于望大特性值，其意思是越大越好，最小是 14×100 MPa。例如表中 NaOH 的质量分数也是望大特性值。

2. 望小特性值

$<A$ 和 $\leqslant A$ 称为望小特性值，表25-3中的"中碳钢的硅的质量分数 $\leqslant 0.5\%$"属于望小特性值，其意思是越小越好，最大是 0.5%。例如，表面粗糙度 Ra 值是望小特性值，Ra 值越小越好，但加工成本会增加。

3. 望目特性值

$A_{-b_2}^{+b_1}$ 和 $A_{-b_2\%}^{+b_1\%}$ 称为望目特性值，表25-3中"盘条直径 10.0 mm ± 0.1 mm"属于望目特性值，其目标值是10mm，其意思是生产盘条时其直径尺寸要按 $\phi 10$ mm 去加工。

望目特性值在机械制造中大量存在，凡有公差要求的均属于这种情况，例如

$\phi32^{+0.025}_{-0.025}$mm，这是个望目特性值，其目标值是 $\phi32$mm，加工这种件时，不管是孔还是轴，均应瞄准 $\phi32$mm 去加工。望目值是公差中限值。

日本的质量管理专家田口玄一认为质量特性实际值偏离目标值就是质量损失，据此，他提出了质量损失函数：

$$L(y) = k(y-\mu)^2$$

式中　$L(y)$——质量损失；

　　　k——取决于外部损失成本结构的比例系数；

　　　y——质量特性实际值（测量结果值）；

　　　μ——质量特性目标值（标准值）。

例如：在检验中要按图 25-2 验收，这里的 $\mu=20$mm。

公差是人们对波动的无奈承认，从图 25-2a 中看到，在公差范围内均算合格，但尺寸分散很大：最大极限尺寸（最大实体尺寸）为 20.025mm，最小极限尺寸（最小实体尺寸）为 19.975mm。零件的尺寸分散性大，结果造成最终产品质量的一致性差。因此，检验员要广泛宣传，要求工人按公差中限去加工工件，即望着目标值去生产，以减少尺寸分散。

望大特性值要往大的方向干，望小特性值要往小的方向干，但会增加生产成本。而望目标值去干不会增加生产成本，只要认真即可。

附　录

检验员的职权和应受的限制

《质量发展纲要（2011—2020年）》要求"企业要建立健全质量管理体系，加强全员、全过程、全方位的质量管理，严格按标准组织生产经营，严格质量控制，严格质量检验和计量检测"。

"严格质量检验"是国家赋予检验员的重任，为了完成这一重任，检验员要尽到自己的职责，发挥自己的权力，更好地完成鉴别、把关、报告、监督任务。

检验员的职权和应受的限制

参 考 文 献

[1] 梁国明. 机械工业质量检验员手册 [M]. 北京：机械工业出版社，1993.
[2] 梁国明. 长度计量人员实用手册 [M]. 北京：国防工业出版社，2000.
[3] 机械工业部科技与质量监督司. 机械工业质量检验和质量监督人员培训教材 [M]. 3 版. 北京：机械工业出版社，1998.
[4] 机械电子工业部质量安全司. 材料检查工培训教材 [M]. 北京：机械工业出版社，1992.
[5] 电镀手册编写组. 电镀手册：上册 [M]. 北京：国防工业出版社，1986.
[6] 高崇. 安装铆工工艺学 [M]. 北京：机械工业出版社，1986.
[7] 梁启涵. 焊接检验 [M]. 北京：机械工业出版社，1980.
[8] 汪恺. 形状和位置公差标准应用指南 [M]. 北京：中国标准出版社，2000.
[9] 梁国明，李广田. 制造业过程质量控制与检验基础读本 [M]. 北京：中国标准出版社，2006.
[10] 梁国明，梁承允. 机械产品设计制造使用防错方法 [M]. 北京：机械工业出版社，2014.